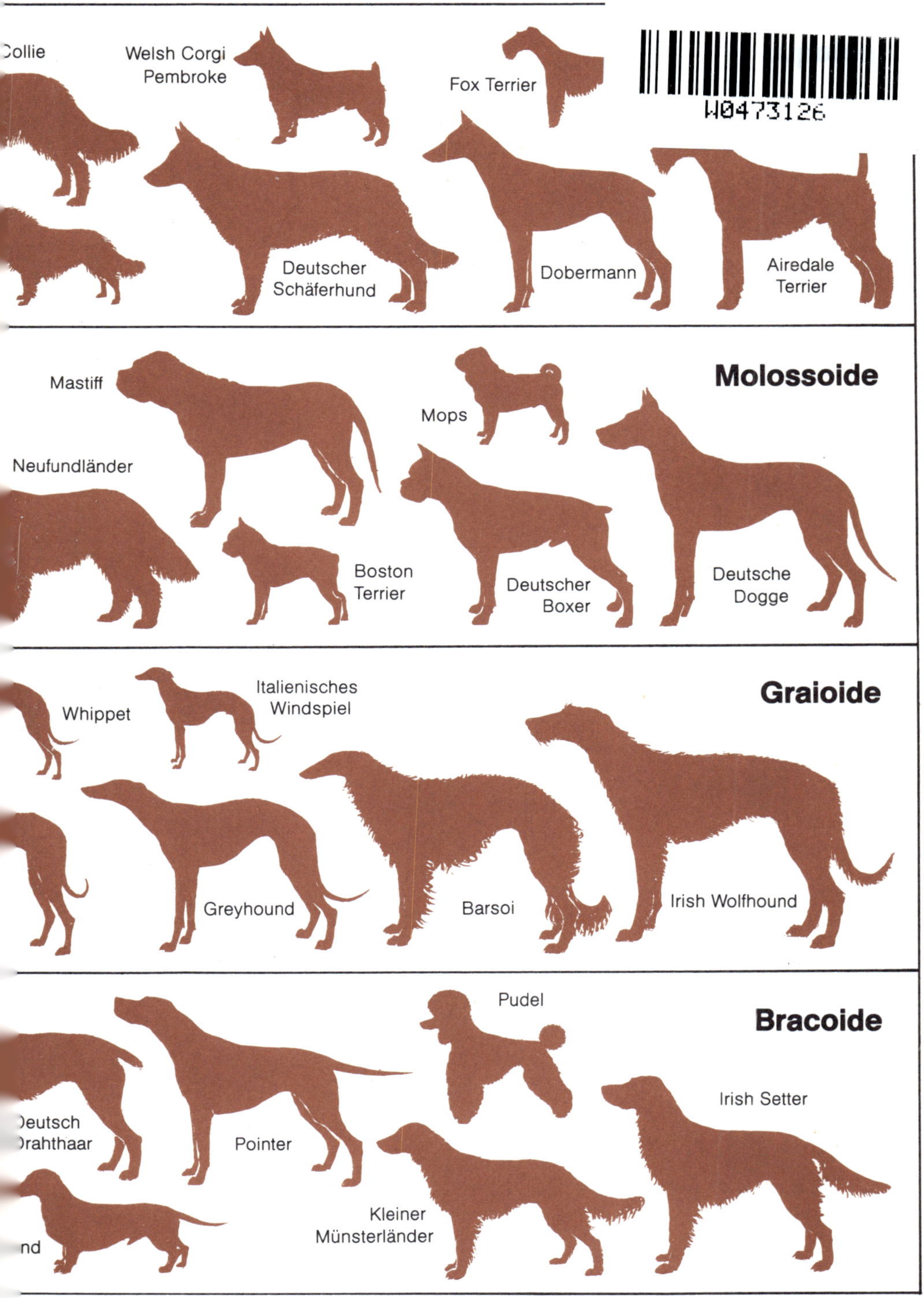
ollie
Welsh Corgi
Pembroke
Fox Terrier
Deutscher
Schäferhund
Dobermann
Airedale
Terrier
Molossoide
Mastiff
Mops
Neufundländer
Boston
Terrier
Deutscher
Boxer
Deutsche
Dogge
Graioide
Whippet
Italienisches
Windspiel
Greyhound
Barsoi
Irish Wolfhound
Bracoide
Pudel
eutsch
rahthaar
Pointer
Irish Setter
Kleiner
Münsterländer
nd

LEXIKON der Hunderassen

LEXIKON der Hunderassen

103 Textabbildungen sowie
48 Fototafeln, davon 40 mehrfarbig

HANS-JOACHIM SWAROVSKY
unter Mitarbeit von Ulrich Kägler

Nebel Verlag

Gutachter
Oberveterinärrat Dr. med. vet. Gerhard Wojcieck,
Kreistierarzt und Vorsitzender der Bezirkssektion Potsdam
der Wissenschaftlichen Gesellschaft für Veterinärmedizin

Text- und Vorsatzillustrationen
Michael Lissmann, Markkleeberg

Bildquellennachweis
Die Vorlagen für die Fototafeln stammen aus dem Archiv des Autors.

Verlagslizenz-Nr. 433-130/223/85
Sonderausgabe für Nebel Verlag GmbH., Erlangen
Lektorat: Martina Schmidt
Bildredaktion: Eike Kubitzki
Technische Redaktion: Monika Thiel
Herstellung: Karin Fleischer
Druck und Bindung: Ljudska pravica, Jugoslawien
ISBN 3 927117 46 3

Vorwort

Die Motive, sich einen Hund zuzulegen, sind äußerst vielschichtig, meist soll er jedoch Freude bringen. Nun drängt sich natürlich die Frage auf, muß es denn ein Rassetier sein? Sind nicht alle Hunde zwar nicht vom Äußeren her gleich, so doch gleichwertig, gleichberechtigt? Sieht man von den Anschaffungskosten ab und betrachtet nur die ideelle Seite, kann diese Frage ausschließlich bejaht werden. Jeder Vierbeiner, ob mit oder ohne Ahnentafel, sollte gleich behandelt, sorgsam erzogen und sachgemäß gefüttert werden, denn jeder Hund, also auch ein Mischling, ist auf uns angewiesen.

Es ist das Verdienst des Menschen, eine Vielzahl verschiedener Rassen gezüchtet zu haben, zweckgerichtet für bestimmte Einsatzgebiete. Keinesfalls ein Verdienst des Menschen — und trotzdem von ihm beeinflußt — sind viele extreme, teils sogar widernatürliche Körperformen, die von heute existierenden Rassen gefordert werden. Die Vielfalt der Körperformen des Hundes mit den unterschiedlichsten Wesenseigenschaften und die oft hochspezialisierten Begabungen, sind es wert, erhalten zu werden. Nur wenn gleiche Tiere miteinander gepaart werden, kann man erwarten, daß sich die gewünschten Eigenschaften vererben. Der Beginn der Rassenbildung wurde von der Zweckmäßigkeit bestimmt. Als Jagdhunde benötigte man schnelle, schlanke Tiere, als Kampfhunde große, sehr kräftige, als Hütehunde ruhige und sehr bewegliche, schließlich als Haushunde und Kameraden für die ganze Familie kleinere, handliche Arten.

Die oft gestellte Frage, wieviel Hunderassen es derzeit auf der Welt gibt, läßt sich eigentlich nicht exakt beantworten, da immer wieder neue hinzukommen und bereits existierende verschwinden. Als Richtzahl gilt momentan ungefähr 500, wobei Farbunterschiede, Größenvarianten und lokale, international noch nicht anerkannte Schläge einbezogen sind. Es gibt sicher keinen Kynologen, der von sich behaupten kann, auch nur die Hälfte davon augenscheinlich zu kennen.

Die Rassenbildung gab es bereits vor Jahrtausenden. Einige der damals schon durchgezüchteten Formen existieren noch heute. Der größte Teil unserer neuzeitlichen Rassen entstand jedoch in der zweiten Hälfte des 19 Jh., gleichlaufend mit der Sportkynologie. Die britischen Terrier können als Beispiel gelten, wurden doch ihre charakteristischen Unterschiede erst seit Beginn des Ausstellungswesens geprägt. Ähnliches finden wir sowohl bei den Jagd- als auch bei den Hütehunden. Denken wir nur an den heute verbreitetsten Rassehund, den Deutschen Schäferhund, der um 1880 noch nicht existierte. Und auch heute kann man selbst bei Dorfhunden, sogenannten Bastarden, im Riesengebirge sowie der Hohen Tatra familiäre Ähnlichkeiten, aber auch Unterschiede zu den Hunden des Nachbardorfes beobachten. Sie entstanden zwar durch Zufall, tragen aber die Möglichkeit in sich, zur eigenständigen Rasse geformt zu werden. Es liegt in der Hand des verantwortungsbewußten Züchters, aus den vorhandenen guten Eigenschaften die gewünschte Rasse zu formen. Die erzielten körperlichen und wesensmäßigen Eigenschaften sind im Rassestandard festgelegt, einer allgemeinverbindlichen Beschreibung, die bei der 1911 gegründeten Weltorganisation, der Fédération Cynologique Internationale (FCI), hinterlegt ist. Dem Interessenten zu helfen, sich durch die Vielzahl von Standardmerkmalen, Rassen und Farbvarianten zu finden sowie die richtige Wahl zu treffen, ist Anliegen dieses Buches.

Für die mir während der Erarbeitung dieses Standardwerkes geleistete Hilfe und erteilte Unterstützung möchte ich mich besonders bei Herrn Prof. Dr. sc. med. vet. Siegfried Schlaaf, Herrn Oberveterinärrat Dozent Dr. sc. med. vet. Hans Wunderlich, Herrn Oberveterinärrat Dr. med. vet. Gerhard Wojcieck, Herrn Dipl.-Lehrer Arnim Deutscher sowie Herrn Tierarzt Ulrich Kägler, sowie außerdem bei den Kolleginnen Martina Schmidt und Elke Kubitzki vom VEB Bibliographisches Institut Leipzig bedanken.

Hans-Joachim Swarovsky

Abkürzungen

Abb.	Abbildung
bzw.	beziehungsweise
d. h.	das heißt
evtl.	eventuell
FCI	Fédération Cynologique Internationale (Internationale Föderation der Kynologenverbände)
frz.	französisch
geb.	geboren
gest.	gestorben
griech.	griechisch
i. e. S.	im engeren Sinne
i. w. S.	im weiteren Sinne
Jahrt.	Jahrtausend
Jh.	Jahrhundert
KM	Körpermasse
lt.	laut
max.	maximal(-e, -er, -es)
ndl.	niederländisch
o. a.	oder andere(s)
port.	portugiesisch
russ.	russisch
s.	siehe
SH	Schulterhöhe
svw.	soviel wie
Tab.	Tabelle
u. a.	und andere(s), unter anderem
u. ä.	und ähnliche(s)
usw.	und so weiter
u. v. a. m.	und vieles andere mehr
z. B.	zum Beispiel
z. T.	zum Teil
v. u. Z.	vor unserer Zeitrechnung
u. Z.	unserer Zeitrechnung
↑	Verweispfeil

Einleitung

1. Die geschichtliche Entwicklung des Hundes

Unter Haustieren verstehen wir ganz allgemein Tiere, die seit vielen Generationen in der unmittelbaren Nähe des Menschen gelebt haben und leben. Dadurch ergaben sich zwangsläufig ganz erhebliche Eingriffe in das Wesen und die Daseinsformen der ursprünglichen Wildtierarten. Als Folge der Beeinflussung z. B. der natürlichen Zucht- und Partnerwahl bei der Fortpflanzung, der Ernährung und der Bewegungsmöglichkeiten, bilden sich schon unter einfachen Domestikationsbedingungen sehr starke Abweichungen zu den ursprünglichen Wildformen heraus. Durch vielgestaltige Anpassungsprozesse an die veränderten Umweltbedingungen kommt es zu Veränderungen fast aller Organsysteme. Das führt schließlich dazu, daß die Haustiere ihren wilden Ahnen immer unähnlicher werden.

Die Frage aber, von welchen Wildformen unsere Haustiere letztlich abstammen, bewegt seit jeher viele Wissenschaftler und Tierfreunde. Die Antwort darauf fällt nicht leicht, bedenkt man, daß von etwa 6000 bekannten Säugetierarten nur etwa 20 domestiziert wurden. Wer ist nun aber der Stammvater unserer Haushunderassen? Eine große Anzahl wissenschaftlicher Arbeiten wurde zu diesem Themenkreis abgehandelt. Die einen weisen den *Wolf* als eigentliche Ursprungsart aus, andere den *Goldschakal*. Nach der Meinung einer dritten Gruppe sind beide Arten als direkte Vorfahren der Haushunde anzusehen. Haben auch *Coyote* und sogar *Fuchs* Anteil an der Herausbildung unserer vierbeinigen Hausgenossen? Mit letzter Sicherheit läßt sich die Frage nicht beantworten. Wertet man aber alles vorliegende Material aus, so setzt sich doch immer mehr die Auffassung durch: *Der Wolf ist der Stammvater unserer Haushunde*. Es wäre sicher zu sehr vereinfacht, ein einziges Wolfspaar als den Ursprung aller unserer heutigen Hunderassen anzusehen. Beim Wolf, als Bewohner der gesamten nördlichen Halbkugel sind Fang, Zähmung und Domestikation mit Sicherheit vielfach erfolgt.

Bedenkt man dabei noch, daß von den Zoologen 35 Unterarten unterschieden werden, die in den verschiedenen Lebensräumen sehr starke Abweichungen im Phänotyp (äußeres Erscheinungsbild) aufweisen, so ist für die Herausbildung einzelner spezifischer Rassen eine breite biologische Variabilität gegeben.

Abb. 1 Altägyptische Windhunde, etwa 3000 v. u. Z.

Untersuchungen, die sich bis auf den Zellbereich erstrecken (z. B. die Chromosomenzählung), lassen zwischen Wolf, Schakal und Haushund keine artspezifischen Unterschiede erkennen. Von *Herre* wurden unterschiedliche Hirneigenschaften herausgearbeitet, aufgrund derer der Schakal als Urahn des Haushundes auszuschließen ist. Ein weiteres Indiz dafür ist, daß Haushunde besonders bei den Zahnmerkmalen die Arteigenschaften der Wölfe und nicht die der Schakale erkennen lassen. Erhärtet wird die These des Wolfes als Stammvater noch durch die biochemische Untersuchung der Eiweißzusammensetzung des Blutes. Diese weicht bei Wolf und Schakal deutlich voneinander ab, während bei Wolf und Haushund eine Übereinstimmung der Proteinzonen festzustellen ist. Die Untersuchung der Masse von Herz und Hirn ergibt einen weiteren Beweis: Alle Schakalarten haben unabhängig von ihrer Körpergröße geringere Massen dieser beiden Organe als Wolf und Haushund. Es ist aber erwiesen, daß im Verlauf der Domestikation immer eine Verringerung der Hirn- und Herzmassen gegenüber den Wildformen feststellbar ist – niemals aber deren Zunahme. Zusammenfassend läßt sich daraus nur folgern, daß unsere Haus-

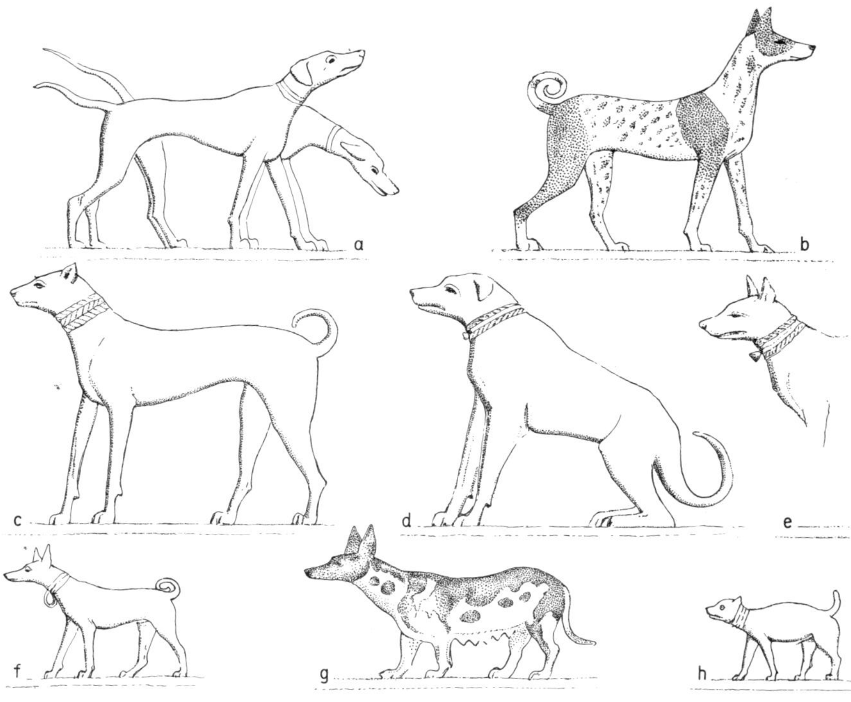

Abb. 2 Altägyptische Jagd-, Haus- und Hirtenhunde: *a* Jagdhund, *b* Haushund, *c/d/e* herrschaftliche Jagdhunde, *f* Hirtenhund, *g* Haushund, *h* Schoßhündchen

hunde am Anfang ihrer Entwicklung den Wolf als ursprünglichen Vorfahren haben. Über den genauen Zeitpunkt dieses Entwicklungsbeginns hingegen lassen sich wohl niemals genaue Aussagen treffen. Archäologische Funde, künstlerische Darstellungen und Wandzeichnungen lassen

Abb. 3 Assyrischer Kampfhund

Schlüsse auf den Zeitpunkt der Domestikation zu. Relativ gesicherte Beweise für die Haushundewerdung liefern Funde in der *Türkei* (Cayönü bei Ergani), in *Schottland* (Starr Carr) und im heutigen US-Bundesstaat *Idaho*. All diese Funde lassen sich auf die Zeit zwischen 9500 und 7500 v. u. Z. datieren. Das relativ zeitgleiche Auftreten in Eurasien und auf dem amerikanischen Kontinent deutet darauf hin, daß die Domestikation des Hundes in ein sehr großes Gebiet dieses urgeschichtlichen Zeitabschnittes, das *Jungpaläolithikum*, fällt. Noch ältere Funde gelten nicht als Beweise für eine stattgefundene Haustierwerdung. Über die Verwendung dieser Hunde können allerdings auch die obengenannten Funde keine Aussagen machen. Verschiedene Formen lassen sich allerdings bei den frühesten Haushunden schon unterscheiden: Die *Doggenartigen* (Canis familiaris putiatini) dürften das Anfangsglied dieser Entwicklungskette bilden, gefolgt von den *Spitzen* (Canis familiaris palustris). Gravierungen der letztgenannten in Rentiergeweihen weisen darauf hin, daß diese, auch die als *Torfhunde* bekannten Vertreter ihrer Art, in Nordeuropa schon als Zugtiere vor dem Schlitten genutzt wurden. Der Torfhund breitete sich über den gesamten Kontinent bis nach Spanien und Nordafrika aus. Auf der iberischen Halbinsel sind noch heute den Torfhunden ähnliche Tiere anzutreffen. Es schlossen sich in der Bronzezeit die *Hütehunde* (Canis familiaris matris optimae) als Begleiter nomadisierender Völker Asiens an. Zum Ende der urgeschichtlichen Epoche erweiterte sich das Spektrum der Haushunde um die *Jagd-* und *Laufhunde*. Die häufigsten Darstellungen dieser Hunde findet man in Nordafrika. Mit der fortschreitenden gesellschaftlichen Entwicklung zur Herausbildung von Klassen erfuhr auch die Verwendung des Hundes einen Wandel. War er in früherer Zeit vorwiegend Gefährte und mit seinen Eigenschaften als Laufraubtier ein großer Helfer bei der Nahrungsbeschaffung für den Menschen, so fächert sich später die Art seiner Verwendung weiter auf (Abb. 1, 2, 3).

2. Der Körperbau des Hundes

2.1. Das Skelettsystem

In seiner Gesamtheit setzt sich das Skelettsystem des Hundes aus 256 einzelnen Knochen zusammen. Aufgabe des Skeletts ist es, dem Körperbau das innere Gerüst zu geben. Es dient dabei als Umkleidung für die Weichteile (z. B. Brust- und Verdauungsorgane und Gehirn) sowie als Ansatz für die Muskulatur, welche wiederum im Zusammenwirken mit den Gelenken Grundlage für die Motorik des Organismus ist. Der Knochen selbst weist in seiner chemischen Zusammensetzung sowohl organische als auch anorganische Substanzen auf. Erstere verleihen ihm seine Elastizität und Biegungsfähigkeit, wogegen die anorganischen Verbindungen (Calciumsalze und Phosphate) Festigkeit, Starre und Schwere verleihen und dem Knochen seine Gestalt geben. Im

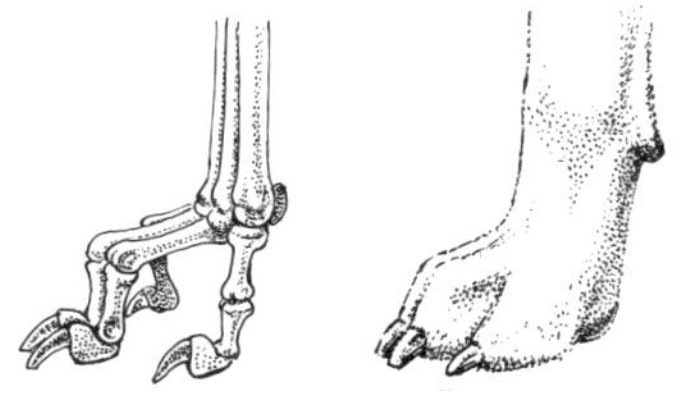

Abb. 5 normale Pfote des Hundes

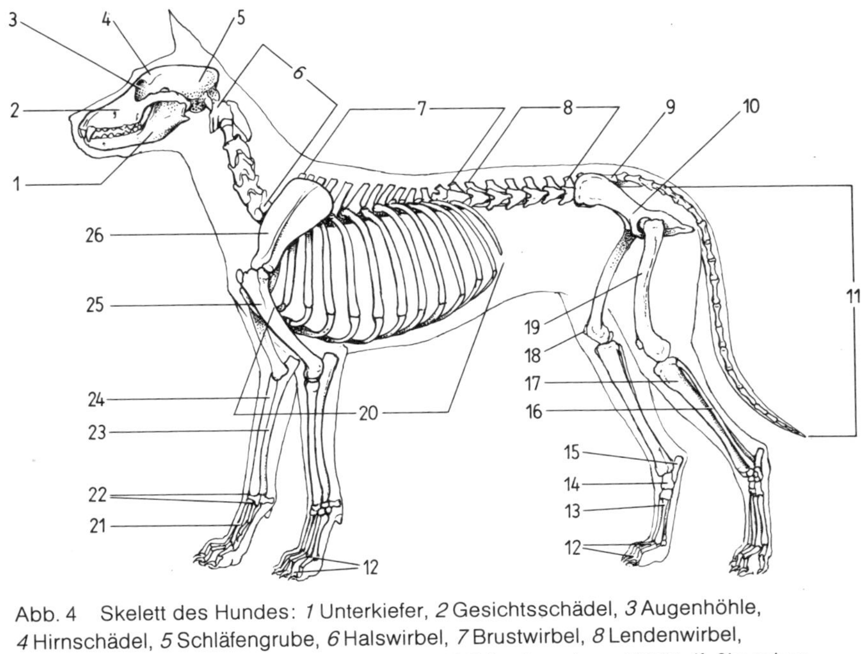

Abb. 4 Skelett des Hundes: *1* Unterkiefer, *2* Gesichtsschädel, *3* Augenhöhle, *4* Hirnschädel, *5* Schläfengrube, *6* Halswirbel, *7* Brustwirbel, *8* Lendenwirbel, *9* Kreuzbein, *10* Becken, *11* Schwanzwirbel, *12* Zehenknochen, *13* Mittelfußknochen, *14* Hinterfußwurzelgelenk (Sprunggelenk), *15* Fersenbein, *16* Wadenbein, *17* Schienbein, *18* Kniescheibe, *19* Oberschenkelbein, *20* Brustkorb, *21* Mittelfußknochen, *22* Vorderfußwurzel, *23* Elle, *24* Speiche, *25* Oberarm, *26* Schulterblatt

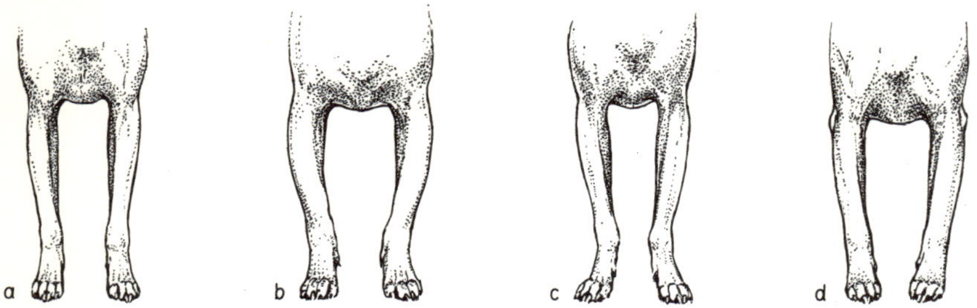

Abb. 6 Stellung der Vordergliedmaßen: *a* korrekte Stellung, *b* krumme Front, *c* Französischer Stand, *d* freie Ellenbogen

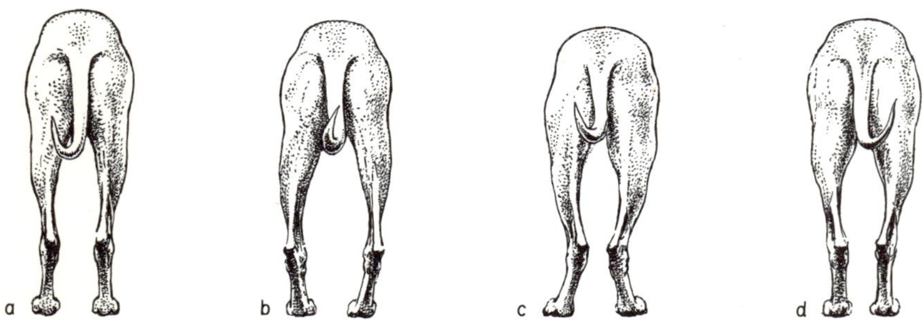

Abb. 7 Stellung der Hintergliedmaßen: *a* korrekte Stellung, *b* O-beiniger Stand, *c* Kuhhessigkeit, *d* enger Stand

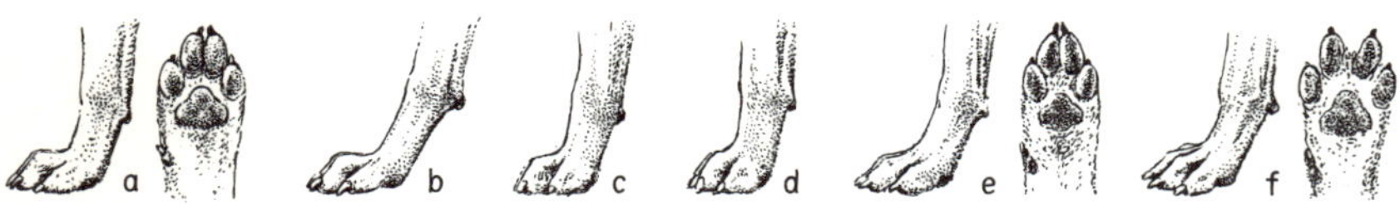

Abb. 8 Pfotenformen: *a* normale Stellung, *b* zu langer Vordermittelfuß, *c* Katzenpfote, *d* zu steil, *e* Hasenpfote, *f* Spreizpfote

Abb. 10 Anatomie Äußere Bezeichnungen des Hundes: *1* Backe, *2* Lippenwinkel, *3* Lefze, *4* Nasenspiegel, *5* Nasenrücken (*2–5*: Fang), *6* Stop, *7* Augenbogen, *8* Stirn, *9* Hirnschädel, *10* Ohrenansatz, *11* Nacken, *12* Widerrist, *13* Rücken, *14* Lende, *15* Kruppe, *16* Rutenansatz, *17* Hüfte, *18* Flanke, *19* Sitzbeinhöcker, *20* Leistengegend, *21* Oberschenkel, *22* Rute, *23* Unterschenkel, *24* Fersensehnenstrang, *25* Sprunggelenkhöcker, *26* Hinterpfote, *27* Hinterzehen, *28* Hintermittelfuß, *29* Sprunggelenk, *30* Kniegelenk, *31* Bauch, *32* Rippen, *33* Unterbrust, *34* Vordermittelfuß, *35* Vorderpfote, *36* Vorderzehen, *37* Vorderfußwurzelgelenk, *38* Unterarm, *39* Ellenbogen, *40* Oberarmgegend, *41* Oberarm, *42* Brust, *43* Vorderbrust, *44* Buggelenk, *45* Halspartie

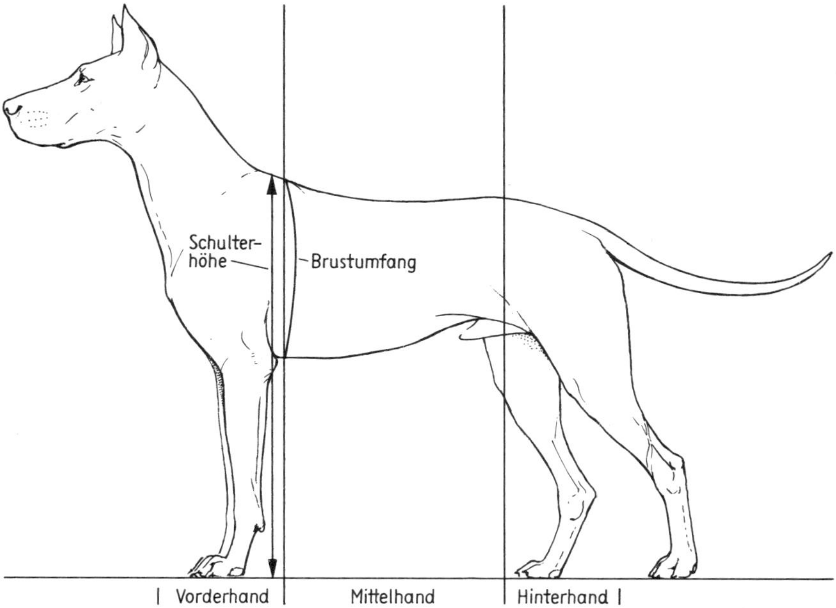

Abb. 9 Einteilung und Maße des Hundes

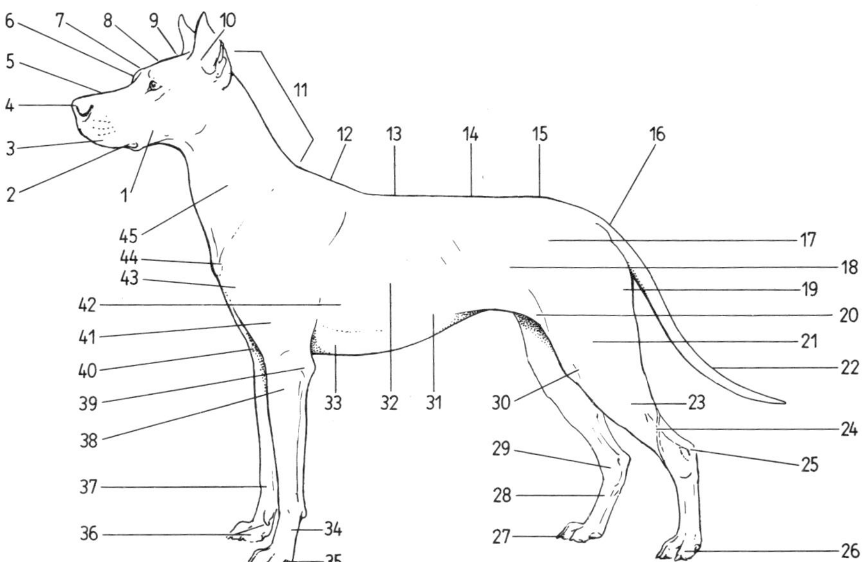

Querschnitt erkennen wir außen zuerst die *Knochen-* oder *Beinhaut (Periost).* Mit vielen Gefäßen und Nerven ausgestattet, ist sie das ernährende Gewebe für den Knochen, denn dieser ist, trotz seines starren Erscheinungsbildes, im lebenden Organismus ständigen biologischen Umbauprozessen unterworfen und erfüllt eine wichtige Aufgabe besonders im Mineralstoffwechsel des Gesamtlebewesens. In der eigentlichen Knochensubstanz lassen sich eine äußere dichte und eine innere gitterartig verwobene Schicht unterscheiden. Bei den langen Röhrenknochen (z. B. Oberarm- und Oberschenkelknochen) schließt sich die sogenannte *Markhöhle* an. Diese ist, ausgefüllt mit dem roten Mark, ein wichtiger Ort der Blutbildung für den Organismus. Das *weiße Knochenmark* besteht zum überwiegenden Teil aus Fettzellen. Bei alten und unterernährten Tieren stellt sich das Knochenmark des öfteren als gallertige Substanz dar. An den Enden der langen Röhrenknochen lassen sich besonders gut bei Jungtieren die sogenannten *Epiphysenfugen* erkennen. Von diesen geht das Längenwachstum aus, und sie verknöchern beim Abschluß des Größenwachstums. Ungenügende Versorgung des heranwachsenden Jungtieres besonders mit Mineralstoffen offenbart sich daher an diesen Stellen immer besonders deutlich. Den Abschluß an den Knochenenden bildet der bläulich-weiße *Gelenkknorpel.* Der einzelne Knochen für sich wäre zur Funktionslosigkeit verurteilt, hätte nicht die Natur bewegliche Verbindungen zwischen ihnen geschaffen, die *Gelenke.* Wir unterscheiden nach der Art der Gelenke solche, die zwischen zwei oder mehreren Knochen gebildet werden (z. B. das Ellenbogengelenk) sowie bewegliche Verbindungen zwischen Knochen, die

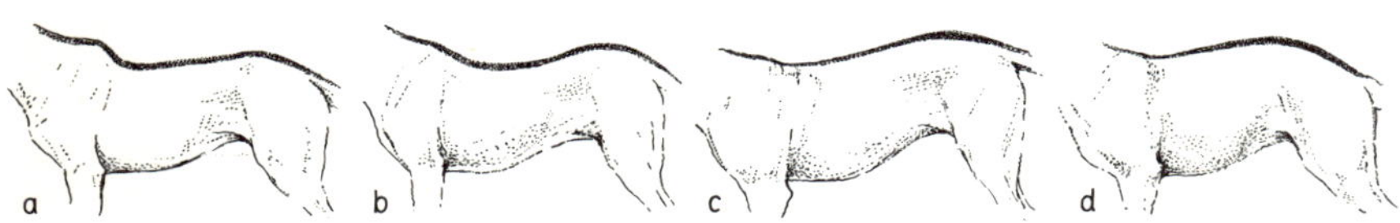

Abb. 11 Rückenformen: *a* Knickrücken, *b* Sattelrücken, *c* überbaut, *d* Karpfenrücken

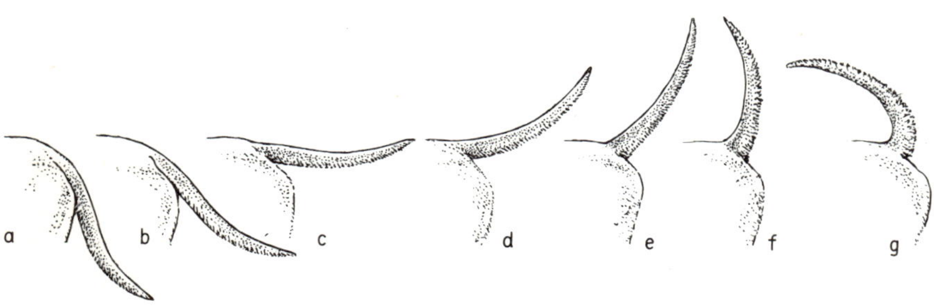

Abb. 12 Haltung der Rute: *a* hängend, *b* unter der Rückenlinie, *c* waagerecht, *d* über der Rückenlinie, *e/f* fröhlich, *g* über dem Rücken

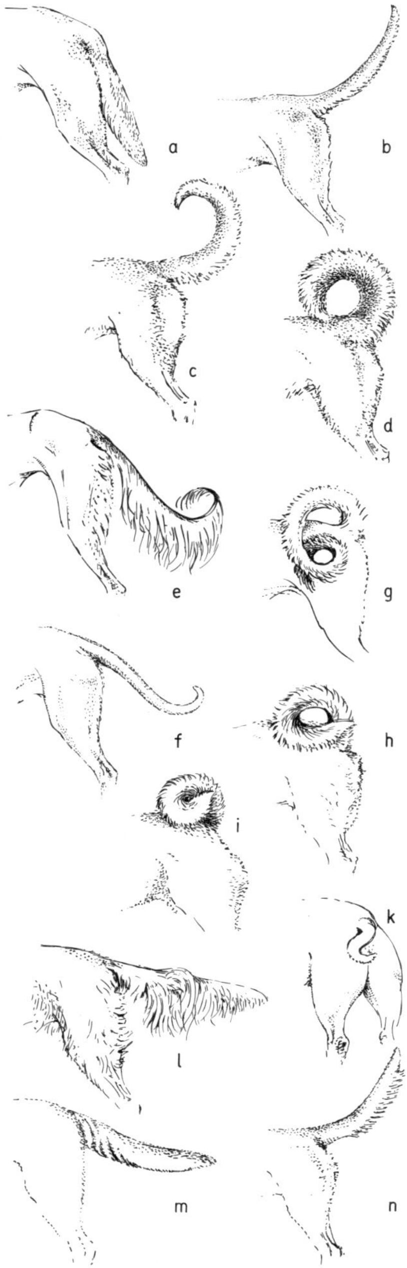

durch Muskeln vermittelt werden, sogenannte *Synsarkosen* (z. B. die Aufhängung der Vordergliedmaßen am Rumpf). Der Bau der Gelenke ist je nach der Funktion sehr vielgestaltig.
Die Verbindung der Vorderextremitäten ist, wie bereits erwähnt, muskulärer Natur. Der ursprünglich knöcherne Schultergürtel (Schlüsselbein, Rabenbein, Schulterblatt) hat sich im Laufe der Evolution im Wesentlichen nur auf das Schulterblatt reduziert. Grundlage dieser Entwicklung ist die Spezialisierung auf bestimmte Bewegungsabläufe so z. B. beim Hund und bei vielen anderen Säugerarten auf das Laufen. Die Bewegung der Schultergliedmaßen ist daher stark eingeschränkt und größtenteils nur vor- und rückwärts möglich. Dieser Ablauf in der Bewegung der Extremitäten ist aber vielen Tieren bei ihrem „Kampf ums Dasein" ausreichend.
Diese eingeschränkte Beweglichkeit ist kein Nachteil, sondern ein großer Vorteil, bildet sie doch wegen der elastischen Aufhängung der Vordergliedmaßen am Rumpf erst die Voraussetzung für ein weiches Auffangen des Körpers durch die Vorderbeine. Das aber ist bei allen Lauftieren unabdingbare Voraussetzung, um dem frühzeitigen Verschleiß an den Gelenken der Vorderextremitäten vorzubeugen. Anders die Hintergliedmaßen – sie sind der eigentliche Motor für die Vorwärtsbewegung. Sie bewirken die Schubkraft und müssen deshalb fest und trotzdem beweglich verankert sein.

Abb. 13 Rutenformen: *a* Schwertrute, *b* Säbelrute, *c* Sichelrute, *d* Ringrute, *e* Ring an der Spitze, *f* Hakenrute, *g* Spiralrute, *h* Ringelrute, *i* eingerollt getragen, *k* Korkenzieherrute, *l* Fahnenrute, *m* Otterrute, *n* Bürstenrute

Diese Funktion übernimmt das *Hüftgelenk,* ein Kugelgelenk, als Bestandteil des knöchernen Beckenringes, der seinerseits wieder mit dem Kreuzbein eine straffe Verbindung zur Wirbelsäule eingeht (Abb. 4).

Bei weiterer Betrachtung der Vordergliedmaßen schließt sich an das Schulterblatt der Oberarmknochen an, der mit dem weiter bodenwärts folgenden Unterarm, bestehend aus Elle und Speiche, das Ellenbogengelenk bildet. An den Unterarm schließen sich Vorderfußwurzel, Mittelfußknochen und die Zehen an. Alle ursprünglichen Knochen, einschließlich der rudimentären ersten Zehe, die am Hinterfuß in der Regel fehlt, sind im Zehenskelett noch vorhanden. Gemeinsam mit der weichen Polsterung der Zehen- und Sohlenballen und den stumpfen nicht einziehbaren Krallen zeichnet sich das charakteristische Bild der Hundepfote (Abb. 5, 6, 8, 9, 10). Wir rechnen den Hund zu den Zehengängern.

Das Skelett der Hinterextremität erstreckt sich, beginnend im Hüftgelenk, über Ober- und Unterschenkel mit dazwischenliegender Kniescheibe und Kniegelenk über den Unterschenkel zum Sprunggelenk. Weiter bodenwärts ist das Skelett analog den Vordergliedmaßen angelegt (Abb. 7).

Das *Stamm-* oder *Rumpfskelett* beinhaltet Wirbelsäule, Rippen und Brustbein. Das Längenverhältnis von beinahe 1 : 1 zwischen Brust- und Lendenwirbelsäule ermöglicht ein starkes Abknicken der Lendenpartie und da-

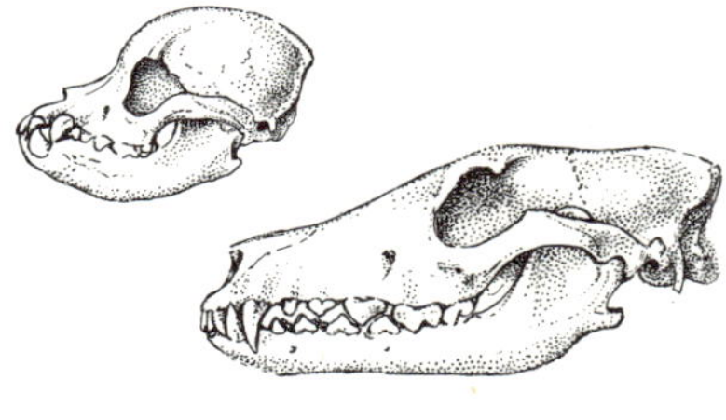

Abb. 14 Schädelformen Mops und Windhund

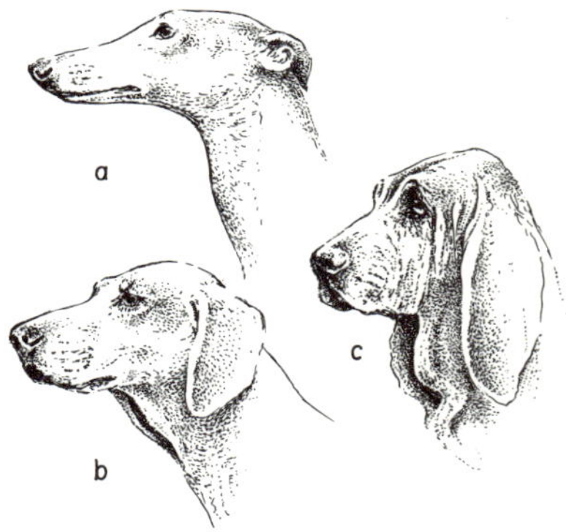

Abb. 15 Halsformen: *a* trockener Hals, *b* Kehlhaut, *c* Wamme

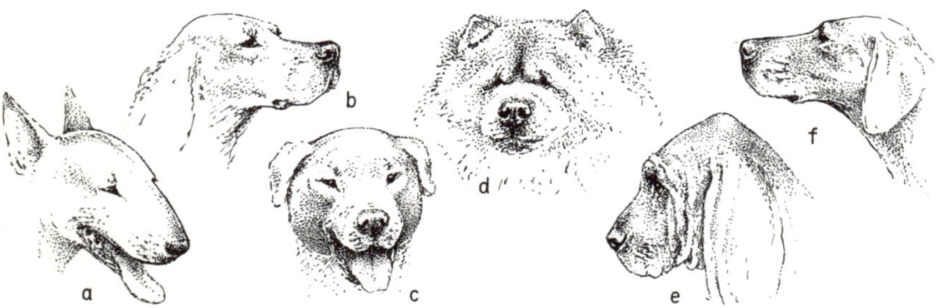

Abb. 16 Kopfformen: *a* Ramsnase, *b* Sattelnase, *c* Backen, *d* Scowl, *e* Jagdknubbel, *f* viereckiger Fang

mit ein weites Unterschieben der Hintergliedmaßen unter den Rumpf. Das ist von großer bewegungsphysiologischer Bedeutung im Galopp (Abb. 11, 12, 13). Die *Schädelknochen* werden in die des Gesichtsschädels und in die des Hirnschädels eingeteilt. Bis auf Ober- und Unterkiefer, die durch das Kiefergelenk beweglich miteinander verbunden sind, sind die anderen zwölf Knochen durch sogenannte *Nähte* fest gegeneinander verankert (Abb. 14, 15, 16).

2.2. Die Muskulatur

Mit ihrer Möglichkeit zur Kontraktion ist die Muskulatur das auslösende Gewebe für jede Bewegung im Körper; sie beträgt etwa zwei Fünftel der Körpermasse. Mit ihrer Möglichkeit, Gelenke zu bewegen (Laufen, Springen, Beutefangen usw.) und Hohlorgane zu verengen und wieder zu erweitern (z. B. Transport des Nahrungsbreis im Verdauungskanal, Veränderung des Blutdruckes durch das Weit- und Engerstellen der Gefäße) ist sie Ausdruck lebendigen Daseins schlechthin. Wir unterscheiden nach dem geweblichen Aufbau die *Skelett-* oder auch *quergestreifte* von der *glatten Muskulatur* der inneren Organe. Die *Herzmuskulatur* nimmt im Aufbau und in der Steuerung der physiologischen Vorgänge am Herzen eine Sonderstellung ein.

2.3. Das Verdauungssystem

In seiner Gesamtheit stellt sich das Verdauungssystem als muskulöses Hohlorgan dar, bei dessen Passage die aufgenommene Nahrung zerkleinert, in ihre Bestandteile zerlegt, für den Stoffwechsel nutzbar gemacht und Unverdauliches wieder ausgeschieden wird. Was sich so einfach anhört, ist in Wirklichkeit ein sehr vielschichtiger und komplizierter Prozeß. Die Einteilung des *Verdauungskanals* erfolgt in vier Abschnitte: *Kopfdarm*, mit Maulhöhle und Schlundkopf, *Vorderdarm*, *Mitteldarm* und *Enddarm*. Als wichtige sogenannte Anhangsorgane zählen *Leber* und *Bauchspeicheldrüse* ebenfalls zum Verdauungssystem.

Bei einem Blick in die Maulhöhle, die seitlich von den (Abb. 17, 18) behaarten *Lippen* (*Lefzen*) begrenzt ist, fallen sofort die gewaltigen *Fangzähne* (Ca-

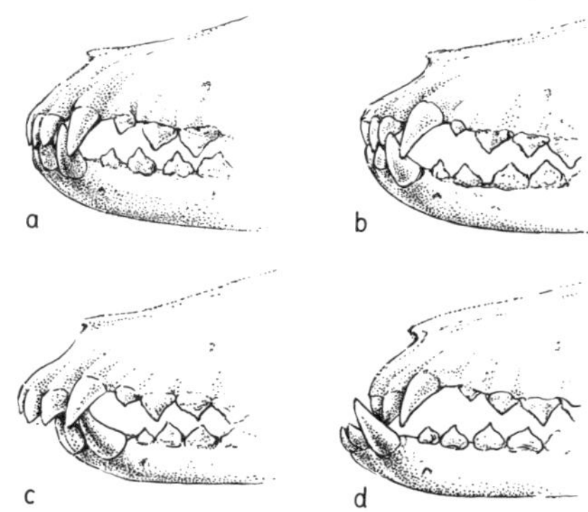

Abb. 17 Gebißformen: *a* korrektes Gebiß (Scherengebiß), *b* Zangengebiß, *c* Rückbiß, *d* Vorbiß

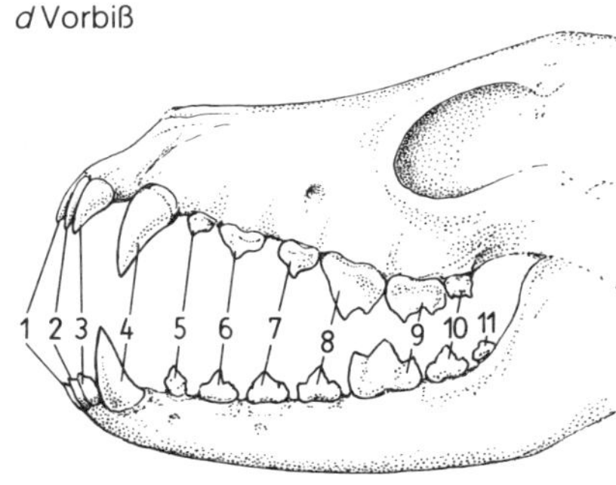

Abb. 18 normales Gebiß des Hundes: *1–3* Schneidezähne (Inzisiven), *4* Fangzahn, *5–8* Backenzähne, *9–11* Mahlzähne

nini) und weiter hinten im Kiefer die kräftig ausgebildeten *Reißzähne* auf. Die Canini mit ihrer dolchartigen Form dienen zum Festhalten und Töten einer lebenden Beute. Sie sind die eigentlichen Waffen des Hundes. Aus der erlegten Beute werden dann mehr oder weniger große Fleischbrocken herausgerissen. Ein intensiver Kauvorgang wie bei den Pflanzenfressern und beim Menschen ist beim Hund nicht zu beobachten. Er „schlingt" förmlich die Nahrung herunter. Über den Kehlkopf hinweg durch die Speiseröhre gelangt der Bissen in den einfachen, einhöhligen Magen. Dessen Volumen ist, abhängig von Rasse und Größe der Tiere, recht erheblich (bis 9 l beim Neufundländer). Die aufgenommene Nahrung wird im Magen gespeichert, zerkleinert und durchmischt. Hier beginnt mit der Zumischung von Salzsäure und Pepsin aus den Drüsen des *Magenfundus*, dem Magenunterteil, der eigentliche Verdauungsprozeß. Im nachfolgenden *Zwölffingerdarm* werden über die dort endenden Ausführungsgänge der Bauchspeicheldrüse und der Leber die Fermente dieser wichtigen Anhangsdrüsen dem Nahrungsbrei zugemischt. Dazu kommen die Sekrete aus den darmeigenen Drüsen. Durch die vom vegetativen Nervensystem gesteuerte *Darmbewegung* (*Peristaltik*) erfolgt eine ständige Durchmischung und Weiterbewegung der Nahrung. Im *Dünndarm*abschnitt läuft somit vorwiegend die chemische Verdauung ab und die Aufnahme der kleinsten Nahrungsbausteine durch die Darmwand in den Blutkreislauf mit nachfolgendem Abtransport für den inneren Stoffwechsel, vorwiegend in der Leber, die als das wichtigste Organ aller aufbauenden Prozesse im Organismus gilt.

Im *Dickdarm* erfolgt die Eindickung

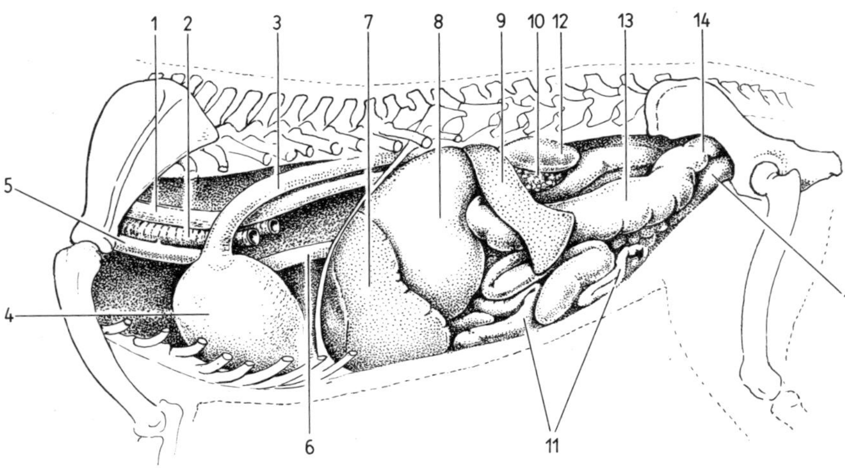

Abb. 19 Innere Organe des Hundes (von Oesophagus im Uhrzeigersinn): *1* Speiseröhre, *2* Luftröhre, *3* Hauptschlagader, *4* Herz, *5* vordere Hohlvene, *6* hintere Hohlvene, *7* Leber, *8* Magen, *9* Milz, *10* Bauchspeicheldrüse, *11* Dünndarm, *12* Niere, *13* Dickdarm, *14* Enddarm, *15* Harnblase

der unverdaulichen Restbestandteile durch Wasserentzug. Dieses Wasser, das von dem Körper über die Verdauungssäfte der Nahrung zugesetzt wurde, um einen Aufschluß überhaupt erst zu ermöglichen, wird nun wieder dem inneren Stoffwechsel zugeführt (Abb.19).

2.4. Die Atmung

Sie bewirkt die *Sauerstoffaufnahme* und die *Kohlendioxidausscheidung* über die *Lungen*. Der Sauerstoff ist lebensnotwendig für alle im Körper ablaufenden biologischen Verbrennungsvorgänge, die die mit der Nahrung aufgenommene Energie erst für den Organismus nutzbar machen. Den Gasaustausch, der in den Lungen erfolgt, bezeichnet man als *äußere*, den in den Geweben und einzelnen Zellen als *innere Atmung*. Das Transportmedium für diese Vorgänge ist das *Blut*, wobei Sauerstoff und Kohlendioxid chemisch an das Hämoglobin der roten Blutkörperchen gebunden werden. Der Austausch der Gase durch die feinen Wände der Blutgefäße (Kapillaren) ist ein sehr komplizierter biochemischer Vorgang. Die bei einem *Atemzug* gewechselte Luftmenge beträgt in Abhängigkeit von der Größe des Hundes zwischen 100 und 300 cm^3. Die *Atemfrequenz* des Hundes beläuft sich auf 10 bis 30 Atemzüge je Minute. Die Regulierung der Atmung obliegt einem Teil des Nachhirns mit der Beteiligung von Hirn- und Rückenmarknerven, welche die Erregungen dem Atemzentrum zuführen bzw. eine Erregung der Atemmuskulatur bewirken. Als auslösendes Moment für eine Steigerung des Atemvolumens ist ein erhöhter Kohlendioxidgehalt des Blutes anzusehen. Genügt das nicht, um eine ausreichende Sauerstoffaufnahme des Blutes zu sichern, erfolgt eine Erhöhung der Atemfrequenz.

2.5. Harnorgane

Die paarig angelegten, bohnenförmigen *Nieren* gelten als Hauptausscheidungsorgane des Organismus. Sie haben im wesentlichen drei Hauptfunktionen zu erfüllen: a) Sie bestehen in der Ausscheidung körperfremder und körpereigener, zum Teil giftiger Stoffwechselprodukte, b) Regulierung des Wasser- und Salzhaushaltes sowie c) Aufrechterhaltung der physiologischen Eigenschaften des Blutes. An die Nieren schließen sich die *Harnleiter* an, die den produzierten Harn in die *Harnblase* ableiten, wo er gesammelt wird. Die Harnblase ist als muskulöses Hohlorgan sehr dehnungsfähig und in der Lage, größere Urinmengen zu speichern. Die Ausscheidung des Harns erfolgt über die *Harnröhre*, die bei der Hündin im Scheidenvorhof mündet. Die Harnröhre des Rüden unterteilt man in Becken- und Penisstück. In den Anfangsteil der Harnröhre mündet der Samenleiter, und somit dient die Harnröhre in einer kombinierten Funktion sowohl dem Harnabsatz als auch der Ausscheidung der Produkte der männlichen Geschlechtsorgane.

2.6. Geschlechtsorgane

Wir unterscheiden äußere und innere Geschlechtsorgane, wobei erstere der Begattung und letztgenannte der eigentlichen Zeugung dienen. Die *Hoden* sind die keimbildenden Organe des männlichen Organismus. Sie sind in der fetalen Entwicklung in der Lendengegend, innerhalb der Bauchhöhle, angelegt und steigen vor bzw. kurz nach der Geburt in den bereits vorgebildeten *Hodensack* ab. Der auf dem Hoden aufsitzende *Nebenhoden* dient der Samenspeicherung. An diesen schließt sich der *Samenleiter* an. Von den *akzessorischen Geschlechtsdrüsen* (*Prostata*) im Bekkenteil der Harnröhre wird ein Sekret gebildet, das für die Erhaltung der Lebens- und Bewegungsfähigkeit der Spermien von entscheidender Bedeutung ist. Die Spermien und das Sekret der akzessorischen Geschlechtsdrüsen bezeichnet man als *Samenflüssigkeit* oder Sperma. Das äußere männliche Begattungsorgan wird als *Penis* (*Rute*) bezeichnet.

Er besteht aus Schwellkörper, Muskulatur und der Harnröhre. Die Spitze ist von einer Hauttasche umschlossen. Als Eigenheit ist beim Hund ein Knochen in den Penis eingelagert, der sich erst nach der Geburt bildet.

Die weiblichen Keimzellen stellen sich uns in Form der *Eierstöcke* oder *Ovarien* dar. In ihnen laufen periodische Reifungsprozesse der Eizellen ab, die über die paarigen *Eileiter* in die *Gebärmutter* gelangen. Bei erfolgter Befruchtung kommt es zur Einbettung der Eizelle in die Gebärmutterschleimhaut und zur Entwicklung des Embryos. Der Austritt der Frucht aus dem Uterus erfolgt über *Gebärmutterhals*, *Scheidenvorhof* und *Scheide*.

2.7. Herz-Kreislauf-System

Dieses Versorgungssystem des Körpers vermittelt den Stoffaustausch in allen Geweben des Organismus. Es reagiert in seiner Komplexität sehr variabel auf innere und äußere Einflüsse. Das *Herz* ist wie eine Pumpe in diesem System eingebaut. Mit einem eigenen Reizbildungs- und -leitungssystem ist durch eine Veränderung der Schlagzahl eine sehr schnelle Reaktion auf die unterschiedlichen Anforderungen des Stoffwechsels möglich. Das Blut gelangt, nachdem es Sauerstoff und andere stoffwechselwichtige Substanzen an die Zellen abgegeben hat, über die feinen *Haargefäße* (Kapillaren), *Venen* und große *Hohlvene* in die *rechte Herzvorkammer* und von dort in die *rechte Herzkammer*. Durch Kontraktion derselben gelangt das Blut über die *Lungenarterien* zum Gasaustausch in die *Lunge*. Von hier aus geht der Rückstrom über *Lungenvene* und *linke Herzvorkammer* in die *linke Herzkammer*. Das Blut wird von hier über die *Aorta* in die Organe transportiert. Eine Durchmischung von arteriellem, sauerstoffreichem mit venösem Blut wird durch einen kompliziert aufgebauten Klappenmechanismus im Herzen verhindert. Das Herz hat aufgrund seiner ungeheuren Arbeitsleistung einen sehr großen Energiebedarf. Durch ein eigenes Blutgefäßsystem, die *Herzkranzgefäße*, wird dieser Bedarf abgedeckt.

2.8. Nervensystem

Aufgabe des Nervensystems ist es, Reize aus der Umwelt aufzunehmen, diese zu verarbeiten und die entsprechenden Reaktionen des Organismus auszulösen. Es dient somit als Steuerungssystem, das ein Lebewesen befähigt, auf die unterschiedlichsten Situationen gezielt zu reagieren (Flucht, Beutefang, Fortpflanzungsverhalten u. v. a. m.). Dies deutet an, wie kompliziert und vielgestaltig die anatomischen und physiologischen Gegebenheiten und Abläufe in diesem Bereich sind.

Gehirn und *Rückenmark* bilden das *Zentralnervensystem*. Die im Körper verlaufenden Nerven sowie das *vegetative* und das *autonome Nervensystem* stellen das *periphere Nervensy-*

stem dar. Eine wichtige Rolle spielen in diesem System die *Hormondrüsen* (Hypophyse, Schilddrüse, Nebenniere usw.), die mit ihren Sekreten eine entscheidende Funktion in der Informationsübermittlung zwischen den Organsystemen innehaben. Umweltreize werden von Aufnahmeorganen über sensible Leitungsbahnen über das Rückenmark oder direkt an das Gehirn geleitet. Hier erfolgt eine Umwandlung in Erregungen, die über die *motorischen Leitungsbahnen* an das *Erfolgsorgan* gelangen.

2.9. Sinnesleistungen

Beim Hund stechen besonders die Leistungen des Gehörs und des Geruchsorgans hervor. Die anderen Sinne spielen dagegen eine vergleichsweise untergeordnete Rolle.

Durch auftreffende Schallwellen wird das *Trommelfell* in Schwingungen versetzt. Diese werden über die *Gehörknöchelchen* an die im Innenohr befindliche *Lymphflüssigkeit*, (*Gehörwasser*) übertragen. Von hier aus wird der Reiz über den *Hörnerv* an das *Gehirn* weitergeleitet. Dadurch entsteht vom Auftreffen auf das Gehörorgan bis zur Wahrnehmung eine zeitliche Differenz von 0,055 bis 0,175 s. Zu dieser, als *Empfindungszeit* bezeichneten Differenz, kommt noch die Zeitdauer bis zur größten Stärke der Geräuschempfindung (0,180 bis 0,005 s), die *Einstellungszeit*. Geräusche mit einer Frequenz von über 200 000 Hz werden vom Hund noch wahrgenommen. Er ist damit der Gehörleistung des Menschen weit überlegen (Abb. 20). Das Geruchsorgan des Hundes ist ebenfalls zu außerordentlichen Leistungen fähig. Er zählt damit, wie viele Wildtiere, zu den „*Nasentieren*". Die Empfindlichkeit der *Riechschleimhaut*, deren Größe die des Menschen um das Dreißigfache übertrifft, entzieht sich dem menschlichen Vorstellungsvermögen. So nimmt der Hund noch 0,005 g Hündinnenurin und Essigsäure in einer hundertmillionenfach geringeren Konzentration als der Mensch wahr.

Das Auge ist im Vergleich zu dem des Menschen viel weniger leistungsfähig.

Abb. 20 Ohrformen: *a* Stehohr, *b* Fledermausohr, *c* Überfallohr, *d* Kippohr, *e* hängendes Ohr, *f* lappenförmiges Ohr, *g* Rosenohr

So lassen anatomische Besonderheiten darauf schließen, daß dem Hund Sehschärfe und plastisches Sehen fehlen. Formen- und Farbsehen sind wenig ausgebildet. Durch ein großes Gesichtsfeld nimmt der Hund sich bewegende Gegenstände sehr leicht wahr. Das Dämmerungssehvermögen ist dank einer lichtreflektierenden Schicht im Augenhintergrund sehr gut ausgebildet. Diese Schicht bewirkt (wie auch bei der Katze) beim Auftreffen eines Lichtstrahls das Leuchten der Augen (Abb. 21).

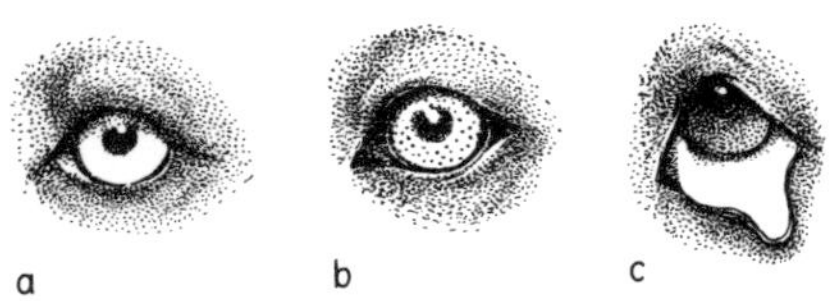

Abb. 21 Eigenarten des Hundeauges: *a* Glas- oder Porzellanauge, *b* Raubvogelauge, *c* Triefauge

Die Geschmackswahrnehmung erfolgt über in der Zunge eingelagerte *Geschmacksknospen* in denen die *Geschmacksnerven* enden.
Die Haut ist Träger für *Schmerz-* und *Tastsinne*, die für den Organismus von lebenserhaltender Bedeutung sind. Die gesamte Haut ist als Tast- und Temperaturorgan aufzufassen. Die Verteilung der empfindlichen Nervenendkörperchen in der Haut ist unterschiedlich. Beim Hund gelten Zehen- und Sohlenballen, Lefzen und Zunge als besonders empfindlich (Abb. 22).

3. Die häufigsten Erkrankungen des Hundes

3.1. Virusinfektionen

3.1.1. Staupe. Sie ist die beim Hund am häufigsten auftretende Infektionskrankheit, die besonders hohe Erkrankungsraten im Junghundealter zwischen drei und zwölf Monaten aufweist. Erkrankungen von Saugwelpen sind, aufgrund einer von der Mutter auf das Jungtier übertragenen Immunität, relativ selten. Das Erkrankungsgeschehen spielt sich vor allem in Ballungsgebieten und deren Umgebung ab. Wird das Virus in entlegenere Ortschaften eingeschleppt, so erkranken auch ältere Hunde schwer, da die Tiere noch nicht die Möglichkeit hatten, sich mit dem Krankheitserreger auseinanderzusetzen. Alle Faktoren, die die Widerstandsfähigkeit des Welpen bzw. Junghundes beeinträchtigen (z. B. Wachstum, starker Wurmbefall, Zahnwechsel, schlechte Fütterungs- und Haltungsbedingungen), erhöhen die Infektionsanfälligkeit erheblich. Das gilt aber nicht nur für die Staupe, sondern im Prinzip für alle Infektionskrankheiten. – Seit dem 18. Jh. ist die Staupe in Europa bekannt. Der Franzose *Carré* entdeckte im Jahre 1905 als Ursache für diese Erkrankung ein Virus. Die Staupe wird nach ihm auch als *„Carrésche Krankheit“* bezeichnet. Das Virus wird sehr leicht durch Kontakt von Hund zu Hund übertragen.

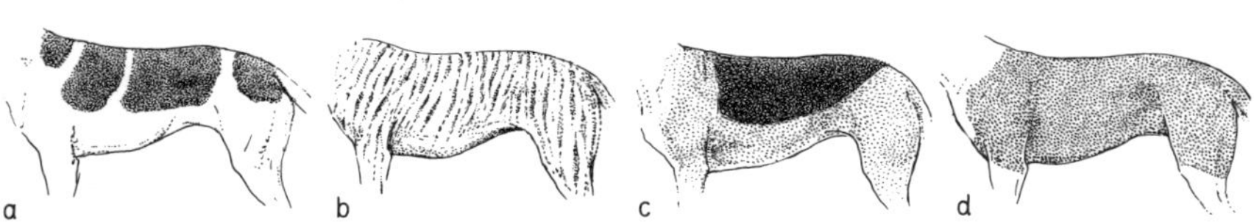

Abb. 22 Färbungen: *a* Platten, *b* gestromt, *c* Sattel, *d* Mantel

Auch der Mensch spielt als Zwischenträger eine bedeutende Rolle. Das Virus wird nach überstandener Erkrankung noch ein bis zwei Monate über den Harn ausgeschieden und stellt somit eine Infektionsquelle dar. Der Eintritt des Virus in den Organismus erfolgt über die oberen Schleimhäute des Atmungs- und des Verdauungsapparates. Die *Inkubationszeit* (Zeit von der Ansteckung bis zum Sichtbarwerden der ersten Krankheitszeichen) beläuft sich bei der natürlichen Infektion auf drei bis sieben Tage. Man kann davon ausgehen, daß weit mehr Hunde sich mit dem Virus infizieren als dann später erkranken (*latente Infektion*). Das führt dazu, daß bei Blutuntersuchungen bei einem großen Teil dieser Hunde Abwehrkörper gegen die Staupe gefunden werden.

Nach Ablauf der Inkubationszeit kommt es zu einem Anstieg der Körpertemperatur auf 39,5 bis 41 °C. Das Virus ist hierbei in die Blutbahn eingedrungen und löst das Fieber aus. Dieses Stadium dauert nur etwa 8 bis 48 Stunden an, und man bezeichnet es als *Virusstadium der Staupe*. Gekennzeichnet ist dieser Abschnitt der Erkrankung durch Abgeschlagenheit und Appetitlosigkeit. Die Lidbindehäute sind gerötet, und es besteht wäßriger Nasen- oder Augenausfluß. Gelegentlich tritt Durchfall auf. Oftmals werden diese Anzeichen, besonders von noch unerfahrenen Hundehaltern, falsch interpretiert und bagatellisiert. Zugluft oder eine kleine Magenverstimmung werden oft als Ursache für diese ersten klinischen Staupezeichen vom Besitzer fehlgedeutet. Es ist aber für den Verlauf und die Heilung der Erkrankung von entscheidender Bedeutung, dieses Stadium zu erkennen. Es ist daher jedem Hundehalter dringend anzuraten, bei den beschriebenen Symptomen umgehend einen Tierarzt aufzusuchen. In diesem Stadium kann durch eine Serumgabe der Staupeverlauf noch wirksam beeinflußt werden. Im weiteren Erkrankungsverlauf ist das nicht mehr möglich. Weitere Symptome während des Virusstadiums können Brechreiz und durch die entzündliche Schwellung der Mandeln verursachter Würgehusten sein. Nach Ablauf von ein bis zwei Tagen sinkt die Körpertemperatur wieder auf den Normalwert ab. Diese Tatsache erweckt den Anschein, daß die Erkrankung bereits überstanden ist. Die Körpertemperatur steigt aber nach wenigen Tagen wieder auf 40 °C an. Die Staupeerreger haben sich während dieser Zeit in bestimmten Organen angesiedelt, und es kommt abhängig von ihrer Lokalisation und den damit verbundenen Veränderungen zur Herausbildung des Sekundärstadiums. Da der Organismus durch die Virusbesiedlung stark geschwächt und somit die körpereigene Abwehrkraft erheblich reduziert ist, tritt in diesem Stadium eine bakterielle Sekundärinfektion auf, die den Verlauf der Erkrankung erheblich kompliziert und unter den verschiedensten klinischen Bildern ablaufen kann. Es kristallisieren sich im wesentlichen fünf Formen heraus, die allein oder kombiniert auftreten können:

1. *Katarrhalische Form*: Aufgrund der entzündlichen Veränderungen an den Schleimhäuten entsteht weißlich-gelber eitriger Nasen- und Augenausfluß. Lichtscheue, Mattigkeit, Inappetenz und zeitweilig auftretender geringgradiger Durchfall zeichnen das Bild dieser Staupeform.
2. *Lungenform*: Die Atmung ist hierbei mehr oder weniger erschwert. In

schwersten Fällen tritt das sogenannte „Backenblasen“ auf. Ausgehend von einer Bronchitis entwickelt sich eine Lungenentzündung mit Rasselgeräuschen und Husten. Es besteht seröser bis eitriger Nasenausfluß, der in schweren Fällen blutig sein kann.

3. *Magen-Darm-Form*: Schwere Veränderungen des Magen-Darm-Traktes rufen hierbei Appetitlosigkeit, Durchfall und Erbrechen hervor. Dem breiigen oder wäßrig-schaumigen Kot kann teilweise Blut beigemischt sein.

4. *Hautform*: Diese Form ist relativ selten und ist charakterisiert durch eitrige Pusteln auf den unbehaarten Hautstellen des Bauches und der Schenkelinnenflächen.

5. *Augenform*: Sie tritt häufig kombiniert mit anderen Staupeerscheinungen auf. Hervorgerufen durch eine hochgradige Bindehautentzündung mit eitrigem Augenausfluß kommt es zur Verklebung der Lidspalte. Die Augen werden infolge der hochgradigen Schmerzhaftigkeit und Lichtscheue stark zusammengekniffen, und die Tiere verkriechen sich. Als Folge stellen sich Hornhauttrübungen, -geschwüre und -durchbrüche ein.

Als Folgeerscheinungen der beschriebenen Veränderungen können Herz- und Leberschädigungen auftreten.

Kommt es während des Zahnwechsels zu einer Staupeerkrankung, tritt durch Kalkmangel eine Störung der Zahnschmelzbildung auf. Daraus resultiert das an den Oberflächen der Schneide-, Eck- und Backenzähne unregelmäßige, gelblich-braune Staupegebiß. Es sei darauf hingewiesen, daß derartige Zahnveränderungen auch im Gefolge anderer Infektionskrankheiten auftreten.

Das dritte und gefürchtetste Stadium ist die *nervöse Form*, vielfach auch als *Gehirnstaupe* bekannt. Nach Besserung der klinischen Erscheinungen oder scheinbarer Genesung treten bei etwa 10 % der Patienten oft plötzlich nervöse Erscheinungen auf. Diese äußern sich in motorischer Unruhe, Schreckhaftigkeit und Muskelzittern. In der weiteren Entwicklung stellen sich Bewegungsstörungen, Krämpfe einzelner oder mehrerer Muskelgruppen, Zwangsbewegungen sowie schlaffe oder spastische Lähmungen ein. Oftmals bleiben epileptiforme Krämpfe, die sich in Abständen von wenigen Stunden bis zu mehreren Wochen oder Monaten wiederholen, als Folge einer durchgemachten Staupe bestehen. Die Heilungsaussichten der nervösen Staupe sind aufgrund der nicht zu behebenden Schädigungen des Nervensystems ausgesprochen gering.

Die Behandlung muß, wie schon beschrieben, so früh als möglich einsetzen, da es außer dem Staupeserum mit seinen spezifischen Abwehrkörpern kein ursächlich gegen das Virus wirkendes Medikament gibt. Es ist anzuraten, den Hund über einen Zeitraum von mindestens acht bis zehn Tagen unter den Schutz eines breitwirkenden Antibiotikums zu stellen, um die bakterielle Besiedlung des Organismus zu erschweren. Die Symptome des Sekundärstadiums werden entsprechend den Organveränderungen behandelt. Die Sterblichkeit kann im Anfangsstadium der Staupe 40 bis 60 % erreichen. Der Tod tritt nach zwei bis vier Wochen ein. Eine überstandene Staupeinfektion verleiht dem Tier eine im allgemeinen lebenslang anhaltende Immunität.

Eine weitere Erscheinungsform ist die, auch vom klassischen Staupevirus hervorgerufene *Hartballenkrankheit* (*hard pad disease*). Diese Form trat bisher vorwiegend in Großbritannien und Amerika auf. Der typisch zweigipflige Verlauf der Fieberkurve, wie bei der klassischen Staupe, fehlt hier. Nach acht- bis zehntägiger Inkubationszeit kommt es neben Fieber zu Husten, Atemlosigkeit und oftmals unstillbarem Durchfall. Bei etwa 25 % der erkrankten Tiere treten frühzeitig nervöse Erscheinungen auf wie bei der klassischen Verlaufsform. Die Heilungsaussichten sind in diesem Stadium sehr ungünstig. Im Verlauf der Erkrankung kommt es zu degenerativen Veränderungen im Ballenbereich. Die Oberfläche erscheint rissig, verhärtet manchmal auch platt mit abgesetztem Rand. Das Auftreten auf hartem Untergrund verursacht ein metallisch-klapperndes Geräusch. Das abgestorbene Gewebe demarkiert sich, und das Tier läuft auf der völlig ungeschützen Lederhaut. Nach wenigen Tagen kommt es infolge einer bakteriellen Besiedlung zu einer Sepsis mit hohem Temperaturanstieg, Durchfall und heftigen Krämpfen. Die Tiere verenden nach raschem Kräfteverfall innerhalb weniger Tage.

Die Vorbeuge beginnt, wie bei allen Infektionskrankheiten so auch bei der Staupe, mit einer sachgemäßen und den hygienischen Normen entsprechenden Aufzucht der Welpen. Das schließt eine möglichst optimale Fütterung, gute Pflege und ausreichende Bewegung im Freien mit ein. In besonders staupegefährdeten Gebieten sollte die Möglichkeit der passiven Immunisierung durch Serumgaben genutzt werden. Bei länger andauernder Gefährdung muß diese Immunisierung aufgrund des relativ schnellen Abbaus der passiv zugeführten Abwehrstoffe in 14tägigem Abstand wiederholt werden.

Als bester Schutz gegen die Staupe gilt die *aktive Schutzimpfung*. Durch Injektion abgeschwächter Staupeviruspartikel (sogenanntes Staupeantigen) wird im Organismus eine aktive Abwehrreaktion ausgelöst, in deren Folge sich eine Immunität ausbildet, die über ein bis eineinhalb Jahre belastbar ist. Es muß aber darauf hingewiesen werden, daß bei etwa 10 bis 15 % der Impflinge neu eine geringgradige Immunität ausgebildet wird, d. h., daß diese Hunde dennoch an Staupe erkranken können. Die Schutzimpfung der Welpen sollte nicht vor der 12. Lebenswoche erfolgen, da erst alle von der Mutter übertragenen Antikörper im Organismus des Welpen abgebaut sein müssen, um eine genügende Immunitätsbildung bei dem Jungtier auszulösen. Dies gilt auch für durchgeführte Serumgaben.

Jeder Immunisierung sollte eine Entwurmung vorangehen, da ein hoher Prozentsatz der Welpen an Spulwurmbefall leidet. Nur ein gesunder Welpe bildet eine belastbare Immunität aus. Um eine Impfung in der Inkubationszeit der Staupe auszuschließen, ist eine täglich zweimalige Temperaturkontrolle eine Woche lang dringend anzuraten. Die Werte sollten notiert und dem Tierarzt am Tage der Impfung vorgelegt werden. Im allgemeinen verträgt der Hund die Immunisierung reaktionslos. Die Tiere sollten allerdings in den folgenden Tagen vor zu starker Anstrengung geschützt werden. Drei bis vier Wochen nach der Impfung ist ein belastbarer Schutz ausgebildet. Zur kontinuierlichen Aufrechterhaltung der Immunität ist eine jährliche Wiederholungsimpfung zu empfehlen.

3.1.2. Ansteckende Leberentzündung.

Sie ist auch unter dem Namen *Rubarthsche Krankheit*, nach dem Entdecker des ursächlichen Virus, bzw. unter der Abkürzung *H.c.c.* (*Hepatitis contagiosa canis*) oder als *Fuchsenzephalitis* bekannt. Die Krankheit ist mit unterschiedlicher Häufigkeit weltweit verbreitet. Nach neueren Erkenntnissen ist ein Zusammenhang zur Virushepatitis des Menschen nicht auszuschließen. Es erkranken vorwiegend Hunde im Alter von 2 bis 3 Monaten. Da in diesem Zeitraum auch die größte Staupeanfälligkeit besteht, ist eine zweiseitige Infektion möglich, die das klinische Bild verwischt erscheinen läßt. Die Ansteckung erfolgt vorwiegend auf dem Verdauungsweg. Blut und Urin erkrankt gewesener Hunde enthalten noch bis 6 Monate nach Abklingen der Krankheit infektiöse Viren. Das Virus konnte auch in Läusen, die von infizierten Hunden abgesammelt wurden, nachgewiesen werden. Da die H.c.c. vom Charakter her nicht wie die Staupe eine seuchenhafte, sondern eher eine Einzeltiererkrankung ist, kann durch Isolierung der erkrankten Tiere und peinlichste Hygiene eine Verschleppung weitgehend unterbunden werden.

Die nach einer Inkubationszeit von zwei bis zehn Tagen auftretenden Symptome sind nicht charakteristisch und den Staupezeichen recht ähnlich. Temperaturerhöhung auf 41 °C, Apathie, Inappetenz und starker Durst sind oftmals vorherrschend. In einigen Fällen treten teigige Anschwellungen in Kopf-, Hals- und Bauchbereich auf. Erbrechen wird häufig, Durchfall seltener beobachtet. Der Bauch ist in der Brustbeinregion besonders druckschmerzempfindlich. Im Verhältnis zur Schwere der Leberveränderungen wird Gelbsucht selten beobachtet. Hochgradig gerötete und geschwollene Mandeln sowie zeitweilige nervöse Störungen, wie Krämpfe und Lähmungen an den Extremitäten, vervollständigen das klinische Bild. Mehrere Tage nach einer scheinbaren Erholung tritt des öfteren eine einseitige Hornhauttrübung auf, die aber wieder abklingt. Auch völliges Erblinden wurde schon beobachtet. Die Prognose ist infolge der schweren degenerativen Leberschädigung stets vorsichtig zu stellen. In schweren und schnell verlaufenden (perakuten) Krankheitsabläufen kann der Tod innerhalb von 24 Stunden ohne Ausbildung von klinischen Krankheitszeichen eintreten. Bei plötzlichen Todesfällen von Welpen muß deshalb zuerst an H.c.c. als Todesursache gedacht werden.

Der Erfolg der Behandlung ist sehr vom Alter der befallenen Tiere abhängig. Je jünger der Welpe, um so ungünstiger die Prognose. Serumgaben sind nur im hochfieberhaften Anfangsstadium erfolgversprechend. Breitbandantibiotika sollten mit ausreichendem Blutspiegel über mehrere Tage zum Einsatz kommen. Für gefährdete Tiere ist ein Serumschutz, der analog der Staupe über 14 Tage hält, anzuraten. Eine aktive Schutzimpfung ab der 10. Lebenswoche ist möglich.

3.1.3. Tollwut. Diese Erkrankung ist aufgrund ihres furchtbaren klinischen und tödlichen Verlaufs eine der gefürchtetsten überhaupt. Andere bekannte Bezeichnungen für die Tollwut sind *Lyssa* und *Rabies*. Empfänglich für die Infektion sind der Mensch, alle Säugerarten und bedingt auch Vögel.

Das Tollwutvirus wird von einem Hauptwirt beherbergt, von dem die Infektion anderer Tierarten ausgeht. Dafür kommen vor allem Hunde, wildlebende Fleischfresser und Fledermäuse in Betracht. Bei der Übertragung kommt der Bißverletzung die größte Bedeutung zu. Eine Durchdringung der unverletzten Haut ist nicht möglich. Die intakte Schleimhaut z. B. von Mund und Nase kommt als Eintrittspforte für das Virus in Frage. Über Hautverletzungen kann das Virus ebenfalls über den infizierten Speichel in den Organismus gelangen. Die Inkubationszeit variiert in Abhängigkeit von der Entfernung der Bißstelle zum Gehirn recht beträchtlich. Sie beläuft sich auf 10 bis 60 Tage. In der Literatur sind Inkubationszeiten bis zu 150 Tagen beschrieben. Das Virus gelangt über die Nervenbahnen bis ins Zentralnervensystem. Ein gefährlicher Umstand ist, daß der Speichel eines infizierten Hundes schon fünf Tage vor Ausbruch der typischen Krankheitszeichen virushaltig sein kann.

Man unterscheidet unterschiedliche Stadien im Verlauf der Erkrankung:

Das *Anfangs-* oder *Depressionsstadium* ist gekennzeichnet durch eigentümliche Wesensveränderungen der Tiere. Oftmals aber werden diese Veränderungen im Verhalten des Hundes vom Besitzer gar nicht wahrgenommen. Deshalb fällt die Infektion des Menschen häufig in diesen Zeitraum. Die Tiere zeigen ausgesprochen launische Stimmungen und versuchen, sich in finstere Winkel auf dem Hof oder in der Wohnung zu verkriechen. Ruheloses Umherlaufen, heiseres Bellen, plötzliches Stehenbleiben und unmotiviertes Beißen in die Luft („Fliegenschnappen") sind meist die ersten untrüglichen Zeichen für das Vorliegen von Tollwut.

Zu diesem Zeitpunkt ist die Reflexerregbarkeit bereits erheblich gesteigert. Die Tiere schrecken schon bei freundlicher Annäherung heftig zusammen. Reizt man einen erkrankten Hund, schnappt er oftmals nach einem beliebigen Gegenstand oder nach Personen. Zu dieser Beißsucht kommt häufig ein Belecken und Benagen der Bißstelle, von der ein heftiger Juckreiz ausgeht, obwohl sie schon völlig abgeheilt sein kann. Das kann bis zur Zerfleischung der Weichteile gehen, so daß die Knochen sichtbar werden. Recht typisch ist auch das Aufnehmen völlig ungenießbarer Gegenstände wie Steine, Glas, Heu, Nägel usw. Die gewohnte Nahrung wird dagegen verweigert. Das Speicheln setzt in diesem Stadium der Erkrankung ein und erreicht in der Raserei mit Schaumbildung ihren Höhepunkt. All diese beschriebenen Symptome können aber auch völlig fehlen, und einzig die unregelmäßige Verengung und Erweiterung der Pupille gibt einen Hinweis auf eine vorliegende Wuterkrankung. Die Augen sollten deshalb stets beobachtet werden.

Als zweites schließt sich das *Reizbarkeits-* oder *Irritationsstadium* an. Die oben aufgeführten Symptome erreichen jetzt ihren Höhepunkt in einer unkontrollierten Raserei, die soweit geht, daß die Tiere selbst in glühende Eisenstangen beißen. Die Tiere zeigen in diesem Stadium einen lebhaften Drang zum Entweichen und Umherirren. Gelingt es dem Tier freizukommen, fällt es jeden Artgenossen an. Dem Menschen geht es allerdings meist aus dem Wege.

Das nachfolgende *Lähmungs-* oder *Paralysestadium* ist gekennzeichnet von Lähmungen des Kehlkopfes. Das Bellen wird zunehmend heiserer, und die Tiere sind nicht in der Lage, selbständig flüssige Nahrung aufzunehmen. Allein das Vorhalten von Wasser kann einen Krampf der Schlingmuskulatur hervorrufen. Die Tiere zeigen daher eine ausgeprägte Wasserscheu (*Hydrophobie*). Mit den Zeichen allgemeiner Abstumpfung kommt es zu fortschreitenden Lähmungen der Extremitäten-, Unterkiefer- und Augenmuskulatur sowie der Zunge. Der Hund beginnt zu schielen, kommt zum Liegen und mit der völligen Entkräftung tritt der Tod durch Herz-Kreislaufversagen ein.

Wichtig ist der Hinweis, daß das Stadium der Raserei nicht in jedem Falle ausgeprägt ist. Vielmehr sind oft Verhaltensänderungen, Durchfall, Verstopfungen und Lähmungen die einzigen Symptome vor dem plötzlichen Tod der Tiere.

Eine Behandlung wutkranker Tiere ist verboten und wäre zudem völlig aussichtslos.

Der Vorbeuge muß deshalb der Vorrang gehören. Dazu müssen alle veterinärgesetzlichen Maßnahmen in Tollwutsperrgebieten eingehalten werden. Der unkontrollierte Kontakt mit Wildtieren ist zu vermeiden und jeder Tollwutverdacht zu melden. Eine wichtige Maßnahme der Prophylaxe ist die bereits in vielen Ländern vorgeschriebene *aktive Schutzimpfung* der Hunde.

3.1.4. TGE. Die TGE (*Transmissible Gastroenteritis*) oder *ansteckende Magen-Darm-Entzündung* war eine bislang nur beim Schwein auftretende Viruserkrankung. In den letzten Jahren tritt diese Erkrankung gehäuft auch in Hundebeständen auf. Die Infektion erfolgt direkt oder indirekt durch virushaltige Ausscheidungen von Schwein und Hund. Im Vordergrund des Krankheitsbildes stehen starkes Erbrechen und wäßrig-schleimiger Durchfall. Das Allgemeinbefinden ist gestört, die Körpertemperatur dagegen selten erhöht. Die Krankheitsdauer beläuft sich, je nach Art der bakteriellen Begleitinfektionen, auf 6 bis 14 Tage. Die Behandlung erstreckt sich schwerpunktmäßig auf eine Diät und die Ruhigstellung des Magen-Darm-Traktes sowie eine antibiotische Beeinflussung der Sekundärinfektionen.

3.1.5. Parvovirose. In den Jahren 1977/78 wurden erstmals durch ein bislang unbekanntes Parvovirus verursachte Erkrankungen beobachtet. Das Virus zeigt eine sehr große Überlebensfähigkeit.

In unserem Raum trat der erste Seuchenzug in den Monaten Mai bis November des Jahres 1980 auf. Er war gekennzeichnet von schweren Erkrankungsfällen und Verlusten in vielen Hundezuchten. Die klinischen Zeichen äußern sich zuerst in täglich bis stündlich mehrmaligem Erbrechen. Der Mageninhalt ist dabei schleimig-schaumig. Kurze Zeit später tritt Durchfall auf. Die zunächst graubraune Farbe und breiige Beschaffenheit des Kotes wird in schweren Fällen nach ein bis zwei Tagen blutig-wäßrig. Durch den verstärkten Flüssigkeits- und Mineralstoffverlust werden die Tiere aufgrund der massiven Stoffwechsel- und Kreislaufbeeinflussung zusehends hinfällig.

Die Krankheitsdauer beträgt etwa fünf bis zehn Tage. Die Körpertemperatur erhöht sich auf 38,5 bis 39,6 °C und normalisiert sich mit einsetzender klinischer Besserung. Das Erkrankungsspektrum erstreckt sich auf Hunde jeden Alters, wobei Welpen allerdings besonders gefährdet und am Krankheitsgeschehen beteiligt sind. Belastende Faktoren wie Besitzerwechsel, starker Spulwurmbefall, unsachgemäßeHundehaltungusw.habenalsauslösende Ursache der Krankheit eine große Bedeutung. Der Ausgang der Erkrankung wird wesentlich von der Schwere des Verlaufes bestimmt. Gelingt es, innerhalb von drei Tagen Erbrechen und Durchfall zu stillen, ist die Prognose günstig. Blutiger Durchfall, Rückfälle mit erneutem Fieberanstieg und eine Krankheitsdauer von mehr als zehn Tagen sind ungünstig zu beurteilen. Bei hochgradiger Austrocknung des Körpers und der Ausbildung von Schocksymptomen ist eine Heilung zweifelhaft bis aussichtslos. Die Behandlung sollte so früh als möglich bei Sichtbarwerden der ersten Symptome einsetzen. Im Vordergrund muß die Beseitigung von Brechreiz und Durchfall sowie der Ersatz des Flüssigkeitsverlustes stehen. Zwangsfütterung mit leichtgesalzenem Reis- oder Haferschleim bis zum Wiedereinsetzen des Appetits sowie ständiges Bereitstellen von Tee sind die wichtigsten Diätmaßnahmen. Bei schwersten Fällen sollten die Tiere in eine Klinik gebracht werden. Der Besitzer muß neben der strikten Einhaltung der Diätvorschriften dem Hund vor allem Ruhe, Wärme und Schonung gewähren.

3.2. Bakterielle Infektionen

Sie spielen beim Hund im Vergleich zu den Virusinfektionen eine weitaus geringere Rolle und sollen deshalb an dieser Stelle nur eine kurze Erwähnung der Hauptsymptome erfahren.

3.2.1. Tuberkulose. Ausgelöst vom Tuberkelbazillus, vorwiegend des Menschen, aber auch des Rindes, ist eine Übertragung von an offener Tuberkulose erkrankten Menschen auf den Hund in höchstem Grade wahrscheinlich. Ständig sind Abmagerung und Siechtum Begleiter der Erkrankung. Alle anderen Symptome sind sehr unspezifisch und treten vielfach auch bei anderen Krankheiten auf. Die Abgrenzung und gesicherte Diagnosestellung bleibt dem Tierarzt vorbehalten.

3.2.2. Starrkrampf. Tetanus tritt beim Hund sehr selten auf. Hervorstechendes Zeichen sind Krämpfe besonders im Kopfbereich. Die Augen treten hervor, und die Ohren werden über dem Kopf zusammengezogen. Eine Nahrungsaufnahme ist infolge des Kaumuskelkrampfes unmöglich. Die Tiere sind sehr empfindlich gegenüber Bewegungen und Geräuschen. Bei allgemeinem Starrkrampf nimmt das Tier infolge der Gliedmaßenkrämpfe eine sägebockartige Stellung ein. Der Ausgang ist, trotz intensiver Behandlung und absoluter Ruhigstellung des Hundes, fast immer tödlich.

3.2.3. Leptospirose. Sie ist allgemein unter dem Namen *Stuttgarter Hundeseuche* bekannt, benannt nach dem Auftreten einer schweren Epidemie im Gefolge einer Hundeausstellung in Stuttgart im Jahre 1899. Im akuten Stadium kommt es zu starkem Temperaturanstieg, der im Verlauf einiger Tage oft in den Untertemperaturbereich fällt. Schwere Leber- und Nierenschädigungen prägen den klinischen Verlauf der Erkrankung. Bei der *Leberform* herrschen Abgeschlagenheit, Appetitlosigkeit, Erbrechen und schließlich Gelbsucht vor.

Die *Nierenform* wird besonders von unstillbarem Erbrechen, schwarzem, wäßrigem Durchfall, starkem Durst und Fieber geprägt. Durch das Nierenversagen kommt es zu einer Anreicherung von Harnstoffen im Blut und einer Abgabe dieser Substanzen über die Magen- und Mundschleimhaut. Infolgedessen kann der Zungenrand ab-

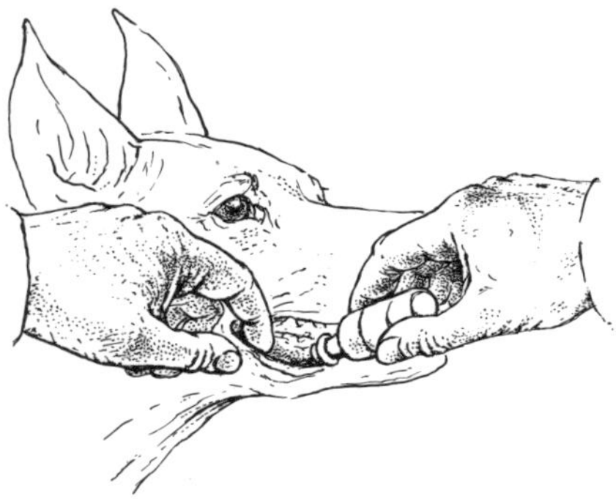

Abb. 23 Eingabe von Flüssigkeiten

sterben, und dem Fang entströmt ein urinöser Geruch. Dieser Zustand wird als *Harnvergiftung* oder *Urämie* bezeichnet. Die Heilungsaussichten müssen trotz intensiver Behandlung immer vorsichtig beurteilt werden.

3.2.4. Salmonellose. Besonders bei importierten, aber auch bei inländischen Hunden werden in letzter Zeit vereinzelt Erreger nachgewiesen, die zur sogenannten *Paratyphus-Typhus-Gruppe* zählen. Bei hartnäckig und chronisch verlaufendem Durchfall sollte man deshalb an Salmonellen denken (Abb. 23, 24).

3.3. Parasitäre Erkrankungen des Hundes

Tierische Lebewesen, die sich zur Nahrungsaufnahme und Fortpflanzung ständig oder zeitweise im oder auf einem anderen Organismus ansiedeln und diesem Schaden zufügen, bezeichnet man als *Schmarotzer* oder *Parasiten.* Sie sind selbst Krankheitserreger und wirken oftmals als Überträger von Infektionskrankheiten.

3.3.1. Hautparasiten (Ektoparasiten). Sie sind häufige Begleiter unserer Hunde und bedürfen einer intensiven Bekämpfung, da sie oft Ausgangspunkt langwährender und unangenehmer Hauterkrankungen sind. Die *Flöhe* führen diese Reihe mit Abstand an. Der Hund wird vom eigentlichen *Hundefloh*, aber auch vom *Katzen-* und *Igelfloh* als Wirtstier angenommen. Zunehmend häufiger tritt auch der *Menschenfloh* bei unseren Hunden in Erscheinung. Hochsaison haben die Flöhe besonders in den Sommermonaten bis etwa Oktober. Schlechte Haltungsbedingungen für den Hund kommen dem Floh außerordentlich entgegen, und er hält sich unter für ihn so günstigen Bedingungen unter Umständen das ganze Jahr bei unserem Vierbeiner auf. Ständige Beunruhigung der Tiere, Kratzwunden, Haarausfall und Ekzeme beeinträchtigen das Wohlbefinden der Tiere in großem Maße. Durch den ständigen Blutentzug kann es zu Anämie (Blutarmut) und in deren Gefolge zu Abmagerung kommen. Flöhe sind als Zwischen-

Abb. 24 Eingabe von Tabletten

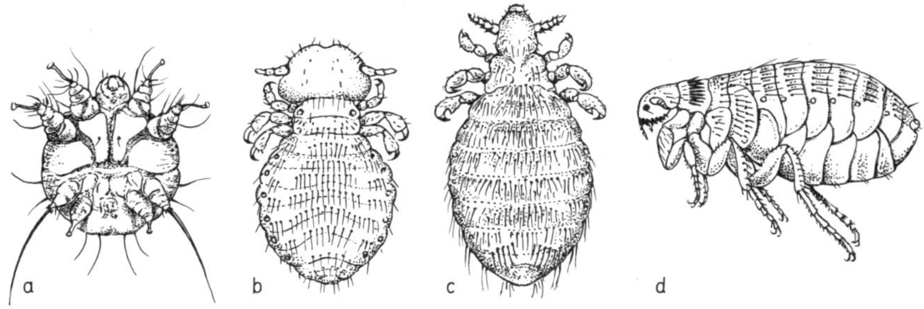

Abb. 25 Außenparasiten: *a* Räudemilbe, *b* Haarling, *c* Laus, *d* Hundefloh

wirte für den Hundebandwurm von Bedeutung. Zur Bekämpfung der Flöhe eignen sich Kontaktinsektizidpuder oder Waschlaugen mit geeigneten Insektiziden. Vor der Auswahl eines Mittels sollte von unerfahrenen Hundehaltern vor der Behandlung ein Tierarzt konsultiert werden (Abb. 25). *Läuse* und *Haarlinge* treten seltener, aber mit ähnlichen Symptomen auf. Der Zekkenbefall tritt besonders gehäuft im Frühjahr und im Spätsommer auf, wenn die Hunde häufig unter Buschwerk herumstöbern, wo sich die Zekken aufhalten. Sie lassen sich auf den Hund herabfallen und graben sich mit ihren Mundwerkzeugen in die Haut ein. Beim Entfernen der Zecke sollte nicht mit Gewalt vorgegangen werden, da sonst häufig der Kopf des Tieres in der Haut stecken bleibt, was zu Eiterungen und Abszedierungen führt. Der *Holzbock* wird mit einem Tropfen Öl angefeuchtet und nach einigen Minuten entgegen dem Uhrzeigersinn regelrecht herausgedreht. Eine weitere große Gruppe der Hautschmarotzer stellen die *Milben* als Erreger der verschiedenen Räudeformen dar. Sowohl die *Sarcoptes-* als auch die *Demodexräude* des Hundes beginnt am Kopf mit Hautrötung, Haarausfall sowie Krusten- und Borkenbildung. Bei der Sarcoptes besteht im Gegensatz zur Demodexräude sehr heftiger Juckreiz. Das Allgemeinbefinden ist infolge Apathie und Juckreiz stark beeinträchtigt. Setzt eine tierärztliche Behandlung nicht rechtzeitig ein, sind Todesfälle nicht ausgeschlossen (Abb. 26).

3.3.2. Innenschmarotzer (Endoparasiten). In der Häufigkeit des Befalls steht der *Spulwurm* mit Abstand an vorderster Stelle. Betroffen sind vor allem Welpen und Junghunde. Später stellt sich, wie übrigens auch beim Menschen, eine sogenannte Altersresistenz ein.

Im Magen-Darm-Kanal wird die Hülle

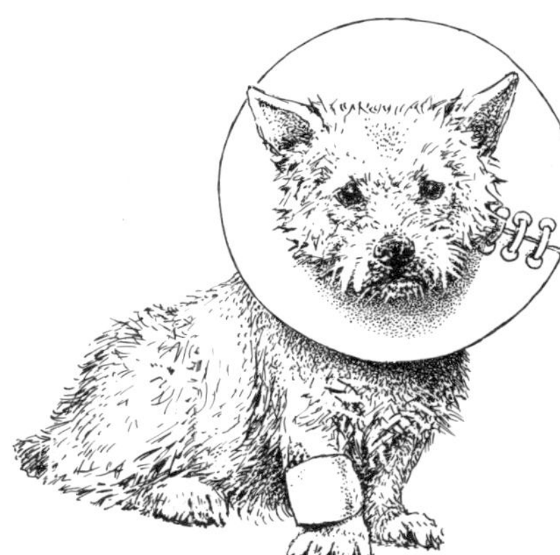

Abb. 26 Halskragen für Hunde

der aufgenommenen Spulwurmeier unter Einwirkung der Verdauungssekrete zerstört.
Die freiwerdende Larve gelangt über die Darmwand in die Blutbahn und von dort aus in alle Bereiche des Körpers. In der Lunge dringen die Larven nach mehreren Reifungsstadien in die Lungenbläschen ein. Massenhafter Spulwurmbefall kann daher Ursache für eine Lungenentzündung sein. Die Larven wandern von hier aus über die Bronchien durch die Luftröhre bis zum Kehlkopf fort und werden abgeschluckt. Wieder im Magen-Darm-Trakt angelangt, erlangen sie die Geschlechtsreife. Ein geschlechtsreifes Weibchen legt dann bis zu 250 000 Eier ab. Aufgrund der Körperwanderung der Spulwurmlarven können sie auch in die Föten tragender Hündinnen eindringen, und die Welpen kommen so schon mit einer Wurminvasion auf die Welt. Nach 21 Tagen beherbergt der Welpe dann bereits geschlechtsreife Spulwürmer. Die Befallstärke ist ausschlaggebend für die klinischen Symptome. Von kaum wahrnehmbaren Zeichen kann es zu stark wechselndem Appetit, Durchfall und Erbrechen kommen. Im Erbrochenen erscheinen öfter als im Kot Spulwürmer. Weitere Zeichen sind ein aufgetriebener Leib (Wurmbauch), stumpfes Haarkleid und Abmagerung infolge Blutarmut. Bei sehr starkem Befall kann es zu plötzlichen Todesfällen durch Darmverschluß kommen. Der Nachweis der Spulwürmer erfolgt leicht durch Auffinden im Erbrochenen. Sicheren Aufschluß ergibt die mikroskopische Kotuntersuchung, die den Spulwurmnachweis erbringt. Da der Befall mit Spulwürmern eine erhebliche Belastung und Verringerung der Abwehrbereitschaft des wachsenden Organismus gegen Infektion dar-

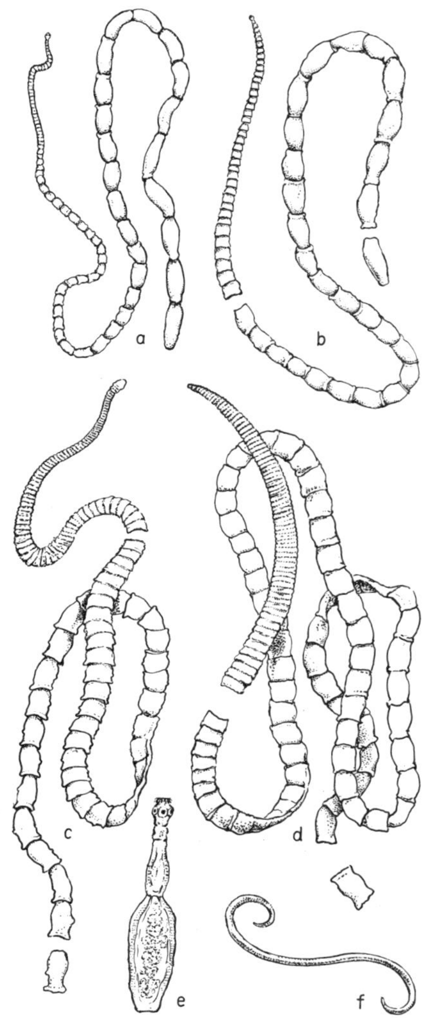

Abb. 27 Darmparasiten: *a* Kürbiskernbandwurm, *b* Quesenbandwurm, *c* gesägter Bandwurm, *d* geränderter Bandwurm, *e* dreigliedriger Bandwurm, *f* Spulwurm (an den unterbrochenen Stellen wurden lange Stücke des Wurmes nicht dargestellt)

stellt, ist eine Wurmkur bei jedem Welpen schon in der 3. bis 4. Lebenswoche notwendig. Diese Wurmkur muß unbedingt nach 14 Tagen wiederholt werden, da die angewandten Mittel nur gegen die ausgewachsenen Würmer, nicht aber gegen die wandernden Larven wirken.

Die Entwicklung der *Bandwürmer* ist von der der Spulwürmer gänzlich verschieden, da hierfür ein Zwischenwirt benötigt wird, in dem sich das aufgenommene Ei zur Larve (Finne) entwikkelt. Die Zwischenwirte für die einzelnen Bandwurmarten sind unterschiedlich. Durch Aufnahme des finnenhaltigen Zwischenwirtes entwickelt sich im Magen-Darm-Kanal des Hundes der geschlechtsreife Bandwurm. Die klinischen Symptome sind sehr unspezifisch. Der Nachweis erfolgt über die Eier oder Teile des Bandwurms im Kot. Die Bekämpfung ist vom Tierarzt vorzunehmen, da die dafür eingesetzten Mittel einer genauen Dosierung entsprechend der Körpermasse bedürfen. Als weitere Endoparasiten des Hundes seien hier der *Hakenwurmbefall*, die *Kokzidiose* und *Trichinose* der Vollständigkeit halber nur erwähnt. Sie sind in ihren Krankheitszeichen vielfältig und recht unspezifisch. Eine gesicherte Diagnose ist nur dem Tierarzt möglich (Abb. 27).

3.4. Organerkrankungen

3.4.1. Erkrankungen der Zähne. Eine der häufigsten Erscheinungen ist die *Zahnsteinbildung.* Es handelt sich dabei um feste, gelbbraune Beläge an den Backenflächen der Reiß- und Bakkenzähne. Durch die rauhe Oberfläche des Zahnsteins kommt es infolge der ständigen Reizung zu Geschwürbildung auf der Backenschleimhaut. Das Wachstum des Zahnsteins erfolgt in Richtung auf die Zahnwurzel. Er schiebt sich folglich zwischen Zahnhals und Zahnfleisch und löst dort heftige Entzündungsprozesse aus. Dadurch kommt es zur Taschenbildung im Zahnfleisch und letztlich zur Lockerung der Zähne. Als Folge der Fäulnisprozesse entströmt dem Fang ein unangenehmer Geruch. Die Tiere nehmen das angebotene Futter sehr vorsichtig und unter Schmerzäußerungen auf. Bei Entzündungen im Wurzelbereich treten gelegentlich Zahnfisteln auf, deren Öffnung sich im Oberkiefer unterhalb des Auges zeigt, und aus der Eiter austritt. Hier hilft nur noch das Ziehen des erkrankten Zahnes. Entstandener Zahnstein sollte regelmäßig durch den Tierarzt entfernt werden. Zur Vorbeuge ist ein Leinentuch mit etwas Schlämmkreide, mit der man die Zähne wöchentlich abreibt, ein erprobtes Mittel.

3.4.2. Erkrankungen der Maul- und Rachenhöhle. Sie werden oft durch mechanische Fremdkörper (Knochensplitter, Nadeln usw.), durch Verbrennungen oder Chemikalien (Laugen, Säuren, falsch verabreichte Medikamente) hervorgerufen. Die klinischen Zeichen ähneln denen bei den Zahn- und Zahnfleischerkrankungen sehr stark. Kommt es zum Einspießen eines Fremdkörpers in die Speiseröhre, so ruft dies heftige Würgebewegungen hervor. Aufgenommenes festes Futter wird sofort erbrochen. Flüssigkeiten werden abgeschluckt, da es in der Regel nicht zu einem totalen Verschluß der Speiseröhre kommt. Häufig sind die im Rachenraum gelegenen Mandeln Sitz von Entzündungsprozessen, die wir als *Angina* bezeichnen. Fieberhafter Verlauf, Schmerz beim Abschlucken, häufiges Gähnen und Würgereiz kennzeichnen das klinische Bild. Mandelentzündungen sollten immer ernst genommen werden, da sie oft Vorboten für Infektionskrankheiten sind (besonders H.c.c.).

3.4.3. Erkrankungen im Magen-Darm-Bereich. Leitsymptom der Magenerkrankungen ist das Erbrechen, wobei die Ursachen dafür sehr vielgestaltig sein können. An erster Stelle steht dabei die *Magenentzündung (Gastritis).* Verminderter Appetit in leichten Fällen, in schweren Appetitlosigkeit, Erbrechen, Durchfall, Abmagerung und Fieber sind die typischen Symptome. Ursachen können unter anderem falsche Ernährung (scharfgewürzte Speisen), Darmparasiten, Fremdkörper, Vergiftungen und Infektionserreger sein. Eine schonende Diät, bestehend aus Kamillentee, leicht gesalzenem Reis- oder Haferschleim mit Zwieback über einige Tage bei langsamem Übergang zur normalen Fütterung führt bei einfachen Erkältungen im allgemeinen schon zur Ausheilung. Bei spezifischen Ursachen, wie Vergiftungs-, Fremdkörper- oder Infektionsverdacht, sollte umgehend ein Tierarzt zu Rate gezogen werden. Fremdkörper müssen nicht in jedem Falle zur Ausbildung von Krankheitssymptomen führen. Die meisten passieren unbemerkt den Verdauungstrakt ohne Schäden zu verursachen. Oftmals sind sie Zufallsbefunde bei der Röntgendiagnostik. Gefährlich werden Fremdkörper, wenn sie das Darmlumen völlig verlegen und keine Passage des Nahrungsbreis mehr möglich ist. Futterverweigerung, Erbrechen und Kotverhaltung verstärken den dringenden Verdacht auf einen Darmschluß. Rechtzeitiges Erkennen und sofortiger chirurgischer Eingriff sind von entscheidender Bedeutung für einen günstigen Ausgang. Bei zu langem Abwarten kommt es zum Absterben des Darmes um den Fremdkörper herum und damit zur Bildung hochgiftiger Substanzen und zur Eigenvergiftung. Die Körpertemperatur steigt stark an, und die Schockneigung nimmt stark zu. Durch die fortgeschrittene Kreislaufschädigung wird die Prognose sehr ungünstig.

Darmträgheit und Verstopfung sind häufig Probleme bei einem falsch ernährten und zu wenig bewegten Hund. Auch als Folge fieberhafter Erkrankungen sind Kotverhaltungen keine Seltenheit. Der Versuch, Kot abzusetzen, bleibt erfolglos, und häufig kommt es zur Kotanschoppung längerer Darmabschnitte. Durch Aufgasung des Darmes erscheinen diese Tiere mit aufgetriebenem Leib und deutlichen Schmerzäußerungen im Bauchbereich. Eine Behandlung muß umgehend eingeleitet werden. Günstig ist, Paraffinöl einzugeben und es in einer Mischung mit Wasser als Klistier zu verabreichen. Es sei an dieser Stelle dringlichst vor dem vielgepriesenen Rizinusöl gewarnt. Es kann zum einen heftige Darmreizungen mit starken Kontraktionen auslösen, die den ohnehin angegriffenen Darm über den verhärteten Kotmassen reißen lassen. In der Folge eines Darmrisses aber stellt sich mit Sicherheit eine lebensgefährliche Bauchfellentzündung ein. Zum anderen kommt es in überlagertem Rizinusöl zur Bildung stark giftiger Umbauprodukte, die dann Ursache schwerster Vergiftungserscheinungen sind. Auch eine regelmäßige Anwendung von Abführmitteln sollte unterlassen werden, da es, wie im übrigen auch beim Menschen, zu einer Gewöhnung und chronischen Darmträgheit kommt. Ein an Ballaststoffen reiches Futter und viel Bewegung beheben das Übel im allgemeinen recht schnell.

3.4.4. Erkrankungen der Leber und Bauspeicheldrüse. Auf die Bedeutung beider Organe im Stoffwechsel wurde schon an anderer Stelle hingewiesen. Lebererkrankungen führen meist zu schweren Krankheitserscheinungen. Als häufigste Ursache für Leberschädigungen ist die schon beschriebene *ansteckende Leberentzündung* anzusehen.

Für eine gesicherte Ursachenfindung ist eine aufwendige klinische und Labordiagnostik unerläßlich. Auch bei rechtzeitiger Behandlung werden die Tiere oft nicht mehr gerettet. Als Folge chronischer Leberentzündungen tritt oft *Bauchwassersucht* auf. Der Bauch ist stark umfangsvermehrt, da die Flüssigkeitsmenge oft mehrere Liter beträgt. Die Bauchwassersucht ist vornehmlich Symptom von chronischen Herz- und Lebererkrankungen. Durch tierärztliche Behandlung kann lediglich eine Verlängerung des Lebens erreicht werden, zu einer Ausheilung führt die Therapie jedoch nicht. Als Erkrankung der Bauchspeicheldrüse ist nur die *Zuckerkrankheit (Diabetes mellitus)* von Interesse. Ständiger Durst, fortschreitende Abmagerung bei anfänglich gutem Appetit, schlechte Wundheilungstendenz, Ekzeme und Trübungen der Augenlinse (Zuckerstar) sind typische Symptome. Eine labordiagnostische Bestimmung des Blutzuckergehaltes gibt sicheren Aufschluß. Bei rechtzeitiger Erkennung kann das Leben des Tieres durch Diät und tägliche Insulininjektionen verlängert werden.

3.4.5. Erkrankungen der Harnorgane. Die Leitsymptome der Nierenerkrankungen wurden schon im Abschnitt über die *Leptospirose* besprochen. Als Ursachen kommen außer spezifischen Infektionserregern noch Erkältungen, stark gewürzte Speisen und Vergiftungen in Betracht.

Nieren-, Harnröhren- und Harnblasensteine sind ein beim Hund relativ häufig auftretendes Krankheitsbild. Es kommt zu tropfenweisem Harnabsatz unter deutlichen Schmerzäußerungen. Der Urinabsatz kann auch völlig eingestellt sein. Eine Ausheilung des Leidens ist durch einen rechtzeitig durchgeführten chirurgischen Eingriff möglich.

3.4.6. Erkrankungen der Haut und des Haarkleides. An dieser Stelle soll auf die bereits beschriebenen Hautparasiten nicht mehr eingegangen werden. Sie sind oftmals Ursache von Hautekzemen. Häufig lösen aber auch andere Faktoren diese Hautveränderungen aus. Die Ursachenermittlung ist gerade bei diesen Krankheitsbildern oftmals sehr schwierig. Im wesentlichen lassen sich die auslösenden Ursachen wie folgt zusammenfassen:

- Überempfindlichkeitsreaktionen (Allergien) besonders gegenüber artfremden Eiweißstoffen. Die bekannteste Form ist das *Nesselfieber.*
- Futterunverträglichkeiten besonders gegenüber scharf gewürzten Küchenresten.
- Vitaminmangelzustände in Zusammenhang mit einer Fehlernährung.
- Darmparasiten
- chemische Substanzen oftmals als Ursache von Hautreizungen und Verätzungen.
- physikalische Reize wie Verbrennung, Verbrühung und Erfrierung,
- innere Erkrankungen, insbesondere Leber-und Nierenschädigungen.

Grundsatz jeglicher Ekzembehandlung muß das Scheren der Haare um die erkrankten Hautpartien herum sein. Geschieht das nicht, gelangen die angewendeten Medikamente in das Haarkleid und nicht an ihren eigentlichen Bestimmungsort. Bei nässenden Ekzemen käme es unweigerlich zu Verklebungen und Eiterungsprozessen, die den Heilungsverlauf ungünstig beeinflussen würden. Dabei werden die Haarwurzeln völlig zerstört und das Resultat wäre eine bleibende haarlose Stelle.

Erkrankungen der Haut wirken sich auch auf die Beschaffenheit des Haarkleides aus. Als Folge wird das Fell stumpf, glanzlos und schütter. Der Haarausfall beim Hund ist ein besonderes Problem. Als Ursachen kommen im wesentlichen Ernährungsstörungen der Haarwurzel im Gefolge von Infektionskrankheiten und hormonelle Fehlregulationen in Betracht. Mit der Behandlung sollte ein Tierarzt betraut werden.

3.4.7. Ohrenerkrankungen. Als häufigste Erkrankung sehen wir die Entzündung des äußeren Gehörganges (*Otitis externa* oder *Ohrenzwang*). Hunde mit langen, herabhängenden Ohren (z. B. Spaniel, Pudel, Teckel) sowie Rassen mit starker Behaarung des äußeren Gehörganges sind besonders anfällig. Typische Zeichen für den Ohrenzwang sind Kopfschütteln, heftiges Kratzen in Ohrnähe, Scheuern und Schiefhalten des Kopfes. Auf Druck reagiert das Tier in diesem Bereich schmerzempfindlich. Gleichzeitig ist ein eigentümlich quatschendes Geräusch hörbar und häufig entleert sich ein zähes, bräunliches und übelriechendes Sekret. Ein Übergreifen der Entzündungsprozesse auf Teile des Mittel- und Innenohres ist selten. Bei Erkennung eines Ohrenzwanges sollte der Hund baldmöglichst einem Tierarzt vorgestellt werden. Chronische Otitiden erfordern meistens eine sehr lange Behandlung bis zu einem chirurgischen Eingriff, wobei eine völlige Ausheilung nicht in jedem Fall gelingt. Vorbeugend empfiehlt sich eine Reinigung des äußeren Gehörganges mit einem ölgetränkten Wattebausch im Abstand von vier bis sechs Wochen. Die *Ohrräude* als Sonderform des Ohrenzwanges äußert sich unter den gleichen Anzeichen. Eine Ausheilung ist nur nach Abtötung der ursächlichen Milben mit entsprechenden Mitteln möglich.

3.4.8. Erkrankungen der Augen. Als häufigste Erkrankung in diesem Bereich treten *Lidbindehaut-* und *Hornhauterkrankungen* auf. Erstere ist häufig nur ein Symptom einer infektiösen Allgemeinerkrankung wie z. B. der Staupe. Als Ursachen können aber häufig auch Veränderungen am Augenlid, Zugluft, Staub, Sand, Haare, u. ä. in Frage kommen. Bei den letztgenannten ist das Allgemeinbefinden des Tieres relativ ungestört. Es besteht seröser bis schleimig eitriger Augenausfluß, Lichtscheue und Juckreiz. Die Behandlung sollte dem Tierarzt anvertraut werden. An dieser Stelle muß eindringlich vor der Anwendung von Kamille am Auge gewarnt werden, da es durch feinste Schwebstoffe und die zellerweichende Wirkung zu Reiz- und Quellungserscheinungen an Binde- und Hornhaut kommen kann. Häufig tritt als Folge einer länger bestehenden Bindehautentzündung eine Entzündung der Hornhaut auf. Zu dem oben beschriebenen Krankheitsbild kommt eine milchigweiße Trübung der Hornhaut. Eine schnell einsetzende Behandlung kann das Leiden kurieren. Andernfalls kann es zu Geschwürbildungen und zum völligen Verlust der Sehfähigkeit des betroffenen Auges kommen.

3.5. Erbkrankheiten

3.5.1. Hüftgelenkdysplasie (HD). Das Hüftgelenk stellt die bewegliche Verbindung zwischen der Wirbelsäule und dem Becken einerseits sowie den Hintergliedmaßen andererseits dar. Nur ein gesundes, in seiner Funktion ungestörtes Gelenk gibt die Gewähr für eine einwandfreie Übertragung der Vortriebskraft, die fast ausschließlich von den Hintergliedmaßen ausgeht. Besonders für die in freier Wildbahn lebenden Tiere sind intakte Hüftgelenke Voraussetzung für das Überleben. Das *Hüftgelenk* selbst besteht aus *Hüftgelenkspfanne* und *Oberschenkelkopf.* Die Pfanne, die beim ausgewachsenen Hund als eine Einheit erscheint, wird in der Entwicklung von den drei hier aneinander grenzenden Beckenknochen — *Darmbein, Scham-* und *Sitzbein* — gebildet. Erst wenn das Tier ausgewachsen ist, schließen sich die verbindenden Knorpelfugen und stellen das Gelenk als eine Einheit dar. Deshalb sind in den ersten Lebensmonaten angeborene Veränderungen durch ein Röntgenbild nicht sicher nachzuweisen, speziell wenn es sich um geringgradige Veränderungen handelt. Auf den ersten Blick erscheint das Hüftgelenk ein Kugelgelenk zu sein, jedoch weist der Pfannenrand einen Faserknorpelsaum auf, so daß der Oberschenkelkopf etwa zu zwei Dritteln umschlossen wird. Somit ist das Hüftgelenk, unter dem Blickwinkel der Bewegungsfreiheit betrachtet, ein *Nußgelenk.* Der Oberschenkelkopf wird durch ein sehniges Band in der Tiefe der Grube verankert und der Gelenkspalt von der umgebenden Gelenkkapsel abgeschlossen. Ist nun die Gelenkpfanne abgeflacht, der Gelenkkopf und die Gelenkkapsel sekundär verändert, liegt eine *Hüftgelenkdysplasie* vor, je nach Grad der Abflachung in unterschiedlichen Schweregraden auftretend. Die örtlichen Veränderungen am Gelenk gewährleisten nicht den erforderlichen konzentrierten, festen Sitz des Oberschenkelkopfes in der Hüftgelenkpfanne.

Bei geringem Krankheitsgrad ist lediglich eine vermehrte Bewegungsfreiheit des Oberschenkelkopfes zu beobachten, in anderen Fällen sind deutlich schwere Verformungen am Pfannenrand und auch am Oberschenkelkopf und -hals zu verzeichnen. Die Verformung kann so weit gehen, daß eine völlig abgeflachte Pfanne dem Oberschenkelkopf keinen Halt mehr bietet. Sehr unterschiedlich sind die klinischen Erscheinungen. Ein mit schwerer HD belasteter Hund schwankt oft bei schneller Gangart mit der Hüfte hin und her, es kann aber auch nur eine einseitige Lahmheit auftreten. Oft fällt im Ruhezustand eine steile Stellung der Beckengliedmaßen auf; auch gibt es deutliche Schmerzsymptome beim Treppensteigen, Springen und anderen großen Belastungen. Es kommt auch vor, daß befallene Tiere eine eigenwillige Sitzposition einnehmen, d. h., sie strecken die Hinterläufe seitlich weg und stehen nur mühsam auf. Die HD ist eine typische Begleiterscheinung der Domestikation; sie ist auch bei Mensch, Pferd, Rind, Schwein, Katze, Kaninchen sowie Huhn zu finden. Werden Wildtiere in Gefangenschaft gehalten, läßt sich auch bei ihnen die HD nachweisen. So hatten nach *Christoph* von 14 untersuchten Dingos neun HD. Hier fehlt die natürliche Auslese im Vergleich zu den in freier Wildbahn lebenden Tieren, bei denen diese Erbkrankheit kaum zu finden ist.

Bekämpft werden kann die HD nur durch strenge Zuchtauslese; es müssen also alle befallenen Tiere vom Zuchteinsatz ausgeschlossen werden. Das gleiche gilt aber auch für Tiere aus Zuchtlinien, die zwar selbst krankheitsfrei sind, aber nachweislich vererben. Diese findet man, indem möglichst viele Tiere der Nachzucht röntgenologisch erfaßt und diagnostiziert werden. Solche Vererber sind ebenfalls aus der Zucht zu entfernen. Über den Erbgang ist noch nichts exaktes bekannt. Es steht nur soviel fest, daß der Erblichkeitsgrad etwa 55 % beträgt, was für eine erfolgreiche Selektion reicht. Dazu kommen umweltbedingte Faktoren, also Fragen der Haltung und Fütterung. Wir unterscheiden

1. HD-freie Tiere, die mit *HD-a* bezeichnet werden,
2. HD-leichte Tiere, die mit *HD-b* bezeichnet werden,
3. HD-mittlere Tiere, die mit *HD-c* bezeichnet werden,
4. HD-schwere Tiere, die mit *HD-d* bezeichnet werden.

Der kleine Buchstabe wird in der Mehrzahl vor den Namen des Tieres gesetzt, so daß sofort erkennbar ist, ob es sich um ein gesundes oder krankes Tier handelt, z. B. a-Cyrus v. Manolito.

3.5.2. Perthessche Krankheit. Hierbei handelt es sich ebenfalls um eine Erkrankung des Hüftgelenkes, bei der aber im Gegensatz zur HD zuerst der Gelenkkopf und sekundär die Gelenkpfanne erfaßt wird. Die Unterscheidung ist ausschließlich röntgenologisch möglich. Die Krankheit, die oft einseitig auftritt, zeigt sich vor allem im 5. bis 10. Lebensmonat durch Lahmheit. Es gibt Fälle, wo mit Abschluß des Knochenwachstums die Krankheit ausheilt, jedoch nur äußerlich, da meist eine schwere chronische Gelenkentzündung zurückbleibt. Da die Krankheit in bestimmten Linien gehäuft auftritt, wird eine erbliche Veranlagung angenommen. Speziell findet man sie beim drahthaarigen ↑ Fox Terrier, beim ↑ Zwergpinscher und beim ↑ Cairn Terrier.

3.5.3. Patellaluxation. Besonders bei Zwergrassen wie ↑ Chihuahua, ↑ Cavalier King Charles Spaniel, ↑ Yorkshire Terrier und ↑ Pekingese tritt die angeborene Kniescheibenverrenkung auf, die sich in den ersten Lebenswochen durch Hinken, das verschwindet und wiederkehrt, bemerkbar macht. In ganz schweren Fällen können die Hinterläufe nicht mehr gestreckt werden.

3.5.4. Ellenbogengelenkdysplasie. Diese bisher fast ausschließlich beim ↑ Deutschen Schäferhund aufgetretene Krankheit zeigt sich im Auftreten eines dreieckigen Knochenstückes im Ellenbogengelenk als einer Absprengung von der Elle.

3.5.5. Gebißanomalien. Vorrangig ist hier die *Oligodontie* (Zahnunterzahl, Zahnverlust) zu nennen, die bei fast allen Hunderassen mit Zuchtverbot geahndet wird. Ausgenommen sind jedoch bei einigen Zuchtverbänden fehlende P 1 sowie M 3, die toleriert werden. Von der Oligodontie ist die *Pseudooligodontie* zu unterscheiden, bei der die Zähne zwar vorhanden, jedoch noch nicht durchgebrochen sind. Da es sich hierbei sowohl um Vererbungsprobleme als auch um Störungen der inneren Sekretion handeln kann, muß man die Pseudooligodontie züchterisch ebenso ahnden wie die echte Zahnunterzahl.

Unter die Gebißanomalien sind auch die Stellungsfehler der Kiefer einzureihen, der *Vor-* und *Rückbiß*, aus denen ein falscher Zahnschluß resultiert. Ausgangspunkt für die Beurteilung ist die Stellung des Unterkiefers zum Oberkiefer. Steht er vor, handelt es sich um einen Vor-, steht er zurück um einen Rückbiß. Abgesehen von einigen wenigen Rassen, bei denen diese Gebißform standardmäßig gefordert wird, sieht man sie generell als zuchtausschließenden Fehler an.

Bei einigen Rassen findet man Zahndrehungen und Kulissenstellung, wobei die Zähne zwar vollständig angelegt, entwickelt und durchgebrochen sind, jedoch mehr oder weniger stark um ihre Längsachse gedreht erscheinen.

3.5.6. Augenanomalien. Besonders am unteren Augenlid finden wir oft eine Einwärtsdrehung des Lidrandes, das *Entropium*, wobei die Reizung zu Veränderungen der Horn- und Bindehaut führt. Es ist nicht immer klar ersichtlich, ob eine Erkrankung mit erblicher Disposition oder die Folge einer Bindehautentzündung vorliegt. Stülpt sich das Augenlid nach außen, handelt es sich um das *Ektropium*, das meist bei Rassen zu finden ist, die eine angezüchtete starke Auflockerung des Unterhautgewebes und eine damit verbundene schlaffe Kopfhaut mit Faltenbildung und Hängelefzen besitzen.

3.5.7. Kryptorchismus. Wenn ein oder beide Hoden nicht zur normalen Zeit aus der Lendengegend durch den Leistenkanal in den Hodensack hinabgelangen, sondern in der Bauchhöhle oder im Leistenkanal zurückbleiben, wird vom *Kryptorchismus*, der ein- und beidseitig vorkommt, gesprochen. Dieser Erbmangel wird züchterisch bekämpft, zumal Kryptorchiden häufig schlechte Befruchter bzw. gänzlich unfruchtbar sind.

3.5.8. Weitere Erbkrankheiten. Natürlich sind mit den genannten Erkrankungen bei weitem nicht alle Erbkrankheiten behandelt. Erwähnenswert wären zumindest noch die *angeborene Haarlosigkeit* (speziell bei Nackthunden), *der Albinismus* (weiße Bull Terrier, weiße Boxer, oft gekoppelt mit Taubheit), die *Schwarzwucherkrankheit* (*Acanthosis nigricans*, oft bei Tekkeln vorkommend) sowie die *Hämophilie* (*Bluterkrankheit*).

Viele erblich bedingte Krankheiten lassen sich operativ beseitigen, so unter anderem das Entropium, aber auch Haltungsfehler der Ohren bzw. der Rute. Hier hat der eingreifende Tierarzt die Pflicht, die ausgeführte Korrektur in den Papieren des Hundes zu vermerken, da dieser Hund trotz Operation von der Zucht auszuschließen ist, weil nur die äußere Erscheinungsform der Krankheit beseitigt wurde.

Zum Abschluß dieses Kapitels über die Erkrankungen des Hundes sei noch eine Bemerkung gestattet: Sollte sich aufgrund einer Erkrankung des geliebten Vierbeiners ein Besuch beim Tierarzt erforderlich machen, so interessieren denselben im Vorbericht vorwiegend Hinweise, die der Diagnosestellung und der anschließenden Therapie nutzen. Dazu zählt vor allem auch das Eingeständnis von begangenen Fehlern. Letzteres wird kein Tierarzt übelnehmen. Das Verschweigen entscheidender Anhaltspunkte, die dann oftmals erst nach Tagen unbefriedigender Therapieerfolge auf mehrfaches Nachfragen durch den Behandelnden zutage kommen, schmälert die Heilungsaussichten oft recht erheblich. Ein vertrauensvolles Verhältnis zwischen Hundebesitzer und Tierarzt sollte deshalb eine Grundvoraussetzung sein. Dabei sollte auch kritischen Fragen des Hundehalters Raum gelassen werden.

4. Verhalten und Verhaltensstörungen des Hundes

Die außerordentliche Anpassungsfähigkeit, gegründet auf Verhalten und Wesen des Hundes, hat ihm eine besondere Stellung in der Beziehung zwischen Mensch und Tier verschafft. Daran ändert auch die Tatsache nichts, daß bestimmte Rassen heute mehr aufgrund ihres äußeren Erscheinungsbildes als wegen ihres Wesens gehalten werden. *Verhalten* allgemein ist immer als eine Wechselwirkung zwischen erblichen Voraussetzungen und Umwelteinflüssen zu sehen. Die Vererbung von Verhaltensweisen ist dabei weit komplizierter als die z. B. körperlicher Merkmale, da das Verhalten eine der veränderlichsten Eigenschaften des Organismus ist. Der Umwelteinfluß beginnt spätestens mit der Geburt.

Die Voraussetzungen für die besondere Anpassungsfähigkeit des Hundes sind in der ursprünglichen Lebensweise als in Rudeln gemeinsam jagende Tiere gegeben. Diese Rudelgemeinschaft setzt bestimmte soziale Verhaltensweisen voraus, die für das Überleben des einzelnen Individuums in freier Wildbahn von größter Bedeutung sind. Dazu sind neben angeborenen Verhaltensweisen ausgesprochene Lernprozesse nötig. Das Jungtier lernt vorwiegend unter dem Schutz der Elterntiere, wenn auch der ausgewachsene Hund durchaus noch in der Lage ist, auf veränderte Situationen in der Umwelt im weitesten Sinne flexibel zu reagieren. Es muß aber festgestellt werden, daß bei einigen Hunderassen als Folge der Zucht auf bestimmte Verhaltensweisen die angeborenen stark abgeschwächt sind und bestimmte Komponenten im Sozialverhalten völlig fehlen. In der Regel ist aber der Mensch, der nach dem Absetzen des Welpen die Vater-und-Mutter-Rolle übernimmt, der Ausgangspunkt späterer Verhaltensstörungen. Fehler in der Erziehung infolge Unkenntnis über bestimmte Verhaltensformen in den einzelnen Entwicklungsabschnitten bedingen oftmals Verhaltensanomalitäten. Die Entwicklung des Welpen zum ausgewachsenen Hund verläuft, wie auch bei anderen Lebewesen, kontinuierlich. Durch einen noch relativ jungen Zweig der Biologie, die *Verhaltensforschung*, konnten aber in den letzten Jahren und Jahrzehnten durch intensive Beobachtungen und bemerkenswerte Versuche Verhaltensweisen herausgearbeitet werden, die an einen bestimmten Zeitabschnitt in der Entwicklung gekoppelt sind. So lassen sich auch bei dem Hund verschiedene Entwicklungsphasen erkennen:

Die *Neugeborenenphase* in der 1. und 2. Lebenswoche verbringt der Welpe vorwiegend in Ruhe und Schlaf. Es erfolgt nur eine Kopfpendel- und Kreisbewegung. Dadurch wird gesichert, daß der Welpe immer wieder zum wärmenden Körper der Mutter zurückfindet. Entfernt sich ein Junges doch einmal zu weit vom Nest, so wird es von der Mutter vorsichtig im Genick erfaßt und zurückgetragen. Der Saugreflex sowie das Treten mit den Vorderfüßen gegen das Gesäuge und das Abstemmen mit den Hintergliedmaßen sind dem Welpen angeboren. Verspüren die Jungen Hunger, so wird durch lautes Winseln bei der Mutter eine Fürsorgehandlung ausgelöst. Diese akustischen Lautäußerungen erfolgen, obwohl das Gehör noch unterentwickelt ist, denn die Ohren sind noch geschlossen. Die Lidspalten sind ebenfalls noch nicht geöffnet, hingegen ist der Geruchssinn schon sehr gut, wenn auch noch nicht völlig ausgeprägt. Der Geruch der Zitze prägt sich dem Welpen sofort ein. Daraus resultieren auch die Schwierigkeiten bei der mutterlosen Aufzucht mit künstlichen Saugern und Flaschen. Bereits in den ersten Lebensstunden, die für die spätere Entwicklung eine ausschlaggebende Bedeutung haben, werden zwischen den einzelnen Welpen Unterschiede in der Vitalität deutlich. Die Intensität, mit der das Neugeborene das mütterliche Gesäuge sucht, die Zitze festhält und saugt, bezeichnet man als *Biotonus*. Er sollte als Grundlage für eine gezielte Selektion Vorrang vor der Geburtsmasse haben. Unterschiedliche Geburtsmassen werden innerhalb weniger Tage von den Welpen ausgeglichen.

Mit der 3. Lebenswoche tritt der Welpe in die *Übergangsphase* ein. Nachdem sich die Lidspalte zwischen dem 10. und 15. Lebenstag geöffnet hat, besteht bereits ein schwaches Sehvermögen, welches sich an den folgenden Tagen ständig verbessert. Schreckreaktionen auf Geräusche zeigen, daß auch das Gehör bereits entwickelt ist. Gegen Ende der Übergangsperiode ist der Welpe bereits in der Lage zu gehen und zu stehen. Er nimmt jetzt bereits feste Nahrung auf.

In der 4. Lebenswoche beginnt, andauernd bis zur 7., die *Prägungsphase*. Unter *Prägung*, der Begriff wurde von *Lorenz* in die Verhaltensforschung eingebracht, verstehen wir einen Kurzlernvorgang, durch den ein Neugeborenes dem ersten Lebewesen folgt, welchem es durch seine ersten Sinneswahrnehmungen begegnet. Dieser Vorgang ist irreversibel. Eine besonders starke Prägung findet sich bei Graugänsen, an denen *Konrad Lorenz* seine grundlegenden Beobachtungen über das Verhalten der Tiere machte. Während bei der Graugans dieses Phänomen der Prägung vorwiegend über den Gesichtssinn vermittelt wird, ist es bei den Säugerarten vorwiegend der Geruchssinn, unterstützt von akustischen und körperlichen Kontakten. Dieser Umstand muß bei der Welpenaufzucht stark beachtet werden. In dieser Zeit beginnt der Hund, den Menschen als „Artgenossen" anzusehen. Die Dauer und Häufigkeit der körperlichen Kontakte sind ausschlaggebend für die Ausprägung der Anschlußfreudigkeit an den Menschen. Entscheidend ist auch, daß diese Kontakte zu mehreren Personen bestehen, denn dadurch werden Abrichteergebnisse entscheidend verbessert. Fehlen diese Beziehungen zwischen Mensch und Welpen, so wird später auch der ausgewachsene Hund Scheu oder gar Ablehnung zeigen. Es ist ziemlich aussichtslos, in dieser Phase aufgetretene Versäumnisse wieder wettzumachen.

Nach Ablauf dieses Abschnittes beginnt mit der *Sozialisierungsphase* eine Zeit, an deren Beginn die Eingewöhnung in den Haushalt des neuen Besitzers und die Trennung von Mutter und Wurfgeschwistern steht. Das Lernvermögen zur Gemeinschaftsbildung wird in diesem Zeitraum geprägt. Dem Rüden fällt die Hauptrolle in dieser Erziehungsphase zu. Er zeigt dem Welpen die Grenzen seines Tuns auf und verschafft sich dadurch die nötige Autorität und Unterordnung. Diese ist für ein soziales Zusammenleben, ob nun im Rudel oder in der menschlichen Familie, unerläßlich. Hundewelpen sind, wie viele Jungtiere, ausgesprochen niedliche und liebenswerte Geschöpfe. Es sollte sich aber kein Hundebesitzer dazu verleiten lassen, den neuen Hausgenossen zu „vermenschlichen". Es soll hier keine Wertung der antiautoritären Erziehung eines Kindes gegeben werden — bei einem Hund ist sie einfach falsch! Das zeigt sich spätestens dann, wenn der Hund entsprechend seiner körperlichen Entwicklung den Hundehalter als Rivalen ansieht, und langsam, aber sicher der Vierbeiner das beherrschende Element in der Familie wird. Oft steht der Besitzer dann voller Hilflosigkeit der „Undankbarkeit" seines Vierbeiners gegenüber. Es sind gerade diese Tiere, die dann immer wieder dem Tierarzt zur Tollwutuntersuchung vorgestellt werden müssen, weil sie durch einen mehr oder weniger kräftigen Biß ihr „Recht" behaupten. Hier hilft nur sicheres und beherztes Auftreten, was auch die Zufügung körperlicher Schmerzen — natürlich in wohldosierter Form — beinhaltet, um verlorenes Terrain zurückzuerobern. Rasse und Temperament des Hundes sowie Courage des Besitzers sind für den Erfolg dieses Unterfangens von großer Bedeutung. Wir sind aber jetzt schon in der nächstfolgenden *Rangordnungsphase* von der 12. bis 16. Lebenswoche. Während sich der Rüde beim Welpen durch Griff in den Nakken bei gleichzeitigem kräftigen Schütteln und durch das Über-die-Schnauze-Beißen Respekt verschafft, erzielt der Mensch mit einem kräftigen Nackengriff und dem Griff über die Schnauze, begleitet von einem kurzen, harten „Pfui" den gleichen Erfolg. Wichtiger aber als alle „Dressur" ist in der Sozialisierungsphase das konsequente Fordern der Unterordnung unter den „menschlichen Meuteführer". Das kann und sollte auch in ausgelassenem Spiel geschehen, dessen Anfang und Ende der Mensch bestimmt. Oftmals ist scheinbare „Wesensschwäche" Ausdruck fehlerhafter Erziehung in diesem Lebensabschnitt. In diese Phase fällt auch die systematische Erkundung und Entdeckung der Umwelt. Diese Instinkthandlungen können jetzt gezielt gelenkt werden und somit in starkem Maße zur Wesensprägung des Hundes beitragen.

In der Rangordnungsphase findet der Hund seine Stellung im Rudel oder in der menschlichen Gemeinschaft. Diese Position wird durch Kämpfe erobert. Rangkämpfe werden nur unter Gleichaltrigen ausgetragen. Erwachsene Tiere und der Mensch werden, richtiges Verhalten in der Sozialisierungsphase vorausgesetzt, als die Ranghöheren anerkannt. Sieht der Hund in den Menschen Geschwister, entwickelt sich unausweichlich Rivalität. Bei Annäherung an den Futternapf z. B. wird der Hund durch Drohlaute und Zeigen der Zähne versuchen, seinen Anspruch geltend zu machen. Er wird sich nur dann kämmen oder bürsten lassen, wenn ihm der „Sinn" danach steht, da körperliche Berührung dem Rangniederen nicht gestattet ist. In dieser Zeit ist das Wesen noch sehr formbar, und sie muß unbedingt genutzt werden, die Rangordnung so zu korrigieren, daß der Hund das rangniedrigste Mitglied der Familie ist. Wird diese Chance aus Unkenntnis oder Inkonsequenz nicht genutzt, kann es zu schweren Verletzungen besonders bei Kindern kommen. Das sei an dieser Stelle mit aller gebotenen Eindringlichkeit gesagt, und es sollte von jedem Hundehalter beherzigt werden.

In der anschließenden *Rudelordnungsphase* oder *zweiten Jugendstufe* entwickelt sich ein Treueverhältnis zum Meuteführer. Dabei hat vor allen Dingen dessen psychische Überlegenheit, weniger die körperliche, eine große Bedeutung. In dieser Zeit muß die Unterordnung besonders gefestigt werden, da auch eine große Bereitschaft dazu vorliegt. Aggressive Hunde legen in dieser Zeit häufig ihre Aufsässigkeit ab – allerdings nur vorübergehend –, denn sie tritt in der nachfolgenden Ausbildung der Geschlechtsreife wieder auf.

Mit dem 7. Lebensmonat beginnt die *Pubertätsphase*. Sie dauert bis zum Abschluß des 1. Lebensjahres an. Das Körperwachstum ist jetzt im wesentlichen abgeschlossen, und die Keimdrüsen treten in Funktion. Bei der Hündin zeigt sich das Ende der Pubertät mit dem Auftreten der ersten *Läufigkeit*, beim Rüden mit der vollen Ausprägung des *Markierungsverhaltens*. Mit der Gründung des Sexualreviers reifen erst jetzt der Schutz- und Bewachungstrieb voll aus. Der Rüde wird jetzt versuchen, die Rangordnung noch einmal zu seinen Gunsten zu verändern. Der Mensch muß dann zeigen, daß er der Überlegene ist. Das wird in der Regel mit der einmaligen Zufügung körperlicher Schmerzen erreicht.

Der folgende Lebensabschnitt ist die Zeit der Reife. Einige Verhaltensweisen und Instinkte entwickeln sich noch bis ins 3. Lebensjahr weiter. Im Laufe der Jahre lassen Bewegungsdrang und Spieltrieb deutlich nach. Der Hund beginnt zu altern. Die körperlichen Leistungen und die Schärfe der Sinne lassen allmählich nach. Es stellen sich bestimmte Launen und Eigenheiten ein. Der Mensch muß sich in seinem Verhalten gegenüber dem Hund darauf einstellen.

An vorangegangener Stelle wurde schon auf die außergewöhnlich große Anpassungsfähigkeit des Hundes auf verschiedene Umweltbedingungen im weitesten Sinne hingewiesen. Um diese Vielfalt etwas überschaubar zu gestalten, ordnet man bestimmte Instinkthandlungen in Funktionskreise ein. Wesentlich für das Verständnis von Verhaltensweisen des Hundes ist der Begriff des *Territoriums*. In „seinem" Revier wird sich der Vierbeiner völlig anders verhalten als in einem fremden. Man kann diese Territorien nach drei Ordnungen einteilen: a) Das *Territorium erster Ordnung* ist der *Ruhe- und Schlafplatz*, der *Freßplatz* und bei Hündinnen das *Wurflager* oder die *Wurfkiste*. Dieser Bereich wird gegen Artgenossen und auch gegen den Menschen verteidigt. Im allgemeinen dürfen nur Familienmitglieder und gute Bekannte dieses Territorium betreten. b) *Territorium zweiter Ordnung*, auch als *Sexualrevier* bezeichnet, wird vom Rüden durch Duft- und Urinmarken genau abgegrenzt. Befindet sich in diesem Gebiet eine läufige Hündin, so wird diese vom Rüden als sein Besitz angesehen und bis zur Paarungsbereitschaft umworben. c) Als *Territorium dritter Ordnung* werden die *Nahrungsreviere* bezeichnet, die aber beim Hund nicht genau begrenzt sind.

Das *Nahrungsaufnahmeverhalten* ist noch weitgehend vom ursprünglichen Leben in der Meute geprägt. Der Hund schlingt in relativ kurzer Zeit eine große Nahrungsmenge herunter. Er kommt dadurch über mehrere Tage auch ohne Nahrung aus, ohne Schaden zu nehmen. Ein schlechter Fresser wird, hat er einen Konkurrenten oder entzieht man ihm nach kurzer Zeit das Futter, diese Eigenart oftmals sehr schnell ablegen. Ganz typisch ist auch das Vergraben von Nahrungsresten oder Knochen an entlegenen Orten. Der Hund findet diese Stellen immer wieder und gräbt seine „Reserve" nur aus, wenn keine Gefahr besteht, daß er von einem Rivalen entdeckt wird, oder er sich unbeobachtet glaubt. Über die Ursachen des Grasfressens besteht noch weitgehend Unklarheit.

Das *Orientierungsverhalten* zeigt sich als Schnüffeln, Wittern mit erhobener Nase, aufmerksames Sehen und Hören mit aufgestellten Ohren. Der Hund zeigt es beim Liegen, Sitzen und in allen Bewegungsformen.

Zum Funktionskreis der *Körperpflege* gehören Kratzen, Schütteln, Lecken und Knabbern genau wie Wischen mit der Pfote über Augen, Ohren und Nase sowie Reiben der Schnauze auf dem Boden nach dem Fressen. Einige dieser Verhaltensformen zeigen sich auch als sogenannte *Übersprungs-* oder *Entlastungsreaktionen* in Erregungssituationen. Andere Verhaltensweisen sind schwer einzuordnen. Sie werden teils der *Körperpflege*, teils dem *Komfortverhalten* zugeordnet. Dazu zählt das Sich-Strecken nach dem Erwachen aus dem Schlaf. Typisch ist für viele Hunde auch das „Einparfümieren" mit penetrant riechenden Substanzen, wie Kot, Urin, faulen Pflanzenteilen u. ä. Die Ursachen dafür sind noch ungeklärt.

Der Hund zeigt ein ganz typisches *Ruhe-* und *Schlafverhalten*, indem er im Kreis tritt, gähnt und mit den Augen zwinkert bevor er sich in charakteristischer Weise zusammengerollt oder bei Wärme lang ausgestreckt niederlegt. Ob Hunde träumen, konnte auch durch Aufzeichnung der Hirnströme mittels Elektroenzephalogramms nicht schlüssig geklärt werden.

Das *Ausscheidungsverhalten* steht besonders beim Rüden in enger Beziehung zum *Markierungsverhalten* mit der Duftdrüse. In besonderen Situationen wird das Ausscheidungsverhalten auch zur Rangdemonstration genutzt.

Als *Demutsverhalten* bezeichnet man Gesten, die die Überlegenheit eines Ranghöheren anerkennen. Als häufigste Form findet man die Einnahme der *Rückenlage* und das *Lecken im Gesicht* als aktive Unterwerfung. Anlegen der Ohren, Einklemmen der Rute und Kriechen wird als passive Unterordnung gewertet. Aber es gibt auch hier Gebärden, die in ihrer Bedeutung unterschiedlichen Funktionskreisen zugeordnet werden können.

Hier kann nur ein sehr kurzer Abriß gegeben werden, da speziell auf dem Gebiet der Verhaltensforschung noch viele komplizierte Vorgänge einer wissenschaftlichen Klärung bedürfen.

Das Gebiet der Verhaltensstörungen soll hier nur kurz erwähnt werden. Aufgrund des derzeitigen und als Folge der noch ungenügenden Erforschung relativ geringen Erkenntnisstandes kann eine Einteilung in folgende Formen vorgenommen werden:

- angeborene, organisch bedingte Verhaltensstörungen,
- erworbene, organisch bedingte Verhaltensstörungen,
- Verhaltensstörungen als Folge angeborener funktioneller Störungen der Gehirnzellen,
- erworbene Verhaltensstörungen, die nicht organisch bedingt sind,

– Organneurosen,
– symptomat. Verhaltensstörungen.

Abschließend zu diesem Kapitel kann festgestellt werden, daß der Hund aufgrund der Vielgestaltigkeit seines Verhaltens und der Plastizität seines Wesens wegen zum engsten vierbeinigen Begleiter des Menschen wurde. Bei Fehlverhalten aus Unkenntnis typischer Lebensvorgänge und Verhaltensweisen kann dieses gute Verhältnis sehr empfindlich gestört werden, und aus dem Kameraden wird ein lästiges Übel. Die Schuld daran trifft – einen gesunden Hund vorausgesetzt – immer den Menschen. Darüber sollte man sich beim Erwerb eines Vierbeiners im klaren sein. Jeder Anfänger auf diesem Gebiet sollte Ratschlägen „alter Hasen“ aufgeschlossen gegenüberstehen.

Abb. 28
Fütterung großer Hunde

5. Haltung und Pflege des Hundes

5.1. Grundsätze der Fütterung

Der Schriftsteller *Eugen Roth* faßte es so zusammen: „An seinem frühen Grab erschüttert, steh'n jene, die ihn überfüttert“. Zum anderen besagt aber eine alte Züchterregel, daß zumindest die Hälfte von dem, was ein Tier im erwachsenen Zustand darstellt, eine Folge der Haltung, also auch der Fütterung ist. Es kommt demzufolge auf die richtige Dosierung, das gewünschte Mittelmaß an. Fest steht, daß ein Hund, der in seiner Jugend Mangel leiden mußte, für sein ganzes Leben gekennzeichnet ist, denn Mangel an Nahrung führt zu körperlichen Schäden, die irreparabel sind. Rachitisch gebogene Knochen können später auch mit noch so großen Vitamin- und Mineralienzusätzen nicht mehr zurechtgebogen werden, und ein durch Unterernährung zu klein geratener Hund wird das Fehlende im Alter nicht mehr einholen. Gespart werden darf grundsätzlich nicht an Nahrung, Pflege und Unterkunft des Welpen. Heutzutage hat es eigentlich keiner mehr nötig, seinen Hund „großzuhungern“, auch wenn kein Frischfleisch in ausreichender Menge zur Verfügung steht, hält die Industrie in allen Ländern qualitativ hochwertiges Fertigfutter bereit, mit dem ein Hund optimal ernährt werden kann (Abb. 28, 29).

Der Hund ist seiner Herkunft nach ein *Fleischfresser*, woran sich auch bis heute nichts geändert hat. Es wäre aber grundverkehrt, deshalb seine Bedürfnisse beispielsweise denen des

Abb. 29 Anzahl der Mahlzeiten in verschiedenen Lebensabschnitten

Wolfes gleichzusetzen. In den nunmehr gut 10 000 Jahren des Zusammenlebens mit dem Menschen hat sich einiges geändert. So erhält der Hund sein Futter regelmäßig, Hungerzeiten kennt er im Prinzip nicht, und er muß auch keine großen Anstrengungen mehr unternehmen, seine Nahrung zu erwerben. Sie wird ihm regelmäßig gereicht.

Das sind Faktoren, die sich auf die Ernährung des Hundes auswirken müssen, ebenso wie die durch die Anpassung an den Menschen erfolgte Veränderung des Speisezettels. Und bei allen wissenschaftlich zusammengestellten Speisezetteln für den Hund unserer Tage, der frühere Bauernhund hat sicher in seinem Leben kaum einmal richtiges Fleisch gesehen, trotzdem wurde er groß, stark und brachte Leistung.

In vielen seiner Verhaltensweisen erinnert der Hund natürlich noch an seinen Urahn, so auch beim Fressen. In der Meute kam es darauf an, so schnell wie möglich sich einen Anteil von der Beute zu sichern. Deshalb schlingt jedes Tier große Stücke unzerkaut hinunter, worauf der Magen eingerichtet ist. Viele Hunde vergraben auch heute noch die Nahrung, die sie nicht mehr aufnehmen können, um dann einige Zeit später den nach unseren Begriffen entsetzlich stinkenden Vorrat auszugraben und behaglich zu verzehren. Obwohl der Hund ein Fleischfresser ist, heißt das nicht, daß ihm pflanzliche Kost fremd ist. Der beutemachende Wolf reißt als erstes die Innereien, verspeist dabei auch den Darminhalt von Pflanzenfressern, und der Hundebesitzer ist gut beraten, z. B. Pansen ungereinigt zu verfüttern. Von den Hunden der Pygmäen sagt man, daß, wenn ein Kind seine Notdurft verrichtete, sofort ein Hund geholt wurde, der dann für Sauberkeit im Dorf sorgte. Beobachten wir unseren Hund beim Fressen, bemerken wir, daß er auch Knochen, Blut und Fett verzehrt. Erstere enthalten Mineralstoffe, ebenso wie das Blut; das Fett versorgt ihn mit wichtigen Fettsäuren. Dazu benötigt er noch Ballaststoffe. Wir sehen also, daß vom Fleisch allein kein Hund ernährt werden kann.

Richtige Hundenahrung muß in erster Linie den nötigen Energiebedarf liefern, dessen Träger *Fette*, *Kohlehydrate* und *Proteine* sind. Kohlehydrate und Fette können sich gegenseitig als Energieträger vertreten, nicht zu ersetzen als Aufbaustoff ist das *Eiweiß*. Unter der Vielzahl von Aminosäuren, den Grundbausteinen der Eiweiße, gibt es zehn, die der Hund nicht selbst aufbauen kann, die sogenannten *essentiellen* (lebensnotwendigen) *Aminosäuren*, die in der Nahrung enthalten sein müssen.

Da aber kein Eiweiß, also auch kein reines Muskelfleisch, für sich allein vollwertig ist, kommt es auf die Zusammensetzung an. Hochwertiges tierisches Eiweiß für den Hund enthalten Muskelfleisch, Fisch, Leber, Nieren, Herz, Milch, Quark und Eier, pflanzliches Eiweiß bekommt er durch Haferflocken, Reis, Kartoffeln und Sojamehl. Als Faustregel nimmt man 4,4 g Eiweiß je Kilogramm Körpermasse beim ausgewachsenen bzw. 8,8 g beim wachsenden Hund. Ein weiterer Grundnährstoff sind die Kohlehydrate, wobei hier das gleiche wie für den Menschen gilt: Im Übermaß genossen, machen sie dick, sind aber trotzdem lebensnotwendig. Getreideflokken, Reis und Vollkornbrot enthalten Kohlehydrate. Es sei jedoch noch einmal gesagt: Jegliches Zuviel legt der

Zusammensetzung ausgewählter Futtermittel

Futtermittel 100 g	Eiweiß %	Fett %	Kohle- hydrate g	Energie- gehalt kJ
Blut, frisch	18	0,2	0,1	323
Blutwurst	12	12	25	1084
Euter	15	19	–	983
Fette (pflanzliche Öle)	–	100	–	3864
Haferflocken	12	7	68	1688
Herz	17	6	–	521
Hühnerei	14	11	0,7	680
Kartoffeln	2	0,1	21	403
Kuhmilch	3	3,2	5	281
Kutteln	19	2	–	403
Leber	20	4	3	542
Lunge	16	3	–	357
Milz	18	3	–	424
Niere	15	8	–	563
Pansen	11	5	–	382
Pferdefleisch	18	4	–	462
Quark	25	7	4	773
Reis	8	1	76	1495
Rindfleisch	20	2	–	588
Roggenbrot	6	1	54	1063
Schellfisch	17	0,3	–	307
Schweinefleisch	20	7	–	609

Organismus in Fett an. Je nach Leistungsforderung rechnet man für den erwachsenen Hund bis zu 8 g Kohlehydrate je Kilogramm Körpermasse am Tag, wachsende Tiere benötigen wiederum das Doppelte.

Es gibt Hundehalter, die es bewußt vermeiden, ihrem Tier Fett zu füttern, obwohl der Hund darauf eingestellt ist, auch große Mengen davon zu verdauen. Im Mindestmaß muß die Nahrung 5 % Fettanteile aufweisen, sind doch darin essentielle Fettsäuren und Vitamine (A, D, E), die aber nur dann richtig verdaut werden, wenn ausreichend Kohlehydrate gefüttert werden.

In diesem Zusammenhang ein Wort zur vielfach verbreiteten Unsitte, Junghunden mit Wasser verdünnte Kuhmilch zu verfüttern: Hundemilch enthält bis zu 8 % Fett, Kuhmilch durchschnittlich nur 3,2 %.

Obwohl in der Zusammensetzung sehr unterschiedlich, gibt es doch zwischen Ernährung des Hundes und des Menschen einige Parallelen, dazu gehört u. a. die Zufuhr von Vitaminen, Mineralstoffen und Spurenelementen, wovon im wesentlichen die Gesundheit des Tieres abhängt.

Obwohl sich das alles sehr kompliziert anhört, braucht eigentlich kein Hundebesitzer heutzutage das tägliche Futter selbst mischen, da die industriellen Fertigfuttermittel bis auf die Vitamine alles enthalten, was der Vierbeiner benötigt.

Ein gesunder, ausgewachsener Hund erhält täglich eine Hauptmahlzeit, wobei zu beachten ist, daß ein kleiner Hund relativ mehr Nahrung benötigt als ein großer, da die wärmeabgebende Körperoberfläche im Verhältnis zum Körperinhalt bei ihm wesentlich größer als beim großen Hund ist, zudem wertet er das Futter schlechter aus.

Keine geringe Rolle spielen aber auch die Unterbringung – warm oder kühl – sowie die Leistungsanforderung.

Da der Nahrungsdurchgang von der Aufnahme bis zur Entleerung durchschnittlich 10 bis 12 Stunden dauert, füttert man den Hund am besten abends. Stubenreinheit ist oft nur eine Frage des Fütterrhythmus. Um den Hund an seine Fütterungszeiten zu gewöhnen, nehmen wir ihm alles, was er nicht will, weg, keinesfalls darf immer Futter herumstehen, im Gegensatz zu frischem Wasser, das immer da sein muß. Zur Vermeidung von Verstopfungen dürfen nicht zu viel Knochen gegeben werden.

Man kann folgende zusammenfassende Grundsätze der Hundeernährung zugrunde legen:

1. Das gesunde und ausgewogene Hundefutter sollte ohne Wasser mindestens zu 22 % aus Eiweiß, 5 % aus Fett und bis 60 % aus Kohlehydraten bestehen. Dazu kommen Vitamine, Mineralstoffe und Spurenelemente sowie stets ausreichend frisches Wasser.

2. Das Futter muß zu einem bestimmten Anteil aus pflanzlichen Bestandteilen bestehen, da diese u. a. die Ballaststoffe liefern, die die Darmbewegungen und damit die gesunde Verdauung fördern.

3. Der tägliche Nährstoff- und Energiebedarf des Hundes richtet sich nach Alter, Größe und Anforderung. Kleinere Hunde brauchen je Kilogramm Körpermasse mehr Energieaufnahme als größere. Tragende Hündinnen, säugende Hündinnen und Welpen haben einen weitaus höheren Bedarf an Nährstoffen, aber auch an Energie.

4. Vitamine, Mineralstoffe und Spurenelemente sind lebensnotwendig, ansonsten kommt es zu Mangelerscheinungen. Ausschließliche Fleischernährung ist demzufolge falsch.

5. Hundefutter muß gut verdaulich sein, da der Verdauungstrakt des Hundes kurz ist, die Nahrung also nur eine kurze Verweildauer im Darm hat.

6. Futterfleisch sollte immer roh verfüttert werden, da gekochtes Fleisch für den gesunden Hund zu leicht verdaulich und daher als Nahrung unzweckmäßig ist. Nur Fleisch aus Abdeckereien wird wegen der Gefahr bakterieller Krankheitserreger und des Parasitenbefalls gekocht verfüttert.

7. Der Hund ist kein „Müllschlucker“. Küchenabfälle und Tischreste enthalten meist viel Gewürz, Fett und Bindegewebe mit geringwertigem Eiweiß, aber zuviel Kohlehydraten. Das ist ein Futter, das zwar energiereich ist, aber zuwenig lebenswichtige Nährstoffe enthält.

8. Die Zahl der Mahlzeiten ist abhängig vom Alter des Hundes. So gibt man täglich von der 8. Woche bis zum 4. Monat vier Fütterungen, bis zu einem halben Jahr drei und beim erwachsenen Hund eine. Das Futter muß gut temperiert sein.

9. Enthält das Futter alle notwendigen Bestandteile, kann der Hund sein ganzes Leben mit dem gleichen Futter er-

nährt werden. Umstellungen dürfen nur schrittweise erfolgen, wobei das neue Futter in stetig größer werdenden Portionen unter das gewohnte Futter gemischt wird.

10. Das Hauptgetränk des gesunden Hundes ist frisches Wasser. Wie nun der Hund sein Futter aufnimmt, ob gierig oder ob er mäkelt, ist meist eine Folge unserer Erziehung – oder fehlender Erziehung – wobei natürlich eine bestimmte Veranlagung auch eine Rolle spielt.

Am besten beginnt man damit, seinen Hund gleich vom ersten Tag an zum richtigen Fressen zu erziehen. Hat er etwa 10 Minuten gefressen, nehmen wir ihm das Futter weg, erziehen ihn somit zum zügigen Fressen, verhindern das Trödeln. Auch beim erwachsenen Hund sollte kein Nahrungsrest herumstehen. Wichtig ist auch, den Hund immer zur gleichen Zeit und am gleichen Ort zu füttern, wo er auch ungestört sein muß. Verwendet man beispielsweise in der Zeit der Ausbildung Belohnungshäppchen, sind diese von der Gesamtfuttermenge abzuziehen.

Die Frequenz der Mahlzeiten richtet sich nach dem Alter des Tieres (↑ Abb. 28, 29). Grundsätzlich sollte die gehaltvollste Mahlzeit abends angeboten werden, da während der Ruhe- und Schlafphase der beste Nahrungsaufschluß erfolgt.

5.2. Grundsätze der Haltung

Werden dem Hund entsprechende Voraussetzungen geboten, kann er unabhängig von Größe und Rasse ganzjährig im Freien leben. Die Freilandhaltung sollte in einem Zwinger erfolgen, der von seiner Lage her dem Hund ein Maß an Ruhe sichert, ihm aber auch gleichzeitig einen Überblick über das Grundstück gewährt. Der Untergrund sollte aus hygienischen Gründen aus Beton bestehen, kann aber auch mit einem Holzrost abgedeckt sein. Die Umzäunung muß ein unerlaubtes Entweichen ausschließen. Die Wetterseite sollte durch eine Mauer geschützt sein. Die Hütte wird in der geschütztesten Zwingerecke aufgestellt und muß der Größe des Hundes entsprechen. Als Material zum Bau der Hütte eignet sich am besten Holz. Eine gute Isolation schützt den Hund vor übermäßiger Kälte und Hitze. Der Eingang sollte mit einem Windschutz versehen sein. Als günstig erweist sich ein nach vorne großer Dachüberstand der Hütte. Damit schafft man einen überdachten Liegeplatz, der gern angenommen wird. Als Lager eignen sich, wenn bei Holzuntergrund überhaupt nötig, leicht waschbare Decken, die regelmäßig desinfiziert werden müssen.

In der Wohnung muß sich das Lager immer an der gleichen Stelle befinden, günstigstenfalls in der ruhigsten Ecke, da es nicht nur Schlafstelle, sondern auch ruhender Pol für das Tier ist.

Der Hund darf während der Ruhe nicht lästigen Blicken ausgesetzt werden, da er häufig mit Scheu und Unruhe reagiert. Ein geschlossener Korb oder eine nach oben abgeschlossene Kiste dienen ihm am besten als „Hütte".

5.3. Der Kauf eines Hundes

Unabhängig, für welchen Zweck man sich einen Hund anschafft, ob er Ausgangspunkt späterer eigener Zuchtversuche, Bewacher des Grundstükkes, Spielgefährte für die Kinder oder Kamerad für einsame Stunden sein soll, gibt es einige grundsätzliche Regeln, die bei dem Kauf zu beachten sind.

Am besten kauft man den Welpen direkt beim Züchter, wobei darauf zu achten ist, ob es sich um eine eingetragene Zuchtstätte handelt, also der Welpe mit Abstammungsnachweis abgegeben wird. Ist der Hund bereits etwas älter, achtet man darauf, daß er bislang keine schlechten Erfahrungen mit Menschen gemacht hat. Ängstliche oder aggressive Tiere werden schnell zu einer Last, bzw. Gefahr für ihre Umwelt.

Man sollte nur ein aufgeschlossenes, munteres, nicht zu mageres Tier mit glattem, glänzendem Fell erwerben.

Kleine Hunde müssen dicklich aussehen. Sind Kinder im Haushalt, ist es günstig, wenn diese mindestens das 8. Lebensjahr erreicht haben. Auf jeden Fall empfiehlt es sich, dem Hund einmal in den Fang zu schauen, wobei der Gebißschluß und der Allgemeinzustand der Zähne überprüft werden.

Kauft man einen älteren Hund, bei dem das Alter nicht exakt bestimmbar ist, gelten folgende Richtwerte:

Nach vier Wochen: Durchbruch der Milch-Schneidezähne.

Nach 2 Monaten: Lückenbildung zwischen den Milch-Schneidezähnen infolge Breitenwachstums des Kiefers.

Nach 4 bis 6 Monaten: Zahnwechsel der Zangen-, Mittel- und Eckzähne.

Im 7. Monat: Wechsel der Hakenzähne.

Nach 9 Monaten: Sämtliche bleibenden Zähne sind vorhanden.

1 ½ Jahre: An den Zangen des Unterkiefers sind die Hauptlappen abgenutzt.

2 ½ Jahre: An den Mittelzähnen des Unterkiefers sind die Hauptlappen abgenutzt.

3 ½ Jahre: An den Zangen des Oberkiefers sind die Hauptlappen abgenutzt.

4 ½ Jahre: An den Mittelzähnen des Oberkiefers sind die Hauptlappen abgenutzt.

5 ½ Jahre: An den Eckzähnen des Unterkiefers sind die Hauptlappen abgenutzt.

6 Jahre: An den Eckzähnen des Oberkiefers sind die Hauptlappen abgenutzt.

7 bis 8 Jahre: Hakenzähne werden stumpf.

10 bis 12 Jahre: Ausfall der Zangen des Unterkiefers.

12 bis 16 Jahre und älter: Ausfall der Hakenzähne.

Bevor nun aber der neue Mitbewohner in sein Heim einzieht, gilt es, gewisse Vorbereitungen zu treffen, um einen Welpen einzugewöhnen. Die Kinder müssen belehrt werden, wie der neue Hausgefährte behandelt werden muß, und welche Liebkosungen ihm zuträglich sind. Sie müssen seine Bedürfnisse respektieren lernen. Ein junger Hund braucht Liebe und Freundlichkeit, Futter und Wasser, Bewegung und muß viel spielen können. Er muß eine stille Ecke im Raum haben mit seinem Schlafkorb, wo er sich ungestört zurückziehen kann, aber er benötigt auch Aufsicht. Schließlich und endlich heißt es, ihn an Halsband und Leine zu gewöhnen und stubenrein zu machen. Es kann auch vorkommen, daß der Welpe Schwierigkeiten hat, sich einzugewöhnen, besonders wenn noch andere Tiere im Haus gehalten werden. Hier muß umsichtig vorgegangen werden, denn die anderen Tiere brauchen ebenso viel Zeit. Aber auch Kinder können eifersüchtig sein, und ihren Unwillen dann an dem hilflosen kleinen Welpen auslassen.

5.4. Der alternde Hund

Dank entsprechender Pflege, Haltung und Fütterung erreicht der Hund ein hohes Lebensalter. Daher spielen alterstypische Krankheiten eine besondere Rolle, die unserer Aufmerksamkeit und Beachtung bedürfen. Die durchschnittliche Lebenserwartung des Hundes liegt bei 10 bis 20 Jahren, wobei kleinere und mittelgroße Rassen in der Regel älter als große Rassen werden. So sind beim Teckel, Zwergpudel und Spitz ein Alter von 14 bis 16 Jahren keine Seltenheit. Mit sieben Jahren sprechen wir vom älteren Hund. Zu diesem Zeitpunkt treten die ersten Organschädigungen auf, typische Alterungsprozesse der Organsysteme. Das Ergrauen der Haare im Kopfbereich, eine beginnende Linsentrübung des Auges, Abnutzungserscheinungen bzw. Ausfall der Zähne sowie vielfach nachlassende Lebhaftigkeit sind die äußeren Zeichen.

Bei den inneren Erkrankungen stehen beim Hund *Nierenentzündungen* an der Spitze, während Herz-Kreislauf-Störungen und Geschwülste im Gegensatz zum Menschen erst danach folgen. Man muß bei jedem Hund ab dem 7. Lebensjahr mit einer Schädigung der Nieren rechnen. Da sich eine akute Nierenentzündung äußerlich kaum oder nur geringfügig bemerkbar macht, handelt es sich beim Auftreten von Beschwerden meist um akute Schübe einer bereits chronischen Nierenveränderung, die mit zunehmendem Alter zur *Schrumpfnierenbildung* und tödlich verlaufenden *Harnvergiftung* (*Urämie*) führen kann. Vermehrtes Durstgefühl, welches mit verminderter Lebhaftigkeit und Freßlust verbunden sein kann, ist immer als Warnzeichen für ein Nierenleiden zu betrachten. Bei rechtzeitiger tierärztlicher Behandlung und entsprechenden Diätmaßnahmen läßt sich eine Verschlimmerung der Nierenschäden oft für längere Zeit verhüten. Ursächlich kann das gesteigerte Durstgefühl bei der Hündin auch auf eine *Gebärmuttervereiterung* (*Pyometra*) zurückzuführen sein. Zwar kann es zum Auftreten der Gebärmuttervereiterung in jedem Lebensalter kommen, aber bei älteren Hündinnen ist doch eine deutlich höhere Erkrankungsrate zu beobachten. Dabei spielt es nach den heutigen Erkenntnissen keine Rolle, ob die Hündin zur Zucht eingesetzt wurde oder nicht. Grundursache ist eine hormonelle Übersteuerung der Eierstöcke, die zu einem überstürzten Abbau von später wieder absterbender Gebärmutterschleimhaut führt. Dieser Eiterherd wirkt stark leber- und nierenschädigend. Meist ist zunächst nur das vermehrte Durstgefühl festzustellen, ehe es zum gelben bis gelbbraunen Scheidenausfluß mit starker Störung des Allgemeinbefindens kommt. Starker Durst bei gutem Appetit, aber gleichzeitiger Masseabnahme, kann auch durch einen *Altersdiabetes* (*Zuckerkrankheit*) hervorgerufen werden. Im Gegensatz zum Menschen liegt die Erkrankungshäufigkeit beim Rüden deutlich höher als bei weiblichen Tieren. Durch tägliche Injektionen von Insulinpräparaten in Kombination mit einer entsprechenden Diät kann das Leben solcher Tiere über einen längeren Zeitraum erhalten werden. Eine Behandlung mit insulinähnlichen Tabletten oder strenger Diät allein gelingt beim Hund leider meist nicht.

Viele ältere Hunde leiden an *Herz-Kreislauf-Störungen*, die sich sehr verschiedenartig bemerkbar machen. Sie können durch Herzmuskelschwäche, Herzschwäche infolge Erweiterung und Erschlaffung, Reizleitungsstörungen und Herzklappenfehler bedingt sein. Ursächlich kommen dafür Schädigungen aufgrund früherer Infektionskrankheiten, übermäßiger Belastung besonders bei Gebrauchshunden, plötzlichen Abbruches der Leistungsarbeit, starker Verfettung, aber auch rein altersbedingte organische und funktionelle Störungen in Frage. Diese Tiere ermüden bei Belastung sehr schnell, neigen besonders bei warmem Wetter zu lebensbedrohenden Herzanfällen (akutes Herz-Kreislauf-Versagen), zeigen Atemnot oder Husten durch eine herzbedingte Stauungsbronchitis, die dem Krankheitsbild nach mit einem Herzasthma des Menschen vergleichbar wäre. Fettleibige Hunde sind besonders bei warmer Witterung sehr kreislauflabil. Glücklicherweise kommt es beim Hund nicht parallel mit der allgemeinen Verfettung gleichzeitig zur Herzmuskelverfettung.

Herzklappenfehler können angeboren sein oder sich erst im Alter herausbilden bzw. negativ auswirken. In allen Fällen ist frühzeitig eine gezielte Herz-Kreislauf-Behandlung durch den Tierarzt erforderlich. Keinesfalls sollten dem Hund Herzmittel ohne tierärztliche Anweisung verabreicht bzw. wieder abgesetzt werden.

Herzinfarkte als Todesursache spielen beim Hund vermutlich eine größere Rolle als bisher angenommen. Sie sind beim Hund bekannt, werden aber selten als solche festgestellt. In diesem Zusammenhang sei auch auf den *Schlaganfall* hingewiesen. Er wird im Verlaufe einer Bluthochdruckerkrankung durch plötzliche Blutgefäßzerreißung in bestimmten Gehirnabschnitten hervorgerufen. Die entstehende Halbseitenlähmung ist beim Hund allerdings selten typisch ausgeprägt.

Geschwulsterkrankungen gehören zu den vorwiegend alterstypischen Erkrankungen des Hundes. Der Charakter der Erkrankung und das betroffene Organ können ebenso mannigfaltig wie beim Menschen sein. Allerdings sind Häufigkeit und Organverteilung doch im Vergleich zum Menschen anders. Im Vordergrund stehen Neubildungen der Milchdrüse. Hierbei sind etwa 75 bis 80 % der Geschwülste gutartig, und nur 20 bis 25 % der Fälle sind *Krebs*, also bösartig und meistens durch sehr schnelles und breitflächiges Wachstum charakterisiert.

Leider kann sich aber auch hinter einem kleinen, scheinbar harmlosen Knötchen im Gesäuge der Hündin ein beginnender Krebsherd verstecken. In jedem Fall empfiehlt sich bei Brustdrüsengeschwülsten zunächst eine abwartende Haltung. Durch die Operation kann es zum schnellen Wiederauftreten der Geschwulst nach wenigen Wochen oder Monaten kommen. Auch eine Streuung auf innere Organe als Leber- oder Lungenkrebs ist als Folge möglich. Sowohl bösartige als auch gutartige Geschwülste sind im Anfangsstadium völlig schmerzlos. Erst sekundär kann es bei fortgeschrittenem Geschwulstwachstum durch Größe und Masse zu Beschwerden und Behinderung beim Laufen kommen, können in der Geschwulstgegend entzündliche oder übelriechende geschwulstige Veränderungen auftreten. Bei inneren Geschwulsterkrankungen können durch Verdrängung des gesunden Organgewebes Funktionsstörungen der betroffenen Organsysteme eintreten oder rein passiv Körperhöhlen (Blase, Darm) eingeengt bzw. verlegt werden. Entsprechend vielgestaltig sind daher die Krankheitsbilder bei inneren Geschwulsterkrankungen. Typische Ausfallserscheinungen gibt es nicht, die eindeutig auf das Vorliegen einer Neubildung hinweisen. Daher ist die Feststellung oftmals erst im fortgeschrittenen Stadium durch eine Röntgenuntersuchung möglich. Von besonderer Bedeutung sind beim Hund als typische innere Geschwulsterkrankungen der Lungen- und Leberkrebs, die häufig als Streuung aus bösartigen Gesäuge- oder Schilddrüsenneubildungen entstehen. Letztere sind nicht mit den gutartigen *Schilddrüsenerkrankungen* von Jungtieren aufgrund von Jodmangel (Struma) zu verwechseln. Der Schilddrüsenkrebs zeigt sich meistens durch grobknotige Umfangsvermehrungen, die schnell an Größe zunehmen und bald Luft- und Speiseröhre einengen. Innere Krebserkrankungen führen schließlich zu schweren Allgemeinstörungen mit vollständiger Abmagerung. Der beim Menschen gefürchtete Magen-, Vorsteherdrüsen- oder Gebärmutterkrebs spielt beim Hund kaum eine Rolle. Viel eher finden wir chronische Magenschleimhautentzündungen und Vorsteherdrüsenvergrößerungen. Letztere lassen sich durch weibliche Hormonpräparate gut beherrschen. Im Vordergrund des Krankheitsbildes der Vorsteherdrüsenvergrößerung stehen Kotabsetzstörungen durch Einengung des Mastdarmes, während der Harnabsatz in der Regel völlig ungestört bleibt. Prostatakrebs wird nur äußerst selten beobachtet.

Im Bereich der weiblichen Geschlechtsorgane findet man im allgemeinen nur gutartige, operationsfähige Geschwülste der Gebärmuttermuskulatur, die allerdings eine Masse von 2 bis 3 kg erreichen können (Myome) sowie polypenartige Wucherungen in der Scheide. Sie treten bei Erreichen einer bestimmten Größe plötzlich dunkelrotfeuchtglänzend zwischen den Schamlippen hervor. So beängstigend dieses Bild für den Hundebesitzer erscheint, lassen sich aber diese Geschwülste durch den Tierarzt meist leicht entfernen.

Eingangs wurde schon auf das Ergrauen der dunklen Haare des Felles zunächst im Kopfbereich, dann weiter fortschreitend über die Körperoberfläche hingewiesen. Hierbei handelt es sich vermutlich um hormonell bedingte Störungen in der sehr komplizierten Pigmentsynthese, die bisher bei Mensch und Tier medikamentell nicht beeinflußbar ist. Neben der Ergrauung, die bei manchen Rassen infolge erheblicher Pigmentschwäche auch schon wesentlich früher auftreten kann, beobachtet man bei einer Anzahl von Hunden auch einen vollständigen Haarausfall im Bereich des Rükkens. Hierfür sind vermutlich auch hormonelle Ausfallerscheinungen verantwortlich zu machen, die in einer Reihe von Fällen auf bestimmte Hormonpräparate bzw. operative Maßnahmen ansprechen, wenn es sich um geschwulstbedingte Hormonüberproduktion handelt.

Noch nicht umfassend geklärt ist auch der *Altersstar*, eine zunehmende milchige Trübung der Linse im Auge. Möglicherweise spielen altersbedingte Versorgungsstörungen dabei eine Rolle. Bei der Katze mit einer wesentlich höheren Lebenserwartung wird dieses Phänomen allerdings nicht beobachtet. Medikamentell ist der Graue Star nicht beeinflußbar. Operativ wäre das Leiden wie beim Menschen durch Entfernung der veränderten Linse zu beseitigen, was angezeigt wäre, wenn die Trübung weit fortgeschritten ist und auch eine unscharfe Hell-Dunkel-Seherscheinung, wie durch eine Milchglasscheibe, für das betroffene Tier nicht mehr gegeben wäre. Der notwendige Ersatz des optischen Systems am Auge durch eine Starbrille stößt aber beim Hund auf Schwierigkeiten. Versuche mit entsprechenden Haftschalen wurden jedoch bereits unternommen. In diesem Zusammenhang sei auch darauf hingewiesen, daß verschiedene andere Augenkrankheiten mit zunehmendem Alter vermehrt auftreten bzw. an Schwere zunehmen. Dazu gehören der sogenannte Grüne Star, der besonders beim Fox Terrier häufig mit einer Linsenverlagerung nach vorn oder hinten verbunden ist, und verschiedene Formen der Hornhautentzündung. Dabei kommt es beim Deutschen Schäferhund im Verlauf einer spezifischen Hornhautentzündung zur bindegewebigen, pigmentierten Überwucherung der gesamten Hornhaut und damit zum völligen Verlust des Sehvermögens. Im Verlaufe der chronischen Hornhautentzündung, vor allem beim Teckel und Pudel gelingt die Aufhellung der milchigweißen Schicht in der Hornhaut mittels Prednisonpräparaten mit zunehmendem Alter nicht mehr. Gleichzeitig kommt es zur Einlagerung von braunschwarzem Pigment. Auch ein Nachlassen der Sehfähigkeit ohne äußerliche erkennbare Veränderung am Auge ist möglich und gehört wie die Verringerung des Hörvermögens zu den typischen Altersprozessen. Letzteres kann sogar zur ausgeprägten *Altersschwerhörigkeit* oder gar *Taubheit* bei sehr alten Hunden führen. Diese Prozesse an Auge und Ohr können nur bei frühzeitig einsetzender tierärztlicher Behandlung beeinflußt oder verzögert werden. Ähnliches gilt für die Veränderungen am Gebiß. Hierbei beeinflussen aber auch Fütterung, Verhalten des Hundes (Steinspieler, Nager) und Pflege des Gebisses entscheidend den Zustand der Zähne, aber auch rassetypische erbliche Mängel in Zahnstellungsanomalien, Zahnfehler oder die gefürchtete Parodentopathie mit den bekannten entzündlichen Veränderungen und Rückbildungsvorgängen am Zahnfleisch besonders beim Pudel und Spitz spielen eine wichtige Rolle. Starker Zahnbelag kann ebenso zum vorzeitigen Zahnausfall führen. Alle entzündlichen Veränderungen an den Zahnwurzeln und am Zahnfleisch wirken sich aber auch lebensverkürzend durch Schädigung der inneren Organe aus. Daher sollte der Sanierung des Gebisses durch richtige Haltung, Pflege und Fütterung sowie rechtzeitige tierärztliche Behandlung bei Zahnerkrankungen auch beim Hund von jedem Tierhalter wesentlich mehr Aufmerksamkeit geschenkt werden. Leider sind der konservativen Zahnbehandlung beim Hund Grenzen gesetzt, wenn sie auch durch die außerordentlich seltene *Zahnfäule* (*Karies*) nicht oft nötig ist. Die Erkrankungsrate liegt unter 0,5 %, nur beim Fox Terrier beträgt sie fast 5 %.

Interessant sind auch die Veränderungen am Knochenapparat. Sehr häufig entwickelt sich mit zunehmendem Alter aus einer vernachlässigten Gelenkentzündung eine erhebliche *Arthrose* (*Gelenkversteifung*) mit deutlicher Bewegungseinschränkung. Hierzu gehört auch der zweite Schub im Verlaufe der *Hüftgelenkdysplasie (HD)*. Hunde mit einer mittelgradigen oder schweren HD haben meist bis zum 7. Lebensjahr keine oder nur sehr geringe Beschwerden. Danach kommt es aber bei einer Reihe von Hunden zu starken Knochenentzündungen am veränderten Gelenk. Es treten dann zunehmende Beschwerden und Störungen im Bewegungsablauf ein. Auch von der *Spondylose* bleibt der Hund nicht verschont. Allerdings findet man besonders beim Boxer als Zufallsbefund bei Röntgenuntersuchungen aus anderen Gründen manchmal schon mit neun Monaten die ersten Veränderungen an der Wirbelsäule ohne gleichzeitige Krankheitszeichen. Wirbelsäulenschäden und Beschwerden müssen auch beim alternden Hund nicht im direkten Verhältnis stehen. Bei Dienst- und Gebrauchshunden machen sich doch bald Beschwerden beim Springen und anderen Bewegungen bemerkbar. Da sich beim Hund allmählich kompakte Knochenbrüche zwischen einzelnen oder mehreren Wirbelkörpern bilden, können die Beschwerden unter Beeinträchtigung der Elastizität der Wirbelsäule nachlassen. Häufig ist eine deutliche Wetterabhängigkeit der Schmerzen zu beobachten. Durch entsprechende tierärztliche Maßnahmen kann in vielen Fällen eine Linderung erzielt werden. Die Einsatzfähigkeit von Diensthunden ist aber meistens nicht mehr voll herstellbar. Das Gleiche gilt für Hunderassen, mit denen Abrichtearbeit betrieben wird. Eine charakteristische Erkrankung großer Hunderassen ist die alterstypische *Nachhandschwäche*. Durch Verknöcherungsprozesse kommt es zur Schädigung der motorischen Nervenbahnen für die Muskulatur der Hinterhand. Unsicherheit, schaukelnder Gang und Schwierigkeiten beim Aufstehen oder Treppensteigen sind dafür kennzeichnend. Eine erhöhte Knochenbruchneigung wie beim älteren Menschen durch Verminderung der elastischen Bauanteile ist beim Hund nicht charakteristisch. Allerdings werden bösartige Geschwülste an den Extremitätenknochen mit erheblicher Umfangsvermehrung und Auflösung der Knochensubstanz beobachtet. In wenigen Fällen kann bei dem rasch fortschreitenden Geschwulstwachstum eine Amputation noch Abhilfe bringen. Röntgenbestrahlungen brachten bislang kaum befriedigende Ergebnisse.

„Wechseljahre" sind für die Hündin nicht typisch. Bei richtiger Haltung und Fütterung läuft der Sexualzyklus ohne Pause bis zum Tode ab. So kann es passieren, daß Hündinnen bei ungenügender Beaufsichtigung mit elf bis zwölf Jahren erstmals werfen. Natürlich stellt eine Trächtigkeit in diesem Alter eine erhebliche Belastung für das Tier dar und kann zu schwerwiegenden Geburtskomplikationen führen. Es sind jedoch Fälle bekannt, wo Hündinnen in diesem Alter noch ohne Schwierigkeiten einen Wurf gebracht und aufgezogen haben. Inwieweit dadurch aber die Lebenserwartung dieser Tiere eingeschränkt wurde, bleibt ungewiß. Zwar kann eine Trächtigkeit durch einen ungewollten Deckakt mittels Hormonspritzen unterbrochen werden, ist aber insbesondere bei der alten Hündin risikovoll und kann leicht eine Gebärmuttervereiterung auslösen. Es muß daher gemeinsam mit dem Tierarzt von Fall zu Fall entschieden werden, ob eine Trächtigkeitsunterbrechung vorgenommen wird oder die Hündin die Früchte austragen kann und soll. Die übliche Zuchtaltersgrenze in den Zuchtbestimmungen für alle Rassen ist daher auch vom veterinärmedizinischen Standpunkt als außerordentlich sinnvoll und richtig zu begrüßen.

Bei einer ganzen Reihe von Hündinnen kommt es aber auch zum völligen

Stillstand des Sexualzyklus, zu Unregelmäßigkeiten bzw. längeren Pausen zwischen den Läufigkeiten. Ursächlich kommen dafür mehr Verletzungen am Eierstock oder Nachlassen der Hormonproduktion in Frage. Seltener sind Zystenbildung und Tumore an den Eierstöcken festzustellen. Die Fruchtbarkeit des Rüden ist weitgehend vom Allgemeinzustand abhängig. Allerdings wirkt sich wie beim Jungrüden die Häufigkeit des Deckaktes sehr entscheidend auf die Bereitstellung befruchtungsfähiger Spermien aus. Nach längeren Deckpausen ist zunächst mit einer geringen Fruchtbarkeitsrate zu rechnen. Ein Nachdeckakt ist in diesen Fällen immer ratsam. Funktionseinschränkungen oder vollständiger Ausfall der Spermienproduktion durch *Hodentumore* sind äußerst selten. *Kryptorchide Hoden*, also solche, die bei der Einwanderung innerhalb der ersten zwei Lebenswochen durch den Leistenspalt in den Hodensack stekkengeblieben sind, neigen jenseits des 7. Lebensjahres häufiger zur Geschwulstbildung und bedürfen dann unbedingt operativer Beseitigung. Im fortgeschrittenen Alter kommt es zur Rückbildung des spermienproduzierenden Gewebes in den Hoden. Auch eine notwendige Hormontherapie der Vorsteherdrüsenvergrößerung kann zur zeitweisen oder ständigen Unfruchtbarkeit führen. Diese Nebenwirkung ist bei Zuchtrüden unbedingt zu beachten. Ein wissenschaftlich nicht eindeutig geklärtes, aber aus der Praxis bekanntes Phänomen ist der unterschiedliche Einfluß junger und alter Rüden auf das Geschlechtverhältnis im Wurf.

In den letzten Jahren hat auch in der Veterinärmedizin besonders für den Hund der Einsatz sogenannter „Verjüngungskuren" (*revitalisierende Medikamente*, belebend, aktivierend) Eingang gefunden. Es handelt sich dabei nicht um die spektakulär propagierte Frischzellentherapie, die nur sinnvoll eingesetzt in bestimmten Fällen beim Menschen einen gewissen Erfolg bringen kann. Man nutzt vielmehr die Kombination des Vitamin-B-Komplexes mit Prokain (einem sonst zur örtlichen Schmerzausschaltung eingesetzten Wirkstoff) sowie bestimmten Hormonen. Natürlich kann es keine Wunder vollbringen. Beim rechtzeitigen Einsatz können jedoch die Alterungsprozesse des Organismus günstig beeinflußt werden. Die Behandlung wird zunächst mit einer Spritzenkur begonnen und später mit entsprechenden Dragees über einen längeren Zeitraum fortgesetzt. Bewährt hat sich auch der alleinige Einsatz von Vitamin B 12. Die Behandlung ist ziemlich kostenaufwendig und ein Erfolg kann nicht garantiert werden.

Trotzdem kann jedoch ganz plötzlich oder aber erst nach längerer Krankheit der Zusammenbruch sämtlicher Lebensfunktionen und damit der Tod des Tieres eintreten. Häufig wird der Tierarzt vor die schwerwiegende Entscheidung gestellt, beim Vorliegen einer unheilbaren Erkrankung bzw. erheblichen Einschränkung der Lebensfähigkeit dem Tierhalter die Einschläferung des Hundes zu empfehlen. So hart die Trennung von einem liebgewordenen Heimtier auch sein mag, muß doch im Interesse der Vermeidung weiterer Schmerzen für das Tier entschieden werden.

5.5. Die Pflege des Hundes

Eine der wichtigsten Pflegebedingungen beim Hund ist die *Haarpflege*. Das ursprüngliche Haarkleid des Hundes ist das *Stockhaar*, wie es heute noch beispielsweise bevorzugt beim Deutschen Schäferhund anzutreffen ist. Hier ragen die Haare büschelweise aus den Haartrichtern der Haut heraus, aus einem starken *Haupt-* oder *Leithaar* und zwei kleineren *Nebenhaaren* bestehend, den sogenannten *Stammhaaren*. Jedes dieser drei Stammhaare ist von sechs bis zwölf schwächeren *Beihaaren* umgeben. Das grobe Haupthaar und die ebenfalls noch relativ groben Nebenhaare ergeben in ihrer Gesamtheit das sogenannte *Deckhaar*. Die Haupthaare können gerade und spitz auslaufen, aber auch leicht gewellt und an der Spitze spindelartig verdickt sein. Die Deckhaare überdecken dachziegelartig die feinen, meist leicht gewellten Beihaare, die je nach Rasse in ihrer Gesamtheit eine mehr oder weniger üppige und dichte Unterwolle bilden. Die Haartrichter wurzeln in der Lederhaut. Zu jeder Wurzel gehört eine Talg- und eine Schweißdrüse. Seinen Glanz erhält das Haar durch den von der Talgdrüse abgesonderten Talg, ebenso die Geschmeidigkeit. Weniger funktionstüchtig sind beim Hund die Schweißdrüsen, bei Temperaturveränderungen spielen sie kaum eine Rolle, dafür bei der Bildung des Art- und Individualgeruches. Fell und Haut bilden in ihrer Gesamtheit eine Art Gradmesser für den gesundheitlichen Zustand des Hundes. Jede Veränderung im Organismus wirkt sich auf ihren Anblick aus. Das Haar wächst nicht regelmäßig, sondern in einem bestimmten Zeitabstand von Wachstum und Ruhepausen. Beim Wildtier bedingt die Jahreszeit diesen Rhythmus, während man beim Hund lediglich bei im Freien gehaltenen Tieren noch einen Unterschied im Wollhaar findet, dessen Wechsel deutlich von der Jahreszeit abhängt.

Es ist ein weit verbreiteter Irrtum, daß alte Haare ausfallen. Ihre Verankerung lockert sich lediglich, und die Haare fallen bei Berührung aus, z. B. wenn der Hund gekämmt oder gebürstet wird oder durch hohes Gras bzw. Gebüsch läuft. Durch den Ausfall des alten wird das Wachstum des neuen Haares gefördert. Man spricht davon, daß je nach Größe ein Hund je Tag bis zu 20 m neues Haar produziert. Da das kontinuierlich erfolgt, ist regelmäßiges Bürsten unerläßlich. Dem Hundefell kommt eine wichtige Aufgabe als Temperaturregulator zu. Isolierend und regulierend wirkt dabei die Luftschicht, die vor allem vom Wollhaar umschlossen und gehalten wird. Es ist also nur logisch, daß eine bessere Ausbildung des Wollhaares und sein guter Schutz durch das Deckhaar bessere Isolierungsfunktion haben. Kurzes aber auch verfilztes Haar hält wenig Luft fest, die Temperaturregulation funktioniert schlecht oder überhaupt nicht.

Im Laufe der Jahre hat sich das Fell des Hundes vielfach geändert. Aus dem ursprünglichen Stockhaar bildeten sich verschiedene Fellarten, und die ursprüngliche mehr oder weniger einheitliche Wildfärbung wich einer Vielfalt verschiedener Farb- und Scheckenmuster.

Ein erster Schritt ist dabei sicher die Veränderung des Stockhaares in Richtung Verkürzung oder Verlängerung der *Grannenhaare* gewesen. Werden diese auf drei bis vier Zentimeter verkürzt und liegen dicht und straff über einer ebenfalls verkürzten Wollschicht, so sprechen wir vom *Kurzstockhaar*.

Verlängern sich jedoch die Deck- und Grannenhaare bis auf 10 cm zu einem schlichten oder leicht gewellten Deckhaar über einer reichlichen Unterwolle, so sprechen wir vom *Langstockhaar*. Überwuchern die Wollhaare das Deckhaar, so führt dies zu dem dichten Platten und Schnüre bildenden Haarfilz, wie er für den Komondor und Puli typisch ist. Verlängern sich die Deckhaare über 10 cm hinaus, so entsteht das *Langhaar*, bei reichlicher Unterwolle einen dichten Pelz bildend. Als Langhaar wird aber auch Fell bezeichnet, das schlicht und glatt am Körper anliegt, fast ohne Unterwolle, ebenso wie das Haar des Spitzes, wo die langen und eher groben als feinen Deckhaare straff vom Körper abstehen. Verfeinert sich das Langhaar, so entsteht das schlichte *Seidenhaar*, wie es der Malteser besitzt. Fehlt das Wollhaar fast völlig, und das Deckhaar wird ganz kurz, spricht man vom *Glatt-* oder *Kurzhaar*. Spiralig gedreht, entsteht das krause *Wollhaar*. Durch Vermehrung des gewellten Wollhaares und Beihaares bildet sich das *Wellhaar*.

Charakteristisch für Langhaar ist in der Regel die Bildung einer Halskrause (Mähne), sogenannter Fransen und Hosen an den Hinterschenkeln, sowie einer deutlichen Fahne an der Rute und Fransen an den Ohren.

5.5.1. *Pflege stockhaariger Hunde*. Grundsätzlich ist die Pflege kurzstock-, stock- und langstockhaariger Hunde gleich. Die Grundwolle muß so weit reduziert werden, daß sie nicht mehr flockig heraussteht, wofür man am besten einen Striegel benutzt. Dieser wird ohne allzuviel Druck zuerst mit dem Strich über den ganzen Körper geführt. Danach arbeiten wir in entgegengesetzter Richtung, wobei der Striegel fester aufgedrückt wird. Ein nicht allzu feingliedriger Kamm beendet das Werk, wobei darauf geachtet wird, daß Staub- und Schmutzteilchen restlos zu entfernen sind. Prinzipiell wird so verfahren wie beim Langhaar.

5.5.2. Pflege langhaariger Hunde. Mindestens zweimal in der Woche muß der langhaarige Hund gut ausgekämmt werden, um Verfilzungen vorzubeugen. Wichtig ist, daß die Grundwolle wohl flauschig aufgekämmt, doch in ihrer Struktur nicht zerrissen wird, da sonst der Halt verloren geht. Zum Kämmen benutzt man einen Kamm mit langen, nicht zu engen Zähnen. Besondere Beachtung finden die Achselhöhlen, die Halskrause, die Hinterseite der Ohren, die Innenseite der Schenkel, die Hosen und die Rute, da hier besonders schnell Filz entsteht. Aufzupassen ist, daß hier nur wenige Haare mit einmal erfaßt werden, sind doch diese Stellen besonders schmerzempfindlich. Dringt der Kamm bis auf die Haut und läßt sich widerstandslos von vorn nach hinten führen, dürfte der Hund gut ausgekämmt sein. Jetzt wird das Fell mit einer Bürste, deren Borsten hart, lang und weit auseinanderstehend sind, durchgebürstet, diesmal gegen den Strich. Man beginnt hinter den Ohren und arbeitet stufenweise nach hinten. Diese Behandlung genügt bei den meisten Rassen.

5.5.3. Pflege kurzhaariger Rassen. Auf einen Tisch gestellt, befreien wir zuerst den Hund mit einem Striegel von jeglichen Staub- und Schmutzteilchen. Dabei wird neben dem Striegel am besten eine mittelharte Bürste benutzt. Beide werden abwechselnd gegen und mit dem Strich benutzt. Anschließend nehmen wir in jede Hand eine Bürste, mit denen mittels kreisförmiger Bewegung und normalen Druckes das Haar durchgearbeitet und gleichzeitig die Haut massiert wird. Schließlich wird entweder mit der gleichen oder einer feineren Bürste gegen den Strich gearbeitet, immer mit kurzen Strichen vom Hund weg, damit auch kleinste Schuppen entfernt werden. Den Abschluß bildet das Polieren mit einem Hirschleder, um dem Fell den gewünschten Hochglanz zu verleihen.

5.5.4. Pflege stichelhaariger Hunde. Unter Stichelhaar versteht man eine Übergangsform vom Lang- zum Rauhhaar, die sich dadurch unterscheidet, daß zwar derbe Grannen vorhanden sind, doch so stark von nahezu gleichlanger Grundwolle umgeben, daß ohne zielbewußte Pflege niemals eine Decke gebildet wird, bei der die Grannen so dicht beeinander liegen, daß sie die Grundwolle überdecken. Stichelhaar steht deshalb immer in einem mehr oder weniger ausgeprägten Winkel vom Körper ab. Seine Pflege besteht darin, den Hund mit einem nicht allzu eng gezahnten Kamm durchzukämmen, um so den üppigen Grundwollewuchs im Zaum zu halten. Rassenmäßig unterschiedlich wird auch an einigen Stellen mit Daumen und Zeigefinger gezupft.

5.5.5. Pflege rauhhaariger Rassen. Je nach Art der Haartextur unterscheidet man verschiedene Rauhhaartypen. So haben beim Drahthaar die gewellten derben Grannen eine Länge von etwa 2 ½ cm und liegen von ihrer eigenen Wellung abgesehen am Körper eng an. Die kurze Grundwolle bildet eine eigene Schicht, die sich aber nicht mit den Grannen vermischt. Bei drahthaarigen Hunden zupft man nur das störende Haar aus und striegelt ab und zu, um Staub und Schmutz zu entfernen.

Verlängern sich die Grannen merklich, bleiben aber dabei derb und verlieren gezwungenermaßen ihre relativ enge Wellung, ohne daß die Grundwolle länger wird und sich mit den Grannen vermischt, erhält man das Rauhhaar des Schnauzers, das teilweise bereits Tendenzen zum Ziegenhaar hat, die jedoch nicht erwünscht sind. Diese Haarform ist in der Regel pflegeleicht. Die Haarpflege rauhhaariger Hunde unterteilt sich in drei Phasen:

1. Die Erreichung und Erhaltung der erwünschten Decke oder Jacke.
2. Das Anpassen an das korrekte, rassetypische Schema.
3. Das Herausarbeiten der typischen Silhouette, das Hervorheben von Vorteilen und Verdecken von Fehlern.

Alles weitere wird unter dem Stichwort der jeweiligen Rasse gesondert behandelt.

5.6. Ohrenpflege

Vorbeugungsmaßnahmen gegen eventuelle Ohrenentzündungen sind vor allem bei langhaarigen Hunden unerläßlich. Bei Rassen mit starker Behaarung zupft (nicht schneiden!) man die Haare im Ohr aus. In mehr oder weniger regelmäßigen Abständen wird das Ohrinnere von Schmutz und Ohrenschmalz gereinigt. Dazu eignet sich sehr gut ein Watteträger, aber auch Fahrradspeichen können genommen werden. Ein in Babyöl getränkter Wattebausch kann damit unbedenklich so weit wie möglich in den Gehörgang eingeführt werden. Vor jeglichem Baden erhält der Hund einen ölgetränkten Wattebausch ins Ohr, da eindringendes Wasser oft zu Entzündungen führt.

5.7. Krallenpflege

Im Normalfall kürzt sich der Hund die Krallen selbst, klappert es jedoch beim Laufen, ist es höchste Zeit, etwas zu unternehmen. Das Beschneiden erfolgt vorsichtig mit einer Nagelzange und betrifft nur die Spitzen, um keinen Nerv zu verletzten. Hat der Hund sehr harte, spröde Nägel, stellt man ihn 5 bis 10 Minuten in warmes Seifenwasser.

5.8. Zahnpflege

Durch Niederschlag der Kalksalze des Mundspeichels bilden sich in Verbindung mit Futterresten, den abgestoßenen Zellen der die Mundhöhle auskleidenden Schleimhaut und den verschiedenen Bakterien der Mundhöhle am Zahnhals ansetzende braune Beläge, allgemein als Zahnstein bekannt. Neben der Verfärbung und dem unangenehmen Geruch kann es zu Blutungen und Entzündungen des Zahnfleisches bis zu Geschwür- und Geschwulstbildung kommen. Neben regelmäßiger Knochengabe (nicht übermäßiger!) sind vorbeugende Maßnahmen zu empfehlen, speziell das Zähneputzen mittels Schlämmkreide, wozu ein angefeuchtetes Tuch verwendet wird.

5.9. Augenpflege

Zwar benötigt ein gesundes Hundeauge so gut wie keine Pflege, doch sollte man zumindest den sich oft bildenden Schleimpfropf morgens mit etwas Mull entfernen.
Bei allen Entzündungsfällen ist tierärztlicher Rat einzuholen.

A

Abessinischer Sandterrier ↑ Afrikanischer Nackthund.

Affenhund ↑ Berger da Serra de Aires.

Affenpinscher: rauhhaariger, kleiner (SH 25 bis 28 cm; unter 4 kg KM), gedrungener Hund mit affenartigem Gesichtsausdruck. Sein Wesen läßt sich als Mischung von Unerschrockenheit, Hartnäckigkeit, Biederkeit und Anhänglichkeit mit drolligem Ernst und aufbrausender Leidenschaft kennzeichnen, wobei jede Eigenschaft für sich autreten kann. Seine geringe Größe macht ihn zum angenehmen Haushund auch in kleinsten Wohnungen, wobei er sich, trotz aller Winzigkeit, als guter Wächter von Haus und Hof bewährte. Der fast quadratische Körper des A. ist gut kompakt mit kurzem, gebogenem Hals, geradem Rükken und tiefer Brust. Der Bauch ist wenig aufgezogen, die Vorderläufe gerade mit guten Knochen. Die ziemlich geraden Hinterläufe stehen unter der Kruppe. Der Kopf ist eher kugelig, nicht zu schwer, hochgewölbt mit ausgeprägter Stirn. Der Fang ist kurz, aber nicht griffonartig nach oben gebogen. Die Nasenkuppe und die Lippen sind schwarz, das reinweiße Gebiß muß leicht vorbeißen, darf aber bei geschlossenem Fang nicht sichtbar sein. Die Ohren des A. sind hoch angesetzt, gleichmäßig geschnitten und werden aufrecht getragen. Bei unkupierten Hunden sind sie mit V-förmiger Klappfalte versehen. Wichtig ist, daß die dunklen, vollen, leicht vorstehenden Augen nicht glotzen und von einem harschen Haarkranz umrahmt sind. Die auf etwa drei Glieder kupierte Rute ist hoch angesetzt und wird aufwärts getragen. Durch die steile Stellung der Hinterläufe entsteht die trippelnde Gangart. Das Körperhaar wird hart, dicht und schwarz gefordert, wobei auch braune oder graue Abzeichen bzw. Tönungen erlaubt sind. Das Kopfhaar bildet den besonderen Schmuck durch buschige und stachlige Brauen sowie die kranzförmige Augenumrandung, einen stattlichen Bart und die Schopf- bzw. Backenbehaarung. Es soll möglichst hart sein und trägt so wesentlich zum affenartigen Gesichtsausdruck bei, dem der A. seinen Namen verdankt.

Als Fehler werden beim A. zu leichter, aber auch niedriger oder hochläufiger Bau, tiefe Brust, tief angesetzte oder schlecht kupierte Ohren, Glotz- oder zu helle Augen, Scheren- bzw. Rückbiß und Zange, zu langer Rücken, abfallende Kruppe, Bleistiftbeine sowie kurzes, weiches, weißes oder fleckiges Haar angesehen und mit Zuchtausschluß geahndet.

Über die Herkunft des Namens Pinscher gibt es die unterschiedlichsten Auffassungen. Das Grimmsche Wörterbuch führt ihn auf das Wort „pincer" [frz., abkneifen, stutzen] zurück mit der Begründung, daß alle Hunde, denen Ohren und Rute kupiert (abgekniffen) werden, so bezeichnet werden. Gegensätzlicher Auffassung ist *Strebel*, der die Angewohnheit der A., selbst zu kneifen und festzuhalten, als Eigentümlichkeit der Rasse ins Feld führt.

Fest steht auf jeden Fall, daß ohne jegliche Zuchtlenkung und -planung oder Namensgebung kleine struppige Hunde seit jeher existierten. Sie fielen weder durch besondere Schönheit des Körpers noch des Haares auf, fanden dementsprechend auch keinen Zugang zu gehobeneren Schichten der Bevölkerung und hatten damit nur geringen Wert für Maler und Bildhauer. Eine erste Darstellung kleiner struppiger Hunde mit kupierter Rute und Stehohren finden wir 1434 bei dem flämischen Maler *Jan van Eyck* auf dem Gemälde des Ehepaares *Jan Arnofini.* Pinscher in den unterschiedlichsten Größen begleiteten Jahrhunderte die Stallknechte, daher die Bezeichnung *Stallpinscher.* Belgier waren es, die mit der Einkreuzung mopsähnlicher Hunde einen kuriosen, rundköpfigen Zwerghund schufen, dessen Aussehen, gefördert durch das Rauhhaar, skurril war und Aufsehen erregte. Erste urkundliche Erwähnung findet der A. 1876 bei *L. J. Fitzinger* „Der Hund und seine Racen“: „Die Färbung ist meistens einfärbig röthlich- oder graulichweiss, dunkelgrau ... Dieselbe vertritt heutzutage untern Schoßhunden der Frauen die Stelle des beinahe gänzlich verschwundenen Spitzes ... Gewöhnlich wird sie Affen-Pintsch genannt, eine Benennung, mit welcher man aber auch den kleinen Pintsch zu bezeichnen pflegt.“ Das Aussehen des A. führte in der Mitte des vorigen Jahrhunderts dazu, ihn als Kreuzungsprodukt zwischen Pinscher und Affen anzusehen. Während aber der ↑Griffon belge, die belgische Varietät, ab 1890 planmäßig mit einem 1889 aufgestellten Standard gezüchtet wurde, existierte der deutsche A. fast unbeachtet neben dem sich immer mehr verbreitenden ↑ Zwergschnauzer. Immer wieder wiesen Kynologen auf ihn hin und forderten die deutschen Züchter auf, diese interessante Rasse nicht untergehen zu lassen. Eine exakte Trennung zwischen Zwergschnauzer und A. erfolgte erst nach Gründung des *Pinscher-Schnauzer-Klubs* (PSK), wobei die Durchmischung beider Typen noch längere Zeit bestehen blieb; z. T. zählte man alles, was Vorbiß hatte, zum A., umgekehrt alle Tiere mit Scherengebiß zum Zwergschnauzer. Ebenso wie die Entwicklung des eigenen Typs dauerte es Jahre, bis sich die heute allein anzutreffende Farbe Schwarz durchsetzte. Waren bis 1917 lediglich 40 % der eingetragenen Hunde schwarz, konnten 1931 bereits 90 %, 1940 schon 97 % und 1946 die auch jetzt noch gültigen 100 % registriert werden. – *Tafel 19.*

Afghanischer Windhund: orientalischer Vertreter der Windhundrassen; groß (SH 68,5 bis 73,5 cm ♂, 62 bis 68 cm ♀), quadratisch im Format, harmonisch proportioniert und kraftvoll. Durch sein langes, seidiges Haar, die stolze Haltung und die federnde Gangart wirkt er fremdartig und attraktiv und bietet ein imposantes Bild. Im Wesen ist er eigenwillig, was auf seinen Gebrauchszweck im Ursprungsland zurückzuführen ist. Gegenüber Fremden ist der A. W. zurückhaltend. Sein vitales Temperament zeigt sich in der Aktion. Sein Kopf ist lang, zeigt kaum Stirnabsatz und hat kräftige Kiefer mit eng anliegenden Lefzen. Die dunklen bis mittelbraunen Augen sind leicht schräg gestellt und weisen eine leichte Dreieckform auf. In Augenhöhe sind die gut am Kopf anliegenden langen Ohren angesetzt. Beim A. W. wird ein komplettes Scherengebiß gefordert. Augenscheinlich ist, wie bei allen Windhunden, die hervorragend ausge-

Collie

oben links Deutscher Schäferhund, *oben rechts* Bergrettungsdienst, *Mitte rechts* Suche nach Verschütteten, *unten rechts* gefunden, *unten links* Schutzdienst

oben links Mioritic, *oben rechts* Carpatin, *unten links* Schafspudel, *unten rechts* Polski owczarek podhalanski

oben links Sheltie, *oben rechts* Polski owczarek podhalanski, *unten links* Komondor (Jungtier), *unten rechts* Puli (weiß)

Erwachsener Komondor mit voll ausgebildetem Haarkleid

oben links Kaukasischer Schäferhund, *oben rechts* Polski owczarek nizinny, *Mitte rechts* Berger de Brie (weizenfarben), *unten links* Bobtail, *unten rechts* Collies (vorn Kurzhaar)

oben links Pumi, *oben rechts* Mudi, *unten links* Kuvasz, *unten rechts* Collie (blue-merle)

oben links Bloodhound, *oben rechts* Slovensky kopov, *unten links* Karelischer Bärenhund, *unten rechts* Hannoverscher Schweißhund bildete Brust sowie der kräftig bemuskelte Rücken. Hinter dem nicht zu langen Widerrist befindet sich eine Einsenkung, der *Dip.* Die Schultern und Oberarme sind lang und kräftig, einen ausgeprägten Winkel bildend, die Hintergliedmaßen lassen ebenfalls Kraft und Aktionsfähigkeit erkennen. Typisch ist auch die lange, in einem Ringel endende, tief angesetzte Rute. Das sehr pflegeintensive, täglich zu kämmende und zu bürstende Haarkleid ist am Fang, auf dem Rücken und auf der Kruppe kurz. Oberkopf, Ohren, Flanken sowie Vorder- und Hintergliedmaßen sind lang und dicht behaart. Die Rute weist schwache Befederung auf. Im Idealfall ist die Haartextur seidig und möglichst glatt, das Haar so lang wie möglich und weist alle Farben auf. Neben vielen Detailfehlern und Mängeln gelten bei allen Windhundrassen Adel vermissende Grobheit im Körperbau ebenso wie das gänzliche Fehlen des angeborenen Hetztriebes als verwerflich. Einen Windhund, dazu noch von der Beschaffenheit des A. W.es, sollte sich aber nur der anschaffen, dem es möglich ist, dem Tier die nötige Bewegung, gepaart mit naturgemäßer Haltung, intensiver Pflege und Familienanschluß, zu gewährleisten. Er ist auf keinen Fall für ein Leben zwischen Couch und Ausstellungsring geschaffen, ebensowenig zum Diensthund. Viel Auslauf, persönliche Freiheit und weites Geläuf (durch die Rennbahn ersetzbar) lassen ihn jedoch zu einem prächtigen Kameraden gedeihen.

Seine Herkunft läßt sich wie bei vielen Hunderassen nur vermuten. Viele Thesen und Überlieferungen konkurrieren miteinander. Aber es ist unzweifelbar, daß die Rassen der östlichen Windhundgruppe sehr alt sind. Gewiß scheint auch, daß bereits 2000 Jahre v. u. Z. in der afghanischen Steppen- und Bergwelt dem A. W. ähnliche Hunde vorhanden waren. Von den Nomaden als Ernährer der Familie hochgeschätzt, hatten sie die Aufgabe, das Wild zu verfolgen und niederzureißen. Man kann schon in frühester Zeit beim A. W. von einer Reinzucht sprechen, da allein der Gebrauchswert und die Leistung die Auslese bestimmten. Bei Todesstrafe war es verboten, Tiere aus dem Land auszuführen. Dem Engländer *Bell Murrey* gelang es 1888, den ersten A. W. nach Europa zu bringen, doch die eigentliche Geschichte der Zucht des modernen A. W. begann erst 1907, als Captain *John Barff* den legendären Rüden *Zardin*, einen hellfarbenen Hund mit schwarzer Maske, aus Afghanistan einführte. Zardin gehörte dem Bergtyp an, auch *Ghazni* genannt, der im Unterschied zum Flachlandafghanen – *Bell-Murrey-Typ* – kleiner und temperamentvoller ist. Nach Zardin stellten die Engländer den ersten Standard auf. 1920 folgten zwölf Tiere des Steppentyps, vier Jahre darauf einige Exemplare Bergafghanen. Damit standen sich zwei verschiedene Typen gegenüber, Hauptstreitpunkte bildeten Fellstruktur und Größe. Ein neuer, 1925 formulierter Standard beruhte wiederum hauptsächlich auf der „Zardin-Beschreibung". Erst in den dreißiger Jahren erfolgte die völlige Durchmischung beider Typen, wobei sich der Ghaznityp formmäßig durchsetzte, die Bell-Murrey-Tiere aber von der Bildfläche verschwanden. – *Tafel 42.*

Afrikanischer Nackthund, *Abessinischer Sandterrier:* kleiner, pinscherähnlicher Nackthund (SH 25 bis 30 cm bei 3,5 bis 6 kg KM) mit Stehohren, schmalem Schädel, langem, zugespitztem Fang, dunkler Nase und Scherengebiß, bei dem die Zahl der Zähne keine Rolle spielt. Er hat dunkelbraune bis gelbe Augen, hochstehende Ohren und einen schlanken, ziemlich langen und gut gewölbt getragenen Hals. Der Rumpf ist leicht gerundet mit geradem Rücken, breiter Brust und gut entwickelten, sichtbaren Muskeln und Sehnen. Die lange Rute wird unkupiert ziemlich waagerecht getragen. Er steht auf langen, zierlichen, doch sehnigen Gliedmaßen mit Hasenpfoten. Die haarlose Haut ist glatt, faltenlos und hellsandfarben. Kurze lichte Haare bzw. Büschel auf dem Kopf, an den unteren Läufen und dem Rutenende sind erlaubt. Der A. N. stellt in heißem Klima keinerlei Ansprüche an die Witterung, dürfte sich jedoch keinesfalls an europäische Verhältnisse gewöhnen. Bei ihm ist es im Gegensatz zu den anderen Nackthunden auch möglich, daß er die Ohren, ähnlich wie das ↑ Italienische Windspiel, nach hinten gelegt trägt. Die Zoologen vertreten die Ansicht, daß Nackthunde afrikanischen Ursprungs seien; so sagt u. a. *Brehm*, sie wären über Guinea, Manila, China nach Amerika gelangt. Damit stimmen auch mexikanische Autoren überein, die den im 16. Jh. einsetzenden regen Schiffsverkehr als Ursache anführen, daß verschiedene Hunderassen nach Amerika gelangten. Dafür spricht auch, daß in Mexiko die Nackthunde auch *Chinesische Hunde* genannt wurden. Es dürfte sicher der Wahrheit am nächsten kommen, daß die Kreuzung dieser Importe mit einheimischen Rassen gleichermaßen Vorläufer der heutigen Rassen sind. Damit kann man den A. N. als eine der Ausgangsformen aller Nackthunde betrachten, die sich bis heute erhalten haben.

Ägyptischer Schäferhund ↑ Armant.

Aidi: kräftiger, muskulöser Hund (SH 52 bis 62 cm bei 35 kg KM), der in Marokko zur Bewachung und Verteidigung gehalten wird. Der Kopf gleicht dem eines Bären, ist trocken und im Verhältnis zum Körper gut proportioniert. Die allgemeine Form ist die eines Kegels. Die Jochbögen stehen nicht vor und verbinden den Schädel gut mit der Schnauze ohne brüske Übergänge. Der Nasenspiegel ist schwarz oder braun, immer in Übereinstimmung mit der Farbe des Haarkleides, genügend breit und mit gut geöffneten Nasenlöchern. Der Fang ist kegelförmig wie der ganze Kopf, fühlbar weniger lang als der Schädel. Der Stirnabsatz ist wenig betont und schräg, die Kiefer sind stark und mit fest gewachsenen, regelmäßigen Zähnen im Scherengebiß. Die Lippen sind trocken und geschlossen mit schwarzen oder braunen Konturen je nach Haarfarbe. Der Schädel ist flach und breit mit einer leichten Mittelfurche, das Hinterhauptbein ist wenig betont. Mittelgroß und immer dunkel sind die Augen mit Lidern, die leicht schräg und gut pigmentiert, bei hellhaarigen Hunden wie geschminkt wirken. Die Ohren sind schräg angesetzt, mittellang und kupiert. An der Spitze sind sie leicht abgerundet, werden halb fallend getragen oder nach vorn aufgerichtet, wenn der Hund aufpaßt. Mächtig, muskulös und immer ohne Wamme ist der Hals. Von genügender Breite zeigt sich der Brustkorb, sehr tief und gut herabgehend, mindestens die Ellenbogen erreichend. Klar erhöht ist der Widerrist. Der Rücken ist breit, muskulös und mittellang, die Lenden sind leicht gewölbt, mächtig und muskulös. Die Rückenlinie muß, ohne eingesenkt zu sein, nach vorn ein leicht

abfallendes Profil zeigen, der Bauch ist leicht aufgezogen. Lang, mindestens bis zu den Sprunggelenken reichend, niedrig und säbelförmig getragen ist die Rute. Sie ist dicht und büschelig behaart und wird gestutzt. Die Läufe sind korrekt gestellt und ohne Schwerfälligkeit, wobei die Knie- und Sprunggelenke ziemlich stumpf gewinkelt sind. Das erhöht die Kruppe und verleiht dem Hund die geforderte abfallende Linie Kruppe-Widerrist. Die Pfoten sind mäßig rundlich, haben harte Sohlen und starke Krallen, deren Farbe im Einklang zur Haarfarbe steht.
Der A. ist sehr üppig behaart, etwa 6 cm lang, nur am Kopf und den Ohren kürzer und feiner. Auf dem Hals und unter der Kehle wird eine Mähne gebildet, speziell bei Rüden. Die Hosen und die Rute sind mit sehr üppigen und langen Haaren bedeckt. Der Pelz des A. gleicht einem Panzer, der ihn in den Kämpfen gegen verschiedene Raubtiere sowie gegen die Witterungsunbilden schützt. Er kommt in den verschiedensten Farben vor: Sandfarben, rotblond, weiß, rot, gestichelt, weiß mit schwarz, weiß mit rotblond, mehr oder weniger schwarz, tricolor, um nur einige zu nennen. Von einer guten Verteilung der Flecke kann man dann sprechen, wenn sie nach dem Vorbild des ↑ Bernhardiners sind.
Über die Entstehung dieser Rasse ist so gut wie nichts bekannt, es handelt sich aber um keine Neuzüchtung. Der A. ist nur in Marokko anzutreffen.

Airedale Terrier: derber, muskulöser Hund, im Bau viereckig, mit großer Geschmeidigkeit. Er zählt als größter Terrier (SM 58 bis 62 cm ♂, 56 bis 59 cm ♀, bei 20 kg KM), geht man von den bisher international anerkannten Hunderassen aus. Ansonsten übertrifft ihn der ↑ Schwarze Terrier oder Russische Terrier, zu dessen Urahnen der A. T. gehört, bei weitem. Der Schädel des A. T. wird lang und flach, aber nicht zu breit zwischen den Ohren und mit kaum sichtbarem Stirnabsatz gefordert. Die Nase muß stets schwarz sein. Er hat dunkle, kleine und mandelförmige Augen, kleine, V-förmig und seitlich abstehend getragene Ohren, deren obere Linie etwas höher als das Oberteil des Schädels sein soll. Gefordert wird ein kräftiges, nach Möglichkeit komplettes Scherengebiß. Weitere Standardmerkmale sind der kurze, gerade Rücken, die tiefe, nicht zu breite Brust sowie die hoch angesetzte, sich zur Spitze verjüngende Rute, die auf zwei Drittel der ursprünglichen Länge kupiert ist. Das Haarkleid ist hart, dicht und drahtig, kann leicht gewellt, darf aber nicht lockig sein. Kopf und Ohren sollen mit Ausnahme der schwarzen Markierungen an beiden Seiten des Schädels ockerrostbraun (tan) sein. Die Ohren sind im Idealfall ein wenig dunkel, die Läufe bis zum Schenkel und Ellenbogen ockerrostbraun und der Körper schwarz und dunkelgrau meliert.
Der A. T. ist neben dem Fox Terrier der bekannteste Terrier, der für alle Einsatzarten geeignet ist. Seine Intelligenz, Anhänglichkeit, der Mut und – trotz allem Terriertemperament – der Gehorsam prädestinieren ihn zum hervorragenden Diensthund. Soll er in der Wohnung gehalten werden, muß man ihm viel Bewegung verschaffen. Etwas kompliziert ist die Pflege des Rauhhaares. Es muß in regelmäßigen Abständen getrimmt werden. Da meist kein Tierpflegesalon in der Nähe ansässig ist, sollte jeder Halter eines A. T. sich die Grundgriffe des Trimmens aneignen. Dafür werden Spezial-

werkzeuge wie Metallkämme, Trimmmesser und Spezialscheren benötigt. Grundsätzlich werden alle *rauhhaarigen Hunde* und *Spaniels gestrippt* und *getrimmt*. Unter Strippen versteht man das Entfernen loser Deckhaare mitsamt der Wurzel, am besten mit der Hand. Ein stumpfes, gezahntes Trimmmesser leistet hier auch gute Dienste, wenn es so stumpf ist, daß es nicht schneidet, sondern die Haare nur ergreift. Ist das Fell genügend ausgewachsen und im Stadium des Abhaarens, empfinden die Hunde diese Prozedur keinesfalls als schmerzhaft. Nach beendetem Strippen kommt das eigentliche Trimmen, die fortdauernde Arbeit am gestrippten Fell des Hundes, wobei es darauf ankommt, ihn dem Schönheitsideal der jeweiligen Rasse möglichst nahezubringen. Es ist rassebedingt unterschiedlich, wieviel Zeit benötigt wird, um ein ausstellungsfähiges Stadium zu erreichen. Ein hochläufiger Terrier wird nach folgendem Schema gestrippt und getrimmt: An Rücken, Hals, Schultern, Rute und Unterseite werden die Deckhaare entfernt, so daß nur die Unterwolle bleibt, das gleiche geschieht am Hinterkopf und den Ohren *(1)*. Dabei wird der Übergang zwischen dem gut gezupften Teil der Schultern *(2)* und dem üppigen Haarwuchs der Vorderläufe *(3)* so fließend und unauffällig wie möglich gehalten. Beim Strippen zieht man die Beinhaare von Position *3* aus, so daß nur der Nachwuchs bleibt. Wichtig ist, daß sich keine vorstehenden Haare an der hinteren Seite der Vorderläufe *(4)* befinden, um nicht den Eindruck zu erwecken, daß die Ellenbogen schlecht am Körper anliegen. Nun kommt der Übergang zu den Schenkeln *(5)*, der so unauffällig wie möglich gehalten werden muß. Die Beinhaare *(6)* werden ausgezupft, so daß der Umriß keine herausstehenden Haare mehr zeigt. Die Behaarung der Brust *(7)* soll den Raum zwischen den Vorderbeinen ausfüllen, den kräftigen Gebrauchstyp betonend. Danach wird zwischen den glatten Oberflächen beider Seiten *(8)* und der ziemlich fülligen Brustbehaarung auf einen allmählichen Übergang hingearbeitet. Die Pfoten *(9)* trimmt man so, daß sie nach Möglichkeit klein erscheinen. Am Kopf wird der Übergang *(10)* zu den Augenbrauen *(11)* und dem gut geformten Bart *(12)* recht unauffällig gestaltet.

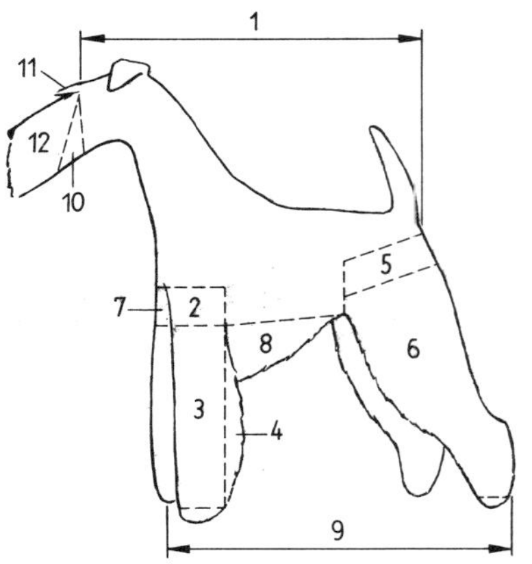

Airedale Terrier (*Trimmodell*)

Alle Terrier müssen eine kräftige Hinterhand haben, wobei die Behaarung der Beine eine große Rolle spielt, d. h., er darf keine „Cowboy-Hose" haben, sondern muß stufenlose Übergänge aufweisen. Da speziell die hochläufigen Terrier einen tiefen Brustkorb haben, läßt man gewöhnlich einen langsam abnehmenden Haarrand an der Unterseite stehen. Auf keinen Fall darf ein rauhhaariger Terrier geschoren werden, das schadet nicht nur dem

Aussehen, sondern mit der Zeit der Haarfarbe und -struktur.
Die englische Grafschaft *Yorkshire* wird von der *Ouse* durchflossen, deren einer Nebenfluß *Aire* heißt. Die Bewohner des *Aire-Tales* sind Bergleute, Fabrikarbeiter und Farmer. Hier ist der A. T. beheimatet, ursprünglich als *Brokenhaired Terrier*, gebrochen-behaarter Terrier, bekannt, später als *Roughhaired Terrier*, rauh- oder grobbehaarter Terrier. Weitere Bezeichnungen sind *Waterside Terrier* und *Bingley Terrier*. Seinen heutigen Namen verdankt der A. T. dem Kynologen *Dr. Gordon Stadles*, der nachwies, daß diese Hunde nicht nur in der Umgebung der Stadt Bingley, sondern im gesamten Tal der Aire verbreitet waren. Der neue Name A. T. gefiel und setzte sich immer mehr durch. Wie bei fast allen anderen Hunderassen gab es auch beim A. T. keinen einheitlichen ursprünglichen Typ. Die um 1860 in der Grafschaft Yorkshire existierenden Hunde waren verschieden in Größe und Färbung, hatten aber alle ein dichtes, zottiges, äußerst wetterfestes Fell, einige besaßen spitze Köpfe mit langen Ohren, andere bereits ausgesprochene Terrierköpfe heutigen Gepräges. Vorherrschende Farbe war Grau mit gelben Abzeichen. Da aber das Zuchtgebiet sehr eng begrenzt auf das Tal der Aire blieb, auch das Zuchtziel der Förderung einer bestimmten Eigenschaft diente — gute Gebrauchshunde zu halten — konnten sich in relativ kurzer Zeit mehr oder weniger einheitliche Typen herausschälen. Die meisten Kynologen halten den A. T. für ein Produkt aus ↑ Otter Hound, altem englischem Terrier und ↑ Bull Terrier. 1884 stellten Engländer die ersten Rassekennzeichen auf, nach denen sich der A. T. lediglich in der Farbe vom ↑ Irish Terrier unterschied. Seine Verbreitung in Europa ist eng mit der Entwicklung der Sportkynologie verbunden. Deutsche und Österreicher entdeckten zuerst die hervorragenden Eigenschaften des A. T. als Polizei-, Melde- und Sanitätshund. Das ist auch der Grund, weshalb hier speziell die Zucht stärker gefördert wurde als im Ursprungsland. Vor dem 1. Weltkrieg stellte der A. T. den bevorzugtesten Diensthund bei Polizei und Armee dar. Als 1900 Truppen aus acht Staaten den Aufstand der Yihetuan in China niederschlugen, befanden sich mehrere A. T. unter den mitgenommenen Hunden des deutschen Kontingents, später gab es sowohl in der deutschen als auch österreichischen Armee nur noch A. T. Der genannte Einsatz ließ den ursprünglich existierenden kleinen Schlag völlig verschwinden. — *Tafel 45.*

Akita-Inu: großer (SH 63 bis 69 cm ♂, 57 bis 63 cm ♀), imposanter Hund, der in seinem Äußeren ein typischer nordischer Jagdhund ist. Der Kopf ist groß, hat eine breite Stirn, einen ausgeprägten Stop und kleine, leicht dreieckige, möglichst dunkelbraune Augen. Die Wangen sind gut gerundet, der Fang kräftig und spitz zulaufend. Steife, kleine Ohren, dick und weit auseinanderstehend, vervollkommen das Bild. Der überaus kräftige, leistungsfähige Körperbau macht den A. zu einem idealen Arbeitshund, dessen Haar auf der Decke mittellang, hart, gerade und gut abstehend mit reichlicher, weicher und wolliger Unterwolle ist. Das Haar ist rehfarben, weiß, weizenfarben, schwarz, graubraun, aschgrau, silbergrau, stahlblau, schwarz mit roten Abzeichen, auch gestromt.
Der A. hat sich als Schutz- und Wachhund, aber auch bei der Jagd und im

Lastenziehen bewährt. Sein energisches Auftreten und seine Bärenkräfte verlangen eine feste Hand.
Unter den ↑ japanischen Spitzen, dem Mittelspitz ↑ Nippon-Inu, dem Kleinspitz ↑ Shiba-Inu und dem ↑ Mikawa-Inu, einer Kreuzung zwischen kurzhaarigem ↑ Chow Chow und Mittelspitz, ist der A. der größte. Knochenfunde, Reliefs und primitive Tonbilder, teilweise über 4000 Jahre alt, weisen eine frühe Hundepopulation auf den japanischen Inseln nach, alle zeigen spitzähnliche Tiere: quadratischer Bau, spitzer Fang, kleine Stehohren und Ringelrute. Erst um 400 u. Z. kamen mit Kaufleuten aus Asien große, schwere Hunde mit Hängeohren und langer Rute und später terrierartige nach Japan. Als 1500 erste *Doggen*, *Windhunde* und kleine *Chinus* aus Europa und dem asiatischen Raum folgten, legten die Japaner ihr erstes Hundestammbuch *Kezuke-cho* an, in dem die Hunde, nach nationalen und importierten Rassen getrennt, mit Namen, Abstammung, Farbe, Größe sowie besonderen Merkmalen aufgeführt sind. Somit sind die japanischen Spitzrassen die Hunde mit dem ältesten nachweisbaren Stammbaum. – *Tafel 35.*

Alano: massiger, mittelgroßer Hund (SH 57 cm) mit Kippohren und langer, horizontal getragener Rute. Der massige Kopf hat einen großen Schädel mit breiter Stirn und sehr betontem Stop. Im doggenartig kräftigen, kurzen Fang mit quadratischer Vorderseite befinden sich starke Kiefer mit komplettem Scherengebiß. Er hat große, braune Augen, vorspringend mit kühnem, beinahe bösem Ausdruck. Der Hals zeigt Wamme, der kurze Rücken ist konvex, die Lendenpartie stark und breit bei tiefer, abfallender Kruppe. Der A. hat kurze, aber sehr starke Läufe mit kurzen, runden Pfoten, die schlaffe Zehen aufweisen. Das kurze Haar ist rot und im Griff rauh. Der Fang ist schwarz. Der A. ist ein ausgesprochener *Saupack* und wird als Meutenhund zur Schwarzwildjagd verwendet. Er stammt aus Kreuzungen der *Keltenbracke* mit der *spanischen Dogge* und ist mit der ↑ Bordeauxdogge verwandt. Obwohl er vom Aussehen her in die Gruppe der Schutzhunde passen könnte, haben ihn die spanischen Kynologen aufgrund seiner vorherrschenden Jagdpassion bei den Jagdhunden eingereiht.

Alaskan Malamute: schwerknochiger, kraftvoller und kompakter Hund mit den erwünschten Körpermaßen 63 cm SH bei 38 kg KM ♂, 58 cm SH bei 34 kg KM ♀. Gefordert werden gesunde Läufe und gute Pfoten, tiefe Brust und kräftige Schultern, durch die der A. M. eine beständige, ausgeglichene Gangart zeigt. Der Kopf des A. M. ist breit mit massiver Schnauze, die von der Wurzel bis zur Nase nur unwesentlich zugespitzt ist. Im Verhältnis zum Kopf sind die Ohren eher klein und liegen weit auseinander. Die Augen sind mäßig groß, mandelförmig, dunkel bevorzugt. Das Fell dieser Hunde weist einen dicken, rauhen Schutzmantel auf, der vom Körper absteht und im Schulterbereich sowie am Hals etwas länger wird. Er kann alle Schattierungen von hellem Grau bis Schwarz zeigen. Charakteristisch ist eine masken- oder haubenartige Zeichnung am Kopf und eine dunklere, mantelartige über dem Rücken. Flekken oder ausgedehnte ungleichmäßige Abzeichen sind unerwünscht, einzige zugelassene einheitliche Farbe ist Reinweiß. Der A. M. trägt die Rute weder eng geringelt noch locker

wie einen Fuchsschwanz, sondern geschwungen wie eine Schmuckfeder. Im Rudel gehalten benötigt der A. M. wegen seiner Körpergröße und -stärke eine fachkundige Hand.
Als sibirische Volksstämme erst Alaska, später Grönland und Kanada bevölkerten, brachten sie die Vorfahren heutiger Schlittenhundrassen mit, die sich unter den neuen Umweltbedingungen eigenständig weiterentwikkelten. Die „Mahlemuts" waren einer der Volksstämme, deren Vorfahren unter den Einwanderern mitzogen und sich im nordwestlichen Teil Alaskas ansiedelten. Die in dieser Abgeschiedenheit rein gezüchteten Hunde hatten in jener Zeit nur einen Standard: Leistungsfähigkeit als Zugtier, Wächter und Jäger, Widerstandsfähigkeit gegen Witterungsunbilden. Die Mahlemuts waren als Jäger und Fischer auf ihre Schlittenhunde angewiesen und besaßen in ihnen wertvolle Hilfskräfte. Als die Europäer Alaska und Kanada besiedelten, benutzten auch sie die A. M. zur Bewältigung ihrer Transportprobleme. Mit dem Übergang zur sportlichen Nutzung als Rennhund sah sich der nach Ende der Pionierzeit vom Zerfall bedrohte Zuchtstamm der A. M. einer neuen Blüte gegenüber. Seine hervorragenden Eigenschaften als Schlittenhund lassen ihn noch heute eine Anzahl von Rekorden auf Langstrecken halten. Für Sprints ist er wegen seines athletischen Körperbaus nicht so geeignet, doch vermag er große Lasten über weite Strecken zu ziehen.

Alaskan Malamute

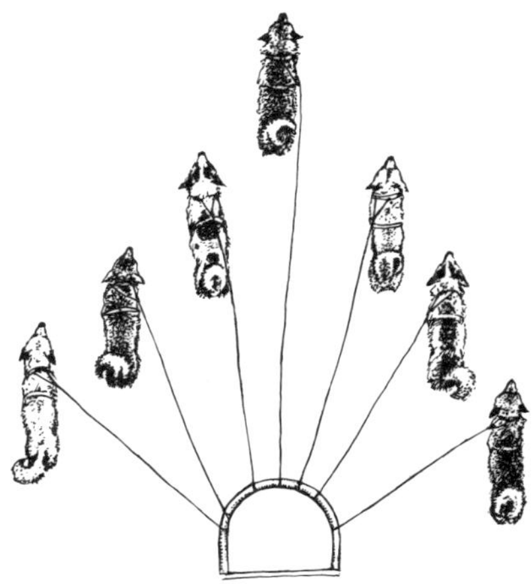

Alaskan Malamute, fächerförmiges Schlittenhundgespann

Alpenländisch-erzgebirgische Dachsbracke: mittelgroßer (SH 34 bis 42 cm), kräftiger Hund mit starkem, ebenmäßigem Knochenbau, dicht anliegendem, grobem Haar und aufmerksamem Gesichtsausdruck. Ein flach gewölbter Oberkopf, mäßig breiter Fang mit komplettem Scherengebiß — Zange kann toleriert werden — und Hängeohren sowie der kräftige Fang, nicht spitz verlaufend, kennzeichnen den Hund, der einen rechteckigen muskulösen Körper mit tiefer Brust und leicht aufgezogenen Lenden besitzt. Die mittellange Rute verjüngt sich zur Spitze und wird leicht herabhängend bzw. aufwärtsgebogen getragen. Völlig gerade, kräftige Läufe mit runden, geschlossenen Pfoten verweisen auf den Einsatz als Laufhund. Hartes, kurzes, gut anliegendes, aber nicht glattes Haar, dem Otterfell ähnelnd, zeigt die Farben Hirschrot ohne weiße Abzeichen und Schwarz mit rotem Brand ohne jedes weiße Abzeichen.

Die A. D. ist ein laut jagender, brackierender, kräftiger Laufhund, geeignet zur langsamen Suche und Hetze von Füchsen und Hasen. Sie ist ein guter Riemenarbeiter, wenn es um das Ausarbeiten von Schalenwild-Wundfährten geht, ebenso auch ein guter Apportierhund auf kleines Federwild. Obwohl sich viele Interessenten finden, diesen pflegeleichten Hund zu halten, ist er nur Jägern zu empfehlen, in deren Hand er sich voll entfalten kann.

Die Heimat der A. D. liegt im böhmisch-sächsischen Erzgebirge, in der Gegend zwischen *Buchholz* und *Mauersberg*, wo sie vor allem ihren Verwendungszweck bei der Hasenjagd fand. Die A. D. stellt eine Übergangsform zwischen *hochläufiger* und *Zwergbracke* dar. Über Böhmen, Mähren, die Steiermark und Kärnten breitete sie sich sehr schnell aus, ursprünglich unter *Mauersberger Bracke* bekannt. Den Namen *Dachsbracke* verdankt sie den Tiermalern *Grasbey* und *Beckmann*. 1896 erfolgte die Anerkennung der A. D. Ihre Hauptzuchtgebiete sind in der Steiermark und in Kärnten.

American Cocker Spaniel: kleinstes Mitglied (SH 38 bis 42 cm bei 10 bis 12 kg KM) der Jagdhundgruppe. Sein Gebäude soll kräftig und kompakt mit tiefem Brustkorb sein, edel gemeißelt im Kopfschnitt. Im Stand verlangt man den A. C. S. gut aufgerichtet auf geraden Vorderläufen mit leicht abfallender Rückenlinie und stark bemuskelter Hinterhand. Sein Temperament ist ungezwungen und fröhlich, sich speziell in den kraftvollen Bewegungen ausdrückend, raumgreifend und mühelos. Der Schädel ist leicht gerundet, die Augenbögen deutlich erkennbar. Der Fang ist breit und tief, die 42 Zähne im Scherengebiß kräftig. Die vollen, runden, dunkelbraunen Augen dürfen nicht hervortreten und haben einen sanften, aber wachsamen Ausdruck.

Alpenländisch-erzgebirgische Dachsbracke

Wichtig ist, daß die Behänge lappig, von feinem Leder, lang herunterhängen und nicht oberhalb der unteren Augenlinie angesetzt sind. Die Rute soll in gleicher Oberlinie des Rückens getragen werden. Besonders aufwendig ist die Pflege des seidigen, glatt oder leicht gewellten, lang herabhängenden, herrlichen Haarkleides, das mindestens einmal täglich gekämmt und teilweise sogar leicht getrimmt werden muß. Der A. C. S. kommt in verschiedenen Farbvarianten vor. 1. Einfarbig: Reinschwarz ohne jegliche Schattierung; alle Einfarbigen mit guter Schattierung möglichst ohne heller gefärbte Befederung, wobei weiße Flecken an Brust und Kehle noch gestattet sind, an anderen Stellen führen sie zur Disqualifikation. 2. Mehrfarbig:

mindestens zwei Farben, klar gezeichnet und über den Körper verteilt. 3. Schimmel: Diese Tiere mit irgendeiner Schattierung werden zur zweiten Gruppe gezählt, ebenso wie schwarze Hunde mit lohbraunem Brand zu den Einfarbigen rechnen und seit 1. 1. 1982 auch im Ausstellungsring gemeinsam bewertet werden.

Gegen 1880, als in England noch *Cokker-* und *Springer-Spaniel* im gleichen Wurf lagen, waren in Amerika ausschließlich *englische Spaniel* auf den ersten Ausstellungen zu sehen. Während im Mutterland der Größenunterschied zur Trennung in ↑ Cocker Spaniel und ↑ English Springer Spaniel führte, nahm die Entwicklung in Amerika einen anderen Verlauf. Hier war neben dem Cocker immer häufiger ein etwas kleinerer Spaniel zu sehen. 1943 erkannte der 1935 gebildete Spezialklub *American Kennel Club* den A. C. S. als eigenständige Rasse an. *–Tafel 29.*

American Foxhound: mittelgroßer (SH 56 bis 64 cm ♂, 53 bis 61 cm ♀), kurzhaariger, schnittiger Hund mit langen Behängen und schön geschwungener Säbelrute, der bis heute noch keinen einheitlichen Typ besitzt. Fest steht nur, daß er dichtes, hartes, mittellanges Haar in jeder Farbe hat. Ausgangspunkt für die amerikanische Zucht waren englische, französische und irische Meuten, die zu verschiedenen Zeitpunkten eingeführt wurden. Sie fanden Verwendung sowohl als Meuten bei der Reitjagd als auch für die Schweiß- und Stöberarbeit. In jahrzehntelanger Arbeit haben sich nun in den Händen einzelner Grundbesitzer und Jäger verschiedene Schläge herausgebildet, die zwar einen guten Ruf besitzen, aber bisher keine Chance haben, sich zu einem Typ zu vereinheitlichen. Im Wege steht die ablehnende Haltung der Züchter, ihre Tiere auf Ausstellungen zu zeigen.

American Water Spaniel: mittelgroßer (SH 38 bis 46 cm bei 12 bis 22 kg KM), langhaariger, brauner Hund mit langen Behängen und langer Säbelrute. Nach einem Züchter vereinzelt auch *Boykin-Spaniel* benannt, erfolgte seine Anerkennung durch den *American Kennel Club* 1940. Der mäßige lange Kopf wird nicht zu hoch getragen, hat einen ziemlich breiten, mäßigen Stop zeigenden Schädel mit spitzem Fang und komplettem Scherengebiß. Die dunkel- bzw. haselnußbraunen Augen stehen weit auseinander, dicht über der Augenlinie sind die langen, mit dichter Locke besetzten Ohren angesetzt. Der Rumpf ist stark, aber nicht zu kompakt mit starkem Rücken, leicht gewölbter Lendenpartie und tiefer Brust. Der A. W. S. steht auf gut bemuskelten, starken Läufen. Sein Haar ist dicht, gelockt, wellig, aber nicht harsch, wobei die Läufe mittelkurz behaart und lockig befedert sind. Der A. W. S. kommt immer einfarbig leber- oder schokoladenbraun vor, kleine weiße Abzeichen an der Brust bzw. den Zehen sind gestattet.

Seine Entstehung verdankt der A. W. S. wie fast alle typisch amerikanischen Rassen der Einkreuzung englischer Importe. Viele Jahre vor seiner offiziellen Anerkennung als eigenständige Rasse kreuzten nordamerikanische Jäger ↑ Irish Water Spaniels mit ↑ Curley coated Retriever und schufen so eine ihren Zwecken angepaßte bodenständige Gebrauchshunderasse, die besonders in den unwegsamen Wäldern, aber auch bei der Stöberarbeit in Wasser und Schilf und beim Apportieren gute Dienste leistete. In der Arbeit am Stück ist der A. W. S. unschlagbar, wurde doch die Entwicklung der Rasse jahrzehntelang durch natürliche Auswahlprinzipien gefördert.

Seine Haltung empfiehlt sich nur, wenn geeigneter Auslauf und Arbeitsmöglichkeiten gekoppelt sind, er ist keinesfalls ein Wohnungshund. In gewissen Grenzen muß er getrimmt werden.

Anglo-Francais Tricolore: großer, sehr eleganter und vornehmer Hund, der besonders reizvoll gefärbt ist und Kraft, Leichtigkeit und Schönheit harmonisch vereint. Er wird zu den großen dreifarbigen englisch-französischen Laufhunden (SH 60 bis 70 cm bei 35 kg KM) gezählt, hat einen relativ langen, aber nicht sehr breiten Kopf mit einem kleinen Höcker am Hinterhauptbein. Der eher flache Schädel weist wenig Stop auf. Typisch sind weiterhin ein leicht gebogener Nasenrücken mit einer sehr starken, breiten und vorstehenden Nase, leicht zugespitzter Fang, bei dem die Oberlefze die Unterlefze gut bedeckt, große, braune, schwarze umrandete Augen sowie feine, mittelbreite, etwas tiefangesetzte und leicht gedrehte Ohren, die hängend getragen werden. Der A. T. hat einen kräftigen Körper mit tiefer Brust, leicht aufgezogenen Flanken und dünnem Hals. Die nahe dem Boden gestellten Sprunggelenke sind wenig gewinkelt. Er hat Hasenpfoten. Die mittellange Rute ist fein, ohne Bürste, hoch angesetzt und wird elegant, mit leichter Krümmung getragen. Die Färbung des kurzen, glänzenden Haares ist meist dreifarbig mit schwarzem Mantel oder großen Flecken, in Ausnahmefällen auch Weiß und Orange. Als Fehler gelten schwarzweiße Hunde sowie Abweichungen vom normalen vollzähligen Scherengebiß.

Man führt den A. T. auf französische Laufhunde und den englischen ↑ Foxhound zurück, wobei er von ersteren den Spürsinn und vom englischen Ahnen die Kraft hat. Zu den beliebtesten Meutehunden Frankreichs zählend, spielt er in der französischen Zucht eine große Rolle. Man kann natürlich den heutigen A. T. nicht mehr mit dem einstigen Jäger auf Hirsch und Reh,

Anglo-Francais Tricolore

dem *Haut-Poitevin*, vergleichen, der praktisch ausgestorben war. Französischen Weidmännern ist die Neuentstehung in Form des A. T. zu verdanken. Die englisch-französischen Laufhunde teilen sich in drei Gruppen: 1. den *großen Anglo-Francais,* der oben beschrieben ist und tricolore (dreifarbig), blanc et noir (schwarzweiß), blanc et orange (orangeweiß) vorkommt, 2. den *mittelgroßen Anglo-Francais* (SH 51 bis 60 cm) als Kreuzung zwischen mittelgroßen, kurzhaarigen, französischen Hunden mit dem ↑ Harrier sowie 3. den *kleinen Anglo-Francais* (SH 42 bis 50 cm), einer Kreuzung zwischen ↑ Beagle bzw. ↑ Beagle Harrier mit kurzhaarigen französischen Laufhunden mittlerer Größe (↑ Petit Bleu de Gascogne, ↑ Petit Gascon Saintongeois, ↑ Chien d'Artois,

↑ Porcelaine). Alle Vertreter der drei Gruppen sind in der Farbe gleich.
Ihrem Verwendungszweck nach benötigen sie Auslauf und wollen beansprucht werden.

Appenzeller Sennenhund: ein zur Gruppe der Schweizer Sennenhunde gehörender mittelgroßer, fast quadratisch gebauter, im Körper überall schön ausgeglichener, muskulöser und lebhafter Hund mit humorvollem Ausdruck (SH 52 bis 58 cm ♂, 48 bis 54 cm ♀). Er hat einen harmonischen, in guter Proportion zum Körper stehenden Kopf, dessen Fanglänge vier Fünftel der Länge des Oberkopfes beträgt. Die ziemlich hoch angesetzten anliegenden Ohren hängen dreieckig herab. Bei Aufmerksamkeit hebt der A. S. sie an der Wurzel, dreht sie nach vorn, so daß von vorn der ganze Kopf mit den Ohren auffällig dreieckig erscheint. Er hat kleine, mandelförmige, nicht vorstehende, dunkelbraune Augen, lebhaft im Ausdruck und leicht schief gegen die Nase gestellt. Es wird ein Scherengebiß verlangt, eine Zange jedoch toleriert. Der kräftige Körper ist rechteckig, steht auf derben Läufen mit guter Winkelung. Am schnellsten erkennt man den A. S. an seiner geringelten Posthornrute, die der kecke und sehr temperamentvolle Hund seitlich auf der Kruppe trägt. Er besitzt festes, anliegendes Stockhaar, dicht und glänzend mit schwarzer oder brauner Unterwolle (graue nicht erwünscht). Den Beweis für die These, auf dem Boden der Schweiz seien die farbenprächtigsten Hunderassen der Welt entstanden, tritt der A. S. gemeinsam mit den anderen an. Die Grundfarbe ist Schwarz mit rostbraunen und weißen symmetrischen Abzeichen, auf deren Regelmäßigkeit Wert gelegt wird. Die rostbraunen Flecken über den Augen dürfen nie fehlen, ebensowenig die gut sichtbare weiße Blesse an der Stirn, anschließend den Fang umfassend. Weiß ist auch durchgehend an Hals und Brust, an allen vier Pfoten und an der Rutenspitze vorhanden. Das Rostbraun an den Läufen, Backen und der Brust ist stets zwischen Schwarz und Weiß gelegen. Ein Nackenfleck und leichter, weißer, halber Halsring werden toleriert, ebenso ein leichter, sehr dünner durchgehender Halsring, der aber nicht erwünscht ist. Der A. S. ist selbstsicher, furchtlos mit natürlicher Schärfe und wird als Schutz-, Sanitäts-, Lawinen- und Katastrophenhund eingesetzt.
Über die Herkunft des A. S.es, wie überhaupt bei allen Schweizer Rassen, gibt es viele Vermutungen, wobei sich immer mehr die Theorie durchsetzte, sie auf die *altrömischen* ↑ *Molosser* zurückzuführen. *Max Siber* war es, der 1895 mit einer Eingabe an die Schweizerische Kynologische Gesellschaft auf die „Appenzellertriberli" aufmerksam machte. Angestellte Forschungen machten in Appenzell ganze 40 Tiere ausfindig, zur Hälfte aber nur zur Zucht einsetzbar. Im Kanton Appenzell herrschte die Sitte, Hunde durch Kastration treu beim Haus zu halten, zumal Kastraten schneller fett werden — für den Tisch des Hauses. 1897 legte der Vorstand der Schweizer Kynologischen Gesellschaft erste Rassekennzeichen fest, 1906 folgte die Gründung des *Klubs für Appenzeller Sennenhunde*. Der A. S. ist äußerst arbeitswillig. Im Verhältnis zum Körpergewicht ist er Zugtieren, wie Pferd, Ochse und Esel, überlegen, schafft er doch bis ein Zehnfaches seines Körpergewichtes. Natürlich ist mit seiner Entdeckung als Sporthund einiges seiner Urwüchsigkeit zugunsten eines eleganteren Äu-

ßeren verloren gegangen, seine hervorragenden Wesenseigenschaften blieben jedoch erhalten. – *Tafel 34.*

Argentinische Dogge, *Dogo Argentino:* etwas über mittelgroßer (SH 55 bis 65 cm bei 40 bis 45 kg KM), quadratisch und kräftig gebauter Hund. Der Kopf ist massiv, breit in der Stirnpartie mit gut markiertem Stop und kupierten Ohren. Dunkle Augen, ungekürzte, stets fallend getragene Rute sowie eine tiefe Brust sind neben der überall gut entwickelten Muskulatur weitere Standardpunkte. Interessant ist, daß für einen Arbeitshund die Hinterhand relativ steil verlangt wird. Die A. D. erinnert im Aussehen an den alten Typ des ↑ Bull Terriers, teilweise auch an die ↑ Deutsche Dogge. Er kommt ausschließlich in Weiß mit kurzem Haar vor.

Ausgangspunkt für die Entstehung der einzigen argentinischen Hunderasse war die Forderung, für die Jagd in den Pampas, vor allem auf Wildschweine und Pumas, einen ausdauernden, gut erkennbaren Jagdhund zu schaffen. Alle aus Europa geholten Rassen brachten nicht den erhofften Erfolg. So machte sich der in Cordoba ansässige Arzt *Dr. Antonio Nores* daran, eine neue Jagdhundrasse zu schaffen. Den Grundstock seiner Zucht bildeten einheimische doggenartige Hunde, offenbar vom spanischen ↑ Mastiff abstammend, die mit dem ↑ Bull Terrier und der ↑ English Bulldog gekreuzt, bereits den Kampftrieb und die Ausdauer verstärkten. Ein Nachteil dieser Hunde bestand im ungenügend entwickelten Geruchssinn und der fehlenden Schnelligkeit. Deshalb kreuzte *Dr. Nores* die ↑ Deutsche Dogge, den ↑ Deutschen Boxer, den ↑ Irish Wolfhound und den ↑ Pointer ein und festigte mit gekonnter, zielbewußter Auslese die erwünschten Eigenschaften. Die jetzige A. D. ist sehr kräftig, schnell und ausdauernd, besitzt einen ausgezeichneten Geruchssinn und starken Kampftrieb. Das führte dazu, daß sie auch als Schutz-, Polizei- und Blindenführhund eingesetzt wurde. Schnell wuchs die Beliebtheit auch in Europa, vor allem wegen des guten Wesens und der unkomplizierten Haltung sowie Pflegearmut.

Ariégeois: hochläufiger Hund (SH ♂ 55 bis 60 cm, ♀ 53 bis 58 cm bei 28 bis 30 kg KM), der den großen Laufhunden sehr ähnlich ist, jedoch mehr Leichtigkeit aufweist. Sein Kopf ist trocken, lang und leicht, ohne lose Haut bzw. Fleisch- und Fettansatz, der Schädel ist schmaler als breit mit vorspringendem Hinterhauptbein. Typisch ist, daß die Lefzen nicht über die Unterkiefer hinausreichen. Der A. hat dunkle Augen, gut geöffnet mit nicht sichtbarer Bindehaut. Die Ohren sind tief angesetzt, geschmeidig, gefaltet und nicht zu lang herabhängend. Der Körper ist dem Verwendungszweck, der Hasenjagd, angepaßt, mit breiter, ovaler, bis zum Ellbogen reichender Brust, festem Rücken, leicht aufgezogenen Flanken und kräftigen, auf Hasenpfoten stehenden Läufen, die wenig gewinkelte Sprunggelenke aufweisen. Die gut angesetzte, säbelförmige Rute

Ariégeois

wird lustig getragen. Auf der feinen, geschmeidigen, nicht sehr straffen Haut befindet sich feines, dichtes Haar in den Farben Weiß und Schwarz (nicht verwaschen), manchmal auch gesprenkelt. Nicht ausgeschlossen wird Rot, auch treten ab und an blaublasse Abzeichen an den Backen und unter den Augen auf. Wichtig ist wie bei allen Arbeitshunden das kräftige, komplette Scherengebiß.

Der A., früher auch als Hasenhund bekannt, darf keinesfalls mit der ↑ Braque de l'Ariège, einem Vorstehhund, verwechselt werden. Der A. stammt aus einer Kreuzung *großer Laufhunde* und *Briquets*, vereint deren Vorzüge, hat aber nur wenige ihrer Mängel. Spezialisiert für die Hasenjagd eignet er sich mehr als alle anderen in der französischen *Ariège* ansässigen Laufhunde für Einsätze jeglicher Art. Ausgestattet mit einem guten Geruchssinn, klug und arbeitsfreudig, dabei sanft und gehorsam, leicht abrichtbar, ist er ebensogut im Gebirge wie im Flachland zu verwenden. Der A. brachte, gekreuzt mit dem Saintongeois, die Rasse *Gascon-A.*, die heute leider fast ausgestorben ist.

Armant: wenig bekannter, mittelgroßer, langzotteliger Hund. Er hat Steh- oder Kippohren und Hängerute, letztere kommt auch kupiert vor. Der auch als *Ägyptischer Schäferhund* bezeichnete Arbeitshund kommt in den Farben Schwarz, Schwarz-Weiß, Braun-Weiß und Grau-Weiß gescheckt vor. Er kam durch *Prof. Pascha* Anfang dieses Jahrhunderts nach Europa, zuerst nach Berlin, breitete sich aber nicht aus. Der A. lebt eng mit den ägyptischen Hirten zusammen und wird nur auf Leistung gezüchtet. Bis heute ist er nicht von der FCI anerkannt.

Artésien-Normand: ein kurzhaariger Jagdhund (SH 54 bis 60 cm). In der Erscheinung gleicht er dem ↑ Ariègeois, aber im Typ neigt er mehr zum ↑ Bloodhound. Auch ist der Schädel in der Wölbung betonter, zeigt sichtbar das Hinterhauptbein und hat zwei Hautfalten an den Backen. Der Ariègeois hat meist eine gerade, gut geöffnete Nase, der A. eine ausgesprochene Ramsnase. Der Hals ist ebenfalls stärker mit Neigung zur deutlichen Wammenbildung. Die langen Ohren sind korkenzieherartig gedreht, das reichliche Haar glatt und fein im Griff. Der A. kommt dreifarbig, und zwar weißorange mit hasen- oder dachsfarbenen Flecken, vor.

Australian Silky Terrier ↑ Silky Terrier.

Australischer Kelpie: langgestreckter, gutgebauter Hütehund, dem ↑ Deutschen Schäferhund morphologisch nahestehend. Knapp mittelgroß (SH 43 bis 50 cm bei 25 kg KM) eignet er sich besonders zum Hüten der großen Schafherden, wobei seine Unruhe und teilweise Unkontrollierbarkeit an einen seiner Vorfahren, den ↑ Dingo, erinnern. Er hat einen zwischen den Ohren breiten, gut proportionierten Kopf, der Schädel ist flach, zwischen den spitzen Stehohren etwas gewölbt, zum Fang hin spitz verlaufend. Das Bild des Hütehundes runden eine tiefe Brust, der gerade Rücken, den die runde, starke Kruppe abschließt sowie schräge, bemuskelte Schultern ab. Die Läufe sind gerade, kräftig und starkknochig mit breiten und gut bemuskelten Keulen. Die mittellange Rute wird, leicht aufgebogen, herabhängend getragen. Der A. K. hat mittellanges, hartes und schlichtes Haar in den Farben Schwarz, Schwarzbraun, Rot, Rotbraun, schokoladenfarben und rauchfarben.

Mit seinem kurzen, wetterbeständigen

Haarkleid gehört der A. K. zu den pflegeleichten Hunden, der aber zum Wohlbefinden unbedingt die Freilandhaltung benötigt.
Kurzhaarige ↑ Collies und die Wildhunde Australiens, die Dingos, werden allgemein als die Vorfahren des A. K. angegeben, wobei der Collie zur Rasseverbesserung im letzten Jahrhundert eingekreuzt wurde. Im Schrifttum Australiens und Amerikas wird auf eine verblüffende Ähnlichkeit mit Hunden verwiesen, die ihren Lebensraum auf der Insel Phu Quoc im Golf von Siam haben, und der Schluß gezogen, daß unter Umständen verwandtschaftliche Beziehungen zu sehr alten indochinesischen Rassen bestehen.
In Australien werden durchschnittlich 70 000 bis 80 000 an der Herde arbeitende A. K. gezählt; die Zahl der als Liebhaberhunde gehaltenen Tiere liegt ungleich höher. Als eigene Rasse wurde der A. K. vor ungefähr 100 Jahren anerkannt und erhielt den Namen von der, um 1870 auf den Schäferhundwettbewerben des Schaflandes Furore machenden, Hündin *King's Kelpie*. Aufgrund der ausgezeichneten Leistung dieser Hündin, die den ersten Schäferhundwettbewerb in *Forbes* gewann, nannte man die Rasse *Kelpie*. Der A. K. ist nicht für die Wohnungshaltung geeignet.
Indem blaumarmorierte Collies und nach Überlieferungen auch ↑ Dalmatiner mit dem A. K. gekreuzt wurden, züchteten die Australier den ↑ Heeler heraus.

australische Schäferhunde:
1. ↑ Heeler.-**2.** ↑ Australischer Kelpie.

Australischer Terrier: aufgeweckter, kleiner, niederläufiger Terrier (SH 24 bis 25 cm bei 4 bis 5kg KM), dessen Körper im Vergleich zu den kurzen Beinen etwas langgestreckt wirkt. Er ist ein lebhafter, mutiger Gebrauchshund, der viel Raum und Bewegung benötigt, um sich richtig entfalten zu können. Die Wohnungshaltung empfiehlt sich nur dann, wenn ihm viel Bewegung und Arbeitsmöglichkeit geschaffen werden können. Der A. T. zeigt einen relativ langen Kopf mit flachem Schädel, voll zwischen den Augen und mit weichem Haarschopf. Weitere Kopfkennzeichen sind: schwarze Nase, lange, kräftige Kiefer mit einem Scherengebiß, kleine, dunkle und lebhaft blickende Augen. Die allgemein aufrecht getragenen Ohren sind klein, hoch angesetzt, und können auch halb gekippt auftreten. Der Standard erlaubt auch das Kupieren der Ohren.
Der A. T. hat einen ziemlich langen Hals, in Proportion mit dem Körper stehend, und zeigt eine gute Halsfranse. Gutgewölbte Rippen, starke Keulen, leicht gewinkelte Sprunggelenke und gerade, gut unterstellte Läufe, hinten leicht befedert, werden gefordert. Die Pfoten sind rund und klein, die Zehen geschlossen. Wenn die Welpen nicht schon mit kurzer Rute geboren werden, muß diese kupiert werden. Typisch für einen rauhhaarigen Terrier ist das harte Haar, das auf dem Körper ziemlich lang, doch kürzer als auf Kopf und Hals ist und in den Farben Blau, von Schwarz bis Grau, lohfarben, sandfarben oder Rot mit seidigem Schopf auftritt. Bevorzugt wird Blau, womit man anstrebt, das vermutlich durch Einkreuzung von ↑ Yorkshire Terriern immer wieder auftretende Silber zu verdrängen. Treten an den Läufen und am Fang lohfarbene Abzeichen auf, müssen diese so dunkel wie möglich sein. Der Haarschopf kann blau, sandfarben oder dunkellohfarben sein.

Sein verträglicher, immer vergnügter Charakter zeichnet den A. T. als hervorragenden Begleithund aus, der aber nach wie vor auch zur Jagd auf Niederwild erfolgreich eingesetzt wird. Da der A. T. nicht geschoren und nur regelmäßig geringfügig getrimmt werden muß, sondern nur das normale Kämmen als Haar- und Hautpflege verlangt, findet er immer weitere Verbreitung.
Seine Ahnen sind unter den rauhhaarigen Terriern Englands zu suchen, u. a. werden hier Yorkshire Terrier, ↑ Dandie Dinmont Terrier und ↑ Cairn Terrier angeführt. Sie gelangten im Besitz von Auswanderern Ende des letzten Jahrhunderts nach Australien, wo sie mit dem einheimischen *Sidney Silky* gekreuzt wurden. Da es die Besitzer der Nachkommen dieser Verpaarungen wenig interessierte, ob eine im Typ einheitliche, gefestigte Rasse entsteht, waren die ersten Schritte zum A. T. wenig erfolgversprechend und die Tiere in Größe, Form und Farbe höchst unterschiedlich. Anfang unseres Jahrhunderts brachten Kaufleute erste Tiere des A. T. nach Indien, wo die Verbreitung relativ schnell erfolgte. Da nunmehr die entstehende Rasse meist ohne fremde Einkreuzungen weiterentwickelt werden konnte, wiesen die 1906 wieder in England auftauchenden Hunde schon größere Typtreue auf. Doch mußten immerhin noch knapp 15 Jahre vergehen, bis 1921 der *Australian Terrier Club* gegründet und der erste Standard aufgestellt wurde. Jetzt erst begann eine zielgerichtete Zucht und Selektion, die bis heute noch nicht ganz abgeschlossen ist. Noch gibt es krasse Unterschiede, die evtl. auch durch unterschiedliche Standardinterpretationen bedingt sind. —*Tafel 48.*

Azawakh: edler und schlanker Windhund mit harmonischem, feinem Kopf und sichtbarem Stop. Er hat einen flachen Oberkopf, eine lange, schmale und gerade Schnauze mit schwarzer bzw. kastanienbrauner Nase. Die ebenfalls schwarzen bzw. kastanienbraunen Lefzen sind schmal, fein, nie gefaltet oder hängend. Besonders auffallend sind die mandelförmigen, seitlich liegenden, ziemlich großen und dunklen Augen, deren an einen ge-

Azawakh: Die Körperform des Azawakh paßt in ein hochgestelltes Rechteck (*links*), das Körperformat des Sloughi paßt in ein liegendes Rechteck (*rechts*)

brannten Topas erinnernde Farbe nicht von der Fellfarbe abhängig ist. Die Hängeohren sind flach oder halbgefaltet (niemals in Rosenform), dreieckig mit abgerundeter Spitze. Weitere, speziell den Windhund auszeichnende Details sind die hervorragend bemuskelten Schultern, die starke, geräumige Brust und der kurze, gerade Rücken. Die Hüften sind hoch und das Becken so gerichtet, daß der Winkel zwischen Hüft- und Oberschenkelknochen maximal geöffnet ist. Für den schnellen Lauf wie geschaffen sind die langen, schlanken Läufe mit runden Füßen und geschlossenen Pfoten. Die Rute ist dünn, lang, sehr beweglich mit sichtbarem Steißbein. Das kurze, feine, seidige Haar ist sandfarben, fahlrot und rot, manchmal gestromt, wobei eine schwarze Maske geschätzt wird. Weiße Abzeichen, Brustfleck, Kopfzeichnung und weiße Rutenspitze sind sehr häufig, wobei gefleckt beim A. nicht wünschenswert ist.

Obwohl sicher zu den ältesten Hunderassen zählend, wurde der Standard des A. erst mit Wirkung vom 1. 1. 1981 von der FCI anerkannt, bis zu diesem Zeitpunkt wurde er als ↑ Sloughi angesehen. Der A. ist der *Windhund der Tuareg*, die ihre Heimat in der Sahelzone der Staaten *Mali, Obervolta* und *Niger* haben. Dort nennt man ihn *Oska*, und es heißt, er habe entwicklungsgeschichtlich keinerlei Gemeinsamkeiten mit dem marokkanischen Sloughi. Doch ist das ebensowenig bewiesen wie die Annahme, er sei lediglich von züchterischen Einflüssen „verschont" geblieben.

Die Tuareg ernähren ihre Hunde fast ausschließlich mit Milch und Getreide, nur nach der Jagd werden ihnen Eingeweide und Knochen des Beutetieres zugeteilt. Die A. sollen ihre Beute nicht töten, sondern mit Bissen in die Flanken oder Läufe lähmen. Die Diskussion um den A. begann 1972, nachdem erste Exemplare nach Europa gelangten. Man nannte sie *Tuareg-* oder *Berber-Windhunde*, später setzte sich A. durch (nach dem Wadi *Asauak*, wo die besten Tiere gefunden wurden). Diese Hunde aus *Mali* unterschieden sich z. T. deutlich von den Sloughis, jedoch nicht so gravierend, um von einer eigenen Rasse zu sprechen. Mit der Zeit kristallisierten sich aber immer mehr Details heraus, so u. a. das verschiedene Körperformat, die unterschiedliche Rückenlinie, die Rippenlänge sowie das Auftreten weißer Flecken, die beim Sloughi verpönt sind. Mit der Entscheidung der FCI wurden z. T. groteske Situationen beendet, so z. B. die Plazierungen des Rüden *Aulad al Sahra's Tarly*, der einmal siegte, das nächste Mal wegen seiner weißen Abzeichen disqualifiziert werden mußte.

B

Baganda-Hunting-Dog: kräftiger, hochläufiger (SH 50 cm), zu den ↑ Schensihunden zählender Meutenhund. Er hat Stehohren und eine Ringelrute. Die kurzen Haare kommen in den Farben Gelb, Braun oder Schwarzweiß vor. Er wird zur Jagd auf Großwild von der Gazelle bis zum Elefanten verwendet.

Balkan-Bracke: mittelgroße (SH 46 bis 54 cm ♂, 44 bis 52 cm ♀ bei 20 kg KM), kräftig aufgebaute jugoslawische Rasse. Typisch sind breiter Schädel und ausdrucksvoll gebildete Augenjochbögen. Hinterhauptbein und Stop sind fast unsichtbar. Der kräftige Fang zeigt gut entwickelte Lefzen und ein vollständiges Scherengebiß. Die Augen sind dunkel, groß und gut geschlossen. Die hoch angesetzten, mittellangen, nicht zu breiten Ohren sind unten abgerundet, leicht fleischig, gut anliegend und werden herabhängend getragen. Der muskulöse Rumpf ist in seiner Gesamtlänge etwa 8 cm der Schulterhöhe überlegen. Der gerade Rücken fällt zur Kruppe leicht ab, die mittellange Rute reicht kaum bis zum Sprunggelenk und wird mit guter Verjüngung gerade oder leicht aufwärts getragen, teilweise etwas bürstig. Die B. hat dichtes, dickes, gut anliegendes Deckhaar mit dichter, weicher Unterwolle, am Widerrist und der Rute etwas länger. Die B. ist fuchsrot mit schwarzem Sattel oder Mantel, fast bis zum Kopf reichend. Über beiden Augen sind schwarze Abzeichen, aber auch kleine weiße Abzeichen an der Brust und den Pfoten sind erlaubt. Die B. ist sehr gutmütig, neigt zur Anhänglichkeit und es läßt sich hervorragend mit ihr arbeiten. Ihre Ahnen gehen auf die *österreichisch-ungarischen Bracken* zurück, aus denen sich Laufhundschläge reinerbig teilweise bis heute hielten. Die B. ist ein vor allem auf Fuchs und Hase einsetzbarer, ausdauernder *Brackierer*, die, mit einer volltönenden Stimme in hoher und tiefer Stimmlage versehen, speziell auf der Schweißfährte wahre Wunder an Ausdauer zu vollbringen vermag.

Banjara: windhundartige indische Rasse. Er wird unterschiedlich dargestellt und schon das unterstreicht, daß weder ein Standard, noch einheitliche Auffassungen vom Aussehen vorhanden sind. Einige Autoren beschreiben ihn als leichtgebauten Schäferhundtyp, andere als Kreuzungsprodukt zwischen ↑ Saluki und *Pariahund*. Der indische Autor *Jaideep Singh* beschreibt den B. dem ↑ *Border Collie* ähnelnd, auf einem von W. V. *Soman* veröffentlichten Foto wird man eher an einen leichtfüßigen ↑ Kuvasz erinnert. Letzterer beschreibt in der indischen kynologischen Fachzeitschrift 1964 den B. wie folgt: „Ein schöner, großer Hund mit rauhem oder seidigem Haar, kräftig gebaut, von großartigem Schneid und gewaltigem Laufbedürfnis. Er ist mürrisch und sehr mißtrauisch gegen Fremde, doch seinem Herrn ergeben. Er hat Hüteinstinkt und schaut zuverlässig nach Schaf und Ziege." Nach *Soman* eignet sich der B. auch hervorragend als Kriegs- und Polizeihund. Die in England ab und zu vorkommende Bezeichnung *Banjara Greyhound* ist irreführend. Es handelt sich beim B. mit größter Sicherheit um einen zu den Schäferhunden zählenden Hund.

Barbet: rauhhaariger, mittelgroßer (SH 45 bis 55 cm bei 25 kg KM) Laufhund mit bärtigem Kopf, langen Behängen und Säbelrute. Der runde, kurze Kopf mit breitem Schädel ist durch den am breiten, kurzen Fang befindlichen Schnurrbart gekennzeichnet. Die dunklen, runden Augen sind von dichten, langen Brauen bedeckt. Der B. hat tief angesetzte, lange, flach herabhängende Ohren, bemerkenswert sind die langen, gekräuselten, manchmal auch gelockten Haare oder Schnüre, teilweise sogar Ringellocken. Der gerade Rücken erscheint durch die Behaarung oft leicht gebogen. Der ganze Körper verrät Kraft und Ausdauer, speziell die Läufe sind starkknochig, gut gewinkelt und bis unten lang behaart. Der B. kann grauschwarz, rahmigbraun, schmutzigweiß, weiß mit kastanienbraunen oder weiß mit schwarzen Platten auftreten.

Unter Einkreuzung spanischer ↑ Pointer schufen französische Züchter mehrere hervorragende bodenständige Vorstehhunderassen. Hauptunterscheidungsmerkmal ist die Behaarung, das *Kurzhaar* wird als *Braque, Langhaar* als *Epagneul* und *Rauhhaar* als *Griffon* bezeichnet. Unter den rauhhaarigen Schlägen steht der B., verwandt mit dem *Wasserpudel* und dem *Chien de Brie* an hervorragender Stelle. In Jägerkreisen wird er auch als französischer Entenhund angesehen, aber jegliche andere Apportierarbeit verrichtet er ebenso gewissenhaft und gern.

Barkenspitz ↑ Keeshond.

Barsoi: russische Züchtung, die als einzige der fünf russischen Windhundrassen (B., ↑ Chortaj, ↑ Südrussischer Steppenwindhund, ↑ Tazy, ↑ Taigan) weltweite Verbreitung fand. Seine Allgemeinerscheinung ist durch die vornehme und edle Art, die Ausgeglichenheit seiner Formen und Bewegungen geprägt. Sein Wesen ist zurückhaltend und ruhig, im Kampf erweist er sich aber als unerschrockener Gegner. Man schätzt bei ihm die Größe (SH 70 bis 82 cm ♂, 65 bis 77 cm ♀), solange sie nicht Harmonie und Schnelligkeit beeinträchtigt. Er hat einen langen, tiefen, flachen Brustkorb, der bis zu den Ellenbogen reicht, der Rücken bildet einen gut gespannten Bogen, der speziell im Lendenbereich relativ breit und kräftig bemuskelt ist. Die Unterlinie zeigt sich außerordentlich schwungvoll mit stark aufgezogenem Bauch. Der B. hat einen sehr langen, schmalen und feingemeißelten Kopf, bei dem der Fang länger als der Oberkopf ist. Er hat große mandelförmige Augen, dunkel, ziemlich nahe beieinanderstehend, und feinledrige, kleine, gut gefaltete Rosenohren, die weit hinten angesetzt, im Affekt mit nach vorn abkippenden Spitzen aufgerichtet werden. Das vollständige, kräftige Scherengebiß ist infolge der Länge des Fanges in der Zahnreihe aufgelockert. Die sehr lange Rute, tief angesetzt, hängt in Ruhe säbel- oder sichelförmig herab und wird in Aktion erhoben, jedoch nie über die Rückenlinie. Für einen ausdauernden schnellen Lauf prädestinieren die langen, kräftigen, sehr stark bemuskelten Läufe. Der B. hat seidiges, langes Haar, gewellt oder mit großer Locke, besonders reiches Schmuckhaar am Hals, an der Unterbrust, der Hinterseite der Vorderläufe und Oberschenkel sowie an der Rute, und kurz an den

Ohren und der Vorderseite der Läufe. Er kann in den Farben Weiß, Gold mit Silberanflug, Gold dunkelgewolkt, Rot und Schwarz gewolkt mit dunklem Fang und dunklen Läufen, Grau von Aschgrau bis Gelblichgrau, gestromt, Gold und Rot oder Grau mit ausgedehnten dunkleren Streifen, Rot, Schwarz und allen Abstufungen dieser Farben auftreten. Brandzeichnung ist erlaubt, doch nicht wünschenswert. Bei dunkelgefärbten Hunden sind sowohl eine schwarze Maske wie breite dunkle Abzeichen auf dem Körper typisch. Alle diese Farben können einfarbig oder gescheckt auf weißem Grund vorkommen. Bei den einfarbigen Hunden ist die Farbe an der Oberseite dunkler und hellt sich bauchwärts und an der Hinterseite der Läufe auf.

Der B. war der bevorzugte Jagdhund der russischen Aristokratie. Fast ausschließlich in Meuten gehalten, die nach Überlieferungen bis zu 1000 Tiere zählten, jagte er Hirsche, Wildschweine, aber ebenso unerbittlich Wölfe. Zu Beginn des 19. Jh. gab es in Rußland kaum einen Gutshof, wo er nicht gehalten wurde. Ihre Aufgabe bestand bei der Jagd darin, das Wild, das aus dem Wald von Laufhunden in offenes Gelände getrieben wurde, zu stellen. Ein spezielles Erlebnis war dabei die Wolfsjagd, die *Rüdiger Daub* in „Windhunde der Welt" wie folgt beschreibt: „Hatte man in einem Revier einen oder mehrere Wölfe bestätigt, wurde die entsprechende Parzelle von berittenen Jägern, die jeweils eine Koppel oder Swora B. an der Leine führten, umstellt und die Laufhundemeute losgelassen. Kaum daß der Wolf, der der Übermacht der kläffenden Meute durch Flucht zu entkommen suchte, das freie Gelände erreichte, wurde die Koppel oder Swora geschnallt. In der Regel waren es drei Hunde, die jeweils einen Wolf bedrängten. Ihre Taktik war, den Flüchtigen zu überholen, ihn an der Kehle zu packen und niederzuhalten, bis der berittene Jäger herbeigeeilt war, um ihm mit einem kräftigen Hieb über die Nase den Rest zu geben. Feuerwaffen waren bei der Hetzjagd allgemein verpönt, obwohl auch hier, wie überall, Ausnahmen die Regel bestätigten. Ganz scharfe Hunde wurden auch ohne Eingreifen des Menschen mit einem Wolf fertig."

Viele Autoren nennen als erste bildliche Darstellung des B. die Jagdszenen zeigenden Fresken der im Jahre 1037 fertiggestellten *Sophien-Kathedrale* in *Kiew*. Doch ebenso wie die in Skythengräbern gefundenen Kunstgegenstände mit Darstellungen eines dem heutigen *Cirneco* ähnlichen Windhundes verweisen sie auch auf die allgemeine Geschichte der russischen Windhunde. Sie lassen Einzelschlüsse zu, beurkunden jedoch keine spezielle Rasse. Man ist sich heute in Kynologenkreisen einig, daß mehrere Stammformen nicht auszuschließen sind, auf jeden Fall zählen der *Kurland-* (auch *Osteuropäischer*) *Windhund*, aber auch der *Hirten-* und der *Schäferhund* dazu. Noch heute trägt der offizielle Standard dem Rechnung, daß die Rasse noch nicht in sich gefestigt ist. Bei der Bewertung dominiert die Gesamterscheinung gegenüber allen anderen Punkten.

Die erste Blütezeit der B.zucht endete 1861 mit Aufhebung der Leibeigenschaft in Rußland. Erst mit der Gründung der *Kaiserlichen Gesellschaft zur Verbreitung der Jagdhunde wie regelrechten Jagdführung* 1873 in Moskau und des Zwingers „Perchino" des

Großfürsten Nikolai Nikolajewitsch bei Tula begann eine neue B.zucht, die sich immer mehr dem sportlichen Aspekt zuwandte. 1913 lief der erste B. in Deutschland auf der Rennbahn. Er steht aber noch heute als Rennhund im Schatten speziell der Kurzhaarrassen, kann aber bei gutem Training Geschwindigkeiten um 50 km/h erreichen.

Basenji: mittelgroßer, hochläufiger Hund, der sich vorzüglich als Jagdhund eignet (SH 43 cm ♂ mit 11 kg KM; ♀ 40 cm mit 10 kg KM). Der keilförmige Kopf mit dem flachen, zur Nase konisch zulaufenden Schädel zeigt charakteristische Falten auf der Stirn. Die dunkel- bis haselnußbraunen Augen sind klein, mandelförmig und schräggestellt, die kleinen, zugespitzten Stehohren von feinem Gewebe und vorn auf der Spitze des Kopfes aufgesetzt. Der Körper ist kurz mit breiter, tiefer Brust und kräftiger Lendenpartie sowie langen, geraden und kräftigen Läufen. Der B. hat eine hoch angesetzte Ringelrute mit weißer Spitze, die dicht über die Seite gerollt getragen wird und kurzes, seidiges Stockhaar in den Farben Kastanienrot, reines Schwarz, Schwarz mit lohfarbenen Abzeichen. Vorgeschrieben sind die weiße Brust, ebensolche Pfoten und die erwähnte Rutenspitze, toleriert werden Blesse, weißer Kragen und weiße Pfoten.

Der B. wird allgemein zu den Schensihunden gezählt, einer Gruppe von Primitivhunden Afrikas und Asiens, die in den meisten Fällen weder gezüchtet, gepflegt noch gefüttert, in Notzeiten aber verspeist werden. *Werth* gab den größenmäßig zwischen ↑ Deutschem Schäferhund und ↑ Deutschem Pinscher variierenden Hunden 1944 den Namen Schensihunde, da sie alle eine gewisse äußerliche Ähnlichkeit aufweisen. Der ↑ Kanaan Dog und der B. stabilisierten sich, wurden zur Kulturrasse erhoben und offiziell anerkannt. In seiner zentralafrikanischen Heimat dient er als Jagdhund, speziell zur Bekämpfung kleinen Raubzeuges, wie der Schilfratte. Eine Besonderheit des B. ist, daß er nicht bellt, nur hin und wieder ein jaulendes Heulen von sich gibt. Erst seit etwa 1937 gelang die Zucht des B. auch außerhalb Afrikas, konnte er klimatisch angepaßt werden. *— Tafel 36.*

Basset Artésien-Normand: kleiner französischer Niederlaufhund mit extrem kurzen Beinen und dem Körper und Kopf eines großen Jagdhundes, der immer ernst und traurig aussieht. Der breite und lange, fast walzenförmige Körper (SH 26 bis 36 cm bei 15 kg KM) hat runde Rippen, herabgelassene Flanken, runde, starke Schultern und einen breiten, gut bemuskelten Rücken. Die Vorderläufe sind kurz, stark, gedreht aber nicht knickend, die Schenkel sehr muskulös und gewölbt. Typisch sind die äußerst großen Pfoten, deren Spur sich nicht von der eines großen Hundes unterscheiden darf. Auf dem ziemlich langen, etwas Kehlwamme bildenden Hals sitzt der gewölbte, mittelbreite Kopf, an den Backen lose Falten und leicht betonten Stop zeigend. Manchmal ist bei den großen, dunklen Augen das Rot des Unterlides sichtbar. In gleicher Höhe mit den Augen sind die Ohren angesetzt, nie darüber, eher tiefer. Sie sind anfangs schmal, korkenzieherartig, weich, fein und sehr lang, unten spitz. Glatt anliegendes kurzes Haar, nicht zu fein in der Struktur, macht den B. A. zu einem äußerst pflegeleichten Hund, dessen abstrakte Schönheit durch die Farbenpracht betont wird:

dreifarbig oder weiß und orange. Wichtig ist, daß der dreifarbige B. A. viel Gelb am Kopf hat und Mantel oder Flecken in Hasen- oder Dachsfarbe mit gelben Spitzen. Die Entstehungszeit des B. A. liegt im vorigen Jahrhundert, wo er aus Kreuzungen des *Basset d'Artois*, einer niederläufigen, heute ausgestorbenen Variante des *Grand Chiens d'Artois* mit dem ebenfalls nicht mehr existierenden *Basset Normand*, einem Nachkömmling des *Chien Normand* entstand. Durch eine erblich bedingte Anomalie des Körperbaus der großen Laufhundrassen — auf kurzen, geraden oder verdrehten Beinen ruhen Körper und Kopf eines großen Hundes — entstanden die Seitenlinien des Typs *Basset*, die sich steigender Beliebtheit erfreuen. Der B. A. zählt zu den Spezialisten für die Jagd auf Kleinwild, vorrangig auf Hasen und Kaninchen. Da er aber sehr vielseitig ist, halten ihn hauptsächlich Jäger, die mit einem, maximal zwei Hunden zufrieden sind. Sehr jagdeifrig, gewandt und intelligent, entwickelt er sich immer mehr zum gefragten Begleithund. Derzeit liegt das Hauptproblem darin, den B. A. nicht zum reinen Modehund werden zu lassen, sondern zumindest einen Teil der ursprünglichen Jagdeigenschaften zu erhalten.

Basset Bleu de Gascogne: kleiner französischer Niederlaufhund (SH 33 cm bei 15 kg KM) der trotz seines sehr eleganten Äußeren die Kraft des guten Jägers hat. Der trockene, schmale Kopf steht in guter Proportion zum muskulösen, kräftigen Körper. Bis auf das manchmal etwas lose Unterlid, wodurch das Auge, das dunkelbraun gefordert wird, offen erscheint, ist der Kopf trocken. Die tief angesetzten Ohren müssen lang und fein bis zur Nasenspitze reichen. Die starken Vorderläufe stehen gerade, auch halb gedreht oder gedreht mit starken, ovalen Pfoten. Manchmal zeigt die gut angesetzte, ziemlich lange Rute leichte Bürste. Kurzes, dichtes, nicht zu feines Haar bedeckt die schwarz oder weiß mit schwarzen Flecken gefärbte Haut. Es ist blau oder weiß mit mehr oder weniger ausgebreiteten Flecken, mit

Basset Artésien-Normand, Basset Bleu de Gascogne, Basset Griffon Vendéen, Basset Fauve de Bretagne

oder ohne Mantel sowie roten Abzeichen, teils stärker ausgeprägt an Bakken, Fang, der Innenseite der Ohren und an den Läufen.
Seine Existenz verdankt der B. B. d. G. einer Mutation in der Linie des

↑ Grand Bleu de Gascogne, d. h. Hunde mit verkürzten Röhrenknochen wurden mit dem ↑ Basset Artésien-Normand und dem kleinen *Bleu de Gascogne* verpaart. Seit Mitte unseres Jahrhunderts ist man bestrebt, ihn ausschließlich mit geraden Beinen als leichten Schlag zu züchten. Leider ist dieser hervorragende kleine Niederlaufhund, besonders zur Jagd auf Hase, Kaninchen und Reh geeignet, nur noch selten anzutreffen. Ein Grund ist seine etwas langsame Arbeit, die aber sehr zuverlässig verrichtet wird. Eine Eigenart des B. B. d. G. ist, speziell bei der Schweißarbeit bzw. dem Ausmachen einer Wildfährte, vollen Spurlaut zu geben. Kenner behaupten, er verursache so viel Lärm wie eine ganze Meute.

Basset Fauve de Bretagne: untersetzt wirkender, kleiner (SH 35 cm bei 15 kg KM) lebhafter Hund. Man erkennt in ihm zwar noch immer den Basset, doch zeigen sich einige klare Unterschiede. So weist der gut geformte Kopf gut geformte, keinesfalls offene Augen und kaum bis zur Nasenspitze reichende Ohren auf. Letzteres wirkt sich sehr günstig bei der Arbeit im Busch aus. Die Ohren sind außerdem mit feinerem und weicherem Haar bedeckt als der Körper, wobei sie nicht seidig behaart sein dürfen. Der muskulöse Rumpf unterscheidet sich durch den kürzeren Rücken von anderen Bassets und steht auf geraden, höchstens leicht gedrehten Vorderläufen sowie mäßig gewinkelten, starken Sprunggelenken. Die dicke Rute verjüngt sich zur Spitze und wird leicht sichelförmig getragen. Sehr hartes, dichtes, fast glattes Haar bedeckt die beim Anfassen rauh erscheinende Haut in den Farben Goldweizengelb, mehr oder weniger dunklem Rehbraun, manchmal auch mit weißen Flecken auf der Brust und dem Hals. Der Kopf darf niemals struppig erscheinen.

Seine Vorfahren sind unter den Varianten des heute nicht mehr existierenden *Grand Fauve de Bretagne* zu suchen, einer Gruppe von lebhaften, kraftvollen Laufhunden. Der B. F. d. B. hat alle ihre Qualitäten, die Fehler wurden durch gezielte Selektion zurückgedrängt. Er wird häufig zur Kaninchenjagd genommen, vor allem in unwegsamem Gelände. Er ist der Vertreter der Bassets, den man am schwersten halten kann, da er äußerst lebhaft und wild ist. Das ist auch der Grund, weshalb er ab und zu mit dem viel ruhigeren ↑ Basset Griffon Vendéen gekreuzt wird.

Basset Griffon Vendéen: langgestreckter, Niederlaufhund mit ziemlich langem Haar. Er existiert in zwei Varianten, die sich durch die unterschiedliche Größe abgrenzen. Der *Große Basset* (SH 38 bis 42 cm bei 18 kg KM) hat einen kräftigen, länglichen Kopf, der leicht gewölbt ist. Er zeigt betonten Stop, einen langen Fang, große, dunkle und geschlossene Augen sowie unterhalb der Augenlinie angesetzte, mindestens bis zur Nasenspitze reichende schmale Ohren. Der Körper ist kräftig mit langem Rücken, der auf geraden Läufen mit großen Pfoten steht. Er hat eine hoch angesetzte, am Ansatz dicke, sich allmählich verjüngende Rute, die ziemlich lang, säbelförmig oder leicht gebogen getragen wird. Der B. G. V. hat ziemlich dicke Haut mit hartem, nicht zu langem einfarbigem (gelb, hasenfarben, weißgrau), zweifarbigem (weiß/orange, weiß/schwarz, weiß/hasenfarben, weiß/grau, weiß/brandrot) oder dreifarbigem (weiß/schwarz/

brandrot, weiß/hasenfarben/brandrot, weiß/grau/brandrot) Haar.
Der *Kleine Basset* hat einen langgestreckten Körper (SH 34 bis 38 cm bei 15 kg KM) mit leichterem Kopf und kürzeren Ohren. Der etwas längliche Schädel ist leicht gewölbt. In letzter Zeit werden auch beim Kleinen Basset die Läufe gerade und nicht gedreht gewünscht. Die Haarbeschaffenheit und die Farbe sind dem *Großen Basset* gleich.
Beide Bassets sind hervorragende Jäger, der Große Basset vor allem auf Hasen, wobei er sich auch vor Schwarzwild nicht scheut, der Kleine Basset ist auf Kaninchen spezialisiert. Beide sind sehr robust und verlangen eine konsequente Führung.
Basset Hound: ruhiger, beinahe träger Niederlaufhund (SH 30 bis 38 cm bei 23 kg KM), dessen Knochen im Verhältnis zum Körper gesehen stärker sind, als bei jedem anderen Hund. Er hat einen großen, gut proportionierten Kopf, bei dem die Länge von der Nasenspitze bis zum Stop ungefähr der vom Stop bis zum Hinterhauptbein entspricht und einen tiefen, schweren Fang mit gut geöffneter, schwarzer Nase. Die Lefzen hängen schwer herab. Typisch ist u. a. die starke Kehlwamme, aber auch die stark sichtbare rote Bindehaut – bedingt durch das offene Unterlid sowie die tief angesetzten, in losen Falten gelegten, leicht nach innen gerollten und lang nach unten hängenden Ohren. Flache oder hoch angesetzte Ohren sind grobe Fehler. Der Körper des B. H. ist kraftvoll mit tiefer Brust und voll vorspringendem Brustbein. Die Hinterhand ist stark bemuskelt, die Sprunggelenke sind weder nach innen noch nach außen gedreht, die starkknochigen Vorderläufe, kurz gehalten, stehen auf starken Pfoten. Die Rute bildet die gerade Fortsetzung der Rückenlinie, ist in der letzten Hälfte leicht aufwärts gebogen und wird nicht kupiert. Das glatte Haar muß so dicht sein, daß es jedem Wetter trotzen kann, die Haut darunter ist lose und elastisch. Der B. H. kommt in allen Laufhundfarben vor, die Verteilung der Farben und Flecken ist ohne jede Bedeutung. Der B. H. ist zwar als amerikanische Rasse anerkannt, stammt aber in direkter Linie vom französischen *Basset d'Artois* ab. *George Washington* soll *Bassets* geschenkt bekommen haben, und die in Shakespeare's „Sommernachtstraum" beschriebenen Hunde könnten durchaus Vorfahren des heutigen B. H. gewesen sein. Die gelenkte und gezielte Zucht dieses nicht allzu schnellen, aber unermüdlichen Fährtensuchers begann 1866 in England und wurde 1874 durch Importe aus Frankreich verbessert. Hier gab man dem B. H. den schweren Kopf des ↑ Bloodhound: gewölbter Schädel, lose Haut, hängende Lefzen. Erst 1883 gelangten Vertreter dieser Rasse wieder nach Amerika, wo aus ihnen eine eigene Zucht aufgebaut werden konnte. Noch 1916 sah man die B. H. in den USA als fremde Rasse an, und auch heute ist der züchterische Austausch mit europäischen Ländern sehr groß, wobei bemerkt werden muß, daß der amerikanische B. H. massiver und schwerer ist. Obwohl sehr anhänglich, verlangt doch der ausgeprägte Eigensinn des B. H. eine starke Führung. – *Tafel 44.*
Batak-Spitz: zur Gruppe der Schensihunde zählender, stockhaariger, hochläufiger Jagd- und Wachhund (SH 30 bis 45 cm). Er hat Stehohren, eine Stummel- oder Ringelrute und kommt in den Farben Schwarz und in allen

Schattierungen bis Weiß, sowohl ein- als mischfarbig vor. Er gibt gern Laut.

Batards du Haut-Poitou ↑ Poitevin.

Bayrischer Gebirgsschweißhund: knapp mittelgroßer (SH max. 50 cm ♂, max. 45 cm ♀), sehr beweglicher und muskulöser Hund. Der wenig langgestreckte Körper hat einen nicht zu schweren Kopf mit Behängen, die mehr als mittellang, unten abgerundet ohne Drehung an den Kopfseiten herabhängen. Der Hals darf keine Wamme bilden und geht harmonisch in den sehr kräftigen, nicht zu langen Rücken über. Die Brust ist nicht zu breit mit tiefem, langem Rippenkorb, der Bauch hinten leicht aufgezogen. Gut schräg gestellte Schultern gehen in die langen Oberarme über, die Vorderläufe sind stärker als die Hinterläufe, starkknochig, aber nie plump und völlig gerade gestellt. Bis an die Fußwurzel reicht die mittellange Rute. Sie wird horizontal oder leicht abwärts getragen, ist an der Unterseite stärker behaart, darf aber keine Bürste bilden. Das dichte, glatt anliegende, mäßig rauhe Haar zeigt wenig Glanz. Es ist am Kopf und an den Behängen feiner, am Bauch rauher und länger. Die Farben sind dunkel- bis hellkirschrot, auch fahl, auf dem Rücken meist dunkler, am Fang und dem Behang sehr dunkel bis schwarz.

Als jüngere, auch kleinere Variante des ↑ Hannoverschen Schweißhundes gehört er keinesfalls zu den jüngsten Hunderassen. Seit 1883 nach einem eigenständigen Standard gezüchtet, zeigt er ein stets unverändertes Erscheinungsbild. Aus den bodenständigen *bayrischen Bracken*, leichten, zur Nachsuche auf angeschweißtes Rotwild verwendeten Tieren, und den schweren Hannoverschen Schweißhunden zogen die Jäger*Schweißhunde* mit den besten Eigenschaften der Ausgangsrassen. Durch strenge Zuchtauswahl festigte man die Rasse und zog, ursprünglich auf das Gebiet der Bayrischen Alpen begrenzt, den heutigen Typ des B. G. es, der in einigen Gebieten sogar den Hannoverschen Schweißhund verdrängte. Er ist speziell im Hochgebirge beweglicher. *— Tafel 44.*

Beagle: sehr vitaler, mutiger, stets gutgelaunter Hund mit viel Standvermögen und Hartnäckigkeit im Verfolgen von Zielen. Er ist kräftig, von kompaktem Körperbau (SH 33 bis 40 cm), ohne grob zu wirken. Der Kopf ist von ausgewogener Länge, sehr viel Geschlechtsgepräge ausdrückend, mit deutlichem Stop und großer, schwarzer Nase, die bei helleren Hunden auch heller gestattet ist. Die tiefdunkelbraunen bis haselnußfarbenen Augen, groß und gut eingesetzt, verraten den verträglichen Charakter des B., dessen Ohren nach vorn gezogen fast bis zur Nasenspitze reichen sollen. Sie sind tief angesetzt und werden mit der Vorderkante elegant am Kopf anliegend getragen. Beim B. verlangen die Züchter ein starkes, komplettes Scherengebiß. Der kräftige Rumpf ist im Bereich des Brustkorbes breit, hat eine kurze Lendenpartie und mäßig aufgezogene Unterlinie. Die gut gestellten, stark bemuskelten Läufe stehen auf Katzenpfoten, d. h., daß diese fest und dicht geschlossen auftreten. Typisch für den B. ist die starke, mäßig lange Rute, die, hoch angesetzt, fröhlich getragen wird. Sie darf jedoch nicht über den Rücken gelegt oder nach vorn geneigt sein. Der B. darf außer einheitlich leberfarben alle Farbnuancen aufweisen, nur die Rutenspitze muß weiß sein.

Als kleinster unter den in Meuten jagenden Hunden wurde der B. vorwiegend in England und Amerika gehalten. Er breitete sich aber sehr schnell auch in anderen Ländern aus, nachdem man seine große Verträglichkeit und damit verbunden die Möglichkeit, ihn ohne Aufwand in Meuten zu halten, als rentable Eigenschaft für Versuchstierhaltungen entdeckte. Über Jahrhunderte trennte man B. und ↑ Harrier nicht voneinander, auch sollen zwischendurch zur Verbesserung der Schnelligkeit kleine ↑ Greyhounds eingekreuzt worden sein. Erst in unserem Jahrhundert hat sich der im Standard verankerte Typ gefestigt.

Beagle Elisabeth 1. ↑ Pocket Beagle. – **2.** ↑ Zwergbeagle.

Beagle Harrier: stämmiges, harmonisch gebautes Kreuzungsprodukt aus ↑ Beagle und ↑ Harrier, wobei der B. H. größer als der Beagle (SH 43 bis 48 cm), jedoch leichter als der Harrier (14 bis 15 kg KM) ist. Der Kopf ist gestreckt, darf aber nie viereckig wirken. Er unterscheidet sich vom Beagle dadurch, daß er weniger rund ist, den Stop nicht so betont hat und die dunklen Augen nicht ganz so groß sind. Die V-förmigen Ohren sind flach bzw. kaum gewendet und dürfen nicht zu lang sein. Den B. H. zeichnet ein betont muskulöser, doch keinesfalls schwerfällig wirkender Rumpf aus, der auf sehr geraden Vorderläufen und nicht zu gewinkelten Hinterläufen steht. Die mittellange Rute wird mit leichter Bürste lustig getragen. Das Haar ist glatt, ziemlich dicht und nicht zu kurz, die Haut meist weiß mit schwarzen Flecken. Der B. H. kommt in der Farbe Weiß mit intensiven lohfarbenen Abzeichen, die auch blaßrot oder dunkelgrau sein können, vor.
Erste Kreuzungen zwischen Beagle und Harrier erfolgten mutmaßlich im 17. Jh., als englische Jäger einen Hund brauchten, der den Pferden auch im schnellen Galopp folgen konnte. Es brauchte jedoch eine geraume Zeit, bis sich die Anhänger der Ausgangsrassen damit abfanden und den B. H. als neues Mitglied der umfangreichen Hundepopulation tolerierten. Der B. H. eignet sich gut zur Jagd auf Reh, Fuchs, Hase, Kaninchen und Fasan, sollte aber nur in Meuten gehalten werden. Er ist schneller als der Beagle, lebhaft und intelligent.

Bearded Collie: lebhafter Schäferhund mit robustem, aber nicht zu schwerem Körperbau, der weder das schwere Aussehen noch den Gang des ↑ Bobtails haben darf (SH 53 bis 56 cm ♂, 51 bis 53 cm ♀). Der Kopf ist im Verhältnis zum Körper groß, hat klare Linien und einen langen, spitzen Fang. Der Stop ist mäßig. Groß und

Bearded Collie

schwarz ist der Nasenspiegel, braun bei rötlich bzw. braun behaarten Tieren. Leicht erhöht sind die Jochbögen und verdeckt von struppigen Augenbrauen. Es wird ein komplettes Scherengebiß gefordert, Vor- bzw. Rückbiß sind fehlerhaft. Relativ weit voneinander entfernt stehen die großen Augen, deren Farbe harmonisch auf die Behaarung abgestimmt sein soll. Lang behaart sind die mittelgroßen, hoch angesetzten Ohren, die hängend getragen werden. Leicht gewölbt und von guter Länge ist der muskulöse Hals. Den Arbeitshund kennzeichnet die tiefe Brust, der lange, gerade Rücken und die kräftige Lendenpartie. Gerade und von gutem Knochenbau präsentiert sich mit flachen Schulten die Vorderhand, wobei wichtig ist, daß sich die Vorderläufe, von vorn gesehen, gerade zeigen. Der Vordermittelfuß ist elastisch, doch nicht schwach und mit rauhem Haar bis zu den Pfoten bedeckt. Die Hinterhand hat muskulöse Unterschenkel mit hervorragend gewinkelten Knie- und Sprunggelenken. Oval in der Form mit dicken Ballen sowie gewölbten, kompakten Zehen stehen die Pfoten. Von mäßiger Länge, doch mit üppigem Haar bedeckt wird die Rute im Ruhezustand abwärts hängend getragen, am Ende leicht nach oben gebogen. In der Erregung hebt der Hund sie an, doch nie über die Rückenlinie. Der B. C. hat sogenannte doppelte Behaarung, feine, weiche und dichte Unterwolle sowie hartes, rauhes und robustes Deckhaar. Überall mit Haar bedeckt sind die Läufe, relativ wenig Haar befindet sich dagegen auf dem Fang, an dessen beiden Seiten ein üppiger Backenbart herabhängt. Bevorzugt wird beim B. C. eine schiefergraue oder rötlichblonde Färbung, er kann aber auch schwarz, grau, braun und sandfarben in allen Tönungen, mit oder ohne Flecken, sein. Fehlerhaft sind ein schmaler Schädel, zu langer bzw. zu kurzer Fang, tonnenförmiger aber auch zu kurzer Körper, tonnenförmige und zu kurze Rippen, eine kurze Rute.

Durch das struppige typische Haarkleid ergibt sich ein etwas größerer Pflegeaufwand. Es muß aber gesagt werden, daß der B. C. kein Stubenhund ist, er braucht viel Bewegung und will gearbeitet sein. Der B. C. ist eine von der FCI jetzt anerkannte Rasse.

Seine engere Heimat ist Schottland. Es weisen viele Quellen darauf hin, daß es sich um eine relativ alte Rasse handelt, die jedoch vom attraktiveren ↑ Collie in den Hintergrund gedrängt wurde. Ob der B. C. tatsächlich zur Zeit des Überfalls der Römer auf die Britischen Inseln schon existierte, ist nicht beweisbar, sein Vorkommen im 16. Jh. jedoch belegt. Schon damals rühmte man die Arbeitsqualität des widerstandsfähigen Hundes im rauhen Hochlandklima.

Beauceron ↑ Berger de Beauce.

Bedlington Terrier: anmutiger, geschmeidiger und muskulöser Hund (SH etwa 41 cm). Bei dem B. T. handelt es sich nicht, wie oft fälschlich angenommen, um eine modische Neuzüchtung, sondern seine Entstehungsgeschichte läßt sich bis 1782 zurückverfolgen. Eine Abweichung der vorgegebenen Schulterhöhe von einem Zoll (2,54 cm) ist standardgerecht. Danach dürfen Rüden bis zum Limit von etwa 43,5 cm nach oben vom Nennwert abweichen, während Hündinnen mit etwa 38,5 cm niedriger gestellt sein dürfen. Der Kopf des B. T. ist birnenförmig, teilweise auch an einen Keil erinnernd, sein Ausdruck sanft und ohne jede Scheu und Nervosität. In der Erregung sollen seine Augen funkeln, sein Körper Temperament und Mut ausdrükken. Abhängig von der Fellfarbe ist die Färbung der Nase und der Augen; so dürfen blaue B. T. dunkle Augen haben, blau- und lohfarbene hellere mit Bernsteinschimmer, leber- und sandfarbene Tiere hellhaselnußfarbene Augen. Das kräftige Gebiß kann als

Schere, aber auch zangenförmig schließen. Lange, aber nicht übermäßig herabhängende lambertsnußförmige Ohren, an den Spitzen befranst, komplettieren das Aussehen des Kopfes. Weitere Standardpunkte sind der geschmeidige Hals und der muskulöse flachrippige Körper mit dem karpfenartig gebogenen Rücken. Die langen Läufe haben Hasenpfoten. Die mäßig lange Rute verjüngt sich zur Spitze, ist tief angesetzt und darf nie über dem Rücken getragen werden. Sehr charakteristisch ist das dichte, flockige, gut von der Haut abstehende Haar, das nicht drahtig sein soll, aber eine deutliche Neigung zur Locke hat und speziell an Kopf und Vorgesicht in der Farbe Blau, blau- und lohfarben, leber- oder sandfarben, wobei die dunklere Färbung bevorzugt wird, auftritt. Gelegentlich tritt auch das sogenannte liver and tan (leber- und lohfarben) auf. Alle Farbschläge werden aber sowohl in der Zucht als auch auf Ausstellungen gemeinsam beurteilt. Der B. T. weist in seiner Haarstruktur Grundwolle und Grannenhaar in guter Relation auf und muß regelmäßig geschoren werden. In den Anfangsjahren der Kynologie, als das englische Ausstellungsreglement schneidende Werkzeuge zur Herrichtung der Ausstellungshunde untersagte, wurden den B. T. mit einer Kerze die Haarspitzen bis auf die gewünschte Länge abgesengt. Diese äußerst gefährliche Prozedur gehört zur kynologischen Geschichte, heute benutzt man Schere und Maschine.

Beginnend mit einem 2-mm-Scherkopf wird gegen den Strich geschoren: die Gurgel von der Brustbeinspitze weg einschließlich Unterkiefer (hier kann man 1 bis 1 1/2 cm langes Haar belassen, um dem Fang die gewünschte Tiefe zu verleihen), dann seitlich etwa 1 cm über die Haarscheide bis unter die Ohren, die Wangen vom oberen und unteren Ohrenansatz bis leicht unterhalb des äußeren Augenwinkels bis zum Mundwinkel, dann die Ohren, wobei eine Quaste stehenbleibt. Der Ohrenansatz wird nicht allzu hoch abgeschoren, damit die Ohren nicht vom Kopf abstehend wirken. Dann werden die Unterseite der Rute und deren letztes Drittel zur Spitze hin beidseitig, die Zehen bis zum ersten Glied, keinesfalls weiter, sowie der Bauch bis zum Nabel geschoren. Mit einer normalen, scharfen Schere werden die Halsseiten und die Schultern, die möglichst flach wirken sollen, geschnitten. Der Hals soll im Schnitt ein ausgesprochenes Oval sein, Nacken und obere Halskante eine nicht unterbrochene, harmonische, leicht gewölbte Linie bilden.

Der B. T. soll einen waagerechten Widerrist haben, wobei die Wölbung des Rückens nicht unmittelbar am Halsansatz beginnt, sondern zwei bis drei Fingerbreit hinter dem Widerrist. So wird der Eindruck des Radrückens vermieden. Der höchste Rückenpunkt liegt über dem Nabel, von hier wird die Rückenlinie parallel zum Becken bis zur Rute geführt. Es wird generell so geschnitten, daß keine Übergänge zu sehen sind, das ist dort wichtig, wo unterschiedliche Haardichten vorliegen. Wenig Haar belassen wird über den Rippen, um die schmale Front zu betonen, sehr viel jedoch an der Unterbrust, abhängig von der Haardichte. Das längere Brusthaar darf nicht wie ein angehängter Balg wirken, es muß so geschnitten sein, daß es der Form einer Unterbrust entspricht und allmählich in die Brustseiten übergeht. Die ausgeprägten Winklungen des

B. T. sind hervorzuheben, indem die Haare an den Vorderseiten der Oberarme, bzw. der Rückseite der Keulen bis zur Fersenspitze stark gekürzt werden. Das Knie ist möglichst stark hinunterzuziehen und die Fersenwinkelung zu betonen, was erreichbar ist, wenn an der Rückseite des hinteren Mittelfusses etwas längeres Haar stehenbleibt. Die Vorderbeine werden zu geraden, nicht allzu dicken Säulen geschnitten, seitlich so flach wie möglich. Über dem Hinterhauptbein beginnt der Schopf, wo auch sein höchster Punkt ist. Von dort führt eine leicht gewölbte Linie bis zu einem ungefähr über der Nasenspitze liegenden imaginären Punkt. Zu beachten ist, daß die Nase nicht spitz wirken darf. Von vorn betrachtet steigt der Schopf beidseitig senkrecht über den Jochbögen auf und wird so weit oben wie möglich zur oberen Kante hin abgerundet. Er darf von oben gesehen niemals kuglig wirken, sondern muß wie ein rechteckiges Band aussehen. Am Fang darf seitlich nicht zu viel Haar weggenommen werden, damit er nicht spitz erscheint, sondern als stumpfer Kegel allmählich in den Oberkopf übergeht. Von vorn sollen die Augen nicht zu sehen sein. Die Ohrenquasten werden hexagonal gestutzt. Dieser sehr pflegeaufwendige Hund, hat jedoch den Vorteil, daß sein Fell kaum Haare verliert.

Der B. T. wurde in Nordengland von Bergarbeitern speziell zur Jagd auf Otter, Fuchs und Dachs gezüchtet. Seinen ursprünglichen Namen *Rothburry-Terrier* änderte man nach dem größten Zuchtgebiet, dem altenglischen Dorf *Bedlington*. Der 1869 aufgestellte Standard ist im wesentlichen noch heute gültig, speziell das Wesen betreffend: wachsam, lernfreudig, scharf und anhänglich. —*Tafel 45.*

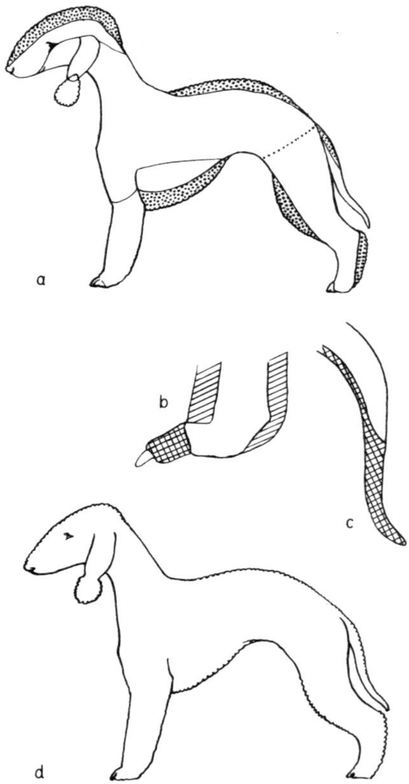

Bedlington Terrier
a) Körperumrisse und durch Frisieren hergerichtete Silhouette, punktierte Stellen kennzeichnen das Haar
b) Herrichten der Vorderpfoten, wobei die schraffierten Stellen kurz geschoren werden
c) die Unterseite der Rute und das letzte Drittel werden geschoren, schraffierte Stellen sind kurz zu scheren
d) schaufertiger Bedlington Terrier

belgische Schäferhunde: 1. ↑ Groenendael.— **2.** ↑ Laekenois.— **3.** ↑ Malinois. — **4.** ↑ Tervueren.

belgische Zwerggriffons: 1. ↑ Brabancon. – **2.** ↑ Griffon belge. – **3.** ↑ Griffon Bruxellois.

Bengalische Bracke ↑ Dalmatiner.

Bergamasker Hirtenhund: kräftiger (SH 55 bis 63 cm bei 30 kg KM), eine gewisse Ähnlichkeit mit dem ↑ Berger de Brie aufweisender Schutz- und Hütehund für Gebirgsherden. Der auch als *Cane da Pastore Bergamasco* bekannte B. H. hat einen großen Kopf mit breitem Schädel, zwischen den Ohren leicht konvex, der nach vorn abgerundet ist, mit gut markiertem Stop. Er ist so am Kopf behaart, daß die dunklen Augen von den Stirnhaaren bedeckt werden. Die hoch angesetzten Ohren erscheinen klein, haben eine lange, weiche Franse und werden halb aufgerichtet getragen. Kupieren ist nicht gestattet. Als unermüdlicher Kletterer ist er mit einem relativ kurzen Rumpf ausgestattet, der in der Lendenpartie und Kruppe sehr gut bemuskelt ist. Er hat eine breite Brust mit bis zum Ellbogen herabreichendem gut gerundetem Rippenkorb. Die Läufe sind lang und starkknochig. Auch bei ihm werden zum Leidwesen der internationalen Fachwelt noch Afterkrallen gefordert. An den Läufen wird eine überreiche Behaarung verlangt, die insgesamt reichlich, lang und in gewellten Flocken den Körper bedeckt und am Kopf, der Rumpfunterseite und den Gliedmaßen wollig ist. Sie reicht bis zur Erde, darf aber keine Fransen bilden und ist auf der oberen Rumpfhälfte rauh. Den B. H. gibt es in den Farben Grau, Weiß, Isabell, Rehbraun und allen Schattierungen einschließlich Flecken von Schwarz, ein schwarzer Sattel ist jedoch verboten.

Den italienischen Hirtenhunden schreibt man *persische Schäferhunde,* ↑ Molosser und ↑ ungarische Hirtenhunde als Vorfahren zu, wobei der B. H. und der *Maremmano,* (↑ Maremmaner Hirtenhund) die seit langem verbreitetsten sind. Erst um 1941 fand die offizielle Trennung im eigenen Standard ihren Niederschlag, vorher waren züchterische Vermischungen keine Seltenheit. – *Tafel 33.*

Berger d'Arbazile: mittelgroßer, sehr dynamischer Schäferhund (SH 40 bis 50 cm bei einer Toleranz von 2 cm nach oben bei hervorragender Proportion ♂; 38 bis 48 cm ♀) von großer Lebhaftigkeit. Sein Kopf gleicht dem eines Braunbären, er hat einen fast flachen Schädel mit wenig ausgeprägter Stirnfalte, an den Seiten rundlich und ohne vorstehenden Fortsatz. Die Stirn geht in leichter Schräge bis zum Fang ohne markanten Stop. Gerade, eher kurz und ohne jede Übertreibung feiner werdend und leicht konisch verläuft die Fangpartie. Der Nasenspiegel ist schwarz, nicht massiv sind die den Unterkiefer völlig bedeckenden Lippen. Wichtig ist, daß die Schleimhaut von Lippen und Gaumen schwarz sein muß, zumindest aber schwarz umrandet, wobei die stark pigmentierten Tiere vorgezogen werden. Neben den kräftigen Zähnen runden die am Ansatz etwas breiten Ohren das Bild des Kopfes ab. Die ausdrucksvoll geöffne-

Bergamasker Hirtenhund

ten Augen sind kaffeebraun und weder tiefliegend noch vorstehend. Glasige bzw. mit glasigen Flecken behaftete Augen sind bei Hunden mit schwarz-weiß gefleckten bzw. schiefergrauem Haar gestattet und sogar als typisch zu bezeichnen. Die Augenlider sind fein und schwarz umrandet. Die Ohren werden meist kupiert. Wenn die Ohren aber schön anliegen und gut gestellt sind, werden sie nicht kupiert. Der ziemlich lange, muskulöse Hals ragt gut aus den Schultern. Der Knochenbau ist derb und der Rücken ziemlich lang. Leicht gewölbt zeigen sich die kurzen Lenden. Insgesamt erscheint der Körper stärker, wenn der Mantel auf dem hinteren Teil und auf der Kruppe üppiger als normal ist. Gefordert wird, daß die Kruppe kurz und schräg ist, wenig abfallend die Flanken und leicht kreisförmig die Rippen. Der B. d'A. hat eine mittelmäßig entwickelte, bis zu den Ellenbogen reichende Brust. Die Vorderhand steht trocken mit langer Schulter und viel Muskulatur. Die Keulen der Hinterhand sind ebenfalls sehr muskulös, jedoch wenig herabhängend. Breit, trokken und in der Mitte gebogen, oft etwas geschlossen (besonders bei Tieren, die in den Bergen geworfen und aufgezogen wurden) sind die Sprunggelenke. Bei dieser alten Schäferhundrasse werden Tiere mit Afterkrallen bevorzugt, fehlen diese, gilt es jedoch nicht als Fehler. Trocken, ziemlich flach und betont oval müssen die Pfoten sein. Sie haben kleine, harte, von Haaren überdeckte Krallen. Schön gefranst, nicht sehr lang und ziemlich tief angesetzt, bildet die Rute am Ende einen Haken. Befindet sich der Hund im Erregungszustand, hebt sich die Rute und beschreibt eine Kurve. Es existieren Tiere mit angeborener Stummelrute, bei anderen wird die Rute kupiert, es ist jedoch keine Standardforderung. Es gibt Tiere mit langem und solche mit halblangem Haar, letztere weisen an der Hinterhand keine Fransen auf. Die Haarstruktur ist sehr dicht und fast flach, auf der Kruppe und am After dichter und wolliger, ähnlich einer Mischung aus Ziegenhaar und Schafwolle. Am Fang ist das Haar kürzer und weniger dicht, an den Seiten sowie auf den Wangen von vorn nach hinten gedreht. Die Augen dürfen nicht verdeckt sein. Der B. d'A. kommt rotblond, mehr oder weniger dunkel, mit oder ohne schwarze Haare, manchmal etwas weiß auf der Brust und den Pfoten, auch grau, mehr oder weniger hell, manchmal mit weißen Flecken auf dem Kopf, der Brust und den Pfoten vor. Sogenannte *Harlekins* weisen verschiedene Tönungen auf, sie sind immer gefleckt. Der B. d'A. ist eine lokale Variante des ↑ Berger des Pyrénées. Seine Entwicklungsgeschichte gleicht der Stammform, auch ist er dem Grundstandard am nächsten. Hauptunterscheidungsmerkmal zum Berger des Pyrénées ist die etwas feinere Haarstruktur.

Berger d'Azun: örtlicher Schlag des ↑ Berger des Pyrénées, (40 bis 50 cm SH). Sein Kopf ist derb, formmäßig einem Bären ähnlich, mit flachem Schädel und wenig betontem Stop, jedoch fühlbarer Stirnfurche. Die Lefzen am stumpfen Fang schließen gut. Die Nase ist gut geöffnet. Er muß ein kräftiges Scherengebiß aufweisen. Die Augen müssen immer dunkel gefärbt, ausdrucksvoll und gut geöffnet sein. Ziemlich hoch angesetzt und nicht zu nahe beieinander stehen die Ohren, wobei als disqualifizierender Fehler gilt, wenn sie angeboren gerade zueinander stehen. Am häufigsten findet man kurz kupierte Ohren. Mittellang, bemuskelt und mit guten Übergängen kommt der Hals aus dem rechteckigen Rumpf, der einen langen Rücken, kurze, gewölbte Lenden, schräg abfallende Kruppe sowie gut heruntergelassene Brust mit abgeflachtem Rippenkorb hat. Die ziemlich tief angesetzte Rute wird entweder in voller Länge mit einer Biegung an der Spitze getragen, oder kupiert, wobei auch angeborene Stummelruten vorkommen. Lang und schräg sind die Schultern an der Vorderhand, die Läufe müssen trocken und gut bemuskelt sein, kräftig die Schenkel der Hinterhand. Die bei langhaarigen Tieren befederten Sprunggelenke sind gut herabgelassen. Diese Rasse hat kurzes bis mittellanges Haar, immer in reinem Schwarz ohne Flecken und Stichelungen.

Berger da Castro Laboreiro: mittelgroßer (SH 56 bis 60 cm bei ♂ 30 bis 40 kg bzw. ♀ 20 bis 30 kg KM), hochläufiger Schäferhund. Er hat einen geradlinigen, wohlgeformten Schädel, der wenig Stop zeigt. Der Fang ist lang und gerade, sehr stark und mit komplettem Scherengebiß. Die mittelgroßen Augen sind dunkelbraun bis fast schwarz, mandelförmig und schräg gestellt. Die dreieckigen Ohren dürfen nicht zu hoch angesetzt sein und werden herabfallend getragen. Sie sind oben abgerundet und sollen in Länge und Breite je 12 cm betragen. Der Kopf wird stets erhoben, fast stolz, getragen, die Oberlinie zeigt gute Übergänge in Nacken- und Schulterpartie. Der Körper ist kräftig, breit und regelmäßig, der Bauch leicht aufgezogen. Die Läufe sind gut gestellt mit fast runden Pfoten. Das grobe, rauhe, leicht matte Haar ist ungefähr 5 cm lang und bedeckt den ganzen Körper glatt und gleichmäßig ohne Unterwolle. Es kommt in der Wolfsfarbe, alle Schattierungen bis Schwarz aufweisend, vor. Der B. d. C. L. ist in Nordportugal zwischen den Flüssen *Minho* und *Lima* zu Hause und erinnert sehr stark an den Wolf, u. a. dadurch, daß er kaum bellt, sondern wolfsähnlich heult. Aber auch im Wesen gibt es Parallelen zum Urahn, er ist bei aller Arbeitswilligkeit äußerst ungestüm, verteidigungsbereit und scharf.

Berger da Serra de Aires, *Affenhund*: mittelgroßer (SH 42 bis 48 cm bei 12 bis 18 kg KM) portugiesischer Schäferhund mit kräftigem Bart und buschigen Augenbrauen. Er hat kleine herabfallende Ohren oder kupierte Stehohren, einen starken, breiten Kopf mit gut markiertem Stop und fast zylindrischem Fang, der zwei Drittel der Schädellänge beträgt. Die Nasenkuppe ist leicht gehoben und immer dunkler als die Fellfarbe. Gut proportioniert ist der Rumpf mit tiefer, gut vorgewölbter Brust und leicht aufgezogenen Lenden. Bis zum Sprunggelenk reicht die herabfallend getragene Rute, die an der Spitze gebogen ist. Der B. d. S. d. A. steht auf starkknochigen, trockenen Läufen mit runden Pfoten. Er hat sehr langes, glattes – im Höchstfall etwas gewelltes – Ziegenhaar ohne Unterwolle in Gelb, Rot, Kastanienbraun, Rehbraun, Grau, Wolfsfarbe, Schwarz, meist mit mehr oder weniger roten Abzeichen oder weißer Stichelung. Weiße Flecken sind nicht gestattet. Dieser Hund ging in der Serra de Aires aus alten bodenständigen Hütehunden hervor und stellt eine konstante Rasse dar, die hart, anspruchslos und arbeitsfreudig ist. Er wurde bereits vor langer Zeit international anerkannt.

Berger de Bagnéres: Schäferhundart der pyrenäischen Hirten. Die verschiedenen Arten unterscheiden sich nur in Haar, Farbe, Ohrenstellung und Rute, sie alle eint der bärenhafte Kopf. Den Grundstandard verkörpert der ↑ Berger des Pyrénées, von dem sich auch der an einen kleinen ↑ Collie erinnernde B. d. B. ableitet.

Berger de Beauce, *Beauceron:* machtvoller Hund von kräftiger Gestalt (SH 60 bis 70 cm ♂, 58 bis 68 cm ♀ bei 27 bis 37 kg KM). Neben dem ↑Berger de Brie zählt er zu den verbreitetsten Schäferhunden Frankreichs. Er ist ein ausdauernder, unermüdlicher Arbeiter. Er hat den langen, schmalen Kopf der Hütehunde, wenig Stop und Stirnfurche aufweisend, den Fang nicht spitz mit gerader Nase und kräftigem Scherengebiß. Die horizontal eingesetzten Augen sind bei schwarzen Tieren dunkel, heller bei hellgefärbten. Die Ohren können unkupiert herabhängen oder geschnitten aufrecht stehen, letzteres setzt sich immer mehr durch. Der B. d. B. hat einen rechteckigen, muskulösen Rumpf mit geradem Rücken, breiter, wohl gerundeter Lendenpartie und gutem Übergang in die Schulter. Die Brust ist tief und breit, die Kruppe leicht abfallend. Er steht auf langen, geraden und sehr kräftigen Läufen mit Katzenpfoten. Der Standard fordert unbegreiflicherweise auch heute noch an den Hinterläufen doppelt ausgebildete Afterkrallen, die keinerlei Sinn haben und das Tier nur behindern. Letzten Informationen zufolge soll aber die FCI als Dachorganisation der Kynologischen Verbände es den einzelnen Ländern überlassen, in bezug auf die Afterkrallen im Interesse der Gesundheit der Tiere eigene Standardinterpretationen zu treffen. Die Rute ist leicht befranst und reicht bis zum Sprunggelenk mit einem leichten Haken an der Spitze. Der B. d. B. ist auf dem Kopf glatt und dem Körper kurz, stark und anliegend behaart, auf der Kruppe 3 bis 5 cm lang. Er kommt meist in den Farben Schwarz, Schwarz und Feuerrot, Fahlrot, Fahlrot mit Schwarz, Grau, Grau mit schwarzen Flecken vor. Ein weißer

Berger de Beauce

Fleck an der Brust, sei er auch noch so klein, ist nicht erwünscht. Unter dem Namen B. d. B., den er auf der ersten Pariser Hundeausstellung bekam, ist er seit 1863 bekannt. Vorher sah man ihn als kurzhaarige Varietät des ↑ Berger de Brie an, mit *Chien de plaine* (Flachlandhund) bezeichnet. Es ist sehr wahrscheinlich, daß beide Rassen den gleichen Ursprung haben und nicht dem Namen entsprechend aus der *Brie* bzw. der *Beauce* stammen. Von beiden Typen gab es Vertreter in ganz Frankreich, die Bezeichnung erfolgte lediglich zur Unterscheidung. Die Entstehung beider Rassen könnte im 13. Jh. angesiedelt sein, als flämische Mönche mitgebrachte englische ↑ Deerhounds mit einheimischen Schlägen kreuzten. Für gemeinsame Vorfahren spricht auch die Tatsache, daß der B. d. B. bis Ende des 19. Jh. in zwei Haartypen existierte, einem lang-

Dobermann

oben links Deutscher Pinscher, *oben rechts* Mastino Napoletano, *unten links* Wolfsspitz(↑ Deutscher Spitz), *unten rechts* Riesenschnauzer

oben links Siberian Husky, *oben rechts* Schnauzer (pfeffersalzfarben), *unten links* Deutscher Boxer, *unten rechts* Bernhardiner (Langhaar)

oben links Landseer, *oben rechts* Neufundländer (schwarz), *unten links* Hovawart, *unten rechts* Berner Sennenhund

oben Rottweiler, *unten* Česky horsky pes

oben links Samojede, *oben rechts* Westsibirische Laika (↑ Laiki), *unten links* English Bulldog, *unten rechts* Deutsche Dogge (schwarz)

oben links Rauhhaarteckel, dahinter Steirische Hochgebirgsbracke, *oben rechts* Langhaarteckel (rot), *Mitte links* Kurzhaarkaninchenteckel, *unten links* Langhaarkaninchenteckel, *unten rechts* Langhaarkaninchenteckel (schwarzbraun)

Kleinpudel (braun) und Großpudel (weiß)

haarigen und dem mehr verbreiteten kurzhaarigen. Letzterer wurde herausgezüchtet bis zum heutigen hervorragenden *Schäferhund*, der aufgrund seiner Größe, lebhaften Intelligenz und Wendigkeit auch als Polizeihund vielfach Einsatz findet. Private Halter müssen aber beachten, daß der B. d. B. bei allen Vorzügen leicht erregbar und teilweise unberechenbar ist, also kein Hund, der einen Spielgefährten für Kinder abgeben kann. —*Tafel 33.*

Berger de Brie, *Briard*: kräftig gebauter französischer Hirtenhund, muskulös und lebhaft (SH 62 bis 68 cm ♂, 56 bis 64 cm ♀). Der Kopf ist kräftig, genügend lang mit gut markiertem Stop, üppig behaart mit Bart und starken Augenbrauen, die die Augen verschleiern. Der Fang ist stumpf mit schwarzem Nasenspiegel, die dunklen Augen sind eher groß. Die hoch angesetzten Ohren werden meist kupiert und aufrecht getragen. Sie sind reich behaart. Der kräftige Hals geht in den geraden Rücken über mit leicht abfallender Kruppe. Die tiefe Brust ist geräumig. Der B. d. B. hat eine lang behaarte Hakenrute. Seine Gliedmaßen sind gut bemuskelt mit starken, runden Pfoten und doppelten Afterkrallen. Das lange ziegenhaarähnliche Fell bedeckt den ganzen Körper in allen Farben außer Weiß, wobei sich Schwarz und weizenfarben durchzusetzen beginnen. Der dunkle Hund wird aber bevorzugt.

Dem Besucher internationaler europäischer Ausstellungen fällt auf, daß der B. d. B. in immer größerer Zahl die Vorführringe beherrscht. Den B. d. B. kann man mit folgendem Ausspruch charakterisieren: „Fünfunddreißig Kilo Haare und Liebe, ein fast raubtierartiger Gang, ein unbestechlicher Familiensinn, eine Intelligenz und Ausdauer, die ihn fast zu allen Arbeiten befähigen". Auch sein nicht alltägliches Aussehen läßt ihn trotz des relativ großen Pflegeaufwandes immer mehr in den Vordergrund treten. Er ist entwicklungsgeschichtlich eng mit dem ↑ Berger de Beauce verwandt. —*Tafel 6.*

Berger de Labeda: in den Pyrenäen vorkommender, mittelgroßer Schäferhund. Die Grundtypen dieser Schäferhunde ähneln einander alle. Ihr gefestigtster Vertreter ist der ↑ Berger des Pyrénées. Von ihm unterscheidet sich der B. d. B. durch die anliegenden Hängeohren und die kurze Säbelrute.

Berger de la Camargue: französischer Schäferhund aus der *Languedoc*, zur Grundrasse des ↑ Berger du Languedoc zählend. In der Farbe tendiert er vom hellen Mattrot bis zum leichten Fahlgelb.

Berger de Laeken ↑ Laekenois.

Berger de la Grau: fahlgelber französischer Schäferhund, der zur Gruppe der Hütehunde aus dem Gebiet *Languedoc* gezählt wird. Es besteht kein offizieller Standard, die Grundrasse der ↑ Berger du Languedoc ist noch nicht exakt definiert.

Berger de Saint Béat: zu den mittelgroßen Schäferhundschlägen der Pyrenäen zählender, einem kleinen ↑ Bobtail ähnelnder kräftiger Hüter jeglicher Haustiere. Der Grundstandard entspricht dem des Berger des Pyrénées.

Berger de Savoie: langgestreckter französischer Schäferhund mit Kippohren und mittellanger Rute und stockhaarigem Haarkleid (SH 45 bis 56 cm bei 20 bis 25 kg ♂, 15 bis 20 kg ♀ KM). Er hat einen sehr kräftigen, markanten Kopf, wobei die Länge des flachen Schädels gleich der Fanglänge sein soll. Die kleinen Augen variieren farblich, sogar Glas- oder Por-

zellanaugen sind gestattet. Den mittellangen Hals trägt der B. d. S. in schöner Wölbung. Der gedrungene Rumpf erscheint etwas länger als hoch mit fester Rücken- und Lendenpartie. Gut gewinkelte, muskulöse Läufe mit robusten Pfoten runden das Bild ab. Das derbe Stockhaar, am Kopf kurz, der Rumpf und die Rute etwas länger behaart und am Hals mit deutlichem Kragen, weist die Farben helles oder dunkles Grau, durchsetzt mit dunklen Spitzen, blauen oder dunklen, braunen Platten auf.
Der B. d. S. ist, wie alle französischen Schäferhunde, ein robuster, wesensfester und widerstandsfähiger Gebrauchshund, nicht geschaffen für eine reine Liebhaberhaltung ohne Arbeit.

Berger des Carrigues: französischer Schäferhund der *Languedoc*, fahlgelb aber auch mit leichten, schwarzen bzw. roten Tönungen. Ein Standard ist, wie bei allen Varianten des ↑ Berger du Languedoc, nicht bekannt.

Berger de Serra da Estrela: mächtiger, schwerer Hund, deutliche Zeichen der ↑ Molosser tragend (SH 68 bis 70 cm bei 40 bis 50 kg ♂, 30 bis 40 kg ♀ KM). Der Kopf ist umfangreich, mit gut gerundeter Stirn, wenig Stop und fast stumpfem Fang, der in seiner Länge gleich dem Schädel ist. Die Kiefer sind kräftig mit dicken jedoch geschlossenen Lefzen und Scherengebiß. Die ovalen, dunkelbernsteinfarbenen Augen sind horizontal gestellt. Die dreieckigen Hängeohren sollen 11 cm lang und 10 cm breit sein und dürfen kupiert werden. Der kurze und dicke Hals mit geringer Wamme geht harmonisch in den horizontalen Rücken über. Der B. d. S. d. E. hat einen mächtigen Rumpf mit tiefer, breiter, oval gewölbter Brust und einer Säbelrute. Starke, hervorragend bemuskelte und gut gestellte Läufe verleihen ihm die Fähigkeit, unermüdlich tätig zu sein. Er ist stark behaart, leicht rauh, glatt, teilweise gewellt, dem Ziegenhaar ähnelnd. Der *Langhaartyp* besitzt reichliches Deckhaar bei dichter, kurzer, weicher Unterwolle, eine kleine Halskrause und Fransen an den Vorderläufen. Die Hinterhand ist behost, dazu hat er eine Fahnenrute. Der *Stockhaartyp* weist am Kopf und an den Gliedmaßen kürzere und dichtere, am Rumpf reichlichere und kürzere Unterwolle auf. Beide kommen in den Farben Rehbraun mit schwarzem Pigment am Fang, Grau, geflecktem Weiß und allen anderen Farben vor. Schwarz und Weiß einfarbig ist sehr selten. Der B. d. S. d. E. ist ein sehr zuverlässiger Wachhund, von den portugiesischen Hirten seit Jahrhunderten gehalten. Von der FCI wurde er bereits frühzeitig anerkannt. Man hat bei ihm den Eindruck, daß er sich seiner Kraft nicht ganz bewußt ist.

Berger des Pyrénées: Hütehund der pyrenäischen Hirten. Der Standard verlangt ein Minimum an Größe und ein Maximum an Energie (SH 40 bis 50 cm ♂, 38 bis 50 cm ♀). Typisch für den B. d. P. ist der dreieckige, bärenhafte Kopf mit dem aufmerksamen, listigen und aufgeweckten Ausdruck, das langgestreckte Gebäude und die gutgewinkelte Hinterhand, die einen raumgreifenden, flüssigen Gang ermöglichen. Für den Laien bietet sich die Rasse sehr unterschiedlich, allein die Größenforderungen lassen Toleranzen bis zu 10 cm zu, auch alle möglichen Farben, Haararten und Haarlängen sind ebenso wie die Typenschwankungen erlaubt. Sogar das Kupieren der Rute wird dem Ermessen des Züchters überlassen, wobei auch

angeborene Stummelruten vorkommen. Gemeinsam haben alle den an einen Braunbären erinnernden Kopf.
Auch der Fachmann muß zur Beurteilung des B. d. P. eine Anzahl verschiedenster Tiere gesehen haben, bevor es ihm gelingt, den verallgemeinerungswürdigen Typ zu erkennen. Der B. d. P. weist alle für einen Berg- und Hütehund erforderlichen Eigenschaften auf, wie wetterunabhängiges Haarkleid, Wendigkeit und Ausdauer, Genügsamkeit, großes Kletter- und Sprungtalent, Mißtrauen gegenüber Fremden, hervorragende Reflexe, sehr gute Lernfähigkeit, Wachsamkeit und Beobachtungsvermögen.
Im Gebiet der *Pyrenäen* zwischen *Lourdes* und *Gavarnie* ist die Rasse sehr verbreitet, auf fast allen Höfen sind mehr oder weniger typische Tiere zu finden.
Da der B. d. P. äußerst vielseitig einsetzbar ist, verbreitet er sich immer mehr über die Grenzen seines Ursprungsgebietes hinaus. Hüten und Treiben steckt ihm im Blut, unabhängig ob in den Bergen oder im Flachland, auch die zu hütende Tierart ist gleich. In Frankreich wird er auch für Truthahnherden und zur Trüffelsuche eingesetzt. Es gibt kaum ein Leistungshüten, das nicht von B. d. P. gewonnen wird. Darüber hinaus fand diese vielseitige Rasse auch im Kriegsdienst Verwendung, so u. a. als Meldehund im 1. und 2. Weltkrieg. Als suchfreudige Tiere, die äußerst vorzügliche Fährtenhunde sind, bildete man ihn zum Lawinen-, Katastrophen-, Such- und Rettungshund aus. Er hat zwar auch alle wesensmäßigen Voraussetzungen zum Schutzhund, hier fehlt es aber an der respekteinflößenden Größe. Wer einen B. d. P. halten will, sollte berücksichtigen, daß er sich einen Individualisten ins Haus holt, der sehr viel Auslauf und Selbständigkeit verlangt. Dazu gehören unbedingt Bewegung ohne Leine, aber auch Laufen neben dem Fahrrad. Mit Konsequenz und Einfühlungsvermögen läßt er sich leicht erziehen. Zu beachten ist, daß er knapp gefüttert werden muß, um nicht die schönen Linien und damit den Typ zu verlieren. Die Pflege ist einfach, aber abhängig von der Beschaffenheit des Haares. Mehrmaliges Bürsten in der Woche genügt, bei Ziegenhaar weniger, bei wolligen Typen öfter. Speziell die Ohrenfransen und die Behosung sind gut durchzubürsten, um Verfilzungen zu verhindern.
Nach der Behaarung werden zwei Grundtypen unterschieden: *face normale* — lang behaart, an den Läufen typische, üppige Befederung, trotz des Langhaares gut sichtbare Augen; *face raseé* — kurz behaarter Kopf, kaum befranste Ohren, Haar auf dem Rücken 4 bis 6 cm lang, Läufe nicht befedert. Beide Schläge haben zwar Anspruch auf getrennte Bewertung, werden aber miteinander gekreuzt, um eine zu üppige Behaarung beim face normale zu verhindern.
Folgende Varianten haben sich herauskristallisiert: ↑ Berger de Labeda (anliegende Hängeohren, kurze Säbelrute), ↑ Berger d'Azun (reinschwarz), ↑ Berger d'Arbazile (dem Grundstandard am meisten entsprechend), ↑ Berger de Saint Béat (dem kleinen ↑ Bobtail ähnelnd), ↑ Berger de Bagnéres (dem ↑ Collie ähnelnd). — *Tafel 33.*

Berger des Pyrénées á face rasée: pyrenäischer Schäferhund. Insgesamt gesehen kommen für ihn die gleichen Rassemerkmale in Betracht wie für den ↑ Berger des Pyrénées, nur ist er weniger nervös, dadurch nicht so mißtrauisch gegenüber Fremden, gefügiger und lebhafter (SH 40 bis 54 cm ♂, 40 bis 52 cm ♀). Das wichtigste ist der im Gegensatz zum langhaarigen Typ mit kurzem, feinem Haar [frz. *á face rasée*, rasiertes Gesicht] bedeckte, trokkene Kopf, dessen Fang auch etwas länger ist. Der Körper erscheint nicht ganz so langgestreckt wie beim Langhaar, muß jedoch gut proportioniert sein. Weitere Unterscheidungsmerkmale sind die manchmal geschlosseneren bzw. gebogeneren Pfoten und die Haarstruktur. Die Haare sind kurz und fein auf dem Kopf, am Körper halblang oder auch kürzer, die größte Länge von 6 bis 7 cm, wird am Hals und auf dem Widerrist gemessen, auf der Mitte des Rückens beträgt es 4 bis 5 cm. Dieser Schäferhund kommt in allen Farbvarianten von Schwarz, auch graumeliert, rotblond in verschiedenen Tönungen mit oder ohne schwarze Haare und manchmal mit weißen Flekken vor. Völlig graue Tiere sind dabei am seltensten.

Berger du Laeken ↑ Laekenois.

Berger du Languedoc: kleiner bis mittelgroßer, sehr uneinheitlich behaarter französischer Schäferhund aus der *Languedoc*. Mit den großen Schafherden Frankreichs bildeten sich auch örtlich unterschiedliche Schläge von Schäferhunden heraus, die relativ spät von der internationalen Kynologie anerkannt und in verschiedene Hauptrassen mit Unterschlägen geordnet wurden. Dazu gehören die B. d. L. Sie gliedern sich in fünf Schläge: ↑ Farou, ↑ Berger de la Camargue, ↑ Berger de la Grau, ↑ Berger des Carrigues, ↑ Berger du Larzac. Ihre Farben reichen von Mattrot, Fahlgelb bis zu Fahlgelb mit Schwarz (SH 40 bis 50 cm ♂, 38 bis 50 cm ♀).

Berger du Larzac: fahlgelber mit schwarz gefärbter Schäferhund Frankreichs, der zu den ↑ Bergers du Languedoc, den Schäferhunden aus der *Languedoc* zählt.

Berger Picard: noch mittelgroßer (SH 60 bis 65 cm ♂, 55 bis 60 cm ♀ bei 26 bis 38 kg KM), kräftiger, eleganter Hund, der sich durch seinen lebendigen, wachen Ausdruck auszeichnet. Der in guter Proportion zum Körper stehende leicht gewölbte Kopf zeigt wenig Stop und einen kräftigen, nicht spitz zulaufenden Fang mit vollzähligem Scherengebiß. Er hat mittelgroße, von der Fellfarbe abhängige, dunkle Augen (nie hell oder glasig) und mittelgroße, spitze, immer aufrecht getragene Ohren. Die Körperlänge des B. P. entspricht der Schulterhöhe, die harmonische Übergänge hat. Er ist mit tiefer Brust, breiten Hüften, langen, schrägen Schultern sowie gut bemuskelten Läufen ausgestattet. Sein Haar ist hart, halblang, weder lockig noch glatt und fühlt sich harsch an. Er kommt in den Farben Grau, Grauschwarz, Graublau, Graurot, Fahlgelb vor. Große weiße Flecken sind nicht gestattet, höchstens weiße Abzeichen auf den Zehen.

Sind auf den Gemälden des Mittel-

Berger Picard

alters Hunde dieser Zeit abgebildet, gleichen sie meist dem B. P. heutigen Gepräges; mittelgroß, starkknochig, mit rauhem Fell und Stehohren. Es kann also angenommen werden, daß er in direkter Linie auf die *Schäferhunde* des Mittelalters zurückzuführen ist. Erstmalig wurden B. P. gemeinsam mit dem *Beauceron* (↑ Berger de Beauce) und *Briard* (↑ Berger de Brie) 1863 in Paris ausgestellt. Den ersten Standard erhielt die Rasse 1925, verbunden mit der offiziellen Anerkennung. Da man den B. P. aber für die Zucht des ↑ Bouvier des Flandres verstärkt nutzte, verschwand die Rasse nach 1914/18 zum zweiten Mal. Erst nach dem 2. Weltkrieg setzten sich interessierte Kynologen für die verschollene Rasse ein. Seine hervorragenden körperlichen Eigenschaften lassen ihn sowohl als Hüte- als auch Spürhund nie versagen. Man sagt, er sei der beste Schutzhund überhaupt.

Berner Laufhund, *Schwarzschecke*: Grundtyp der ↑ Schweizer Laufhunde, die sich generell nur durch Haarfarbe und -beschaffenheit unterscheiden. Es sind mittelgroße, langgestreckte Hunde (SH mindestens 40 cm, ideal 46 cm bei 27 bis 30 kg KM) mit trockenem Kopf, langen, faltigen Behängen und schöner langer Rute. Alle drei Typen — B. L., ↑ Luzerner Laufhund, ↑ Schweizer Laufhund (auch Rotschecke genannt) — zeigen einen angedeuteten Stop, haben ein Scherengebiß und dunkle, freundlich blikkende Augen. Der Körper ist elastisch, die Läufe gerade, mäßig gewinkelt, aber gut bemuskelt. Die nicht zu lange Rute wird waagerecht gestreckt oder leicht nach oben oder unten gebogen, jedoch nie geringelt, getragen. Das Haar ist beim Normaltyp sehr dicht, am Kopf und den Behängen etwas feiner, an den Läufen und am Rumpf kurz und stockhaarig. Der B. L. und der Schweizer Laufhund weisen noch einen Rauhhaartyp auf, der jedoch nicht allzu stark verbreitet ist. Er hat eine harte Decke, drahtig mit dichter Unterwolle. Der B. L. ist dreifarbig weiß/schwarz/braun, gelb oder rostbraun bzw. weiß mit großen schwarzen Platten und einzelnen Tupfen. Rote Feuerflecken über den Augen und an den Backen sowie gelbliche Flecken im Ohrinneren und am After komplettieren die Farbenfreudigkeit des B. L.es.

Wie bei fast allen heute bekannten Hunderassen gibt es auch bei den Schweizer Laufhunden verschiedene Theorien über die Abstammung. Man siedelt allgemein die Ahnen dieser Laufhunde in die Zeit der römischen Eroberungen an und spricht von einer bodenständigen Art, die sich bis 400 v. u. Z. zurückverfolgen läßt. Alle drei Typen sind hervorragende spursichere Stöberhunde. — *Tafel 37.*

Berner Niederlaufhund: ein langgestreckter, niedriger (30 bis 38 cm SH) Hund. Der mittelgroße Kopf hat einen mäßigen Stop, gut geschnittenen Fang mit Scherengebiß und dunkle, ziemlich große Augen. Die Hängeohren sind so lang, daß sie bis zur Nasenspitze reichen. Der Körper zeigt ausgesprochene Laufhundmaße, proportioniertes Gebäude, ausgeglichene Formen, der Rücken ist eher kurz, der Bauch leicht aufgezogen. Die Rute ist lang und wird ohne jede Biegung hängend getragen, bei der Arbeit leicht nach oben gerichtet. Die Vorderläufe sind gerade, die Hinterläufe leicht nach rückwärts gestellt, die geschlossenen Zehen haben leichte Zwischenzehenbehaarung. Der B. N. kommt in drei Haararten vor: kurz-, stock- und langhaarig in den Farben Weiß/Schwarz/Braun (auch Gelb oder Rostbraun). Das Weiß hat große schwarze Platten und einzelne Tupfen. Er hat wie sein großer Bruder, der ↑ Berner Laufhund, rote Feuerflecken über den Augen und an den Backen sowie gelbliche Flecken im Ohrinneren und am After.

Der B. N. ist direkt auf den Berner Laufhund zurückzuführen, den man um 1920 mit *Dachshunden* kreuzte und so einen auf niedrigere Läufe gestellten Hund erhielt, der bei fehlender Flüchtigkeit alle guten Laufhundeigenschaften behielt; sich hervorragend für die Jagd auf Niederwild eignet. Außer ihm gibt es die Typen: ↑ Luzerner Niederlaufhund; ↑ Schweizer Niederlaufhund, ↑ Jura-Niederlaufhund. Hinzu kommt noch ein *Rauhhaariger Niederlaufhund. – Tafel 37.*

Berner Sennenhund: zur Gruppe der Schweizer Sennenhunde zählender großer (SH 64 bis 70 cm ♂ – ideal 66 bis 68 cm – 58 bis 66 cm ♀ – ideal 60 bis 63 cm), kräftiger, aber sehr beweglicher Gebrauchshund von hervorragendem Ebenmaß. Sein kräftiger Kopf muß im Stirnabsatz (Stop) zwar gut ausgeprägt, aber nicht zu stark sein, einen kräftigen, geraden Fang haben und Ohren, die mittelgroß hoch angesetzt, dreieckig und in der Ruhe flach anliegend sind. Dunkelbraune, mandelförmige Augen komplettieren das Bild. Der B. S. muß ein komplettes Scherengebiß haben. Sein Körper ist gedrungen, das Verhältnis Widerristhöhe zu Körperlänge beträgt 9 : 10. Die breite Brust reicht mindestens auf Ellenbogenhöhe mit deutlicher Vorbrust. Die gut abgerundete Kruppe verläuft in eine buschige, unter das Sprunggelenk reichende Rute, die leicht schwebend getragen, nie bis zum Boden hängt. Der B. S. steht auf stämmigen, geraden Gliedmaßen, die gut gewinkelt sind. Wenn ab und zu Afterkrallen auftreten, müssen diese in den ersten Lebenstagen entfernt werden. Das auffälligste am B. S. sind seine herrlichen Farben. Das lange, schlichte bzw. leicht gewellte Haar ist in der Grundfarbe tiefschwarz mit sattem braunrotem Brand an den Backen, über den Augen, an allen vier Läufen und auf der Brust. Er hat weiße, leichte bis mittelgroße symmetrische Kopfzeichnung (Blesse) und weiße Brustzeichnung (Kreuz). Sehr gern gesehen, aber vom Standard nicht zur Bedingung gemacht, sind weiße Pfoten (höchstens bis zum Mittelfußgelenk reichend) und eine weiße Rutenspitze. Unerwünscht sind ein kleiner weißer Nackenfleck und ein ebensolcher am After, beide werden aber toleriert. Der B. S. muß selbstsicher, gutmütig und freundlich, aber furchtlos und schußfest mit wenig Schärfe auftreten.

Rassengeschichtlich führt man die *Schweizer Sennenhunde*, zu denen der B. S., der ↑ Appenzeller Sennenhund, der ↑ Entlebucher Sennenhund sowie der ↑ Große Schweizer Sennenhund zählen, auf die *Metzgerhunde* zurück, die einst als Viehtreiber die römischen Heere über die Alpenpässe begleiteten. Speziell die Ähnlichkeit der Farben sowie deren Verteilung lassen diesen Schluß zu. Interessant ist, daß alle vier Rassen bereits sehr lange in sich gefestigt existieren. Der B. S. war in der Schweiz unter den verschiedensten Namen bekannt – *Ringgi, Bläßli, Bäri, Gelbbäckler* – alle in bezug auf äußere Merkmale. Bis Anfang des 20. Jh. war er der verbreitetste Hofhund, zog Milchkarren, hütete Rinder- und Schafherden. Erst 1904 tauchten diese herrlichen, farbenprächtigen Tiere auf einer Ausstellung in Bern auf, als *Dürrbächler* bezeichnet. 1908 erhielt der B. S. auf Vorschlag von *Prof. Heim* seinen heutigen Namen, weil er im Kanton Bern am stärksten verbreitet war.

Bernhardiner: kräftiger, hoher, strammer und muskulöser Hund (SH mindestens 75 cm ♂ bei 80 bis 85 kg KM; ♀ mindestens 70 cm bei 75 bis 78 kg KM). Die Hündin ist in der Regel nicht nur kleiner und leichter, sondern auch in ihrem Erscheinungsbild graziler. Der Kopf des B. ist wie der gesamte Körper kräftig und imposant. Er ist breit und wuchtig, mit starkem Stop und kurzer Schnauze. Die überschweren Köpfe nehmen leider immer mehr zu, die dadurch zu offene Lefze führt oft zu starkem Sabbern. Das Gebiß muß vollzählig sein, kann aber sowohl als Zange als auch Schere schließen. Im Verhältnis zum Kopf sind die leicht dreieckigen Ohren nur mittelgroß, die Augen sind dunkelbraun bzw. braun, liegen mäßig tief und im Unterlid meist sehr offen. Typisch für den B. ist der mächtige Körper mit breiten Schultern, sehr gut gewölbtem Brustkasten und festem Rücken. Säulenförmige, gut gewinkelte Läufe stehen auf breiten, geschlossenen Pfoten mit stark gewölbten Zehen. Die Rute ist breit, lang und sehr schwer. Sie endet in einer kräftigen Spitze und wird in Ruhe gerade herabhängend getragen. Beim B. werden unabhängig von der Haarart immer intensive und reine Farben gefordert. Weiß sind der Nasenrücken, das Stirnband, die Halskrause, die Brust, die Vorderläufe, der Bauch, die Hinterläufe mindestens bis zum Sprunggelenk und die Rutenspitze. Die schwarze, allmählich in Rot übergehende Verbrämung verläuft in sanfter Rundung vom Lefzenwinkel unter das Auge bis zum Stirnrand und zur Kopfpartie. Der Nasenschwamm muß schwarz sein, im weißen Stirnband ist ein roter Fleck (Stern) erlaubt. Der Mantel ist rot und geht von der Schulter über den Rücken zur Kruppe bis in die Schenkelpartie der Hinterläufe. Der Mantel kann weiße Flecken oder Streifen haben, aber auch zerrissen sein. Bei Plattenhunden sind die einzelnen Platten klar abgegrenzt im Weiß. Beim B. unterscheidet man zwei Haararten: das Langhaar, für den das leicht anliegende, nicht zu lange Wellhaar, die sogenannte Hose, an der Hinterhand und die lange Behaarung am Behang typisch sind, und das Stockhaar mit härterem, gut anliegendem Fell.

Die Geschichte des B. ist eng mit der des Hospizes auf dem Großen St. Bernhard verbunden, wo auch der erste B. 1695 von einem unbekannten Künstler gemalt wurde. Man nimmt an, daß etwa 40 Jahre vorher die ersten Hunde auf dem Hospiz geführt wurden, die sich damals kaum von den anderen im Alpenraum geführten Hunden unterschieden. Ausgezeichnete Betreuung und kluge Zuchtauswahl entwickelten einen Hund mit vorzüglichem Spürsinn, großer Ausdauer und Einsatzbereitschaft. Der wohl bisher berühmteste B. ist der legendäre *Barry*, von dem es heißt, er hätte 40 Menschen das Leben gerettet, der 41. hielt ihn für ein wildes Tier und tötete ihn. Auf dem Pariser Hundefriedhof steht Barrys Denkmal, sein präparierter Körper befindet sich im Naturhistorischen Museum Bern. Bis zum Einkreuzen von ↑ Neufundländern um 1830 gab es ausschließlich Stockhaar-Bernhardiner, die auch heute noch auf dem Hospiz gezogen werden. Ende des 19. Jh. erfolgte die offizielle Anerkennung des B. als eigenständige Rasse. Der B. ist dank seines guten Charakters und seiner Fähigkeiten dazu berufen, nicht nur ein zuverlässiger Beschützer und Wächter von Familie, Haus und Hof zu sein, sondern auch als Rettungshund ausgebildet zu werden. Schätzungsweise wurden während der 250 Jahre, in denen die Hunde ihren Rettungsdienst auf dem Großen St. Bernhard versahen, an die 2000 Menschen von ihnen oder mit ihrer Hilfe gerettet, wobei das legendäre Fäßchen den Hospizchronisten unbekannt ist. —*Tafel 11.*

Bhadri Hound: windhundähnlicher Hund mit rassigem Körperbau, der von den *Tharoo* in Indien zum Schutz gegen Raubtiere gehalten wird. Eine Eigentümlichkeit besteht in der ab und zu vorkommenden Stummelschwänzigkeit. Als Ohrform wird das Stehohr bevorzugt, jedoch gibt es auch Exemplare mit Hängeohren. Der B. H. existiert in schwarz, schwarz mit Brand, rehfarben oder schokoladenfarben und wird der Gruppe der *Pariahunde* zugezählt.

Bichon frisé: kleiner, fröhlicher und verspielter Hund, sehr lebhaft in der Fortbewegung mit stolzer, aufrechter Kopfhaltung (SH nicht über 28 cm). Der Kopf ist gut proportioniert, fein, aber nicht zart, wobei der Schädel länger ist als die mittellange Schnauze. Sein Umfang entspricht der Widerristhöhe und mißt etwa 27 cm. Wie Knöpfe stehen die sehr dunklen Augen, rundlich in der Form, in ihren Höhlen. Die Bindehaut darf nicht sichtbar sein. Die fallenden Ohren sind mit langem, gelocktem Haar bedeckt und werden nach vorn gedreht. Der B. f. hat einen ziemlich langen Hals, der etwa ein Drittel der Rumpflänge beträgt. Der Brustkorb ist gut entwickelt, das Becken breit und die Kruppe leicht abgerundet. Die Rute wird gewöhnlich hoch getragen mit einer graziösen Wölbung über dem Rücken. Ohne geringelt zu sein, soll sie den Rücken berühren bzw. anliegen und darf nie kupiert werden. Die Läufe sind gerade, gut gewinkelt und haben einen feinen Knochenbau, aber nicht schwächlich wirkend. Der B. f. hat unter dem weißen korkenzieherartigen Haar von 7 bis 10 cm Länge bevorzugt eine dunkle Haut, die Haarstruktur ist fein, seidig, nicht glatt oder geflochten. Er ist entweder einfarbig weiß (wird bevorzugt), manchmal auch mit dunkelfarbigen Flecken an den Ohren. Als Fehler gelten Vor- oder Rückbiß, Disproportionen des Körperbaus und zu starke Pigmentierung im Haar.

Die verschiedensten Vermutungen herrschen in bezug auf die Herkunft und Abgrenzung der vielen französischen Zwerghundrassen. Oftmals sorgen bei gleichen Rassen unterschiedliche Bezeichnungen für zusätzliche Verwirrung. Klar ist, daß die Sammelbezeichnung *Bichon* [frz. *bichonner*, verhätscheln] den fast alleinigen Gebrauchszweck der Tiere kennzeichnet. Es wird vermutet, daß spanische Seeleute für seine Verbreitung auf den Balearen sorgten, von wo er im 15. Jh. unter der exotischen Bezeichnung Téneriffe zurückkehrte und sofort von den Damen des französischen und italienischen Adels zum Lieblingshund erkoren wurde. Mit ihm stellte man alles an, drehte ihm Löckchen, schmückte ihn mit Bändern, parfümierte ihn und machte ihn zum Favoriten der Salons. Es existieren kaum zeitgenössische Gemälde von Hofszenen bzw. Damen, die nicht auch einen dieser kleinen Schoßhunde zeigen.

Obwohl heute weit weniger verbreitet, hat der B. f. doch in allen Ländern – speziell in der UdSSR – begeisterte Liebhaber. – *Tafel 22.*

Billy: gut gebauter, kraftvoller französischer Laufhund (SH 61 bis 66 cm ♂, 58 bis 62 cm ♀ bei 35 kg KM). Er ist langgestreckt, hat eine breite Brust und kräftige Läufe. Sein Kopf ist ziemlich fein, trocken und leicht mit gut entwickelter Nase, schwarz, braun oder dunkelorange gefärbt. Die nicht sehr breite Stirn zeigt betonten Stop, die Augen sind gut geöffnet, dunkel, schwarz oder braun umrandet. Mittellange, hoch angesetzte Ohren, flach anliegend herabhängend, vervollständigen das Kopfbild. Der Körper ist mittellang, stark und abgerundet mit einer Wamme am Hals, die Rippen sind ziemlich flach. Der B. steht im rechteckigen Format. Die lange, ziemlich feine Rute ist manchmal mit einer Bürste versehen. Der B. hat glattes, grobes, hartes Haar auf weißer, ab und zu mit dunkelbraunen oder fast schwarzen Flecken versehener Haut und reinweißes oder milchkaffeebraunes Haar, auch in Weiß mit Flecken oder einem Mantel in Hellorange oder Zitronengelb.

Die Geschichte dieses zur Hetzjagd auf Hase, Schwarzwild und Reh verwendeten Hundes ist leicht zurückzuverfolgen. Aus den großen französischen Laufhunden Ludwig des XIV., die „Weißen Hunde des Königs" genannt, züchteten Edelleute zwei Laufhundtypen, den *Montemboeuf* und den *Céris*, letzterer verdankt seine Entstehung der Einkreuzung kleiner ↑Schweizer Laufhunde (Rotschecken). 1877 kreuzte man Hündinnen des Typs Céris mit einem *Poitevin-Larye-Rüden*, die Nachkommen dann – aber nur die weißen und orangefarbenen – mit einem Montemboeuf-Rüden. 1886 existierte der B. bereits als fertige Rasse, von der heute sicher weit über 500 Exemplare in Frankeich vorhanden sind. – *Tafel 38.*

Bisharin Greyhound, *Bischarin-Windhund*: hochläufiger Windhund mit langem Körper, aufgezogenem Bauch und schmaler Brust. Der Rücken ist karpfenartig gewölbt. Der lange Kopf hat eine breite, gewölbte Stirn sowie mittelgroße, aufrechtstehende, spitze Ohren. Lang und mindestens eineinhalbmal eingerollt ist die Rute. Das kurze Haar ist hellgelblichgrau, aber auch isabellfarben bis rötlichbraun.

Hunde des Typs, wie sie die Bischarin-Araber halten, kann man auf Darstellungen sehen, die aus der Zeit vor der Jahrhundertwende stammen. Wie aber bei fast allen lokalen Windhundschlägen existiert auch für den B .G. noch kein Standard. Sein Aufgabengebiet wird weniger in der Jagd gesehen als vielmehr als Hütehund, da die Bischarin-Araber Großviehzüchter sind.

Bischarin-Windhund ↑ Bisharin Greyhound.

Bloodhound: großer (SH 65 bis 72 cm ♂ bei 49 kg KM und 64 bis 69 cm ♀ bei 35 kg KM), kraftvoller Hund, der außerordentlich friedfertig ist. Seine Haut ist relativ dünn, besonders an Kopf und Nacken, wo sie in tiefen, losen Falten hängt. Seine Körperform erinnert an ein gestrecktes Rechteck. Dem langen Hals mit starker Wamme folgt ein gerader Rücken. Der B. hat einen langen, schmalen Kopf mit markantem Hinterhauptbein, tiefliegende Augen mit herabgezogenen Unterlidern, extrem tief angesetzte Ohren. Das alles verleiht ihm einen traurigen Ausdruck. Die Vor- und Nachhand sind kräftig bemuskelt, die

Läufe stark. Der Gang ist frei, elastisch und schwingend, wobei die Rute säbelförmig getragen werden muß. Man unterscheidet drei Farbvarietäten: Schwarzbraun (black and tan), Rot (von Beige bis Mahagoni) und Braunrot (liver and tan). Weiße Farbflecken sind nur zulässig an der Brust, den Pfoten und der Rutenspitze.

Der B. gehört zu den ältesten Rassen der Hounds [engl. *Hounds*, Hunde], die auf der Jagd ausschließlich mit der Nase arbeiten und als gemeinsames Merkmal Hängeohren aufweisen. Man sieht in ihm einen direkten Nachkommen der *Keltenbracke*, der durch Einkreuzung von *Doggen* massiger und größer wurde. Die wohl berühmteste Linie des B. es stammt aus dem Kloster St. Hubert, wo jahrhundertelang edle Hunde gezüchtet wurden, meist schwarze, ab und zu auch braune, und in Ausnahmefällen sogar weiße. Diese ↑ Hubertushunde, mit anderen französischen Hunden verpaart, ergaben höchstwahrscheinlich die berühmten *Talbot*, eine heute ausgestorbene Linie. Der B. ist der Hund, der am meisten unter seinem Namen leiden mußte. Da bei seiner Zucht streng auf engste Linienzucht geachtet wurde, bedeutet sein Name nur, daß er „reinsten Blutes" ist, schrieb man doch bis in die jüngste Vergangenheit dem Blut die Hauptrolle in bezug auf Vererbungsleistungen zu. Der B. hat mit den ab Anfang des 19. Jh. zur Sklavenjagd auf Jamaika, Kuba und den amerikanischen Südstaaten eingesetzten sogenannten Bluthunden nichts zu tun. Hier handelte es sich um Tiere spanischer Herkunft, denen man doggenartige Hunde einkreuzte. In England diente der B. aber tatsächlich schon im 16. und 17. Jh. als Patrouillenhund, um Wegelagerer und Viehdiebe aufzuspüren. Hier ging es aber ausschließlich um das Ausnutzen seiner hervorragenden Spürhundeigenschaften. Mit seiner imposanten Größe gehört der B. nicht in die Wohnung, sondern in den Zwinger. Sein sanftes, gutmütiges Wesen prädestiniert ihn zum idealen Familienhund, der so robust ist, daß er kühle Temperaturen der Wärme eindeutig vorzieht. Aber es müssen ihm genügend Auslauf und Bewegung geboten werden. Seine große Friedfertigkeit macht aus ihm einen schlechten Wächter, er bellt Fremde zwar an, kümmert sich jedoch nicht weiter um sie. Die Pflege ist einfach, einmaliges Bürsten pro Tag genügt. – *Tafel 8.*

Bluetick Coonhound: dem ↑ American Foxhound sehr ähnlicher Laufhund Amerikas (SH 59 bis 63 cm) mit glattem, glänzendem, dicht anliegendem und ziemlich harschem Haar. Er kommt in den Farben Weiß, stark gepunktet oder gefleckt mit Blauschwarz sowie lohfarbenen Abzeichen an Kopf und Behängen vor. Jahrelang wurde der B. C. mit dem ↑ English Coonhound als zwei Schläge einer Rasse geführt. 1959 beschloß der American Kennel Club, beide Varianten des *Coonhound* nur noch getrennt zu züchten.

Bobtail: starker, kompakt aussehender Hund von seltenem Ebenmaß, der keinesfalls hochläufig sein darf (SH ab 55 cm ♂, 55 bis 61 cm ♀, bei 25 bis 30 kg KM). Der Kopf ist groß und massiv mit schön gewölbtem Schädel, ausgeprägtem Stop, starkem Fang, kräftigem Gebiß, schwarzer Nase und dunklen Augen. Die flach anliegenden Hängeohren komplettieren das Bild des Kopfes, der auf einem schön gewölbtem, langem und stark behaartem Hals sitzt. Der Rumpf ist kurz, gedrungen mit mächtiger Brust, kräftiger, gut gewölbter Kruppe und schräg stehenden Schultern. Typisch für den B. ist, daß er an der Schulter niedriger steht als an der Kruppe, also überbaut ist. Die Vorderläufe sind gerade, ziemlich lang, aber nie hochläufig. Bei seiner Geburt weist der B. oft schon eine Stummelrute auf, daher auch sein Name, der in der Übersetzung Stutz- bzw. Stummelschwanz bedeutet. Bei langschwänzig geborenen Hunden wird sie auf ungefähr 4 cm kupiert. Der B. besticht durch seine sehr reiche Behaarung, zottig aber nicht gelockt mit dichter Unterwolle in allen Tönen von Grau, graumeliert, Blau oder blaumarmoriert, mit oder ohne weiße Abzeichen und Platten. Unerwünscht sind braune und gelbe Farbtöne. Der B. ist ein Abkömmling zotthaariger Schäferhunde Südenglands, wobei seine Abstammung ziemlich im Dunkel liegt. Einige Kynologen tendieren dahin, ihm den russischen *Owtscharki* als Ahnen zuzuschreiben, andere den französischen ↑ Berger de Brie. Gleiche Vorfahren sind nicht von der Hand zu weisen, dazu kommen ähnliche Haltungs- und Einsatzbedingungen, die natürlich eine gleichgelagerte Entwicklung begünstigten. In seiner Heimat ist der B. ein tüchtiger Herdengebrauchshund, vor allem im Gebirge, wo ihn sein dichtes Haarkleid und die dicke Unterwolle gegen alle Witterungsunbilden schützen. Trotz dieser sehr guten Arbeitseigenschaften wurde die Rasse aber gegen die Jahrhundertwende immer seltener, und es ist dem Einsatz einiger weniger Züchter zu danken, daß der B. eine neue Blütezeit erlebte. Obwohl nur mittelgroß erweckt er im Gesamteindruck eher den eines sehr starken, fast schwerfälligen Hundes, was noch durch den bärenhaften Gang verstärkt wird. Eigenartig ist die Stimme, die beim Bellen an den Klang erinnert, der entsteht, wenn man an einen zersprungenen Topf klopft. Aufgrund seiner Intelligenz, seines gutmütigen Wesens und nicht zuletzt seiner Originalität ist der B. heute ein sehr beliebter Begleithund, auf dessen Arbeitseigenschaften sich leider kaum noch jemand besinnt. Auf keinen Fall ist er für eine Haltung in der Wohnung geeignet. Die sehr intensive Fellpflege verlangt mindestens tägliches Kämmen und Bürsten zum Verhindern von Verfilzungen und unangenehmem Geruch.

Böhmischer Rauhbart ↑ Česky fousek.

Bologneser: mit langem, büscheligem Haar struppig bedeckter kleiner Schoßhund (SH unter 30 cm bei unter 5 kg KM), dessen Schädel länger ist als die Schnauze (Verhältnis 8 : 5 cm). Der Körperumfang ist der durchschnittlichen Widerristhöhe von 27 cm gleich. Der B. hat ein komplettes Scherengebiß, runde, nie vorstehende Augen sowie hoch angesetzte, halb aufgerichtet getragene Ohren. Der Rumpf ist kurz, der Rücken gerade und gut entwickelt mit gut gerundeten Rippen. Die kurzen, geraden Läufe haben runde Pfoten, die Hinterläufe sind gut gewinkelt. Die reich behaarte Rute wird auf dem Rücken getragen. Der B. ist am ganzen Körper gleichlang behaart, nur an der Schnauze kürzer. Das Fell hat den Anschein, als wäre es kräftig, ist aber in Wirklichkeit weich, nicht wollig. Es muß lang und aufgerichtet sein und einfarbig weiß, wobei gelbliche Töne erlaubt sind. Das Haar muß täglich gekämmt und auch gebürstet werden. Er soll so wenig wie möglich gebadet werden. Ausstellungsfertig muß der B. den Eindruck eines aufgebauschten Hundes machen.

Obwohl der B. ursprünglich in der italienischen Stadt Bologna heimisch war – sie gab ihm auch seinen Namen – stammt er mit Sicherheit nicht von dort, sondern wurde von Seeleuten dorthin gebracht. Während der Renaissance war er in Frankreich und Italien, ebenso wie die anderen *Bichons* (frz. *bichonner*, verhätscheln), sehr verbreitet. Teilweise wird der B. auf alten Gemälden auch löwenartig frisiert dargestellt, so bei Pieter Breughel II. „Die Parabel des Blinden", einem im Nationalmuseum von Neapel befindlichen Werk. Die große Ähnlichkeit der Bichons untereinander läßt den Schluß zu, daß zumindest einige Spielarten, wie B. und ↑ Bichon frisé sowie der ↑ Malteser, gleiche Vorfahren haben.

Bolonka franzuska: kleines, quadratisch gebautes Hündchen von zarter Konstitution (SH 20 bis 26 cm) mit langer, weicher, seidiger und stark gewellter oder gelockter Behaarung, die dichte Unterwolle aufweist. Der Kopf ist klein, rundlich und mit dichtem Haar bedeckt. Er zeigt deutlichen Stop, eine kurze, zugespitzte Schnauze, runde, große Augen, etwas gewölbt mit schwarzer Umrandung, und weiße, als Schere beißende Zähne. Zangengebiß bzw. leichter Rückbiß sind zulässig. Die mit langem gewelltem Haar bedeckten Hängeohren liegen dicht an. Der mäßig lange Hals geht in einen gut ausgeprägten Widerrist über. Die Brust ist mäßig breit, der Rücken fest und gerade. Die Läufe sind gut gestellt und dicht behaart mit kleinen, runden Pfoten. Der B. f. ist immer weiß. Die sehr dicht behaarte Rute ist mittellang und wird über dem Rücken links- oder rechtsseitig gerollt getragen.

Diese ausschließlich in der UdSSR vorkommende Zwerghundeform ist mit Sicherheit auf den ↑ Bichon frisé zurückzuführen. Durch die lange Zeit währende enge Verbindung des französischen und russischen Adels kam es notgedrungen auch zu einer Verbreitung der Lieblingshunde der französischen Damenwelt im zaristischen Rußland. Mit der Zeit, sicher bedingt durch fehlende Importe aus dem Herkunftsland und daraus resultierender Inzucht, bildete sich eine in mehreren Details vom ↑ Bichon frisé abweichende Rasse, die international noch nicht anerkannt ist. Den Kynologen bleiben zwei Wege: Rückführung auf die Ausgangsrasse oder Anerkennung der Eigenständigkeit des B. f., wobei letzteres im Interesse der Rasse zu begrüßen wäre.

Bolonka zwetna: kleiner, etwas länglich gebauter Hund von zarter Konstitution (SH 25 bis 28 cm ♂, 20 bis 25 cm ♀). Die Details des Kopfes gleichen denen des ↑ Bolonka franzuska, lediglich die Nase ist bei schwarzen Hunden schwarz, bei farbigen im Ton der Färbung des Felles. Die Hängeohren sind am Ansatz meist leicht angehoben und vermitteln so den Eindruck, eines großen Kopfes. Das Scherengebiß muß vollzählig sein, auch eine Zange wird toleriert, aber kein Vor- oder Rückbiß. Der Körper gleicht außer dem Rechteckformat ebenfalls dem des Bolonka franzuska. Die Vorderläufe stehen gerade und parallel, sind meist jedoch nicht zu sehen, da dichtes Haar sie bedeckt, ebenso wie die auf den Rücken geringelte Rute. Das Haar des B. z. ist lang, weich, seidig – gewellt oder gelockt – und am ganzen Körper gleich lang. Außer Weiß sind alle Farben bzw. Farbkombinationen erlaubt.

Der B. z. ist eine mit der Zeit herausgebildete Farbvariante des Bolonka franzuska, die ausschließlich in der

UdSSR existiert und dort sehr verbreitet ist. Die sich herausgebildeten Unterschiede im Körperbau sind sicher rein zufällig entstanden und haben sich dann genetisch gefestigt. Es wäre jedoch verkehrt, bei beiden Hunden von in sich gefestigten Rassen zu sprechen. Auf Ausstellungen in den verschiedensten Unionsrepubliken waren schon B. z. zu sehen, die niemals der gleichen Rasse angehörten. Fest steht aber, daß sowohl der B. z. als auch der Bolonka franzuska schon lange existieren, denn bei vielen russischen Poeten, so auch Puschkin, werden die *Bolonkis* – die kleinen Hunde – erwähnt. –*Tafel 22.*

Bolonki: 1. ↑ Bolonka franzuska. – **2.** ↑ Bolonka zwetna.

Bordeauxdogge: kompakter, muskulöser, nicht sehr hochläufiger, aber harmonischer Hund (SH 58 bis 66 cm bei mindestens 45 kg KM ♂, mindestens 40 kg KM ♀). Furchteinflößend sieht der massive Kopf mit den starken Furchen zwischen den Augen aus, der sehr groß, schwer und kurz ist und einen dicken, kurzen, ganz leicht konkaven Fang mit mächtigen Kiefern hat, wobei der Unterkiefer mindestens

Bordeauxdogge

einen Zentimeter hervorstehen muß. Dem sehr starken Hals, der eine große Wamme aufweist, schließt sich der breite, muskulöse Rücken an. Die Brust ist tief, mächtig, auf jeden Fall tiefer als die Ellenbogen. Die Vordergliedmaßen sind kräftig und stark bemuskelt, die Hintergliedmaßen gestreckt, der Oberschenkel etwas nach unten gezogen mit kurzen, kraftvollen und gut gewinkelten Sprunggelenken. Die Rute reicht bis zum Sprunggelenk und wird horizontal getragen, in der Erregung bis zu 90° erhoben. Die B. hat feines, kurzes und seidiges Haar in allen Tönen von Fahlrot, wobei die einfarbigen Aprikosentöne am gesuchtesten sind. In Schwarz oder Rot zeigt sich die immer von der Grundfarbe abstechende Maske.

Lange Zeit wurde die B. einer Kreuzung zwischen ↑ Mastiff und ↑ English Bulldog zugeschrieben, was aber französische Kynologen auf das energischste bestreiten. Sie wiesen nach, daß die mittelalterlichen *Alans* oder *Allants*, vom Volk der *Alains* bei der Einwanderung nach Frankreich mitgebracht, zur Entstehung der B. beigetragen haben. Als weitere Ahnen kommen die von *Gaston Phoebus* u. a. erwähnten *Dogue d'Aquitaine* in Betracht. Bis in die jüngste Zeit war die B. ein Kampfhund und wurde gegen Stiere, Bären, Löwen aber auch zu Hundekämpfen eingesetzt. Spanische Landsknechte führten der B. ähnliche Hunde in Koppeln mit zum Kampf gegen die Mexikaner.

Die B. ist der Prototyp des Kampfhundes, unerschrocken und mutig. Als Wachhund ist sie furchteinflößend, manchmal auch gefährlich. Wichtig ist, daß die B. eine straffe Hand braucht. Bei Besitzerwechsel ordnet sie sich nur schwer unter. Sie ist im allgemeinen sehr kinderfreundlich, anderen Hunden gegenüber aber teilweise sogar bösartig. Durch gute Zuchtauswahl haben die Kynologen die Kampflust zugunsten der anderen hervorragenden Eigenschaften der B. etwas gemildert.

Border-Collie: mittelgroßer, gut proportionierter, drahtiger, aufgeweckter Hütehund (SH 53 cm ♂, 50 bis 51 cm ♀) ohne jegliche Nervosität und Aggressivität, der das Bild eines geschmeidigen, ausdauernden Arbeiters bietet. Er hat einen relativ breiten, quadratisch wirkenden Hirnschädel ohne jeden Vorsprung am Hinterhauptstachel. Der Fang verjüngt sich zur Nase leicht, ist mäßig kurz mit kräftigem Unterkiefer.

Der B. hat einen ausgeprägten Stop und mittel- bis dunkelbraune Augen mittlerer Größe, die dem Hund einen fast sanften Ausdruck verleihen. Beim Farbschlag *Blue-Merle* dürfen eines oder beide Augen teilweise oder ganz blau oder blaumeliert sein. Die mittelgroßen Ohren sind nicht zu hoch angesetzt und werden halb aufrecht getragen. Ihre gute Innenohrbehaarung schützt den Gehörgang vor Unwettereinflüssen, aber auch gegen Verletzungen. Neuerdings gibt es aber auch schon B. mit Stehohren und weniger dichter Behaarung, vorwiegend im Süden Englands. Alle haben aber einen mäßig langen, rechteckigen Rumpf mit gut gerundeten Rippen und einer ziemlich breiten und tiefen Brust. Rassetypisch für den B. ist eine freie, geschmeidige Gangart bei der die Läufe möglichst wenig angehoben werden. Diesem Bewegungsablauf entspricht die Fähigkeit, sich unauffällig fortbewegen zu können. Die Rute ist tief angesetzt, gut behaart und reicht mit dem letzten Wirbel mindestens bis zum Sprunggelenk. Sein Fell besteht aus glattem und dichtem Deckhaar, kurzer, aber dichter Unterwolle und bildet so einen wetterbeständigen Schutz. An Gesicht, Ohren und Vorderläufen (außer der Befederung) sowie von den Sprunggelenken an abwärts bis zum Boden ist das Haar kurz und glatt. Viele Farbvarianten sind erlaubt, doch am meisten verbreitet ist schwarzweiß, aber auch schwarzbraun, tricolor, braun oder blue-merle sind erlaubt. Um den B. bei seiner Arbeit im gebüschreichen Hochland besser ausfindig machen zu können, wurden von den Züchtern die weißen Abzeichen am Kopf (Blesse), am Hals, den Läufen und Pfoten sowie der Rutenspitze herausgezüchtet.

Verfolgt man die Geschichte der Hütehunde, muß weit in der Entwicklung des Menschen zurückgegangen werden. Es bildeten sich, abhängig von der jeweiligen Hauptproduktion, bestimmte Spezialrichtungen heraus, wozu in England und Schottland ohne Zweifel die Schafzucht gehörte. Hier sei speziell das Schottische Hochland angeführt, dessen Hütehunde zweifelsfrei zur Schaffung des B. maßgeblich beigetragen haben. Mit dem Zusammentreffen von *Hochland-* und *Tiefland-Collies* begannen Versuche, Zuchtpaare gezielt zusammenzustellen und einen neuen Typ Hirtenhund zu formen, d. h. Schärfe und Jagdeigenschaften zurückzudrängen und einen freundlicheren Hund zu schaffen. Das gelang nicht ganz, denn noch heute zeichnen den B. eine gewisse Schärfe und sein Jagdtrieb aus, beide sind nur mit strenger Ausbildung zu unterdrücken. Seit nunmehr über 150 Jahren gezüchtet, übertrifft der B. alle anderen Hütehunde an Leistungsfähigkeit. Seinen Namen verdankt der B.

dem Schöpfer des ersten Zuchtbuches (1915), *James Reid*, dessen Hündin *Old Maid* die Nummer 1 des Stammbuches trägt.
Es wäre ein großer Fehler, wie er leider bei anderen Hütehundrassen immer wieder gemacht wird, den B. als Schutzhund auszubilden, würden damit doch bei ihm Triebe geweckt, die in jahrelanger Selektionszucht unterdrückt wurden. – *Tafel 34.*

Border Terrier: kleiner, rauhhaariger Niederlaufterrier (SH 25 bis 30 cm bei 5 bis 7 kg KM), der nie allzu große Popularität erreichte, sich dadurch aber viel von seiner Ursprünglichkeit bewahrte.

Border Terrier

Hauptsächlich der Kopf unterscheidet sich von dem anderer Terrier, er ähnelt dem eines Otters und hat ein Zangengebiß. Die dunklen Augen werden von gut gezeichneten Augenjochbögen beherrscht, die kleinen V-förmigen Ohren sind eng anliegend und werden nach vorn kippend getragen. Ein langer, schmaler Körper, robust ohne jede Dicke, prädestiniert ihn zu aktivem Einsatz. Der B. T. hat eine kurze, am Ansatz dicke, mittellange, hoch angesetzte und lustig getragene Rute. Sie darf aber nie über dem Rücken getragen und nie kupiert werden. Er ist drahtig und dick behaart mit kurzer, dicker Unterwolle. Die Haut ist dick. Die bevorzugten Farben sind Rot und weizenfarben, aber auch Grau, Blau oder lohfarben kommen vor. Fehler sind ein zu langer oder zu kompakter Körper, hochläufig oder zu tief gestellt, langer dünner Fang, helle Augen, vorspringende Brust.
Wie sein Name sagt, stammt der B. T. aus einer Grenzgegend [engl. *border*, Grenze] und zwar der zwischen England und Schottland. Über seine Herkunft ist wenig Exaktes bekannt, ebenso über sein Alter als Rasse. Er wird zur Jagd auf Fuchs u. a. Raubzeug eingesetzt und hat sich besonders in schwierigem Gelände bewährt. Erst 1920 erfolgte durch den britischen *Kennel Club* die offizielle Anerkennung, er ist aber noch heute außerhalb Englands relativ unbekannt. So erhielt er sich außerhalb aller Modeströmungen sein ursprüngliches Wesen.

Boston Terrier: lebhafter, glatthaariger, kugelköpfiger, sehr symmetrischer mittelgroßer Hund (SH 35 bis 45 cm). Er ist quadratisch gebaut, hat eine kurze Rute und weist mit den nichtkupierten stehenden Ohren eine äußerliche große Ähnlichkeit zur ↑ Französischen Bulldogge auf. Der Kopf des B. T. ist jedoch etwas trockener und länger im Fang, der ungefähr ein Drittel der gesamten Kopflänge ausmacht. Der Rumpf ist kurz, die Läufe muskulös. Die Rute des B. T. ist kurz, eher niedriger angesetzt, natürlich gewölbt und darf nicht kupiert werden. Die Amerikaner teilen den B. T. entsprechend des Gewichtes in mehrere Gruppen ein. Zum Leichtgewicht gehören Tiere bis zu 7,5 kg, zum Mittelgewicht solche von 7,5 bis 10 kg und zum Schwergewicht die von 10 bis 12,5 kg. In den europäischen Län-

dern sind nur Vertreter des Mittel- und Schwergewichtes zu finden. Besonders wird beim B. T. auf die Haarfarbe geachtet, ideal sind dunkelgestromte Tiere mit Maske. Unerwünscht sind einfarbige Hunde, wie z. B. schwarze oder braune ohne Maske. Das unterschiedliche Gewicht darf keine parallelen Differenzen der Größe nach sich ziehen, diese bleibt konstant.
Es gibt nicht allzu viele Originalrassen amerikanischer Herkunft, die unter den Kynologen viele Anhänger finden, auch der B. T. ist in Europa sehr selten. Zu den Terriern gehört er nur dem Namen nach, sein Äußeres läßt hier keine Einreihung zu, ebensowenig seine Herkunft. Er wurde aus den englischen Importrassen ↑ Bull Terrier und English Bulldog gezüchtet, wobei auch der *Französische Bully* verwendet wurde. 1891 stellte man den ersten Standard auf, der auch die bis dahin unterschiedliche Bezeichnung (*Amerikanischer Bullterrier, Boston-Bull, Boston-Bulldog* usw.) auf B. T. vereinheitlichte. Der B. ist ein angenehmer Begleiter und Familienhund, wird jedoch auch als Wächter eingesetzt. In Europa hat sich ein mittlerer Typ (SH 35 bis 38 cm bei 11 kg KM) durchgesetzt.
Bouvier des Ardennes: kraftvolles, robustes Tier, kleiner als der ↑ Bouvier des Flandres mit der Eigenheit, sich fast immer im Halbkreis hinter seinem Herrn her zu bewegen. Der Gang ist schnell und trippelnd. Der Kopf ist dem des Bouvier des Flandres sehr ähnlich, er unterscheidet sich nur durch die geraden, nicht kupierten Stehohren. Der Rumpf ist quadratisch, sehr kräftig und muskulös und entspricht in fast allen Positionen dem des Bouvier des Flandres, wobei der B. d. A. etwas kleiner und leichter ist (SH 60 bis 65 cm bei 16 bis 22 kg KM). Die Rute wird stets bis zum letzten Wirbel kupiert, wobei schwanzlose B. d. A. sehr geschätzt sind. Das Haar muß hart und aufgerauht sein, etwa 5 cm lang und auf Schädel und Läufen kürzer. Im Winter schützt eine dichte Unterwolle den Hund vor Temperaturschwankungen. Das Haar darf nie glatt oder lang sein, an Farben sind alle Möglichkeiten erlaubt.

Boston Terrier

Der B. d. A. stammt aus dem Norden Frankreichs und weist sowohl mit dem ↑ Berger Picard als auch, wie schon erwähnt, mit dem Bouvier des Flandres große Ähnlichkeit auf. Mit beiden fanden sicherlich schon Verpaarungen statt. Speziell im belgischen Ardennengebiet hat sich der B. d. A. bei den Bauern und Hirten noch unverfälscht erhalten. Seinem Herrn treu ergeben, verhält sich dieser leicht abzurichtende Hund Fremden gegenüber mißtrauisch. Er benötigt viel freien Raum, eignet sich also nicht für die Haltung in der Wohnung.
Bouvier des Flandres: mittelgroßer, zotthaariger, stehohriger Hund mit ausgesprochenem Rauhbart und kurzkupierter Rute (SH 58 bis 63 cm ♂, 56 cm ♀). Der Schädel ist flach, nicht zu breit und zum Fang leicht abfallend. Der Kopf soll stark, markant, zum Kör-

per gut proportioniert und etwas länger als breit sein. Der Fang entspricht zwei Dritteln des Schädels und hat ein fest geschlossenes, kräftiges Scherengebiß. Die zu kleinen Dreiecken kupierten Stehohren sind hoch angesetzt und kurz behaart. Der Körper des B. d. F. ist quadratisch mit breitem kurzem und muskulösem Rücken, tiefer Brust und gut aufgezogenem Bauch. Die Vorderhand zeigt lange, schräge Schultern und gerade Läufe mit Katzenpfoten, die Hinterhand ist muskulös und normal gewinkelt. Der Gang ist leicht, gelöst und federnd. Der B. d. F. hat harsches, rauhes, immer zerzaustes Haar, am Schädel kurz, dichte Augenbrauen und einen kräftigen Schnauzbart. Seine Farben sind schwarzweißmeliert, rehbraun, grau, bräunlich, schokoladenbraun. Ein weißer Brustfleck wird gestattet.

Ursprünglich als Hütehund der riesigen Schafherden Flanderns, aber auch zum Treiben und Ziehen verwendet, wird er heute hauptsächlich als

Bouvier des Flandres

Haus- und Hofhund gebraucht. An seiner Zucht waren der ↑ Berger Picard und der Bouvier des Ardennes beteiligt. Man kannte die wetterfesten, großen und kräftigen Tiere unter den Namen *Vuilbaard* [*fläm. vuilbaard,* schmutziger Bart], *Koe hond,* [fläm. *Koe hond,* Kuhhund] und *Toucheur de boeuf or pie* [frz. *Toucheur de boeuf or pie,* Viehtreiber] und züchtete sie ohne Rücksicht auf Größe und Aussehen nur für den Gebrauch. Erst sehr spät entdeckte die Sportkynologie auch den 1926 endgültig standardisierten B. d. F., der heute dank seines ausgeprägten Geruchssinnes, der guten Schärfe und des hervorragenden Verteidigungstriebes ein vorzüglicher Polizei- und Fährtenhund ist. Er soll maßgeblich zur Entstehung des Riesenschnauzers beigetragen haben.

Boykin-Spaniel ↑ American Water Spaniel.

Brabancon: kurzhaariger Vertreter der Gruppe ↑ belgischer Zwerggriffons, die sich ausschließlich in der Haarbeschaffenheit voneinander unterscheiden. Ebenso wie bei den ↑ belgischen Schäferhunden kommt es auch bei den Zwerggriffons vor, daß Welpen aller drei Haararten in einem Wurf fallen. Der B. ist ein kräftiger, gedrungener und in der Bewegung eleganter Hund (SH 21 bis 28 cm bei 3 bis 5 kg KM) mit breitem, rundem Kopf, an der Stirn stark gewölbt. Die Nase ist immer schwarz und sehr kurz, der Stop ausgeprägt. Der B. hat einen Vorbiß, wie alle anderen Zwerggriffons auch. Die Augen sind sehr groß, rund, schwarz, weit auseinander und vorstehend. Der kurze Körper ist ziemlich breit und tief, die Läufe sind gerade, senkrecht gestellt und mittellang mit kurzen, kompakten Pfoten. Die auf zwei Drittel kupierte Rute wird aufwärts getragen. Das kurze Haar ist rot oder schwarz mit rot.

Die Zwerggriffons stammen zweifelsohne von alten niederländischen und deutschen ↑ Affenpinschern ab, wobei sicher auch der ↑ Mops mit seinem kurzen Fang sowie der stichelhaarige ↑ Griffon Nordfrankreichs beteiligt waren. In den drei Schlägen B., ↑ Griffon belge und ↑ Griffon Bruxellois traten die Zwerggriffons erstmalig 1880 auf

Brabancon

einer Brüsseler Ausstellung auf, der endgültige Standard wurde 1905 fixiert. Speziell beim B. sagt man, daß der *English Toy Bulldog* eingekreuzt worden wäre. Alle drei Varianten sind sehr gute Begleithunde von hervorragender Wachsamkeit, lediglich ihre Aufzucht ist etwas problematisch.

Bracco: übermittelgroßer italienischer Hund (SH 55 bis 67 cm bei 25 bis 40 kg KM), der kurzes Haar, lange Behänge und eine kupierte Rute hat. Der lange, eckige Kopf ist in der Schläfengegend leicht abgeflacht, hat ein betontes Hinterhauptbein und sehr markierte Augenjochbögen. Ist die Stirn ebenfalls markiert, weist der B. nur einen geringen Stop auf. Der Fang ist eckig, von vorn gesehen so breit, daß die Backen verdeckt sind. Es wird ein komplettes Scherengebiß gefordert. Die ovalen Augen sind gelb bis braun gefärbt mit geschlossenem Lid. Bei gesenktem Kopf bildet sich am äußeren Augenwinkel eine leichte Falte. Die Ohren werden nach vorn eingerollt, sind oberhalb der Augenlinie angesetzt und auf der Linie der Jochbeine erhoben. Sie reichen bis zur Nasenkuppe. Am Hals bildet sich eine leichte Wamme. Der Widerrist tritt mit freiem Ansatz hervor, der Rücken ist bis zum 11. Wirbel fast gerade und fällt dann leicht in die kräftige, gerundete und muskulöse Lendenpartie ab. Die mächtige, tiefe Brust hat unten einen breiten Rippenkorb. Ein aufgezogener Bauch ist fehlerhaft. Der B. steht auf kräftigen, korrekten Gliedmaßen. Seine Rute wird auf 15 bis 25 cm kupiert, er trägt sie horizontal oder leicht gesenkt. Das kurze, dicke Haar glänzt in den Farben Weiß, Weiß mit mehr oder weniger großen Flecken in Orange und Bernstein, Weiß mit blassen, orangefarbenen Tüpfeln oder mit braunen Tüpfeln. Nie kommen Schwarz, Rot oder Braun sowie tricolor vor.
Der B. entstammt Kreuzungen zwischen *italienischen Laufhunden* und weißen *Molosserabkömmlingen*. – *Tafel 36*.

Braco Carlos VIII., *Braco navarro:* zu den spanischen Vorstehunden zählender mittelgroßer (SH 55 bis 65 cm bei 25 bis 32 kg KM) kurzhaariger Hund. Der große Kopf hat einen ovalen, leicht gewölbten Schädel, das Hinterhauptbein und der Stop sind wenig betont. Der Fang ist gerade, leicht aufgewölbt und rechteckig, die regelmäßig geschnittenen Lefzen bilden leichte Falten. Der B. C. hat ein komplettes Scherengebiß, gut geöffnete, dunkelgelbe bis dunkelbraune Augen, deren Innenlid manchmal

sichtbar ist. Die in Augenhöhe angesetzten Ohren sind mittellang, nicht zu breit und abgerundet. Dem Kopf schließt sich der lange, im oberen Teil leicht gewölbte und etwas dicke Hals an, der in den breiten, geraden Rücken übergeht. Die kurze Kruppe fällt leicht ab. Die Rute wird kupiert. Der B. C. ist dicht und reichlich behaart, am Kopf und an den Behängen ziemlich fein. Er kommt in der Farbe Weiß mit mehr oder weniger dunklen, kastanienbraunen Flecken oder Stichelung und mit blaßroten Abzeichen vor.
Der B. C. entstammt direkt den berühmten Jagdhunden spanischer Fürstenhäuser, speziell den Stammvätern aller Vorstehhunde, den ↑ Pointern. Er hat sich unverfälscht bis in unsere Zeit erhalten und als sehr robust, widerstandsfähig und ausdauernd erwiesen.

Braco navarro ↑ Braco Carlos VIII.

Braque Belge: großer belgischer Vorstehhund (SH etwa 65 cm bei 25 kg KM). Der keilförmige, zur Nasenspitze verlängerte Kopf hat einen weiten, abgeflachten Schädel mit wenig markiertem Stop. Der Fang ist lang, stumpf und konvex. Die B. B. hat eine schwarze Nase und ein Scherengebiß. Die großen, glänzenden Augen zeigen klares Braun, die Ohren fallen dünn und dreieckig herab. Dem mittellangen, zylindrischen Hals schließt sich der horizontale Rücken mit breiter Lendenpartie an. Die Brust ist breit und tief. Die B. B. hat schräge, lange Schultern, lange, stark bemuskelte Läufe mit guten Knochen und kurze, runde Pfoten. Die leicht erhoben getragene Rute wird auf 35 cm kupiert. Die B. B. hat kurz anliegendes, dichtes, straffes Haar mit braunen Platten bzw. großen Flecken auf schiefergrauem Grund.
Die B. B. entstammt alten kontinentalen Laufhundrassen und wurde von der FCI bereits frühzeitig als belgische Rasse anerkannt.

Braque d'Auvergne: kräftiger, doch nicht zu schwerer Vorstehhund, den eine gewisse Leichtigkeit und Eleganz sowie ein schönes Haarkleid auszeichnen (SH 59 bis 70 cm ♂, 57 bis 65 cm ♀ bei 22 bis 25 kg KM). Der lange Kopf mit wenig betontem Stop hat einen von vorn gesehen viereckigen Fang, große, dunkelbraune Augen und tiefe, etwas gefaltete, ziemlich lange Hängeohren. Der Hals ist lang und stark mit etwas Wamme. Die Brust ist gut herabgelassen. Ein kurzer, gerader Rücken, betonter Widerrist und eine breite, knochige Kruppe, die ohne Übertreibung abfällt, kennzeichnen den derben doch eleganten Körper, der auf robusten Läufen steht. Etwa in Verlängerung der Rückenlinie angesetzt wird die auf 15 bis 20 cm Länge kupierte Rute waagerecht getragen. Die B.d'A. hat ziemlich feine, fast lokkere Haut mit kurzem, nicht zu feinem, glänzendem und niemals hartem Haar. Das Haar ist weißgrundig mit oder ohne schwarze Tüpfel bzw. Flecken, die mehr oder weniger zahlreich auftreten. Es kann auch die Farben Kohlgrau bis Kohlschwarz mit oder ohne weiße Tüpfel haben, wobei der Kopf vorzugsweise schwarz mit Blesse sein sollte. Die gesuchteste Farbe ist der weiße Grund mit blauschwarzen Platten und ziemlich zahlreichen schwarzen Tüpfeln.
Wie alle französischen Vorstehhunde ist auch die B.d'A. ein lebhafter, schneller Sucher, ihre Herkunft ist jedoch sehr strittig. Einige Quellen sagen, Tempelritter haben den Hund im Mittelalter in die *Auvergne* gebracht. Andere meinen, Ordensritter hätten die

B.d'A. von der Insel *Malta* nach Frankreich gebracht, als sich die Insel Napoleon ergab. Am wahrscheinlichsten ist aber, daß *französische Bracken*, die durch Umwelteinflüsse verändert wurden, mit schwarzen und schwarzweißen ↑ Pointern gekreuzt die B.d'A. hervorbrachten. Ihre Lebhaftigkeit, der gute Geruchssinn und die Farbe lassen auf englische Importe schließen.

Braque de l'Ariège: nicht mit dem *Laufhund des Ariège* zu verwechselnder Vorstehhund mit elegantem Äußeren (SH 60 bis 65 cm ♂, 56 bis 62 cm ♀ bei 25 bis 30 kg KM). Der Kopf ist länglich, mehr schmal als rund mit gut modelliertem Schädel, der leicht gewölbt ist. Der Nasenrücken ist lang und gerade bzw. leicht gebogen mit rosa oder kastanienbraunem Spiegel. Der sehr lange, gerade Fang hat feine Lefzen und ein Scherengebiß. Die gut geöffneten Augen sind dunkelbernsteinfarben, in ihrer Höhe beginnen die sehr feinen, langen gefalteten Ohren. Der Bauch ist aufgezogen. Der kurze, starke Hals neigt zu leichter Wammenbildung, der gesamte Körper ist kraftvoll mit sehr guten Proportionen, die sehnigen Läufe enden in Hasenpfoten. Tief angesetzt wird die sich gleichmäßig verfeinernde Rute gerade oder leicht gekrümmt getragen, meist kupiert. Ziemlich feine Haut, bedeckt mit glatt anliegendem, silbrig glänzendem Haar in Weiß bzw. Weiß mit unsymmetrischen orangenen oder kastanienbraunen Flecken und Tüpfeln, wobei Weiß dominiert, komplettieren das Bild dieses ausdauernden, gegen Witterung unempfindlichen Vorstehhundes, der sich besonders für die Rebhuhnjagd eignet. Er sucht schnell, aber nur in begrenztem Umkreis.

Die Abstammung dieser Hunde läßt sich kaum ermitteln. Äußerst unterschiedlich sind die Meinungen und Behauptungen, doch ist das unerheblich, da sie auch in ihrer französischen Heimat und dem speziellen Gebiet der *Ariège* kaum noch reinrassig existieren.

Braque du Bourbonnais: heute fast ausgestorbener französischer Vorstehhund (SH 55 bis 58 cm ♂, 53 bis 55 cm ♀ bei 30 kg KM) mit ziemlich großem, nicht zu stark modelliertem Kopf. Der gewölbte Schädel unterscheidet die B. d. B. deutlich vom ↑ Pointer und der ↑ Braque d'Auvergne. Weitere Details des Kopfes sind der wenig betonte Stop, die großen haselnußbraunen Augen, die mittellangen, wenig gefalteten und gut anliegenden Hängeohren sowie der kräftige, vollständig bezahnte Fang mit Scherengebiß. Die B. d. B. hat den typischen kraftvollen Jagdhundkörper, ganz auf Leistungsvermögen eingerichtet; tiefe Brust, gewölbte lange Rippen, Rücken und Lenden relativ kurz und knochige, stark bemuskelte Gliedmaßen. Die Rute wird kupiert und darf nicht länger als 15 cm sein, wobei die B. d. B. meist mit kurzer bzw. gänzlich ohne Rute geboren wird. Feines, kurzes und dichtes Haar, welches weißgrundig mit regelmäßigen kastanienbraunen Sprenkeln ist, auf dem Rücken etwas länger und dicker, bedeckt die feine, geschmeidige ziemlich locker sitzende Haut. Kastanienbraune Flecken auf den Ohren sind nur dann gestattet, wenn sie nicht überwiegen. Die B. d. B. gilt als Nachkomme der *französischen Bracken*, die ein braun getüpfeltes Fell hatte und durch Kreuzungen mit englischen Pointern verbessert werden konnte. Zu Beginn des 20 Jh. unterwarf man die B. d. B. einer so strengen Selektion, daß kaum noch Exemplare vorhanden waren. Selek-

tionskriterien sollten Farbe und Art der Rute sein.
Die B. d. B. eignet sich ausgezeichnet für die Jagd auf Schnepfen, sie ist mäßig schnell, sucht sehr gut, jedoch mehr passiv. Ihr sanftes Wesen erleichtert jegliche Abrichtung. – *Tafel 38.*

Braque Charles X. ↑ Braque Francais.

Braque Dupuy: großer französischer Vorstehhund (SH 67 bis 68 cm ♂, 65 bis 66 cm ♀ bei 22 kg KM), der in seinem Äußeren deutliche Ähnlichkeit mit Windhunden zeigt.
Er ist eine gelungene Mischung aus Vornehmheit, Leichtigkeit, Geschmeidigkeit und Kraft. Typisch sind sein langer, schmaler, trockener Schädel mit stark betontem Hinterhauptbein, geradem Nasenrücken, der lang und spitz zuläuft sowie die goldbraunen bzw. braunen gut geöffneten Augen. Die feinen Ohren sind schmal, geschmeidig und werden leicht nach rückwärts getragen. Er hat einen sehr langen Hals, flache, lange Rippen und einen gut gestützten Rücken. Der Brustkorb ist tief und flach, die Lenden leicht aufgezogen. Das Windhunderbe verraten auch die Läufe mit ihren langen Schenkeln und Schultern, breiten Sprunggelenken und sehr trockenen langen Pfoten. Die mittelstarke, ziemlich lange Rute, reicht bis zum Sprunggelenk, ist manchmal dicht behaart und wird gerade oder leicht gebogen getragen. Die Haut, besonders auf dem Kopf, ist überall sehr fein. Sie wird bedeckt von glattem, mehr oder weniger kurzem Haar in den Farben Weiß und Dunkelkastanienbraun, weißer Grund mit kastanienbraunen Flecken, manchmal getüpfelt oder marmoriert. Auf dem Kopf und den Ohren ist dieses besonders fein und kurz, speziell auf dem Rücken und den Lenden aber hart im Griff.
Obwohl die B. D. sehr große jägerische Qualitäten als Vorsteh- und Apportierhund besitzt, einen hervorragenden Geruchssinn hat und das Wild schon aus großer Entfernung wahrnimmt, setzte sie sich nie richtig durch. Diese wahrscheinlich im 19. Jh. entstandene Kreuzung aus ↑ Braque Francais und ↑ Greyhound verschwand praktisch völlig als eigenständige Rasse, da es sich als schwierig erwies, die B. D. morphologisch zu erhalten.

Braque Francais, *Braque Charles X.:* kräftig gebauter, jedoch nicht übermäßig schwerer Hund (SH 56 bis 65 cm beim großen Schlag mit 25 bis 32 kg KM, SH 47 bis 56 cm beim kleinen Schlag mit 18 bis 25 kg KM). Der Kopf ist nicht zu schwer und unterscheidet sich deutlich vom ↑ Pointer. Der Schädel ist oval und etwas gewölbt, der Stop wenig betont. Der gerade, breite, rechteckige Fang hat gut herabreichende Lefzen und ein komplettes Scherengebiß. Die dunkelbraunen Augen, ab und zu auch gelb, befinden sich mit den mittellangen Behängen in gleicher Höhe. Der lange Hals erscheint durch die Wamme dick und geht in den breiten, geraden, manchmal etwas langen Rücken über. Die Brust ist breit und tief mit abgerundeten Rippen. Die starken, muskulösen Läufe stehen auf kompakten, ovalen Pfoten. Die schräge Kruppe geht harmonisch in die meist kupierte Rute über, wobei lange Ruten toleriert werden, wenn sie sich harmonisch dem Gesamtbild einfügen. Die B. F. hat geschmeidige, feine Haut, reichlich bedeckt mit grobem Haar, das an Kopf und Ohren feiner ist. Die Farbe des Haares ist weiß mit hell- bis dunkelbraunen Flecken, mit oder ohne Tüpfelung, ganz gefleckt oder dunkelbraun getüpfelt.

Die B. F. wird als Vorfahre aller französischen Vorstehhunde angesehen. Sie ist auf vielen Gemälden des 17. und 18. Jh. dargestellt und wird in allen Jagdbüchern des 19. Jh. beschrieben, damals als *Braque Charles X.* bekannt. Sie war seinerzeit ein schwerer, langsamer Hund, der nur im Schritt unter dem Gewehr suchte. Lange Zeit war die Rasse praktisch verschollen, erst in den letzten 30 Jahren interessierten sich Kynologen wieder für diesen Hund, von dem man sagt, daß er bereits abgerichtet auf die Welt käme. Er ist überall einsetzbar und unempfindlich gegen jegliche Witterung.

Braque Francais de petit taille: kleiner französischer Jagdhund (SH 47 bis 56 cm bei 17 bis 25 kg KM). Die kleine französische Bracke weist, abgesehen von der geringeren Größe und dem leichteren Bau, die gleichen Rassekennzeichen wie die ↑ Braque Francais auf. Sie ist ohne Schwere, doch mit guter Muskulatur. Bevorzugt wird die Zwischengröße von 50 bis 55 cm, da sie den besten Arbeitstyp darstellt. Unterscheidungsmerkmale des Kopfes sind die nicht ganz so gesenkten Lefzen, wodurch der Fang weniger eckig erscheint, ohne spitz zu wirken. Manchmal erkennt man eine leichte Wölbung am Fang. Der gesamte Schädel ist im Verhältnis zum Fang gesehen kürzer. Höher angesetzt als bei der großen Form sind die sehr schwach gefalteten Ohren. Keine bzw. nur sehr wenig Wamme darf der Hals bilden, und auch der Rücken ist etwas kürzer, so daß die rechteckige Form nicht so langgestreckt wirkt. Die feine Rute kann kupiert werden oder als angeborene Stummelrute auftreten. Die Läufe sind leichter, mit weniger schrägen Keulen und trockeneren, kompakten Pfoten. Das feine Haar ist kürzer als das der Braque Francais, aber dichter. Zugelassen sind folgende Farben: Weiß mit mehr oder weniger dunkelbraunen Flecken, mit oder ohne Sprenkelung; vollständig braun gefleckt oder gesprenkelt; Dunkelbraun oder Braun mit Weiß am Kopf, der Vorbrust an den Enden der Läufe; Weiß mit Flecken und zimtbraunen Sprenkelungen, manchmal völlig Zimtbraun. Blasse Brandzeichen können als Flekken oder verstreute Tüpfelungen über den Augen, an den Backen und an den Läufen vorkommen. Als Fehler werden folgende Details angesehen: zu schwerer Kopf, zu breiter Schädel, spitzer Fang, helle Augen mit hartem bzw. mißtrauischem Ausdruck, Depigmentation am Nasenspiegel und an den Augenrändern, zu lange oder zu kurze Ohren, zu schwache oder zu schwere Erscheinung. Sofort zur Disqualifikation führen ein schwarzer Nasenspiegel, jegliche Anzeichen von Afterkrallen und schwarze Tönungen im Haar.

Diese kleine Bracke entstand im Ergebnis jahrzehntelanger Selektion und wird gern aufgrund ihrer kleinen Statur und der großen Jagdlust eingesetzt. Sie ist hart, widerstandsfähig und eignet sich für die Jagd in jeglichem Gelände: Gebirge, Wasser und Flachland. Heute existiert diese Rasse hauptsächlich im Südwesten Frankreichs. Bis Ende des 19. Jh. wurde sie häufig exportiert und hat bei vielen Rassen entscheidend zur Verbesserung der Geschmeidigkeit und des Körperbaus beigetragen.

Braque Saint-Germain: gut proportionierter und dem ↑ Pointer sehr ähnlicher Vorstehhund mit ziemlich kurzen Behängen (SH 56 bis 62 cm ♂, 54 bis 59 cm ♀ bei 20 bis 25 kg KM). Der breite Kopf ist am Hinterkopf vorspringend und spitzbogig, die Stirn breit und der Stop betont. Die dunkelrosa gefärbte Nase ist gut geöffnet. Im kräftigen Kiefer befindet sich ein komplettes Scherengebiß. Die Augen sind groß, gut eingesetzt und goldgelb. Die Ohren, weich und dünn, in Augenhöhe angesetzt, werden etwas abgestellt vom Kopf getragen. Der Rumpf hat einen starken Hals mit leichter Wamme, starke, lange Schultern, breite, mindestens bis zum Ellenbogen reichende Brust, kurzen, geraden Rücken und derbe, starkknochige Läufe. Hoch angesetzt ist die lange Rute. Sie reicht aber nicht über das Sprunggelenk hinab und wird horizontal getragen. Auf der feinen, geschmeidigen Haut befindet sich kurzes, nicht zu feines und nicht zu hartes Haar, mattweiß mit lebhaften orangefarbenen Flecken. Weiße Haare oder Sprenkel im Orange sind erlaubt.

Die B. S. wurde gegen 1830 als *König Charles X.* aus England zwei Pointer der Farbe Schwarz-Orange geschenkt bekam, aus der Pointerhündin *Miß* und einem Braque-Rüden der Farben Weiß-Orange gezüchtet. Mit den sieben Welpen der Zeichnung Weiß und Orange mit rosa Nase züchtete man in

Braque Saint-Germain

Saint-Germain weiter. So erhielt die B. S. ihren Namen und Ende des 19. Jh. den Standard. Zwei unterschiedliche Typen bildeten sich heraus: groß und stark, der Braque näherstehend der eine, eleganter, zum Pointer tendierend der andere. Jetzt gibt es nur noch B. S., die sich mehr dem Pointer angleichen.

Derzeit nimmt die B. S. unter den französischen Vorstehhunden den dritten Platz ein. Sie sucht lebhaft, doch weniger schnell als der Pointer. Am liebsten jagt sie unter dem Gewehr, durchstreift das Gelände, ohne sich vom Jäger zu weit zu entfernen. Als Vorsteh- und Apportierhund ist sie sicher, besitzt aber wenig Energie und Widerstandskraft. Insgesamt verkörpert sie einen gut abzurichtenden Begleiter mit wenig Schutztrieb.

Brasilianischer Windhund ↑ Veadairo catarinense.

Brasilianisches Rehwindspiel ↑ Veadairo catarinense.

Briard ↑ Berger de Brie.

Bringley Terrier ↑ Airedale Terrier.

Briquet Griffon Vendéen: mittelgroßer französisch-belgischer Laufhund (SH 50 bis 55 cm ♂, 48 bis 53 cm ♀), edel in den Formen und in der Bewegung; mit kurzem Körper, gut proportioniert, derb, doch ohne Schwere. Der Kopf ist leicht und kurz mit schwarzem Nasenspiegel. Er hat einen breiten geraden Nasenrücken, die Lippen sind von einem dichten Schnurrbart überdeckt. Ziemlich abgerundet, doch nicht zu groß ist der Schädel. Durch die aufrechtstehenden Haare über den Augen erscheint der Stop sehr ausgeprägt. Die Augen sind dunkel, groß und lebhaft, die Augenbrauen gut betont, dürfen aber die Augen nicht bedecken. Unterhalb der Augenlinie sind die geschmeidigen, schmalen, feinen

Behänge angesetzt, die lang behaart und spitz endend gut einwärts gedreht und nicht zu lang sind. Ohne Wamme wird der lange Hals leicht getragen. Ziemlich tief und nicht zu breit mit mäßig kreisförmigen Rippen ist der Brustkorb. Der Rücken ist kräftig und kurz, meist gerade, im Idealfall leicht ansteigend. Immer gerade und sehr muskulös ist die Lendenpartie. Die Vorderhand hat lange, trockene und schräge Schultern, die Läufe stehen gerade, haben dicke Unterarme sowie tiefe, gut am Körper anliegende Ellenbogen. Die Hinterhand muß lange, muskulöse Keulen, breite, tiefe Sprunggelenke und sehr gute Winkelungen haben. Nicht zu stark sind die Pfoten mit harten Ballen, gut gewölbten, geschlossenen Zehen und kräftigen Krallen. Die kurze Rute ist hoch angesetzt, wird säbel-, nie sichelförmig getragen und verfeinert sich nach dickem Ansatz allmählich nach der Spitze zu. Der B. G. V. hat langes Haar, das manchmal buschig, aber immer hart mit dichter Unterwolle ist. Bauch und Innenseiten der Keulen dürfen nicht nackt erscheinen. Die Haarfarbe ist vorherrschend weiß mit orangefarbenen Flecken, die jedoch auch grau oder hasenfarben sein können. Ab und zu kommen auch dreifarbige (tricolor) Tiere in den genannten Tönungen vor. Obwohl der B. G. V. eine sehr alte Rasse ist, wurde der Ursprung nie richtig geklärt. Er ist eine getreue Verkleinerungsform des ↑ Grand Griffon Vendéen, der sowohl für die Hetzjagd auf Großwild, als auch für die Hasenjagd geeignet ist. Sein Geruchssinn und seine Stimme sind gut entwickelt. Den Grand Griffon Vendéen führt man ebenso wie den ↑ Grand Griffon Nivernais und damit auch den B. G. V. auf die berühmten *Grauen Hunde* zurück, die *Ludwig der Heilige* im 13. Jh. von den Kreuzzügen mitgebracht haben soll. Die Grauen Hunde, vermutliche Kreuzungen zwischen *arabischen Windhunden* und *Jagdhunden* der Ritter, werden als Ausgangsrassen fast aller französischen Laufhunde genannt.

Briquet Griffon Vendéen

Brittany Spaniel: zu den Stöberhunden zählender amerikanischer Spaniel (SH 44,5 bis 52 cm bei 14 bis 19 kg KM). Er hat einen etwa 12 cm langen gerundeten Schädel mit keilförmig und sanft abfallendem Stop. Das Hinterhauptbein und die Stirnfurche sind nur angedeutet. Die Fanglänge beträgt etwa zwei Drittel der Schädellänge, der horizontal und vertikal spitz zuläuft. Es wird ein komplettes Scherengebiß gefordert. Die mittelgroßen, dunkel- bis bernsteinfarbenen Augen werden durch schwere Augenbrauen gut geschützt. Über der Augenlinie sind die bis zur Fangmitte reichenden Ohren angesetzt, die dicht und flach anliegen und kurz mit leichter Franse behaart sind. Der Rumpf ist gleich lang und hoch, wobei der Rücken vom Widerrist an leicht abfällt. Die tiefe Brust ist oval, die Flanken sind gerundet und ziemlich voll. Wird der B. S. mit Rute geboren, muß diese auf 10 cm kupiert werden. Er steht auf hohen, gut gewinkelten Gliedmaßen. Der B. S. ist dicht, glatt, aber auch wellig behaart, nie gelockt bzw. fein oder seidig wie andere Spaniels. An den Behängen zeigen sich nur kleine Fransen, an der Rückseite der Läufe leichte Federn. Er ist weiß mit dunkelorangenen oder leberfarbenen Flecken, keinesfalls gemischt, ebenso sind Schwarz und verblichene Farben unerwünscht.

Dieser schnelle und bewegliche Stöberer wird besonders gern unter schwierigen Bedingungen eingesetzt. Prinzipiell liegt das Aufgabengebiet des Stöberhundes zwischen dem des Lauf- und dem des Vorstehhundes. Er sucht je nach den örtlichen Gegebenheiten mit tiefer oder hoher Nase, aber immer in Schußweite. Wird Wild gefunden, legt er sich auf Befehl nieder, jagt das Wild dann auf Befehl heraus und muß beim Schuß sofort schlagartig zur Erde sinken, um schließlich das geschossene Stück dem Schützen zu apportieren. Zu diesem Buschieren auf hellen Flächen kommt die Arbeit im dunklen Wald auf größerer Weite, wo er dem Jäger das Wild zutreiben und ihn mit Spur- bzw. Hetzlaut aufmerksam machen muß.

Im gesamten englischen Sprachraum bezeichnet man die Stöberhunde als *Spaniels*. Der B. S. stammt vom *rotweißen Setter*, der ↑ Braque du Bourbonnais und den italienischen ↑ Braccos ab. Der erste rutenlose B. S. wurde nach *Schneider-Leyer* vor etwa 120 Jahren in *Pouton* aus einer weiß-mahagonibraunen Hündin und einem weiß-zitronengelb gefleckten Rüden gezüchtet. Seitdem vererbt sich die Stummelschwänzigkeit dominant.

Brokenhaired Terrier ↑ Airedale Terrier.

Bullmastiff: ausgezeichneter Schutz- und Begleithund, der im Gesamttyp leichter als der ↑ Mastiff, jedoch sehr massiv und kräftig ist (67 bis 70 cm ♂, 60 kg KM; 65 bis 68 cm ♀, 54 kg KM). Er hat weniger Falten im Gesicht als der Mastiff, einen breiten, viereckigen und kompakten Schädel, der möglichst etwas faltig sein soll, aber nicht zu sehr. Die Stirn ist flach mit mäßigem Stop, der Fang breit, viereckig und tief mit mächtigem Unterkiefer, insgesamt nicht länger als 8 bis 9 cm. Die mittelgroßen Augen sind durch dunkle Stirnfurchen getrennt und von dunklen Lidern umrandet. Die ziemlich kleinen V-förmigen Ohren werden dicht anliegend oder leicht zurückgefaltet getragen, wie eine halbe Muschel. Der gesamte Körper ist gewaltig, in allen Dimensionen kompakt mit weit auseinanderstehenden, starkknochigen Läufen. Die sehr hohe Rute, am Ansatz dick, dann spitz zulaufend, ist gerade oder nur schwach gebogen und darf nicht über dem Rücken getragen werden. Der B. hat kurzes, glattes, sehr dichtes Haar in jeder Schattierung von rehbraun und gestromt.

Er existiert in England seit dem Ende des vorigen Jahrhunderts, wo ihn englische Wildhüter aus ↑ Mastiff und ↑ English Bulldog zu ihrem Schutz züchteten. Erst 1924 erhielt der *National Bullmastiff Police Club* den eingereichten Standard genehmigt. Eine wachsame, fröhliche und unbekümmerte Rasse erhielt ihre wohlverdiente Anerkennung. Gut abgerichtet wird der B. zu einem sehr gefährlichen Gegner, sonst ist er ein ausgesprochener Familienhund, den noch seine Unempfindlichkeit gegen alle Witterungsschwankungen und die Pflegeleichtheit auszeichnen.

Bull Terrier: einziger Hund, bei dem zum langen Schädel ein gedrungenes, kompaktes, muskelkräftiges Gebäude kommt. Ein direktes Limit für die Größe des B. T. gibt es nicht, er muß den Eindruck machen, für seine Höhe das Maximum an Substanz zu besitzen (Mittelwert 40 bis 55 cm SH, 20 bis 30 kg KM, Hündinnen etwas weniger). Er hat eine untersetzte, starkknochige, athletische Gestalt von gestrecktem Rechteckformat. Die Hinterläufe sollen, von rückwärts gesehen, parallel stehen, sehr gut bemuskelt sein und gute Winkelung aufweisen. Auch die Vorderläufe, die ein Höchstmaß an Knochenstärke besitzen müssen, stehen parallel.

Der B. T. hat schmale, schräg stehende, dreieckige Augen, so dunkel wie möglich, bei denen der Abstand von der Nasenspitze merklich größer als der vom Scheitel sein muß. Die kleinen, dünnen, möglichst nahe zusammenstehenden Ohren werden aufrecht getragen. Besonders wichtig ist das sehr kräftige Scherengebiß.

Der B. T. hat ein kurzes Haarkleid, schlicht geschlossen, das sich überall hart anfühlt und auf straffer Haut sitzt, Pigmentflecken werden nicht beanstandet. Bei reinweißen B. T. sind nur Abzeichen am Kopf zulässig, farbige Tiere müssen dominierend eine Farbe aufweisen. Bevorzugt werden Hunde, deren Haarkleid durchgehend gestromt ist.

Der B. T. entstand aus einer Kreuzung zwischen ↑ English Bulldog mit beweglichen, lebhaften Terriern, speziell kurzhaarigen und dem *Black and Tan Terrier*. Er ist ein unerschrockener Kämpfer, der sich bis zur Selbstaufgabe einsetzt. Der etwas größere ↑ Staffordshire Bull Terrier wird allgemein als Vorläufer angesehen, ihn setzte man bereits im 17. Jh. als Kampfhund gegen Stiere ein. Den weißen B. T. gibt es seit der Zucht des Birminghamer Kynologen *James Hinks* um 1860. —*Tafel 46.*

C

Cairn Terrier: aktiver niederläufiger Terrier (SH 22 bis 25 cm) ohne Furcht und mit viel Temperament. Der Kopf ist klein, steht aber in guter Proportion zum Körper, der mittellang und kompakt ist. Die kleinen Stehohren werden spitz und aufrecht getragen, die dunklen, höchstens haselnußfarbenen Augen sind ziemlich tiefliegend und von zottigen Brauen umgeben. Das Scherengebiß hat 42 große, kräftige Zähne. Das Verhältnis Oberkopf zu Fang beträgt etwa 3,5 : 2,5. Die kurze, 12 bis 15 cm lange Rute ist gut behaart, jedoch nicht befedert und wird vergnügt aufrecht, eventuell leicht gebogen, doch nie über dem Rücken getragen. Rassetypisch ist auch die Behaarung aus zottig wirkendem, dichtem und hartem Deckhaar sowie die pelzartige Unterwolle in den Farben Rot, sandfarben, Grau, gestromt oder fast Schwarz. Dunkle Spitzen bzw. Abzeichen an Fang und Ohren sind standardgerecht.

Der C. T. ist ein reiner Erdhund, von dem behauptet wird, er hätte Mitte des 19. Jh. die Grundform für die Entwicklung des ↑ West Highland White Terrier und des ↑ Scottish Terrier dargestellt. Seinerzeit existierten im schottischen Nord-West-Hochland kurzhaarige Terrierstämme, von denen besonders die der *Insel Skye* berühmt wurden. Gegen 1809 entbrannten heftige Majoritätskämpfe zwischen der Züchterin namens *Campbell,* die sich den kurzhaarigen Skye's widmete und den Züchtern, die sich den langhaarigen Schlägen verschrieben hatten. Erst 1910 beendete der englische *Kennel Club* den Streit, als er die kurzhaarige Variante einfach in C. T. umbenannte. Pate dabei stand die Eigenschaft, in steinigem Gelände [schottisch *cairn*, Steinhaufen] jagen zu können. Obwohl die Beliebtheit des C. T. von Jahr zu Jahr zunimmt, ist dieser mutige Arbeitshund auch heute noch sehr selten auf dem europäischen Kontinent anzutreffen. Er hat ein lebhaftes Wesen, besitzt gute Raubzeugschärfe und ist trotzdem für die Wohnungshaltung geeignet. Bei jagdlicher Führung kommt dem Ausbilder der noch vorhandene Instinkt zugute, der den C. T. früher zum unentbehrlichen Begleiter bei der Jagd nach Otter, Fuchs und Dachs machte. Im Hause ist er wachsam, ohne ein Kläffer zu sein.

Die Pflege des Haarkleides ist nicht problematisch, obwohl es zwei- bis dreimal im Jahr leicht getrimmt werden muß. Totes Haar soll entfernt sowie die Ohren und Rute von jeglicher Befederung freigehalten werden. Mit dem Trimmen ist dem C. T. sein natürliches Aussehen zu verleihen, er darf nicht zurechtgestutzt wirken. Einige Male in der Woche wird der C. T. gründlich gekämmt, wobei das Bürsten überwiegen muß, um durch zu häufiges Kämmen nicht Haare aus der Unterwolle zu entfernen. Die Haare an den Ohren werden regelmäßig gezupft, so daß diese immer glatt und schön aussehen. Bereits beim drei bis vier Monate alten Jungtier werden die losen Deckhaare mit der Wurzel entfernt, um die gute Ausbildung des Felles zu ermöglichen. Es ist wichtig, täglich das Haar zu inspizieren und vorstehende Haare zu entfernen, speziell an Rumpf, Hals, Rute, aber auch an den Beinen, am Bauch und am Kopf. Hatte eine Hündin Welpen, beginnen wir am Ende der Säugeperiode gründlich mit dem Zurechtmachen, d. h. fast Kahlrupfen. Wann ein Trimmen oder Rupfen nötig ist, hängt natürlich in starkem Maße von der Haartextur des Tieres ab, ob es rauh und hart oder mehr weich ist. Das Typische des C. T. wird noch betont, wenn man die Rute ohne Gebrauch einer Schere spitzt, die Fransen rund um die Füße entfernt und den Rücken etwas bearbeitet. Besondere Kennzeichen sind der große Kragen und die reiche Behaarung der Hinterhand, die jedoch auch in gewissen Grenzen gehalten werden. —*Tafel 48.*

Cane da Pastore Bergamasco ↑ Bergamasker Hirtenhund.

Cane di Macellaio: mittelgroßer (SH etwa 55 cm), kurzhaariger italienischer Hirtenhund mit kupierten Ohren. Der kräftige Kopf weist einen breiten Schädel mit flachen Schläfen, stumpfem Fang mit schwarzer, gut geöffneter Nase und komplettem Scherengebiß auf. Der Hals ist mittellang, kräftig und geht in den geraden Rücken über. Der gesamte Rumpf wirkt sehr massiv durch die volle Brust. Die Rute wird auf ein Drittel der ursprünglichen Länge kupiert. Der C. d. M. steht auf starken, knochigen Gliedmaßen. Er hat kurzes, harsches Haar in Schwarz, Schwarzbraun, Braungelb und getigert. Bei der Arbeit ist er sehr anhänglich und verteidigungsbereit. Er hat die Eigenart, stets nur die Leitkuh zu dirigieren, der dann die ganze Rinderherde folgt. Er wird, wie die beiden anderen italienischen Hirtenhundrassen ↑ Bergamasker Hirtenhund (*Cane da Pastore Bergamasco*) und ↑ Maremmaner Hirtenhund (*Cane da Pastore dell' Italia Centrale*), auf vom ↑ Molosser abstammende, um die Jahrtausendwende lebende einheimische Hirtenhunde zurückgeführt, die sich in den rauhen Gebirgsgegenden Mittelitaliens, abgeschlossen von jeglicher Modeströmung, ihre Ursprünglichkeit erhalten haben.

Cao de Agua Portugues: mittelgroßer (SH 50 bis 57 cm ♂, 19 bis 25 kg KM; SH 43 bis 52 cm ♀, 16 bis 22 kg KM), kräuselhaariger Wasserhund mit perückenartig verlängertem Kopfschopf. Der massive, wohlproportionierte Kopf ist im Schädel etwas länger als im Fang, hinten gut gewölbt mit markiertem Hinterhauptbein sowie leichter Stirnwölbung mit Einsenkung zwischen den Augen. Der Stop ist gut markiert. Der lange, verschmälerte Fang hat ein vollständiges Scherengebiß. Mittelgroße runde Augen, schwarz bis braun gefärbt, und herzförmige Ohren, gut anliegend herabfallend, die mit den Spitzen nicht über den Halsansatz hinausreichen und recht lang behaart sind, runden das Bild des Kopfes ab. Auf dem kurzen Hals sitzt keine Krause. Der Rumpf hat einen breiten Widerrist, kurzen Rücken, kaum hervortretende Hüften, eine breite, tiefe Brust sowie leicht abfallende Kruppe, gut übergehend in die lange Rute, die der C. d. A. P. in Erregung kreisförmig biegt. Die Pfoten der langen, starken Läufe weisen zwischen den Zehen Häute auf, die vielfach fälschlich als Schwimmhäute bezeichnet werden. Diese bis zu den Zehenenden reichenden Häute ermöglichen zwar ein gutes Schwimmvermögen, haben aber nichts gemein mit den Schwimmhäuten z. B. der Wasservögel. Das Haar ist mittellang, leicht gewellt, glänzend und nicht sehr dicht, die Behänge dichter behaart. Charakteristisch ist die reiche Perücke auf dem Kopf. Eine zweite Haarvariante ist kürzer, mit flachen zylindrischen Locken versehen, matt und sehr dicht gleichmäßig Kopf, Ohren und Rumpf bedeckend. Die Farbe ist bei beiden Typen gleich, schwarz und weiß oder braun und weiß. Der C. d. A. P. gehört zu den eigenartigsten international anerkannten Vorstehhunderassen der Welt. Er ist direkt auf die alten portugiesischen Jagdhundrassen zurückzuführen und wird an der gesamten Küste Portugals heute noch von den Fischern zur Arbeit eingesetzt. Er zieht Netze mit an Land, bewacht Boote und ist auch für andere Tätigkeiten zu gebrauchen. Vor allem schätzt man bei ihm das hervorragende Auge, das Temperament und den Kampfeifer. *– Tafel 35.*

Caravan Hound: indische Rasse (SH 68,5 bis 74 cm ♂, 61 bis 68,5 cm ♀), die als Jagdhund im *Dekan* verbreitet ist und bei der auch heute noch die Gebrauchsfähigkeit höher bewertet wird als die Schönheit. Der Kopf des C. H. ist lang und schmal, die breiteste Stelle befindet sich zwischen den Ohren, die lang und beweglich dicht am Schädel herabhängen. Er hat dunkle bis haselnußbraune Augen, die glänzend und dunkel eingefaßt sind sowie ein Scherengebiß. Der ziemlich lange Hals, trocken, muskulös und elegant gebogen, geht gut in die Schultern über. Lange Schulterblätter, einen Winkel von 45° bildend, garantieren den guten Vorschub. Die Schulterhöhe entspricht der Körperlänge, die Hinterläufe sind weitgestellt und gut bemuskelt. Am Ansatz ist die Rute

kräftig, am Ende gebogen und an der-Unterseite grob behaart, sie darf nie über dem Rücken gebogen getragen werden. Der C. H. hat feines, dichtes Haar, das das Muskelspiel erkennen läßt und in Farben, die sich dem jeweiligen Gelände anpassen, in dem der Hund vorkommt. Bevorzugt werden Rehfarbe, Fahlgelb, Rot, Cremefarbe sowie eine dieser Farben mit Weiß vermischt.
Der C. H. wird allgemein auf Hunde zurückgeführt, die mit ausländischen Eroberern ins Land kamen, wo er seit dem 17. Jh. existiert.

Carpatin: rumänischer Hirtenhund, robust und hochläufig, von imposanter Erscheinung (SH mindestens 65 cm ♂, mindestens 62 cm ♀). Der Kopf ist massiv mit flach gewölbtem Oberkopf, leichtem Stop, kräftigem Fang, einem der Stirnlänge gleichem Nasenrücken mit großer, breiter und schwarzer Nasenkuppe, dicken, straffen Lippen und kräftigem Scherengebiß. Die Ohren sind hoch angesetzt, nicht zu groß und schön abgerundet direkt den Wangen anliegend. Er hat kleine, ovale, schräg liegende Augen, die so dunkel wie möglich sein sollen. Der kräftige Hals bildet zur Rückenlinie einen Winkel von 40 bis 45°. Der C. hat einen gewaltigen Rumpf, sehr gut bemuskelt mit kurzem, geradem Rücken. Die Läufe sind korrekt gewinkelt, sehr derb und muskulös. Eventuell auftretende Afterkrallen werden kurz nach der Geburt entfernt. Die hoch angesetzte Rute reicht bis zum Sprunggelenk und wird im Ruhezustand hängend mit leichter Biegung an der Spitze getragen. In der Erregung wird die Rute zwar gehoben, doch nie über den Rücken. Der C. ist auf dem Kopf und der Vorderseite der Läufe kurz und glatt behaart, der übrige Körper ist mit reichem Haar bedeckt, das dichte, weiche Unterwolle hat. Die Haarstruktur ist rauh und am Hals, den Hinterläufen sowie der Rutenunterseite am längsten. Die häufigste Farbe ist Wolfsgrau in allen Nuancen, oft mit schwarzer Maske und weißen Abzeichen auf dem Kopf, auch Weiß als Grundfarbe mit schwarzen, grauen, gelben oder roten Flecken sowie geschimmelt. Bis auf Schokoladenbraun sind alle Farben zugelassen.
Der C. ist sehr ausgeglichen und gutartig, im Kampf mit einem Widersacher aber von unbändigem Mut. Als Beschützer der Herden kämpft er mit Bären, Wölfen u. a. Raubwild. Gegen Fremde zeigt er sich aggressiv. In einigen Landstrichen haben die Hirten eine seltsame Tradition entwickelt, indem sie dem C. ein Ohr und die Rute kupieren, angeblich zur besseren Unterscheidung von Wölfen. Mit seiner harten Konstitution ist der C. ein guter Arbeitshund, aber keinesfalls zur Haltung in der Wohnung zu empfehlen. Er braucht neben der harten körperlichen Betätigung unbedingt viel Freiheit, wenn er nicht verkümmern soll. *—Tafel 3.*

Cavalier King Charles Spaniel: aktiver, graziöser, furchtloser und von heiterem, sportlichem Temperament gekennzeichneter Zwergspaniel (SH 30 bis 35 cm bei 4,5 bis 9 kg KM). Seine Stirn soll flach, ohne jede Neigung zur Rundung sein, die Ohren hoch angesetzt, lang herabfallend und reich behaart. Die dunklen, nicht zu kleinen Augen stehen weit auseinander, wobei Glotzäugigkeit zu verwerfen ist. Der Körper ist quadratisch, der Rükken gerade, die Weite des Brustkorbes zeigt mittleres Ausmaß, aber genügend, um Leistungsfähigkeit zu garantieren. Als Standardpunkte gelten

u. a.: Fanglänge etwa 4 cm, komplettes Scherengebiß, Kruppe nicht abfallend, gut gestellte Läufe mit runden Pfoten, kupierte oder unkupierte Rute, die stets gut befedert ist. Der C. K. C. S. profitiert von seiner herrlichen Behaarung, die langhaarig, seidig, nie gelockt, aber ab und zu gewellt, gefordert wird, Pfoten, Brust und Rutenende sind üppiger in der Haarausbildung.

Der C. K. C. S. kommt in vier Farbvarianten vor: 1. *Blenheim*: perlweißer Grund mit verstreuten, kastanienroten Platten. Die Kopfzeichnung soll gleichmäßig sein und eine weiße Blesse zeigen. Der „Spot", ein dunkelkastanienbrauner Fleck in Einmarkstückgröße auf der Stirn, ist erwünscht. 2. *Ruby*: kastanienrotbraun, immer einfarbig. 3. *Tricolor*: dreifarbig, perlweiß mit schwarzen Platten und braunroten Abzeichen an den Wangen, an den Innenseiten der Ohren, über den Augen und an der Stirn. 4. *Black and tan*: glänzend schwarz mit mahagonifarbenen Abzeichen am Fang, über den Augen, an Beinen, Brust, Ohrinnenseiten und unter der Rute.

Vielfach wird der C. K. C. S. mit dem ↑ King Charles Spaniel verwechselt bzw. die Meinung vertreten, es handle sich um die gleiche Rasse, doch gibt es hauptsächlich in der Ausbildung des Oberkopfes, der beim King Charles Spaniel kuppelförmig ist, grundsätzliche Unterschiede. Das Fell des C. K. C. S. benötigt keine spezielle Pflege, es muß nur täglich gebürstet werden, ab und zu auch gekämmt.

Im allgemeinen bezeichnet man die Gruppe der *Toy-Spaniels*, der *Spielzeugspaniels*, als die direkten Nachkommen jener kleiner Hunde, die auf vielen Bildern des 16., 17. und 18. Jh. zu finden sind bei *van Dyck, Watteau, Boucher* u. a. Sie waren die erkorenen Lieblinge der Hofdamen Italiens, Frankreichs und der Niederlande. Überlieferungen zufolge sah man König Charles II. von England selten ohne ein Dutzend kleiner Spaniels, die ihm sogar zu Parlamentssitzungen folgten. Ihm soll der kleine Spaniel seinen Namen verdanken, anderen Überlieferungen zufolge geht er auf König Charles I. zurück. Zur Herrschaftszeit der Stuarts veschwanden die Spaniels fast völlig und machten kleinen Möpsen Platz. Erst im 19. Jh. tauchten wieder kleine Spaniels in größerer Zahl auf, jedoch in leicht veränderter Form, mit abgeflachter Nase, gewölbter Stirn und tief angesetzten Ohren. Erst 1926 machten amerikanische Besucher der berühmten Londoner Hundeausstellung *Cruft's Show* darauf aufmerksam, daß die gezeigten Spaniels mit den ursprünglichen auf den Gemälden nur noch wenig gemein hätten. Einer der Besucher, *Rosswell Eldridge*, setzte 25 englische Pfund für den Züchter aus, der den Spanieltyp der alten Gemälde wieder hervorbringen würde. 1928 wurde dann der Standard des C. K. C. S. aufgestellt und blieb bis heute unverändert. Da nun die Vertreter des neuzeitlichen Typs den Namen *King Charles* trugen, beschloß man, der Rückzüchtung nur das Wort *Cavalier* beizufügen. - *Tafel 18.*

Céris ↑ Billy.

Český fousek, *Böhmischer Rauhbart*: mittelgroßer, vielseitig verwendbarer Vorstehhund (SH 60 bis 65 cm bei 28 bis 34 kg KM ♂, SH 58 bis 62 cm bei 22 bis 28 kg KM ♀). Der Körperbau gleicht stark dem des ↑ Deutsch Drahthaar. Der Č. f. tritt in drei Haararten auf: 1. mit weicher, dicker Wolle,

1,5 cm lang; 2. mit hartem, grob anliegendem Deckhaar, 3 bis 4 cm lang; 3. mit hartem, geradem Stichelhaar, 6 bis 7 cm lang, besonders auf der Vorbrust, dem Rücken und den Flanken. Die Farbe ist Braun oder Braun mit buntfarbigen Abzeichen. Vom Aussterben bedroht, wurde aus wenigen Exemplaren die Zucht regeneriert und der heutige Standard 1963 anerkannt. der Č.f. ist wegen seiner Raubzeigschärfe sehr beliebt. — *Tafel 27.*

Česky horsky pes, *Tschechischer Berghund:* großer Gebrauchshund (SH 60 bis 70 cm ♂, 55 bis 65 cm ♀; Gewicht 35 bis 45 kg ♂, 30 bis 40 kg ♀), der als Experimentalzucht des Tschechoslowakischen Kleintierzüchterverbandes im Jahre 1978 entstand. Der bisher existierende Kurzstandard fordert neben Größe und ungefährem Gewicht dichtes halblanges Haar in Schwarzweiß, Braunweiß oder Gelbweiß. Die Freude am züchterischen Experiment bewog Züchter im Riesengebirge, aus dem Landseer, dem Slovensky Čuvač und dem Alaskan Malamute eine neue Rasse zu formen. Ziel sollte sein, einen universell einsetzbaren Arbeitshund zu schaffen, dessen Aufgabengebiet hauptsächlich in den Bergen als Rettungshund, Sanitätshund u. a. zu sehen ist. Die derzeit existierenden wenigen Vertreter des C. h. p. sind kaum als Geschwister und noch weniger als Rasse zu identifizieren, da die individuellen Unterschiede zu groß sind. Es ist sehr unwahrscheinlich, daß diese neue Rasse jemals eine Chance auf Anerkennung bei internationalen Ausstellungen erhalten wird. — *Tafel 13.*

Česky Terrier: auf kurzen Läufen stehender, sehr beweglicher, mittellanger Terrier (SH 27 bis 35 cm). Er ist zäh, angriffsfreudig, aber nicht aggressiv. Sein Kopf ist verhältnismäßig lang, im Oberkopf nicht zu breit und zu den Augen sich leicht verjüngend mit geringem Stop sowie kräftigem Fang. Mittelgroße, dreieckige Ohren, hoch angesetzt, werden überhängend und eng anliegend getragen, so daß die Ohröffnung gut verdeckt ist. Die Augen des Č. T. sind mittelgroß, tief eingesetzt und von überhängendem Haar verdeckt, meist dunkelbraun bis braun, bei graublauen, hellen sowie bei hellkaffeebraunen Tieren mehr leberfarben. Das kräftige Gebiß muß komplett sein, kann aber sowohl als Schere als auch als Zange schließen. Mittellang ist der Hals, kräftig schräg aus der Schulter getragen mit lockerem Fell an der Kehle, darf jedoch keine Wamme bilden. Der mittellange Rumpf macht einen walzenförmigen Eindruck und steht auf starkknochigen

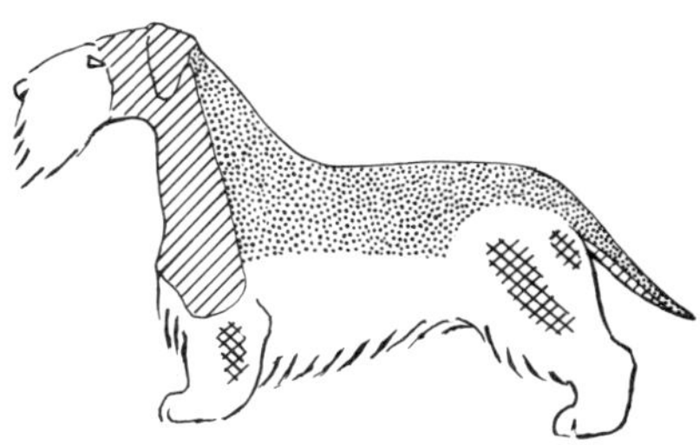

Česky Terrier (*Trimmodell,* die unterschiedlich gekennzeichneten Flächen bezeichnen einzelne Scherabschnitte)

geraden Läufen. Die unkupierte Rute wird herabhängend getragen. Das Haar ist am ganzen Körper dicht, weich, seidenglänzend gewellt bis lokkig in den zwei Grundfarben Graublau bis Hellkaffeebraun. Bei beiden Farbtönen sind gelbe, graue und weiße Abzeichen am Körper, außer einer weißen Rutenspitze, weißer Blesse und weißem Kragen, zulässig, jedoch nie mehr als 20 %.

Františ̂ek Horak, ein tschechischer Kynologe, schuf dieses jüngste Mitglied der Terrierfamilie aus ↑ Sealyham Terriern und ↑ Scottish Terriern und erreichte das gesetzte Ziel, einen mit guten Arbeitseigenschaften ausgerüsteten Bauhund zu züchten. Obwohl seine Ausgangsrassen zwei rauhhaarige Terrier sind, verbietet der Standard das Rauhhaar und verlangt es weich und seidig, d. h., es muß geschoren werden. Man benötigt zuerst einen 2-mm-Scherkopf, mit dem die Ohren beidseitig, der Kopf vom Hinterhauptbein bis zu den Augenhöhlenkanten, die Wangen und die Gurgel vom unteren Ohrenansatz bis zum äußeren Augenwinkel und zum Mundwinkel sowie bis zur Brustbeinspitze und die Unterseite der Rute gegen den Strich geschoren werden. Dann folgen mit dem 5-mm-Scherkopf die Halsseiten von der Ohrenfalte aus in einer geraden Linie zur Ellenbogenspitze, die Vorbrust bis zu den Buggelenken, schließlich mit dem 7-mm-Scherkopf der Nacken, der Rücken, die Oberseite der Rute, die Seiten der Achselhöhlenfalte in leicht nach oben geschwungenem Bogen zur Weichenfalte, von da bis zum Sitzbeinhöcker. Mit der Schere sind gegen den Strich die Übergänge auszuarbeiten. Zu beachten ist, daß der Č. T. nicht so breit wirken soll wie andere Terrier. Betont soll die Fersenwinkelung werden, die Vorderläufe zu Säulen geformt. Rute und Ohrenkanten werden saubergeschnitten, die Augenbrauen nach vorn gekämmt und so gekürzt, daß sie in einer gedachten Linie vom äußeren Augenwinkel zum gegenseitigen Nasenflügel führen. Die Haare auf dem Nasenrücken werden auf Nasenschwammlänge gekürzt, Bart und Schnauzenbehaarung sind nach vorn zu kämmen. Alle Haare, die nicht in das gestreckte Rechteck des Kopfes passen, werden zwar nicht gekürzt, aber mit einer scharfen Klinge entfernt.

Chambray: großer (SH 65 bis 70 cm ♂, 58 bis 64 cm ♀), den belgisch-französischen Laufhunden zugerechneter Vertreter der Keltenbracke, der in seiner Erscheinung dem ↑ Billy sehr ähnelt. Er hat eine lange Rute mit leichter Bürstenbildung, das Haar ist glatt und fein in den Farben Weiß und Gelb, letzteres in verschiedenen Nuancen und beim Altern verbleichend. Ab und zu kommen Flecken in den einzelnen Gelbtönen bis zum Wolfsgrau, vereinzelt auch ein gelber Mantel vor. Ist der Kopf gelb, dann befindet sich mitten auf dem Schädel ein dunklerer Fleck, manchmal auch ein Haarbüschel auf dem Nacken.

Chesapeake Bay Retriever: mittelgroßer (SH 55 bis 65 cm bei 32 bis 34 kg KM ♂; SH 52 bis 60 cm bei 27 bis 32 kg KM ♀), rauhhaariger, kompakter Hund. Er hat einen kräftigen Kopf mit breitem, rundem Schädel, der mittelstarken Stop aufweist und kleine Behänge. Der ziemlich kurze Fang ist mäßig breit, zugespitzt und dünn belefzt. Als gutem Apportierhund verlangt der Standard von dem C. B. R. ein komplettes Scherengebiß. Die mittelgroßen, weit auseinanderstehenden Augen sind von klarem Gelb. Ihn kennzeichnen des weiteren der kraftvolle Rumpf mit kurzem Rücken, tiefer und weiter Brust, wenig abfallender Kruppe und eine lange Rute. Die Läufe sind mittellang und muskulös mit Hasenpfoten. Im Haarkleid zeigt sich der ausgesprochene Wasserhund, der, wie der ↑ Cao de Agua Portugues, Zwischenzehenhäute aufweist, die vielfach fälschlich als Schwimmhäute bezeichnet werden. Der C. B. R. hat dikkes, dichtes, nirgends über 3 cm langes Haar mit dichter und feiner Unterwolle, an den Läufen und am Kopf sehr kurz und gerade, sonst glatt, nur auf dem Rücken etwas gelockt. Es kann jede Schattierung von Braun, dürrlaubfarben bis Gelb haben, wobei stets Einfarbigkeit bevorzugt wird. Kleine weiße Flecken an Brust und Zehen sind erlaubt.

Der C. B. R. ist wie alle *Retriever* ein geborener Apportierhund, stellt aber die einzige in den USA gezüchtete Retrieverrasse dar. In der Geschichte heißt es, daß 1807 vor der Küste von Maryland eine englische Brigg Schiffbruch erlitt, ein Matrose mit zwei kleinen braunroten Welpen konnte gerettet werden. Die Hunde entwickelten sich in Jägerhand zu hervorragenden, viel gerühmten Stöber- und Apportierhunden. Ihre Nachkommen wurden mit anderen inzwischen importierten Rassen, so dem ↑ Irish Water Spaniel, gekreuzt und unter Hinzuführung des ↑ Otter Hound und englischen kraushaarigen, aber auch mit glattem Haar existierenden Retriever verbessert. Das Jahr 1885 gilt allgemein als Entstehungsjahr des C. B. R.. In der *Chesapeake Bay* (Bundesstaat Maryland) ist er unermüdlich bei der Entenjagd im Einsatz. Er ist sehr anhänglich, kinderlieb und leicht abzurichten.

Chien d'Artois: mittelgroßer, kurzhaariger Laufhund (SH 52 bis 58 cm bei 25 bis 30 kg KM), der im Unterschied zum ↑ Artésien-Normand kürzer in den Linien und trockener im Kopf gehalten ist. Er hat einen starken, breiten, ziemlich kurzen Kopf mit leicht gewölbtem Schädel, breiter, großer Nase und nicht ganz trockenen Lefzen, die so herabhängen, daß der Fang viereckig wirkt. Die Augen stehen hervor, sind groß und gut geöffnet, in Augenhöhe sind die dicken, breiten, fast flachen Ohren angesetzt. Der sehr kompakte, muskulöse Körper verrät Kraft und Ausdauer. Er hat eine breite Brust, einen langen, starken Hals mit leichter Kehlwamme, ziemlich runden Rippen, breite, etwas schräge Kruppe und starke Läufe mit kräftigen, trockenen und geschlossenen Pfoten. Die ziemlich lange Rute wird sichelförmig mit Bürste getragen. Der C. d'A. hat glattes, dichtes, ziemlich kurzes Haar in drei Farben. Diese sind dunkelbraun, hasen- oder dachsfarben, mit Mantel oder großen Flecken. Der Kopf ist rehbraun, mitunter auch schwarz gezeichnet.

Chien d'Artois

Der heutige C. d'A. ist eine verkleinerte Form des ausgestorbenen Grand Chien d'Artois, welcher von einer schwarzen Varietät des ↑ Hubertushundes, gekreuzt mit englischen Jagdhunden, abstammt. Vor allem in der Zeit Heinrich des IV. und Ludwig des XIII. schätzten die Jäger diese Hunde sehr, deren Qualitäten sich im C. d'A. widerspiegeln. Er ist unübertrefflich bei der Hasenjagd auf offenem Feld und im Einsatz zum Verfolgen von Rot- und Schwarzwild. Als schneidiger

Hund ist er auch im Dickicht einsetzbar und hat vor allem einen hervorragenden Geruchssinn. Er ist sehr scharf, ausdauernd und leicht abrichtbar, ihm mangelt es jedoch an Schnelligkeit.

Chien de plaine ↑ Berger de Beauce.

Chihuahua: kleinste Hunderasse mit sehr geringem Gewicht (SH 16 bis 23 cm bei 0,5 bis 3,5 kg KM). Das mittlere Gewicht variiert zwischen 1,3 bis 1,8 kg. Der C. ist sehr mißtrauisch gegenüber Fremden und schlägt beim geringsten Anlaß an. Der ideale C.kopf soll in Höhe und Breite etwa gleich sein, am Ende des Nasenrückens befindet sich eine Vertiefung, fast ein Loch, die Fontanelle, das heute vererbt wird. Früher preßte man zu diesem Zweck einen kleinen runden Gegenstand, z. B. eine getrocknete Erbse oder Bohne, manchmal auch einen Stein, auf das Ende des Nasenrükkens, band ihn fest und beließ ihn solange dort, bis sich die gewünschte Vertiefung gebildet hatte. Der C. hat einen ausgesprochenen Apfelkopf mit kurzer, etwas spitzer Nase, die möglichst schwarz sein soll, bei hellen Typen auch rosa. Der Standard verlangt ein nicht zu kräftiges, aber normales Scherengebiß. In manchen Ländern wird der leichte Vorbiß toleriert, das sind Konzessionen gegenüber Problemen in der Zucht, die die Zahnzahl und -stellung betreffen. Sie treten hauptsächlich bei Kleinhunden immer wieder auf. Typisch für den C. sind die sehr großen Fledermausohren, die sehr beweglich gehalten in der Erregung steil gestellt, nach hinten gelegt auch gefaltet sind. Die Augen sollten die Größe des Nasenschwammes haben, so daß man von vorn gesehen den Eindruck hat, drei gleich große Punkte zu sehen. Sie sind immer rund, meist schwarz, braun, blau, rubinrot oder auch hell. Der trotz seiner Kleinheit kompakte Körper ist länger als hoch und steht auf feinen geraden Läufen. Die mäßig lange Rute wird über den Rücken gebogen getragen, sie ist gleich dem Körper behaart. Man unterscheidet zwei Haarvarianten beim C., das Kurz- und das Langhaar. Der *langhaarige C.* hat weiches Haar, befranste Ohren, einen ausgeprägten Halskragen und die Rute vollbehaart. Das Haar ist entweder glatt oder leicht gewellt und hat etwas Unterwolle. Der *kurzhaarige C.* besitzt dichtes, weiches, glänzendes Haar, das gut am Kopf und dem Körper anliegt, an den Ohren knapper und mit Halskrause. Auch Stockhaar mit Unterwolle ist erlaubt. Es gibt fast alle Farben: weißlich mit schmutziggelben Abzeichen auf Rücken, Nacken und Rippen, Schwarz und Weiß, dreifarbig, Eisblau (sehr selten) mit weißer Blesse und Brustfleck, aber auch alle anderen Variationen sind möglich.

Obwohl auch beim C. verschiedene Theorien über die Abstammung existieren, scheint am glaubhaftesten, daß er von den im alten Mexiko vorhandenen Opferhunden, den *Techichis*, herrührt, die von den Aztekenpriestern schon im 8. Jh. gehalten wurden. Der C. zählte zu den Lieblingsdingen aztekischer Prinzessinnen, und in der Religion sah man in ihm den Führer toter Seelen auf ihrer Reise ins Jenseits. Aus diesem Grunde mußten bei jeder Beerdigung auch C. ihr Leben lassen. Doch er war nicht nur Opfertier, sondern auch Bestandteil des Speiseplanes mexikanischer Indianer. Mitte des 19. Jh. begannen die Bauern der Provinz *Chihuahua,* ihre kleinen Hunde verstärkt an Touristen zu verkaufen. Über Amerika kam er dann nach Europa, verbreitete sich aber bis heute nicht sehr stark. Sein Standard wurde erst 1942 aufgestellt. Er ist trotz seiner geringen Größe ein lebhafter, energischer Hausgenosse, dem auch Witterungsunbilden nicht allzu viel ausmachen. Die Pflege eines C. ist problemlos. —*Tafel 18.*

Chinese Crested Dog: haarloser Zwerghund (SH 28 bis 33 cm bei max. 4,5 kg KM) mit einem dem ↑ Mexican Hairless gleichenden Kopf. Die Prämolaren fehlen dem C. C. D. immer, auch die noch vorhandenen Zähne sind im Scherengebiß nur schwach ausgebildet. Der Körper hat Rechteckformat, der Rücken muß etwas länger als die Widerristhöhe sein. Ein völlig quadratischer Körper ist ebenso unerwünscht wie ein sehr in die Länge gezogener. Ein nach oben gekrümmter oder eingesenkter Rücken gilt ebenso wie eine Ringel- oder Korkenzieherrute als Fehler. Der C. C. D. muß im Rumpf leicht gerundet sein mit breiter, fast tief zu nennender Brust, deren Rippen gerundet sind. Er steht auf sehr schlanken Läufen, die aber gut bemuskelt sind. Er ist nicht völlig nackt, sondern hat einen ausgeprägten seidigen Schopf, woher auch der eingedeutschte Name *Chinesischer Schopfhund* stammt. Dazu hat er nicht über den Mittelfuß hinausreichende „Socken" und eine lange, seidige Rutenfahne, die sich auf zwei Drittel der Rute beschränken soll. Erlaubt sind auch lange Ohrenfransen, bei denen lieber einige Haare zuviel vorkommen dürfen. Ein untypischer Körperbau ist nicht erwünscht. Auch beim C. C. D. sind alle Säugetierfarben, einfarbig oder gescheckt in allen Variationen, erlaubt. Der C. C. D. soll schon lange v. u. Z. in China existiert haben und von hier in andere Länder gelangt sein. Er variiert in Größe und Gewicht sehr, so daß man von zwei Typen sprechen kann.

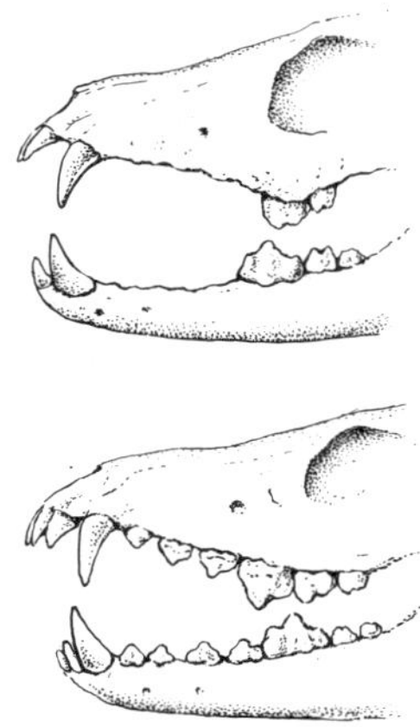

Chinese Crested Dog (Zahnformel eines C. C. D., das durchschnittlich auftretende Gebiß darstellend), darunter zum Vergleich normales Hundegebiß

1. *Deer Typ* (Hirsch-Typ): sehr schlanker Körper, lange, schlanke Beine und zarte Knochen.
2. *Cobby Typ,* mehr substanzvoll, doch auch elegant im Körperbau mit schwereren Knochen und mittellangen Läufen.

Der C. C. D. wird von seinen Besitzern als völlig normaler Hund, problemlos in Haltung, Pflege und Fütterung beschrieben, der auch gegen Kälte relativ unempfindlich ist. Er hat sich komplikationslos in unser Klima eingelebt. Was besonders gerühmt wird, ist das Wesen. Obwohl temperamentvoll und schnell, sind die C. C. D. in der Wohnung ruhige und anschmiegsame Gefährten. — *Tafel 40.*

Chinese royalcoated Greyhound, *Chinesischer Tazy:* an einen glatthaarigen ↑ Saluki bzw. ↑ Sloughi erinnernde Hunderasse. Es existieren zwei Varianten in China, eine glatthaarige und eine befederte. Die Farbe ist meist fahl (sandfarben), hellgrau sowie rötlich mit weißen Abzeichen. Die befederte Variante zeigt nahe Verwandtschaft mit dem ↑ Taigan. Einen Rassestandard aufzustellen dürfte nicht möglich sein, da keine allzu große Einheitlichkeit feststellbar ist.

Chinesische Bracke, *Ma-chu-gou:* mittelgroßer (SH etwa 57 cm) Laufhund, der 1896 erstmalig beschrieben wurde. Er hat einen keilförmigen Kopf mit breitem Schädel, der zur Stirn schmaler und bis zur Nasenkuppe spitz verläuft, der Scheitelkamm ist stark gewölbt. Der Unterkiefer ist kürzer als der Oberkiefer, die schwarze Nase tritt mit der Kuppe stark hervor. Es wird ein Scherengebiß gefordert. Kleine, rötlichgelbe Augen sind mit dunklen Pigmentstreifen durchsetzt. Die in der Ruhe hängenden, kleinen, spitzen, abgerundeten Ohren werden im Erregungszustand aufgestellt. Typisch für die C. B. ist, daß der Rumpf bedeutend länger ist als die Widerristhöhe beträgt. Er fällt zum Rutenansatz stark ab. Die Rute ist dick, dicht und buschig behaart mit einer sichtbaren Bürste an der Unterseite und wird stets in voller Länge parallel zum Erdboden getragen. Die nicht zu langen Läufe sind in der Vorderhand stärker als in der Hinterhand. Die C. B. ist dicht und grob behaart mit dichter, weicher Unterwolle, am Kopf und im Nacken ist das Haar länger. Die Läufe sind leicht befedert. Die Farbe ist rötlichschwarz mit hellerem Brand bis zum schmutziggelblichen Mischhaar, dem Schakal nicht unähnlich. Die C. B. ist eine hochgeschätzte in Meuten jagende Rasse und geht speziell auf größeres Wild. Als Vorfahr wird der *Buansu* angeführt, eine in *Kaschmir, Nepal, Assam* und *Osttibet* ansässige Wildhundform, ziemlich langhaarig und in Meuten jagend. Die C. B. gibt einen dünnen, glockenreinen Laut von sich, der beim gestellten Wild in rauhes Heulen übergeht.

Chinesischer Schopfhund ↑ Chinese Crested Dog.

Chinesischer Tazy ↑ Chinese royal-coated Greyhound.

Chippiparai: indischer, sehr schneller Windhund, bei dem neben den Leistungsanlagen vor allem auch Größe geschätzt wird (SH ab 63,5 cm). Sein Schädel ist gewölbt, fein und lang, die kleinen Ohren werden oft als Kipp-, aber auch als Rosenohr getragen, die Augen sind dunkel und die Schnauze sehr schmal, sogar schwach aussehend. Der C. hat eine fleischlose, oft lustig getragene Rute und lange, gerade Läufe. Seine Brust ist tief, der Rücken leicht rund, der Bauch aufgezogen. Insgesamt soll der Rumpf kürzer als hoch sein. Interessant ist die Haarfarbe des kurzen, dichten Felles, das grau, grau mit weiß, weißgrau gefleckt oder mit dunkleren Schattierungen vorkommt, aber immer einen muschelartigen Schimmer haben muß.

Seine Heimat liegt im indischen Bundesstaat *Tamil Nadu*. Er ist ein äußerst schneller Hund, der mit Leichtigkeit einen Hasen überholt. Geschichtlich wird der C. auf windhundartige Hunde der Antike zurückgeführt, die mit Händlern aus Arabien, Griechenland und Rom in den Süden Indiens gelanten, wobei die Einkreuzung von Paria-Hunden als sicher gilt.

Chortaj: großer (SH 65 cm ♂, 62 cm ♀), stark an einen ↑ Greyhound erinnernder Windhund, dessen Behaarung die Eigentümlichkeit aufweist, im Sommer glatt zu sein, im Winter jedoch weiches Unterhaar zu bekommen, ohne direkt stockhaarig zu sein. Er hat einen langen Kopf mit breitem Schädel, zum Fang allmählich konisch übergehend, mit kräftigen Kiefern und einem Scherengebiß. Den Kopf vervollständigen große Augen und dünne, lange, nach hinten anliegende Ohren, in Erregung leicht aufgerichtet, so daß die Spitzen nach vorn überfallen. Der gebogene Hals geht in den langen Rücken über, gebogen sind auch Lendenpartie und Kruppe. Typisch für den Windhund ist die tiefe Brust und der aufgezogene Bauch. Die lange säbelförmige Rute ist an der Spitze manchmal geringelt. Er hat lange, kräftige Gliedmaßen. Das kurze, harte Haar kommt in den verschiedensten Farben vor. Der C. soll aus Kreuzungen einheimischer russischer und asiatischer Rassen mit englischen ↑ Greyhounds entstanden sein. Er ist ein harter, passionierter Hetzhund und gilt als landeseigene Rasse der UdSSR.

Chow Chow: massiver, starker Hund (SH 45 bis 53 cm bei 18 bis 25 kg KM), der vor allem eine außerordentliche steile Hinterhand haben muß. Schon früher wiesen Autoren darauf und auf die damit in Zusammenhang stehenden kurzen, breiten Oberschenkel hin. Sie meinten, diese Eigenart wäre aus kulinarischen Gründen angezüchtet worden, stand und steht doch der C.C. auf chinesischen Speisezetteln. Der C. C. hat einen durch die tiefliegenden und von gerunzelten Augenwülsten überdachten „Chinesenaugen" hervorgerufenen finster-ernsten Gesichtsausdruck, den *Scowl*, der noch durch die vertikale Stirnfurche und die leicht nach vorn geneigten Stehohren verstärkt wird. Weitere Standardpunkte sind der flache Schädel, breit mit kräftigem Fang und besonders die blauschwarze Zunge. Die Rute ist hoch angesetzt und wird über den Rücken gerollt getragen. Das üppige, dichte und gerade Haar hat weiche, wollige Unterwolle. Der C. C. kommt in den Farben Schwarz, Rot, Blau, Zimt, Creme und Weiß vor, wobei die beiden letzten Varianten kaum existieren. Er hat eine reiche Mähne. Als sehr seltene Varietät gibt es noch den *kurzhaarigen C. C.*, dessen Grannenhaar bedeutend kürzer und abstehend ist. Auch seine Unterwolle ist dichter und feiner. Er setzte sich aber bisher nicht durch.

Der C. C. ist anspruchslos und ruhig, sehr zurückhaltend mit großer Individualität und fühlt sich besonders in Schnee und Kälte wohl. Er ist kein Hund, mit dem Kinder lustig spielen können, seine volle Anerkennung gilt nur einem Familienmitglied. Aufgrund des langen, üppigen Haarkleides muß man den C. C. in die Gruppe der pflegeintensiven Hunde einreihen, dazu kommt, daß seine Zucht wegen der extrem steilen Hinterhand nicht gerade einfach ist.

Es steht unbestritten fest, daß der C. C. schon vor 4000 Jahren existierte. Das beweisen Funde von Tonfiguren aus der Zeit der Dynastie Hau, die Hunde mit typischen Chow-Merkmalen darstellen. Urheimat des C. C. ist wahrscheinlich die *Mandschurei*, wo er als Jagdhund verwendet wurde. In China wurde er – wie vielfach auch noch heute – als Pelztier gezüchtet, aber auch als Zugtier eingesetzt. In einigen chinesischen Provinzen hielt man Hunde als Schlachttiere, und es gab spezielle Hundefleischer. Mitte des 19. Jh. konnten Reisende beispielsweise in Kanton noch viele Gasthöfe finden, auf deren Speisekarte

vorrangig Hunde- und Katzenfleisch zu finden waren. Hierzu muß man für eine richtige Wertung wissen, daß die Chinesen große Hundeliebhaber sind und es nur die komplizierten Lebensbedingungen waren, die sie zum Verzehr der Vierbeiner brachten.
Nach Europa kam der C. C. erstmalig 1887, als der britische Adlige *Earl of Londsdale* seiner Braut einen solchen Hund schenkte. Bald wurde der fremdartige Vierbeiner zu einem Modehund. 1895 gründeten dann englische Kynologen den ersten *Chow-Chow-Club*. Seit dieser Zeit wuchs das Interesse an dieser Rasse in der ganzen Welt ständig. *—Tafeln 20 und 21.*

Cirnego dell' Etna: knapp mittelgroße (SH 46 bis 50 cm mit 10 bis 12 kg KM ♂, SH 42 bis 46 cm bei 8 bis 10 kg KM ♀) sizilianische Bracke. Sie hat einen langen Kopf und leicht ovalen Schädel, der halb so breit wie lang ist, der Hinterhauptrand ist wenig entwikkelt. Der Stop ist wenig betont, der Fang, etwa so lang wie der Schädel, ist zugespitzt. Die Backen sind nicht ausgeprägt, der Unterkiefer ist wenig entwickelt und daher fliehend zurückweichend mit parallel zur Schädellinie verlaufendem Nasenrücken. Die fleischfarbene Nase ragt mit der Kuppe leicht über den Vorderrand des Fanges hinaus, der ein Scherengebiß hat. Die kleinen, ovalen, seitlich gestellten Augen sind ockerbernstein-graufarben bis haselnußbraun. Dreieckige Ohren mit starrer, gerader und nicht abgerundeter Spitze aufrecht getragen und hoch angesetzt, vollenden das Bild des Kopfes. Der Hals, gleich lang wie der Kopf, geht in elegantem Übergang zu Kopf und Schultern. Quadratisch gebaut ist der schmale Rumpf, die Kruppe fällt 45° in die tief angesetzte, ziemlich lange Rute ab, die ohne Bürste behaart ist; bei Erregung wird sie posthornartig über dem Rükken getragen. Die Läufe sind trocken, gut bemuskelt, aber mit leichten Knochen. Zu beachten sind die braunen bis fleischfarbenen Krallen. Der C. d. E. hat am Kopf und den Läufen kurzes, ansonsten halblanges Haar, harsch im Griff in den Farben Fahlrot in allen Schattierungen von isabell- bis sandfarben, Fahlrot und Weiß mit Weiß an Kopf, Hals, Brust, Pfoten, Bauch und Rutenspitze. Geduldet wird Reinweiß oder Weiß mit orangenen Flekken oder fahlrotem Mantel, gestichelt mit helleren oder dunkleren Haaren. Der C. d. E. befindet sich stets in einem hüpfenden Trab, der sich beim Jagen zu gewandtem Lauf entwickelt. Er soll ein Nachkomme des altrömischen *canes Sagaces* sein.

Clumber Spaniel: schwerer, massiver Hund mit kurzen Läufen. Unter den Spaniels ist er der imposanteste (SH 42 bis 45 cm bei 25 kg KM) mit breitem, quadratischem Kopf mittlerer Länge, hoch gewölbt, betontem Stop und schwerem Fang. Die Augen sind leicht eingesunken, doch aufmerksam im Blick und so dunkel wie möglich. Die tief angesetzten Ohren sind lang, auch an der Spitze breit und mit umgewendetem Vorderrand herabhängend. Sie sind reichlich mit langem, glattem Haar bedeckt, ohne Locken oder Kringel. Der Rumpf ist schwer, lang, mit tiefer und breiter Brust, die Vor- und Nachhand ist korrekt gewinkelt mit kurzen, geraden Läufen und großen runden Pfoten. Die Rute ist niedrig angesetzt und wird meist in Höhe der Rückenlinie getragen. Der C. S. hat seidiges, glattes und dickes, nicht zu langes Haar mit reicher Befederung in Reinweiß mit zitronengelben Flecken, orangefarbene sind noch erlaubt. Be-

vorzugt wird eine leichte Kopf- und Fangsprenkelung auf viel Weiß.
Seinen Namen hat der C. S. nach dem Schloß *Clumber*, wo der *Herzog von Newcastle* einen Hundezwinger eingerichtet hatte. Ein zeitgenössisches Gemälde zeigt den Herzog mit drei dem C. S. äußerst ähnlichen Hunden. Seinen schweren Körperbau, durch den er sich ziemlich von den übrigen Spaniels absondert, hat der C. S. wahrscheinlich durch Einkreuzung von ↑ Basset Hounds. Der C. S. wird als Stöberhund sowohl in sumpfigem Gelände bei der Entenjagd, als auch auf Fasan und Schnepfe eingesetzt. Er ist ein sehr ruhiger Hund, langsam aber ausdauernd im Suchen. Da er im Wesen sehr wenig Temperament zeigt, dadurch die Bestände weniger beunruhigt, setzt man ihn sehr gern in wildreichen Gebieten ein. Seine Verbreitung ist jedoch stark eingeschränkt, da die Rasse empfindlich und ihre Aufzucht schwierig ist.
Cocker Spaniel, *English Cocker Spaniel:* munterer Hund mit sehr langen Behängen (SH etwa 41 cm bei 11,5 bis 13 kg KM). Der Kopf ist eher gewichtig und gestreckt als zu lang mit gut entwickelter Stirn und deutlichem Stop. Der Fang ist rechteckig mit Scherengebiß. Die Augen sind braun oder haselnußbraun und stehen genau in der Mitte zwischen Nasenkuppe und Hinterhauptbein. Der Hauptschmuck des Cocker-Kopfes sind die lappenförmigen, tief angesetzten Ohren. Sie reichen nicht über die Nasenkuppe hinaus und sind gut mit langem, glattem Haar ohne Locken oder Ringel bedeckt. Der C. S. hat einen kurzen, kompakten Körper, zum Rutenansatz leicht abfallend mit tief angesetzter, parallel zur Rückenlinie getragener und nicht zu kurz kupierter Rute. Die nicht zu kurzen, gut gewinkelten Läufe stehen auf festen Katzenpfoten. Der Standard läßt für das glatte, seidige, ausreichend befahnte Haar, das nicht rauh, gewellt, üppig bzw. gelockt sein darf, jede Farbe oder Farbmischung zu. Es gibt nur eine Einschränkung, daß einfarbige C. S. außer an der Brust keine weißen Stellen aufweisen dürfen. Eine Besonderheit ist der Farbschlag *Black and tan* (Schwarz-Loh), der bei schwarzer Grundfarbe Lohabzeichen an bestimmten Stellen (Kopf, Innenseite der Behänge, Läufe, Pfoten, Fahne und unter der Rute) haben muß. Diese Markierungen sollen auch möglichst rein im Farbton sein. Die einfarbige Zucht hat sich im Laufe der Zeit auf Schwarz, Rot oder goldfarben ausgerichtet. Zu den bunten oder mehrfarbigen C. S. gehören Hunde mit Platten und Schimmel. Bei ersteren nimmt man die Kombination von Weiß als Grundfarbe mit mehr oder weniger großen schwarzen, braunen, roten bzw. orangenen Platten und Tupfen, letztere repräsentieren gleiche Farbkombinationen, aber geschimmelt bzw. gestichelt (Blau-, Braun-, Rot-, Orange- und Schwarzschimmel). Dreifarbig bezeichnet man den Farbschlag, wenn zu den Platten lohfarbige Abzeichen am Kopf und an den Pfoten hinzukommen, auch bei Schimmel ist ein Auftreten der Lohfarbe möglich.
Der in unseren Tagen mit Abstand beliebteste Modehund, von den meisten Besitzern leider kaum noch jagdlich oder leistungsmäßig gefordert, geht auf die mittelalterlichen Spaniels zurück. Im England des 18. Jh. unterschied man den *Springing Spaniel*, wahrscheinlicher Vorläufer des heutigen ↑ English Springer Spaniel, dann den etwas kleineren *Cocking Spaniel*,

ein Spezialist für die Schnepfenjagd und wahrscheinlicher Urahn des C. S. Sein Standard fand um 1900 endgültige Anerkennung. Seine Tugenden sind Unermüdlichkeit bei der Arbeit, Lebhaftigkeit und Anhänglichkeit, gepaart mit hervorragenden Anlagen zur Abrichtung. Wer ihn aber im Haus halten will, muß rechtzeitig mit einer konsequenten Erziehung beginnen, da der C. S. eine gute Portion Eigenwillen besitzt. Er neigt sehr zu rheumatischen Erkrankungen und in letzter Zeit immer mehr zu neurotischen Erscheinungen. Das Fell des C. S. verlangt tägliches Bürsten sowie mehrmaliges Kämmen pro Woche. —*Tafeln 28 und 29.*

Collie: mittelgroßer (SH 56 bis 61 cm bei 20 bis 30 kg Km ♂; SH 51 bis 56 cm bei 18 bis 25 kg KM ♀) sehr dekorativer englischer Schäferhund. Er hat einen langen, edlen Kopf, flachen Schädel, mäßig breit zwischen den Ohren, und geringen Stop. Der kräftige Fang ist von guter Länge, ohne Einbuchtungen abgerundet und zur Nasenspitze schmaler werdend mit schwarzer Nase und Scherengebiß. Die Augen sind mittelgroß, mandelförmig, schräg eingesetzt und dunkelbraun, bei blaumarmorierten Hunden jedoch Blau und Weiß bzw. meliert. Besonderes Augenmerk wird darauf gelegt, daß die kleinen, mäßig breiten und hoch angesetzten Ohren mit der Spitze richtig kippen. Der Hals ist lang, muskulös und kräftig, schön gewölbt mit starker Mähnenbildung. Im Rumpf ist der C. rechteckig, mit breitem, langem, geradem Rücken, mächtiger Lendenpartie und abfallender Kruppe. Eine tiefe Brust und gut gewölbte Rippen lassen Ausdauer vermuten. Die mäßig lange Rute wird mit leicht aufgezogener Spitze herabhängend getragen, auch bei Erregung weder seitlich noch über den Rücken gerollt. Die Läufe sind sehnig, gut gewinkelt und muskulös und stehen auf ovalen Pfoten. Ein besonderes Augenmerk legt man beim C. auf das Haarkleid, das straff, hart und etwas steif im Deckhaar, aber in der Unterwolle so dicht sein muß, daß es schwerfällt, die Haut zu finden. Am Kopf kurz, dafür an Brust und Hals sehr lang behaart, muß der C. an den Ohrenspitzen und Laufvorderseiten ganz kurzes und dichtes Haar aufweisen. Die Vorder- und Hinterläufe sind oberhalb der Fußgelenke gut befedert. Der C. kommt in drei Varianten vor. *Einfarbiger C.: braungrau (sable)* ohne weiße Abzeichen, blaumarmoriert; *zweifarbiger C.:* schwarz mit lohfarbenen Abzeichen, schwarz mit weißen Abzeichen, braungrau mit weißen Abzeichen; *dreifarbiger C.:* schwarz mit lohfarbenen und weißen Abzeichen (weiße Abzeichen sind an Hals, Brust, Krause, Pfoten und Rutenspitze und Blesse — einzeln oder zusammen).

Über den Ursprung des Namens C. ist man sich nicht ganz einig. Manche leiten ihn von dem Wort *Col* [altengl. *col,* schwarz] ab. Im schottischen Hochland gab es im 18. Jh. Schafe, die schwarze Gesichter und ebensolche Beine hatten, Colley genannt. Die Hunde, die zum Hüten eingesetzt wurden, hießen *Colleydogs.* Möglicherweise erhielt der C. davon seinen Rassenamen, zumal man ihn zuerst *Colley* schrieb und sich erst später auf die heutige Schreibweise einigte.

1790 erschien eine Naturgeschichte von *Bewik Thomas* in der ein C. abgebildet ist. Der C. war aber bis Mitte des 19. Jh. ziemlich unbekannt und erst mit Beginn erster Hundeausstellungen begann sein Aufstieg. Vertreter des modernen C. sah man erstmalig 1860 auf einer Schau in *Birmingham,* wobei die Stammform sicher nicht so lang und üppig behaart war wie der heutige Begleithund. Als sicher gilt auch, daß in einer der Entwicklungsphasen der ↑ Barsoi eingekreuzt wurde, was die Schädelform, die schmale Brust, die aufgezogene Flanke und das schwebende Gangwerk beweisen. — *Tafeln 1 und 7.*

Coton de Tuléar: kleiner, dem ↑ Malteser stark ähnelnder Hund. Er wird seit Jahrhunderten in Tuléar, im südlichen Madagaskar gezüchtet. Sein Haar ist fein, durchschnittlich 8 cm lang, leicht gewellt, mit baumwollähnlicher Textur. Der Name C. d. T. bedeutet *Baumwolle von Tuléar.* Die Haut darf keinesfalls pigmentiert sein. Im Wesen ist der C. d. T. sehr anhänglich und trotz seiner geringen Körpergröße äußerst ausdauernd.

1970 wurde der Standard von der FCI anerkannt und Madagaskar als standardführendes Land eingetragen. 1971 kamen die ersten Tiere in die USA.

Cumberland Sheepdog: dem ↑ Bobtail sehr ähnlicher, jedoch größerer und reicher im Haar stehender englischer Schäferhund mit langer, buschig behaarter Rute. Seine Fellfarbe ist Schwarz mit weißer Blesse, weißer Brust, weißen Pfoten und weißer Rutenspitze. Der C. S. ist ein reiner Herdengebrauchshund.

Curley coated Retriever: kraushaariger, mittelgroßer (SH 56 bis 59 cm bei 30 kg KM) Hund mit tief angesetzten, kleinen Behängen. Sein Kopf ist lang und hat einen nicht zu flachen Schädel. Der Fang muß kräftig, stark und nicht zu spitz, aber mit guter Verjüngung verlaufen und ein Scherengebiß haben. Die nicht zu sehr hervorstehenden Augen sind meist schwarz oder braun, nie gelb, die ziemlich kleinen Ohren liegen dem Kopf dicht an und sind mit kurzen Locken bedeckt. Der gesamte Hund ist relativ kurz und vermittelt einen kräftigen Eindruck. Seine Brust ist tief, aber nicht zu breit und gut gerippt, die mäßig lange Rute wird gerade getragen und ist ebenfalls mit kurzen Locken bedeckt. Der C. c. R. hat am ganzen Körper dichtes Haar, das harte Locken bildet, unstatthaft sind offenes Haar, Sattelrücken und ungelockte, glatte Stellen. Er darf nur schwarz bzw. leberfarben sein, wobei einzelne weiße Haare erlaubt sind. Dieser arbeitsfreudige, unermüdliche Apportierhund ist sehr gelehrig.

Seine Entstehung datiert in den Anfangsjahren des 20. Jh., als man den ↑ Labrador Retriever mit dem ↑ Irish Water Spaniel kreuzte und eine konstante Rasse schuf. Erst 1933 gründete sich der *Curley Retriever Club.*

Cyprian Hound, *Zyprischer Windhund:* windhundartige Rasse. Nach *Rüdiger Daub* unterscheidet man auf Zypern zwei einheimische Hunderassen, die zur Jagd verwendet werden: einen windhundartigen stehohrigen Vertreter, meist grauweiß, auch braun mit weißen oder weiß mit braunen Flecken und sehr schmalem, langem Fang sowie den *Sari,* der ebenfalls Stehohren aufweist, immer braun ist und zwei gelbe Flecken über den Augen hat. Beide werden auf antike Jagdhunde zurückgeführt und sind im Typ dem Pharaonenhund zuzuordnen. Es existieren jedoch noch keine Standards. Jagdliche Verwendung finden die Hunde nur noch bei der Kaninchenjagd.

D

Dackel ↑ Teckel.

Dachsbracke ↑ Alpenländisch-erzgebirgische Dachsbracke.

Dalmatiner: mittelgroßer, wohlproportionierter, kräftiger, muskulöser, lebhafter Hund von angenehmem Wesen, symmetrisch im Umriß, nicht grob und schwerfällig und zu ausdauerndem, schnellem Lauf fähig (SH 55 bis 61 cm ♂ ; 50 bis 58 cm ♀). Er hat einen länglichen Kopf mit flacher, zwischen den Ohren ziemlich breiter Stirn und ausgeprägtem Stop. Der Fang soll gerade, lang und kraftvoll mit trocken am Kiefer anliegenden Lefzen sein und ein Scherengebiß haben. Die Nase ist beim schwarzgefleckten Schlag schwarz, beim braungefleckten braun. Seine Augen sind mittelgroß, rund und stehen nicht eng beieinander. Sie sind dunkel bei schwarzer, und bernsteinfarben bei brauner Fleckung. Die hoch angesetzten mittelgroßen Ohren sind oben breit und werden nach unten gleichmäßig schmaler. Sie sollen am Kopf eng anliegen und reich gemustert, am besten getupft sein. Dem anmutig gebogenen Hals, schlank und sich nach oben verjüngend, schließt sich harmonisch der kräftige, wohlgeformte Rumpf mit tiefer, raumgebender Brust, schön gewölbten Rippen, kraftvollem Rücken und gut ausgebildetem Widerrist an. Die Rute soll so lang sein, daß sie bis zum Fersenhöcker reicht, am Ansatz kräftig und gleichmäßig zum Ende dünner werdend. Sie wird mit leichter Aufwärtsbiegung, jedoch keinesfalls geringelt, getragen und darf nie Tupfen haben. Die Läufe sind starkknochig und stehen auf Katzenpfoten mit schwarzen Nägeln (bei brauner Fleckung braun). Das Haarkleid soll kurz, hart, dicht und glänzend sein mit reinweißer Grundfarbe. Die Zeichnung beim schwarzen Farbschlag ist tiefschwarz, beim braunen leberbraun. Die Flecken sollen nicht ineinanderlaufen, sondern rund und klar abgegrenzt und möglichst gleichmäßig verteilt sein. Auf den Gliedmaßen sind sie kleiner als am Körper. Der Durchmesser der Flecken liegt im Idealfall bei 10 bis 20 mm. Zulässig sind noch ein weißes Gesicht, einseitige dunkle Färbung sowie Monokel. Unerwünscht und als Fehler angesehen werden Platten, d. h. schwarze und braune Flecken zusammen auf weißem Grund (sogenannte Dreifarbigkeit), zitronenfarbene Fleckung (lemon), wobei letzteres in einigen Ländern toleriert wird.

Erstmalig gezeigt wurde der Hund mit der eigenartigen Pardelzeichnung 1862 in England, wo es hieß, er sei Wachund bei den Grenztruppen *Dalmatiens.* Heute gilt es als erwiesen, daß diese Rasse in *Kroatien* während des ganzen Mittelalters und in der neueren Zeit zahlreich gezüchtet wurde. So erwähnen die „Notariellen Akten" der Stadtrepublik *Ragusa* (heute Dubrovnik), 1278 gegründet, diverse Schenkungen derartiger Hunde. Erstmalig urkundlich erwähnt und beschrieben wird der D. in einer Urkunde des Bistums Djakovo 1374 „daß es ein Hund von vier bis fünf Spannen ist, kurzhaarig, weiß mit runden Flecken am ganzen Körper. Die Flecken sind schwarz, seltener braun, ein bis zwei Daumen groß." Gleiches bestätigen auch Dokumente aus den Jahren 1719 und 1737. In einer Entscheidung über Hundehaltung in *Zadar*, der damaligen Hauptstadt des Königreiches Dalmatien, bezeichnet man 1822 den D. als kleinen dänischen Hund. Ob der D. nun aus Italien bzw. Südfrankreich nach Dalmatien kam oder umgekehrt, sei dahingestellt. Als sicher gilt, daß der Zweitname *Bengalische Bracke* nicht aussagen soll, daß der Hund aus Indien stammt (Bengalen). Richtiger dürfte die Annahme sein, daß es sich um zwei verschiedene Rassen handelt, von denen eine nicht standardisiert ist. Der D. gilt heute als jugoslawische Rasse. —*Tafel 18.*

Dandie Dinmont Terrier: kleiner (SH 20 bis 28 cm) drolliger Hund mit zwischen den Ohren breitem Schädel, der sich gegen die Augenpartie verjüngt. Der Oberkopf ist gut gewölbt und mit weichem, seidigem Haar bedeckt, das Stirnschopf bzw. *topknot* genannt wird. Je heller dieses Haar ist, desto besser. Die tief eingesetzten Augen liegen weit auseinander, sind rund, groß und dunkel haselnußbraun. Bei den tief angesetzten, im Ansatz breiten, jedoch fast spitz zulaufenden Ohren wird eine helle, seidige Befederung, etwa 5 cm oberhalb der Ohrspitze beginnend, verlangt. Ein kräftiger Kiefer und das vollzählige Scherengebiß kennzeichnen den guten Erdhund. Dem starken Hals schließt sich der hinter der Schulter ziemlich tiefe Rücken an, der mit entsprechendem Bogen über der Lendenpartie, gegen den Rutenansatz leicht abfällt. Die Rute ist am Ansatz dick, läuft in einer Spitze aus und wird in Form eines Türkensäbels 20 bis 25 cm lang getragen. Interessant ist, daß die Hinterläufe des D. D. T. etwas länger sind als die Vorderläufe. Der Körper ist vom Schädel bis zur Rute mit etwa 5 cm langem Haar bedeckt. Dabei ist weiches und hartes Haar gemischt. Der Körper ist pfeffer- oder senffarben, der Kopf cremeweiß, die Läufe und Pfoten etwas dunkler gefärbt als der Kopf, jedoch heller als der Körper. Bevorzugt werden Zwischentöne. Der D. D. T. verlangt neben täglichem Kämmen und Bürsten, damit das Haar nicht verfilzt, regelmäßiges, geringfügiges Trimmen.

Obwohl in den meisten Ländern noch weitgehendst unbekannt, wird der D. D. T. in England schon über hundert Jahre von einem Spezialclub betreut. Er kommt ursprünglich aus den *Cheviot Hills* zwischen Schottland und England. Die ältesten Aufzeichnungen berichten von dem Kesselflicker *Piper Allan,* einem Jäger, der über ein Dutzend sportlicher Terrier hielt. Der bekannteste davon hieß *Charly.* Richtig bekannt machte den D. D. T. jedoch *Sir Walter Scott* mit dem Roman „Guy Mannering", in welchem der Farmer *Dandie Dinmont* mit seinen kleinen Erdhunden beschrieben wird. Die in dieser Zeit nach der Romanfigur benannten Hunde sollen einer Kreuzung zwischen ↑ Otter Hound, Waliser ↑ Beagle und altschottischem Rauhhaarterrier entstammen. —*Tafel 47.*

Dänische Dogge ↑ Deutsche Dogge.

Deerhound: sehr großer (SH ab 75 cm bei 38 bis 42 kg KM ♂, ab 70 cm bei 29 bis 38 kg KM ♀), rauhhaariger Hund. Der Kopf muß lang sein und soll die Breite und Höhe der Ohren haben, gegen die Augen etwas schmaler werden und sich zum Fang verjüngen, der Schädel eher platt als gewölbt. In Höhe der Augen ist die Kopflinie etwas nach vorn gebogen, ohne jedoch einen Stop abzuzeichnen. Er hat kleine Faltohren. Die den Schädel bedeckenden Haare sind etwas weicher als die am Körper. Die Augen sind dunkelbraun bis haselnußfarben und schwarz umrandet. Der D. hat ein ausgesprochenes Zangengebiß. Der windhundartige Hals wird von der Halskrause scheinbar verkürzt und geht in den einem großen ↑ Greyhound ähnlichen Rumpf über, der gut gewölbte Lenden und eine Hängerute hat. Ein gerader Rücken ist nicht erwünscht. Der D. steht auf langen, kompakten Läufen mit breiten, platten Pfoten. Er ist am Rumpf, dem Hals und den Läufen etwa 7,5 bis 10 cm lang eisendrahthart behaart. Am Kopf, der Brust und am Bauch ist das Haar weicher. Leichte Fransen befinden sich an der Hinterseite der Gliedmaßen. Bevorzugt wird das Haar schieferfarben, grau, dunkel- bzw. hellgestromt, gelb, rotgelb und rotgrau mit schwarzer Maske und schwarzen Ohren.

Diese Rasse läßt sich wahrscheinlich bis auf die rauhhaarigen Windhunde der Kelten zurückführen, die diese mit nach Schottland brachten. Auf schottischen Kirchhöfen und Mauerbildnissen findet man Gedenksteine und Bilder, die den D. zeigen. Erstmalig urkundlich erwähnt wird er 1747 in der Encyclopaedia Britannica, in der es heißt: „Die Varietät, welche Hochland-Windhund genannt wird, jetzt ziemlich selten ist, ist von ziemlicher Größe, Stärke, mit tiefer Brust und mit langem rauhem Haar bedeckt. In früherer Zeit war diese Hundeart sehr geachtet und wurde in großer Anzahl von den mächtigen Chieftains auf ihren Jagdzügen verwendet." Oft erwähnt wurde der D. in den Romanen *Sir Walter Scotts*, der ihm in Gestalt seines *Moida* sowohl literarisch als auch auf einem Grabstein ein Denkmal setzte. Ihre Blütezeit erreichte die Rasse der D. im 17. Jh., der Zeit großer Hirschjagden. Seitdem sind es immer wieder nur wenige Züchter, die sich der komplizierten Aufgabe annehmen, den Bestand des D. zu sichern.

Deutsch Drahthaar: mittelgroßer Vorstehhund (SH 60 bis 65 cm ♂, nicht unter 60 cm ♀) von edler Erscheinung mit sehr harter, die Haut möglichst völlig bedeckender Behaarung. Er hat einen mäßig langen, nicht allzu breiten Kopf mit mindestens mittellangem Fang, der breit ist und ein kräftiges Scherengebiß aufweist. Ein Zangengebiß kann toleriert werden. Das Kopfbild wird durch die mittellangen, nicht allzu breiten Behänge und die dunkel- bis hellbraunen Augen vervollständigt. Der Rücken ist kurz, gerade und zur Kruppe leicht abfallend, gut gespannt, am Widerrist hoch und lang. Die Brust ist tief und mäßig breit mit gut gewölbten Rippen, die Flanken sind kurz und nicht aufgezogen. Die Vorderläufe stehen gut auf dem Boden, sind schlank und gut bemuskelt. Die Winkelung der Hinterhand ist derart, daß bei normaler Ruhestellung die Spitzen der Hinterpfoten nach vorn nicht über eine gedachte Linie und nach hinten nicht über eine am hinteren Rand der Keulen in Bodenrichtung angelegte Senkrechte herausragen. Die mäßig starke, mittelhoch angesetzte Rute wird auf ein Drittel kupiert. Das Haar ist dicht, drahtig und nicht glatt mit weicher Unterwolle in jeder Farbe, an die nur die Forderung gestellt wird, unauffällig zu sein.

Der D. D. hat sich leistungs- und zahlenmäßig an die Spitze aller Vorstehhundrassen gestellt, daraus erklärt sich auch die enorme Verbreitung. Jäger erfüllten mit ihm die Zielstellung, einen Vorstehhund mit rauhem Haar zu züchten. Er entstammt den verschiedensten besten deutschen kurz- und rauhhaarigen Vorstehhunden und vereint in sich die Vorzüge aller Ahnen. Widerstandsfähig gegen alle Witterungseinflüsse, ist er ein Allrounder. Sein offizieller Standard wurde 1924 anerkannt, seitdem wird er streng auf Leistung gezüchtet. *—Tafel 26.*

Deutsche Bracke: kleiner (SH unter 40 cm), leichter, kurzhaariger Hund. Der Kopf ist langgestreckt und trocken mit leicht gewölbtem Schädel, nur wenig breiter als die schwach in den Fang verlaufende, nicht scharf hervortretende Backenpartie mit den mittellangen Behängen. Der Stop ist gering. Im Vergleich zur Kopflänge von 21 cm beträgt die Fanglänge 9 cm. Der Nasenrücken ist leicht gewölbt, die Nasenkuppe bei dunklen Hunden mit einem hellen, fast fleischfarbenen Streifen über der Mitte versehen. Die D. B. hat ein Zangengebiß, mittelgroße, klare, helle Augen und etwa 14 cm lange und 9 cm breite, gut abgerundete, anliegend herabhängend getragene Ohren. Der mäßig lange und im Verhältnis zum Kopf gesehen ziemlich starke Hals geht in den leicht gewölbten Rücken über. Die Brust reicht bis tief unter die Ellenbogen, ist flach gewölbt mit langem Rippenkorb. Der etwas abgeschlagenen Kruppe schließt sich die lange, dicke, fast wurstartige Rute an, bürstig im Aussehen und in eine Spitze verlaufend, leicht herabhängend oder in sanftem Bogen nach oben waagerecht getragen. Die kräftigen, hohen Läufe mit normalen Winkelungen stehen auf Katzenpfoten. Das Haar ist fast stockhaarig, sehr dicht und hart, wobei auch der Bauch dicht behaart ist. Die Keulen haben Hosen. Die Farben liegen von Rot bis Gelb mit schwarzem Sattel und den typischen weißen Brackenabzeichen mit durchgehender Blesse, weißer Brust und weißem Fang mit Halsring. Die Läufe und die Rutenspitze sind ebenfalls weiß.

Die D. B. ist ein spurensicherer Brakkierer mit hervorragender Nase, starker Jagdpassion und vollem Spurlaut. Diesen derben Hund sollten sich nur Jäger anschaffen, die ihm ein Betätigungsfeld bieten können. Es gab die unterschiedlichsten deutschen Brakken, bis 1955 der *Deutsche Brackenclub Olpen* die Rassekennzeichen zu einem Standard zusammenfaßte, daher auch der vereinzelt benutzte Name Olper Bracke.

Deutsche Dogge: sehr großer (SH 76 bis 90 cm als Mittelmaß bei 50 bis 60 kg KM♂; SH ab 70 cm bei etwa 45 kg KM♀) Hund von seltenem Ebenmaß, oft als „Apollo" unter den Hunden bezeichnet. Sie verrät auf den ersten Blick Stärke und Geschmeidigkeit. Wesentlich wird das Äußere der D. D. vom Kopf beeinflußt, der länglich, trocken, gut gemeißelt und vor allem rund um die Augen fein ziseliert ist. Der Stop wird stark betont, der Hinterkopf wenig markiert. Der gerade Nasenrücken muß so breit wie möglich sein. Der Fang ist lang, vorn senkrecht abgestumpft mit ausgeprägten Lippenwinkeln. Die schwarze Nase ist in gleicher Höhe des Nasenrückens gut geöffnet. Die Augen sind dunkel, die Ohren hoch angesetzt und nicht zu weit auseinanderstehend. Sie werden im Alter von etwa drei Monaten in Proportion zum Körper kupiert, müssen genau zum Kopf passen und dürfen weder zu kurz noch zu lang sein. In Großbritannien ist das Kupieren generell verboten, von dort kommen immer wieder Doggen mit Hängeohren, die sich aber auf dem Kontinent nicht durchsetzen. Von der D. D. werden kräftige, sehr weiße Zähne verlangt, die als Scherengebiß ausgebildet sind. Der Kopf sitzt auf dem langen, schön geschwungenen Hals, muskulös und biegsam, immer ohne Wamme und Kehlfalten. Die Brust ist breit, bis zum Ellenbogen hinabreichend mit gewölbtem Rippenkorb. Der Rücken ist eher kurz, gerade und fest, der Bauch nach hinten gut aufgezogen, er bildet mit der Unterseite des Brustkorbes eine geschweifte Linie. Die Kruppe ist voll, schwach abfallend und verläuft unmerklich in den Rutenansatz. Die Rute reicht höchstens bis zum Sprunggelenk, läuft dünn aus und wird in der Ruhe herabhängend, bei Erregung säbelförmig getragen. Die Schultern sollen mit dem Oberarmbein möglichst rechtwinklig vereinigt sein, so daß der Hund lange Schritte machen kann. Er steht auf geraden, kräftigen Beinen, die einen flüssigen Gang ermöglichen. Das Haar ist sehr kurz, dicht, glatt und anliegend, es soll nach Möglichkeit glänzen, nicht rauh oder stumpf sein. Die D. D. wird nach folgenden Farben unterschieden:

Gestromte D. D.: Grundfarbe von Hellgoldgelb bis zum satten Goldgelb, immer mit schwarzen kräftigen Querstreifen gestromt. Je intensiver die Grundfarbe leuchtet, desto kräftiger ist die Stromung.

Gelbe D. D.: Hellgoldgelb bis zu sattem Goldgelb, eine schwarze Maske ist erwünscht, ebenso schwarze Krallen. Die goldgelbe Farbe ist stets vorzuziehen.

Blaue D. D.: möglichst reines Stahlblau ohne jeden Anflug von Gelb oder Schwarz. Bei blauen D. D. sind hellere Augen zulässig.

Schwarze D. D.: Lackschwarz, glänzend mit dunklen Augen und schwarzen Krallen.

Gefleckte D. D.: Grundfarbe reines Weiß, möglichst ohne jede Stichelung, mit über den ganzen Körper verteilten, ungleichmäßigen lackschwarzen Flekken. Sie wird auch als Tigerdogge bezeichnet. Dunkle Augen, schwarze Krallen und ebensolche Nase sind erwünscht. Neben diesen sogenannten Plattenhunden existieren noch die Manteltiger, bei denen sich das Schwarz mantelartig über den ganzen Körper erstreckt, nur Hals, Läufe, Rutenspitze sind weiß.

Der Name rührt von dog [engl.:*dog*, Hund] und verweist auf die vom ↑ Mastiff und ↑ Irish Wolfhound abstammenden *englischen Hatzhunde.* Sie waren aufgrund ihrer gewaltigen Größe an den Fürstenhöfen Deutschlands im 17. Jh. geschätzt und wurden dort selbständig weitergezüchtet. Man unterschied die *Kammerhunde,* zu denen die von den Fürsten und Jägern ausgesuchten größten Hunde zählten, die goldene Halsbänder trugen, und die mit silbernen Halsbändern geschmückten *Leibhunde.* Die zur Jagd auf Großwild geführten *englischen Dokken* trugen teilweise Panzer, auch feste, aus Leinen gewebte, stark gepolsterte Jacken und mit Stacheln gespickte, breite, die Kehle schützende lederne oder eiserne Halsbänder. 1879, dem Jahr, das man allgemein als Geburtsjahr der deutschen Kynologie bezeichnet, ersetzte man die verschiedenen für die D. D. gebräuchlichen Bezeichnungen, *Saupacker, Hatzrüde, Wolfshund, Großer Däne, Ulmer Dogge,* mit ihrem heutigen Namen. Lediglich Dänemark behielt den Begriff Großer Däne bei, daher resultiert die ab und zu noch benutzte fälschliche

Bezeichnung *Dänische Dogge* speziell für gefleckte Tiere. – *Tafel 14.*

Deutscher Boxer: mittelgroßer, glatthaariger Hund mit kurzem, geradem Gebäude (SH 57 bis 63 cm ♂, 53 bis 59 cm ♀ bei 30 bis 32 kg KM ♂ und etwa 28 kg KM ♀). Der Kopf gibt dem D. B. das Gepräge. Der untere Kiefer überragt den oberen und biegt sich leicht nach oben. Deshalb hat der D. B. normalerweise einen Vorbiß. Beide Kiefer sind sehr breit. Die bogenförmigen Lefzen mit den dicken, wulstigen Oberlippen verursachen sein charakteristisches Aussehen. Die Ohren sind hoch angesetzt und spitz kupiert. Der Körper ist viereckig und sehr muskulös. Die Tiefe der Brust entspricht der Hälfte der Höhe des Hundes. Die Vorderläufe müssen gerade sein und parallel nebeneinander stehen. Die Hinterhand ist stark bemuskelt, die Keulen sind breit und fest. Der D. B. hat eine hoch angesetzte und sehr kurz kupierte Rute. Sein Haarkleid ist kurz, glänzend, hart anliegend. Die Haarfarbe ist gelb und gestromt, wobei die Farbskala vom Dunkelhirschrot bis Hellgelb reicht und die gelbroten Zwischenstufen als die schönsten angesehen werden. Am Kopf trägt er eine schwarze Maske, die sich jedoch nur auf den Fang beschränken darf. Bei gestromten Tieren zeichnen sich auf gelbem Grund dunkle bis schwarze Querstreifen ab, die sich voneinander abheben müssen. Weiße Abzeichen gelten nicht als fehlerhaft, sofern sie nicht aus einer Pigmentschwäche (weißer Kopf, über ein Drittel weiße Körperfläche usw.) resultieren.

Es war nicht einfach, aus den verschiedenen Schlägen, die zur Zeit der Gründung des *Klubs der deutschen Boxerfreunde* existierten, einen einheitlichen Typ zu schaffen. Man vermutet unter seinen Vorfahren u. a. den *Brabanter Bullenbeißer,* der in Belgien und Deutschland zu Hundekämpfen verwendet wurde, den *Danziger Bullenbeißer,* den ↑ Mastiff, den ↑ English Bulldog und wahrscheinlich auch die ↑ Bordeauxdogge bzw. deren Vorläufer. Bis etwa 1890 war der D. B. ein bedeutend schwererer Hund als jetzt, doch eine strenge Zuchtauswahl führte zu den heutigen harmonischen Proportionen. 1904 stellte man den Standard auf, und bereits 1926 zählte der D. B. zu den international anerkannten Schutz- und Diensthunden. Sein ruhiges, beinahe sanftes Wesen, gepaart mit großer Kinderfreundlichkeit, machen ihn zu einem hervorragenden Begleithund, den man auch problemlos in einer Wohnung halten kann. – *Tafel 11.*

Deutscher Dachshund ↑ Teckel.

Deutscher Großspitz ↑ Deutscher Spitz.

Deutscher Jagdterrier: kleiner, kräftiger Hund (SH 30 bis 40 cm), mit stockhaarigem bzw. rauhhaarigem Haarkleid von gedeckter Farbe mit kleinem Kippohr und kupierter Rute, der dem ↑ Welsh Terrier stark ähnelt. Der Kopf ist fast schwer zu nennen mit geringem Stop und langem, starkem Fang. Im kräftigen Kiefer befindet sich ein komplettes Scherengebiß. Die dunklen, kleinen Augen sind schräg eingesetzt, die V-förmigen kleinen Kippohren liegen gut am Kopf an. Der lange, trokkene Hals besitzt eine kräftige Nakkenmuskulatur und geht harmonisch in den starken Rücken über, der länger als beim ↑ Fox Terrier ist. Die Lendenpartie und Kruppe sind breit und stark bemuskelt. Die hoch angesetzte Rute wird gerade und aufrecht getragen, meist auf die Hälfte, höchstens auf ein Drittel kupiert. Der D. J. steht auf kräfti-

gen, geraden, gut bemuskelten Läufen mit kleinen runden Pfoten. Das Haarkleid ist entweder harsches Rauhhaar oder glatt anliegendes Stockhaar. Es ist schwarz mit rotem oder gelbem Brand, braun, saufarben, rot, gelbrot, auch schwarz duchstichelt.
Der vielseitige Jagdgebrauchshund besitzt speziell für die Erdjagd große Schärfe, steht aber auch im Apportieren und Stöbern nicht zurück. Er hält sehr guten Spurlaut. Um 1920 züchteten deutsche Jäger unter Zuhilfenahme von Fox Terrier-Schlägen, die seit Jahrzehnten in Deutschland gezüchtet wurden und aus altenglischen schwarzroten Rauhhaarterriern diesen robusten Gebrauchshund. Sie beschränkten sich dabei auf eine einzige Terrierrasse anstelle einer Viehlzahl Varietäten gleichen Ursprungs. Sorgfältige Zuchtwahl veränderte die Nachzucht gegenüber den Ausgangstieren so, daß die FCI den D. J. bald als eigene Rasse anerkennen konnte. Er gehört unbedingt in Jägerhand, nie in die Wohnung.

Deutscher Kleinspitz ↑ Deutscher Spitz.

Deutscher Pinscher: glatthaariger, kräftiger, mittelgroßer (SH 43 bis 48 cm), schnittiger Hund, fließend in der Umrißlinie und voll Ebenmaß. Die Muskeln sind gut verteilt, der quadratische Körper ist dem ↑ Schnauzer ähnlich, doch wirkt der D. P. wegen des glatten Haares eleganter und leichter. Er hat einen kräftigen Kopf, dessen Gesamtlänge von der Nasenspitze bis zum Hinterhauptbein etwa die Hälfte der Rückenlänge beträgt. Der tiefe Fang endet in einem stumpfen Keil, die Lippen liegen gut an. Der D. P. hat ein vollzähliges Scherengebiß, hoch angesetzte, aufrecht getragene gut kupierte Ohren und dunkle, mittelgroße Augen. Sein Kopf ist von oben gesehen keilförmig. Der Hals ist gegenüber dem Körper gut proportioniert ohne lose Haut, der Rumpf quadratisch mit leicht abfallendem Rücken. Die Brust ist mäßig breit, flachgerippt und im Querschnitt oval. Bis auf etwa drei Glieder wird die hoch angesetzte Rute kupiert. Gut gewinkelt und gestellt sind die kräftigen auf Katzenpfoten stehenden Gliedmaßen. Das Haarkleid des D. P. ist kurz aber dicht, glatt anliegend und glänzend. Einfarbig ist das Haarkleid braun in den verschiedenen Tönen bis hirschrot, zweifarbige Tiere sind schwarz mit roten bzw. braunen Abzeichen. Bei den zweifarbigen Hunden wird ein möglichst dunkler, satter, scharf abgegrenzter Brand gewünscht. Die Abzeichen befinden sich über den Augen, an der Kehle, an der Brust mit zwei voneinander abgegrenzten Dreiecken, am Mittelfuß der Vorderhand, an den Pfoten, an der Innenseite der Hinterhand und am After.
Der Pinscher als Haushundtyp existiert schon sehr lange. Vor allem Mitteleuropa, speziell der süddeutsche Raum und Österreich werden als Verbreitungsgebiet angeführt, doch wurde er als Landschlag kaum beachtet, so daß er 1895 praktisch ausgestorben war. Aus der Literatur geht jedoch nicht hervor, ob seinerzeit schon einheitliche Schläge vorhanden waren, sprechen doch die einen von einem glatthaarigen Hund, andere von einem rauhhaarigen, dem englischen *Black and tan Terrier* ähnelnd. So ist es nicht verwunderlich, wenn in den ersten, 1880 in Deutschland formulierten Rassekennzeichen steht: „Es dürfte schwerfallen festzustellen, ob unser kurzhaariger Pinscher zuerst in Deutschland gezüchtet wurde oder ob derselbe nur ein Nachkomme des al-

ten englischen black-tan-Terriers ist, dessen alte Stammform im Laufe der Zeit bei uns mehr oder weniger abgeändert wurde."
Auch nach Gründung des *Pinscher-Schnauzer-Klubs* (PSK) änderte sich vorerst nur wenig, da man sich vorrangig dem rauhhaarigen Pinscher, dem heutigen Schnauzer, zuwendete und dabei den glatthaarigen Pinscher völlig vernachlässigte. Jahrzehnte dauerte dieses Auf und Ab, das völlige Tief wurde 1949 erreicht, wo kein einziger Wurf in das Zuchtbuch des PSK einzutragen war. Der D. P. schien ausgestorben, als der Hauptzuchtwart vom PSK, *Werner Jung,* mit Zuchttieren, von denen die jüngsten 9 Jahre, die ältesten 13 Jahre alt waren, eine neue Zucht begann. Doch von der Zukunft des D. P. überzeugt, schaffte er es innerhalb kurzer Zeit, einen Stamm von 60 Hunden aufzubauen. Der D. P. hat schneidiges Temperament, ist aufmerksam mit viel Spiellust, sehr wachsam, ohne ein Kläffer zu sein. Durch sein pflegeleichtes Kurzhaar ist er in der Wohnung gut zu halten. Er kennzeichnete den D. P.: „Mit seiner geringen Größe, dem ausgeglichenen Wesen und dem kurzen, sauberen Haar erfüllt der Pinscher Forderungen moderner Menschen ..." —*Tafel 10.*

Deutscher Schäferhund: etwas über mittelgroßer (SH 60 bis 65 cm ♂, 55 bis 60 cm ♀), langgestreckter, kräftiger, gut bemuskelter, lebhafter und aufgeweckter Hund. Der Kopf muß der Körpergröße entsprechen, trocken sein und zwischen den Ohren mäßig breit. Die Stirn ist von vorn gesehen wenig gewölbt mit schwach angedeuteter Mittelfurche. Der Oberkopf geht mit schräg verlaufendem, nicht scharf abgegrenztem Stirnabsatz in den keilförmig zugespitzten, langen und trockenen Schnauzenteil über. Der Fang ist kräftig, die Lippen straff, trocken, gut schließend mit einem korrekten, vollständigen Scherengebiß. Der Nasenrücken ist gerade. Die mittelgroßen Ohren sind hoch angesetzt und werden stehend getragen, nach vorn gestellt. Die mittelgroßen Augen, mandelförmig, etwas schräg liegend, sollen möglichst dunkel mit lebhaftem, verständigem Ausdruck sein. Der kräftige, mittellange Hals ist ohne Wamme. Die tiefe Brust ist nicht zu breit mit flachen Rippen und mäßig aufgezogenem Bauch. Der Rücken ist gerade und kräftig. Bis zum Sprunggelenk reicht die buschig behaarte Rute. Den Gebrauchshundtyp verraten auch die langen, schrägen Schultern, die flach anliegen und gut bemuskelt sind. Die Oberschenkel sind ziemlich lang, die Hinterhand sehr gut gewinkelt. Der D. S. wird vorrangig mit stockhaarigem Fell gezüchtet, das so beliebte Langhaar, auch als *Altdeutsche Schäferhunde* bezeichnet, sieht man immer weniger. Er kommt in den Farben Schwarz, Grau, Rotgelb, Rotbraun entweder einfarbig oder mit regelmäßigen rotbraunen oder weißgrauen Abzeichen vor.
Wie der ↑ Deutsch Drahthaar das stolze Ergebnis jahrelanger zielstrebiger Leistungszucht ist auf dem Gebiet des Jagdgebrauchshundewesens, stellt der D. S. den Repräsentanten bester Auslesezucht für den Gebrauch als Schutzhund dar. Interessant ist, daß im ersten deutschen Hundestammbuch von 1880 noch kein einziger D. S. eingetragen ist. Im zweiten Band tauchten unter dieser Bezeichnung aus England importierte ↑ Collies auf. Erst zwei Jahre später wurden zwei Hunde schäferhundartiger Schläge vorgestellt, doch bis 1891

dauerte es, ehe der erste Standard aufgestellt werden konnte. Nun begann ein einzigartiger Aufschwung, obwohl bereits frühzeitig strenge Zuchtbestimmungen dafür sorgten, daß die Leistungsanlagen erhalten blieben und gefördert wurden. So entstand der als Schutz-, Polizei-, Sanitäts-, Blindenführ- und Fährtenhund — um nur einige Einsatzgebiete zu nennen — hervorragend geeignete vielseitigste Gebrauchshund. Er braucht keine besonderen Haltungsbedingungen, ist genügsam und arbeitsfreudig. — *Tafel 2.*

Deutscher Spitz: kleiner, lebhafter Hund mit herrlichem Haarkleid, das aufgrund seiner reichlichen Unterwolle absteht. Um den Hals legt sich ein starker, mähnenartiger Kragen. Der fuchsähnliche Kopf mit den flinken, klugen Augen, die spitzen, kleinen, abstehenden Ohren und die kühn über den Rücken gebogene Rute verleihen dem D. S. die ihm eigene charakteristische Keckheit. Sein stets wacher Argwohn gegen alle Fremden, verbunden mit seiner unbestechlichen Treue sowie die völlige Uninteressiertheit am Herumstrolchen und Stromern bzw. Wildern, gepaart mit seiner sprichwörtlichen Wachsamkeit, machen den D. S. zu einem Favoriten für Haus und Hof wie keinen anderen Hund. Der mittelgroße Kopf erscheint von oben gesehen hinten am breitesten und verschmälert sich keilförmig bis zur Nasenspitze. Von der Seite läßt er einen mäßigen Stop erkennen. Der Fang ist nicht zu klein und steht im proportional gefälligen Verhältnis zum Oberkopf und der Stirnlänge. Die schwarze Nasenkuppe ist rund, bei braunen D. S.en dunkelbraun. Auch bei weißen Spitzen ist die Farbe der Lippen und der Augenränder schwarz. Die dreieckigen Spitzohren sind klein, dicht aneinandergestellt, je dichter um so besser, und werden immer aufrecht getragen. Der Hals ist mittellang, der Rükken so kurz wie möglich und völlig gerade, aber vorn höher als hinten. Die Brust ist vorn tief, der Rippenkorb gewölbt und der Bauch nach hinten mäßig aufgezogen. Die Rute ist mittellang, hoch angesetzt und gleich nach der Wurzel aufwärts und nach vorn über den Rücken gebogen, dann seitlich nach rechts oder links gerichtet und kreisförmig gerollt, fest auf dem Rücken aufliegend oder direkt auf ihm gerollt. Im Verhältnis zum Rumpf sind die Läufe stämmig und gerade und stehen auf kleinen, rundlichen Pfoten. Der D. S. hat eine sehr pflegeintensive Behaarung. Das Gesicht, die Ohren und Pfoten sowie die Außen- und Innenseiten der Vorder- und Hinterläufe sind kurz und dicht, der übrige Körper reich und lang behaart. Das Eigentümliche des Haares besteht darin, daß es namentlich am Hals und an den Schultern locker und gerade vom Körper absteht, ohne gewellt, gekräuselt oder zottig zu erscheinen. Auch auf dem Rücken scheitelt sich das Haar nicht, sondern breitet sich locker anliegend nach allen Seiten aus. Die größte Länge erreicht es unter dem Hals und an der Rute. Die Hinterseite der Vorderläufe trägt eine stark ausgebildete, nach unten verlaufende Befederung, die am Ellenbogen beginnt und bis zu den Beugungen des Handwurzelgelenkes reicht. Die Befederung der Hinterläufe reicht nicht so weit hinab, so daß diese Teile der Läufe bis zu den Sohlen kurz behaart erscheinen. Die D. S. werden eingeteilt in *Große Spitze* (SH 40 cm), zu denen der *Wolfsspitz* (SH 45 cm) gehört, und *Kleinspitze* (SH 28 cm bei 3,5 kg KM). Sie unter-

scheiden sich nur in der Größe, wobei der Wolfsspitz kräftiger gebaut und derber behaart ist. Die D. S. können in folgenden Farbschlägen vorkommen:
Wolfsfarbene D. S.: Wolfsgrau, d. h. Silbergrau mit einem schwärzlichen Anflug der einzelnen Haarspitzen; am Fang, der Umgebung der Augen, den Läufen, am Bauch und der Rute heller gefärbt.
Weiße D. S.: Reinweiß ohne gelblichen Anflug.
Braune D. S.: Dunkelbraun, gleichmäßig gefärbt.
Schwarze D. S.: Schwarz, wobei auch das Unterhaar und die Haut dunkel gefärbt sein müssen.
Orange D. S.: Orange, gleichmäßig gefärbt (nur bei Zwergspitzen).
Als Stammvater der Spitze wird allgemein der *Torfhund* der Pfahlbauern der jüngeren Steinzeit angesehen. Sie haben sich in fast gleicher Form (Kopf, Ohren, Rute) über die ganze Welt verbreitet. Kleine, lebhafte, äußerst bellfreudige Haushunde gab es seit vielen Jahrhunderten. Erstmalig tauchte um 1450 auch die Bezeichnung „Spitzhunt" in einer niederrheinischen Hausordnung auf, die den Gebrauch dieses Namens als Schimpfwort bei Strafe untersagte. Um 1700 gab es in Pommern eine breite Population weißer Spitze, von ihnen leitet sich der auch jetzt noch gebräuchliche Name *Pomeranian* ab. Ein schwarzer Spitz wurde in Württemberg gezüchtet, wo er die Weingärten bewachte. Im Oktober 1899 organisierten sich die Züchter der verschiedenen Varianten des D. S.es im *Verein für deutsche Spitze* und stellten den Standard für die einzelnen Größen und Farben auf. – *Tafeln 10 und 23.*

deutsche Schäferhunde: 1. ↑ Deutscher Schäferhund. – **2.** ↑ Hütespitz. – **3.** ↑ Pommerscher Hütehund. – **4.** ↑ Schafspudel.

Deutsch Kurzhaar: eleganter, großer (SH 60 bis 70 cm bei 27 bis 32 kg KM), sehr temperamentvoller Vorstehhund. Der Kopf darf weder zu leicht noch zu schwer, aber trocken und markant sein mit genügend breitem, flach gewölbtem Hirnschädel. Erwünscht ist eine Ramsnase. Der Fang ist kräftig, lang, nie spitz, mit herabfallenden Lefzen, die in flachem, schönem, geschwungenem Bogen zum Lippenwinkel verlaufen und nicht zu stark überfallen. Die stets braune Nase, je größer desto besser, hat breite, gut geöffnete Nasenlöcher. Gefordert wird ein Scherengebiß und nicht tiefliegende braune Augen. Die Ohren schneiden nach vorn gelegt ungefähr mit dem Lefzenwinkel ab. Der Rumpf, die kupierte Rute und die Gliedmaßen sind dem ↑ Deutsch Drahthaar gleich. Das Haar des D. K. ist kurz, dicht, derb und hart, am Kopf und den mittellangen Behängen dünner und kürzer, die Haut straff anliegend ohne Faltenbildung. Er ist hell- oder dunkelbraun, mit oder ohne Abzeichen, weiß mit braunen Platten, Tupfen und Kopfzeichen, schwarz in den gleichen Nuancen wie braun, gelber Brand ist zugelassen.
Vom 17. bis 19. Jh. kannte man den deutschen kurzhaarigen Vorstehhund als schweres, massiges Tier von sympathisch-ruhigem Wesen. Als im 19. Jh. die eleganten englischen Vorstehhundrassen, speziell der ↑ Pointer, eingekreuzt wurden, entstand ein eleganterer Typ mit hervorragenden jagdlichen Eigenschaften. Der D. K. wurde zum Feldspezialisten mit flotter, weiter Suche, sicherem Vorstehen und gekonntem Apportieren. Er ist temperamentvoll, leicht abzurichten und sehr pflegeleicht. – *Tafel 27.*

Deutsch Langhaar: großer (SH 63 bis 70 cm bei etwa 30 kg KM) kräftiger, muskulöser, langhaariger Vorstehhund. Der langgestreckte Kopf ist trokken, genügend weit mit leicht gewölbtem Hirnschädel und schräg ansteigendem Stop. Die Fanglänge ist der Schädellänge gleich, der Fang ist ziemlich breit mit leicht gewölbtem Nasenrücken. Den Kopf mit den langen Behängen komplettieren die dunklen Augen, die flache braune Nase und die etwas länger behaarten herabfallend getragenen Ohren. Bis auf die Rute gleichen die weiteren Standardpositionen dem ↑ Deutsch Drahthaar. Die Rute ist gut angesetzt, waagerecht oder leicht aufwärts gebogen und bis in die Spitze gestreckt, überlange Ruten dürfen leicht kupiert werden. Gute Fahnenbildung wird gefordert. Das Haar ist an den Rumpfseiten und am Rücken 3 bis 5 cm lang, am Kopf kürzer. Halsvorderseite, Vorbrust und Bauch sind länger behaart, die Läufe befedert. Auch die Zehen sind dicht behaart. Der D. L. kommt in den Farben Braun, Braunweiß gefleckt oder geplattet vor.
Langhaarige Hunde waren stets die besondere Leidenschaft der Jäger. Schon der germanische *Habichtshund* zählte dazu, ebenso der *Wachtelhund* des Mittelalters. Aus diesen alten Linien züchteten deutsche Jäger unter Einbeziehung französischer Epagneuls drei langhaarige Rassen: den D. L., den ↑ Großen Münsterländer und den ↑ Kleinen Münsterländer. Alle eignen sich besonders für die Feld-, Wald- und Wasserjagd, wobei die Stöberjagd in unwegsamem Gelände ihre Spezialität ist. – *Tafeln 25 und 27.*

Deutsch Stichelhaar: kaum noch existierender großer (SH 60 bis 66 cm bei 30 kg KM) kräftiger Hund mit mittellangen Behängen und kupierter Rute. Der mittelgroße Kopf ist 23 bis 25 cm lang, im Schädel leicht gewölbt und breit. Die höchste Wölbung befindet sich in der Stirnmitte, der Stop ist allmählich übergehend. Der Fang ist mehr quadratisch, kräftig, nicht zu kurz mit langem, breitem und niemals durchgebogenem Nasenrücken. Die herabfallenden Lefzen schließen dicht und bilden eine Falte im Lippenwinkel. Die Nase ist dunkel- oder hellbraun, nie doppelfarben. Der D. S. hat ein Scherengebiß und mittelgroße, hell- bis dunkelbraune nie gelbe Augen. Die einzelnen Standardpunkte des Körpers sind denen des ↑ Deutsch Drahthaar gleich. Das straffe, harte Haar ist borstenartig, etwa 4 cm lang und lose anliegend. An den Schultern, der Vorderseite von Hals, Brust sowie dem Bauch ist das Haar etwas länger. Im Winter wird die Unterwolle stärker. Der Schädel, die Stirn und der Nasenrücken sind kurz behaart, die Augenbrauen buschig, der Bart mäßig.
Die Läufe haben etwas verlängerte Federn. Die Farben sind braun und weiß, graubraun meliert, mit einzelnen größeren oder kleineren dunkelbraunen Platten. Der D. S. ist eine sehr alte, schon immer reingezüchtete rauhhaarige Form des deutschen *Hühnerhundes*, wie er vielfach auf alten Holzschnitten dargestellt wurde. Heute findet man ihn so gut wie gar nicht mehr, da er vom ↑ Deutsch Drahthaar völlig verdrängt worden ist.

Deutscher Wachtelhund: starkknochiger, mittelgroßer (SH 45 bis 52 cm) Stöberhund mit langem, lockigem Behang. Der Kopf ist trocken, der Oberschädel leicht gewölbt mit schwachem Hinterhauptbein und leicht ansteigendem Stirnabsatz. Stop gilt, ebenso wie ein runder Oberkopf bzw. starkes Hinterhauptbein, als Fehler, Schädel und Fang sind etwa gleich lang, letzterer nie kurz, nicht zu spitz und lang auslaufend. Die Nase ist braun, beweglich mit weit geöffneten Löchern, und darf nicht gespalten sein. Das kräftige Gebiß ist ein Scherengebiß. Die in allen Brauntönen gefärbten, gut geschlossenen Augen, groß und ausdrucksvoll, dürfen weder vorspringend noch tiefliegend sein. Die dicht und lang, leicht lockig behaarten Ohren sind hoch und breit angesetzt und hängen flach und ohne Drehung dicht hinter den Augen herab. Sie erscheinen durch die Behaarung länger. Der im Nacken besonders kräftig bemuskelte Hals geht in den langgestreckten Rumpf über, der mäßig abfallenden Kruppe schließt sich die hoch angesetzte, nie steil erhobene, mäßig gestutzte Rute an, die gut befedert ist. Der D. W. steht auf gut bemuskelten, strammen Läufen und länglichen Pfoten. Das Haar ist kräftig, glänzend und leicht gewellt, am Hals, Nacken und den Behängen lockig. Kopf und Fang sind kurz und dicht behaart, die Läufe, Keulen und Rute sind befedert. In den Zehenräumen befinden sich nur wenig Haare. Der D. W. kommt in den Farben Braun (oft mit weißen Abzeichen an der Brust und den Zehen), Weiß mit braunen Platten und Tupfen (Braunschimmel, Blauschimmel) oder in drei Farben als Mantel oder Platten (Schimmel mit roten oder gelben Abzeichen und Rotschimmel) vor. Er ist nie schwarz.

Bereits im 18. Jh. existierten dem D. W. ähnliche Stöberhunde, von denen *Karl von Heppe* in seinem Werk „Aufrichtiger Lehrprinz" (1751) schreibt: „Hühnerhunde, an einigen Orten Wachtelhunde genannt, sind wohlgesetzte Mittelhunde, hoch und nieder, glatt- und kraushaarig, meistens getigert oder sonst wohl gezeichnet, sehr gutgängig, von guter Nase und von Ruten gleich denen des Pudels . . .".

Ende des 19. Jh. begannen deutsche Jäger die noch vereinzelt erhaltenen Exemplare dieser alten Stöberer ausfindig zu machen. Sie schufen einen vielseitigen, sehr passionierten Waldgebrauchshund, der fährtensicher ist, aber auch als Schweißhund, Verlorenbringer, Wasserhund und Buschierer hervorragendes leistet. Seine Raubzeugschärfe ist sehr gut, er ist auch ein zuverlässiger Würger. Diese Hunde gehören nur in Jägerhand.

Dingo: langgestreckter, niedrig gestellter, gut mittelgroßer (SH 50 bis 60 cm, Mittelwert am häufigsten) Wildhund Australiens. Der Kopf ist keilförmig, plump und breit zwischen den Ohren. Der Fang ist fein, konisch, mit starken Backen. Die Stehohren sind klein und dreieckig mit abgerundeter Spitze. Der D. hat einen langgestreckten Rumpf mit tiefer, breiter Brust, die buschige Rute ist mäßig lang, hängt im Ruhezustand herab und wird im Lauf säbelförmig über den Rücken getragen. Der stockhaarige D. kommt rötlich bis blaßgelb, nach dem Rücken zu dunkler bis schwarz gewolkt, vor. Häufig sieht man auch schwarze, weiße, cremefarbene und gescheckte Tiere.

Vom D. sagt man, daß er ein bereits domestiziert gewesener Hund sei, aber wieder verwilderte. Er ist mißtrauisch, wachsam und außerordentlich intelligent. Vom Menschen jung eingefangene D. zeigen nach kurzer Zeit alle Eigenschaften normaler Haushunde.

Da er sich aber als Wildhund nicht nur von Kaninchen ernährt, sondern als hauptsächliche Futterquelle die Schafherden ansieht, droht ihm immer mehr die Ausrottung.

Dinka-Hund: dem Schilluk-Windhund stark ähnelnder vorrangig beiderseits des Weißen Nils lebender hochbeiniger Jagdhund mit typischen Windhundmerkmalen. Er ist weniger elegant in seiner Erscheinung als der *Schilluk-Windhund* und kommt in den Farben Ocker bis Fahlgelb vor.

Dobermann: mehr als mittelgroßer (SH 68 bis 70 cm ♂, 63 bis 67 cm ♀), kräftig und muskulös gebauter Hund. Trotz aller Substanz, die unbedingt erwünscht ist, soll die Linienführung des Körpers Eleganz und Adel erkennen lassen. Die stolze, aufrechte Haltung, sein temperamentvolles Wesen und der Ausdruck von Entschlossenheit sollen zum Idealbild eines Hundes beitragen. Der Kopf entspricht von der Seite und von oben gesehen einem gestreckten, stumpfen Keil. Die Haut soll so straff aufliegen, daß die flachen Muskeln, Sehnen und Adern fein modelliert hervortreten. Der Fang ist tief und breit, er soll ein vollzähliges Scherengebiß haben, wobei eine Zange toleriert wird. Die Augenfarbe ist dunkel, kann jedoch bei helleren Hunden in Abstimmung mit der Nasenkuppe variieren. Die hoch angesetzten Ohren werden aufrecht getragen und auf in gutem Verhältnis zum Kopf stehende Länge kupiert. Auch beim D. sieht man ab und zu unkupierte Tiere, sie setzen sich aber nicht durch, da die aufrecht getragenen Ohren maßgeblich am äußeren Erscheinungsbild Anteil haben. Am D. ist alles harmonisch, auch der muskulöse Hals steht in entsprechender Proportion zum Kopf. Der quadratische Rumpf fällt in guter Linie vom Widerrist zur Kruppe leicht ab, das richtige Verhältnis zwischen Brusttiefe zur Rumpflänge muß erkennbar sein. Vom Widerrist zum Boden gemessen soll die Brusttiefe möglichst 50 % der Gesamthöhe nicht unterschreiten. Vom hinteren Ende des Brustbeines bis zum Becken soll der Leib deutlich aufgezogen sein, so daß die untere Rumpflinie Schwung erkennen läßt. Der D. steht auf sehr gut gewinkelten, elastischen Läufen, die einen elastischen Gang ermöglichen. Das Haar ist kurz, hart und dicht, fest und glatt anliegend. Als Farben sind erlaubt Schwarz, Dunkelbraun oder Blau mit rostrotem, scharf abgegrenztem und sauberem Brand, der sich am Fang, an den Lippen, als Fleck auf der Backe und den oberen Augenlidern, an der Kehle, mit zwei Flecken auf der Brust, an den Mittelfüßen und Pfoten, an den Innenseiten der Hinterschenkel, am After und am Sitzbeinhöcker befindet. Zum Standard gehören beim D. als Diensthunderasse Furchtlosigkeit, Nervenstärke, Wachsamkeit und Mut. Aufgrund seiner Intelligenz und natürlichen Schärfe kann er leicht abgerichtet werden, gehört aber in eine feste Hand, da er einst als ausgesprochener Schutzhund gezielt gezüchtet wurde. Als erster Züchter des D. gilt *Friedrich Louis Dobermann* (1834 bis 1894). Zur Ausführung seiner Arbeit als Steuereinnehmer und Nachtwächter in Apolda benötigte er einen Schutzhund, den es zu dieser Zeit in Deutschland noch nicht gab. Er züchtete aus eingefangenen und auf dem Apoldaer Hundemarkt erworbenen Tieren scharfe Hunde für den eigenen Gebrauch und den Verkauf. Diese neue Rasse entstand aber keineswegs zielstrebig, so daß mit Sicherheit diese Hunde in groben Zügen schon vorher existierten. Dieser neue Hund war nicht beliebt und galt als unverbesserlicher, scharfer Wilderer und wurde von den Jägern abgeschossen, wo er nur gesichtet wurde. Auf Ausstellungen sah man den D. erstmalig 1897 in Erfurt, wo er Aufsehen in der Fachwelt erregte, da er sich als fertige Rasse präsentierte. Fest steht, daß unter seinen Ahnen der Rottweiler zu finden ist, ähnelt doch besonders der unkupierte D. diesem sehr stark. Auch spricht die Behauptung dafür, daß früher viele D. mit Mutzschwänzen zur Welt gekommen seien. —*Tafel 9.*

Dogo Argentino ↑ Argentinische Dogge.

Doguin: etwas kleinere, beweglichere Varietät der ↑ Bordeauxdogge. Der D. kommt nur in Fahlrot vor und soll so dunkel wie möglich sein. Er hat etwa 10 kg weniger Körpermasse als die Bordeauxdogge und wird gern als Deckrüde eingesetzt, um zu große Massigkeit zu verhindern. Der D. stellt keine eigenständige, anerkannte Rasse dar, er kommt nur in Frankreich vor.

Douarhund, *Kabylenhund:* großer (SH 60 cm bei 22 kg KM), grauhaariger und fuchsähnlicher Schensihund. Er hat Stehohren und eine buschige, lange Rute. Die Fellfarbe ist weiß, kann aber auch rehbraune, isabellfarbene oder bräunliche Flecken haben. Der D. wird als Wach- und Hütehund verwendet.

Drentse patrijshond: leicht führiger, mittelgroßer, langhaariger Vorstehhund mit Behängen und langer Fahnenrute (SH 55 bis 63 cm). Der Schädel ist ziemlich breit, mäßig gewölbt und mit schwacher Stirnfurche vom schwach verlaufenden Stop bis zum mäßig entwickelten Hinterhauptbeinstachel. Die Augenjochbögen sind deutlich sichtbar mit allmählichem Übergang zum keilförmigen, stumpf aufhörenden Fang mit einem kompletten Scherengebiß. Die mittelgroßen, ovalen Augen sind amberfarben, die hoch angesetzten Ohren fallen ohne Knick oder Falten reichlich und wellig behaart herab. Der D. p. hat einen langgestreckten, kräftigen Körper mit breiter Brust und leicht aufgezogenem Bauch, der auf geraden, korrekt gewinkelten Läufen steht. Die ziemlich hoch angesetzte Rute reicht bis zum Sprunggelenk, wird leicht herabhängend mit Krümmung im letzten Drittel getragen und ist reich behaart mit guter Fahne. Das Haarkleid des D. p. ist schlicht, anliegend, am Hals und der Vorbrust etwas länger, die Behänge und Vorderhand sind gut befedert, die Hinterhand ist behost. Er existiert in den Farben Weiß mit braunen oder orangefarbenen Platten bzw. Flecken, hat eventuell gelbbraune Abzeichen und einen braunen Mantel.

Er wird meist von den Bauern der Niederlande gehalten. Sein Name geht auf das Wort patrijs [ndl. *patrijs,* Rebhühner] zurück. Er scheint gleiche Ahnen mit den deutschen langhaarigen Vorstehhunden zu haben. —*Tafel 39.*

Drever, *Schwedische Dachsbracke:* langgestreckter, kleiner Laufhund (SH 32 bis 40 cm ♂, Durchschnitt 36 cm, 30 bis 38 cm ♀, Durchschnitt 34 cm). Der Kopf ist verhältnismäßig groß, langgestreckt und mit zwischen den Ohren breitem Schädel, der zur Nasenspitze schmaler wird. Der Stop ist schwach markiert. Der Fang ist von keiner Seite spitz, der untere Rand der Oberlefze reicht bis zum unteren Rand des Unterkiefers. Es wird ein komplettes Scherengebiß gefordert. Der untere Saum der mittellangen, breiten Hängeohren liegt bei Aufmerksamkeit dem Kopf an. Am Hals sitzt zwar die Kehlhaut lose, bildet jedoch keine Wamme. Der Körper ist rundherum kräftig, gut bemuskelt, langgestreckt mit leicht abfallender Kruppe, die in die lange, derbe, lang herabhängend getragene Rute übergeht. Der D. hat kräftige, parallel stehende Läufe sowie dichtes, kurzes, glatt anliegendes Haar, das an Hals, Rücken, den Schenkelrückseiten länger und der Rutenunterseite borstig ist. Wenn Verbindung mit Weiß vorhanden ist, wird es in allen Farben gestattet. Erwünscht sind weiße Blesse, Halsring und Abzeichen an den Pfoten und am Rutenansatz. Der D. ist ein ruhiger, nicht sehr flüchtig jagender Laufhund mit sehr guter Fährtensicherheit. Er stammt von alten deutschen Bracken ab, so der ausgestorbenen *Holsteiner Bracke* und der alten *Roten Hannoverschen Haidbracke,* die mehrfach nach Skandinavien gebracht wurden. Dazu kreuzten die Züchter Schwedens, Finnlands und Norwegens verwandte Laufhunde aus England, dem nahen Baltikum und der Schweiz ein.

Dunker: mittelgroßer (SH 47 bis 55 cm, Höchstmaß für gut gebaute Rüden 57 cm) norwegischer Laufhund. Der Kopf ist mäßig lang, nicht keilförmig und ohne lose Haut bei leicht gewölbtem Schädel, klar gezeichnetem Hinterhauptbein und nicht zu scharf vortretendem Stop. Der Fang ist lang, gerade und stumpf mit Scherengebiß. Er hat dunkle, ziemlich große Augen, die bei marmorfarbenen Hunden auch als Porzellanaugen gestattet sind. Bis zur Fangmitte reichen die tief angesetzten, flach und dicht anliegend getragenen Hängeohren. Dem langen, trockenen Hals schließt sich der nicht zu lange Rumpf an, dessen Brusttiefe der halben Höhe des Hundes entsprechen sollte. In Fortsetzung der geraden Rückenlinie wird die starke, mittellange Rute mit leichter Aufwärtskurve getragen. Die Läufe sind korrekt gestellt und mittelhoch. Das Haar ist dicht, hart und gerade, an der Rute und den Rückseiten der Läufe etwas länger. Es gibt drei Varianten des D., einmal ist er schwarz, zum anderen blaumarmoriert (Harlekin) mit braunen und weißen Abzeichen sowie tief kastanienbraun. Leberfarbe oder dominierendes Weiß sind unerwünscht. Der vor allem für die Hasenjagd verwendete Laufhund wurde von dem Norweger *Dunker* Anfang des 19. Jh. aus der russischen *Harlekinbracke* und anderen Brackenschlägen gezüchtet.

Dyrehund: mittelgroßer (SH 52 cm ♂, 45 cm ♀), vermutlich zur Torfhundgruppe zu rechnender, dicht behaarter norwegischer Elchhund. Sein Kopf ist trocken ohne jegliche lockere Haut, der Schädel ist zwischen den Ohren breit, nur leicht gewölbt und mit deutlich erkennbarem Stop. Nur mittellang ist der Fang, der zur schwarzen Nasenkuppe allmählich schmal wird, er hat dicht geschlossene Lefzen und ein Zangengebiß.

Furchtlos und energisch blicken die dunkelbraunen, nicht hervortretenden Augen. Die Ohren sind hoch angesetzt, höher als breit und nicht gerundet und werden straff und aufrecht getragen. Der D. hat einen mächtigen, kompakten Körper mit breiter Brust, wohlgerundetem Rippenkorb und leicht aufgezogenem Bauch. Die Läufe sind stämmig und gerade mit verhältnismäßig kleinen Pfoten. Das Deckhaar des D. ist dick, reich und hart, jedoch ziemlich glatt anliegend und hat weiche, wollige und etwas heller gefärbte Unterwolle. Der Kopf und die Vorderseite der Läufe sind kurz und schlicht, der Hals und die Brust länger behaart, dagegen die Rückseiten der Schenkel und Vorderläufe sowie die Unterseite der Ringelrute mittellang.

Die Haarfarben sind grau mit schwarzen Spitzen an den Deckhaaren, verschiedenen Schattierungen von dunkelgrau bis ins gelbliche, gelbe Abzeichen sind unerwünscht.

Der D. erhielt seinen Standard aufgrund der Zusammenfassung von Schlägen aus verschiedensten Gebieten seines norwegischen Heimatlandes.

E

Elchhunde: 1. ↑ Duarhund. – **2.** ↑ Grahund. – **3.** ↑ Jämthund.

englische Schäferhunde: 1. ↑ Bearded Collie. – **2.** ↑ Bobtail. – **3.** ↑ Border Collie. – **4.** ↑ Collie. – **5.** ↑ Cumberland Sheepdog. – **6.** ↑ Sheltie. – **7.** ↑ Welsh Corgi Cardigan. – **8.** ↑ Welsh Corgi Pembroke.

English Bulldog: breiter, mächtiger und kompakter Hund von kleiner Statur (SH 40 cm bei 24 bis 30 kg KM ♂; 22 bis 26 kg KM ♀). Er hat weiches, dichtes, kurzes Haar. Der Kopf des E. B. ist im Verhältnis zur Körpergröße mächtig und massiv mit einem kurzen Gesicht. Sein Umfang, gemessen an den Ohren, muß mindestens der Widerristhöhe des Hundes gleich sein. Durch die besondere Körperform hat er einen schwerfälligen, zusammengezogenen Gang mit kurzen, schnellen Schritten auf den Pfotenspitzen. Dabei scheinen die Hinterpfoten auf dem Boden zu schleifen. Das Gesicht ist mit loser, faltiger Haut bedeckt, vom Stop muß sich eine breite Furche bis zum höchsten Punkt des Oberkopfes ausdehnen. Die Nase ist tief eingedrückt, erscheint zwischen den Ohren angesetzt und hat große, breite Nasenlöcher. Die Oberlippe ist dick, breit und hängend. Sie fällt vollkommen auf die Seiten des Unterkiefers, während sie nur vorn mit der Unterlippe schließt und die Zähne völlig verdeckt. Das Gebiß des E. B. hat einen breiten, quadratischen Oberkiefer und einen gut vorstehenden Unterkiefer. Die Augen sind tief im Schädel eingesetzt, rund und sehr dunkel. Ist der Blick nach vorn gerichtet, darf kein Weiß zu sehen sein. Das Bild des Kopfes runden die kleinen, feinen, hoch am Kopf angesetzten Ohren ab. Das Rosenohr ist mit den inneren Falten nach hinten gestellt, damit die große Partie des Inneren der Ohrmuschel sichtbar wird. Typisch für den sehr muskulösen Hals sind die reichlichen Falten und die seitliche Wamme. Der E. B. hat einen breiten Rumpf mit Karpfenrücken, er steht auf kurzen, sehr muskulösen Vorderläufen und etwas längeren Hinterläufen, so daß sich die Lendenpartie erhöht. Die tief angesetzte Rute verläuft mit allmählicher Krümmung nach unten und wird nie über Rückenhöhe getragen. Außer Schwarz sowie Schwarzweiß kann das feine, kurze und weiche Haar alle Farben aufweisen. Die Rasse wurde nie auf Farbe gezüchtet.

Der E. B. stammt vom alten englischen ↑ Mastiff ab, ein kleinerer niedriger Schlag wurde speziell als Kampfhund gezüchtet und als eigene Rasse erstmalig 1631 beschrieben. Das mutige Draufgängertum dieses von jeher auf Breitmauligkeit, starken Vorbiß und gut zurückliegende Nase gezüchteten

E. B. war schon immer sprichwörtlich. Er verdankt seine Entstehung der Vorliebe für Tierkämpfe im England des Mittelalters. Die größten und bekanntesten Bullenhetzen, wahre Volksfeste, fanden im 14., 15. und 16. Jh. statt. Fast jeder Ort hatte seinen Kampfring. Als Sieger galt jener Hund, der sich an der Nase des Stieres festbeißen konnte. Im 18. Jh. erreichten die Kämpfe mit zwei Hunden als Gegner große Verbreitung. 1835 verbot man in England sämtliche Tierkämpfe, so daß bei den strengen Strafen, die auf Zuwiderhandlung standen, die Kampfhunde schnell in Vergessenheit gerieten und auszusterben drohten. Daß die Rasse erhalten blieb, kann man einigen geschäftstüchtigen Briten danken, die sich der Hunde annahmen, weil sie hofften, daß eines Tages wieder Kämpfe gestattet würden. Heute ist es kaum noch zu glauben, daß dieser liebenswerte Haushund früher auf Bissigkeit, Mut und Angriffslust gezüchtet wurde. Zu Beginn des Jahres 1864 begann man, den E. B. systematisch zu züchten und 1875 gründeten dann Liebhaber den *Bulldog Club Incorporated*. Der heutige Typ ist tiefer gestellt und schwerer als die einstigen Kampfhunde. Der E. B. ist ein gut zu haltender Wohnungshund. —*Tafel 14.*

English Cocker Spaniel ↑ Cocker Spaniel.

English Coonhound: großer, amerikanischer Jagdhund (SH 63 bis 69 cm ♂, 58 bis 63 cm ♀) mit langer Säbelrute. Sein Haar ist kurz, sehr dicht, kohlschwarz und mit kräftigen lohfarbenen Abzeichen an den Seiten der langen, faltigen Behänge, der Brust und den Läufen. An den Zehen befindet sich eine dünne, schwarze Markierung. Er entstammt einer Kreuzung zwischen ↑ Bloodhound und ↑ American Foxhound und wird neben seiner Spezialstrecke, der Jagd auf Waschbären [amerikan. *coon,* Waschbär], auch zur Jagd auf Opossum, Hirsch, Bär u. a. Großwild eingesetzt. Seit Dezember 1959 züchtet man in den USA den ↑ Bluetick Coonhound und den E. C. nur noch getrennt.

English Setter: mittelgroßer, langhaariger Vorstehhund mit mittellangen Behängen und stark befederter Rute (SH 60 bis 63 cm). Der Kopf ist lang und trocken mit ovalem Schädel, gut ausgeprägtem Hinterhauptbein, betonter Stirnfurche und gut abgezeichnetem Stop. Mäßig tief ist der lange Fang, fast rechteckig und mit trockenen Lefzen. Die breite Nase ist bei schwarzweißen Hunden schwarz, sonst braun bis leberfarben. Er hat ein Scherengebiß. Die dunkelbraunen Augen blicken sanft, die Ohren sind mäßig lang, tief angesetzt und mit feinem, seidigem Haar bedeckt. Dem starken, elegant geschwungenen Hals schließt sich der kräftige, doch nicht voluminöse Körper an mit kurzem Rücken, leicht abfallender Kruppe, die in die mittellange, gerade, in leichter Kurve getragene Rute übergeht. Typisch für den Setter ist die Fahnenrute. Die Läufe sind stark, muskulös und gerade. Der E. S. hat vom Ohransatz an leicht gewelltes langes und seidiges Haar. Die Rückseite der Läufe ist bis zur Fußwurzel gut befedert. Er existiert in den Farben Weiß mit Schwarz, Weiß mit Gelb, Weiß mit leberfarben oder dreifarbig (Weiß, Schwarz, lohfarben). Bevorzugt werden Hunde mit Tupfen. Der E. S. zeigt als Vorstehhund eine gute Nase, flotte Suche, viel Apportierwillen und Wasserfreudigkeit. Er stammt vom spanischen *Pointer Perdigueros* und langhaarigen Spaniels ab und wird in England schon seit langem rein gezüchtet. Die Zeit der strengen Auslese begründete um 1825 *Sir Edward Laverack,* der als Kriterium neben dem Aussehen vor allem die Leistung setzte. Der Name Setter rührt von der Eigenart her, sich beim Auffinden von Wild beinahe zu setzen [engl. *set,* setzen]. Der E. S. ist ein außerordentlich angenehmer Begleithund, bedarf aber täglicher Fellpflege durch Bürsten und Kämmen und braucht viel Bewegung. – *Tafel 29.*

English Springer Spaniel: dem ↑ Cocker Spaniel sehr ähnlicher Hund, nur leichter und führiger (SH 50 cm bei 22,5 kg KM). Durch seinen ganzen Körperbau ist er den anderen Spanielschlägen gegenüber leistungsfähiger, was sich natürlich auch beim Apportieren auswirkt. Man sieht ihn als den Prototyp der ganzen Spanielfamilie an und bezeichnet ihn als eine der ältesten Jagdhunderassen. Er steht hoch auf den Läufen und ist der größte der *Landspaniels* (im Gegensatz zu *Water Spaniels* [engl. *Water,* Wasser]). Sein Kopf ist von mittlerer Länge, nicht zu breit im Oberkopf mit richtigem Fang-Oberkopf-Verhältnis. Die Augen sind nicht zu voll, nie rund und so dunkel als möglich mit wachsamem, freundlichem Blick. In Augenhöhe ist der Behang angesetzt. Der lange, muskulöse Hals soll möglichst eine leichte Biegung aufweisen. Das Gebäude ist quadratisch und kompakt mit kräftig entwickelter Brust und ebensolchen Rippen. Die Vorhand zeigt korrekte Winkelung, die der Hinterhand ist ausreichend. Die lebhaft gerichtete Rute wird nie über der Rückenlinie getragen. Das Haar ist schlicht, glatt und dicht anliegend und wasserundurchlässig in allen bei den Landspaniels zugelassenen Farben, wobei Weiß und Braun, Weiß und Schwarz oder eine dieser Farben mit lohfarbenen Abzeichen bevorzugt werden.
Man sieht im E. S. S. den direkten Abkömmling des alten englischen ↑ Field Spaniels, der fast im Aussterben begriffen ist. Sein Name geht auf die Eigenart zurück, das gefundene Federwild mit einer Folge kurzer Sprünge aufzuscheuchen. Eine weitere Eigenart des E. S. S. ist der Gang, bei dem er die Vorderläufe gradlinig aus der Schulter nach vorn schwingt. Obwohl diese Rasse schon sehr alt ist, wurde der Standard erst 1902 aufgestellt. Neben seinen guten jagdlichen Passionen eignet er sich auch hervorragend als Haushund.

Entlebucher Sennenhund: zur Gruppe der Schweizer Sennenhunde gehörender, knapp mittelgroßer, kurzhaariger Treibhund (SH 40 bis 50 cm). Der Kopf hat einen flachen Schädel, leichten Stirnabsatz und einen kräftigen, von der Stirn und den Backen deutlich abgesetzten Fang. Die Lefzen sind schmal und trocken, die Nase schwarz. Der E. S. soll ein komplettes Scherengebiß haben sowie ziemlich kleine, braune Augen mit lebhaftem Ausdruck. Anliegend herabfallend werden die kleinen, hoch angesetzten, spitzig gerundeten Ohren getragen, die bei Aufmerksamkeit nach vorn gelegt werden. Der kurze, gedrungene Hals weist einen guten Schulterübergang auf, der Rumpf ist etwas langgestreckt mit starkem, geradem Rücken, breiter, tiefer Brust und meist angeborenem Stummelschwanz, die Läufe sind korrekt gestellt. Das kurze, harte, glänzende Haar liegt eng an und hat die Farbe Schwarz mit gelben bis rostbraunen Abzeichen an Kopf, Hals, Brust und Pfoten, wobei das Gelb zwischen Schwarz und Weiß liegen muß. Viele Kynologen neigen immer mehr, entgegen der Auffassung, daß die bodenständigen Schweizer Rassen Nachkommen römischer Kampfhunde seien, zu der These von Dr. *H. Räber:* „Es gibt weder einen schriftlichen, noch einen bildlichen, noch einen osteologischen Beweis dafür, daß unsere Schweizer Rassen ihren Ursprung im tibetanischen Hochland haben sollen ... Ist es denn eine Schande oder mindert es ihren Wert in irgendeiner Weise herab, wenn wir schlicht und einfach sagen müssen: Es sind Rassen, die ziemlich sicher auf unserem heimischen Boden entstanden und gewachsen sind, wobei gerade für die Sennenhunde bis zur Jahrhundertwende kaum von Rassen gesprochen werden kann. Es waren Bauern- und Küherhunde, die in abgelegenen Gegenden mehr oder weniger klar umrissene Lokalschläge bilden konnten."

Die älteste schriftliche Kunde über den E. S. stammt aus dem Jahr 1889, erschienen in „Schweizerisches Zentralblatt für Jagd und Hundeliebhaber", wo *E. Bauer* u. a. ausführt: „Am besten bekannt und geschätzt ist der Entlebucherhund von Hirten und Kleinviehhändlern."

Wie auch die anderen Schweizer Sennenhunde erhielt der E. S. seinen Namen nach dem Kanton, in dem er am häufigsten vorkommt. Er ist aber auch als *Schaerlig* – nach dem Tal des Schaerligbaches – *Ländler* und *Küherhündli* bekannt. Bei vielen, speziell Treibhundrassen alten Ursprungs finden wir angeborene Stummelruten, früher häufiger als jetzt. Warum das Kupieren oder Stutzen überhaupt gefordert wurde, ist nicht klar zu definieren. Unter Umständen geht es auf den alten Aberglauben zurück, in einem Nerv der Rutenspitze sitze die Wutkrankheit (Tollwut). Es gibt aber auch Auffassungen, die unter Stummelschwänzigkeit lediglich eine Deformation der Schwanzwirbel sehen.

Leider immer noch relativ selten ist der E. S. ein lebhafter, angenehmer Begleithund, pflegeleicht aber mit großem Bewegungsdrang. Wird diesem Rechnung getragen, läßt er sich ohne weiteres auch in der Wohnung halten. – *Tafel 34.*

Epagneul Bleu de Picardie: französischer Vorstehhund, mittelgroß (SH 55 bis 62 cm ♂, 55 bis 60 cm ♀), von vierschrötigem Format. Der Kopf ist länglich mit rundem, breitem Schädel, schrägem Stop und langem Fang. Bei der runden, braunen Nase ist der Nasenrücken leicht erhöht, ziemlich breit und hat eine starke Verjüngung zur Spitze. Er hat ein Scherengebiß. Dunkelbernsteinfarbene, gut geöffnete Augen und tief angesetzte, gut anliegende Ohren mit schönem, gewelltem Seidenhaar vervollständigen das Kopfbild. Den Rumpf kennzeichnet der mittellange Rücken, der hohe Widerrist mit leichter Einsenkung und die durch eine gegenüber dem Widerrist niedriger liegende Hüfte abfallende Oberlinie. Die mittellange Rute reicht in voller Länge ohne Haken bis zum Sprunggelenk. An den Läufen und Behängen sind reichliche Fransen, die Rute hat eine Fahne. Er ist schwarzgrau getüpfelt, bläulich schimmernd, mit schwarzen Flecken, es können auch rote Abzeichen am Kopf und den Pfoten auftreten.

Der E. B. d. P. gilt als Farbvariante des ↑ Epagneul Picard, stammt also aus dem *Sommetal* in der *Picardie* und wird im Gegensatz zu seinem nahen Verwandten als reiner Feldhund eingesetzt. Die französischen Laufhundrassen wurden unter Einkreuzung spanischer ↑ Pointer zu guten Vorstehhunden weiterentwickelt. Man unterscheidet je nach der Behaarung *Braque* (Kurzhaar), *Epagneul* (Langhaar) und *Griffon* (Rauhhaar). Der E. B. d. P. wurde erst kurz vor dem 2. Weltkrieg durch eine Kreuzung des Epagneul Picard mit dem ↑ Gordon Setter geschaffen.

Epagneul Breton: eleganter, mittelgroßer Hund mit intelligentem, stets wachsamem Ausdruck (SH 46 bis 51 cm ♂, ideal 48 bis 50 cm; 47 bis 49 cm ♀; 15 kg KM ♂, 13 kg KM ♀) von untersetzter Statur. Der gerundete Schädel darf nicht spitzbogig oder viereckig sein. Er hat einen markierten Stop, der Fang ist kürzer als der Schädel mit den feinen, ziemlich gebogenen Lefzen. Die Nase ist ein wenig ekkig. Er hat ein Scherengebiß. Die Augen sind dunkelbernsteinfarben, die Ohren hoch angesetzt, leicht gerundet und gut mit gewelltem Haar, das aber wenig Fransen hat, bedeckt. Der Rücken ist kurz mit gut hervortretendem Widerrist und abfallender Kruppe. Der E. B. hat eine meist angeborene oder auf etwa 10 cm kupierte Stummelrute, die horizontal oder fallend getragen, oft mit einer Haarlocke abschließt. Die kräftigen Läufe sind knapp mit Fransen oder welligem Haar besetzt, das auf der Hinterhand bis zum halben Schenkel reicht. Das Haar ist insgesamt fein, flach anliegend oder sehr leicht gewellt, weder kraus noch seidig, und kommt in den Farben Weiß und Kastanienbraun, Weiß und Orange, Grauschimmel mit der einen oder anderen Farbe vor.

Die als *Chien couchant* bezeichnete Kreuzung von arabischen Windhunden mit langhaarigen Laufhunden der Kreuzfahrer gilt als Vorfahre aller *Epagneuls*. Dieser mit dem *Springer Spaniel*, den die Kelten mitgebracht hatten, gekreuzt, brachte einen kräftigen untersetzten Hund mit weißem Fell und kastanienbraunen Flecken, der dem heutigen E. B. sehr nahe stand. Im 19. Jh. begann dieser Hund die Züchter zu interessieren. Sie kreuzten ihn mit *Settern* und stellten 1907 den ersten Standard auf, der 1938 präzisiert wurde. Heute ist er der verbreitetste Jagdhund. Er darf nicht zu hart angefaßt werden und ist ein hervorragender Haushund, der sich durch große Anhänglichkeit auszeichnet.

Epagneul de Pont-Audemer: kräftig gebauter Hund (SH 52 bis 58 cm bei 20 kg KM) mit starken Knochen und gut entwickelten Gliedmaßen. Er unterscheidet sich schon auf den ersten Blick durch sein krauses, dickes Haar und den Schopf auf dem Kopf von den anderen Epagneuls. Der Kopf ist gut proportioniert mit rundem Schädel, leichtem Stop und langem, leicht gewölbtem Nasenrücken. Die Augen sind dunkelbernsteinfarben, auch haselnußfarben und eher klein, die Ohren mäßig dick, flach, groß und mit langem, seidigem und gekräuseltem Haar bedeckt. Mit guten Übergängen ist der leichte Hals versehen, die Brust ist tief und breit, die Kruppe leicht schräg. Etwa in Höhe der Lendenlinie ist die gerade getragene, auf ein Drittel kupierte Rute angesetzt, die mit krausen Haaren bedeckt ist. Der E. d. P. hat gelocktes Haar in den Farben Kastanienbraun oder mit Grau geflammt, oder Weiß mit Kastanienbraun.

Der E. d. P. ist aus einer kleinen, kastanienbraunen Varietät des Epagneul, der einst in der *Normandie* lebte, und dem ↑ Irish Water Spaniel hervorgegangen, der ihm Größe und Kraft gab. Heute ist die Rasse nicht sehr verbreitet und wird nur noch von wenigen Jägern der Normandie und Picardie gehalten. Der E. d. P. eignet sich sehr gut für die Arbeit im Schilf, Sumpf und tiefen Wasser, er arbeitet fleißig im Dikkicht und sucht schnell und anhaltend. Sein Fell ist beinahe wasserdicht, so kann er sich lange im Wasser aufhalten. Da er sehr anhänglich und anpassungsfähig ist, könnte er einen guten Begleithund abgeben, der sich aber für eine Wohnungshaltung nicht allzu gut eignet.

schöne Fahne zeigt. Das Haar des E. F. ist lang, weich und flach, manchmal leicht gewellt, wobei die Wellen nur an den Fransen der Ohren, Gliedmaßen, der Rute und des Halses erlaubt sind. Es hat die Farbe Weiß mit mehr oder weniger großen kastanienbraunen Flecken. Zu viele Flecken sind unerwünscht, ideal sind Tüpfel.
Der E. F. ist der direkte Nachkomme des *Chien couchant* (↑ Epagneul Breton) des Mittelalters und soll durch Anpassung an die Landschaft und

Epagneul Breton (*links*), Epagneul Francais (*rechts*)

Epagneul Francais: mittelgroßer (55 bis 65 cm ♂, 54 bis 58 cm ♀ bei 25 bis 30 kg KM) langhaariger Hund, dem sein kräftiger Kopf und die gut entwikkelte Vorderhand eine edle Haltung verleihen. Der Kopf ist stark, doch ohne Schwere, insgesamt langgestreckt, mit breitem Schädel und eher langem als breitem Fang. Der Stop ist gut markiert. Die ziemlich großen Augen, dunkelbernsteinfarben, liegen in Höhe der langen Ohren, die unten abgerundet sind. Der ziemlich lange Rücken geht in die leicht abfallende Kruppe über, die Brust ist tief und reicht bis zum Ellenbogen. Sehr wichtig ist, daß die tief angesetzte Rute, horizontal oder schräg getragen, eine

das Klima zu seinem heutigen Aussehen gekommen sein. Auf vielen Jagddarstellungen der holländischen und flämischen Schule finden wir den E. F., der bis Ende des 18. Jh. sehr beliebt war. Als dann die englischen Hunde immer mehr Verbreitung fanden, geriet der E. F. immer mehr in Vergessenheit, so daß er im 19. Jh. fast ausgestorben war. Liebhaber der Rasse züchteten ihn aber durch langwierige Selektion wieder in seiner ursprünglichen Form. Der E. F. ist sehr leicht abzurichten und bewährt sich vor allem in schwierigem Gelände. Zu Hause ist er sanft und anhänglich, man sollte ihn aber nicht nur als Begleithund führen, da sonst seine jagdlichen Eigenschaften schnell verkümmern.

Epagneul nain á oreilles tombantes: lebhafter, kleiner Salonhund, harmonisch und anmutig gebaut und trotz seiner Zierlichkeit stabil (SH 20 bis 25 cm bei immer unter 4 kg KM). Der Schädel ist leicht gewölbt, schwarz die Nase, stark pigmentiert, fein und gut schließend die Lefzen. Die dunklen, mandelförmigen Augen sind ziemlich tief eingesetzt und haben pigmentierte Lider. Wichtig ist, daß sie nicht hervortreten, es darf kein Eindruck von Glotzäugigkeit entstehen. Hoch angesetzt sind die Ohren, die lang befranst und gut herabhängend getragen werden. Der gut geformte Körper ist relativ lang, etwas gebogen der mittellange Hals. Die ziemlich tiefe Brust muß breit sein, die Lenden kräftig und der Bauch leicht aufgezogen. Die Schultern sind gut entwickelt, gerade die Läufe mit gut gewinkelten Sprunggelenken. Die Hasenpfoten haben kräftige Krallen und dicke Ballen. Die hoch angesetzte Rute ist im Verhältnis zum Körper lang, hat einen reichen Federbusch und wird in der Bewegung hoch getragen, die Spitze liegt dabei auf dem Rücken. Reich, glänzend, leicht gewellt und seidig ist das Haar. An Kopf, Fang, der Vorderseite der Läufe und unterhalb der Sprunggelenke ist es kurz und mittellang auf dem Rumpf. Am Hals ist es länger und bildet einen Kragen, der bis zur Brust hinabreicht. An den Ohren, den Läufen und Keulen befinden sich Fransen. Es sind alle Farben zugelassen.

Die Beliebtheit der Zwerghunde geht bis ins frühe 16. Jh. zurück, man findet sie bis zum beginnenden 19. Jh. als Begleiter des europäischen Adels. Von allen Hunden gehört er zu den von Malern am meisten dargestellten. *Heinrich der III.* von Frankreich, ein passionierter Liebhaber kleiner Hunde, soll manchmal um den Hals ein mit Bändern geschmücktes Körbchen mit winzigen „Spaniels nicht größer als eine Faust" getragen haben. Viele Autoren bezeichnen den hängeohrigen Zwergspaniel als die ältere Form gegenüber dem stehohrigen Epagneul Papillon, heute kurz ↑ Papillon genannt.

Epagneul nain Continental ↑ Phaléne.

Epagneul Picard: in seiner Erscheinung Kraft und Ruhe ausdrückender französischer Vorstehhund (SH 55 bis 60 cm, 25 kg KM). Der abgerundete, starke, doch nicht Schwere zeigende Kopf ist im Nasenrücken lang und ziemlich breit. Er hat große, dunkelbernsteinfarbene Augen, tief angesetzte, gut anliegende und mit gewelltem Seidenhaar bedeckte Ohren sowie ein Scherengebiß. In guter Proportion zum Kopf ist der stark bemuskelte Hals angesetzt, er geht in den Widerrist über, dem eine leichte Einsenkung folgt. Auch die Kruppe fällt leicht ab, in die ziemlich lange, in Verlängerung der Rückenlinie getragene und zwei Kurven beschreibende Rute verlaufend. Er steht auf robusten, sehnigen Läufen. Das Haar ist dick, seidig, auf dem Körper leicht gewellt, auf dem Kopf feiner. Es kommt in den Farben Grau mit kastanienbraunen Flecken, vor allem am Rutenansatz, vor. Oft sind rote Abzeichen an Kopf und Läufen.

Der E. P. ist eine Variante des ↑ Epagneul Francais, mit dem er in den meisten Standardpunkten übereinstimmt. Nachdem im 19. Jh. die Rasse etwas vernachlässigt wurde, nahm man sich ihrer zu Beginn des 20. Jh. wieder verstärkt an und erhielt so einen sehr guten Apportierhund für Sumpfgebiete, der besonders für die Schnepfenjagd, aber auch für andere Wildarten, geeignet ist. Er ist sehr leicht abzurichten, äußerst anhänglich und sensibel. Letzteres bedeutet, daß bei seiner Ausbildung kein starker Zwang ausgeübt werden darf.

Erdélyi kopó, *Siebenbürger Bracke:* mittelgroße Bracke, die in zwei Schlägen gezüchtet wird, als *hochläufige* (SH 55 bis 65 cm bei 35 kg KM) und *niedere Bracken* (SH 45 bis 50 cm bei 30 kg KM). Der E. k. ist gutmütig, ausdauernd, mit vorzüglicher Nase, anspruchslos und gelehrig. In der Kopfform, Halslage, den Proportionen des Rumpfes und den starken, bemuskelten Gliedmaßen sowie im Rutenansatz trägt sie die für mitteleuropäische Bracken charakteristischen Merkmale. Der Kopf ist mittelbreit mit nicht zu engem Schädel, wobei die Schädellänge gleich der Fanglänge ist. Der Fang zeigt sich stark, kompakt und stumpf mit stets schwarzer Nase. Das Zangengebiß wird auch als Schere toleriert. Er hat dunkle, mittelgroße Augen und hochangesetzte Ohren, die gut den Backen anliegen. Der Rumpf ist länglich mit tonnenartig gewölbtem Brustkorb, hohem Widerrist und aufgezogenem Bauch. Die Rute reicht 1 bis 2 cm unter das Fersenbein, kann aber beim Jagen über den Rücken erhoben werden. Die Gliedmaßen sind verhältnismäßig wenig gewinkelt. Die Haut des E. k. ist pigmentiert mit kurzem, starkem und anliegendem Haar, von Unterwolle durchsetzt; die Unterwolle des hochläufigen Schlages ist etwas länger. Ihre Grundfarbe ist Schwarz mit roten Abzeichen über den Augen, am Fang, an den Läufen, wobei in den roten Flächen kleine weiße Flecken vorkommen. Oft befinden sich auch an der Stirn, Brust, den Pfoten und am Ende der Rute weiße Flecken. Die niedere Form ist bräunlichrot gefärbt, nach unten hin allmählich heller werdend und hat kleinere weiße Flekken an der Brust, den Pfoten und am Rutenende sowie eine dunkle Maske am Kopf. Diese Brackenform wird seit altersher in den weiten Ebenen des *Transsylvanischen Hochlandes* und in den *Karpaten* gezüchtet und ist unverändert geblieben. Das Jagdgebiet der hochläufigen Bracke ist größeres Wild, u. a. Schwarzwild und sogar der Luchs, die niedere wird auf Hase und Fuchs eingesetzt. Der E. k. ist leidenschaftlich scharf gegen Raubzeug, treibt und stellt das Wild, sucht nach und apportiert gut. Er vermeldet mit hellem Geläut, ist sehr anhänglich und ein guter Beschützer. Für eine richtige Haltung benötigt der E. k. jedoch eine jagdliche Führung. Er ist kein Wohnungs- und Begleithund.

Eskimo-Hund: gut mittelgroßer, starkknochiger Schlittenhund (SH 57 bis 64 cm ♂, 51 bis 57 cm ♀ bei 32 bis 42 kg KM ♂, 24 bis 34 kg KM ♀). Er hat einen gut proportionierten, breiten Kopf mit kräftigen Kiefern und einem Zangengebiß. Die kleinen Augen liegen tief, die kurzen Ohren werden auf-

Eskimo-Hund

Yorkshire Terrier

oben links Dalmatiner, *oben rechts* Cavalier King Charles Spaniel, *Mitte* Pudelgruppe, *unten links* Chihuahua (Kurzhaar), *unten rechts* Zwergpinscher (rot)

oben links Shar-Pei, *oben rechts* Französische Bulldogge, *unten links* Mops, *unten rechts* Affenpinscher

oben links Pekingese, *oben rechts* Tibet Terrier, *unten links* Lhasa Apso, *unten rechts* Chow Chow (schwarz)

Chow Chow (rot)

oben links Bichon frisé, *oben rechts* Moskauer Toy Terrier, *unten links* Bolonka zwetna, *unten rechts* Téneriffe (löwenartig frisiert)

oben links Zwergschnauzer (schwarzsilber), *oben rechts* Tibet Terrier, *unten links* Shih-Tzu, *unten rechts* Deutscher Kleinspitz (goldorange)

Deutscher Großspitz (weiß)

recht nach vorn getragen. Der Rumpf hat eine breite, tiefe Brust mit gut gewölbten Rippen und einen geraden, breiten, muskulösen Rücken. Der E. steht auf starkknochigen, hohen Läufen mit großen Pfoten, die dicke, kräftige, durch Haare geschützte Ballen haben. Er weist dichtes, 8 bis 15 cm langes Deckhaar mit weicher Unterwolle von 3 bis 5,5 cm Länge auf. Es kommt in Weiß, Schwarz, Schwarzweiß, Wolfs- bis Blaugrau, lohfarben bis Rötlichgelb und in allen Kombinationen dieser Farben vor. Der E. zieht Schlitten und Fischerboote und beteiligt sich sehr ausdauernd an der Eisbärenjagd. Besonders augenscheinlich ist sein Gedächtnis, er findet einmal zurückgelegte Strecken immer wieder. Gegen Fremde ist er sehr mißtrauisch, bellt aber nicht, sondern heult und jault wie ein Wolf. Der E. hat sich erst in jüngster Vergangenheit als eigenständige Rasse herausgebildet und ist mit den bekannten Schlittenhundrassen ↑ Alaskan Malamute, ↑ Siberian Husky und ↑ Samojede eng verwandt.

Estnischer Laufhund: mittelgroßer (SH 45 bis 52 cm ♂, 42 bis 49 cm ♀), kräftiger, sehr flott arbeitender Hund. Er hat einen gleichmäßig entwickelten Schädel, etwas rund mit kräftigem, 7,5 bis 9 cm langem Fang und komplettem Scherengebiß. Die etwas schräg gestellten Augen sind dunkelbraun, die niedrig angesetzten Ohren hängen lang herab. Der Rüde muß einen 108 bis 110 cm langen Rumpf haben, die Hündin 110 bis 112 cm, dabei ist der Rücken breit und muskulös, die Kruppe abfallend. Die Rute reicht bis zum Sprunggelenk, wird gerade bis säbelförmig getragen und erscheint durch die starke Behaarung dick. Die Höhe der geraden, derben Läufe soll etwa die Hälfte der Widerristhöhe betragen, sie stehen auf kräftigen, ovalen Pfoten. Das Haar ist kurz, dicht und grob, auf dem Kopf und an den Behängen glänzend. Der E. L. existiert nur in Schwarzfalb mit gelben Abzeichen, wobei der dunkle Mantel den ganzen Rumpf bedeckend bis zum Fang reichen kann.

Der E. L. geht auf alte Laufhundschläge zurück, die in ihrer Form unverändert geblieben sind.

Eurasier

Eurasier: mittelgroßer, spitzartiger Hund mit mittelschwerem Knochenbau (SH 52 bis 60 cm ♂, 48 bis 56 cm ♀ bei 23 bis 32 kg KM ♂, 18 bis 26 kg KM ♀). Der Kopf ist etwas breiter als beim Wolfsspitz mit dunklen Augen und dreieckigen, mittelgroßen, nach vorn gerichteten Stehohren. Der straffe, gut behaarte Hals geht in den kräftigen, nicht zu kurzen Rumpf über und ist harmonisch mit dem gut betonten Widerrist verbunden. Das Brustteil ist kürzer als die Lendenpartie. Der gesamte Körper ist eine gelungene Mischung zwischen ↑ Chow Chow und Wolfsspitz (↑ Deutscher Spitz), wobei die zu extreme Steilheit der Hinterläufe vermieden wird. Die Rute ist mit geradem Ansatz rund und fest. Sie wird nach vorn über den Rücken oder seitwärts gerollt getragen, kann aber auch bis zum Sprunggelenk herabhängen. Auf der straffen, dunkel pigmentierten Haut ist der ganze Körper mit dichter Unterwolle und mittellangem, lose anliegendem Haar bedeckt, das die Proportionen des Körpers noch erkennen läßt. Der Fang, das Gesicht, die Ohren und Unterpartien bis zu den Ellenbogen bzw. den Sprunggelenken sind kurzhaarig, die Rute, Hose und Fahne der Vorderhand sind mit langen Haaren besetzt. Am Hals bildet sich keine Mähne. Der E. kommt in den Farben Rot bis Falb, Wolfsgrau, Schwarz mit abgegrenzten andersfarbigen Abzeichen über den Augen, an den Unterpartien bis zu den Ellenbogen bzw. Sprunggelenken sowie an Hosen und Rute vor.

Daß die Rasse insgesamt erst seit Anfang der 50er Jahre unseres Jahrhunderts existiert, und der Standard in seiner jetzigen Form 1974 festgelegt wurde sagt schon, daß es sich hier um eine junge Züchtung der Kynologie handelt. Dem Weinheimer *Julius Wipfel* gebührt das Verdienst, die Zucht mit der Verpaarung eines *Chow Chow-Rüden* und einer *Wolfsspitz-Hündin* begonnen zu haben. Es ging darum, einen Hund zu schaffen, der genügend Abstand von seinen Ahnen hat und keinen Mischtyp beider Ausgangsrassen bildet. Man erhielt drei gleiche Typen in der 1. Generation:

Typ 1: Mischtypen, sauber- bis mischfarbig.

Typ 2: optisch und charakterlich unbrauchbare Tiere.

Typ 3: kräftige, polarhundartige Großspitze, ausgeglichen und ruhig.

Für die 2. Generation wurden nun ausschließlich Tiere vom Typ 3 verwendet, also keine Rückzüchtung auf die Eltern vorgenommen. Die 2. Generation wurde nun wiederum auf Typ 3 selektiert, und für die 3. Generation ein typischer Rüde der 2. Generation für alle Hündinnen, die in Frage kamen, verwendet. Man erhielt schlagartig eine optimale Gleichmäßigkeit auf den gewünschten Typ und gleichzeitig natürlich eine äußerst enge Verwandtschaft der Zuchtbasis. Mit der 4. Generation aus dem gleichen genetischen Material gebildet, konnten nun schon mehrere E. erfaßt werden. Um die Inzucht abzubauen, importierte man asiatische spitzartige Hunde, die fast den gleichen Entwicklungsweg nahmen wie der E. Diese Einkreuzung stand auch Pate, als der ursprüngliche Name *Wolfs-Chow* in den heutigen E. umgewandelt wurde. Der E. ist kein Einmannhund, was man oft vom Chow Chow behauptet, er verträgt sich gut mit der ganzen Familie, besitzt keinen ausgeprägten Jagdtrieb und neigt nicht zum Streunen. In der Haltung, Pflege und Weiterzucht ist er problemlos.

europäische Spitze: 1. ↑ Deutscher Spitz. — **2.** ↑ Isländer Spitz. — **3.** ↑ Keeshond. — **4.** ↑ Lapphund. — **5.** ↑ Norwegischer Buhund. — **6.** ↑ Schipperke. — **7.** ↑ Västgötaspets. — **8.** ↑ Volpino Italiano.

F

Fahlgelber russischer Laufhund: mittelgroßer (SH 57 bis 65 cm ♂, 54 bis 62 cm ♀ bei 27 bis 33 kg KM ♂, 25 bis 29 kg KM ♀), etwas plump wirkender Hund. Über die verschiedenen Schläge russischer Lauf- und Vorstehhunde ist wenig bekannt bzw. sind viele Typen durch die Wirren der Kämpfe gegen Interventen nach der Großen Sozialistischen Oktoberrevolution sowie die Schrecken des Großen Vaterländischen Krieges nicht mehr vorhanden. Der F. r. L. wurde erst

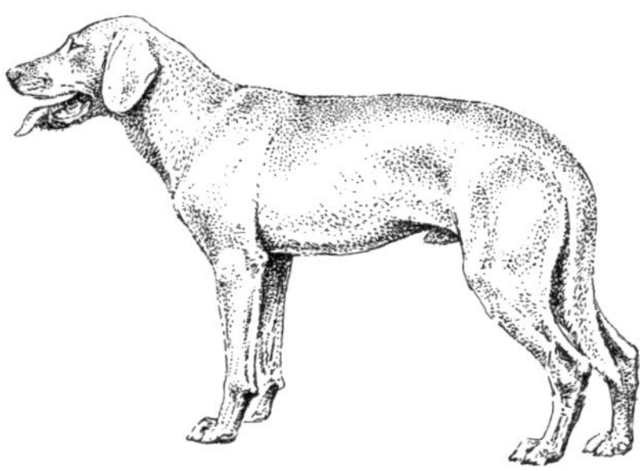

Fahlgelber russischer Laufhund

1925 als eigenständige Rasse anerkannt. Der Kopf ist nicht ausgesprochen keilförmig mit etwas stumpfem Fang, langen Behängen, runden, leicht schräg gestellten Augen und langen, dreieckig mit abgerundeten Enden gut herabhängenden Ohren. Dem kräftigen Hals schließt sich harmonisch der an ein Faß erinnernde langgestreckt wirkende Rumpf an. Weitere Standardmerkmale sind die lange Säbelrute und das kurze, schwarze Haar mit fahlgelben Abzeichen. Der F. r. L. wird einzeln oder paarweise zur Jagd auf Hase, Fuchs und Dachs verwendet.

Farou: zu den französischen Schäferhunden zählender lokaler Schlag des ↑ Berger du Languedoc, meist mattrot vorkommend.

Field Spaniel: mittelgroße, gelungene Kombination zwischen ↑ Cocker Spaniel und ↑ Sussex Spaniel (SH 45 cm bei 16 bis 24 kg KM). Er hat einen gut entwickelten Schädel mit deutlich hervortretendem Hinterhauptbein, magere und trockene Backenpartie, mittellange Behänge, einen nicht zu breiten Nasenrücken, der lang, mager und weder spitz noch viereckig ist, sowie eine schwarze, kräftige, weit geöffnete Nase. Er muß ein Scherengebiß aufweisen. Die Augen sind mittelgroß und gut eingesetzt, schwarz bis dunkelbraun, die Lider geschlossen. Mäßig lange Ohren, breit und tief angesetzt, hängen in schönen Falten mit eingedrehtem unterem Rand herab. Der lange, starke und muskulöse Hals geht in den mäßig langen Rumpf über. Der Rücken ist sehr stark und muskulös, die nur leicht gewölbte Lendenpartie ist kompakt. Nicht zu breit, aber tief muß die gut aufgerippte Brust sein. Mit einer welligen Feder geschmückt wird die im Ansatz kräftige Rute in schöner Verlängerung der Rückenlinie mit leichter Abwärtsrichtung getragen. Die Gliedmaßen sind wie beim Cocker Spaniel gestellt. Das dichte, glatte, leicht gewellte und lange Haar glänzt seidig und ist von feiner Beschaffenheit, an der Brust, dem Bauch und den Rückseiten der Läufe reichlich, unterhalb der Sprunggelenke kurz. Der F. S. kommt in verschiedenen Farben vor: einfarbig leberfarben, gold, mahagoni, rötlichgrau, jeweils mit lohfarbenen Abzeichen, sowie in Schwarz. Er ist ein passionierter Stöberhund mit großem Jagdeifer, aber auch sehr angenehmen Haushundeigenschaften. Er ist leicht zu erziehen, auch die Pflege ist neben dem täglichen Bürsten und nicht zu häufigen Kämmen nicht aufwendig. Er benötigt ausreichend Bewegung.

Fila Brasileiro: großer (SH über 68 cm), sehr kräftiger Hund, bei dem die tänzelnden Bewegungen und der rhythmisch elastische Gang besonders auffallen. Dieser alten Rasse hat sich erst in jüngster Zeit die Sportkynologie angenommen. Der F. B. hat einen schweren, großen, sehr eckigen und massiven Kopf mit breitem Schädel, der sich zur Nasenspitze verjüngt. Das Hinterhauptbein ist markiert, die Stirn kaum sichtbar und leicht eingedrückt. Sehr stark und breit ist der ekkige Fang, etwas kürzer als der Schädel und mit senkrechter Vorderkante. Die dicken, weichen Oberlippen hängen über die Unterlippe herab. Die untere Lefze liegt an der Fangspitze fest, an den Backen lose an. Den Kopf kennzeichnen weiterhin die schwarze oder braune Nase, das sehr kräftige Scherengebiß, die mittelgroßen, dunklen, leicht mandelförmigen gut getrennten Augen, die ziemlich tief liegen sowie die großen, V-förmigen, am hintersten Teil des Kopfes angesetzten Hängeohren. Ein Rosenohr ist gestattet. Der Hals ist mehr kurz als lang, kräftig bemuskelt mit leicht gewölbter Oberlinie, dicker, loser Haut und Kehlwamme. Der starke Rumpf ist mit dikker, loser Haut bedeckt, der Rücken steigt vom Widerrist zur etwas höher liegenden Kruppe leicht an. Die breite Brust muß mindestens bis zum Ellenbogen herabreichen. Breit angesetzt ist die lange bis zum Sprunggelenk reichende Rute, die am Ende leicht gekrümmt ist. Sie darf weder geringelt noch über den Rücken gerollt getragen werden. Die Läufe sind sehr stark,

Fila Brasileiro

die Hinterhand ist etwas länger als die Vorderhand. Sie zeigen geringe Winkelung und stehen auf kräftigen Pfoten. Das dichte, weiche Haar liegt kurz an und bildet an der Kehle Bartwülste. Es ist in jeder Farbkombination einfarbig oder gestromt gestattet, auch mit weißen Flecken an den Pfoten und der Rutenspitze. Der F. B. ist ein sehr temperamentvoller, scharfer und zuverlässiger Schutz-, Hüte- und Jagdhund, der einstmals mit den Portugiesen und Spaniern nach Südamerika gelangte. Diese führten schwere *Doggen* und ↑ Bloodhounds mit sich, deren Nachkommen speziell auf den großen Farmen Brasiliens als Rindertreib-, Wach- und Spürhunde zu finden waren.

Fila da Terceiro: mittelgroßer (SH 60 cm bei 45 kg KM), kurzhaariger, auf verhältnismäßig niedrige Läufe gestellter Wachhund mit kantigem, kurzfängigem Kopf, kleinen Hängeohren und langer Rute. Der Kopf ist breit und schwer, hat starken Stop und einen Fang, der kürzer als der Schädel ist. Kleine Kippohren kennzeichnen das Bild des Kopfes. Der Rumpf ist niedrig, mächtig und schwer, die Rute gleicht zum Teil einer langen Säbelrute. Er hat kurzes, glattes Haar in verschiedenen Gelbnuancen, weiß mit roten oder braunen Flecken. Er ist ein unbestechlicher, sehr mutiger Hof- und Wachhund, international als Schutzhundrasse der Azoren anerkannt und stammt von dem von der FCI anerkannten ↑ Rafeiro do Alentejo ab.

Finnenbracke: mittelgroße (SH 55 bis 61 cm ♂, 52 bis 58 cm ♀), nicht zu schwer gebaute, stockhaarige Rasse mit anmutigen Behängen. Der trokkene Kopf, edel geformt, ist von vorn gesehen gleichmäßig breit mit gut gewölbtem Schädel, ausgeprägten Augenjochbögen und klar erkennbarer Stirnfurche. Das Kopfprofil ist leicht konvex, die Schädellänge gleich der Fanglänge. Nur gering ist der Stop ausgebildet. Der Fang ist gerade, lang und fast gleichmäßig breit mit dünnen, schön geschwungenen Lefzen, kräftigem Kiefer und Scherengebiß. Die Nase ist schwarz, wohlgeformt und gut geöffnet. Die dunklen Augen sind in Höhe der mäßig langen, mit dicht anliegendem Vorderrand herabhängenden Ohren eingesetzt. Das Hinterhauptbein und die Vertiefungen hinter den Ohren sind deutlich erkennbar. Nur mittellang schließt sich der gerade, trockene, nicht zu kräftige Hals an den ebenfalls nur mittellangen muskulösen Rücken an. Die kurze, starke Lendenpartie, die tief gelagerte lange Brust und der leicht aufgezogene Bauch bilden den Rumpf. Die Kruppe fällt leicht ab in die kräftige, mit gleichmäßiger Verjüngung verlaufende lange rauhhaarige Rute. Die F. steht auf mäßig langen, kräftigen, korrekt gestellten Gliedmaßen wobei gute Winkelung wichtig ist. Das Haar ist dicht, mittellang, kräftig und mäßig harsch, am Kopf und den Innenseiten braun, sonst schwarz mit weißen Abzeichen am Kopf, dem Hals, der Brust, den Pfoten und der Rutenspitze. Einzelne graue oder braune Haare sind in der mantelartigen Färbung gestattet. Obwohl die meist auf Hase und Fuchs angesetzte, sehr jagdfreudige F. große Arbeitspassion besitzt, ist sie als Haushund gutmütig, friedlich und anhänglich. Die F. entstand aus einer Kreuzung skandinavischer, englischer, deutscher und schweizerischer Laufhunde, von finnischen Kynologen mit viel Geschick gezüchtet und von der FCI anerkannt. Die *Bracken* (Laufhunde) gehören zu der ältesten Gruppe der Jagdhunde, sie wurden schon lange vor der Erfindung der Schußwaffen zur Jagd verwendet. Sie trieben das Niederwild in aufgestellte Netze, verbellten das Hochwild und ermöglichten dem Jäger, sich dem Wild zu nähern und es mit dem Speer zu töten. Ihr ausgeprägter Jagdtrieb kommt

Finnenbracke

auch durch den vollen Hetzlauf auf der Fährte zum Ausdruck. Ihr Orientierungssinn ist hervorragend entwickelt, er ermöglicht es ihnen, in großen Dikkichten zu jagen, aber immer den Ausgangspunkt wiederzufinden. Alle Brakken, so auch die F., sind ausgezeichnete Würger, speziell in der Meute sind sie sehr angriffslustig und nehmen stärkste Keiler an.

Finnenspitz ↑ Suomenpystykorvat.

Flämischer Ziehhund: großer (SH 67 bis 80 cm bei 50 kg KM ♂, 45 kg KM ♀), kräftiger, kurzhaariger, fahlgelber Hund mit Hängeohren und kupierter Rute. Sein Schädel ist schwer, breit und flach mit geringem Stop. Ein mittellanger Fang, kräftig mit vollen Bakken und trockenen Lefzen, trägt die schwarze, breite Nase und das Scherengebiß. Die Augen werden dunkel gefordert, die Ohren sind mittelgroß, hoch angesetzt und werden unkupiert herabhängend getragen. Mit loser Haut bedeckt ist der kurze, zylindrisch geformte Hals, dem der ziemlich lange Rücken folgt. Die Lendenpartie ist kurz und stark, die Kruppe breit und horizontal mit guter Bemuskelung. Der F. Z. hat eine runde, lange Brust, volle, kurze, geschlossene Flanken und eine auf 6 bis 8 cm kupierte Rute. Er steht auf sehr langen, starken Läufen, muskulös und gerade mit kurzen, runden Pfoten. Das Haar ist kurz, hart und dicht fahlgelb mit schwarzer Maske.

Der F. Z. ist sehr aufmerksam und gehorcht gut. Man trifft ihn noch heute bei belgischen Händlern als Ziehhund, wo er mit Leichtigkeit bis zu 300 kg fortbewegt, vom modernen Straßenverkehr unberührt mit stoischer Gelassenheit. Auch als *Vlaamscher Trekhond* bzw. *Matin belge* bezeichnet, führt man den F. Z. auf alte Treibhundrassen zurück.

Flat coated Retriever: gut proportionierter, kräftiger Hund (SH 63 bis 66 cm ♂, 63 cm ♀ bei 25 bis 32 kg KM) mit langem, gut modelliertem Kopf. Der flache, breite Schädel hat eine leichte Vertiefung zwischen den Augen. Die breite Nase zeigt sich gut geöffnet. Mittelgroße, dunkel- oder haselnußbraune Augen sowie kleine, gut angesetzte Ohren zeichnen mit dem weißen, kräftigen Scherengebiß den Kopf aus. Der Hals ist lang, ohne Wamme, die Brust tief und ziemlich breit, die Rippen vorn flach und in der Rumpfmitte gut gewölbt. Der Rücken ist kurz und viereckig. Die Läufe sind vorn gerade, starkknochig, hinten muskulös mit leicht gewinkelten Sprunggelenken, die auf großen Pfoten mit gut gewölbten Zehen und harten, kompakten Ballen stehen. Die Rute wird gerade und kurz gezüchtet, sie soll lustig, aber nie über dem Rükken getragen werden. Der F. c. R. hat festes, anliegendes, dichtes und feines Haar, wobei das Deckhaar länger und glänzender ist. An den Vorderläufen, den Keulen, der Brust und der Rute ist es sehr dicht. Es werden nur schwarze und leberfarbene Tiere anerkannt.

Als Stammvater folgender drei Retriever-Varietäten – ↑ Curley coated Retriever, F. c. R., ↑ Chesapeake Bay Retriever – nimmt man den ↑ Neufundländer an. Anfang des 19. Jh. wurde er nach England gebracht, dort mit dem ↑ Irish Water Spaniel und dem ↑ Pudel gekreuzt, woraus mit der Zeit der Curley coated Retriever entstand. Einer Kreuzung zwischen Neufundländer und ↑ Irish Setter entstammt der F. c. R., der zwischen 1864 und 1903 seine große Zeit hatte, dann jedoch vom ↑ Labrador Retriever bzw. ↑ Golden Retriever in den Hintergrund gedrängt wurde. Er ist, wie die anderen

Retriever, als Apportierhund geschaffen und eingesetzt worden, hat wie alle anderen ein sanftes, anhängliches Wesen und ist geduldig und kinderlieb.

Foxhound: schneller, ausdauernder, kraftvoller und widerstandsfähiger Hund (SH 60 bis 69 cm bei 35 kg KM). Der knochige, gut entwickelte Kopf ist lang, nicht zu breit mit am Hinterhauptbein rundem Schädel, geradem Nasenrücken, schwarzer, ziemlich entwickelter Nase und Scherengebiß. Der Fang ist mittellang und breit, die Lefzen hängen leicht über den kräftigen Kiefer. Die Augenjochbögen sind betont, die Augen selbst groß, braun, und rund und in gleicher Höhe wie die hoch angesetzten, dicken, am Kopf anliegenden und nicht zu langen Ohren. Lang, muskulös und ohne sichtbare Wamme ist der Hals. Der Rumpf besteht aus der sehr tiefen Brust mit

Foxhound

starken Rippen, die lang und leicht abgerundet sind, dem ebenfalls starken, ebenen und langen muskulösen Rükken, den breiten und muskulösen Lenden sowie den gut anliegenden, muskulösen, langen, schrägen Schultern. Der F. hat sehr gut gestellte, solide Vorderläufe, sehr stark und herabgelassen, die Sprunggelenke nahe am Boden, stark und gewinkelt. Er hat runde, geschlossene Pfoten, sogenannte Katzenpfoten, mit starken Krallen und harten Ballen. Die mittellange Rute wird lustig und säbelförmig mit Bürste getragen. Der F. hat dichtes, glattes Haar in den Farben Schwarz, Lohbraun, Weiß oder irgendeiner Verbindung dieser drei Farben, mischfarbig aus hasenfarben und weiß, dachsfarben, gelb oder lohbraun. Dreifarbig kommt der F. in sehr lebhaften Tönen vor, mit dunklem Mantel, der die Oberseite des Körpers vollkommen bedeckt.

Anfang des 17. Jh. wurde in England die Hetzjagd auf den Hirsch zugunsten der Reitjagd nach dem Fuchs immer mehr aufgegeben. Dafür benötigte man natürlich einen schnellen Hund, der nicht zu hochläufig war. Man kreuzte eingeführte französische Laufhunde mit Nachkommen des ausgestorbenen *Talbot,* einem direkten Nachfahren des ↑ Hubertushundes, wie er aus der *Keltenbracke* im Ardennenkloster *Andain* gezogen wurde (↑ Chien de Saint Hubert), dazu nahmen die Jägermeister die in alten Schriften erwähnten *Southern hounds* und *Northern hounds* [engl. *south,* Süden; *north,* Norden; *hounds,* Hunde]. Um die Schnelligkeit zu verbessern, wurde noch der Greyhound eingekreuzt. Diese gesamte Entwicklung vollzog sich je nach dem persönlichen Geschmack der Halter einzelner Meuten mit dem alleinigen Ziel, einen leistungsstarken Hund zu schaffen. Diese ganzen Einzelschläge vereinigte man später zum modernen Typ des F., der in die gesamte Welt, speziell aber nach Nordamerika, exportiert wurde.

Besonders zeichnet den F. seine

Schnelligkeit aus, die nur noch vom Windhund übertroffen wird. Als Meutenhund eignet er sich hervorragend, hat aber eine unüberwindliche Abneigung gegen Dickicht und unwegsames Gelände.

Fox Terrier: geschmeidiger, lebhafter, schneidiger und behender Hund, bei dem gute Knochen und Kraft in kleinem Rahmen sehr wichtig sind, ohne jedoch das äußere Erscheinungsbild derb oder grob erscheinen zu lassen. Im Idealfall wünscht man sich einen erwachsenen, gut proportionierten Rüden mit 39,4 cm SH, der vom Widerrist bis zur Rutenwurzel etwa 30,5 cm lang sein soll, eine Kopflänge von 17 bis 19 cm hat und 8,1 kg wiegt. Das Maß der Hündin beträgt 2 cm weniger, ihr Gewicht bleibt 1 kg hinter dem des Rüden zurück mit einem Spielraum von etwa 0,5 kg nach oben oder unten. Das Gewicht ist aber kein absoluter Maßstab für die Brauchbarkeit eines F. T. Wichtiger sind seine Arbeit, Gesamterscheinung, Größe und Umrißlinie, und wenn ein Hund Galoppier- und Stehvermögen besitzt und dem Fuchs in den Bau folgen kann, kommt es auf etwas mehr oder weniger Gewicht nicht an. Das richtige Verhältnis der Körperteile zueinander ist der Schlüssel zur Beurteilung des Körperbaus des F. T. Er paart Kraft mit Schnelligkeit und Ausdauer wie der englische ↑ Foxhound, dessen Ebenmaß auch für ihn Modell ist. Weder zu hochläufig noch zu tief über dem Boden stehend, deckt er wie ein gut gebautes Jagdpferd im Stand bei kurzem Rücken viel Boden und erreicht das höchste seines Beschleunigungsvermögens und die größte Schrittweite, die mit seiner Körperlänge vereinbar ist. Hauptaugenmerk ist dem Verhältnis zwischen Schädel, Fang, Kopf- und Rückenlänge zu widmen und dem Verhältnis zwischen Stockmaß und Körperlänge vom Schultergelenk bis zum Sitzhöcker. Im Idealfall sind Höhe und Länge gleich. Sein Kopf hat einen flachen Schädel, mäßig schmal, der nach den Augen zu allmählich an Umfang abnimmt, keinen auffälligen Stirnabsatz, aber zwischen Oberkopf und Fang mehr Einsenkung als beim Windhund zeigt. Der F. T. hat keine dicken Backen, Ober- und Unterkiefer sind kräftig, muskulös und von angemessener Beißkraft. Unter den Augen ist der Fang gut ausmodelliert, wie gemeißelt, nicht eingesunken und nicht gerade abfallend wie ein Keil. Er verjüngt sich gleichmäßig bis zu der schwarzen Nase. An seiner breitesten Stelle mißt der Schädel eines erwachsenen Rüden nicht mehr als 9 cm, der einer Hündin, ihrer geringeren Größe entsprechend, weniger. Die Schädellänge eines erwachsenen Rüden muß vom Hinterhauptbein bis zu den Nüstern 17 bis 18 cm betragen, die einer Hündin entsprechend weniger. Größere Maße weisen meist auf einen übergroßen und langrückigen Hund hin. Die Augen sind dunkel gefärbt, ziemlich klein und tief liegend, möglichst rund und nicht zu weit auseinanderstehend mit feurigem, lebendigem Ausdruck. Die kleinen, V-förmigen Ohren sind mäßig dick, gefaltet und werden nach vorn fallend an den Backen anliegend getragen. Die obere Kante der gefalteten Ohren soll die Schädelebene gut überragen. Wichtig für den F. T. ist das vollständige, ebenmäßige Scherengebiß. Der Hals ist trocken, muskulös, von schöner Länge und allmählich stärker werdend in die Schultern übergehend, die von vorn gesehen eine steil abgeschrägte Linie vom Halsansatz nach dem Schultergelenk zeigen. In der Seitenansicht erscheint das Schulterblatt lang und vom Schultergelenk zum feinen, trockenen Widerrist gut zurückgeneigt. Das schrägliegende Schulterblatt verbürgt den langen Oberarm, der beim F. T. erwünscht ist. Die Brust ist tief und breit, der Rücken kurz, fest und gerade. Der F. T. steht auf starken Vorderläufen, die von allen Seiten gesehen gerade gebaut sind, und muskulösen, parallel stehenden Hinterläufen mit langen Schenkeln und gut gerundeten Knien. Seine Rute ist ziemlich hoch angesetzt und wird keck, aber nicht über dem Rücken oder gerollt getragen. Sie wird auf etwa drei Viertel ihrer Länge kupiert und ermöglicht es, den am Raubwild arbeitenden Hund sicher zu fassen.

Wir unterscheiden beim F. T. zwei Varianten. Beim *Glatthaar* liegt das Fell schlicht an, ist glatt, hart und dicht. Auch der Bauch und die Innenseiten der Schenkel sind nicht kahl. Beim *Drahthaar* ist das Fell kraus und geschlossen. Die beste Drahthaarjacke ist von dichter, drahtiger Beschaffenheit und ähnelt einer Kokosmatte, so daß man sie mit dem Finger nicht bis auf die Haut teilen kann. Unter diesem starken Deckhaar befindet sich eine zweite Haarschicht von weicherer und feinerer Beschaffenheit. An den Körperseiten ist das Haar nicht ganz so hart wie auf dem Rücken und den Keulen. Das Haar am Fang ist kraus und nur so lang, um den Fang stark erscheinen zu lassen und einen deutlichen Unterschied zum Glatthaar zu schaffen. Auch an den Vorderläufen ist es dicht und kraus, an den Schultern und am Hals etwa 2 cm, am Widerrist, dem Rücken, den Rippen und Keulen etwa 3 bis 4 cm lang.

Als Farbe herrscht Weiß vor, obwohl sie keine Rolle bei der Bewertung spielt. Gestromte, rote, leberfarbene oder schieferfarbene Abzeichen sind nicht zulässig. Im Ausstellungsring dürfen Narben oder Verletzungen, also die Folgen praktischer Arbeit, den Hund bei der Bewertung nicht zurücksetzen, sofern sie nicht die Bewegungsfreiheit beeinträchtigen. Der F. T. muß etwas mehr gepflegt werden als glatthaarige Hunde. Beim Drahthaar ist ein richtiges Trimmen unerläßlich, das nach dem Trimmschema für hochläufige Terrier erfolgt (↑ Airedale Terrier). Obwohl es in Jägerkreisen nicht gern gehört wird, kann man auch den Glatthaar etwas verschönen, der meist dort, wo es am wenigsten wünschenswert ist, nämlich an Wangen, Hals, Rute und After und an den Hinterseiten der Schenkel, einen sehr reichlichen Haarwuchs entwickelt.

Das glatte Haarkleid ist steif und dicht. Da es nicht getrimmt werden kann, nimmt man am besten die Schere. Zuerst werden die Härchen über den Augen und am Fang entfernt, dann die Wangen und Kinnteile glatt geschnitten. Die Wirbel an der Halsunterseite werden ausgedünnt, d. h. flach gemacht, wobei darauf zu achten ist, daß keine überzähligen Haare die trokkene, gewölbte Linie des Halses stören und der Übergang zu den Schultern allmählich verläuft. Rund um den Schulteransatz befindet sich oft ein Halbkreis dichter Härchen, die zum größten Teil entfernt werden. Auch auf dem Rücken wird ausgedünnt, um nicht durch Haarbüschel den Eindruck zu erwecken, der Hund sei zu schwer gebaut. Die Fahne an der hinteren Seite der Rute wird entfernt und die Rutenspitze geformt. Befinden sich an den Hinterseiten der Schenkel Fahnen, entfernt man diese, damit der Hund nicht zu lang erscheint. Auch

Fransen rund um die Pfoten werden weggeschnitten, so daß der Fuß klein und rund aussieht. Beide Haarformen haben den gleichen Ursprung, wobei die glatthaarige Varietät die ältere ist. Die Geschichte des F. T. läßt sich bis zum 14. Jh. zurückverfolgen, wo er in allen Laufhundmeuten sowie als Spezialist für die Baujagd zu finden ist. Durch Selektion und Einkreuzen des *rauhhaarigen englischen Terriers* schuf der seit 1814 rauhhaarige Terrier züchtende *Jack Russel* den *drahthaarigen F. T.* Als 1875 in England der *Fox Terrier Club* gegründet wurde, erfaßte er zunächst nur die kurzhaarige Form. Einen gewaltigen Aufschwung nahm die Drahthaarzucht nach der 1913 erfolgten Gründung der *Wire Fox Terrier Association* und der Legalisierung des Trimmens. Heute zählt der F. T. zu den beliebtesten Haushunden. —*Tafel 46.*

Francais Blanc et Noir: großer, sehr kräftiger Jagdhund (SH 65 bis 72 cm ♂, 62 bis 68 cm ♀ bei 35 kg KM), auf starken, gut geformten Läufen stehend, den Eindruck herrlicher Ausgewogenheit vermittelnd. Der ziemlich kräftige, fast lang zu nennende Kopf steht in guter Proportion zum Körper, ist nie zu schwer und immer edel. Gut geöffnet und stets schwarz ist die Nase, mit einem möglichst gebogenen Nasenrücken. Der Stop ist leicht markiert. Dunkle Augen und in gleicher Höhe angesetzte, leicht gewendete Hängeohren vervollständigen das Bild. Ein langer, starker Hals schließt sich an, der in den kräftigen Körper mit hoher und nicht sehr breiter Brust übergeht. Die Brust reicht bis zu den Ellenbogen hinab. Ziemlich lang ist der feste Rücken, die Flanken sind leicht aufgezogen. Der F. B. e. N. hat schräge Hüften, lange, trockene und schräge Schultern und steht auf kräftigen, starken, gut geformten Läufen mit länglichen Pfoten. Seine Rute, am Ansatz dick und ziemlich lang, wird elegant getragen. Er hat kurzes, starkes, dichtes Haar, unter weißem Fell ist die Haut weiß, schwarz unter schwarzem. Vorherrschende Farben sind immer Weiß und Schwarz mit großem Mantel bzw. mehr oder weniger großen schwarzen Flecken. Typisch für die Rasse sind die blassen Flecken über und unter den Augen, an den Backen, unter den Ohren und am Rutenansatz. Man betrachtet den F. B. e. N. als direkten Nachkommen des *Saintongeois* und des *Gascogne*. Er wurde gezüchtet, um den französischen Jägern einen Jagdhund zu schaffen, der die Qualitäten seiner Ahnen in sich vereint. Erstmalig wurde der F. B. e. N. 1957 vorgestellt, ein Jahr später erkannte man den Standard an. Dieser große Laufhund wird zur Hetzjagd auf Hirsch und Reh verwendet und kann über lange Strecken ein hohes Tempo halten. Er gehört unbedingt in Jägerhand.

Französische Bulldogge: kräftiger, lebhafter, kurzleibiger, gedrungen aussehender, verhältnismäßig untersetzter Hund (SH 25 bis 34 cm bei 8 bis 14 kg ♂, 7 bis 13 kg ♀ KM) mit kurzer Behaarung und kurzem, stumpfnasigem Gesicht. Der Kopf ist sehr kräftig, breit und eckig mit nahezu symmetrische Falten bildender Kopfhaut. Die breite Nase ist sehr kurz, zurückgestoßen mit offenen Nasenlöchern. Bis zu den Oberlefzen reichen die symmetrisch verlaufenden Falten am kurzen, breiten Fang, die dicken, etwas schlaffen Lefzen sind schwarz, die oberen berühren die unteren in der Mitte und verdecken die Zähne völlig. Typisch sind die breiten, eckigen und kraftvollen Kiefer, die einen guten Vorbiß aufweisen. Der Schädel der F. B. ist breit, fast flach, in der Stirn stark gewölbt mit stark hervortretenden Augenbögen, die durch die besonders tief entwickelte Furche zwischen den Augen getrennt sind. Die Furche darf aber nicht auf der Stirn weitergehen. Der Standard verlangt tiefliegende, dunkle, große, runde und leicht hervortretende Augen mit schwarzen Lidern sowie mittelgroße, am Ansatz breite und oben abgerundete Ohren, die hoch am Kopf in aufgestellter Haltung angesetzt sind. Von vorn betrachtet ist die Ohrmuschel sichtbar, deren Haut beim Anfassen weich sein soll. Dem kurzen, leicht gewölbten Nacken schließen sich die kräftigen Schultern mit deutlich hervortretender guter Muskulatur an. Die F. B. hat eine sehr breite und tonnenförmige Brust mit gewölbten Rippen. Der Rücken ist breit und muskulös, von der Seite gesehen bilden Rücken und Lende eine zur Kruppe immer steiler aufsteigende Linie, die dann zur Rute hin stärker abfällt. Die kurze Rute ist tief angesetzt und an den Hinterschenkeln anliegend. Am Ansatz dick und knotig, soll sie sich unkupiert zum Ende verjüngen und die Form eines Korkenziehers haben. Die Läufe sind hinten etwas länger als vorn mit tiefen, keinesfalls steilen Sprunggelenken, die hinten wiederum länglicher sind. Sie stehen auf runden, kleine Pfoten. Das Haar der F. B. soll dicht, glänzend und weich sein und entweder gestromt oder scheckig. Gestromt ist eine Mischung von schwarzen und nicht allzu dunklen rötlichen Haaren. Ein wenig Weiß am Kopf und der Brust ist zulässig. Bei den Schecken dominiert Weiß mit gestromten Platten, die Wimpern und Lider sind immer schwarz. Es ist darauf zu achten, daß im Gesicht keine pigmentlosen Stellen zu finden sind.

Den Streit zwischen Frankreich und England, woher die F. B. stamme, beendete die FCI, indem sie sie kurzerhand als französische Rasse anerkannte. Frankreich wollte den alten *Bouledogue* als Ursprungsrasse im Land behalten, während die Briten nicht zu Unrecht *schwache Bulldogs* als Vorläufer nennen. Oft lagen Kümmerlinge in den Würfen, die für Kämpfe zu schwach waren. Sie wurden von den Züchtern verschenkt, meist an Weber der Nottinghamer Gegend, die mit ihnen weiterzüchteten. Bereits 1863 zeigten sie auf einer Ausstellung in *Islington* 30 dieser schwachen Bulldogs. Mit ausgewanderten Webern und Klöpplern kamen diese Tiere in die französische Normandie, wo man sie mit der einheimischen Bouledogue kreuzte und so die heutige Rasse geschaffen wurde.

Trotz ihres mürrischen Aussehens ist die F. B. ein sehr sanfter und kinderfreundlicher Hund, anhänglich und äußerst pflegeleicht. Besonders hervorzuheben ist, daß sie wenig Platz beansprucht. Die F. B. ist aber auch ein guter, scharfer Wachhund. Besitzer solcher Rasse müssen beachten, daß die F. B. kein großes Bewegungsbedürfnis hat und gegen Hitze sehr empfindlich ist. Ein großer Nachteil der F. B. ist ihr oft asthmatisches Röcheln und Schnarchen. —*Tafel 19.*

französische Schäferhunde: 1. † Berger d'Arbazile. — **2.** † Berger d'Azun. — **3.** † Berger de Beauce. — **4.** † Berger de Bagnéres. — **5.** † Berger de Brie. — **6.** † Berger de Labeda. — **7.** † Berger de la Camargue. — **8.** † Berger de Saint Béat. — **9.** † Berger de la Grau. — **10.**† Berger de Savois. — **11.** † Berger des Carrigues. — **12.** † Berger des Pyrénées. – **13.** ↑ Berger des Pyrénées à face rasée. – **14.** ↑ Berger du Languedoc. – **15.** ↑ Berger du Larzac. – **16.** ↑ Farou.

Friese Hazewind, *Friesischer Hasenwindhund:* im Aussehen sehr dem ↑ Greyhound bzw. *Kurzhaarlurcher* ähnelnder Hetzhund, über dessen Existenz im heutigen Schrifttum keine Angaben mehr zu finden sind. Der F. H. war wohl der einzige Vertreter der Wind- und Hetzhunde, der sich früher nicht in der Hand des Adels bzw. der begüterten Mittelschichten, sondern immer im Besitz der Bauern befand. Bei *Rudolf Löns* findet sich nach dem 1. Weltkrieg in seinem Buch „Natürliche Jagdkunde" folgende Passage: „In den Hauptländern der Handelsherrschaft fristet heute der edle Windhund ein kümmerliches Dasein; aber auch seine Tage werden wiederkommen; denn ganz ausgestorben ist auch beim Bauerntum die Kunst der Windhetze noch nicht. In den Heidegebieten der deutsch-holländischen Grenze sieht man auch heute noch vereinzelte Jäger mit Spürhund und Windhund auf die Hasenjagd gehen, eine Jagdart, die lustvoller und nicht minder lohnend ist, als die Suche mit der Flinte."

Zum endgültigen Aussterben verurteilt wurde die Rasse durch ein in den Niederlanden 1923 erlassenes Verbot der Jagd mit Hetzhunden.

Es müßte jedoch möglich sein, mit noch vorhandenen bodenständigen Schlägen anhand der Beschreibungen die Rasse wieder erstehen zu lassen.

Friesischer Hasenwindhund ↑ Friese Hazewind.

Friesisches Lockenhaar ↑ Wetterhond.

Fulani Greyhound, *Fulbe-Windhund:* schmal, schlank mit langem, spitzem Kopf, der jedoch nicht einheitlich in der Population ist. Es gibt Tiere mit sehr ausgeprägtem Stop, andere mit einem völlig flachen Übergang. Alle haben Stehohren und sind kurzhaarig. Der F. G. wird meist als Hirtenhund verwendet. Es wird ihm eine Verwandtschaft mit dem Schakal nachgesagt. Rassekennzeichen wurden bislang keine aufgestellt, da als Grundlage für eine Anerkennung als eigenständige Rasse die notwendige Einheitlichkeit fehlt.

G

Galgo Espanol: ziemlich großer Windhund (SH 65 cm ♂, 60 cm ♀ bei 25 bis 30 kg ♂, 20 bis 25 kg ♀ KM). Das Idealmaß für einen G. E. liegt beim Rüden bei 65 cm SH, 65 cm Brustumfang, 50 cm Rutenlänge und 70 cm Rückenlänge. Der G. E. hat einen langgezogenen Kopf mit wenig Stop, ziemlich langem Schädel und schmal zwischen den Ohren. Die Kiefer sind kräftig, trocken und lang mit dünnen Lefzen und starken Zähnen im Scherengebiß. Ein aufmerksamer Blick der großen, dunklen Augen wird bevorzugt, wobei die Farbe der Augen mit der Fellfarbe harmonieren kann, ohne gelb oder hellbernsteinfarben zu sein. Dünne, feine, hoch angesetzte Ohren liegen halb fallend nach hinten. Von den Schultern nach oben leicht abgeflacht verläuft der schlanke, lange, fast gerade Hals, übergehend in den kräftigen, muskulösen Rücken. Er ist so gewölbt, daß man die Spannung ahnen kann. Die tiefe Brust reicht bis zu den Ellenbogen und ist so breit, daß sie den Lungen genügend Raum bietet. Typisch ist auch die sehr trockene, aufgezogene Bauchlinie. Lang und dünn, niemals kupiert, fällt im Bogen die Rute bis zu den Sprunggelenken. Sehr kräftige, normal gestellte Gliedmaßen stehen auf Katzenpfoten. Die Muskeln sind lang, breit und gespannt und müssen sich unter der Haut deutlich abzeichnen. Das Fell des G. E. ist kurz und meist fein, bei der rauhhaarigen Form dicker. Zulässig sind zimtfarben, kastanienbraun, rot, schwarz, löwengelb mit weiß sowie Kombinationen dieser Farben. Es gibt heute noch in Spanien, je nach der geografischen Lage, verschiedene Arten des G. E., der wie alle kurzhaarigen Windhunde auf Abkömmlinge des *Pharaonenhundes* zurückzuführen ist. Am wahrscheinlichsten ist eine nahe Verwandtschaft mit Vorfahren des ↑ Sloughi, die mit den *Sarazenen* nach Spanien gelangten und dort durch Klima, landschaftliche Einflüsse und Verwendungszweck mit der Zeit zum heutigen Aussehen verändert wurden. Um gute Hunde für die Rennbahn zu erhalten, kreuzte man in den dreißiger Jahren unseres Jahrhunderts vielfach G. E. mit ↑ Greyhounds, gewann dadurch Schnelligkeit, verlor jedoch Ausdauer und Jagdinstinkt. Er ist in der Lage, bei der Verfolgung der gehetzten Jagdbeute eine große Geschwindigkeit und hervorragende Ausdauer zu entwickeln. Sehr intelligent und robust, besitzt der G. E. aber keinen allzu guten Geruchssinn.

Galgo ingles-espanol: meist in den Städten zu findendes Kreuzungsprodukt aus ↑ Greyhound und ↑ Galgo Espanol (SH 67 cm ♂, 66 cm ♀ bei 33 kg ♂, 30 kg ♀ KM). Die spanischen Großstädter nutzen ihn sehr viel für Windhundrennen. Er ist muskulöser und schwerer als der reinrassige Galgo und existiert in allen auch beim Renngreyhound vorkommenden Farben.

Glen of Imaal Terrier ↑ Soft Coated Wheaten Terrier.

Golden Retriever: harmonisch gebauter Hund (SH 51 bis 63 cm ♂, 42 bis 56 cm ♀ bei 32 bis 33 kg KM ♂, 27 bis 29 kg KM ♀) mit leichten Bewegungen. Nicht zu Unrecht wird er als der schönste Retriever bezeichnet, er ist auch der verbreitetste. Er darf nichts grobes an sich haben und weder zu hoch noch zu tief auf den Beinen stehen. Sein Schädel ist breit mit ausgeprägtem Stop, breitem, kräftigem Fang, Scherengebiß und weit geöffneter, schwarzer Nase. Die Augen sind mittelgroß, dunkel mit freundlichem Ausdruck und dunklen Lidern. Die Ohren sind proportioniert, mittelgroß, nicht zu hoch angesetzt und werden am Kopf anliegend getragen. Der muskulöse Hals zeigt keine Wamme und geht harmonisch in den kurzen, ausgewogenen Rumpf über, der im Rücken gerade, in der Lendenpartie kräftig und in der Kruppe leicht abfallend ist. Die Brust zeigt sich gut gewölbt und tief, die Rute gerade, nicht zu lustig getragen und nie über den Rücken gerollt. Der G. R. steht auf geraden, kräftigen Läufen mit guten Knochen. Die Schultern sind schräg und lang, die Schenkel muskulös, die Sprunggelenke gut heruntergelassen, die Pfoten stehen rund und kompakt mit geschlossenen Zehen auf Katzenpfoten. Sein Haar ist lang, glatt

oder leicht gewellt, niemals gelockt, und mit dichter, wasserundurchlässiger Unterwolle. Er existiert in jeder Schattierung von goldfarben, niemals rot oder mahagoni. Einzelne weiße Haare an der Brust sind gestattet.
Er entstand etwa Mitte des 19. Jh., wobei sein Ursprung immer wieder Anlaß zu heftigen Debatten zwischen den Kynologen war. In einem sind sich alle einig, daß ↑ russische Schäferhunde zu seinen Vorfahren gehören. Ob er nun in Rußland ursprünglich entstand oder nur aus diesen Hunden herausgezüchtet wurde, ist nicht beweisbar. Die erste Version geht dahin, daß der *Labrador-Setter-Spaniel* vermischt mit russischen Schäferhunden und dem ↑ Bloodhound am Entstehen des G. R. beteiligt ist. Die andere ist, der G. R. habe sich eigenständig im Kaukasus entwickelt, wäre dann schon relativ gefestigt nach England gekommen, dort untereinander und mit verschiedenen Typen von *Retrievern* bzw. *gelben Laufhunden* gekreuzt worden, bis der heute bekannte Hund entstand. Als dritte Version existiert die Annahme, der G. R. sei aus dem alten ↑ Flat coated Retriever in Verbindung mit dem heute ausgestorbenen *Tweed Water Spaniel* entstanden. Die zutreffende These ist aber wohl die erste, wobei auch die große Verbreitung in den USA ein kleiner Beweis ist.
Als Apportierhund ist der G. R. sehr aktiv, er hat viel Ausdauer und ist sehr zäh. Sein Geruchssinn ist hervorragend, ebenso seine Wasserpassion. Als Begleithund zeigt er sich gut abrichtbar. Zu Kindern ist er äußerst geduldig, aber wachsam gegenüber Fremden. Er benötigt ein normales Maß an Pflege — tägliches Bürsten, mehrmaliges Kämmen pro Woche — und viel Bewegung. *— Tafel 30.*

Goralenhund ↑ Polski owczarek podhalanski.

Gordon Setter: Vorstehhund, kräftiger und näher am Boden stehend als der ↑ English Setter bzw. der ↑ Irish Setter. Er darf keinesfalls einen schweren Eindruck machen. Der Kopf ist eher tief als breit, auf jeden Fall stärker als der des English Setter, sogar etwas massiv, vor allem beim Rüden. Der gerundete Schädel zeigt deutlichen Stop, flach anliegende Jochbeine, einen ziemlich langen, von der Seite gesehen parallel verlaufenden Fang mit trockenen Lefzen, breiter, großer, schwarzer Nase und Scherengebiß. Die Augen sind groß und dunkel, in gleicher Höhe sind die mittelgroßen, breiten, lang behaarten und anliegenden Ohren angesetzt. Sie werden herabhängend getragen. Gegen den Kopf zu gebogen ohne Wamme ist der lange, trockene Hals. Die Brust ist sehr hoch, tief und nicht zu breit und mit gut gewölbten Rippen. Vom Widerrist bis zu den Lenden verläuft der Rücken gerade bei kurzen Flanken. Die Kruppe verlängert nach hinten die konvexe Linie der Lenden. Die Schultern sind schräg, lang und gut bemuskelt. Die Läufe sind gerade und stark, die Hinterläufe sehr muskulös mit herabgelassenen gut gewinkelten Sprunggelenken. Der G. S. steht auf starken, kompakten, runden Pfoten mit kräftigen, dunklen Krallen. Die am Ansatz dicke Rute verläuft in eine feine Spitze, reicht ungefähr bis zum Sprunggelenk und wird gerade getragen. Das halbfeine, seidige, glatte Haar, auch leicht gewellt, doch nie lockig, ist auf dem Schädel ziemlich kurz. An den Backen und am Fang ist es glatt, an den Ohren, den Schenkeln und der Rute bildet es lange, seidige Fransen. Der G. S. ist schwarz und lohfarben. Über jedem Auge muß ein lohfarbener Fleck sein, ebenso gefärbt sind das Ohrinnere, die Lefzen, die Backen, der Kehlansatz, die Schenkel, Pfoten, Vorderläufe und die ganze Innenseite bis zum Ellenbogen. Seinen Namen verdankt der G. S. dem Gebiet, wo er offiziell geschaffen wurde, *Gordon Castle bei Banffshire,* einem Sitz des *Herzogs von Richmond und Gordon.* Er prägte auch das heutige Bild dieses raubzeugscharfen Vorstehhundes. Sein Ziel war, einen schweren Hund zu züchten, der widerstandsfähiger als die anderen Setter war. Aus schwarzen Settern kreuzte er im 19. Jh. unter Zuhilfenahme von ↑ Collies und ↑ Bloodhounds, evtl. auch von ↑ Pointern, den G. S. heraus.

Auf breiter Basis wurde der G. S. jedoch erst gezüchtet, als sich 1927 der *British Gordon Setter Club* konstituierte und einen Standard aufstellte. Wie alle anderen Setter ist der G. S. in jeglichem Gelände zu brauchen. Auch als Haushund ist er äußerst angenehm, freundlich zu Kindern und wachsam gegenüber Fremden. – *Tafel 31.*

Gos d'Atura, *Perro de Pastor Catalan:* mittelgroßer (SH 45 bis 50 cm ♂, 43 bis 48 cm ♀ bei 18 kg KM ♂, 16 kg KM ♀), langhaariger Hirtenhund. Er hat einen breiten, birnenförmigen Kopf mit ausgeprägter Hinterhauptregion, markiertem Scheitelkamm und betontem Stop. Sein Fang ist stumpf, wie abgeschnitten, der Nasenrücken gerade und kurz, wie ein Kegelstumpf aussehend. Die Backenknochen sind kräftig, die Lefzen dünn und eingezogen. Er hat eine schwarze Nase und ein Scherengebiß, gut geöffnete, dunkle Augen mit pigmentierten Lidern und starken Wimpern. Die hoch angesetzten, spitz endenden Ohren, mittellang von feiner Struktur, sind am Kopf eng anliegend und mit feinen Haaren bedeckt. Die Ohren werden oft kupiert. Der Hals ist muskulös und kurz, die Brust kräftig und voll, horizontal und mittellang die Rückenpartie. Die Lenden sind breit, stark, kurz und etwas überhöht, ebenso die kurze Kruppe. Der Bauch soll leicht aufgezogen sein. Die tief angesetzte Rute wird lang getragen, in einer leichten Biegung endend. Es kommen aber auch angeborene Stummelruten vor. Auf 10 cm kupierte Ruten werden ebenfalls anerkannt. Die Schultern sind schräg und abfallend mit starken, geraden Läufen, die eher kurz zu nennen sind. Der G. d'A. steht oft *kuhhessig* und hat Afterkrallen. Sein Haar ist lang, abstehend, leicht gewölbt und am Körper fast borstig, an der Wirbelsäule und Kruppe, den Läufen und Pfoten lang und seidig. Er kommt mischfarbig, d. h. schwarz mit weiß, grau, silber und rost oder dreifarbig in schwarz-weiß-rost vor. Die Gliedmaßen sind oft rostfarben. Der kleinste weiße Fleck gilt als Fehler.

Der G. d'A. ist in der katalonischen Ebene südlich der Pyrenäen zu Hause. Viel Ähnlichkeit besitzt er mit dem ↑ Berger des Pyrénées, der lediglich etwas kleiner ist. Abstammungsmäßig führt man den G. d'A. auf alte molossoide spanische Hunde zurück. Auch heute noch ist sein Verbreitungsgebiet stark eingeengt, außerhalb Spaniens existiert er überhaupt nicht. Neben seiner Tätigkeit als Hirtenhund, in der er Groß- und Kleinvieh hütet, ist seine Fähigkeit interessant, verlorengegangene Tiere wieder aufzufinden und der Herde einzugliedern. Der G. d'A. leistet hervorragendes im Polizei- und Militärdienst. Er ist für eine Wohnungshaltung und als Begleithund nicht geeignet, er braucht zum Wohlbefinden einen ständigen Aufenthalt im Freien mit viel Bewegung und Selbständigkeit.

Gos d'Atura Cerda: dem ↑ Gos d'Atura sehr ähnlicher katalonischer Hirtenhund. Im Unterschied zu jenem hat er kurzes, dichtes, gut anliegendes schwarzes Haar mit rehbraunen Abzeichen auf dem Fang und an den Läufen. Seine Rute trägt er immer in voller Länge leicht herabhängend und an der Spitze gebogen. Er ist ein arbeitsfreudiger, wetterharter Hirtenhund, der aber schon mit Erfolg als Begleithund in der Wohnung gehalten wurde. Sein kurzes Haarkleid befähigt ihn dazu besser, als seine langhaarigen Verwandten.

Grahund: schwedischer, dem Spitz sehr ähnlicher, mittelgroßer (SH 52 cm ♂, 49 cm ♀), kräftiger Hund. Zwischen den Ohren ist der Kopf breit. Der Schädel und die Stirn sind schwach gewölbt und verlaufen gleichmäßig keilförmig bis zur Nasenspitze ohne Stop. Der stumpfe Fang soll nur wenig kürzer als der Schädel sein; mit geradem Nasenrücken, eng anliegender Haut und fest geschlossenen Lefzen. Die Nase ist schwarz, die kräftigen Zähne schließen als Zangengebiß. Der G. hat dunkelbraune, nicht hervortretende Augen und hoch gerichtete, spitz zulaufende Ohren, die höher als breit sind. Der mittellange Hals, kräftig und gut aufgerichtet, geht anmutig in den kompakten kurzen Rumpf über. Weitere Standardmerkmale sind die breiten Lenden, die muskulöse, schwach abfallende Kruppe, die breite, tiefe Brust mit wohlgewölbten Rippen und der wenig aufgezogene Bauch. Die hoch angesetzte, kräftige und ziemlich kurze Rute wird im Idealfall über der Mittellinie des Rückens getragen. Die Läufe sind kräftig und gut gewinkelt. Sie ermöglichen einen weit ausholenden Gang. Der G. hat ziemlich langes, gerades, harsches Haar mit schwarzen Spitzen, die Unterwolle ist sehr weich und rein hellgrau. Die Farbe ist grau in verschiedenen Nuancen, heller am Hals, der Brust, dem Bauch, den Läufen und an der Rutenunterseite. An den Ohren und im Gesicht ist der G. dunkler. Durch Beschluß der Generalversammlung der FCI 1981 wurde der Standard des G. (Standard 112) außer Kraft gesetzt, somit ist derzeit der ↑ Dyrehund, der norwegische Elchhund, die einzige anerkannte nordische Rasse. *—Tafel 38.*

Grand Bleu de Gascogne: großer, sehr dem ↑ Billy ähnelnder kurzhaariger Laufhund (SH 63 bis 70 cm ♂, 60 bis 65 cm ♀ bei 35 kg KM) mit auffallend schönem Haarkleid. Der ziemlich kräftige und längliche, edle Kopf zeigt wenig betonten Stop. Die schwarze Nase ist gut entwickelt mit langem,

Grand Bleu de Gascogne

starkem, leicht gebogenem Nasenrükken. Der gesamte Schädel weist die Form eines Spitzbogens auf. Schwere dunkle Lider bedecken die dunklen Augen. Die feinen Ohren sind sehr tief angesetzt, und reichen leicht gewendet mindestens bis zur Nase. Der mittellange Hals geht in die muskulösen Schultern über. Die Brust ist hoch, breit und tief, der Rücken ziemlich lang, die Lenden etwas flach und die Flanken leicht aufgezogen. Die Kruppe neigt sich leicht zur am Ansatz kräftigen Rute, die ziemlich lang und sichelförmig getragen wird. Manchmal weist sie eine leichte Bürste auf. Bei den Läufen ist zu beachten, daß die Hinterhand etwas schwächer als die Vorderhand ist. Der G. B. d. G. hat ein ziemlich dickes, nicht sehr kurzes und reichliches Haarkleid, das auf der schwarz oder weiß gefärbten Haut sitzt. Es hat schwarze Flecken auf weißem Grund, stark getüpfelt. Auf jeder Kopfseite sind zwei schwarze Flecken, die die Ohren um die Augen herum bis zu den Backen bedecken. Typisch für die Rasse ist der kleine, ovale schwarze Fleck auf dem Schädel. Man sagt dem G. B. d. G. nach, daß er direkt vom schwarzen ↑ Hubertushund abstammen soll und aus ihm viele andere große französische Laufhunde gezogen wurden. Zeitgenössische Gemälde zeigen ähnliche Hunde bereits in den Meuten *Heinrichs IV.* Heute ist er reinrassig praktisch ausgestorben. Ihn zeichnen seine große Schärfe und der gute Geruchssinn aus, dagegen hat er wenig Energie und Aktivität. Man verwendete ihn zur Hetzjagd auf Wolf und Hirsch.

Grand Gascon Saintongeois, *Virelade:* ausgezeichneter, großer, kurzhaariger Jagdhund (SH 63 bis 70 cm ♂, 60 bis 65 cm ♀ bei 35 kg KM). Der ziemlich trockene, länglich geformte Kopf hat eine leichte Stirnfurche, der Nasenrücken ist lang, manchmal leicht gebogen mit schwarzer Spitze. Der Schädel hat die Form eines Spitzbogens mit betontem Hinterhauptbein. Unterhalb der Linie der bernsteinfarbenen Augen sind die Ohren angesetzt, fein und leicht gewendet, die bis zur Nasenspitze reichen. Der Standard fordert ein Scherengebiß. Der Hals ist mittellang und stark, die Brust tief und gut herabgelassen mit etwas kurzen Rippen. Der Rücken ist lang und fest, die Lenden sind oft etwas lang, leicht gewölbt und ziemlich bemuskelt. Die Hüften stehen horizontal. Der leicht abfallenden Kruppe schließt sich die lange, am Ansatz dicke und zur Spitze hin fein auslaufende Rute an, die elegant getragen wird. Der G. G. S. steht auf langen, kräftigen Läufen mit Sprunggelenken nahe am Boden. Das Haar ist kurz und dicht. Die Haut ist rosa unter weißem Haar und schwarz unter schwarzem Haar. Das weiße Haar kommt mit mehr oder weniger regelmäßigen Tüpfeln, Flecken oder schwarzem Mantel vor. Oft bedecken auch zwei rote Flecken die Ohren, Backen und Augenpartie (Vierauge). Typisch ist der oft vorkommende rehfarbene Fleck am Sprunggelenk.

Der G. G. S. stammt aus einer Kreuzung zwischen ↑ Grand Bleu de Gascogne und *Saintongeois,* geschaffen von *Joseph de Carayon-Latour* etwa Mitte des 19. Jh. Er wurde seitdem weiter vervollkommnet und zählt heute zu den geschätztesten Meutehunden in Südfrankreich. Er ist sehr schnell und verträglich und eignet sich besonders für die Hetzjagd auf Hase, Reh und Hirsch. Er gehört nur in Jägerhand.

Grand Griffon Nivernais: mittelgroßer Laufhund (SH 50 bis 60 cm bei 28 kg KM). Der Kopf ist trocken, leicht und länglich mit buschigen Augenbrauen und kleinem Bart am Kinn. Der Schädel ist fast flach, der Nasenrücken gerade. Die Augen sollen möglichst dunkel sein, sind aber auch etwas heller gestattet. Die gut geformten Ohren sind weich, mittellang, mittelbreit, unten leicht gewendet und etwas über Augenhöhe angesetzt. Der G. G. N. hat einen länglichen Rumpf mit möglichst bis zu den Ellenbogen reichender Brust, die Vorbrust ist in der Breite wenig entwickelt. Der etwas schrägen Kruppe schließt sich die mittellange, säbelförmig getragene Rute an. Die Vorderläufe erscheinen durch die Behaarung etwas stark, sind aber trokken. Das Haar wächst lang und hart, ziemlich stark und struppig, nie wollig oder gelockt auf pigmentierter Haut. Die Farben des Haars sind reines wolfsgrau, blaugrau oder saufarben, aber auch grauschwarz mit roten Abzeichen und sogar rehbraun mit untergemischten schwarzen oder weißen Haaren kommen vor. Der G. G. N. kann auch blaß dreifarbig ohne scharf abgegrenzte weiße Flecken sein. Generell verboten sind reines Schwarz oder Weizengelb.

Französische Kynologen führen den G. G. N. auf die berühmten *„Grauen Hunde"* zurück, die in der Zeit der Kreuzzüge von den Kreuzrittern mitgebracht wurden. Sie stammten vermutlich von *arabischen Wind-* bzw. *Jagdhunden* ab. Heute zählt der G. G. N. auch in Frankreich zu den seltenen Rassen, obwohl er ein sehr vielseitiger Jagdhund ist und speziell zur Wildschweinjagd geeignet. Er ist hart, ausdauernd und widerstandsfähig, aber langsam. Er meldet mit klarer, wohlklingender Stimme. *—Tafel 40.*

Grand Griffon Vendéen: edler, gut proportionierter, robuster Laufhund (SH 60 bis 65 cm) ohne jegliche Schwere. Er hat einen ziemlich langgestreckten Kopf, der zwischen den Behängen nicht zu breit ist. Der Nasenspiegel ist schwarz und nicht zu groß, die Nasenlöcher weit geöffnet, der Nasenrücken breit und gerade. Von einem gut entwickelten Schnurrbart werden die Lippen verdeckt. Da das Haar über den Augen betont aufgestellt sein muß, erscheint der Stop sehr betont, doch ist der Schädel ebenfalls ziemlich gewölbt, aber nicht zu breit. Von dunkler Farbe, groß und lebhaft im Ausdruck sind die Augen. Unterhalb ihrer Linie angesetzt hängen die weichen, schmalen, fein und lang behaarten Ohren in verlängerter Ovalform herab. Sie sind gut nach innen gedreht und nicht zu lang. Der leichte Hals steigt ohne Wamme empor. Der Brustkorb ist nicht zu breit und in der Höhe gut entwickelt, rund, aber nicht übertrieben sind die Rippen. Kräftig und kurz, gerade oder höchstens leicht ansteigend muß der Rücken sein. Die Lenden sind stark bemuskelt, ziemlich aufgezogen die in der Breite gut vollen Flanken. Die Vorderhand hat lange, schräge Schultern, gerade Läufe mit großem Unterarm und gutem Knochenbau. Die Ellenbogen liegen am Rippenkorb gut an. Die Keulen der Hinterhand sind lang und stark bemuskelt, die Sprunggelenke breit und tief. Der G. G. V. hat eine ziemlich hoch angesetzte, säbelförmig getragene Rute, die dick an der Wurzel sich allmählich verfeinert. Das Haar ist ohne jede Übertreibung lang, buschig, dick und hart mit dichter Unterwolle. Der Bauch und die Innenseiten der Keulen dürfen nicht nackt sein, die gut entwickelten Augenbrauen bedecken auch die Augen nicht. Die Haarfarbe ist rehbraun, hasenfarben, weiß und orange, weiß und grau, weiß und hasenfarben, aber auch in den genannten Tönungen dreifarbig. Wichtig ist, daß die Haut nicht zu fein ist. Der

G. G. V. ist auf die Hetzjagd spezialisiert, kann aber auch anderweitig eingesetzt werden. Da er sehr furchtlos ist, wird er auch in schwierigem Gelände auf Großwild, z. B. Wildschwein, eingesetzt.
Man führt diesen französischen Laufhund auf eine weiße Varietät des ↑ Hubertushundes zurück, entstanden aus einer Kreuzung mit einer weißrötlichen italienischen *Brackenhündin*. Die neuen Hunde bezeichnete man als *weiße Hunde des Königs*, da der Ahne ein weißer Hund war, den der Züchter vom König erhielt. Diese Tiere kreuzten nun die Jäger mit dem ↑ Grand Griffon Nivernais und Vorstehhunden, was jedoch der Widerstandskraft geschadet haben soll. Fest steht, daß der G. G. V. neben vielen Qualitäten beim Jagdbeginn zu heftig ist und schnell ermüdet. Das bedeutet, daß langes Nachsuchen oder Hetzen über mehrere Stunden den Hund überfordern.
Greyhound: großer glatthaariger Windhund (SH 67 bis 76 cm ♂, ideal 71 bis 76 cm, 65 bis 71 cm ♀, ideal 68,5 bis 71 cm bei 22 bis 25 kg KM ♂, 20 bis 22,5 kg KM ♀), bei dem man auf den ersten Blick die Fähigkeit sieht, große Antriebskraft zu entwickeln und schnell zu laufen. Seine Harmonie zeigt sich besonders in den schwungvoll klar umrissenen Linien. Er ist schlank, trocken und kraftvoll. Im Stand soll er viel Boden decken, seine Bewegungen sind raumgreifend und geschmeidig. In der Aktion ist er ausdauernd, wendig und sehr reaktionsfähig. Der G. vereint in sich in idealer Weise Schönheit und Adel in Verbindung mit großer Leistungsfähigkeit. Er hat einen langen, trockenen, mäßig breiten Kopf, der im Oberkopf flach ist, mit kräftigem Fang sowie wenig Stop. Die Augen stehen nicht weit auseinander. Sie sind dunkel- bis mittelbraun, bei hellen Hunden auch heller, doch nie stechend im Blick. Der G. muß kleine, trockene, hoch und weit hinten angesetzte Rosenohren haben sowie ein kräftiges, korrektes Scherengebiß. Der Rumpf zeigt eine gut entwickelte Vorbrust, ausgeprägten Brustraum mit bis zu den Ellenbogen reichender Unterbrust sowie guter Rippenwölbung. Der Rücken ist ziemlich lang, breit, kraftvoll bemuskelt und in den Lenden gewölbt. Die Unterlinie soll sehr schwungvoll aufgezogen sein. Der G. steht auf langen, kräftigen Läufen, die gut gewinkelt sind und große Schubkraft ermöglichen. Die Rute ist lang, dünn und tief und bis zum Sprunggelenk reichend angesetzt. Am Ansatz dicker, verjüngt sie sich zum Ende und wird mit gutem Schwung tief getragen, in der Aktion erhoben, doch nie über Rückenhöhe. Das Haar des G. ist fein, dicht, kurz und gut anliegend in allen Farben und Farbkombinationen. Sein Wesen ist ausgeglichen, aber wachsam und wehrhaft.
Der G. kann als reiner Nachkomme des *keltischen Windhundes* betrachtet werden, der mit den Kelten auf ihren Eroberungszügen etwa im 4. Jh. v. u. Z. auch nach England gelangte. *Juliana Berner,* Priorin des *Klosters von Sopwell,* beschreibt den Windhund ihrer Zeit (15. Jh.) folgendermaßen:
„Der Windhunds Kopf soll dem der Schlange gleichen, als Drachenhals soll ganz sein Hals sich zeigen, die Pfoten hab' er so wie eine Katze und einen Schwanz dem ähnlich einer Ratze; die Flanken sollen sein hübsch lang gezogen, und auch das Rückgrat lang und schön gebogen."
Für die Jagd auf Hirsch und Wolf hatten die Engländer den ↑ Irish Wolf-

hound bzw. den ↑ Deerhound, der Hasenjagd dienten kleinere, leichtere *Gagehounds.* Diese wurden in der Folgezeit mit ↑ English Bulldog und ↑ Bull Terrier gekreuzt, um der Rasse größeren Schneid und mehr Ausdauer zu geben. Den Windhundcharakter festigten die Züchter mit ↑ Italienischen Windspielen. Der Siegeszug des G.es begann 1561 mit Einführung der Hunderennen. 1776 wurde der *Coursing Club* in *Swaffham* gegründet. Man unterscheidet in England drei Zuchtlinien, den Racing Grey, den Coursing Grey, und den Show Grey. Letzterer ist deutlich größer und in den Proportionen sehr unterschiedlich. Der Racing Grey ist ein kompakter, muskelstrotzender Hund, der Show Grey sehr grazil.

Die bisherige Höchstleistung eines G.es liegt bei 61 km/h. Obwohl der G. auch ein guter Begleithund sein kann, sollte er nicht zum Wohnungshund degradiert werden. Für Kinder ist er nicht gut geeignet, da er einen unbeherrschten Charakter hat. – *Tafel 42.*

Griechischer Windhund ↑ Lagonikos tis Rodou.

Griffon: mittelgroßer Hund (SH 50 bis 60 cm ♂, 50 bis 55 cm ♀ bei 25 kg KM). Er ist der einzige kontinentale Vorstehhund, in dessen Ahnenreihe keine englischen Rassen auftauchen. Typisch für ihn sind die Derbheit, die Straffe, die senkrechten Läufe und das rauhe Haar mit dichtem Unterfell. Der G. darf nicht untersetzt sein, eher langgestreckt. Er hat einen großen, langen Kopf mit nicht zu breitem Schädel und nicht zu stark abfallendem Stop. Der Fang soll groß und viereckig sein, der Nasenrücken leicht konvex, rauh, aber nicht zu lang behaart. Den Kopf des G. kennzeichnen auch die dichten Augenbrauen sowie der deutliche Schnurrbart. Die Nase ist braun, breit und gut geöffnet. Die großen weißen Zähne schließen als Scherengebiß. Trotz der dichten Brauen müssen die großen, braun oder gelb gefärbten Augen gut zu sehen sein. Die mittelgroßen Ohren sind nicht zu tief angesetzt und liegen mit glatter Behaarung, die von längerem Haar durchsetzt ist, flach an. Die Brust reicht bis zu den Ellenbogen, ist nicht zu breit und zeigt gut gewölbte Rippen. Die langen und schrägen Schultern wirken sich gut auf die Schnelligkeit des Hundes aus. Der kräftige Rücken ist lang, die Lenden sind kurz, die Kruppe lang und muskulös. Der Bauch wirkt ein wenig aufgezogen. Die Vordergliedmaßen sind gerade und kräftig mit dichtem Haar bedeckt, das dichter und kürzer als auf dem Kopf ist. Die Hintergliedmaßen sind sehr derb mit dichtem und zottigem Haar auf den Schenkeln bedeckt, das auch glatt, dicht und kurz sein kann. Auch auf den Schienbeinen ist die Behaarung kürzer und sehr dicht. Die horizontal, oft mit der Spitze aufwärts getragene Rute wird um ein Drittel bzw. ein Viertel gekürzt. Sie ist ähnlich wie die Läufe behaart, aber nie mit Fahne. Das Haar insgesamt ist hart und borstig, ähnlich der Wildschweindecke. Manche Hunde haben einen weichen, wolligen Kragen. Die Unterwolle des G. ist flaumartig, fein und dicht und liegt der Haut gut an, es ist relativ wasserundurchlässig und je nach Klima und Jahreszeit üppig. Die Unterwolle darf nur beim Hochheben des Deckhaares sichtbar sein. G. mit viel Unterwolle besitzen erfahrungsgemäß einen besonders schönen Schnurrbart. Die Farbe ist stahlgrau mit braunen Platten, weiß mit braun, weiß mit gelb, einfarbig braun, mit grauen Haaren gestichelt. Etwas aufwendig ist – wie bei fast allen rauh- und stichelhaarigen Hunden – die Fellpflege. Der G. wird am ganzen Körper mit einem mittellang gezahnten Kamm gut durchgekämmt, hierauf wird an Nacken, Hals und Rumpf soviel Haar wie möglich, speziell Unterwolle, ausgezupft. Letztmalig wird der Hund drei Wochen vor einer Ausstellung so behandelt. Eine Woche vor der Schau wird der Schädel von einem äußeren Augenwinkel über die Augenhöhlenkante zum anderen äußeren Augenhöhlenwinkel und bis zum Hinterhauptbein nicht allzu kurz gestrippt,

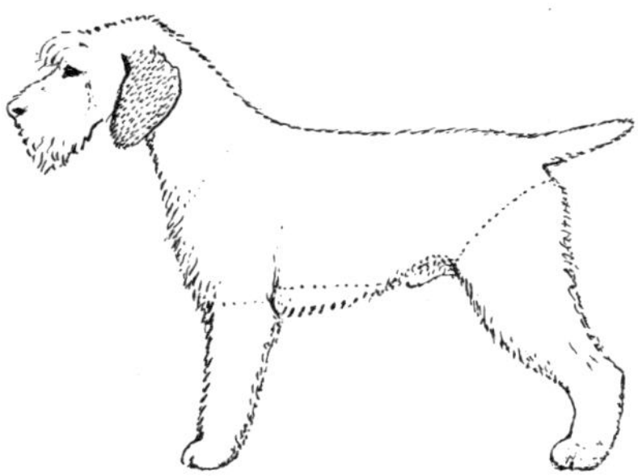

Griffon, zur Ausstellung hergerichtet

d. h., loses Deckhaar wird mit Daumen und Zeigefinger einschließlich Wurzel entfernt. Etwa 1 cm des Haares bleibt stehen. Wangen und Gurgel werden vom äußeren Augenwinkel über die Lefzenwinkel zum anderen äußeren Augenwinkel und vom unteren Ohrenansatz zur Gurgel gleich behandelt, wobei zu beachten ist, daß gute Übergänge entstehen. Vorbrust und Hosen werden so weit wie möglich verkürzt, um den Hund kürzer erscheinen zu lassen. Vor der Ausstellung werden die Ohrenkanten sauber geschnitten und die Augenbrauen in Form gebracht. Die Haare bleiben zwischen den Augen am längsten und verlaufen zum äußeren Augenwinkel hin ganz kurz. Die am Stop seitlich zum Auge hin wachsenden Haare werden mit einer feinen Schere entfernt. Im Profil sieht der Stop kurzbehaart aus, die Augenbrauen fallen in möglichst geschwungenem Bogen über Stop und Augen. Die Brauen dürfen niemals scharfe Schnittkanten zeigen, sie müssen zwar ordentlich, aber doch natürlich aussehen. Die Pfoten werden rundgeschnitten, zwischen den Ballen gesäubert, ebenso die Haare rund um den After bzw. die eventuell vorstehenden Haare an der Rute, die wie ein abgehackter Stock aussehen soll.

Die normale Pflege des G. besteht vor allem darin, den Hund mit einem mehr oder weniger eng gezahnten Kamm durchzukämmen, um so den üppigen Grund – oder Unterwollwuchs – im Rahmen zu halten.

Der G. wurde erst Ende des 19. Jh. von *E. K. Korthals,* dem Leiter der Zuchtstätte des *Prinzen von Solms-Braunfeld,* aus verschiedenen rauhhaarigen Vorstehhunden Deutschlands, Frankreichs und Belgiens geschaffen. Sein Ziel war ein rein kontinentaler Vorstehhund, vielseitig auf der Jagd und mit angenehmem Charakter. In relativ kurzer Zeit gelang es ihm, eine sehr homogene Rasse zu züchten, deren Standard 1887 aufgestellt werden konnte. Als der Hund sich sehr schnell verbreitete, wurden mehrere Clubs zur Betreuung gegründet. Kurz vor der Jahrhundertwende gab es die Tendenz, einen eigenen deutschen G. zu züchten, der mehr dem ↑ Deutsch Drahthaar und dem ↑ Pudelpointer gleichen sollte. Zur besseren Unterscheidung gab man damals dem G. den Beinamen Korthals, also *Griffon-Korthals.* Die deutschen Bestrebungen setzten sich nicht durch, doch der

Beiname wird bis heute noch oft verwendet.

Charakterlich ist der G. etwas eigensinnig, er braucht deshalb von Anfang an eine feste Hand. Er ist sehr kinderfreundlich, doch gleichzeitig ein guter Wächter, wobei ihm sein Hang zum vielen Bellen zugute kommt. Er eignet sich für die Jagd in sämtlichen Geländevarianten, sucht sehr schnell, steht gut vor und apportiert willig. Der G. besitzt einen ausgezeichneten Geruchssinn und ist auch für die Wasserarbeit gut geeignet. Er ist über die ganze Welt verbreitet. – *Tafel 39.*

Griffon à poil dur: mittelgroßer (SH 55 bis 60 cm ♂, 50 bis 55 cm ♀) Hund mit mittellangen Behängen. Er hat einen großen, langen Kopf mit rauhem büschligem, nicht zu langem Haar bedeckt, nicht zu breitem Schädel und leicht gekrümmtem Übergang vom Fang zum Schädel und zeigt wenig Stop. Der Fang ist lang und viereckig mit Bart, die Nase muß immer braun sein. Er hat ein Scherengebiß. Bei den großen, gelben oder braunen Augen sind die Brauen kräftig behaart, ohne die Augen zu verhüllen. Flach und nicht zu tief angesetzt sind die mittellangen, ohne Falten herabhängenden Ohren. Sie sind kurz behaart, aber mit längeren Haaren vermischt. Dem mittellangen Hals schließt sich der gerade, kräftige Rücken an, die Lendenpartie ist vierschrötig und muskulös. Die Brust ist tief, nicht zu breit und mit leicht gewölbten Rippen. Allgemein wird die horizontal getragene Rute kupiert, deren Spitze leicht erhoben sein muß. Sie ist büschelig, aber nicht mit Fahne behaart. Der G. à. p. d. steht auf gut bemuskelten Läufen. Sein Haar ist hart, grob und borstig mit feiner, anliegender Unterwolle unter dem längeren Deckhaar. Er kommt stahlgrau mit kastanienbraunen Flecken, einfarbig kastanienbraun, braun gestichelt, weiß-braun oder weiß-orange vor.

Dieser rauhhaarige französische Vorstehhund wurde aus alten Rassen unter Einkreuzung spanischer ↑ Pointer führiger und zuverlässiger gemacht. Er ist ein wetterharter Arbeitshund, der viel Weite benötigt.

Griffon à poil laineux: mittelgroßer (SH 55 bis 60 cm ♂, 50 bis 55 cm ♀) Hund mit leicht gerollten Behängen und buschig langer Rute. Buschig muß auch der Kopf aussehen, der einen langen, breiten, gut quadratischen und mit großem Schnurrbart versehenen Fang hat. Mehr oder weniger dunkel ist der Nasenspiegel, je nachdem, ob es sich um braune oder blonde Tiere handelt. Die Nasenlöcher sind kräftig und gut geöffnet. Die buschigen Augenbrauen lassen die Augen frei, sie dürfen sie nur wenig beschatten. Die Farbe der Augen ist immer gelb. Die Ohren hängen meist leicht gerollt, aber auch glatt herab. Sie sind tief angesetzt und glatt oder gewellt behaart. Als langgestreckt kann man den Hals bezeichnen, der gut aus dem derben Körper ansteigt. Die Brust ist breit und tief, die Lenden kräftig und leicht gewölbt. Der Rücken ist gerade, die Kruppe voll gerundet. Die Vorderhand zeigt schräge Schultern, doch nicht zuviel Neigung, starke Läufe, muskulös und bis zu den Pfoten lang behaart. Die Hinterhand hat lange, sehr gesenkte Keulen, die Sprunggelenke sind eher spitz als geöffnet. Der Hund steht auf etwas langgestreckten Pfoten, die Krallen sind mit Haaren bedeckt. Er hat eine lange, gerade, gut getragene, buschige Rute. Sein Haar ist halbseidig, nicht glänzend, glatt oder gewellt, doch niemals gelockt. Es kommt in der Farbe Hellbraun mit oder

ohne Weiß vor, große weiße Flecken oder Platten sind nicht gestattet.
Der G. à. p. l. soll einer Kreuzung zwischen Schäferhund und Pudel entstammen, denen noch der alte rauhhaarige französische Griffon zugeführt wurde. Dieser alten, vom Aussterben bedrohten Rasse nahm sich 1872 ein Händler namens *Emmanuel Boulet* an, von dem auch der ab und zu Verwendung findende Beiname *laineux-boulet* stammt. Seinem Eifer ist es zu verdanken, daß die Rasse noch existiert. Zuerst erhielt er Tiere, die weiß, braun bzw. weiß und schwarz waren, doch bemerkte er bald, daß Hunde von zu auffälliger Farbe schnell vom Wild bemerkt werden und eine zu frühe Flucht bewirken. Deshalb widmete er seine Aufmerksamkeit der Farbe. Das Ziel war, den Hunden eine Farbe anzuzüchten, mit der sie im Gelände besser geschützt waren. Es entstand die typische unverwechselbare hellbraune Farbe des G. à. p. l. Über zehn Jahre dauerte es, bis die Homogenität des Haarkleides und des Typs erreicht war. 1886 hatte es *Boulet* dann geschafft. Seine Hunde erzielten im Gelände hervorragende Arbeitsergebnisse und wurden vielfach prämiiert. Da die Rasse nicht ganz einfach in der Führung ist und ihr Eigensinn die Ausbildung sehr erschwert, halten viele Kynologen den G. à. p. l. geeigneter als Begleithund. Andere sehen jedoch vorrangig die guten jagdlichen Eigenschaften wie Robustheit, feiner Geruchssinn und Widerstandsfähigkeit gegen Witterungseinflüsse.

Griffon belge: kräftiger, gedrungener Zwerghund von derbem Knochenbau und festem Wesen (SH 21 bis 28 cm bei 3 bis 5 kg KM) mit eleganten Bewegungen. Der Kopf ist breit, rund und an der Stirn stark gewölbt und mit hartem, struppigem Haar bedeckt, das etwas länger um Augen, Nase, Backen und Kinn ist. Am Kinn bildet es einen Schnauzbart und die Augenbrauen sind buschig. Immer schwarz und sehr kurz ist die Nase, sehr ausgeprägt muß der Stop erscheinen. Typisch ist der Vorbiß. Es werden schwarze Lefzen und sehr große, runde, schwarze Augen mit langen schwarzen Wimpern sowie schwarzen Lidrändern gefordert. Die Augen stehen weit auseinander und treten stark hervor. Die Ohren sind gerade, spitz und immer kupiert. Der Körper ist breit, tief und ziemlich kurz und steht auf geraden, senkrechten, mittellangen Läufen. Kurz und kompakt erscheinen die Pfoten mit schwarzen Ballen und Krallen. Die aufwärts getragene Rute wird zu zwei Drittel kupiert. Das Haar ist hart, struppig, halblang und dicht und kommt schwarz, schwarz und rot sowie schwarz mit rostbraun vor. Zu vermeiden sind weiche, seidige Haare, die auf dem Kopf ein Büschel bilden. Die zur Gruppe der *belgischen Zwerggriffons* zählenden Hunde unterscheiden sich hauptsächlich durch die Beschaffenheit ihres Haares und der Farbe voneinander. Man kann im gleichen Wurf Tiere aller drei Varietäten antreffen, sowohl langhaarige als auch kurzhaarige. Erstmalig auf Ausstellungen sah man die kleinen Begleithunde auf der Brüsseler Ausstellung von 1880, doch vergingen noch 25 Jahre, bis 1905 der erste offizielle Standard festgelegt wurde. Zu den Ahnen zählt man *alte niederländische* und *deutsche Stallpinscher* sowie *nordfranzösische stichelhaarige Griffons* und den ↑ Mops. So problemlos wie die Haltung des unerschrockenen Hundes ist die Aufzucht leider nicht, komplette Würfe sind sehr selten. Dieser

Griffon ist hauptsächlich in seinen drei kleinen Varianten in England verbreitet.

Griffon Bleu de Gascogne de petit taille: derber, niedrig gestellter (SH 43 bis 52 cm bei 25 bis 29 kg KM) Griffon mit solidem Körperbau. Der mittellange Kopf hat einen leicht gewölbten, nicht zu breiten Schädel, der an einen Spitzbogen erinnert. Der Hinterhauptrand ist wenig betont, ebenso der Stop. Leicht gekrümmt verläuft der gerade, mittellange Fang mit den trockenen Lefzen, der schwarzen Nase und dem Scherengebiß. Kleiner als beim ↑ Grand Bleu de Gascogne sind die goldkastanienbraunen Augen. Die Ohren sind mittellang, in Augenhöhe angesetzt, fast flach und kurz behaart. Einen dünnen Eindruck macht der Hals, der ohne Wamme in den kräftigen Rumpf übergeht. Die Brust ist gut entwickelt und reicht bis zum Ellenbogen hinab. Die Rippen sind leicht gerundet, der Rücken lang und fest, die kurze Kruppe geht in die lange, leicht gebogene, am Ende feine Rute über. Die Schultern verlaufen ziemlich schräg und sind stark und muskulös. Die Sprunggelenke stehen dem Boden nahe, die Pfoten sind rund und kompakt. Er hat harsches, fast flach anliegendes, am Rumpf und den Läufen leicht gewelltes Haar, das am Kopf kürzer ist. Üppig sind die Augenbrauen, sie dürfen die Augen aber nicht verdecken. Das Fell hat schwarze Flecken auf weißem Grund, der überall getüpfelt ist. Das gibt dem Hund einen schieferblauen Schimmer. Dazu kommen rote Abzeichen an den Backen und der Innenseite der Ohren, aber auch an der Brust und den Läufen. Das Haarkleid kann auch weiß-schwarz gefleckt sein. Außerdem gibt es Hunde mit graublauem Mantel und weiß am unteren Ende der Läufe bzw. mit Sprenkelung.

Griffon Bleu de Gascogne de petit taille

Diese Rasse ist aus dem Grand Bleu de Gascogne, gekreuzt mit langhaarigen ↑ Griffons, entstanden. Er ist grober als sein Ahne und wurde im Südwesten Frankreichs speziell für die Hasenjagd geschaffen. Er gibt gern Laut.

Griffon Bruxellois: kleiner, sehr lebhafter, kräftiger Vertreter der belgischen Zwerggriffons (SH 21 bis 28 cm bei 3 bis 5 kg KM). Er hat einen breiten, runden Kopf mit gut gewölbter Stirn, die mit hartem, zerfranstem Haar bedeckt ist, das um die Augen, an den Backen, am Kinn und an der Nase länger ist. Der Nasenspiegel ist breit und schwarz, die Lippen gut schwarz umrandet. Sehr kurz erscheint der Fang. Der Unterkiefer steht deutlich vor dem Oberkiefer und bildet einen guten Vorbiß. Gut ausgeprägt ist der Stop. Sehr groß, rund und auseinanderstehend sind die dunklen Augen. Sie haben schwarze Augenlidränder und lange, schwarze Wimpern. Gerade und immer spitz kupiert sind die Ohren. Der Hals ist kurz und kräftig. Der kurze, ziemlich breite und tiefe Körper hat einen deutlich ausgeprägten Brustkorb und steht auf verhältnismäßig langen, geraden Läufen. Die Pfoten sind kurz, rund und gut geschlossen mit schwarzen Krallen. Hoch angesetzt ist die auf ein Drittel kupierte Rute. Das halblange, reichliche Haar ist hart, buschig und zerzaust. Es bildet dichte Augenbrauen und einen buschigen Schnauzbart. Die Farben des G. B. sind rot, rostbraun sowie beide mit etwas Schwarz am Fang und am Schnurrbart. Neben dem ↑ Brabancon und dem *Griffon belge* ist der G. B. die dritte Varietät der Gruppe der ↑ belgischen Zwerggriffons, die alle drei in einem Wurf fallen können.

Wie bei fast allen derzeitigen Hunderassen ist die Herkunft nicht restlos geklärt, es existieren die verschiedensten Theorien. Die Holländer führen die Zwerggriffons auf den ausgestorbenen Smoushond zurück, während die Engländer nachzuweisen versuchen, daß der erste Zwerggriffon 1873

Griffon Bruxellois

aus einer Kreuzung zwischen ↑ Yorkshire Terrier und anderen Terriern entstanden sein soll. Die richtigste Annahme scheint jedoch die Ahnenreihe niederländische und deutsche Stallpinscher – Mops – nordfranzösischer Griffon zu sein, doch endgültige Klarheit ist auch hier kaum zu schaffen.

Griffon Fauve de Bretagne: starkknochiger, derber Hund von mittlerer Größe (SH 50 bis 55 cm ♂, 47 bis 52 cm ♀ bei 25 bis 30 kg KM), der viel Kraft aber wenig Eleganz ausstrahlt.

Griffon Fauve de Bretagne

Sein Schädel ist lang mit betontem Hinterhauptbein, von vorn gesehen ist er flach und verringert sich in der Breite bis auf die Höhe der Augenjochbögen, die nicht sehr stark betont sind. Gerade, lang und leicht gebogen ist der Nasenrücken, die Lefzen sind trocken, die Nase schwarz oder dunkelbraun und gut geöffnet. Die kräftigen Zähne schließen als Scherengebiß. Den Kopf komplettieren die dunklen Augen sowie die in ihrer Höhe angesetzten Ohren, die kaum bis zur Nasenspitze reichen. Sie sind spitz am Ende und feiner behaart als der übrige Körper. Der Hals ist ziemlich kurz und muskulös, die Brust tief und breit mit runden Rippen. Die Lenden erscheinen wegen der Hinterhandmuskulatur aufgezogen, die Schultern sind schräg gestellt. Die mittellange, gut getragene Rute zeigt manchmal eine Bürste. Der G. F. d. B. ist sehr hart und nicht zu lang behaart, nie wollig oder gelockt und kommt fahlrot, rehbraun, besonders weizengelb bis leuchtend braunrot, niemals mit Kohlestichelung oder weiß vor. Dieser langhaarige französische Laufhund, der besonders bei der Jagd auf Wildschwein und Hase verwendet wird, stammt aus Verbindungen des ↑ Briquet Griffon Vendéen mit großen Griffonschlägen. Er war eine Weile in Vergessenheit geraten, ist aber dank des Einsatzes bretonischer Züchter wieder aufgelebt. Er hat sehr viel jagdliches Temperament und einen ausgezeichneten Geruchssinn. Als Wohnungshund ist er nicht besonders geeignet, er gehört unbedingt in Jägerhand.

Griffon Nivernais de petit taille: kleiner Schlag des ↑ Grand Griffon Nivernais (SH 50 bis 55 cm ♂, 48 bis 53 cm ♀). Er ist ein struppiger, derber Hund mit trockenen Gliedmaßen. Der Kopf ist trocken und leicht, relativ groß mit großen, etwas langen Behängen, schwarzem, stark in Erscheinung tretendem Nasenspiegel und etwas Bart am Kinn. Die Stirn geht sanft in den Nasenrücken über, der sehr hervorstehend erscheint durch das struppige Haar der Augenbrauen. Fast flach ist der Schädel. Die Augen sollen dunkel sein. Sie werden jedoch auch etwas heller toleriert, müssen aber einen lebhaften, durchdringenden Blick haben. Geschmeidig und immer über der Augenhöhe angesetzt, ziemlich behaart und von mittlerer Breite sind die gut geformten, halblangen Ohren. Sie werden herabhängend leicht gegen die Spitze gefaltet getragen. Der relativ leichte Hals darf keine Wamme haben. Die Vorbrust reicht so weit wie möglich zu den Ellenbogen, wobei das Brustbein nicht zu breit ist. Der in der Länge tiefe Rippenkorb verbreitert sich zur letzten Rippe, die im Verhältnis zu den flacheren ersten ziemlich abgerundet ist. Der Rücken muß länglich sein, nicht allzu gewölbt die Lendenpartie, etwas aufgezogen, doch nicht windig die Flanken, schließlich etwas schräg die Kruppe. Gut angesetzt ist die säbelförmig getragene Rute. Sie ist nicht sehr lang, zur Mitte hin ährenartig, manchmal an ihrer Spitze etwas über den Rücken gebogen. Die Schultern liegen gut am Körper an, sind leicht geneigt und trocken, die Vorderläufe erscheinen durch die Behaarung dick, sind jedoch ebenfalls trocken. Obwohl sie gut senkrecht stehen, sind sie in Ruhestellung von der Seite gesehen etwas rückstehend. Die Keulen der Hinterhand sind flach, die Sprunggelenke gesenkt und leicht gewinkelt, die Pfoten sind etwas länglich mit kräftigen Zehen. Das lange, starke, harte, struppige Haar darf nicht wollig oder gelockt, doch buschig sein. Diese Rasse kommt wolfsgrau oder blaugrau mit Abzeichen an den Backen, über den Augen, an den inneren Seiten der Läufe und an deren Enden vor.

Groenendael: mittelgroßer, hochläufiger, schlanker belgischer Schäferhund (SH 62 cm ♂, 58 cm ♀ bei 28 bis 35 kg KM). Er hat einen langen, trockenen, in gutem Verhältnis zum Körper stehenden Kopf, dessen Schädel mehr flach als gerundet, weder zu breit noch zu schmal mit mäßigem Stop ist. Die Fanglänge muß gleich der Schädellänge sein mit konischer Verjüngung zur Nasenspitze hin. Die Kiefer sind stark und straff mit eng anliegenden Lefzen, ziemlich breiter, gut geöffneter Nase und einem Scherengebiß. Die Augen sind braun, mittelgroß, mandelförmig, aber nicht schräg gestellt oder hervortretend. Die dreieckigen Ohren müssen nicht zu lang und hoch angesetzt sein und werden steif aufrecht getragen. Am Ansatz und der Muschel sind sie gut gerundet. Mittellang und gut bemuskelt geht der Hals gut in die Nacken- und Schulterpartie über. Der Rumpf ist quadratisch mit horizontal verlaufendem Rücken, ebensolcher Kruppe und Lenden. Die Brust soll nicht zu breit, aber tief sein mit oval gewölbten Rippen. Stark angesetzt ist die mittellange, herabhängend getragene Rute. Nicht zu starkknochig dürfen die langen, starken Läufe sein, die gut gewinkelt und gerade auf runden, kompakten Pfoten stehen. Der G. hat langes, dichtes, glattes Haar, das etwas kürzer auf dem Kopf, der Außenseite der Ohren und dem Ende der Gliedmaßen ist. Er hat einen üppigen, dichten Halskragen, auch die Vorderläufe sind an den Rückseiten gut befedert. Die Oberschenkel sind lang und reich behaart, ebenfalls die Rute. Der G. ist stets einfarbig schwarz.

Groenendael

Als Professor *Reul* 1898 in Brüssel auf einer Ausstellung schwarze Schäferhunde von schönem Ebenmaß vorgestellt bekam, verfolgte er deren Entstehung zurück bis zu dem Schloßrestaurator *Rose* aus *Groenendael* bei Brüssel. Dieser war Besitzer der schwarzen langhaarigen Schäferhündin *Petite*, die er von dem Rüden *Piccard d'Uccle* des Schafzüchters *Beernaerts* in *Uccle* decken ließ. Aus dieser Verbindung ging der schwarze Rüde *Duc de Groenendael* hervor, der einen breiten weißen Halskragen hatte und von *Beernaerts* als mittelgroßer, sehr stolzer und eleganter Hund beschrieben wird. Im gleichen Wurf lagen auch der Rüde *Pitt* sowie die Hündinnen *Baronne, Margot* und *Bergère.* Auf bereits erwähnter Ausstellung wurden dann *Duc* und *Margot* von Prof. *Reul* gerichtet. Mit enger Inzucht gelang es den Belgiern, einen sehr harmonischen Hund zu schaffen, dessen Namen G. blieb, obwohl sich das Zentrum der Zucht mit der Zeit nach der Ortschaft *Binche* verschob, wo im Zwinger *Mont-Sava* zeitweise bis zu 80 Hunde standen.

Neben seiner natürlichen Hütebegabung ist der G. auch ein hervorragender Wachhund, der gute Dienste als Polizeihund leistet. Auch als Begleithund hat er sich einen guten Namen erworben. Bei seiner Ausbildung ist zu beachten, daß der G. sehr sensibel ist.

Grönlandhund: Sehr kräftiger, ausdauernder Hund (SH 68 cm ♂, 63 cm ♀ bei 40 bis 45 kg KM). Er hat einen breiten, leicht gewölbten Schädel, der ausgeprägten Stop zeigt. Der Fang ist keilförmig und kräftig, an der Basis breit und verjüngt sich zur Spitze. Der Nasenrücken ist gerade und die Nase im Sommer schwarz, im Winter manchmal fleischfarben. Dicke, anliegende Lefzen bedecken die kräftigen Zähne. Der G. hat dunkle, etwas schräge Augen und kleine, dreieckige, an den Spitzen abgerundete Stehohren. Seine Brust ist sehr breit, ebenso die Lenden. Der Rücken ist gerade mit leicht abfallender Kruppe zur dicken, kurzen, hoch angesetzten und fest über den Rücken gerollten Rute. Die Vorderläufe sind von vorn gesehen gerade, stark bemuskelt mit schweren Knochen, die Hinterläufe von hinten gesehen ebenfalls gerade, leicht gewinkelt, mit breiten, kräftigen Sprunggelenken und ziemlich großen, kräftigen und runden Pfoten mit kräftigen Krallen und Ballen. Die Unterwolle muß dicht und weich sein, das Deckhaar anliegend, gerade und rauh, ohne Wellen und Locken. Auf dem Kopf und den Pfoten ist es kurz, auf dem Körper etwas länger, reich auf der Unterseite der Rute. Es gibt den G. in den verschiedensten Farben bis hin zum beinahe einfarbigen Weiß. Nach Möglichkeit soll er eine dunklere Maske aufweisen. Die Schlittenhunde wurden einzig und allein auf ihre Gebrauchstüchtigkeit gezüchtet, erste Bedingung war Überleben. In der Arktis ist das Leben hart, und nur die kräftigsten und zähesten Hunde überlebten. Im Sommer erhielten die Hunde kein Futter, mußten sich also selbst etwas zu fressen suchen. Die Arbeit am Schlitten erfordert Kraft und Ausdauer. Ein gutes Gespann ist für den Jäger im ewigen Eis lebenswichtig. Hielt ein Hund im Gespann nicht mit, schlug man ihn kurzerhand tot und verfütterte ihn. Sie lassen sich selbst bei grimmigster Kälte einschneien und übernachten im Freien. Die äußere Gestalt interessierte nur insofern, daß sie einen Einfluß auf die Gebrauchsfähigkeit hatte. So prägten sich neben dem dicken Pelz besonders der kräftige Körperbau, das ausdauernde Gangwerk und die Jagdpassion aus. Eigenschaften wie Wachsamkeit und Anhänglichkeit waren nicht gefragt und sind auch nur in geringem Maße vorhanden. Ohne Hunde ist das Leben und Überleben in der Arktis undenkbar. Die Hunde dienen als Zug-, Last- und Nahrungstiere und sind Jagdgehilfen. Aus dem Fell fertigen die Frauen Kleider. Außerdem stellt er ein beliebtes Tauschobjekt dar. Viele Kynologen zählen die Nordlandhunde zu den *Spitzen*, dagegen sprechen aber mehrere Fakten, so die fehlende Bellfreudigkeit und die schlechte Wachsamkeit, dafür der gegenüber dem Spitz bedeutend bessere Jagdtrieb. Beachtlich ist die große Anpassungsfähigkeit der Schlittenhunde. Obwohl sie immer mehr von Motorschlitten verdrängt werden, ist der Rennschlittensport wieder so ausgeprägt, daß ein Fortbestand der nordischen Rassen heute gesichert ist. *—Tafel 35.*

Großer Basset ↑ Basset Griffon Vendéen.

Großer Münsterländer: schnittiger, edler Jagdgebrauchshund (SH 58 bis 62 cm). Er hat einen langgestreckten Kopf, trockenen Fang, mittellange, ziemlich hoch angesetzte und gut befranste Behänge sowie dunkle, gut geschlossene Augen. Im Vergleich mit der Breite muß der Brustkorb genügend tief sein, der Rücken gerade und fest, die Nierenpartie muskulös und die Kruppe mäßig abfallend. Hoch angesetzt ist die Rute, sie wird mit guter Fahne gestreckt oder leicht aufwärts gebogen getragen. Wichtig ist, daß die Rutenspitze um ungefähr 2 cm kupiert sein muß, ebenso werden kurz nach der Geburt evtl. auftretende Afterkrallen entfernt. Das Schulterblatt, Oberarmbein und die Unterarm- und Fußknochen sollen beim stehenden Hund von vorn gesehen eine senkrechte Linie bilden, Schulterblatt und Oberarm, seitlich gesehen, einen rechten Winkel. Die Sprung- und Fußgelenke der Hinterhand sind gut gewinkelt, mit geschlossenen Zehen und bilden wie die

Vorhand eine senkrechte Linie. Der G. M. ist lang, schlicht und höchstens leicht gewellt behaart, die Rückseite der Vorder- und Hinterläufe ist befedert. Er kommt weiß mit schwarzen Platten, weiß mit Platten und Tupfen, und schwarzgeschimmelt vor. Ganz schwarz ist nicht erwünscht und braun gilt als Fehler.
Der G. M. ist wie sein kleiner Vertreter, der ↑ Kleine Münsterländer, mit dem französischen ↑ Epagneul Francais nahe verwandt. In der Gegend von Münster wurde er entwickelt und bis Ende des 19. Jh. als Schäferhund, aber auch als Jagdhund verwendet. Er ist jedoch nicht sehr verbreitet, da die meisten Jäger den ↑ Deutsch Drahthaar als Prototyp des Vorstehhundes vorziehen. Heute finden wir ihn hauptsächlich als Begleithund, da er ein sehr sanftes Wesen hat. – *Tafel 27.*

Großer Schweizer Sennenhund: größter Vertreter der Schweizer Treibhunde (SH 70 cm ♂, 65 cm ♀ bei 52 bis 58 kg ♂, 50 bis 55 kg ♀ KM) mit massivem, trotzdem harmonischem Körper. Sein Kopf ist kräftig und steht in guter Proportion zum Körper. Der breite, flache Schädel zeigt leichten Stop, eine schwarze Nase, mittellangen Fang mit kräftigen Kiefern und einem Scherengebiß. Die Augen sind mittelgroß und kastanienbraun mit lebhaftem Ausdruck. Die mittelgroßen, dreieckigen, hoch angesetzten Ohren liegen flach an und werden herabhängend getragen. In der Erregung werden sie nach vorn gedreht. Die Schulterhöhe beträgt neun Zehntel der Rumpflänge. Der kräftige Rücken ist mäßig lang, gerade, mit hohem, langem Widerrist, breiter Lendenpartie und langer, breiter, in sanfter Rundung abfallender Kruppe. Die Brust ist tief, breit, nach vorn schön gewölbt mit ovalem Rippenkorb. Ziemlich schwer ist die bis zum Sprunggelenk reichende Rute, die in Ruhe hängend, bei Bewegung nur leicht nach oben gekrümmt, doch nie geringelt getragen wird. Der G. S. S. steht auf starken, derben, gut gewinkelten Läufen mit rundlichen, geschlossenen Pfoten. Sein Haar ist hart und kurz, wobei glattes Haar mit Unterwolle gestattet ist. Die Grundfarbe ist schwarz mit rostroten und symmetrischen weißen Abzeichen. Rote Abzeichen befinden sich über den Augen, an den Oberarmen, beiderseits der Brust und an den Läufen. Rot sind auch die Innenseiten der Schenkel, die Unterseite der Rute und die Innenseiten der Ohren. Weiße Abzeichen befinden sich am Nasenrücken, an der Brust, den Pfoten und der Rutenspitze. Gestattet sind ein weißer Nackenfleck und ein ebensolcher Halsring.
Erste direkte urkundliche Erwähnung liegt im Jahre 1489 vor, als der G. S. S. mit einem Erlaß des Züricher Bürgermeisters verboten wurde, weil er Weinberge und Wildbestände schädigte. Da aber diese Maßnahme einen wahren Aufruhr im Lande auslöste, führte man sie praktisch nie durch. Ob der G. S. S. nun, wie meist behauptet wird, ein Nachfahre der römischen Wachhunde ist, oder sich als bodenständige Rasse in der Schweiz entwikkelte, ist nicht klar. Fest steht, daß er mindestens seit dem 12. Jh. als beinahe homogene Rasse existiert und sich so bis ins 19. Jh. hielt, so lange, wie er als Hüte-, Wach- und Zughund gebraucht wurde. Mit dem Verschwinden echter Aufgabenbereiche wurde dieser hervorragende Hund vom Aussterben bedroht, doch wurde er rechtzeitig von den Professoren *Heim* und *Schertenleib* neu entdeckt.

Außerhalb seines Heimatlandes ist er auch heute noch sehr selten.
Obwohl er groß und sehr massiv ist, läßt sich dieser mutige Hund in jeder Umgebung halten, er ist anhänglich, aufmerksam und jederzeit verteidigungsbereit. Bei ausreichender Bewegung stellt er einen ausgezeichneten Begleithund dar, der sehr pflegeleicht ist. – *Tafel 34.*

Guanchenhund: mittelgroßer Hund (SH etwa 60 cm). Dieser auf den Kanarischen Inseln beheimatete und häufig als Hütehund anzutreffende Hund hat seinen Namen vom Volk der *Guanchen,* den Ureinwohnern dieser Inselgruppe. Er wird zur Gruppe der *Pharaonenhunde* (↑ Pharao Hound) gezählt und ähnelt in der Farbe sehr dem ↑ Podenco ibicenco, wobei bei dem G. auch schwarzweiße Tiere vorkommen.

H

Hamilton Stövare: mittelgroßer (SH 50 bis 60 cm, Durchschnitt 57 cm ♂, 46 bis 56 cm, Durchschnitt 53 cm ♀) stockhaariger Laufhund Schwedens. Der Kopf ist wohlproportioniert, trokken und lang mit angedeutetem Stop. Die Schädel- und die Fanglinie verlaufen parallel. Der Fang ist kräftig, lang und gerade mit schwarzer, voll geöffneter Nase und einem Scherengebiß. Die Augen sind dunkelbraun. Die kurzen, herabhängenden Ohren sind hoch angesetzt und reichen bis zur Fangmitte. Sie sollen möglichst gerundet mit flach anliegendem Vorderrand sein. Mit guten Übergängen verläuft der gerade, lange und trockene Hals in den geraden, kräftigen, breiten Rükken. Die Brust ist tief mit gut gewölbtem Rippenkorb, lang und breit und gut bemuskelt die Lendenpartie. Die Kruppe fällt nur leicht ab zur hoch und kräftig angesetzten, mit guter Verjüngung leicht säbelförmig getragenen Rute, deren Haarwuchs nur knapp sein darf. Kräftig und gerade sind die Gliedmaßen gestellt. Das Haar des H. S. ist im Deckhaar dicht, kräftig und gut anliegend mit kurzer, dichter und weicher Unterwolle. Die Farbe ist Schwarz mit brauner Zeichnung an Kopf, Läufen, Bauch und Rutenunterseite. Dazu kommen die weiße Blesse und Weiß an Hals, Schenkeln, Läufen und Pfoten.

Hamilton Stövare

Der H. S. wird in seiner Heimat zur Jagd auf alle vorkommenden Wildarten benutzt. Der Jäger und Hundezüchter *Hamilton* schuf ihn aus einer Kreuzung zwischen *Holsteiner Bracke* mit der *Hannoverschen Haidbracke.* Dazu kamen die *Kurländer Bracke* und der ↑ Foxhound, so daß ein eigenständiger Schlag entstand.

Hannoverscher Schweißhund: mittelgroßer Hund (SH etwa 60 cm) mit langen Behängen und kräftigem, etwas niederem, langgestrecktem, harmonischem Bau. Er trägt den Kopf und die Rute selten hoch, meist waagerecht oder schräg abwärts. Der Kopf ist in seinen Umrissen markant, in Stärke und Länge der Körperform angepaßt. Die Stirn ist faltig. Der Oberschädel ist bei guter, nach hinten zunehmender Breite flach gewölbt. Der H. S. hat einen kräftigen Fang, der in gutem Verhältnis zum Oberkopf steht und tief und breit ist, beim Rüden breiter als bei der Hündin. Das Hinterhauptbein ist sehr wenig ausgeprägt. Die Nase springt leicht vor, sie ist breiter als bei anderen Hunderassen, meist schwarz, auch braun, in Ausnahmefällen auch rot mit gut geöffneten Nasenflügeln. Vor den Augen wird der Nasenrücken schmaler, er ist auch leicht gewölbt, aber nie nach unten durchgebogen. Der Absatz vor der Stirn steigt leicht an. Die Augenbrauen sind deutlich ausgebildet und hervorspringend, die klaren Augen müssen dunkelbraun sein. Der H. S. kann sowohl ein Scheren- als auch ein Zangengebiß haben. Die in voller Breite angesetzten Ohren sind mehr als mittellang, sehr breit und hoch und hängen glatt und ohne Drehung, unten stumpf abgerundet, am Kopf herab. Beim Heben des Kopfes dürfen sie nicht faltig zurückfallen. Der Hals erweitert sich allmählich mit schönem Schwung zur Brust, bei voller, lockerer Kehlhaut darf er keine Wamme bilden. Bei genügender Länge ist der Rücken stark und elastisch. Die Nierengegend und die Kruppe zeigen leichte Wölbung. Die lange, hoch angesetzte Rute wird wenig gebogen in Ruhe waagerecht getragen. Die Brust des H. S.es ist lang und geräumig, mehr tief als breit mit guter Wölbung der Rippen, aber nie tonnenförmig. Unmittelbar hinter den Ellenbogen ist der Brustumfang geringer, damit die Oberarme genügend Raum zur Bewegung haben. Der H. S. muß starke, kräftige Läufe mit derben, runden Pfoten haben. Seine Behaarung besteht aus dichtem, glattem Haar, voll und elastisch mit mattem Seidenglanz. Am hinteren Rand der Keulen und an der Unterseite der Rute ist es oft länger und gröber. Es ist dunkel- bis hellkirschrot oder auf rotbraunem Grund mehr oder minder stark gestromt. Beide Farben sind mit einer mehr oder weniger dunklen Maske kombiniert.

Der H. S. stammt von Nachkommen des berühmten ↑ Hubertushundes ab, dessen deutsche Linie die schwere *Solling-Leitbracke* war. Sie kreuzten hannoversche Jäger um 1800 mit der leichteren *Roten Haidbracke* und einem ebenfalls leichten *Harzer Brakkenschlag* und schufen so den berühmten H. S. An seine Ahnen erinnert er noch heute durch den ernsten Ausdruck und die Gesichtsfalten sowie die Farbe des Haarkleides. Der H. S. besitzt eine überaus feine Nase, kann sehr gut differenzieren und hält stets die Fährte, auf die er angesetzt wird. Er ist neben seinen hervorragenden jagdlichen Eigenschaften sehr ruhig, aber gleichzeitig so scharf, daß er einen verwundeten Hirsch festhält und so lange verbellt, bis der Jäger kommt, um den Fangschuß zu geben. Da diese schöne und edle Rasse, die ausschließlich in Jägerhand gehört, immer mehr in Vergessenheit geriet, sollte es zu den wichtigsten, vornehmsten Aufgaben der Jäger gehören, diesen Hund vor dem Aussterben zu bewahren. – *Tafel 8.*

Happa Hund: kleiner, gut ausgeglichener, untersetzter Hund, dessen Herkunft gleich der des *Pekingesen* ist. Er hat einen schweren Kopf mit breitem Schädel, der zwischen den Ohren weit und flach, aber nie kuppelförmig sein soll. Die Nase ist sehr kurz und breit mit großen, offenen und schwarzen Nasenlöchern. Der Fang ist breit, gut gewinkelt und mit festem Unterkiefer. Das Profil des H. H.es muß flach aussehen, wobei sich die Nase in Augenhöhe befindet und der Stop ausgeprägt ist. Groß, klar, dunkel und glänzend, doch nicht hervorstehend sind die Standardpunkte für die Augen, die Ohren werden herzförmig in Schädelhöhe angesetzt und am Kopf anliegend mit langer Befederung getragen. Die fast waagerechten Lippen dürfen keine Zähne bzw. Zunge sichtbar werden lassen. Kurz, breit mit schwerknochigen, gebogenen Vorderläufen, jedoch in den Schultern fest, erscheint die Vorderfront. Der Körper ist kurz mit breiter Brust und gut gebogenen Rippen, nach hinten leicht abfallend, löwenförmig mit deutlicher Taille und waagerechtem Rücken. Die Hinterläufe sind leichter, aber fest und gut geformt, nicht kuhhessig. Der H. H. steht auf großen, flachen Pfoten, wobei ein würdevoller, leicht rollender Gang typisch ist (nicht zu verwechseln mit dem Rollen, das durch lose Schultern verursacht wird). Die hoch sitzende Rute wird leicht über den Rücken gebogen und kann nach beiden Seiten fallen. Beim H. H. sind alle Farben zugelassen, typisch für ihn ist das im Gegensatz zum Pekingesen kurze Haar. Es handelt sich mit Sicherheit um eine gezielte Weiterzüchtung der alten chinesischen Rasse, mit der Absicht, sich die recht aufwendige Pflege zu ersparen, ohne auf die angenehmen Rasseeigenschaften zu verzichten. Der H. H. hat keinerlei Chance auf internationale Anerkennung, wird also auch seine Ausgangsform in der Beliebtheit nicht erreichen, obwohl er der ursprünglichen Form wohl näher kommt. Das derzeitige üppige Fell der *chinesischen Kleinhunde* ist mit Sicherheit ein Resultat englischer Züchterideen, zumal ja auch England ein standardbestimmendes Land ist.

Harlekinpinscher: noch relativ junge, im Format zwischen ↑ Deutschen Pinschern und ↑ Zwergpinschern stehende Rasse (SH 30 bis 35 cm). Der Kopf weist mit den vollen Übergängen ein schönes Verhältnis zwischen Schädel und Fang auf. Ein Apfelkopf mit unvermitteltem Übergang ist fehlerhaft. Der Fang soll breit, kräftig und mittellang sein und ein Scherengebiß haben. Die möglichst dunklen, schräg eingesetzten Augen dürfen das mittlere Maß nicht über- oder unterschreiten. Die kleinen Ohren werden in mehreren Varianten toleriert: aufrecht getragen, gekippt, spitz kupiert. Der trockene Hals tritt in breitem Ausschnitt aus den Schultern und geht in leichter Biegung in den Nacken über. Straff und sehnig, mit gut entwikkelter Lendenpartie und gefällig in die Rute auslaufend präsentiert sich der Rücken. Die Brust ist so tief, daß Schulter und Oberarm ein festes Widerlager besitzen. Sie ist weniger tonnenförmig, als seitlich zusammengedrückt. Die Läufe sind regelmäßig, gerade und gut gewinkelt. Meist wird die hoch angesetzte Rute kurz kupiert, sonst wird sie leicht nach oben und sehr gerade getragen. Sein Haar ist kurz, glatt, dicht anliegend und glänzend, es bedeckt den Körper gleichmäßig und ist gescheckt mit weißem oder hellem Grund, grau mit schwar-

Deutsch Langhaar beim Apportieren

oben links Weimaraner (Kurzhaar), *oben rechts* Magyar Vizsla, *unten links* Kleiner Münsterländer, *unten rechts* Deutsch Drahthaar beim Totverbellen

oben links Česky fousek, *oben rechts* Deutsch Kurzhaar, *Mitte links* Pudelpointer, *unten links* Großer Münsterländer, *unten rechts* Deutsch Langhaar

oben links Welsh Springer Spaniel, *oben rechts* Irish Setter, *unten links* Cocker Spaniel (rot) beim Apportieren, *unten rechts* Cocker Spaniel (rot)

oben English Setter, *unten links* Cocker Spaniel (orangeschimmel), *unten rechts* American Cocker Spaniel

oben links Irish Water Spaniel, *oben rechts* Sussex Spaniel, *unten* Golden Retriever

Gordon Setter

Pointer

zen oder dunklen Platten, gestromt, mit oder ohne Brand.
Dieser 1958 von der FCI offiziell registrierte ausgesprochene Luxushund besitzt alle angenehmen Haushundeigenschaften. Er ist vorrangig für eine Wohnungshaltung geeignet, da er nicht allzu widerstandsfähig gegen Witterungsunbilden ist. Sein kurzes Haar wird in regelmäßigen Abständen mit einer feinen Bürste oder einem Striegel durchgearbeitet.

Harrier: mittelgroßer (SH 48 bis 53 cm bei 25 kg KM) Hasenmeutenhund mit geschmeidigen, sicheren Bewegungen. Sein Kopf ist mittelgroß mit ziemlich langem, fast spitzem Fang, schwarzer, gut entwickelter Nase, horizontalem Schädel und leicht betontem Hinterhauptbein. Die Oberlefzen bedecken den Unterkiefer, die Augen sind klein, nicht ganz rund und gut eingesetzt. Der H. hat V-förmige, fast flache, leicht gewendete Ohren. Sie werden, ziemlich kurz und hoch angesetzt, herabhängend getragen. Der lange, doch nicht schwere Hals ist gut an der Schulter angesetzt. Die in der Höhe mehr entwickelte Brust hat flache Rippen. Der Rücken ist gerade und bemuskelt, die Lenden stark und leicht gewölbt. Bei den gut gestellten Läufen sind die Sprunggelenke nicht zu stark gewinkelt, sie stehen auf Katzenpfoten mit einwärts gerichteten Zehen. Die mittellange Rute wird mit leichter Bürste gut getragen. Das dichte Haar liegt glatt an, ist nicht allzu kurz und hart, die Haut ist weiß mit schwarzen Flecken. Der H. kommt mit weißem Haar und darauf alle Farbtöne von Schwarz bis Orange vor, oft bedeckt ein Mantel den gesamten hinteren Teil des Rükkens.
Er ist ein kraftvoller, beweglicher Laufhund, der besonders in Meuten dem Hasen unermüdlich folgt, wobei er in unübersichtlichem Gelände Ausdauer vermissen läßt. Er jagt mit kräftigem Spurlaut und besitzt einen sehr guten Geruchssinn, der es ihm erlaubt, auch auf der künstlichen Schleppe mit sicherer Nase die Jäger zum Ziel zu führen. Sein Name bezeichnet nicht eine bestimmte Rasse, sondern stammt

Harrier

aus dem Normannischen und bedeutet jagender Hund. Er galt bis 1750 als Sammelbegriff für den Jagdhund im allgemeinen. Dann sprach man je nach Einsatzart vom *Hirsch-H.* bzw. *Fuchs-H.* Der H. ist in England das gleiche, wie in Frankreich der *Briquet* die verkleinerte Form der *großen Laufhunde* ist. Seine Blütezeit setzte ein, als sich das Interesse der Jäger immer mehr der Hasenjagd zuwendete, wofür die weniger großen, nicht ganz so schnellen H. besonders geeignet waren. Der moderne H. hat mit Sicherheit den ↑ Foxhound unter seinen Ahnen, da die Ähnlichkeit sehr groß ist.

Harrier-Poitevin: kräftiger, gut ausgebildeter Hund, dessen Schnelligkeit der der Pferde angeglichen wurde (SH 51 bis 60 cm, wobei das Idealmaß bei 53 bis 56 cm liegt). Er hat einen ziemlich langen Kopf mit schwarzem, genügend entwickeltem Nasenspiegel, geradem Nasenrücken und breitem, flachem Schädel. Das Hinterhauptbein ist schwach betont, der Stop sehr wenig markiert. Die vorherrschende Augenfarbe ist braun, wobei so dunkel wie möglich gefordert wird. Der H. hat tief angesetzte, flache Ohren, die mäßig lang und geschmeidig herabhängen. Der lange Hals hat eine leichte Wamme. Der Brustkorb ist nicht sehr schmal und gut gesenkt, die Rückenlinie zeigt sich gerade. Kräftig sind die Rippen, breit, muskulös und etwas gewölbt die Lendenpartie. Voll müssen die Flanken, stark und gut abgerundet die Hüften sein. Die Rute ist in der Verlängerung der Lendenpartie angesetzt, leicht ährenförmig und wird lustig getragen. Lang und schräg gestellt sind die Schultern. Die Vorderläufe sind gerade, mit gutem Knochenbau, wobei der Vordermittelfuß sehr schwach geneigt ist. Die Hinterhand hat muskulöse Keulen und tiefe Sprunggelenke, die Pfoten dürfen nicht ganz geschlossen und nicht exakt rund sein. Das Haar ist ziemlich dicht, jedoch absolut glatt und meist völlig weiß. Es kann auch weiß mit blasser Lohfarbe, weiß und orangefarben, weiß und grau sowie weiß und rötlich sein.

Als Ausgangspunkt haben die Vertreter der französisch-englischen Laufhunde meist die ↑ Somerset Harrier, die zurückgeführt werden auf die *Weißen Hunde des Königs,* von denen eine Meute mit emigrierten Adligen während der Französischen Revolution 1789 nach England gelangte. Deren Abkömmlinge mit englischen ↑ Foxhounds gekreuzt, führten die Züchter nun wieder mit französischen Laufhunden zusammen und schufen somit den *Harrier-Porcelaine* und den H., zu dessen Ahnen man den *Poitevin* zählt. Alle diese Kreuzungsprodukte vereint ihre ungewöhnliche Schnelligkeit, die auf Kosten der Eleganz erreicht wurde.

Harrier-Porcelaine: leichter, eleganter, mittelgroßer, hochläufiger Hund mit mittellangen Behängen (SH 55 bis 58 cm ♂, 53 bis 56 cm ♀ bei 25 kg KM). Der lange, trockene Kopf ist leicht und hat keine lose Haut. Sein Schädel ist nicht breit, eher schmal und muß ein vorspringendes Hinterhauptbein aufweisen. Gerade, leicht gewölbt ist der Fang mit trockenen, nicht über den Unterkiefer hinausreichenden Lefzen. Die schwarze Nase ist gut geöffnet. Das Scherengebiß wird kräftig gefordert. Gut geöffnet lassen die dunklen Augen bei geschlossenen Lidern nicht das Rot sehen. Die Ohren hängen tief angesetzt, fein, weich und gefaltet, nicht zu lang herab. Leicht, fast dünn, gut gebogen und ohne jede Wamme steigt der Hals aus den Schultern. Der Rücken ist lang und gerade, mittelbreit und gerade die Lendenpartie. Die Kruppe verläuft in der horizontalen Rückenpartie. Oval und tief muß die Brust sein, lang die Flanken, mäßig aufgezogen der Bauch. Die gut angesetzte, nicht allzulange Rute wird lustig in Säbelform getragen. Gut ausgerichtet sind die Schultern, breit und gut angesetzt die geraden Vorderläufe. Die Hinterhand hat abgeflachte Oberschenkel, die Läufe sind ebenfalls gerade und im Sprunggelenk nur wenig gewinkelt. Der H. muß Hasenpfoten mit trockenen Zehen und harten Ballen haben. Fein und straff ist das glatt anliegende und glänzende Haar, meist in den Farben Schneeweiß mit orangefarbenen Flecken von runder Form. Orangefarbene Tüpfelung auf den Behängen ist typisch. Es darf jedoch keine Mantelbildung auftreten.

Ebenso wie alle anderen Harrierformen wurde auch der H. speziell für die Hasenjagd mit der Meute geformt, wobei es darauf ankam, ihm eine enorme, den Pferden angepaßte Schnelligkeit zu verleihen. Die beschriebene spezielle Form entstand aus einer Kreuzung zwischen *Somerset Harrier* und *Porcelaine* und zeichnet sich durch Feinheit und Eleganz aus, die ihm trotz Zucht auf Robustheit geblieben ist. Er hat einen hochentwickelten Geruchssinn und vermag eine Fährte mit enormem Tempo auch in schwierigem Gelände zu verfolgen.

Haut Poitou: kurzhaariger Hund, der Kraft, Eleganz, Leichtigkeit und Farbenschönheit in sich vereint (SH 60 bis 70 cm bei 35 kg KM). Der Kopf wird stolz getragen. Er ist trocken, feinnervig und sitzt gut auf dem langen Hals. Der leicht gewölbte Schädel besitzt ein markiertes Hinterhauptbein, der Nasenrücken ist lang und gebogen, die Nase selbst breit. Der Fang läuft spitz zu. Die Augen sind groß, braun gefärbt und haben schwarze Lidränder. Die ziemlich kurzen niedrig angesetzten Ohren sind besonders fein, seidig und gefaltet. Die Brust des H. P. ist sehr tief mit langen Rippen, der Rücken ist fest und gut bemuskelt, ebenso die Lenden. An der Brust anliegend sind die langen, flachen, ziemlich schrägen Schultern. Die Läufe sind gut gestellt. Die Rute ist mittellang, zur Spitze dünn auslaufend, ohne Bürste, leicht gebogen und elegant getragen. Das Haar ist kurz und glänzend, dreifarbig mit schwarzem Mantel oder großen Flecken, auch weiß und orange ist möglich.

Der H. P. ist ein direkter Nachkomme des großen französischen Laufhundes, des ↑ Poitevin, der mit *Saintongeois* und *englischen Hunden* gekreuzt wurde. Es entstanden typisch französische Meutenhunde, die im 19. Jh. die besten Jäger auf Wölfe darstellten. Heute existieren nicht mehr viele reinrassige H. P.

Havaneser: kleiner, langhaariger Zwerghund (SH 28 bis 32 cm). Bei dem nicht zu langen Kopf ist der Schädel leicht konvex, zwischen den Ohren ist er breit, mit markiertem Stop und betontem Hinterhauptrand. Der Fang ist kurz, stumpf und spitz, die Nase schwarz. Runde, gerade stehende, große Augen, dunkel gefärbt, schauen wie Knöpfe aus dem Haar. Der H. muß ein Scherengebiß haben. Seine Ohren sind hoch angesetzt, gut behaart und hängen seitlich herab. Schlank und lang ist der stolz getragene, reich behaarte Hals mit der geschwungenen Nackenlinie. Der Rumpf ist länger als hoch mit geradem Rücken und breiter, starker bemuskelter Lendenpartie. Die tiefe, lange Brust hat gerundete Rippen, der Bauch ist aufgezogen. Die hoch angesetzte Rute wird über den Rücken geringelt getragen und ist gut behaart. Der H. hat kurze Läufe, die Vorderhand ist gerade, die Hinterhand hat gewinkelte und gut niedergelassene Sprunggelenke. Sie stehen auf runden Katzenpfoten. Das Haar ist pelzig, seidig gewellt mit Maschen von großen Locken in weiß oder beige bzw. einfarbig kastanienbraun. Große Flecken an den Ohren oder Platten in beige, grau oder schwarz sind gestattet. Er ist wie die anderen *Bichons* kein Kläffer und gut als Familienhund für die Wohnung geeignet. Sein Haar muß täglich gekämmt und gebürstet werden.

Heeler: mittelgroßer, kurz und harsch behaarter australischer Schäferhund (SH 50 bis 60 cm bei 25 kg KM). Der feinnervige, lange Kopf zeigt gut mar-

kierten Stop, langen Nasenrücken mit schwarzer Nase, Kippohren und ein kräftiges Scherengebiß. Die Augen sind dunkel und mandelförmig geschnitten. Der lange Hals geht harmonisch in den langgestreckten Körper über, der einen geraden Rücken, eine tiefe, nicht zu breite Brust, gut entwikkelte Lenden, einen leicht aufgezogenen Bauch und eine runde, starke Kruppe haben muß. Die Schultern sind schräg und bemuskelt, die Läufe gerade, kräftig und starkknochig mit breiten Keulen, die ebenfalls gut bemuskelt sind. Die lange Rute wird mit leichter Biegung nach oben herabhängend getragen. Der H. hat langes, hartes Schlichthaar, blauscheckig oder rotgefleckt.
Dieser ausdauernde Herdenhund entstand aus einer Kreuzung zwischen ↑ Australischem Kelpie und blaumarmoriertem ↑ Collie, wobei mit Sicherheit auch noch ↑ Dalmatiner hinzugezogen wurden. Seinen Namen erhielt der H. nach der Eigenart, beim Hüten die zurückbleibenden Tiere durch Beißen in die Fersen vorwärtszutreiben. Er ist für die Wohnungshaltung nicht geeignet, da er charakterlich noch viel von seinem wilden Ahnen, dem ↑ Dingo, aufweist, er ist unkontrollierbar, sehr unruhig und schwer erziehbar.

Heidewachtel ↑ Kleiner Münsterländer.

Hirtenhund der Abruzzen: mittelgroßer, wolfsähnlicher Hund von rustikalem Aussehen und üppiger Behaarung auf allen Körperteilen (SH 55 bis 63 cm bei etwa 30 kg KM). Typisch ist der langköpfige Schädel, wodurch die große Wolfsähnlichkeit hervorgerufen wird. Als gut proportioniert gilt, wenn der Kopf vier Zehntel der Widerristhöhe lang ist, wobei der Fang mit dem Schädel nicht differiert. Insgesamt erscheint der Schädel groß und breit, leicht konvex zwischen den Ohren, breit und rundlich an der Stirn. Der Fang verjüngt sich zu den Enden hin allmählich, darf jedoch nicht spitz sein. Die Vorderseite muß abgeflacht sein. Der schwarz pigmentierte Nasenspiegel zeigt große, voluminöse Nasenlöcher, die Lippen sind zart. Sie beginnen unter dem Nasenspiegel und bedecken kaum die Zähne des Unterkiefers. Wichtig ist, daß er ein kräftiges, komplettes Scherengebiß haben muß. Die großen, braunen Augen sind nach vorn gerichtet und in Abhängigkeit von der Haarfarbe mehr oder weniger dunkel. Die Augen dürfen weder vorstehen noch zu tief eingesetzt sein. Zu zwei Dritteln fallen die weichen, zarten und biegsamen Ohren herab, in Aufmerksamkeit werden sie leicht nach vorn gestellt. Die größte Breite der Ohrmuschel differiert zwischen 6 und 8 cm, die Länge zwischen 11 und 13 cm, wobei letztere nicht die Hälfte der Kopflänge überschreiten darf, je kürzer, desto besser. Der breite Ohrenansatz befindet sich oberhalb der Jochbögen. Stark, leicht konvex geformt und von Nacken bis Widerrist gemessen kürzer als der Kopf steigt der Hals ohne Wamme empor, der von einer dichten Halskrause umgeben ist. Der gesamte Hund ist quadratisch gebaut, d. h., die Rumpflänge von der Schulterpartie bis zur Kruppe ist gleich der Widerristhöhe. Die Kruppe muß etwas erhöht sein, so daß der Eindruck des Überbautseins entsteht. Stark und massiv sind die Läufe, die neben den Hasenpfoten auch noch Afterkrallen aufweisen dürfen.
Weich, sehr lang, stark und gewellt fordern die Rassekennzeichen das Haar. Es ist in der Struktur rauh, ähnlich dem Ziegenhaar, vor allem auf der vorderen

Hälfte des Rumpfes. Ab Körpermitte und an den Läufen hat das Haar die Neigung, Zotten zu bilden, die von der oberen Rückenlinie ausgehen und auf die seitlichen Rumpfteile fallen. Am Fang ist das Haar weniger rauh. Die Unterwolle ist kurz und dicht, fühlt sich fettig an und läßt keine Haut sehen. Die Farbe ist im Prinzip der des Bergamasker Hirtenhundes gleich. Allerdings wird beim H. d. A. weiß bevorzugt.

Lange Zeit wurden die einzelnen Varietäten der italienischen Hirtenhunde miteinander verwechselt, natürlich fanden auch Kreuzungen untereinander statt. Als die ältesten Vertreter gelten der ↑ Maremmaner Hirtenhund und der Bergamasker Hirtenhund, der H. d. A. wurde erst um 1941 offiziell anerkannt, seit dieser Zeit sind die Kynologen auch bemüht, die Schläge getrennt voneinander zu züchten.

Hokkaidoken: starker, muskulöser Hund mit klaren äußeren Unterschieden im Typ zwischen Rüden und Hündinnen (SH 38 bis 50 cm bei 30 bis 35 kg KM). Er ist gut gebaut und sehr trocken, ungestüm und schnell in seinen Bewegungen. Die Länge des Kopfes entspricht der Breite und mißt ein Viertel der Widerristhöhe, wobei die Fanglänge etwa zwei Drittel der Höhe des Kopfes beträgt. Von dunkler Farbe ist der Nasenspiegel, der Nasenrükken ist gerade, die Lippen sind geschlossen und dunkel pigmentiert. Der H. hat ein starkes, regelmäßiges Scherengebiß. Sein Schädel ist relativ breit und leicht gerundet mit breiter Stirn und gut gebildeten Backen. Die Mittelstirnfurche und der Stirnabsatz sind wenig betont, aber klar. Von dreieckiger Form mit etwas hervorgehobenen Augenwinkeln sind die sehr dunklen Augen. Die Ohren sind gut am Kopf angesetzt und werden im rechten Winkel mit der Stirnlinie aufgerichtet getragen. Sie sind spitz und weder nach innen noch nach außen gedreht. Eine leichte Wamme bildet der dicke robuste Hals, der gut in die mäßig geneigte Schulter übergeht.

Tief und ziemlich breit ist der Brustkorb, dessen Höhe im Profil gesehen der Hälfte der Widerristhöhe entspricht. Der Rücken ist gerade und mächtig, die Lenden stark und mäßig breit. Im Vergleich zum Brustkorb zeigt sich der Bauch stark eingezogen. Dick, stark und leicht befranst ist die Rute, die sichelförmig oder zusammengerollt getragen wird. Die Länge erreicht ziemlich genau das Sprunggelenk. Der H. hat starke, gut gestellte Vorderläufe sowie eine mächtige Hinterhand, die starke Sprunggelenke aufweist. Die gut geschlossenen Pfoten sind mäßig rund mit harten Sohlen und dunklen, starken Krallen. Das Haar muß hart und gerade mit weicher, sehr dichter Unterwolle sein. Der H. ist vorrangig rot, weiß und schwarz, pfeffersalzfarben sowie kombiniert mit rot oder schwarz. Der H. stammt von der Insel Hokkaido und ist ein sehr starrköpfiger Wächter.

Holländischer Rattler ↑ Smoushond.

Hovawart: mittelgroßer, kraftvoller, aber nicht plumper, langhaariger Gebrauchshund (SH 63 bis 70 cm ♂, 58 bis 65 cm ♀ bei 30 bis 40 kg ♂, 25 bis 35 kg ♀ KM). Seine Erscheinung ist durch wuchtige Kraft, Robustheit, Substanz und Harmonie gekennzeichnet. Unerwünscht ist alles, was die Gebrauchsfähigkeit herabsetzt, so u. a. Verfeinerung, schwache Konstitution, aber auch Massigkeit und Schwere. Er hat einen kräftigen Kopf mit gewölbter, breiter Stirn. Der Oberkopf ist breit und sowohl von vorn als auch von der Seite gesehen mäßig gewölbt mit straff anliegender Kopfhaut. Der Nasenrücken ist nicht zu lang, aber auch nicht gedrungen und nicht länger als der Oberkopf. Er ist gerade und bildet ungefähr eine Parallele zur Stirnausbildung über einen leicht angedeuteten Stop. Der Fang ist kräftig, aber nicht schwer, er soll sich sowohl von der Seite als auch von oben gesehen leicht verjüngen, aber nicht deutlich keilförmig wirken. Die Nase ist gut ausgebildet, die Lefzen liegen an. Sie sind ebenso wie das Pigment des Nasenspiegels tiefschwarz, bei blonden Tieren auch braun. Rund bis oval sind die dunklen Augen, die dreieckigen Hängeohren, in Form und Größe der Kopfform entsprechend, liegen locker an. Sie erreichen etwa zwei Drittel der Höhe des Oberkopfes, sind hoch angesetzt und stehen so weit auseinander, daß sie den Oberkopf scheinbar verbreitern. Vollständig und kräftig wird das Scherengebiß gefordert, eine Zange kann toleriert werden. Die Brusttiefe des H. soll möglichst die Hälfte der Schulterhöhe betragen und massig breit, oval, aber nicht tonnenförmig sein. Er steht auf gut gebauten, hervorragend gewinkelten Läufen mit geschlossenen Pfoten. Die lang behaarte Rute reicht bis unterhalb der Sprunggelenke, jedoch nie bis zum Boden. Sie wird im Stand gesenkt, in der Erregung hoch geschwungen. Das Haar des H. ist lang, wollarm, leicht gewellt und geschlossen ohne Rückenscheitel bzw. Locken. Er kommt in drei Farbvarianten vor:

1. *Blond:* Die mittelblonde Decke soll vom Nasenrücken bis zur Rutenspitze reichen und zu den Läufen und zum Bauch hin heller werden. Ein kleiner weißer Brustfleck und einzelne weiße Haare an der Rutenspitze sind zulässig.

2. *Schwarzmarkenfarbig:* Die Farben der Marken sind mittelblond bis goldbraun. Am Kopf sollen sie unterhalb des Nasenrückens und unterhalb der Augen beginnen und bis zum Halsansatz reichen. Die Punkte über den Augen sollen sichtbar sein. Die Markenzeichnung auf der Brust darf nicht in die Vorderläufe übergehen, auf denen die Marken von der Seite gesehen bei den Zehen beginnen und bis etwa zum Vordermittelfuß reichen und nach hinten in Höhe des Rumpfes auslaufen. An den Hinterläufen ist die Markenzeichnung fast bis zur Bauchdecke erwünscht. Beginnend von den Zehen soll seitlich gesehen oberhalb des Sprunggelenks nur ein schmaler mittelblonder bis goldbrauner Streifen sichtbar sein. Die Markenzeichnung unterhalb des Rutenansatzes muß sichtbar sein. Ein kleiner weißer Brustfleck, der in den größten Ausmaßen 6 cm nicht überschreiten darf sowie einzelne weiße Haare an der Rutenspitze sind zulässig.

3. *Schwarz:* Bei der tiefschwarzen Farbe sind ein kleiner weißer Brustfleck und einzelne weiße Haare an der Rutenspitze zulässig.

Der H. ist ein ruhiger, ausgeglichener Gebrauchshund mit vielseitiger Verwendung. Grundsätzlich ist er gutartig, besitzt aber Grundschärfe und ausgeprägte Härte. Die für einen Gebrauchshund harmonisch abgestimmten körperlichen Proportionen und eine ihm eigene besondere Bindung an „seine Familie" machen den H. zu einem hervorragenden Begleithund, der bei richtiger Ausbildung sowohl als Wach- wie auch als Schutz- und Polizeihund nicht enttäuscht.

Der H. ist eine relativ junge Rasse mit

sehr altem Namen, wird doch der *Hofwarth* in vielen mittelalterlichen Dokumenten als zuverlässiger Verteidiger und Bewacher von Haus und Hof erwähnt. Bilder zeigen einen langhaarigen Hund mit Hängeohren und buschiger Rute. Um die Jahrhundertwende nahmen sich Züchter des Harzes, des Schwarzwaldes u. a. Mittelgebirgsgegenden dieser alten Rasse an und begannen aus Bauernhunden dieser Landstriche den H. neu zu schaffen. Das gelungene Produkt ihrer Bemühungen erhielt 1936 mit der offiziellen Anerkennung den heute gültigen Standard und verbreitete sich sehr schnell. Seine hervorragenden Arbeitseigenschaften verhalfen ihm zur baldigen Anerkennung als Diensthund. Er ist hart und wetterfest, unerschrocken und aufmerksam, ein guter Läufer und Springer.

Er ist relativ pflegeleicht, einmaliges tägliches Bürsten und mehrmaliges Kämmen pro Woche sind ausreichend. *—Tafel 12.*

Hrvatski ovćarski pes: noch nicht allzu homogene Schäferhundrasse Jugoslawiens, von dem neben mehreren unterschiedlichen äußeren Details sich hauptsächlich zwei Schläge herauskristallisierten, der *leichte H. o. p.* (SH 37 bis 44 cm bei 8 bis 12 kg KM) und der *schwere H. o. p.* (SH bis 50 cm bei bis 15 kg KM). Der Kopf ist immer keilförmig, die Länge vom Hinterhauptbein bis zur Nasenspitze beträgt 18 bis 22 cm, die Schädellänge verhält sich zur Fanglänge wie 11 : 9. Der Schädel ist mäßig breit und leicht gewölbt mit länglicher Stirn und keilförmigem, langem Fang, dem die Lefzen trocken anliegen. Die Nase ist schwarz, das Scherengebiß komplett. Die mandelförmigen Augen sollen so dunkel wie möglich sein und gut schließende Lider haben. Es gibt H. o. p. mit Stehohren, andere haben dreieckige, mäßig große Hängeohren, meistens jedoch aufrecht getragene mit den Spitzen überkippende Ohren. Mäßig lang, trocken und ohne Wamme ist der mittelstarke, dicht behaarte Hals. Der Rumpf soll 5 cm länger als die Schulterhöhe sein, der schlank, doch aufgrund der üppigen Behaarung schwerer wirkt. Die Rückenlinie ist gerade und mit der Lendenpartie mäßig lang und fest. Die etwas gewölbte Kruppe fällt leicht ab. Nicht zu tief darf die breite Brust sein, der Rippenkorb soll leicht gewölbt, nicht tonnenförmig sein. Bis 27 cm lang ist die buschige Rute, die in der Erregung gerollt, sonst herabhängend getragen wird, sie kann auch kurz kupiert werden. Angeborene Stummelruten sind ebenfalls möglich. Typisch für die Gliedmaßen ist die fast steile Stellung auf runden Katzenpfoten mit längerer Behaarung zwischen den Zehen. Der H. o. p. hat 7 bis 14 cm langes Haar, weich, aber nicht wollig, sondern wellig oder gekraust, aber nie glatt. Am Kopf, vom Vordermittelfuß und vom Sprunggelenk abwärts ist die Behaarung kürzer, an der Unterbrust, dem Bauch und der Rückseite der Vorder- und Hinterhand merklich länger. Die Abwurfhaare des Winterfells bilden auf den Keulen oft verfilzte Decken, so daß der Hund überbaut erscheint. Der H. o. p. ist stets schwarz, teilweise weißgrau gestichelt und mit kleinen weißen Abzeichen am Unterhals, der Brust und den Zehen.

Er ist ein mutiger, wachsamer, lebendiger Schäferhund, der mit allen Witterungsunbilden fertig wird, sich aber keinesfalls als Begleithund eignet, auch wenn ein Zwinger zur Verfügung steht.

Hubertushund: großer, kräftiger belgischer Laufhund mit lappigen, überlangen Ohren und langer Rute (SH 65 bis 70 cm ♂, 57 bis 60 cm ♀ bei 40 bis 48 kg KM). Der Kopf ist groß, gut geformt, aber nicht breit mit sehr hohem Schädel, etwas zugespitzt, das Hinterhauptbein ist extrem entwickelt. Die Augenjochbögen treten nur wenig hervor, die Backen sind hohl und mager. Reiche lose Haut an der Stirn und den Backen bildet bei niedriger Kopfhaltung viele tiefe Falten. Er hat einen würdigen, ernsten Ausdruck im sehr faltenreichen Gesicht. Die Länge des Kopfes beträgt bei Rüden 30 cm, bei Hündinnen 27,5 cm. Tief, lang und gleichmäßig breit ist der Fang, die Lefzen sind lang, lose herabhängend, die Falten setzen sich in der losen Haut des Halses fort. Die Nase ist groß, offen und schwarz. Es wird ein Scherengebiß gefordert. Immer der Haarfarbe angeglichen sind die tiefliegenden Augen, die zwischen Schwarz und Braun variieren. Durch die Faltenbildung entsteht ein extrem offenes Unterlid, so daß die rote Bindehaut deutlich zu sehen sein muß. Die überlangen, seidig kurz behaarten Ohren sind sehr tief angesetzt, sehr fein und zart, weich, mit Falten nach innen und außen gewendet. Der sehr lange Hals geht in den kraftvollen Rumpf über, der in der Oberlinie leicht abfällt. Die Brust reicht tief bis zwischen die Vorderläufe hinab, die Seiten des Rumpfes sind gut entwickelt. Leicht herabhängend wird die lange, genügend hoch angesetzte Rute getragen. Sehr muskulös sind die Schultern, die Läufe sind gerade, an der Brust weit gestellt mit soliden Pfoten. Das Haar ist kurz, dicht und schwarz und rot, rot und tan oder fahlrot. Ein kleiner weißer Fleck an der Brust und den Pfoten ist gestattet.

Im *Ardennenkloster Andain* züchteten die Mönche seit Jahrhunderten große Jagdhunde. Ein volles Jahrtausend hatte der Abt die Pflicht, den französischen Königen jährlich sechs fertig ausgebildete Leithunde zu übergeben.

Hubertushund

Als das Kloster 825 in *Kloster Saint Hubert* umbenannt wurde, erhielten die dortigen Hunde den Namen H. Die Abgabepflicht endete 1790. Zwei Schläge waren die bekanntesten, ein weißer, der zum englischen, inzwischen ausgestorbenen *Talbot* weiterentwickelt wurde, und ein dunklerer, der sich im heutigen H. sowie im englischen ↑ Bloodhound erhalten hat.

Wie alt diese Rassen sind, zeigt eine Niederschrift aus dem Jahre 200, wo *Arrian* die keltischen Hunde beschreibt, darunter einen Laufhund *Segusius* mit melancholischem Gesichtsausdruck, der ganz dem H. ähnelte.

Der H. ist ein sanfter, intelligenter, anhänglicher und kinderfreundlicher Begleithund, der meist als Spürhund allein, doch ab und zu auch in Meuten eingesetzt wird. Er ist furchtlos mit stabilen Nerven.

Hüte-Pudel: 1. ↑ Polski owczarek nizinny. – **2.** ↑ Schafspudel.

Hütespitz: mittelgroße bodenständige, alte deutsche Schäferhundrasse (SH 50 bis 60 cm ♂, 50 bis 55 cm ♀). Er ist hochläufig mit starkem Kopf. Der Schädel ist rund mit abgestumpftem Fang ohne Stop und weist ein Scherengebiß auf. Der H. muß Stehohren haben. Sein Rücken ist stark und breit, die Lenden muskulös und federnd. Er hat eine tiefe Brust mit langem Rippenkorb. Die Rute trägt er abwärts hängend. Sie ist buschig behaart. Die Läufe sind sehnig, lang und trocken mit langen, geschlossenen Pfoten und harten Ballen. Der H. hat mittellanges, straffes Stockhaar mit reichlich Unterwolle und am Hals eine starke Mähne. Meist ist er weiß, teilweise hat er gelbliche Abzeichen.

Der H. gehörte zu den vier bewährten Gebrauchshundschlägen der deutschen Schäfer, die rein auf Leistung gezüchtet wurden, geringe Ansprüche an Haltung, Futter und Unterkunft stellten, dafür jedoch große Arbeitswilligkeit, gepaart mit Intelligenz, mitbrachten. Aus ihnen wurde zwar der ↑ Deutsche Schäferhund gezüchtet, der aber durch die alleinige Ausrichtung auf den Einsatz als Dienst- und Schutzhund seine Hüteveranlagung weitestgehend verlor. Heute finden wir ihn kaum an der Herde arbeitend, dafür aber immer mehr Rückzüchtungen auf alte Schläge, wie z. B. den H., die aber bisher keine Anerkennung durch die Sportkynologie fanden.

Hygen Bracke: mittelgroße norwegische Bracke (SH 47 bis 55 cm) mit mäßig langem, nicht keilförmigem Kopf, der einen breiten Schädel und verhältnismäßig spitzen Fang hat. Der Stop tritt nicht zu scharf hervor. Von oben betrachtet hat der Kopf eine dreiekkige Form. Die Augen der H. B. sind dunkel, ziemlich groß, dürfen aber nicht hervortreten. Die Ohren müssen bis zur Fangmitte reichen, sie werden flach und dicht anliegend herabhängend getragen. Der Rumpf ist nicht zu lang, massig, mit starkem Rücken, breiter Lendenpartie und leicht abfallender Kruppe. Die Brust ist tief, wohl gerundet, die Bauchlinie nicht aufgezogen. Die starke Rute wird in Fortsetzung der Rückenlinie mit leichter Aufwärtskurve getragen. Korrekt sind die mittelhohen und sehr kräftigen Gliedmaßen gestellt. Das kurze und dichte Haar kommt gelb mit mehr oder weniger stark ausgeprägten weißen Abzeichen vor.

Die H. B. entstand in der zweiten Hälfte des vorigen Jahrhunderts, als der norwegische Züchter *Hygen* importierte *Holsteiner Bracken* mit anderen nördlichen Brackenschlägen kreuzte. So entstand ein vor allen Dingen für die Hasenjagd einsetzbarer, ruhiger, nicht sehr flüchtig jagender Hund.

I

Inca Orchid Moonflower Dog: schlanker, eleganter Hund von mittlerer Größe, dessen Erscheinung Ausgewogenheit, Schnelligkeit und Kraft ausdrückt, ohne grob zu wirken (SH 40 bis 50 cm bei 9 bis 12 kg KM). Der Schädel ist gerundet, mit gut spitz zulaufendem Fang, wenig ausgeprägtem Stop und schmaler Stirn. Schädel und Fang sollen von annähernd gleicher Länge sein, gemessen von der Nasenspitze bis zum kaum wahrnehmbaren Stop und vom Stop zum leicht fühlbaren Hinterhauptbein. Die Nase darf jede Farbe haben. Die Lefzen liegen den Kiefern und Zähnen dicht an, die Oberlippe überdeckt die Unterlippe leicht. Die an der Basis breiten Ohren sind mittelgroß, das Ohrleder dünn. In Ruhestellung sind sie gefaltet zurückgelegt, bei Aufmerksamkeit halb oder ganz aufgerichtet. Bei aufgestellten Ohren sollte die Ohrenbasis mit den Augen eine senkrechte Linie bilden. Die mittelgroßen Augen sind leicht mandelförmig mit aufmerksamem, intelligentem Ausdruck, die Farbe kann von Gelb bis Schwarz variieren. Dunkle Augen sind vorzuziehen. Wichtig ist, daß beide Augen immer von gleicher Farbe sind. Die Augenränder und Augenlider dürfen jede Farbe aufweisen. Obwohl zu den Nackthunden zählend, wird bei dieser Rasse ein kräftiges Scherengebiß gefordert. Gut am Kopf gebogen, lang, anmutig und muskulös geht der sich gleichmäßig verbreiternde Hals in die Schultern über. Der Körper ist geschmeidig mit leichtem Knochenbau, doch kräftig und substanzvoll mit tiefer, starker Brust, die recht schmal so tief wie möglich zu den Ellenbogen hinabreichen soll. Das Brustbein steht nicht zu sehr vor. Gut gewölbt sind die Rippen, ohne tonnenförmig zu sein. Der ziemlich lange Rücken wirkt in Ruhestellung über der Kruppe leicht erhöht, bei aufmerksamer Haltung ist er gerade. Der Bauch ist gut bemuskelt und deutlich aufgezogen. Die Vorderläufe sind gerade, lang und stark, die Ellenbogen dürfen weder aus- noch einwärts drehen, sie sind fest und gerade anliegend. Kräftige Fesseln, leicht gewölbt und biegsam, werden gefordert. Die Läufe sitzen weit unter dem Körper, so daß eine Vorbrust gebildet wird. Die Hinterhand ist lang, mäßig gewinkelt und gut bemuskelt. Sie hat feste Kniegelenke, sowie weit hinabreichende Sprunggelenke. Die extremen Hasenpfoten haben reichliche Haut zwischen den verlängerten Zehengliedern. Die tief angesetzte, lange, feine Rute verläuft in einer dünnen Spitze bis an die Sprunggelenke. Wenn der Hund in Bewegung ist, wird die Rute herabhängend mit einem leichten Aufwärtsbogen getragen, in Erregung wird sie bis über den Rücken gebogen. Er ist kurz bis mäßig lang behaart mit kurzer, weicher Unterwolle. Das etwas längere, härtere Deckhaar liegt dem Körper dicht an. An der Rute und den Ohren ist Befederung erwünscht. Jede Farbe oder Farbzusammenstellung ist erlaubt, obwohl Weiß oder Weiß mit Fleckung bevorzugt wird. Unter dem Haar sollte die rosige oder weiße Haut deutlich ausgeprägt gefleckt oder gesprenkelt sein. Der I. O. M. D. geht frei, fließend und lebhaft. Er soll den Boden mit offensichtlicher Leichtigkeit berühren, weit ausgreifend in der Vorderhand und mit Schubkraft in der Hinterhand. Im Lauf von vorn oder hinten betrachtet sollen die Beine sich nicht überkreuzen oder behindern. Er ist ein ziemlich ruhiger und zurückhaltender Hund, der nur bei großer Erregung bellt bzw. heult. Er ist fröhlich, intelligent und nie aggressiv. Er gilt als peruanische Rasse, wird jedoch vom *Amerikanischen Klub für haarlose Hunderassen* betreut.

Irish Setter: großer, sehr eleganter Vorstehhund mit herabhängenden Ohren und herrlicher Fahnenrute (SH 65 bis 67 cm bei 29,5 kg ♂, 26 kg ♀ KM). Der Kopf ist lang, trokken, zwischen den Behängen oval mit gut entwickeltem Hinterhauptbein und klar hervortretenden Augenjochbögen. Der Fang weist mäßige Tiefe auf, wobei die Entfernung zwischen den Augenwinkeln und der Nase groß sein soll. Der I. S. muß geschlossene Lefzen und ein regelmäßiges Scherengebiß haben. Die nicht zu großen Augen sind dunkel bis haselnußfarben. In einer Falte liegen die mittelgroßen, dünnen, tief angesetzten Behänge am Kopf an. Der Rumpf ist symmetrisch mit gut gewölbten Rippen, hervorragend bemuskelten Lenden, schwach gewölbtem und ziemlich breitem Rükken. Gerade, sehr starke Vorderläufe, die weder nach innen noch nach außen gedreht sein dürfen sowie die sehr tiefe Brust formen das Bild des I. S. mit seiner schmalen Front von vorn. Er steht auf kleinen, festen Pfoten mit gut gewölbten und geschlossenen Zehen, deren Zwischenräume gut behaart sind. Die tief angesetzte Rute darf nicht über dem Rücken getragen werden. Das Kopfhaar, die Behänge sowie die Vorderseite der Läufe sind fein und kurz gehalten, sonst ist das Haar mittellang, glatt und ohne Wellen. Es ist immer einfarbig kastanienrot, wobei ein kleiner weißer Brustfleck in Größe eines Markstückes gestattet ist. Helle Hosen mindern den Wert des Tieres.

Wie sein Name schon sagt, stammt dieser temperamentvolle Setter aus Irland, wo man einheimische ↑ Pointer mit importierten *rotweißen Epagneuls* aus Frankreich kreuzte. Noch auf der Ausstellung 1874 in *Dublin* konnten rote und weißrote Tiere, in zwei Klassen getrennt beurteilt, bewundert werden. Aus modischen Gründen wurde dann der ursprünglich massivere I. S. im Typ verfeinert und nur noch mit mahagonirotem Haar gezüchtet.

Der I. S. ist ein passionierter Vorstehhund mit guter Nase, Schnelligkeit, Ausdauer und tadellosem Vorstehen, der auch gut apportiert. Große Gefahr droht auch heute noch dieser sehr schönen Rasse, da aus ihr reine Ausstellungshunde gemacht und die jagdlichen Eigenschaften immer mehr zurückgedrängt wurden. Nur wenige Züchter schenken der Erhaltung der hervorragenden Arbeitsanlagen die nötige Aufmerksamkeit.

Wer sich einen I. S. in der Wohnung halten will, muß diesem viel Auslauf garantieren können. Neben seinen jagdlichen Eigenschaften, die ihm auch heute noch eigen sind, ist er vor allem ein anhänglicher, intelligenter Begleithund. *—Tafel 28.*

Irish Terrier: sportlicher, muskulöser, schlanker Terrier, der statt des quadratisch-kompakten ein betont flüchtiges Gebäude hat, welches ihm die geforderte Schnelligkeit und Wendigkeit sichert (SH 44 bis 46 cm bei 8 bis 10 kg KM). Die Behaarung muß sehr hart sein und eine an beiden Seiten des Halses bis zum Ohr verlaufende charakteristische Halskrause zeigen. Der Kopf ist lang, im Oberkopf flach und ziemlich schmal zwischen den Ohren, nach den Augen zu sich leicht verjüngend. Die Kopfhaut bildet keine Falten, der Fang ist kräftig, aber nicht zu breit mit fest geschlossenen Lefzen und einem kräftigen, kompletten Scherengebiß. Der Stop darf nur geringfügig sein. Das Bild des Kopfes vervollständigen die kleinen V-förmigen Ohren, die nach vorn fallen und eng an der Wange anliegen. Ihre obere Linie ist höher als das Oberteil des Schädels. Die Front des I. T. ist schmal mit festen Schultern, die schräg in den Rücken übergehen, der gerade, mäßig lang und kräftig sein muß. Die Rippen sind gut gebogen, mehr tief als rund und erstrecken sich weit nach hinten. Leicht aufgezogen ist die Bauchpartie. Die lange kupierte Rute ist hoch angesetzt und wird aufrecht getragen. Der I. T. steht auf langen, geraden, gut bemuskelten Läufen mit kleinen, runden Pfoten. Das Haar besteht aus harter drahtiger Deckbehaarung und weicher, kurzer Unterwolle. Es ist immer einfarbig rot, weizengelb oder rotweizengelb. Er ist anpassungsfähig, unempfindlich, wachsam, dabei aber sehr kinderlieb. Als Familienhund eignet sich der I. T. sehr, nur muß er regelmäßig getrimmt werden. Sein Trimmschema entspricht im wesentlichen dem des ↑ Airedale Terrier.

Dieser Spezialist für kleines Raubwild, Kaninchen und Fischotter stammt vom früheren irischen Nationalhund, dem *Roten Terrier,* ab. Er wurde zur Verbesserung der Form mit dem *Black and tan Terrier* gekreuzt, wobei die strenge Selektion erst nach 1870 begann. 1873 stellten die Züchter bereits einen eleganten rassigen I. T. auf einer Ausstellung in *Dublin* vor, der bald anerkannt und vom 1879 gegründeten *Irish Terrier Club* betreut wurde. —*Tafel 45.*

Irish Water Spaniel: stämmiger Hund (SH 51 bis 59 cm ♂, 51 bis 56 cm ♀ bei 22 bis 28 kg KM). Die typischen Merkmale sind lockiges Haarkleid, gelockte Behänge und ein Rattenschwanz. Er hat einen gut entwickelten, hoch gewölbten Schädel mit gut entwickeltem, starkem und eckigem Fang. Die kastanienbraune Nase ist breit und gut entwickelt. Die Augen sind dunkelbraun, ziemlich klein und ohne Augenbrauen. Sehr lang sind die tief angesetzten Ohren, die am Kopf anliegend und herabhängend getragen werden. Sie müssen von langen Ringellocken bedeckt sein. Auf dem Kopf befindet sich ein lockiger Haarschopf. Der Hals ist ziemlich lang, stark und gebogen, die Brust tief, der Rücken kurz und breit, insgesamt bietet sich der Körper kompakt und stämmig. Der I. W. S. hat gut entwickelte, gerade Läufe mit breiten, rundlichen Pfoten, deren Zehen durch Häute verbunden sind. Diese sind keinesfalls mit den Schwimmhäuten der Wasservögel vergleichbar, vergrößern aber die Beweglichkeit im Wasser. Die Rute ist kurz, stark und dick am Ansatz und zur Spitze hin fein auslaufend. Sie wird in Verlängerung der Rückenlinie getragen und ist vom Ansatz an etwa 7 bis 10 cm lockig behaart, danach folgt extrem kurzes Haar. Den I. W. S. kennzeichnet sein dichtes, ringellockenähnlich gekräuseltes Haar, das am Bauch etwas länger und an der Kehle kürzer ist. Es ist völlig frei von Unterwolle. Die Läufe sind rundherum reichlich mit Locken und Wellen behaart.

Die Haarfarbe ist immer kastanienbraun. Weiße Abzeichen oder Haarspitzen sind unerwünscht und schließen von der Zucht aus.

Man nennt den I. W. S. den Clown unter den Spaniels und sagt, er sei gelehrig wie der ↑ Pudel, feinnasig wie der Setter und stöberfreudig wie alle Spaniels, wozu noch die große Wasserpassion kommt. Insgesamt ist wenig über die Entstehung dieser alten Rasse bekannt, doch sicherlich haben große Pudel und *Setter* zu seinen Ahnen gehört. Erstmalig wurde er 1862 auf einer Hundeausstellung in *Birmingham* ausgestellt und anschließend als eigenständige Rasse anerkannt. Er verbreitete sich sehr schnell und bewahrte sich seine Anhängerschar bis in unsere Zeit. Der I. W. S. ist in der Lage, härteste Jagden in sumpfigem Gelände mitzumachen, er zeichnet sich durch Kühnheit, Aktivität, einen guten Geruchssinn und große Apportierfreudigkeit aus. Seine große Aktivität, gepaart mit viel Bewegungsdrang, verlangen, daß der I. W. S. gearbeitet wird. Er ist kein Begleiter für langsame Spaziergänge, zumal sein Haarkleid durch die auf der Haut befindliche Fettschicht speziell bei nassem Wetter für eine Wohnungshaltung zu geruchsintensiv ist. – *Tafel 30.*

Irish Wolfhound: zu den größten Hunderassen der Welt zählender Hund (SH mindestens 79 cm ♂, mindestens 71 cm ♀ bei 54 kg ♂, 40,5 kg ♀ KM). Die mächtige eindrucksvolle Erscheinung wird geprägt durch seine kräftige, muskulöse Anatomie, sein harsches Rauhhaar und sein ausgeglichenes Wesen. Seine Haltung soll im Stand und in der Bewegung stolz sein. Trotz aller Forderungen nach Größe und Kompaktheit muß der Windhundtyp in der Eleganz der Linien und der Bewegung sichtbar werden. Der I. W. hat einen langen, nicht zu breiten Schädel und zwischen den Augen eine leichte Vertiefung. Der Fang ist lang, kräftig und mäßig spitz mit korrektem, starkem Scherengebiß; eine Zange wird toleriert. Den Kopf runden die kleinen, gefalteten Rosenohren und die dunklen Augen ab. Ihm schließt sich ein sehr kräftiger, langer Hals mit gebogener Oberlinie, trocken bemuskelt und ohne Wamme, an. Außerordentlich geräumig ist die sehr tiefe Brust mit den gut gewölbten Rippen. Der Rücken zeigt sich eher lang und kraftvoll bemuskelt und in den Lenden aufgewölbt. Der Bauch ist leicht aufgezogen. Wie der ganze Hund sind auch die Vordergliedmaßen sehr kräftig mit gut schräg liegenden Schultern und gut gewinkeltem Oberarm. Die Hintergliedmaßen zeigen derbe Knochen mit langen Ober- und Unterschenkeln sowie tiefen Sprunggelenken. Der I. W. steht auf mäßig großen Pfoten, die rund und gewölbt sind, die Zehen sind geschlossen mit sehr starken, gut gebogenen Krallen. Die Rute, im Ansatz schwach betont, reicht bis zum Sprunggelenk. Sie ist am Ende leicht gebogen und durchgehend ausreichend behaart. Wie die Rute sind auch die Läufe, der Kopf und der Körper rauh und hart im Haar, über den Augen und am Unterkiefer besonders lang. Das Haar ist grau, rot, schwarz, reinweiß, rehfarben, gestromt oder in allen Varianten sowie Abstufungen dieser Farbpalette.

Die Geschichte des I. W.es kann man in drei Phasen gliedern: Die erste Phase umfaßt den Zeitraum, über den die Poeten früherer Jahrhunderte berichten. Bei ihnen ist von *Irish dogs, Big dogs of Ireland* und *Wolfdogs of Ireland* in den verschiedensten Erzählungen die Rede. Es ist anzunehmen, daß es sich meist um die gleiche Rasse handelte, die aber Ende des 18. Jh. als ausgestorben galt. Die zweite Phase ist der außergewöhnlichen Leistung des Captain *Graham* vorbehalten, der es durch geschickte Zuchtlenkung und Partnerwahl verstand, die Rasse neu zu beleben. Die letzte Phase ist der I. W. in der jetzigen Form. Die meisten Informationen sind dem irischen Jesuitenpater *Edmund Ignatius Hogan* zu verdanken, der seine umfangreichen Studien um die Herkunft, die Größe und den Charakter der großen Hunde in der Schrift „The Irish Wolfdog" zusammenfaßte. Nach ihm stammt das erste schriftliche Zeugnis aus dem Jahre 391, als der römische Konsul *Quintus Aurelius Symmachus* sich bei seinem Bruder *Flavanius* für I. W. bedankte, die in römischen Arenen bei Kampfspielen Bewunderung erregten. Man kann den I. W. mit Fug und Recht als den nach dem Jagdhund beliebtesten Vierbeiner früherer Jahrhunderte in Irland betrachten. Im Jahre 1652 erließ das irische Parlament ein Dekret, in dem die Ausfuhr von I. W. untersagt wurde. 1862 begann Captain *Graham* mit seiner Zucht und schuf innerhalb von 20 Jahren den von ihm gewünschten Typ, nach dem 1885 ein Standard aufgestellt werden konnte. Heute ist der I. W. auf der ganzen Welt verbreitet, wobei Zuchtzentren in Irland, England, den USA und den europäischen nordischen Ländern liegen. Den I. W. sollte sich nur halten, wer genügend Freigelände zur Verfügung hat und ihm im besten Fall Renntraining bieten kann. Seit 1981 gilt nicht mehr England, sondern Irland als standardführendes Land. —*Tafel 41.*

Isländer Spitz: fuchsähnlicher, mittelgroßer Hund (SH 35 bis 45 cm). Der ziemlich große Kopf ist im Schädel breit und hoch gewölbt und hat einen kurzen, spitzen Fang, bei dem die Lefzen schmal und dicht anliegen. Die Nase ist spitz. Es wird ein komplettes Scherengebiß gefordert. Dunkel, klein und rund sind die Augen. Die großen Ohren stehen aufrecht, breit in der Basis und sind dreieckig zugespitzt. Eine leichte Halskrause, speziell auf dem Nacken des schwach gebogenen Halses, muß vorhanden sein. Der Rücken ist verhältnismäßig kurz, die Brust breit und tief, der Bauch aufgezogen. Wie bei allen Spitzen wird auch beim I. S. die buschig behaarte Rute über den Rücken geringelt getragen. Seine Vorderhand ist trocken, fast dünn wirkend, gerade gestellt, die Hinterhand mäßig gewinkelt. Die Pfoten sind lang und schmal mit gewölbten Zehen. Der I. S. hat mittellanges, am Körper dicht anliegendes Haar, an Fang und Läufen kurz, an Hals, Bauch und Rutenunterseite am längsten. Die Vorderläufe dürfen nicht befedert sein. Die Farben des I. S. sind bräunlich, gelblich, grau, schmutzigweiß, schwarz mit breiter weißer Halskrause, weißen Innenseiten, weißen Läufen und weißer Rutenspitze. Er ist im Charakter ein typischer Spitz, wachsam und bellfreudig. In seiner Heimat nimmt man ihn auch als Hütehund und sogar zum Treiben von Pferden und Schafen. Ihren Standard erhielt diese sehr alte bodenständige Rasse bereits 1898, jedoch ist sie nach wie vor außerhalb der Landesgrenzen äußerst selten anzutreffen. —*Tafel 34.*

Istrianer Bracke ↑ Istrski goniči.

Istrski goniči, *Istrianer Bracke:* jugoslawischer, mittelgroßer, kurz- oder rauhhaariger Hund (SH 46 bis 54 cm bei 19 bis 21 kg KM). Der lange, schmale Kopf muß ein gut sichtbares Hinterhauptbein und eine ebensolche Stirnfurche haben. Die gesamte Kopflänge beträgt 20 bis 25 cm. Im kraftvollen, langen Fang, der leicht in die Stirnpartie übergeht und dünn anliegende Lefzen hat, befindet sich ein komplettes Scherengebiß. Die Augen sollen möglichst rund, nicht hervorstehend und dunkel sein. Die dünnen, breiten Ohren sind etwas über der Augenlinie angesetzt und werden ohne Faltenbildung bis zum Lippenwinkel reichend herabhängend getragen. Kräftig, leicht gebogen und ohne Kehlwamme geht der muskulöse Hals in den geraden, vollen Rücken über, der in der Kruppe einen Fingerbreit niedriger ist, als im Widerrist. Die mittelbreite Brust ist tief, ohne sichtbares Brustbein und mit ovalen Rippen. Die Rute soll sehr fein sein und wird leicht aufgehoben getragen. Die I. g. steht auf kräftigen, korrekten Läufen mit Katzenpfoten. Das Haar ist beim *kurzhaarigen Schlag* glatt, fein, dicht und glänzend, an den Schenkeln und der Rute etwas länger. Beim *rauhhaarigen Schlag* finden wir 4 bis 10 cm langes Deckhaar, hart, rauh und abstehend in verschiedener Länge und Dichte mit besonders im Winter üppiger Unterwolle, die weich und flaumig ist. Das Haar ist weiß oder

Istrski goniči

weiß mit orangegelben Abzeichen an den Behängen und kleineren oder größeren Flecken am Rumpf und der Rutenwurzel. Es kann auch orangegelb sein, stets aber von satter Färbung, nie blaß oder ins Braun übergehend.

Die I. g. ist ein guter, wetterharter Laufhund, der auf Fuchs und Hase einsetzbar ist, aber auch am langen Riemen auf der Schweißfährte besteht. Sie gibt gut Laut. Sie hat sich als bodenständige Rasse erhalten und wurde verbessert.

italienische Hirtenhunde: 1. ↑ Bergamasker Hirtenhund. — **2.** ↑ Cane di Macellaio. — **3.** ↑ Hirtenhund der Abruzzen. — **4.** ↑ Maremmaner Hirtenhund.

Italienisches Windspiel: kleinste Rasse unter den Windhunden (SH 32 bis 38 cm bei bis 5 kg KM), die glatthaarig und harmonisch proportioniert ist. Die Eleganz der Linien und die Feinheit der Gliedmaßen sind sehr ausgeprägt. Das I. W. verkörpert ideal Anmut und Grazie sowohl im Stand als auch in der für das Windspiel typischen, steppenden Bewegung. Es ist temperamentvoll, sehr flink und ausdauernd, intelligent und anhänglich. Der Kopf ist lang und trocken, sowie fein gemeißelt. Der Oberkopf und der Fang sind in etwa gleich lang, ihre Oberlinien verlaufen parallel. Der Stop ist gering ausgeprägt, die Schädeldecke flach mit unter den Augen gut ausgeformtem Gesichtsschädel. Groß und ausdrucksvoll müssen die dunklen Augen sein. Möglichst fein, klein und dünnknorpelig müssen die gut gefalteten Rosenohren sein, die hoch und weit hinten angesetzt sind. Bei Aufmerksamkeit werden sie aufgerichtet, wobei die Ohrenspitzen nach vorn kippen sollen. Das I. W. hat ein gesundes, kräftiges und vollzähliges Scherengebiß. Die obere Linie des langen, zierlichen Halses ist leicht gewölbt und geht unvermittelt in den Rücken über. Die untere Linie ist in Höhe des Schildknorpels leicht nach vorn betont, aber trocken und ohne Wamme. Das I. W. zeigt gute Vorbrust mit mäßiger Rippenwölbung, die Unterbrust reicht bis zu den Ellenbogen. Die Oberlinie ist gerade mit gutem Schwung in den Lenden und geht harmonisch in die stark abfallende Kruppe über. Die Unterlinie ist sehr schwungvoll aufgezogen. Die Unterarme der Vorderläufe haben ungefähr die gleiche Länge wie die Schultern und Oberarme zusammen in der Längsachse und stehen sowohl von vorn als auch von der Seite gesehen senkrecht und parallel. Die Hintergliedmaßen sind lang und stark gewinkelt mit trockener Bemuskelung. Klein und geschlossen sind die Pfoten. Sie sind vorn oval, hinten kürzer und mehr rund mit Krallen, die der Fellfarbe entsprechend entweder dunkel oder heller sind. Tief angesetzt ist die Rute, die bereits an der Wurzel fein mit Verjüngung zur Spitze geht. Sie wird senkrecht mit einem guten Schwung in der zweiten Hälfte getragen. Sie soll an Länge, durch die Hinterläufe gezogen, die Hüfte knapp überragen. Auf der feinen, gut anliegenden Haut sitzt kurzes, sehr feines, seidenartiges Haar, das gut am Körper anliegt. Es ist entweder einfarbig schwarz, schiefergrau und isabellfarben in allen Schattierungen, aber auch mit weiß an der Brust und den Füßen. Letzteres ist nicht wünschenswert.

Zeichnungen, Gobelins, Vasen u. a. künstlerische Darstellungen beweisen, daß bereits im frühen Mittelalter entweder für die Jagd oder zum Prunk kleine Windhunde gehalten wurden. Vom *ägyptischen Windhund* abstammend verbreiteten sich die ursprünglich größer und kräftiger aussehenden Hunde über den ganzen Mittelmeerraum und kamen nach Rom, wo sie zum Lieblingshund der Patrizierinnen wurden. Es existierten zwei Varianten: ein reiner Luxustyp, klein und grazil und ein kräftiger, derber Gebrauchstyp mit Passion für die Kaninchen- und Hasenjagd. Vom 14. Jh. an verbreitete sich das I. W. über ganz Europa, in den folgenden Jahrhunderten fand man es an allen Fürstenhöfen, u. a. beweisbar durch Gemälde von *Watteau, van Eyck* und *Veronese*.

Das I. W. ist ein sehr angenehmer Haushund, der auch auf der Rennbahn bei richtigem Training nicht versagt. Es verlangt eine ruhige, einfühlsame Behandlung, da es sehr sensibel ist.

J

Jämthund: dem Grahund äußerlich stark ähnelnder reichlich mittelgroßer, kräftiger und geschmeidiger Hund (SH 58 bis 63 cm ♂, 53 bis 58 cm ♀) mit gedrungenem Körper. Wie alle nordischen Jagdhunde hat er steife, spitze

Jämthund

Ohren und eine über dem Rücken getragene Rute. Die Behaarung gleicht durch den Doppelmantel aus dichter Unterwolle und derbem Deckhaar der der Schlittenhunde. Die Farbe ist hell- bis dunkelgrau mit Aufhellungen am Fang, den Wangen, der Kehle und der Körperunterseite. Die Details des Kopfes, Halses, Rumpfes, der Rute und der Gliedmaßen gleichen denen des Grahundes. Alle nordischen Jagdhunde sind unermüdliche Läufer, absolut unempfindlich gegen Kälte und zeichnen sich durch höchste jagdliche Passion, Selbständigkeit, Eigenwillen und unbändigen Mut im Kampf auch mit Großwild aus. Einmal abgeleint suchen die Hunde unermüdlich auf großer Distanz das Wild, stellen und verbellen es, bei Flucht verfolgen sie es wieder lautlos, um es erneut zu verbellen bis der Jäger kommt. Die Zuchtwahl auch des J.es richtet sich in seiner schwedischen Heimat ausschließlich nach der Leistungsfähigkeit, deshalb eignet er sich auch nicht zur Familienhaltung. Wer sich trotzdem zum Kauf eines J.es entschließt, sollte auf jeden Fall dem Tier Beschäftigung bieten, ihn ausbilden und zumindest den ausgeprägten Lauftrieb durch regelmäßige ausgedehnte Radtouren befriedigen. Der J. ist kein eleganter, aber ein sehr zuverlässiger Gebrauchshund. Die Zuverlässigkeit und Anhänglichkeit dem Menschen gegenüber machen den J. auch zu einem guten Wachhund.

Japan Chin: quadratischer, elegant gebauter Hund von stolzer Haltung und üppiger Haarfülle (SH 18 bis 28 cm bei 2 bis 4 kg KM). Die Bewegungen sind graziös mit hohem Heben der Vorderläufe und gutem Unterschieben der Hinterhand. Er soll hochnackig sein und eine üppige Halskrause haben. Der Kopf ist gewölbt, die Augen rund und tiefglänzend. Die breite und tiefe Schnauzenpartie soll sich wie ein Polsterkissen an die Nasenlöcher anschließen. Im Profil gesehen sollen die Nasenlöcher hinter der Stirnlinie liegen. Die kleinen V-förmigen Ohren sind hoch angesetzt und liegen flach an. Die Läufe sind gerade und haben feine, doch kräftige Knochen. Die Zähne dürfen ebenso wie die Zunge nicht sichtbar sein und wer-

den als Zangengebiß verlangt. Seine lange Behaarung ist reich, glatt und seidig. Kurzhaarig sind nur das Gesicht und die Vorderseite der Läufe, die aber reich befedert bzw. behost sind. Besonders üppig ist die Rute behaart, die über dem Rücken wie eine Blume getragen wird. Die Farbe des J. C. ist reinweiß mit klar abgegrenzten schwarzen oder rotgelben Platten, die Nase ist stets schwarz.
Dieser japanische Zwerghund soll ursprünglich chinesischer Herkunft sein, man vermutet in ihm ein Kreuzungsprodukt, an dem auf jeden Fall der *Tibet Spaniel* beteiligt sein könnte. Japanische Züchter versuchten, den J. C. immer kleiner zu formen, selbst das Einflößen von Reiswein war ein Mittel, das Größenwachstum der Welpen zu verringern. Je kleiner die Miniaturhündchen waren, desto größer war ihr Wert. Wie Vögel wurden sie in Bambuskäfigen gehalten und in den weiten, blumigen Gewändern der Japanerinnen umhergetragen, daher rührt auch der Name *Ärmelhündchen*. Diese zarten, feingliedrigen Geschöpfe brachten sehr geringe Widerstandskraft mit, so daß man später auf etwas größere Schläge überging.
Die ersten J. C., mit denen jedoch keine Zuchterfolge erzielt wurden, kamen als Geschenk der japanischen Kaiserin an die deutsche Kaiserin 1880 nach Deutschland. Da aber das Äußere dieser Hunde die Öffentlichkeit beeindruckte, importierte man sie verstärkt aus ihrem Heimatland. Ebenso wie die exotische Schönheit begeistert auch der Charakter des J. C. alle Liebhaber von Kleinhunden. Er ist sehr anschmiegsam, fröhlich, immer zum Spiel bereit, dabei aber wachsam. Regelmäßiges Kämmen und Bürsten, bei dem totes Haar mit der Wurzel zu entfernen ist, garantiert ein volles Entfalten des herrlichen Haarkleides.

japanische Spitze: 1. ↑ Akita-Inu. – **2.** ↑ Mikawa-Inu. – **3.** ↑ Nippon-Inu. – **4.** ↑ Shiwa-Inu.

jugoslawische Hirtenhunde: 1. ↑ Sar planine. – **2.** ↑ Sar tip.

Jura-Laufhund: schwerster Typ aller Schweizer Laufhunde (SH 40 bis 46 cm bei 30 kg KM). Er hat einen massiven Kopf und einen breiten, hochgewölbten Schädel, der einen ausgeprägten Stop zeigt. Der Fang ist lang, breit und hat stark entwickelte Lefzen, eine weit geöffnete Nase, starke Kiefer und ein komplettes Scherengebiß. Typisch sind auch die auffallende Stirnfalte und die etwas offenen Augen, bei denen die Bindehaut sichtbar sein muß. Die Augen sind dunkel gefärbt und haben einen melancholischen Ausdruck. Tief und weit hinten angesetzt sind die sehr großen, gefalteten und gedrehten, schweren Ohren. Sie sind zur Mitte breit und unten abgerundet und werden am Kopf hängend getragen. Wichtig ist, daß der lange, breite Hals eine ausgeprägte Kehlwamme haben muß. Der Rücken ist lang und breit mit kräftigen Lenden. Die Brust muß stark und tief sein. Der J. steht auf geraden Läufen mit sehr starken Knochen und muskulösen Keulen. Die Ballen sind hart und derb mit schwarzen Krallen. Die hoch getragene, ziemlich lange Rute läuft spitz aus, sie darf nicht über den Rücken gerollt sein. Das kurze, derbe und dichte Haar kommt gelb bis rotbraun, auch mit schwarzem Sattel bzw. schwarz mit gelbroten Abzeichen über den Augen, an den Backen und der Unterseite des Körpers vor. Manchmal tritt ein kleiner weißer Brustfleck auf. Der typische langgezogene Spurlaut, dem Heulen ähnlich, bildet sich meist erst im Alter von 3 bis 4 Jahren heraus. Noch Anfang des 20. Jh. unterschied man in der Schweiz zwei Schläge des J.es, einen *hubertusähnlichen Typ* und den *Typ Bruno.* Ersterer stellte als Nachkomme des *Chien de Saint Hubert* den schweren Schlag dar. Er starb aber aus, so daß nur noch der J., oder Typ Bruno, existiert, ein ausgesprochener Berghund, der ausdauernd, kraftvoll und spursicher ist. – *Tafel 36.*

Jura-Niederlaufhund: langgestreckter, niedriger Hund (SH 30 bis 38 cm) mit langen Hängeohren und langer bis mittellanger Rute. Der Kopf ist mittelgroß, der Schädel leicht gewölbt mit mäßigem Stop, nicht spitzem Fang, gut geöffneter Nase und Scherengebiß.

Die ziemlich großen Augen sollen dunkel sein mit geschlossenen Lidern. Bis zur Nasenspitze müssen die langen Ohren reichen. Leicht und elegant getragen erscheint der Hals ohne Wamme. Im Rumpf ist der J. ein ausgesprochener Laufhundtyp mit proportioniertem Gebäude, ausgeglichenen Formen, kurzem Rücken und breiten Lenden. Die leicht abfallende Kruppe geht in die mittellange Rute über, die hängend und ohne erhebliche Biegung, bei der Arbeit jedoch leicht nach oben getragen wird. Die Vorderläufe stehen gerade, die Hinterläufe leicht nach hinten, die Pfoten sind kurz mit leichter Zwischenzehenbehaarung. Er kommt als kurz-, stock- oder langhaarige Variante vor. Er ist einfarbig gelb bis rotbraun, auch mit schwarzem Sattel, oder schwarz mit gelbroten Abzeichen an Augen, Backen und Unterseite des Körpers, manchmal auch mit einem kleinen weißen Brustfleck. Seit der Jahrhundertwende wird er in der Schweiz zur Jagd auf Reh, Fuchs und Hase verwendet, allerdings nur für kurze Strecken. – *Tafel 36.*

K

Kanaan Dog: mittelgroßer, collieähnlicher Hund (SH 50 bis 60 cm bei 20 bis 25 kg KM). Der Kopf ist stumpf, keilförmig und mittellang, die Stirn erscheint wegen des niedrigen Ohrenansatzes breit. Der Hirnschädel ist weder stark gewölbt, noch flach. Der geringe Stop zeigt eine leicht markierte Mittelfurche. Der nicht zu lange Fang ist mäßig breit, die Fanglänge ist der Schädellänge gleich. Die Lefzen sind straff und kurz, die Nase dunkel. Etwas schräg gestellt sind die möglichst dunklen Augen, niedrig angesetzt. Die kurzen, relativ breiten Stehohren sind niedrig angesetzt und stehen leicht schräg nach außen. Gestattet sind Kipp-, Knopf- und leichte Hängeohren in der beschriebenen Stellung. Der K. D. kann sowohl ein Scheren- als auch ein Zangengebiß haben. Er hält den Hals edel und aufrecht. Der Rumpf ist quadratisch mit tiefer Brust, nicht zu schmaler Vorbrust und gut aufgezogenem Bauch. Die hoch angesetzte Rute wird in der Erregung über den Rücken gerollt, sie soll möglichst buschig behaart sein. Die Vorderläufe stehen absolut gerade, der Vordermittelfuß senkrecht zum Boden, die Hinterhand ist wenig gewinkelt mit mittelstarken Knochen, breiten Sprunggelenken und leicht befederten Unterschenkeln. Die Pfoten sollen möglichst gewölbt und rund erscheinen mit harten Ballen. Der K. D. kommt mit mittellangem Stockhaar, aber auch mit langem und kurzem Stockhaar vor, wobei die Pfoten gut befedert sind. Die Farben sind sehr variabel: sandfarben bis rotbraun, weiß oder schwarz einfarbig. Große weiße Abzeichen, weiße oder schwarze Masken und Scheckungen aller Art sind erlaubt. Der K. D. wird heute in zwei Schlägen gezüchtet, der eine erinnert an den *Schottischen Schäferhund,* den ↑ Collie, der andere an den *Wildhund Australiens,* den ↑ Dingo. Beim *Collietyp* ist der Kopf länger als beim *Dingotyp,* der größer und schwerer ist und Hängeohren besitzt. Der K. D. gehört zur Gruppe der ↑ Schensihunde und diente den Juden schon in vorchristlicher Zeit als Herdenhund. Der Talmud gestattet den Juden die Haltung von Hunden nur in ländlichen Gebieten. Die später verwilderten Hunde wurden wiederentdeckt durch das Ehepaar *Dr. Rudolf* und *Dr. Rudolfine Menzel,* die 1938 nach Palästina emigrierten und die Hunde vor allem bei den *Beduinen der Negevwüste und des Sinai* sahen. Sie begannen ein Programm der „Rückdomestikation", lockten verwilderte Hunde mit Futter an und fingen ganze Würfe. Diese gezähmten Hunde benahmen sich genauso wie normale Haushunde. Auf diesen Stamm bauten die *Menzels* ihr Zuchtprogramm auf. 1953 stellte der *israelische Kennel Club* den Standard des K. D. auf, und 1966 akzeptierte die FCI diese neue Rasse.

Der K. D. ist intelligent, anpassungsfähig und anspruchslos, er wird als Haushund und zuverlässiger Wächter sehr geschätzt. *—Tafel 35.*

Kangaroo dog: dem ↑ Greyhound ähnlicher, aber mehr robustere Formen und grobere Behaarung zeigender Hund (SH 76 cm bei 31 bis 34 kg KM) mit muskulösem Rumpf und windhundartig aufgezogenem Bauch. Er hat eine tief angesetzte Rute, die lang herabhängt. Sein Haar ist kurz und hart, schwarz, schwarz-braun, braun mit weiß, oft gestromt, aber auch dreifarbig. Er ist aus einer Greyhoundform, gekreuzt mit ↑ Deerhounds, entstanden und ursprünglich zur Versorgung der australischen Siedler mit Känguruhfleisch geschaffen worden. Der Greyhound war zwar in der Lage, die Känguruhs einzuholen, besaß aber nicht die Kraft, größere Arten zu halten und zu töten. Das führte zur Einkreuzung des Deerhound. Diese Rasse ist nicht erst in jüngster Zeit entstanden, sie wurde bereits 1864 auf einer Rassehundausstellung in London gezeigt. Außer auf Känguruhs wird der K. d. auch auf Emus und Dingos angesetzt.

Kansu-Windhund: in zwei Typen existierender Primitivhund. Er steht zum einen größenmäßig zwischen ↑ Greyhound und ↑ Whippet und zum anderen zwischen Whippet und ↑ Italienischem Windspiel. Der K. lebt in den chinesischen Provinzen *Kansu* und *Schensi.* Die größere Form hat oft halb aufgerichtete Kipp- oder korrekte Stehohren. Beide sind zumeist gelb, rehfarben, cremefarben oder kastanienbraun mit weißen Abzeichen.

Karelischer Bärenhund: kompakter, massiver Hund mit hartem Körper (SH 54 bis 60 cm ♂, 49 bis 55 cm ♀). Der Kopf ist recht groß und stumpf keilförmig, die Stirn breit und leicht gewölbt. Die steifen Ohren sind mittellang und stumpf zugespitzt, die dunkelbraunen

Augen klein und feurig. Der Knochenbau wirkt derb, aber nicht schwer, der Rumpf ist etwas länger als hoch mit geradem Rücken, der einen leichten Abfall zur Kruppe aufweist. Die Brust ist geräumig, oval und tief, der Bauch etwas aufgezogen. Die mittellange, geringelte, buschig behaarte Rute wird in möglichst geschlossenem Kreis über dem Rücken getragen. Muskulös, anliegend und ziemlich schräg sind die Schultern, die Ellenbogen zeigen nach hinten. Die Schenkel der Hinterhand sind kräftig, muskulös und wirken durch die reiche Behaarung im oberen Teil sehr breit. Der K. B. hat dicke, rundliche Pfoten mit gut gewölbten Zehen, die an der Hinterhand etwas länger und flacher sind. Das Haar besteht aus geradem, steifem Deckhaar, das am Rücken, Nacken und an der Schenkelrückseite etwas länger und dichter ist, und weicher Unterwolle. Die Farbe ist schwarz mit braunem Schimmer oder schwarzweiß.

Was den K. B. vor allem für die Jagd auf nordisches Großwild auszeichnet, ist seine explosive Kraft, die gepaart ist mit unerhörtem Kampftrieb, Wachsamkeit und grenzenlosem Mut. Seine

Karelischer Bärenhund

Jagdweise ähnelt der von Elchhunden. Einmal abgeleint verschwindet er lautlos und sucht auf großer Distanz die Fährte seines Wildes. Diese meldet er seinem Jäger, indem er auf kürzestem Wege zu diesem zurückkehrt, um ihn zu führen. Ist der Jäger gefolgt, entfernt sich der Hund erneut, um das Wild zu stellen, zu verbellen und notfalls so lange zu attackieren, bis sein Herr zum Schuß kommt.

Der K. B. wird als der nächste Verwandte der ↑ Laiki betrachtet, bringt aber ungleich mehr Wildheit und Temperament mit, so daß das Bestreben der Züchter seit langem dahin geht, ruhigere Tiere zu züchten. Ein solcher Hund eignet sich für die Bewachung von Haus und Garten.

Wem es aber gelingt, dem K. B. eine Möglichkeit zu bieten, wo er voll gefordert wird, besitzt mit ihm einen vorzüglichen Wächter und Begleithund. – *Tafel 8.*

Karelo-Finnischer Laika ↑ Laiki.

Kärntner Brandlbracke ↑ Österreichische Bracke.

Kaukasischer Schäferhund: sehr kräftiger, grober Hund mit massivem Knochenbau und kräftiger Muskulatur (SH 65 bis 70 cm ♂, 60 bis 67 cm ♀). Die Hündin soll sichtbar kleiner und graziler sein, so daß das Geschlechtsbild deutlich sichtbar ist. Der Kopf ist massiv mit breitem Schädel, kräftig entwickelten Backenknochen, breiter, flacher Stirn, die eine flache Furche und geringen Stop zeigt. Der Fang ist im Verhältnis zum Hirnschädel kürzer, nicht zugespitzt und mit kräftigen, trokkenen, dicht anliegenden Lefzen versehen. Die Nase ist groß, breit und schwarz. Bei weißen und hellgelben Hunden ist eine braune Nase zugelassen. Die Ohren des K. S.es sind hoch angesetzt und werden fast bis an die

Ohrmuschel kurz kupiert. So dunkel wie möglich müssen die kleinen, ovalen und tiefliegenden Augen sein. Besonders wichtig ist das komplette Scherengebiß mit großen, weißen Zähnen. Der kräftige, kurze Hals wird nicht hoch getragen und geht in den breiten, muskulösen Widerrist über, dessen obere Linie gerade ist. Die breite, tiefe Brust ist etwas rundlich, der Bauch leicht aufgezogen. Nicht abfallend darf die breite, lange Kruppe sein, wobei die Rute hoch angesetzt bis zu den Sprunggelenken reicht und herabhängend getragen wird. Sie ist auch sichel- oder hakenartig bzw. geringelt möglich und darf kupiert werden. Die Vordergliedmaßen stehen von vorn betrachtet parallel. Von der Seite gesehen, steht das Schulterblatt schräg im Winkel von etwa 100° zum Oberarm, der in sich gerade, kräftig und mäßig lang ist. Die Hintergliedmaßen stehen ebenfalls parallel, wenn man sie von hinten betrachtet. Seitlich gesehen sind sie in den Kniegelenken leicht gebogen, mit kurzem Unterschenkel und kräftigen, stumpfgewinkelten Sprunggelenken. Der Hintermittelfuß ist kräftig und senkrecht aufgestellt. Der K. S. hat große, ovale und kompakte Pfoten, die gut geschlossen sind. Sein Haarkleid ist glatt mit stark entwickelter Unterwolle. Auf dem Kopf und an den vorderen Läufen ist das Haar kürzer und dicht anliegend. Nach dem Haarkleid werden die K. S. in drei Gruppen geteilt:

1. *Langhaarige Hunde.* Bei ihnen bildet das Haar am Hals eine Mähne. Die Läufe zeigen Fahnen, Hosen; die Rute ist buschig.

2. *Kurzhaarige Hunde.* Sie haben kurzes, schlichtes Haar. Die Mähne, Fahnen und Hosen sowie die buschige Rute fehlen.

3. *Gemischter Typ.* Diese Hunde haben mittellanges Haar, aber Mähne, Fahnen, Hosen und buschige Rute fehlen.

Alle K. S. sind gleich gefärbt, entweder fahlgrau, hellrötlich, strohgelb, weiß, graubraun und in diesen Farben getigert, gescheckt oder gefleckt. Die Bewegungen des K. S.es sind gewöhnlich langsam, aber frei und flüssig. Charakteristisch ist der kurze Trab, der bei Beschleunigung in einen schnellen Galopp übergeht. Dabei werden die Läufe geradlinig bewegt, der Rükken federt elastisch, Widerrist und Kruppe befinden sich in einer Höhe. Der K. S. ist ausgesprochen aggressiv, scharf gegen Fremde und mit großer Verteidigungsbereitschaft. Er gehört zu den Rassen, die in sich noch sehr unausgeglichen sind, neben sehr großer Aggressivität finden wir in einem Wurf auch scheue und ängstliche Tiere.

Der K. S. ist eine schon sehr lange existierende Rasse, die von den Hirten ausschließlich zur Verteidigung der Herden gegen Wölfe, Bären sowie Räuber gehalten wurde. Aus diesem Grunde galt als einziges Auswahlprinzip die Schärfe und Angriffsfreude der Tiere. Das setzt sich auch heute noch durch. Der K. S. ist keinesfalls in der Wohnung zu halten, auch ist Vorsicht im Umgang mit Kindern geboten. — *Tafel 6.*

Keeshond, *Barkenspitz:* spitzartiger Hund mit kurzem, sehr kompaktem Körper (SH 40 bis 45 cm bei 20 bis 30 kg KM). Der fuchsähnliche Kopf ist zwischen den Ohren breit, verschmälert sich keilförmig zur Nasenspitze, hat ein Scherengebiß und mäßig betonten Stop. Die Augen sollen so dunkel wie möglich sein. Die kleinen, spitzen, aufrecht getragenen Ohren vervollständigen das an einen Wolfsspitz erinnernde Äußere des Kopfes. Kurz und kompakt bietet sich der Körper mit geradem Rücken, ein wenig aufgezogenem Bauch und im gesamten Bau viereckig. Die Läufe sind gerade

Keeshond

mit starker Befederung an den Vorderläufen. Auch die Hinterläufe stehen gerade mit nur leicht gewinkelten Sprunggelenken. Der K. hat runde, aber nicht platte Katzenpfoten. Die eingerollt auf dem Rücken aufliegende, dick behaarte, buschige Rute sollte sich in der Spitze doppelt rollen, wobei das Rutenende weiß sein muß. Die Behaarung des K.es ist lang, dicht und rauh mit breiter Halskrause. Kurz, mit dichter, weicher Unterwolle ist das an der Stirn, am Fang, an den Ohren, den Pfoten, der Außen- und Innenseite der Vorder- und Hinterläufe hellgelbe Haar. Die Gesamtfarbe ist meist wolfsgrau, silbergrau mit schwärzlichem Anflug an den Haarspitzen, niemals weiß oder schwarz.

Der K. wird allgemein als Spitz der holländischen Grachtenschiffer bezeichnet, er ist einer der besten Wachhunde, bellt, wenn ein Fremder das Haus betritt, so lange, bis sein Herr erscheint, ist aggressiv und mißtrauisch. International wurde ihm bislang die Anerkennung versagt, da die FCI der Auffassung ist, er sei mit dem *Wolfsspitz* (↑ Deutscher Spitz) identisch. In Holland ist der graue Spitz seit Jahrhunderten bekannt und beliebt. Ursprünglich als Wachhund der Bürger, Bauern und Schiffer gehalten, erlangte er Weltruhm, als der patriotische Volksführer *Kees de Gijselaer* im Kampf gegen *Wilhelm von Oranien* seinem Spitz den eigenen Vornamen gab und ihn somit zum Symbol des Freiheitskampfes erhob.

Der im Volksmund verbreitete Name *Barkenspitz* weist schon auf die spätere Popularität als Hund der Flußschiffer hin. Viele Jahre galt der K. als Hund der Armen. Erst Anfang des 20. Jh. beschäftigte sich die Kynologie wieder mit dieser Rasse, und die Zuchtauswahl richtete sich ausschließlich auf die silbergrauen Hunde mit schwärzlichen Haarspitzen.

Kelb tal Fenek ↑ Pharao Hound.

Keltski goniči: mittelgroßer, kräftiger und robuster Laufhund (SH 46 bis 56 cm bei 16 bis 24 kg KM) mit gedrungenem Gebäude. Der nicht zu leichte, längliche Kopf ist etwa 20 bis 23 cm lang. Der Schädel ist leicht gewölbt und wird zu den Augen hin schmaler mit gut sichtbarem Hinterhauptbein und Stirnfurche. Die Augenbrauen sind stichelig und stark buschig. Der Fang ist kräftig, rechteckig und stumpf mit gespanntem Nasenrücken, schwarzer, breiter, gut geöffneter Nase, nicht zu dicken Lefzen und einem Scherengebiß. Bei den vollen, nicht vorstehenden Augen darf die Bindehaut nicht sichtbar sein. Etwas hinter den Augen, jedoch nicht zu nahe der Schläfe sind die Hängeohren angesetzt, die so lang sind, daß sie bei

Streckung wenigstens die Augenhöhle bedecken. Die kurz behaarten Ohren werden herabhängend getragen. Die Ohrenden sind abgerundet, schmaler und ohne Falte. Der kurze Hals weist keine Kehlwamme auf und geht harmonisch in den kräftigen, breiten, leicht abfallenden Rücken über, wobei die Gesamtlänge 3 bis 8 cm über der Schulterhöhe liegt. Die Lenden sind voll und kurz, leicht abfallend die kräftige, breite Kruppe. Der Brustumfang muß 12 bis 15 cm mehr betragen als die Widerristhöhe, die Brust ist tief und breit mit geschlossenem, gewölbtem Rippenkorb. Der leicht aufgezogene Bauch und die kräftigen, geraden, muskulösen Gliedmaßen, die korrekt gestellt sind, runden das Erscheinungsbild ab. Die nicht zu hoch angesetzte, kräftige Rute wird in voller Länge leicht aufgebogen getragen. Das Deckhaar ist harsch, hart und abstehend mit 10 cm langen Grannenhaaren; die kurze Unterwolle ist speziell im Winter reich und weich. Die Grundfarbe ist ein schwaches Weiß, Weizengelb, Rötlich, Rußig, Erdgrau, oft mit leichten Flecken oder Punkten speziell auf den Behängen und am Körper in einer oder zwei der angeführten Farben. Manchmal findet man das Weiß nur am Hals, an der Brust, den Läufen und den Pfoten. Der K. g. ist ein robuster Laufhund mit großer Jagdpassion auf Wildschwein, Fuchs und Hase. Bei entsprechender Abrichtung gibt er auch einen guten Schweißhund ab.

Der K. g. ist ein Nachkomme, der im Zusammenhang mit der Entwicklung der Laufhundrassen immer wieder erwähnten *Keltenbracke,* der sich in Jugoslawien eigenständig zu einem homogenen Jagdhundschlag herauskristallisierte.

Kerry Beagle: mittelgroßer englischer Laufhund (SH über 58 cm), der eine entfernte Ähnlichkeit mit dem ↑ Bloodhound des 19. Jh. hat. Er wurde vom englischen *Kennel Club* noch nicht anerkannt. Er ist hochläufig, nicht allzu schwer und wendig. Das glatte, schwarze Kurzhaar hat rote Abzeichen.

Kerry Blue Terrier: eleganter, ausdrucksvoller, wohlproportionierter, quadratischer Hund (SH 45 bis 50 cm ♂, 43 bis 49 cm ♀ bei 15 bis 17 kg KM). Der Kopf ist lang und in guter Proportion zum Körper, die Schädellänge ist der Fanglänge etwa gleich. Er zeigt nur geringen Stop. Der Schädel ist flach, zwischen den Ohren nicht zu breit und verjüngt sich zu den Augen hin, die klein, höchstens mittelgroß und sehr dunkel sein müssen. Klein, von mäßiger Dicke sind auch die V-förmigen Ohren, die nach vorn fallend und leicht aus der Muschel heraus anliegend getragen werden. Er muß ein kräftiges, vollzähliges Scherengebiß haben. Sein Hals ist trocken, lang und gut auf den langen und schrägen Schultern aufgesetzt. Seine Front ist schmal mit tiefer Brust, tiefgezogenen, nicht gerundeten Rippen, kurzem Rükken und kurzer, kräftiger Lendenpartie. Die hoch angesetzte, kupierte Rute wird aufrecht getragen. Auch in der Bewegung völlig gerade stehen die gut bemuskelten Vorderläufe. Die Hintergliedmaßen müssen gut gewinkelt, gerade und parallel auch in der Bewegung zueinander stehen. Der K. B. T. hat weiches, seidiges, dichtes, welliges Haar, das gleichmäßig über den ganzen Körper und die Gliedmaßen verteilt in jeder Schattierung von blaugrau, jedoch immer gleichmäßig in der Farbe vorkommen kann. Der Fang, der Kopf, die Ohren, die Rute und die Pfo-

ten sind dunkel bis schwarz abgesetzt. Bis zum Alter von 18 Monaten sind schwarze und bräunliche Schattierungen als Beginn des Umfärbens zulässig.
Der K. B. T. ist ein anhänglicher, wachsamer und temperamentvoller Hund mit ausgeprägtem Terriercharakter. Er ist ein idealer Haushund, der aber nicht allzu pflegeleicht ist. Der K. B. T. wird nicht getrimmt, für seine Haarpflege benötigt man eine Schere, einen Kamm und nach Möglichkeit eine Schermaschine mit verschiedenen Scherköpfen. Das Trimmschema, nach dem gearbeitet wird, gleicht im Groben dem des ↑ Airedale Terriers. Da der K. B. T. mit langem, schlankem Hals bevorzugt wird, stutzt man das Haar hier ziemlich kurz, an der Halsvorderseite kürzer als im Nacken, dessen Wölbung immer hervorgehoben werden sollte. Vorderhand und Schultern müssen ebenfalls ziemlich glatt gestutzt sein, so daß ein kurz aussehender Hund erreicht wird. Die Brusttiefe wird optisch vergrößert, indem die kräftigen Brusthaare stehen bleiben. An den Vorderläufen werden lediglich die Unebenheiten ausgeglichen, da es wichtig ist, daß die Läufe so massiv wie möglich erscheinen. Die Hinterläufe werden dem des Airedale Terrier ähnlich geformt. Die Fransen an den Füßen werden weggeschoren und die Rutenhaare vorsichtig kurz geschnitten. Es darf keine Bürstenrute entstehen. Stirn, Wangen und Ohren werden glatt geschoren, ähnlich dem oberen Teil der Halsvorderseite. Die Augenbrauen werden nach vorn gekämmt, ihr höchster Punkt muß über der Mitte der Augen liegen, dann laufen sie schmal bis zu den äußeren Augenwinkeln aus. Der Bart wird so geformt, daß er die Länge des Kopfes unterstreicht, auf jeden Fall ist ein „Ziegenbärtchen" zu vermeiden. Beim K. B. T. kommt es darauf an, bei aller Kompaktheit die Eleganz zu betonen. Der K. B. T. stammt vom *irischen roten Terrier* ab, in dessen Würfen auch dunklere Tiere anfielen. Die Bauern hielten sich die Terrier als Hüte- und Jagdhunde, vor allem zum Aufstöbern von Füchsen und Dachsen, aber auch zur Kaninchen- und Otterjagd. Bei der Entwicklung der neuen Rasse wurden mit Sicherheit auch ↑ Bedlington Terrier und ↑ Dandie Dinmont Terrier herangezogen, vermutlich auch der ↑ Bull Terrier. Der heutige blaue Typ ist das Ergebnis strengster Selektion, der erstmalig 1922 auf der größten Hundeausstellung der Welt, *Crufts Dog Show*, in eigenen Klassen gezeigt wurde. In seiner irischen Heimat ist man sehr bemüht, die Arbeitseigenschaften des K. B. T. wieder mehr in den Vordergrund zu bringen. Es ist deshalb dort Bedingung, den Hund, der Champion werden soll, einer Arbeitsprüfung (Jagd auf Fuchs oder Dachs) zu unterziehen. – *Tafel 45.*

Kindiga dog: kurzhaariger, hochbeiniger Primitivhund mit langem, schmalem Kopf, der in den Steppengebieten *Tansanias* zu finden ist. Er bellt nie, auch dann nicht, wenn sich Fremde dem Lager nähern. Die Haarfarbe ist immer fahlgelb.

King Charles Spaniel: hochläufiger, kompakter Zwerghund (SH 26 bis 32 cm bei 3 bis 6 kg KM). Der massive Schädel ist kuppelförmig gewölbt, so daß die Stirn über den Augen hervortritt. Die Nase ist kurz und gerade mit zurückfallendem Nasenrücken. Der viereckige Fang ist breit und tief. Der sehr breite Unterkiefer hat kräftige Backen. Die sehr großen, dunkel gefärbten Augen sollen so weit wie möglich auseinanderstehen. Flach an den Seiten herab hängen die tief angesetzten sehr langen und reich behaarten Ohren. In der Kopfform zeigt sich schon ein grundsätzlicher Unterschied zum ↑ Cavalier King Charles Spaniel, der eine relativ lange Nase und einen flacheren Schädel, keinesfalls so kuppelförmig gerundet wie der K. C. S. hat. Der Nasenrücken soll so stark zurückgeschoben sein, daß in der zwischen Stirn, Augen und Nasenkuppe entstandenen Grube eine kleine Kugel Platz hat. Der K. C. S. hat ein Zangengebiß im Unterschied zum beim ↑ Cavalier King Charles Spaniel geforderten Scherengebiß. Der Rumpf ist gedrungen mit guter Knochensubstanz, die Rückenlänge ist gleich der Körperhöhe, die Brust ist tief und tonnenförmig. Die Rute wird kupiert und in Fortsetzung der Rückenlinie lang befedert getragen. Das lange, reichliche, seidige, möglichst flach anliegende Haar ist leicht gewellt, jedoch nie gelockt. Es gibt vom K. C. S. vier Farbschläge:

1. *Blenheim* mit perlweißem Grund und darauf verstreuten, kastanienroten Platten. Die Kopfzeichnung soll gleichmäßig sein; der Spot, ein weißes markstückgroßes Abzeichen auf der Stirn, ist erwünscht.
2. *Prince Charles* mit dreifarbigem Haar, perlweiß mit schwarzen Platten und braunroten Abzeichen an den Wangen, den Innenseiten der Ohren, über den Augen und an der Stirn.
3. *Ruby* mit einfarbig kastanienrotbraunem Haar. Jegliche Abzeichen sind ein großer Fehler.
4. *King Charles* mit glänzend schwarzem Haar und mahagonifarbenen Abzeichen an dem Fang, den Augen, den Beinen, den Ohrinnenseiten, der Brust und unter der Rute.

Geschichtlich ist der zu den *Zwergspaniels* gehörende K. C. S. der gleichen Abstammung wie der Cavalier King Charles Spaniel zuzuordnen. Bevor die Spaniels Modehunde wurden, fanden sie als Jagdhunde für die Niederjagd Verwendung. Was auch den heutigen K. C. S. auszeichnet, ist die ausgezeichnete Verträglichkeit gegen Artgenossen, man kann ihn ohne Sorgen in großen Meuten halten. Er verlangt außer täglichem Bürsten und mehrmaligem Kämmen pro Woche keinerlei besondere Pflege und ist einer der angenehmsten Begleithunde und für eine Wohnungshaltung prädestiniert.

Kleiner Basset ↑ Basset Griffon Vendéen.

Kleiner Münsterländer: kleinster Vertreter der Vorstehhundrassen (SH 48 bis 56 cm ♂, 44 bis 52 cm ♀ bei etwa 16 kg KM). Das stabile Gebäude befähigt ihn, alle Anforderungen, die an einen vielseitigen Jagdgebrauchshund gestellt werden, zuverlässig zu erfüllen. Sein Kopf ist edel, ohne starken Stop, aber mit deutlichem Geschlechtsgepräge. Der Fang ist langgestreckt, darf niemals plump wirken und soll mindestens 50 % der Gesamtlänge des Kopfes betragen. Er hat einen geraden, leicht konkaven Nasenrücken und fest anliegende, gut schließende Lefzen und ein Scherengebiß. Zangengebiß wird toleriert. Die Nasenkuppe ist braun ohne weiße oder fleischfarbene Flecken. Die dunklen Augen schließen in den Augenwinkeln gut. Hoch angesetzt sind die nicht zu schweren und unten spitz zulaufenden Behänge. Der Hals wirkt durch die kräftige Bemuskelung oft etwas kurz, er geht ohne Kehlwamme in den geraden, festen, vom Widerrist zur Kruppe leicht abfallenden Rücken über. Gut gewölbte Rippen und eine gut ausgebildete Vorbrust hat die tiefe Brust, deren Tiefe 47 % der Schulterhöhe ausmacht. Die gut entwickelte Kruppe fällt leicht ab in die gerade getragene Rute, die im letzten Drittel leicht nach oben gebogen und voll befahnt ist. Mit fast 90° ist die Vorderhand gut gewinkelt und anliegend; sie soll, gemessen vom Schultergelenk horizontal zum Ellenbogen, drei Zehntel der Rumpflänge betragen. Das Verhältnis Schulterhöhe zu Rumpflänge, gemessen vom Schultergelenk zur Sitzbeinspitze, beträgt 8 : 9. Ebenfalls gut gewinkelt (fast 90°) gemessen vom Kniegelenk horizontal zur Sitzbeinspitze, und drei Zehntel der Rumpflänge betragend sind die Hinterläufe. Der K. M. hat schlichtes, fest anliegendes Langhaar, am Behang leicht gewellt und über die Behangspitzen hinausreichend, die Läufe sind befedert. Die Grundfarbe ist Weiß oder Schimmel mit braunen Platten, auch gemantelt, der braune Kopf hat meist eine weiße Blesse oder Flocke. Es kommen auch Tiere mit lohfarbenen Abzeichen am Fang und über den Augen vor. Die Fahne der Rute muß mindestens im letzten Drittel weiß oder schimmelfarben sein.

Der K. M. ist ein Gebrauchshund, der im vielseitigen praktischen Jagdbetrieb voll zu verwenden ist. Er ist folgsam, wagemutig, kann in den unterschiedlichsten Geländeformen jagen, eignet sich als Vorstehhund ebenso wie zum Apportieren, und hat eine ausgesprochene Passion zur Wasserjagd. Er kann auch in Meuten jagen und meldet mit kräftigem Spurlaut. In der Wohnung ist er der Freund der Familie und ein zuverlässiger Wächter.

Der K. M. ist wahrscheinlich ein Nachkomme des mittelalterlichen *Wachtelhundes* und des germanischen *Habichthundes* und nahe verwandt mit dem französischen ↑ Epagneul Francais. In seiner engeren Heimat, dem Münsterländer Gebiet, setzte man ihn bis Ende des 19. Jh. vor allem als Schäfer- und Jagdhund ein. Da jedoch der ↑ Deutsch Kurzhaar sowie später der ↑ Deutsch Drahthaar von den Jägern immer mehr bevorzugt wurden, war die Rasse zu Beginn des 20. Jh. stark dezimiert. Es ist dem deutschen Züchter *Löns* zu verdanken, daß der K. M. durch strenge Zuchtwahl speziell von 1925 bis 1935 seine Homogenität zurückerhielt, sich festigte und schließlich 1936 den gültigen Standard erhielt. Von *Löns* stammt auch die Bezeichnung *Heidewachtel*, vermutlich abgeleitet von der Eignung zur Wachteljagd. Am meisten verbreitet ist der K. M. derzeit in Frankreich, Schweden und Norwegen, wo man ihn überwiegend bei Waldjagden einsetzt.

Koikerhond: international noch nicht anerkannte, einem kleinen *Spaniel* sehr ähnliche Rasse, die in Holland vorwiegend zur Entenjagd eingesetzt wird. Er ist sehr wasserfreudig, apportiert gern und gut und ist ein angenehmer Haushund.

Komondor: großer Hund (SH 80 cm ♂, 70 cm ♀ als Durchschnittswerte bei 50 bis 60 kg ♂, 40 bis 50 kg ♀ KM) mit anziehendem Äußeren und würdevollem Benehmen. Sein Körper ist quadratisch, eventuell auch ein wenig länger. Der Kopf wirkt wie ein über den Rücken erhöhtes Haarknäuel. Er ist breit, fein und steht in gutem Ebenmaß zum Körper. Selbst die äußerst üppige Behaarung darf keine Disproportionen aufkommen lassen. Der Schädel ist gewölbt, der Stop bemerkbar. Die Schnauzenpartie ist etwas kürzer als der Schädel. Zwischen den Jochbögen erscheint der Schädel breit, die Augenbögen sind gut entwickelt. Der Nasenrücken ist gerade, die Nase darf nicht spitz auslaufen, sondern muß im rechten Winkel abgeschlagen erscheinen. Der Fang ist sehr breit und mittellang mit starken Kiefern. Nasenspiegel, Lider und Lefzen sind stets schwarz. Das mächtige, weiße Gebiß muß als komplette Schere schließen. Die Lippen liegen eng an und sind gegen die Mundwinkel zu gezackt. Die dunkelbraunen Augen sind gut eingesetzt mit fest anliegenden Lidern. Mittelhoch angesetzte Behänge, die gleich vom Ansatz herabhängen und tief herabreichen, weisen die Form eines U auf. Sie werden weder in der Erregung noch im Angriff bewegt. Der Hals bildet mit der Waagerechten einen Winkel von 35° und wird im Ruhezustand ab und zu fast in der Verlängerung der Rückenlinie getragen. Der mittellange, eher kurze Hals ist ohne Wamme. Er geht harmonisch in den ziemlich langen und vorn markierten Widerrist über. Der K. hat einen ziemlich kurzen Rücken mit mittellanger, muskulöser, breiter Lendenpartie. Ist diese zu schmal, bildet das Fell an dieser Stelle einen Scheitel. Die Kruppe ist breit, mittellang und leicht abfallend. Die tief angesetzte, entschieden herabhängend getragene Rute wird am Ende etwas angehoben, in der Erregung bis in Rückenhöhe. Tonnenförmig und lang ist der mitteltiefe Brustkorb. Das verfilzte, dichte Fell erschwert in großem Maße die Beurteilung der Gliedmaßen und gibt seiner Erscheinung einen mächtigen, robusten Charakter. Die Vorderläufe sind säulenartig und fest mit etwas steilen Schulterblättern. Die Vorbrust ist breit. Das Knochengerüst muß stark, massiv mit weiten Gelenken sein. Der K. steht auf großen, festen Pfoten, die volle, elastische Ballen von schiefergrauer Farbe haben. Die Krallen sind grau. An der Hinterhand ist das Fell immer stark verzottet oder verfilzt, so daß Kruppe und Hinterhand ineinander verschwommen erscheinen. Die Hinterläufe stehen etwas steil, sind breit gestellt, ihre Pfoten sind etwas länger als die der Vorderläufe. Ab und zu auftretende Afterkrallen werden frühzeitig entfernt. Die Haut des K. ist von schiefergrauer Farbe und enthält viel Pigment. Der Nasenspiegel, die Lefzen, Augenlider und Fußballen sind schwarz oder dunkelschiefergrau, nach Möglichkeit auch das Zahnfleisch und der Rachen. Tiere mit wenig Pigment oder mit rosafarbener Haut sind unerwünscht. Der ganze Körper ist von langem Haar bedeckt, das aus gröberen Deck- und weicheren Unterhaaren besteht. Das Verhältnis beider Formen gibt dem Fell das Gepräge. Grundbedingung ist, daß sich das Haar verfilzt oder verzottet. Möglich ist auch die Schnürenbehaarung, deren schmale Strähnen nicht verfilzen. Die Behaarung ist an der Kruppe und an den Lenden am längsten, mindestens 20 bis 27 cm, am Rücken mittellang, an den Seiten des Brustkorbes und an den Schultern mindestens 15 bis 22 cm, am Fang noch kürzer. An den Augenbögen, an Schädel, Hals, Ohren und Beinen beträgt die Haarlänge 10 bis 18 cm; am kürzesten ist sie an den Lefzen und den unteren Enden der Läufe mit 9 bis 11 cm. Nach dem Werfen, durch ständige Arbeit, Krankheit oder mangelhafte Fütterung kann der K. einen Teil seiner langen Behaarung, meist an der Vorhand, am Bauch und am Brustkorb, in Ausnahmefällen auch am gesamten Körper mit Ausnahme der

Kruppe, verlieren. Ein so abgehaarter Hund wirkt zwar nicht schön, doch ist es nur ein vorübergehender Zustand und somit kein Fehler. Neugeborene Welpen tragen ein flaumiges, fein glänzendes, weißes, gekräuseltes oder gewelltes Fell, das nach der ersten Haarung durch ein vielseitiges nicht verfilzendes mittellanges Fell ersetzt wird. Nach dem 9. Lebensmonat wächst das dauernde Haar durch, zu dessen Verfilzung die Welpenhaare schon beitragen. Die Fellfarbe ist immer weiß, wobei ein zerkämmtes Haar ebenso unerwünscht ist, wie ein ungepflegtes. Man erreicht eine gute Haarstruktur, indem das bandförmig oder schnurartig verfilzte Haar von Zeit zu Zeit durch Bürsten (nicht Aufbürsten!) gereinigt wird. Bilden sich verfilzte Planken, werden diese zu bandförmigem Filz zerschnitten.

Das Wesen des K. ist eigenartig. Da die Augen so gut wie nicht sichtbar sind, kann von ihnen nicht auf die Absichten des Hundes geschlossen werden. Der K. ist kein Familienhund; er verhält sich zurückhaltend und neigt nicht zum Schmeicheln. Er ist von zäher Natur, kann sehr schnell angreifen, auch wenn er scheinbar ruhig liegt. Tagsüber liegt er gern auf einem etwas erhöhten Stand, um sein Revier überblicken zu können. Bei Nacht ist das Wachen sein Element, zu dieser Zeit bewegt er sich ausgesprochen gern und bellt mit voller Stimme. Es gibt mehrere alte Überlieferungen, in denen der K. erwähnt wird, so 1544 in *Peter Kakonyis* Erzählung über den *König Astiagis:* „ein säugender Komondor säugte auch ein Kind ...". Zeichnungen von *Ferenc Pethe* aus dem Jahre 1815 stellen den K. in seinem heutigen Äußeren dar. Er gehört ohne Zweifel zu der Gruppe großer *weißer Hunde*, die von den Magyaren auf ihrer Wanderung zwischen 1000 v. u. Z. und ihrem Seßhaftwerden 955 in ihr heutiges Lebensgebiet mitgeführt wurden. Bei der ganz Osteuropa berührenden Wanderung führten sie große Herden mit sich, für die sie Hütehunde benötigten, die auch in der Lage waren, wilde Tiere und Räuber abzuwehren. In diesen Hunden haben sowohl der *polnische Tatrahund* (↑ Polski owczarek podhalanski), der ↑ Kuvasz und der K., aber auch der *slowakische Nationalhund* (↑ Slovensky Čuvač) und der große ↑ Pyrenäenhund ihre Ahnen.

Auf keinen Fall gehört der K. in die Wohnung, weil das sowohl für den Menschen als auch für den Hund eine unzumutbare Belastung darstellen würde. – *Tafel 4 und 5.*

Koochi dog: völlig glatthaarige Variante des ↑ Sloughi, die speziell im afghanisch-pakistanischen Grenzgebiet vorkommt. Der K. d. ist sehr trokken im Gebäude und meist kräftig fahlrot mit schwarzer Maske und schwarzen Ohren.

Kordofan Greyhound, *Windhund der Kordofan-Araber:* meist kleiner, magerer und kurzhaariger Hund, von gelblicher Farbe mit deutlichen Hinweisen auf eine enge Verwandtschaft zum ↑ Sloughi. Die Hauptaufgabe des K. G. liegt nicht in der Hetzjagd, sondern im Schutz der Viehherden vor Raubtieren. Im Jagdeinsatz wird er bevorzugt auf Hasen, Gazellen, Antilopen, Stachelschweine und Perlhühner angesetzt. Obwohl auch für den K. G. kein Standard existiert und die Einheitlichkeit der Population keinesfalls gegeben ist, existiert die Stammform schon lange. Die erste exakte Beschreibung stammt von *Brehm*, der 1848 bei den Kordofan-Arabern weilte: „Er ist ein ebenso edles, als anmutiges Tier, seine Behaarung seidenweich, seine Färbung ein leichtes Isabellgelb, welches nicht selten ins weißliche zieht, häufig aber bis zur rechten Rehfarbe dunkelt."

Kretikos Ichnilatis: Windhundrasse, die man heute noch auf Kreta sowie den unmittelbaren Nachbarinseln findet. Die Tiere sind stehohrig und stark den Pharaonenhunden (↑ Pharao Hound) ähnelnd. Es existiert kein Standard, auch ist die Rasse von der FCI noch nicht anerkannt. Von Ägypten kommend, wurden diese Hunde im griechischen Raum schnell heimisch. Sie verfügen über einen gegenüber unseren anerkannten Windhunden weit überlegenen Geruchssinn [griech. *Ichnos,* Spur; *Ichnilatis* svw. Spürhund]. Der K. I. ist schnell und ausdauernd, klettert hervorragend und wird dank des ungezügelten Temperaments bei der Hirsch- und Saujagd eingesetzt. Er kommt schwarz, weiß, weiß mit gelbroten bzw. schwarzen Flecken vor.

Kromfohrländer: mittelgroßer (SH 40 bis 44 cm ♂, 38 bis 42 cm ♀), stockhaariger Hund. Der Kopf ist stumpf, keilförmig, mit flachem, kräftigem, doch nicht plumpem Schädel und geringem Stop. Mittelkräftig ist der konisch, nicht spitz zulaufende Fang mit der schwarzen Nase und dem Scherengebiß. Etwas schräg stehen die dunklen, mandelförmigen Augen. Die dreieckigen Ohren sind seitlich hoch angesetzt und werden anliegend herabfallend getragen. Der mittellange Hals tritt leicht gebogen und trocken aus der Schulter heraus. Der gerade Rücken mit gut entwickelter Lendenpartie, die mittelbreite Brust, die bis zum Ellenbogen mit leicht gewölbtem Rippenkorb hinabreicht, bilden den Rumpf. Der Bauch ist gut aufgezogen. Der K. hat eine hoch angesetzte Ringelrute, die seitlich links getragen wird. Die Vorderhand hat gerade Läufe mit leicht schräg gestellten Schultern; die Hinterhand zeigt schräg gestellte, gut bemuskelte Keulen und gerade Läufe mit gut gewinkelten Gelenken. Die Pfoten sind kurz, rund und geschlossen mit gewölbten Zehen. Das Haar ist kurz, straff anliegend. Das typische Drahthaar ist am Fang und an der Rückseite der Hinterhand etwas länger mit weißer Grundfarbe und braunen, durch weiße Streifen getrennten Platten. Rutenspitze und -ansatz sind braun; auch an Ohren und Augen befinden sich braune Flecken.

Der K. stammt von einem *bretonischen Griffonrüden* und einer *drahthaarigen Fox Terrierhündin,* beide durch Zufall im Zwinger der Züchterin *Schleifenbaum* verpaart. Die Nachkommen zeigten vom Vater die Statur, Zeichnung, Wachsamkeit und Anhänglichkeit, von der Mutter die Lebhaftigkeit. Sein Name bedeutet im Siegener Dialekt „Krumme Furche = Krom Fohr" und weist auf einen Höhenzug in der Nähe des Wohnortes der Züchterin hin. Bereits 1955 erkannte die FCI diese neue Rasse an; doch sind die Tiere nach wie vor auf Ausstellungen nur selten zu sehen, obwohl der erste Wurf bereits 1945 fiel. Zum Teil liegt das daran, daß es auch dem erfahrensten Kynologen nicht gelingen dürfte, den K. als Rassehund zu identifizieren. Diese kleine wohlproportionierte Terrriervariante ist ein angenehmer Haushund, von dessen Fell man sagt, es brauche auch bei stärkster Verschmutzung nicht gewaschen werden, der Hund schüttele allen Schmutz allein heraus. — *Tafel 40*

Kurdish Greyhound, *Kurdischer Windhund:* Windhund, der im Erscheinungsbild zwischen ↑ Barsoi und ↑ Saluki liegt (SH etwa 75 cm bei 38 bis 40 kg KM). Über die Herkunft des K. G. liegen keine exakten Informationen vor, manche Autoren stellen einen Zusammenhang mit den von den Kurden gehaltenen Hirtenhunden her. Nach einem 1935 veröffentlichten Foto gleichen sich der K. G. und der Hirtenhund der Kurden in Behaarung, Ohrform und sicher auch Farbe. Erwiesen ist aber nur, daß es sich beim K. G. um eine sehr große Rasse handelt, die schneller als der Barsoi sein soll. Da in Kurdistan das wichtigste Wild Ziegen sind, muß der Hetzhund über große Gewandtheit verfügen. Vom Barsoi unterscheidet sich der K. G. durch den derberen Kopf, die weniger seidige Behaarung sowie die höher angesetzten Ohren. Die Ohren werden herabhängend, bei Aufmerksamkeit nach vorn gerichtet, getragen. Die Rute muß den für viele Windhunde typischen Kringel haben. Er kommt meist in schmutziggelber bis weißer Farbe vor. Die meisten Quellen über den auch *Türkischer Windhund* genannten, leider vom Aussterben bedrohten K. G. stammen aus Frankreich, wo er bereits 1870 im großen Wörterbuch von *Larousse* genannt wird. Für den K. G. liegt kein Standard vor, und er wurde auch nicht von der FCI anerkannt.

Kuri, *Neuseeländer Spitz:* kurzhaariger, stehohriger Schensihund mit buschiger Ringelrute. Trotz seiner geringen Größe (SH 35 cm) findet der rein weiße oder auch mit schwarzen Abzeichen versehene Hund heute als Wächter von Haus und Hof Verwendung. Früher galt er bei den *Maoris* als Opfertier.

Kurzläufiger Laika ↑ Laiki.

Kuvasz: Hund von großem Wuchs mit anziehender Erscheinung (SH 71 bis 75 cm ♂, 66 bis 70 cm ♀ bei 40 bis 60 kg KM), die Adel und Kraft verrät. Der gut proportionierte Körper hat eine trockene Muskulatur und starke, jedoch nicht grobe Knochen. Der tiefe Brustkorb, der nicht zu breite Stand der Gliedmaßen und die etwas abschüssige Kruppe zeugen von hervorragenden Arbeitseigenschaften. Die Umrisse seines Körpers überragen in ihrer Länge das Quadrat um ein Geringes. Der Kopf des K. ist harmonisch mit länglichem Schädel, der aber nicht spitz sein darf. Die Stirn ist lang und nur leicht gewölbt mit sich auf dem Nasenrücken fortsetzender Stirnfurche, mittelmäßigen Augenbögen und leichtem Stop. Der Nasenrücken ist gerade, der Fang verjüngt sich, jedoch nicht zur Spitze hin. Von schwarzer Farbe muß der abgestumpfte Nasenspiegel sein, ebenso die Lider und Lefzen. Im breiten, langen Fang befindet sich das kräftige, komplette Scherengebiß, an dem die Lefzen fest anliegen, die im Mundwinkel gezackt sind. Die schräg eingebetteten, dunkelbraunen Augen sind mandelförmig geschnitten und haben dicht schließende Lider. Oben vom Kopf etwas abstehend hängen die gleich am Ansatz kippenden, stets V-förmigen Ohren herab. Im erregten Zustand werden sie etwas nach vorn bewegt, doch nicht angehoben und keinesfalls aufrecht gestellt. Mit der Waagerechten bildet der Hals einen Winkel von 25 bis 30°. Er ist mittellang, kräftig bemuskelt, ohne Wamme und geht harmonisch in den langen, höher als der mittellange Rücken liegenden Widerrist über. Ihm schließt sich leicht abfallend der Rücken an mit kurzer, fester Lendenpartie und etwas abschüssiger Kruppe, die reich bemuskelt und breit gebaut durch die üppige Behaarung oft überbaut erscheint. Der Brustkorb ist sehr tief, lang, etwas plattgedrückt mit leicht nach vorn gewölbter Vorbrust, was durch die starke Muskulatur bedingt ist. Entschieden aufgezogen ist die Bauchlinie. Die Rute ist tief angesetzt und wird, in gerader Verlängerung der etwas abschüssigen Kruppe, herabhängend getragen. Sie erreicht in voller Länge das Sprunggelenk und wird am Ende etwas angehoben, aber nie geringelt. In der Aufregung darf sie maximal bis zur Höhe der Lendenpartie gehoben werden. Der tiefe, doch nicht tonnenförmige Brustkorb gewährt dem langen, schräggestellten Schulterblatt gute Unterlage. Der Ellenbogen ist weder unter den Brustkorb gezwängt, noch davon abstehend, ihm schließt sich der gerade, senkrechte Vorderlauf an mit langem, trockenem Unterarm. Die Fessel bildet mit der Waagerechten einen Winkel von 45°. Die Hinterläufe sind relativ steil gestellt, Becken- und Oberschenkelknochen bilden einen rechten Winkel, das Kniegelenk einen Winkel von 110 bis 120°, das Sprunggelenk von 130 bis 140°. Reich bemuskelt sind die Keulen, breit und lang die Sprunggelenke. Die hinteren Fesseln stehen steiler, die Pfoten sind schmaler und länglicher als am Vorderlauf. Der K. hat feste, elastische Ballen mit stark entwickelten, grauen Krallen, evtl. vorkommende Afterkrallen sind zu entfernen. Die Haut des K. ist stark pigmentiert, der Nasenspiegel schiefergrau; Lidränder, Lefzen und Ballen sind schwarz. Dunkel soll auch der Rachen sein, allenfalls mit dunklen Flecken auf hellem Untergrund. Ebenfalls dunkel pigmentiert soll der Bauch sein. Kopf, Ohren und Pfoten sind mit kurzem, geradem, dicht anliegendem 1 bis 2 cm langem Haar bedeckt, ebenso die Vorderseiten der Läufe und die Hinterbeine unterhalb des Oberschenkels. Rumpf, Oberarme, Oberschenkel und Rute werden von flach gewelltem, 4 bis 12 cm langem Haar bedeckt, das an verschiedenen Stellen Wirbel bildet. Die Struktur ist etwas derb und spröde, aber nicht verfilzend. Unter den Grannenhaaren findet man feinere Unterwolle. Der Hals ist von einem Kragen umgeben, der sich bis zur Vorbrust verbreitert und eine Krause bildet. Die Hinterseite der Vorderläufe und die Keulen tragen Fahnen aus 5 bis 8 cm langen Haaren; die Rute ist in ihrer gesamten Länge reichlich und wellig behaart, am längsten an der Unterseite mit 10 bis 15 cm. Die Welpen tragen ein glänzendes, dichtes, gewelltes oder glattes Fell. Die Farbe soll immer Weiß sein, wobei elfenbeinfarben noch gestattet ist. Der K. bewegt sich im Schritt langsam und gravitätisch, im Trab schwungvoll und raumgreifend, ohne Anstrengung kann er bis zu 30 km ohne Unterbrechung bewältigen. Er ist anhänglich, unerschrocken mutig und hat eine gute Nase. Man sollte ihn jedoch nach Möglichkeit nicht als Wohnungshund halten, auch bekommt ihm ein Leben ohne Aufgabe nicht. Seine Pflege beschränkt sich auf einmaliges Bürsten täglich, mehrfach wöchentlich ist zu kämmen.

Wie alle anderen großen *weißen Hunde* stammt auch der K. von den Hunden ab, die zwischen 1000 v. u. Z. und ihrem Seßhaftwerden 955 von den *Magyaren* auf ihrer Wanderung durch Osteuropa in ihre jetzige Heimat mitgeführt wurden. Hier findet man den Ursprung vieler Rassen, so den des K., des ↑ Polski owczarek podhalanski, des Slowakischen Nationalhundes (↑ Slovensky Čuvač), des großen ↑ Pyrenäenhundes, des ↑ Maremmaner Hirtenhundes, des ↑ Komondor. Diese Reihe ließe sich noch fortsetzen. Die teilweise kaum unterschiedlichen Rassekennzeichen sind meist auf Modalitäten zurückzuführen, die man heraussuchte, um jeder Nation eine eigene Rasse zuordnen zu können. Seit alters her wurde der K. zum Schutz der Herden verwendet. Zu Zeiten *König Mathias Corvinus* (1458-1490) setzte man den K. auch zu Hofjagden ein. Die reine Sportzucht begann ungefähr 1905 mit dem Aufstellen der ersten Standards. Da kaum noch der Einsatz als Hütehund in Frage kommt, wird der K. verstärkt als Hofhund gehalten. Man findet in den Dörfern kaum ein Gehöft, wo nicht ein K. wacht, während die Zotthaarrassen, wie ↑ Komondor und ↑ Puli weniger in ihrer ungarischen Heimat verbreitet sind. – *Tafel 7.*

L

Labrador Retriever: kräftig gebauter, derber Hund mit massiven Formen (SH 60 bis 65 cm ♂, 58 bis 63 cm ♀ bei 25 bis 30 kg KM), der an einen leichten *Neufundländer* erinnert. Der Kopf des L. R. hat einen breiten, runden Schädel mit wenig betontem Stop, einem Scherengebiß und breiter, gut geöffneter Nase. Die mittelgroßen Augen sind braun oder haselnußbraun. Die Ohren werden am Kopf herabhängend getragen und sind keinesfalls schwer oder groß geformt. Mit guten Übergängen zeigt sich der kräftige Hals. Die Brust ist breit und tief, breit sind auch die starken Lenden. Den langen, schrägen Schultern schließen sich die gerade gestellten Läufe an, bei denen die Hinterhand stärker entwickelt ist mit leicht gewinkelten Sprunggelenken. Rund und kompakt sind die Pfoten, die kräftige Ballen und gut gewölbte Zehen haben. Die Rute ist kräftig am Ansatz und an der Linie des Rückens angesetzt. Sie ist mittellang, kurz und gleichmäßig dicht behaart, einem Fischotterschwanz nicht unähnlich. Lustig getragen darf sie jedoch nicht über die Rückenlinie kommen. Das Haar des L. R. ist kurz, glatt, sehr dicht, nicht wellig und im Griff sehr hart. Er kommt meist in Schwarz ohne jedes Rot oder Weiß vor. Im Ausnahmefall wird ein kleiner Fleck auf der Brust toleriert. Es sind auch Gelb oder andere Farben möglich, aber bei diesen darf keine zweite Farbe auftreten. Der L. R. ist wahrscheinlich der direkte Nachkomme der Hunde, die Anfang des 19. Jh. mit Seeleuten von Neufundland nach Großbritannien gelangten und Vorläufer der heutigen ↑ Landseer und Neufundländer waren. Damals zeigte er sich als starker Hund, größer als der ↑ Pointer, und mit langem Fell. Englischen Züchtern ist es dann gelungen, unter Einkreuzung u. a. von Pointern, durch strengste Selektion einen leichteren Hund mit kürzerem Fell zu schaffen, dessen Hauptarbeit sein sollte, erlegtes Wild zu apportieren. Der englische *Kennel Club* erkannte die Rasse 1903 offiziell an. Der L. R. wird auch heute als reiner Apportierhund gehalten und ist in jedem Gelände zu verwenden, auch im kältesten Wasser. Er ist ein ausgesprochener Haushund, der sich eng an die Familie anschließt. Seine besondere Zuneigung gilt den Kindern.

Laekenois, *Berger de Laeken:* mittelgroßer, hochläufiger, ziemlich schlanker Schäferhund (SH 62 bis 67 cm ♂, 58 bis 63 cm ♀ bei 28 bis 35 kg KM). Der Kopf ist lang, trocken, steht in gutem Verhältnis zum Körper und hat einen mehr flachen Schädel und mäßigen Stop. Der Fang, dessen Länge der Schädellänge gleich ist, verläuft nie spitz, ist lang mit konischer Verjüngung zur Nasenspitze. Die Kiefer sind stark mit eng anliegenden Lefzen, ziemlich breiter, gut geöffneter Nase und Scherengebiß. Einen intelligenten Ausdruck vermitteln die braunen, mittelgroßen, mandelförmigen Augen. Hoch angesetzt sind die dreieckigen, steif aufrecht getragenen Ohren, der Ansatz und die Muschel sind gut gerundet. Mittellang und bemuskelt geht der Hals in die Nacken- und Schulterpartie über. Der Rumpf des L. ist quadratisch, der Rücken, die Lendenpartie und die Kruppe verlaufen horizontal, sind breit und von mittlerer Länge. Sanft fällt die Kruppe ab zur mittellangen, herabhängend getragenen Rute. Die Brust des L. ist tief, nicht zu breit und mit oval gewölbten Rippen. Die Schultern sind lang, schräg und stark gewinkelt, die Läufe der Vorderhand lang, stark, gerade und nicht zu schwerknochig mit anliegenden Ellenbogen. Die Oberschenkel der Hinterhand sind stark und gut bemuskelt, die Läufe von hinten gesehen gerade mit gut gewinkelten Knie- und Sprunggelenken. Der L. steht auf runden, kompakten, weder ein- noch auswärts gedrehten Pfoten mit kräftigen Ballen. Er hat hartes, rauhes Haar. Es ist auf dem ganzen Körper gleichmäßig verteilt mit schwarzer Pigmentierung auf der Schnauze und den Krallen. Der L. ist immer rehbraun mit Kohlestichelung am Fang und an der Rute.

Der L. blieb lange Jahre das Stiefkind der *belgischen Schäferhunde,* da er weder durch attraktives Äußeres noch durch hervorragende Leistungen hervortrat. Abträglich waren seiner Rassenanerkennung auch der jahrelang geführte Streit um die richtige Farbe. Die einen wollten ihn grau, andere braunrot, zudem gab es eine Sprachbarriere zwischen dem flämischen Hauptzuchtgebiet und den Wallonen. Der L. ist nur in Holland verbreitet. Als Erstzüchter gelten *flämische Schäfer,* die zum *Schloß von Laeken* in der Nähe von Antwerpen gehörten. Sie züchteten über viele Jahre rauhhaarige Schäferhunde, die später kurzerhand den Namen Berger de Laeken oder kurz L. erhielten. Der Werdegang der Rasse läßt sich relativ genau verfolgen, stammt er doch aus der gleichen Linie wie sein nahester Verwandter, der ↑ Malinois. Einer der Stammväter des L. ist der rauhhaarige Rüde *Vos,* der auch zu den Ausgangstieren der kurzhaarigen Form der *belgischen Schäferhunde* gehört. Zur Festigung des Rauhhaares bedienten sich die Züchter engster Inzucht.

Lagonikos tis Rodou, *Griechischer Windhund:* auf Sicht jagender Windhund. Von ihm wurde bis jetzt kein Standard aufgestellt. Der Name ist von lagos [griech., Hase] abgeleitet. Der L. t. R. wird als kurzhaariger Hund beschrieben und sowohl in Berichten der FCI als auch in verschiedenen Enzyklopädien erwähnt.

Laiki: Universalhunderasse. In der Sowjetunion, der Heimat aller Laika-Schläge, werden heute vier verschiedene Arten anerkannt:

1. *Karelo-Finnischer Laika:* kleinster aller vier Typen, quadratisch im Bau

(SH 42 bis 48 cm ♂, 40 bis 46 cm ♀ bei 17 bis 21 kg ♂, 15 bis 19 kg ♀ KM). Der Kopf ist keilförmig mit schmalem Schädel und kurzem Fang. Die leicht schräg gestellten Augen sind dreieckig geformt und dunkel gefärbt. Die gestreckten dreieckigen Ohren werden straff aufgerichtet getragen. Kurz und gut behaart ist der Hals, der Rükken liegt ziemlich flach mit nur 1 cm höherem Widerrist gegenüber dem Kreuzbein. Die geringelte Rute ist buschig und wird immer auf einer Körperseite getragen. Der Karelo-Finnische Laika hat langes dichtes, grobes Haar und wird vorwiegend einfarbig gelb in allen Schattierungen gezüchtet, wobei weiße Abzeichen an den Läufen, auf der Brust, an der Rutenspitze und als Blesse zugelassen werden, aber nicht unbedingt erwünscht sind. Er ist ein passionierter Stöberer und Verbeller, der mit seinem anhaltendem Lautgeben die Jäger ruft und gleichzeitig das Wild ablenkt vom sich heranpirschenden Schützen. Sein Einsatz erfolgt u. a. auf Zobel, Hermelin, Marder, Eichhörnchen und Iltis.

2. *Russisch-Europäischer Laika:* Hund vom Typ des *Grönlandhundes* (SH 50 bis 58 cm ♂, 48 bis 56 cm ♀ bei 19 bis 23 kg ♂, 17 bis 21 kg ♀ KM) mit etwas breitem, stumpfem Schädel. Die dunklen Augen sind schräg eingesetzt, die Ohren breit im Ansatz, dreieckig und aufgerichtet. Der Fang ist wie der Schädel stumpf. Der kurze, kräftige Hals geht harmonisch in den quadratischen Rumpf über. Bei fast gleicher Widerristhöhe mit dem Grönlandhund hat der Russisch-Europäische Laika nur knapp über die Hälfte Gewicht. Er ist also ein ausgesprochen beweglicher, schlanker Hund. Die geringelte Rute wird über dem Rücken oder auf einer Seite des Körpers getragen. Die Gliedmaßen sind trocken, kräftig und korrekt gestellt. Der Russisch-Europäische Laika hat dichtes, grobes, meist schwarzes Haar, das etwas ins Rötlichgrau tendiert. Aber es kann auch grau oder gelb mit den verschiedensten Schattierungen und Zeichnungen sein. Das Einsatzgebiet ist gleich dem des Karelo-Finnischen Laika, aber man verwendet den Russisch-Europäischen Laika auch zur Jagd auf Fischotter.

3. *Westsibirischer Laika:* lebhafter, sehr muskulöser Jagdhund von mittlerer Größe (SH 52 bis 60 cm ♂, 50 bis 58 cm ♀ bei 20 bis 24 kg ♂, 18 bis 22 kg ♀ KM) mit nahezu quadratischem Körperbau. Der Kopf ist keilförmig mit hoch angesetzten Stehohren, sehr schräg eingesetzten, dreieckigen dunkelbraunen Augen und einem Scherengebiß. Die Nase ist groß, voll und schwarz, kann aber bei hellen Tieren auch braun sein. Der Westsibirische Laika hat den charakteristischen Doppelmantel aus dichtem, grobem Deckhaar und reichlicher Unterwolle. Am Hals, dem Widerrist und den Schultern bildet das Fell einen prachtvollen Kragen, während es am Körper mittellang, am Kopf und an den Gliedmaßen kurz ist. Die Farben sind sehr unterschiedlich, sie reichen von Schwarz, Weiß, Grau, Gelb, Braun in den verschiedensten Schattierungen bis hin zu gescheckten oder gefleckten Tieren. Man bezeichnet den Westsibirischen Laika auch als Jagdhund der Waldzone des Urals, Westsibiriens und im Gebiet des Ob.

4. *Ostsibirischer Laika:* in seiner Erscheinung noch sehr unterschiedlicher Hund (SH 55 bis 65 cm ♂, 53 bis 63 cm ♀ bei 22 bis 26 kg ♂, 20 bis 24 kg ♀ KM). Er hat einen relativ breiten Schädel, der an den *Alaskan Mala-*

mute erinnert. Der Schädel verläuft nicht so ausgeprägt keilförmig wie bei den anderen L. Die dreieckigen Ohren sind ebenfalls sehr hoch angesetzt und werden aufrecht getragen, die dunklen Augen sind schräg gestellt, der Rumpf ist etwas länglich. Der Standard verlangt hier ausdrücklich einen robusten, nicht zu leichten Hund, da der Ostsibirische Laika nicht nur als Jagdhund verwendet wird, sondern auch der Schlittenhund der ostsibirischen Jäger und Nomaden ist. Sein dichtes Haar ist zottig und grob, wobei beim Rüden eine leichte Mähne und starke Zwischenzehenbehaarung als typisch verlangt werden. Der Ostsibirische Laika kommt einfarbig und gefleckt in allen Säugetierfarben vor, wobei die dunkleren Tiere bevorzugt verwendet werden.

Neben diesem vom *Allunions-Kynologenkongreß* 1947 offiziell anerkannten und standardisierten vier Rassen der L. existieren noch zwei Formen, die erst provisorische Standards aufweisen: a) *Nordrussischer Laika:* großer (SH nicht unter 60 cm) und robuster Schlitten- und Treibhund mit ruhigem Charakter. Er kommt vorrangig im Gebiet von Archangelsk in zwei Schlägen vor, dem *Erre-* und dem *Jando-Typ.* Der Erre-Typ besitzt viel Unterwolle bei langem Haar, der Jando-Typ ist kurzhaarig. Sie haben beide einen breiten Schädel, gut gewölbt mit deutlich markiertem Stop. Der Fang ist kurz, kräftig, spitz zulaufend mit leicht nach außen gewölbten, doch trockenen und fest anliegenden Lefzen. Die Nase ist bei dunklen Hunden schwarz bzw. grau oder braun bei helleren. Verlangt wird ein Scherengebiß. Die Augen sind klein, rund, meist dunkel, aber auch vereinzelt blau. Die straffen dreieckigen Ohren werden aufgerichtet getragen. Ebenfalls aufgerichtet muß der trockene, mit starker Mähne bedeckte Hals sein, der in den langgestreckten Rumpf übergeht. Diesen kennzeichnen der breite Rücken, die kurze, breite Nierenpartie, die leicht gewölbte Kruppe, eine ovale, tiefe Brust und der leicht horizontal gezogene Bauch. Die Ringelrute wird über den Rücken gerollt getragen. Sie ist lang und dicht behaart, wobei der Standard auch kurz kupierte Ruten zuläßt. Die starkknochigen Läufe stehen auf gut gewölbten, stark behaarten Pfoten. Das kurze oder lange Haar – je nach Typ – kommt in den verschiedensten Farbvarianten einfarbig und gefleckt vor.

b) *Kurzläufiger Laika:* langhaariger Hund (SH bis 40 cm) mit ausgesprochenem Halskragen und stark behosten Läufen. In den übrigen Standardpositionen gleicht er den anderen L.

Der Name Laika ist ursprünglich keine Rassebezeichnung, sondern kommt aus dem Russischen [russ. *lajatj,* bellen] und kennzeichnet die Eigenart der L., einmal gestelltes Wild bis zum Eintreffen des Schützen ausdauernd zu verbellen. Sie sind über den gesamten, von der Halbinsel Kola bis in den Fernen Osten reichenden Raum der RSFSR zu finden. Da sie noch sehr viel Wildheit zeigen, werden bissige Hunde immer stärker selektiert, ohne daß dem Temperament als einem der wichtigsten Wesenszüge Abbruch getan wird. Die Auslese erfolgt nach wie vor hauptsächlich nach der Gebrauchsfähigkeit. Alle Typen und Schläge der L. sind keine Begleit- bzw. Wohnungshunde, sie benötigen für ihr Wohlbefinden viel Freiheit und Arbeitsmöglichkeiten. – *Tafel 14.*

Lakeland Terrier: sportlich eleganter, schneidiger, lebhafter und wohlproportionierter Terrier (SH 34 bis 38 cm bei 6 bis 8 kg KM), der muskulös im quadratischen Rahmen steht. Der Kopf darf nicht zu lang sein mit flachem, breit gehaltenem Oberkopf sowie starkem Fang, der im Längenverhältnis zum Hirnschädel 1 : 1 steht. Die kleinen V-förmigen Ohren, die nicht zu hoch angesetzt sind, werden nach vorn fallend, jedoch nicht an der Wange anliegend getragen. Gerade eingesetzt sind die dunklen, höchstens haselnußbraunen Augen. Die Nase muß schwarz sein, das Scherengebiß komplett. Lang, trocken und leicht gebogen geht der Hals in die schrägen Schultern über. Der L. T. hat eine schmale Front mit tiefer Brust, der gerade Rücken ist straff, stark, und ziemlich kurz. Hoch angesetzt ist die aufrecht getragene Rute, die nicht zu kurz kupiert werden muß. Von kräftigem Knochenbau sind die geraden Vordergliedmaßen, die hinteren sind ebenfalls stark und muskulös mit langen Schenkeln, gut gewinkelten und tief gestellten Sprunggelenken. Er steht auf kleinen, runden, kompakten Pfoten mit schwarzen Krallen. Die Pfoten sind mit guten Trittpolstern versehen. Er hat sogenannte doppelte Behaarung, hartes, dichtes Deckhaar mit weicher, kurzer Unterwolle. Die Haarfarbe ist schwarzlohfarben, blaulohfarben, rot, weizenfarben, rotgraumeliert (grizzle), leberfarben, blau oder schwarz. Geringfügige weiße Abzeichen an den Pfoten und der Brust sind erlaubt. Die Lohfarbe soll einen Goldton haben, wogegen Mahagonirot oder dunkle Tanfarbe als untypisch abgelehnt werden. Der L. T. muß robust, furchtlos und angriffslustig sein, dabei sehr lebhaft mit großen jagdlichen Passionen für den Einsatz über und unter der Erde. Der L. T. ist leicht zu verwechseln mit dem ↑ Welsh Terrier. Er stammt aus dem Lake District, dem englischen Seengebiet. Er soll als Nachkomme des alten englischen *Black and tan,* der unter der früheren Bezeichnung *Pattersdale Terrier* zur Fuchsjagd verwendet wurde, sich ziemlich homogen erhalten haben. Durch Selektion und Einkreuzen von Bedlington Terriern zur Veredlung der Rasse schufen Züchter den heutigen L. T., der 1928 die Anerkennung als eigene Rasse erhielt. Er ist ein angenehmer fröhlicher Haushund trotz der ihm eigenen Schärfe.

Etwas arbeitsaufwendig ist wie bei allen rauhhaarigen Rassen die Fellpflege. Er muß durchschnittlich zweimal im Jahr getrimmt werden, am besten im Frühjahr und im Herbst, wobei Hunde mit starkem Haarwuchs auch dreimal im Jahr behandelt werden sollten. Der Hund wird auf einen Tisch gestellt und das Fell gut gekämmt. Dabei muß der Kopf vom Trimmer abgewandt sein. Nun werden die toten Deckhaare entfernt, indem man mit der linken Hand die lose Haut oberhalb der zu bearbeitenden Stelle festhält. Mit Daumen und Zeigefinger der rechten Hand packen wir nun Haarbüschel und ziehen langsam in Richtung des Haarwuchses. Es ist darauf zu achten, daß jedes Mal nur wenige Haare ausgezupft werden. Am besten ist, um die Schultern herum anzufangen und systematisch den Rücken, die Seiten, die Rute und dann den Nacken, die untere Seite des Halses sowie die Brust und die Schultern vorzunehmen. Da fast alle zu trimmenden Hunde gerade Vorderläufe haben sollen, ist es günstig, wenn sie hier einen reichen, drahtigen Haarwuchs ausweisen. Es werden also nur störende Haare entfernt. Am schwierigsten ist, den Kopf, den unteren Teil der Rute sowie die hintere Seite der Schenkel zu strippen, da das Haar an diesen Stellen in Wirbeln wächst, wodurch das Auszupfen erschwert wird. Getrimmt wird nach dem Schema, des ↑ Airedale Terrier. Man sollte aber beim L. T. darauf achten, daß auf dem Nasenrücken mehr Haar stehenbleibt.

Landseer: großer, starker, harmonisch wirkender Hund (SH 72 bis 80 cm ♂, 67 bis 72 cm ♀ bei 55 bis 60 kg ♂, 50 bis 55 kg ♀ KM), der auf höheren Läufen als der ↑ Neufundländer stehen soll. Der Kopf ist breit und massig mit gut entwickeltem Hinterhauptbein und deutlichem Stop. Die Lefzen sind trocken, nach Möglichkeit straff, der Nasenspiegel sowie die Lefzen schwarz pigmentiert. Der kräftige, nicht spitz zulaufende Fang muß ein komplettes Scherengebiß haben. Die Kopfhaut weist keine Falten auf und ist kurz und fein behaart. Die mittelgroßen, dreieckigen Ohren reichen bis zum inneren Augenwinkel und sind nach unten etwas abgerundet. Nicht zu weit hinten sind sie hoch am Oberkopf angesetzt und liegen an den Kopfseiten glatt an mit feiner, kurzer Behaarung. Längere Haarfransen befinden sich nur am hinteren Teil der Behangwurzeln. Der Hals soll im Querschnitt leicht eiförmig sein, muskulös und breitnackig gegen den Kopf ansteigend. Eine ausgeprägte Kehl- oder Halswamme sind unerwünscht. Der Rücken des L. ist straff und gerade, seine Brust tief und breit, ebenso die Kruppe, die durch starke Muskelpolster seitlich und nach hinten abgerundet sein muß. Die Läufe der Vorderhand stehen gerade, sind gut bemuskelt, die Ellenbogen liegen am tiefsten Teil des Brustkorbes gut an, stehen ziemlich hoch und sind genau nach rückwärts gerichtet. Der ganze Lauf ist bis zum Sprunggelenk leicht befranst. Die Hinterhand ist starkknochig, gut bemuskelt mit gut entwickelter Oberschenkelpartie und soll mäßig befranst sein. Kuhhessige Stellung ist wie ein Mangel an Winkelung ein Fehler, ab und an auftretende Afterkrallen sind sofort zu entfernen. Die Pfoten sind groß und gut geformt, sogenannte Katzenpfoten. Die Zehen sind durch weit nach vorn reichende Häute, die fast bis zu den Spitzen reichen, miteinander verbunden. Bis an die Sprunggelenke reicht die starke, sehr dicht und buschig behaarte Rute. In Ruhestellung wird sie abwärts getragen, in der Bewegung gerade ausgestreckt mit einer Biegung der Spitze nach oben. Fahnenruten, Ruten mit einer Verbiegung oder über dem Rükken getragene Ruten gelten als Fehler. Die Behaarung des L. ist mit Ausnahme des Kopfes lang, schlicht und dicht. Sie fühlt sich fein an und ist mit Unterwolle durchsetzt, jedoch nicht so dicht wie beim Neufundländer. Leicht gewelltes Deckhaar auf Rücken und Keulen wird nicht beanstandet. Bürstet man das Haar gegen den Strich, fällt es von selbst wieder in die richtige Lage. Die Grundfarbe ist ein klares Weiß, auf dem sich zerrissene Platten in unregelmäßigen Abständen befinden, meist auf der Rumpf- und Kruppenpartie. Hals, Vorbrust, Bauch, Läufe und Rute müssen weiß sein. Als Zuchtfestigung gilt eine weiße Schnauzenpartie mit weißer, symmetrischer und nicht zu breiter Blesse, die im Idealfall durchgezogen ist. Befinden sich im klaren Weiß Rußflecken, so ist das kein Fehler. Nicht toleriert wird zuviel Schwarz.

Seine Ahnen sind wahrscheinlich, wie

beim ↑ Labrador Retriever, die mit Seeleuten von Neufundland nach Großbritannien gelangten Hunde. Der L. hat seinen Namen nach dem englischen Tiermaler *Sir Edwin Landseer* (1802 bis 1873), der ihn mehrfach auf seinen Bildern darstellte. Da der L. ursprünglich jahrelang als weißschwarze Varietät des Neufundländers angesehen und auch mit diesem gemeinsam auf Ausstellungen beurteilt und sogar vermischt gezüchtet wurde, nannte man den L. kurzerhand *Neufundländer-Landseer.* Einstmals bedeutend verbreiteter als die schwarzen Neufundländer, liefen diese dem L. Anfang des 20. Jh. immer mehr den Rang ab. Erst in jüngster Zeit, als die FCI den Forderungen nachkam und 1959 für den L. einen eigenen Standard anerkannte, deutete sich ein erneuter Aufschwung an. Der L. ist ein sehr temperamentvoller Hund, der viel Bewegung und am besten viel Wasser zum Schwimmen benötigt. Seine Pflege verlangt mindestens tägliches Bürsten und ein bis zweimaliges gründliches Kämmen pro Woche. Besonders die Genitalgegend sowie die Bereiche hinter den Behängen und das üppige Haar an der Halskrause neigen zum Verfilzen. — *Tafel 12.*

Lapphund: mittelgroßer (SH 45 bis 50 cm ♂, 40 bis 45 cm ♀ bei 15 bis 20 kg KM), hochläufiger Spitz. Der Kopf ist keilförmig mit gut gewölbtem Schädel und zwischen den Ohren breit. Das Hinterhauptbein tritt nur wenig hervor, der Stop wird scharf markiert. Der kräftige Fang ist kurz, keilförmig zur Nasenkuppe spitz zulaufend mit geradem Nasenrücken. Die Lefzen liegen gut an. Die Nase soll möglichst dunkel, am besten tiefschwarz sein. Der L. hat ein komplettes Scherengebiß. Die dunkelbraunen Augen sind ziemlich groß, stehen weit auseinander und sind immer horizontal, nie schräg eingesetzt. Die steifen, kurzen, pelzigen Ohren stehen etwas auseinander, manchmal kippen auch die Spitzen ein wenig. Von urwüchsiger Kraft ist der rechteckige Körper mit geradem Rücken, nicht zu tiefer Brust und nur mäßig aufgezogenem Bauch. Die nur kurze, mit dichtem und gut abstehendem Haar bedeckte Rute trägt der L. gut über den Rücken gerollt. Ab und zu kommen auch angeborene Stummelruten vor, deshalb ist auch das Kupieren der Rute gestattet. Die Gliedmaßen sind im Vergleich zum Körper ziemlich kurz mit geraden, kräftigen Läufen. Die Knie- und Sprunggelenke der Hinterhand zeigen nur wenig Winkelung. Gut behaart sind die länglichen Pfoten mit den geschlossenen

Lapphund

Zehen. Der L. hat reiches, buschiges, dichtes und straff abstehendes Deckhaar mit feiner, dichter und wasserabstoßender Unterwolle. Am Kopf, dem Fang und der Vorderseite der Läufe ist das Haar kurz, die Hinterseite der Läufe, die Brust und vor allem der Hals sind lang behaart. Die Farbe des L.es ist Schwarz, gelegentlich kommen Aufhellungen vor.

Der L. ist vor allem ein unentbehrlicher Helfer beim Treiben und Zusammenhalten der Rentierherden. Er jagt mit unglaublichem Einsatz auch durch den tiefsten Schnee, um verstreute Rentiere aufzustöbern und zur Herde zu treiben. Er ist sehr zäh, einsatzfreudig, ausdauernd und zeigt sich während der Arbeit wild und unbändig, kann aber seinem Herrn gegenüber auch fügsam und liebebedürftig sein.
Man führt den L. auf den *Varanger-Hund* zurück, dessen Skelette im Norden Norwegens gefunden wurden und die ein Alter von über 7 000 Jahren haben. Diese Rasse hat sich fast unverändert erhalten, wobei das rauhe Klima für eine natürliche Zuchtauswahl sorgte. Schwache Tiere, die der Kälte nicht widerstehen konnten, starben. So erhielt die Rasse ihre Vitalität. Der L. ist außerhalb seiner Heimat kaum anzutreffen, wobei nicht anzunehmen ist, daß er sich an milderes Klima ohne weiteres gewöhnen würde.

Lapsk vallhund: langgestreckter, mittelgroßer *Schäferhund* mit dichtem, langhaarigem Fell und Stehohren (SH 40 bis 50 cm bei 25 kg KM). Der Kopf ist mittellang mit leicht gewölbtem Schädel, der bei Rüden breiter als bei Hündinnen ausgelegt ist. Der Stop markiert sich zwar, aber nie zu scharf. Der Fang ist gerade und breit, ganz schwach keilförmig zur Nasenspitze verlaufend, deren Kuppe schwarz ist. Er hat ein kräftiges, komplettes Scherengebiß und große, dunkle, ausdrucksvolle Augen. Die mittelgroßen Ohren sind am Ansatz breit und werden in eine scharfe Spitze auslaufend, gut auseinander gestellt und aufgerichtet getragen. Ein leichtes Kippen der Spitzen kann toleriert werden. Mit dichtem Fell ist der starke, mittellange Hals bedeckt, der harmonisch in den besonders am Widerrist sehr breiten Rücken übergeht. Den Rumpf kennzeichnen die kräftige, muskulöse Lendenpartie, die ziemlich lange Brust mit ovalem Rippenkorb sowie der mäßig aufgezogene Bauch. Gewöhnlich wird die stets lange Rute in vollem Bogen über dem Rücken, manchmal aber auch herabhängend mit aufgerichteter Spitze getragen. Sie ist dicht behaart. Die Gliedmaßen des L. v. sind stark und korrekt gestellt, wobei Afterkrallen erlaubt werden. Die Pfoten, mehr länglich als rund, haben fest geschlossene Zehen, die mit dichtem Haar, welches hinten etwas länger ist, bedeckt werden. Das Deckhaar des L. v. ist lang, harsch und glänzend und ziemlich dicht anliegend. Am Kopf und der Vorderseite der Läufe ist es kurz, am Hals, der Brust, dem Rücken und der Rückseite der Läufe ist es länger. Die Unterwolle ist dicht und weich. Die Farben sind schwarz, bärenbraun, oft mit weißen Abzeichen an Hals, Brust, Läufen und Rutenspitze, aber auch weiß mit einem Anflug von creme und vereinzelten braunen Abzeichen über den Augen, an den Pfoten und an der Rute kommt vor.
Der L. v. ist sehr unempfindlich gegenüber Witterungseinflüssen, er besitzt große Ausdauer und Ruhe. Was ihn für die Arbeit an der Herde besonders wertvoll macht, ist seine geringe Jagdpassion. Er entstand ab 1915, als in den ↑ Lapphund ↑ Deutsche Schäferhunde und ↑ Collies eingekreuzt wurden. 1946 wurde er von der FCI anerkannt. Vor allem in Südfinnland rein gezüchtet, wird der L. v. wegen seiner hervorragenden Hütehundeigenschaften sehr geschätzt.

Leonberger: großer, sehr kräftiger, muskulöser, doch eleganter Hund von proportionierter Form (SH 72 bis

80 cm ♂, Mittelmaß 76 cm, 65 bis 75 cm ♀, Mittelmaß 70 cm, bei 60 bis 80 kg KM). Der Oberkopf ist mäßig gewölbt, lange nicht so hoch und breit wie beim ↑ Bernhardiner. Da die Backen nicht kräftig entwickelt sind, erscheint der Hinterkopf kaum wesentlich breiter als der Kopf in der Augenpartie. Er soll im ganzen mehr seitlich zusammengedrückt, also tiefer sein. Der Stirnabsatz ist mäßig. Der Nasenrücken ist gleichmäßig breit, nie eingesenkt, eher leicht ausgebogen zur sogenannten Ramsnase. Der Nasenschwamm und die Lefzen sind tiefschwarz. Der Fang ist tief, ziemlich gleichmäßig und nie spitz verlaufend. Die glatt anliegenden Lefzen dürfen keinesfalls herabhängen. Die kräftigen Zähne bilden ein gut schließendes Scherengebiß. Hoch am Kopf angesetzt sind die mittelgroßen Ohren, die dicht anliegend herabhängend getragen werden. Hell- bis dunkelbraune mittelgroße Augen mit gutmütigem Ausdruck runden das Bild des Kopfes ab. Die Augenlider schließen gut, so daß die Bindehaut nicht sichtbar ist. Leicht aufrecht gehalten wird der kräftige, mittellange Hals, der harmonisch in den im gestreckten Rechteckformat stehenden Rumpf übergeht. Kräftig ausgebildet ist die Nierenpartie, der Brustkorb muß tief, aber nicht zu tonnenförmig sein. Der L. hat eine sehr kräftige, gerade Vorderhand mit gut geschlossenen Pfoten, die anliegenden Ellenbogen reichen etwas über den unteren Rand des Brustkorbes hinauf. Schräg gestellte Schultern sowie parallel gestellte Hinterläufe mit kräftig bemuskelten Schenkeln, gut ausgeprägten Kniegelenken und guten Winkelungen prädestinieren den L. für einen raumgreifenden, flüssigen Lauf. Auch in der Bewegung trägt der L. seine Rute nicht über den Rücken gerollt, sie wird stets halb gesenkt. Die reichlich lange, anliegende Behaarung ist mittelweich bis derb und nie gescheitelt. Überall, trotz guter Unterwolle, sind noch die Formen des Körpers zu erkennen. Am Hals und an der Brust hat der L. eine gut ausgebildete Mähne. Die Vorderläufe sind gut befedert, die Hinterläufe behost, auch die Rute ist reichlich behaart. Er wird löwenfarben, gelbbraun oder rostbraun mit schwarzer Maske gewünscht, wobei dunkle bis schwarze Haarspitzen zulässig sind. Ab und zu kommen auch sandfarbene Tiere mit dunklen Haarspitzen vor. Nicht erwünscht, doch in Ausnahmefällen gestattet, ist das Fehlen der schwarzen Maske. Ein kleiner weißer Bruststern kann ebenso wie leicht aufgehelltes Haar an den Zehenspitzen toleriert werden. Die Farbe der Rute ist der Grundfarbe des Hundes gleich, sie kann auch schwach dachsfarben sein. Die Halskrause an der Kehle, die Befederung der Vorderläufe, die Haare an den Hosen der Hinterläufe sowie die Unterseite der Rute können etwas aufgehellt sein, dürfen aber die Harmonie zur Gesamtfarbe nicht stören.

Über die Entstehung dieser imposanten Hunderasse herrscht ziemliche Klarheit. In der unweit Stuttgarts gelegenen Kreisstadt *Leonberg* lebte von 1808 bis 1889 *Heinrich Essig,* seines Zeichens Stadtrat und als Tierfreund weit über die Grenzen seiner Heimatstadt bekannt. In seinem Garten waren neben Hühnern, Tauben, Truthähnen und Pfauen auch Füchse, Dachse, Rehe, Hirsche und vor allem Hunde zu sehen. Er soll jährlich bis zu 300 Hunde gezüchtet und verkauft haben, mit dem Erlös finanzierte er seine Neuzüchtungen. 1846 hat er den ersten Schritt zur Züchtung des L. unternommen, indem er eine *Landseer-Hündin* mit einem großen langhaarigen *Bernhardiner-Rüden* kreuzte. Aus dieser Paarung gingen schwarzweiß gefleckte Tiere hervor von der Größe des Bernhardiners, ausgestattet mit guten Wach- und Hofhundeigenschaften. Über vier Generationen kreuzte *Essig* diese Hunde untereinander, zog nochmals einen Bernhardiner-Rüden hinzu und später noch Vertreter des ↑ Pyrenäenhundes, um die weiße Farbe mehr in den Vordergrund zu bekommen. So entstand auch die in den Anfängen der L.zucht so begehrte silbergraue Farbe. In der Schweiz verfolgte man die Versuche *Essigs* mit großem Argwohn, befürchteten doch die Züchter das eben begonnene Geschäft mit dem Bernhardiner wieder zu verlieren. Damals tauchte als Spottname der Begriff *Leonhardiner* auf. Auch viele anerkannte Kynologen standen dem L. skeptisch gegenüber, waren doch die Tiere so uneinheitlich, daß von Homogenität einer Rasse nicht gesprochen werden konnte, zumal die Abgrenzung zum Bernhardiner sehr vage war. Der gleiche Hund konnte Mitte des 19. Jh. sowohl als L. wie auch als Bernhardiner auf Ausstellungen erste Preise gewinnen. Nach dem Tode *Essigs* gab es Rückschläge, unter anderem deswegen, weil konkrete Standardfestlegungen fehlten, so daß alle Hunde, die groß und undefinierbar aussahen, zu den L. gerechnet wurden. Der 1895 gegründete *Leonberger-Club* sowie die 1901 überarbeitete Standardformulierung, in der großes Gewicht auf die rötlich-gelbe Farbe gelegt wurde, sorgten schließlich dafür, daß der Grundstein für die heute gesicherte Rasse gelegt werden konnte. Trotz aller Spekulationen über den Namen steht fest, daß *Essig* bewußt einen löwenhaften Hund schaffen wollte, ähnlich dem Wappentier seiner Heimatstadt.

Levesque: kurzhaariger, kräftiger und muskulöser Laufhund (SH 65 bis 72 cm ♂, 63 bis 68 cm ♀ bei 35 kg KM). Ziemlich lang ist der kräftige Kopf mit der breiten Stirn und den betonten Augenjochbögen. Gut entwickelt und geöffnet ist die Nase, der Stop ist stark betont. Bei den breiten Lefzen hängt die Oberlefze so weit herunter, daß der Fang eine rechteckige Form erhält. Die hellbraunen Augen sind ziemlich groß, tiefliegend und mit sichtbarer Bindehaut. In gleicher Höhe sind die Ohren angesetzt, die jedoch nicht über den Fang hinausreichen. Mit leichter Kehlwamme geht der starke Hals in den langen Rücken über, die Brust ist breit und herabgelassen, die Rippen sind fast flach. Sehr muskulös sind die Schultern und Schenkel, die Vorderläufe kräftig und stark. Die Hinterläufe sind ebenfalls sehr gut bemuskelt mit wenig gewinkelten Sprunggelenken, die tief am Boden stehen und breit und stark sind. Die hoch angesetzte Rute ist lang, am Ansatz ziemlich dick und zur Spitze dünner werdend. Der L. hat glattes, starkes, anliegendes Haar auf weißer Haut mit schwarzen Flecken. Das Fell ist schwarz und weiß, wobei meist ein großer schwarzer Mantel oder große schwarze Flecken auftreten. Die beiden Seiten des Kopfes und die Ohren sind stets schwarz. Schwarze Tüpfel im Weiß können vorkommen. Sehr geschätzt ist die sogenannte *Rehmarke*, ein hellerer Fleck über dem Sprunggelenk, der meist rehfarben und besonders gut bei schwarzen Keulen sichtbar ist.

Dieser kräftige, ausdauernde, aber nicht allzu schnelle französische Laufhund ist heute fast ausgestorben. Er wurde zur Jagd speziell auf Wildschwein und Hirsch verwendet. Er geht auf eine Kreuzung zwischen *Saintongeois* und *Gascogne* zurück und entstand Mitte des 19. Jh. Sein Schöpfer war ein Jäger namens *Levesque*.

Lhasa Apso: kleiner, eher langgestreckter Hund, bei dem die Körperlänge die Widerristhöhe übertrifft (SH 25 bis 28 cm bei 6 bis 7 kg ♂, 5 bis 7 kg ♀ KM). Der Schädel ist relativ schmal mit nur mäßig betontem Stop. Die Fanglänge beträgt zur gesamten Kopflänge 50 %, d. h., der Fang ist relativ kurz. Aus diesem Grund hat der L. A. ein Zangengebiß oder einen leichten Vorbiß. Hunde mit Scherengebiß haben in der Regel ein zu langes Nasenbein. Die Ohren sind weit hinten angesetzt, reichlich behaart und werden herabhängend zusammengefaltet getragen. Die Nackenlinie ist stark betont, der Hals wird aufrecht getragen. Der Rumpf ist kompakt und gut bemuskelt. Ein zu langer Rücken ist unerwünscht. Der L. A. hat kurze, gerade, stark behaarte Gliedmaßen und runde, mit langen Haaren bedeckte Pfoten mit harten Ballen. Die üppig behaarte Rute wird über den Rücken geschlagen. Ein leichter Knick am Ende gilt nicht als Fehler, dafür aber eine hängend getragene Rute. Das Deckhaar des L. A. ist üppig, straff und hart mit viel Unterwolle. An Farben sind alle Säugetierfarben erlaubt. Bevorzugt werden gold- und löwenfarbene Hunde, wobei rauch- und schieferfarbene immer mehr in Mode kommen.

Der L. A. ist kein tibetanischer Hund, wie das vielfach angenommen wird. Er stammt aus China, wo der Venezianer *Marco Polo* (1254 bis 1324) von 1275 bis 1292 lebte und umfangreiche Studien über große Gebiete des in Europa weitgehend unbekannten Landes trieb und erstmalig 1295 von dem L. A. berichtete. Er erwähnt neben Hunden „so groß wie Esel" auch kleine goldfarbene Löwenhündchen. Sein großes Ansehen in der buddhistischen Welt verdankt der kleine Hund der Legende, Buddha sei stets von einer Anzahl kleiner Löwen umgeben, die sich bei Gefahr sofort in große Löwen verwandelten und ihren Herrn beschützten. Man kann also davon ausgehen, daß sowohl der L. A. wie auch der ↑ Tibet Terrier, der ↑ Shi Tzu und der ↑ Pekingese von dem gleichen Vorfahren, einem kleinen, zotthaarigen Löwenhündchen, abstammen, wobei die Bezeichnung Löwenhündchen keine Rasse, sondern das Aussehen typisiert. Noch heute sind die Unterschiede so klein, daß ein Laie ohne weiteres den Shi Tzu und den L. A. verwechselt. Der L. A. ist lebhaft und gegenüber Fremden mißtrauisch. Europäische Forschungsreisende des 20. Jh. fanden den L. A. vor allem in den tibetanischen Klöstern, wo er als Wachhund der Schätze Buddhas gehalten und gezüchtet wurde. Der erste offizielle Standard erhielt 1934 seine Anerkennung durch den englischen *Kennel Club*. – *Tafel 20*.

Löwchen ↑ Téneriffe.

Lundehund: kleiner, zierlicher Jagdhund (SH 35 bis 39 cm ♂, 32 bis 34 cm ♀.) Der keilförmige Kopf hat einen mittellangen, trockenen Fang, leicht schräggestellte, recht helle Augen und spitze, dreieckige Stehohren. Der geschmeidige, leicht gebaute Körper ist rechteckig, die Läufe und Pfoten sind kurz, kräftig, leistungsfähig. Der L. trägt einen aus feiner Unterwolle und harten Grannen bestehenden Doppelmantel von meist roter Farbe mit weißen Abzeichen. Er ist ein absoluter Spezialist unter den nordischen Jagdhunden, der ausschließlich zur Jagd auf die in Erdhöhlen und -gängen nistenden *Lunde* (Alkvögel) verwendet wird. Die Anpassung des L.es an seine Aufgabe geht so weit, daß er körperliche Fähigkeiten und Veränderungen selbst entwickelte. So kann der L. den Kopf bis auf den Rükken zurückbiegen und die Vorderläufe im rechten Winkel abspreizen. Beides befähigt ihn, in einer engen Erdröhre mit dem gegriffenen Vogel umzukehren und an die Erdoberfläche zurückzukehren. Außerdem besitzt dieser Hund an jeder Pfote 6 Zehen in Form von zusätzlichen doppelten Afterkrallen, die ihm im Felsgeröll und auf den Klippen besseren Halt gewähren. Trotz dieser Anpassung an sein ursprüngliches Jagdgebiet ist der etwas eigenwillige L. durchaus ein lebhafter, fröhlicher und anhänglicher Begleithund.

Lurcher: in der Größe und dem Erscheinungsbild zwischen ↑ Greyhound und ↑ Collie liegende Kreuzung, die bereits im Mittelalter nachweisbar war, für die jedoch noch kein gültiger Standard existiert. Derzeit sind jedoch Bestrebungen im Gange, einheitliche Typen zu fixieren, wozu alljährlich eine Spezialausstellung, verbunden mit Leistungsprüfungen, stattfindet. Diese stets in der englischen Stadt *Lambourn* im August durchgeführte Veranstaltung unterscheidet bereits zwischen *rauhhaarigen (Rough) und kurzhaarigen L. (Smooth).* Der Trend scheint jedoch zum rauhhaarigen L. zu gehen.

Rüdiger Daub bezeichnete den L. als einen mit Überlegung geschaffenen Windhundbastard, der für seine Besitzer, meist Leute, die durch ihren Beruf viel auf der Landstraße waren – Kesselschmiede, Scherenschleifer, Händler – eine Art Nahrungsbeschaffer war. Sie nannten ihn deshalb auch Dinner snatcher [engl., Nahrungsbeschaffer]. Bereits im 14. Jh. gab es die weitverbreitete Unsitte, daß an Feiertagen Landarbeiter, Bedienstete und

Lundehund, *Vordergrund* Pfote mit sechs Zehen

Stallknechte ihre L. in den Parks bzw. Gehegen der Grundherren jagen ließen, wo diese große Verwüstungen anrichteten. Über Night Dog [engl., Nachthund] – abgeleitet vom nächtlichen Jagdeinsatz –, Thief Dog [engl., Diebhund] und Stealer [engl., Stehler] setzte sich schließlich die Bezeichnung L. [engl., *lurk,* Lauern, sich versteckt halten] durch. Von einem richtigen L. erwartet man, daß er zu 75 % von Windhunden und zu 25 % von Schäferhunden abstammt, wobei die gewählte Windhundrasse keine Rolle spielt. Es existieren *Greyhound-, Whippet-, Deerhound-* und seit kurzem auch *Saluki-L.*

In Norfolk züchtet man derzeit die wohl bekannteste Form, die sogenannten *Smithfield-L.,* deren Schäferhundahnen *Collie-Bobtail-Kreuzungen* waren.

Betrachtet man sich diese ausschließlich nach ihren Leistungseigenschaften gezüchteten Hunde, ist in jedem Exemplar eine Kombination der besten Eigenschaften der Ausgangsform zu finden. Vom Schäferhund sind die gute Nase, Auffassungsgabe und Lernfreudigkeit, vom Windhund die Schnelligkeit und der Hetztrieb übernommen worden, wobei die Lautlosigkeit besonders wichtig für das Wildern war. Der L. jagt selbständig und bringt die Beute seinem versteckt wartenden Herrn. Die meisten L. sind grau oder fahl, obwohl es auch für die Farbe noch keine bindenden Festlegungen gibt.

Luzerner Laufhund: zur Gruppe der Schweizer Laufhunde zählender, gestreckter, mittelgroßer Laufhund (SH 40 bis 46 cm bei 27 bis 30 kg KM), der schon im Äußeren seine Lebhaftigkeit verrät. Der edle Kopf ist trocken, lang und schmal und steht in guter Proportion zur Größe des Hundes. Der Stop ist betont, der Fang gestreckt mit fein und leicht gebogenem Nasenrücken. Er hat ein kräftiges, komplettes Scherengebiß. Einen freundlichen Ausdruck haben die möglichst dunklen Augen. Sehr lang sind die tief und hinten am Schädel angesetzten Ohren, die nie in der ganzen Breite angesetzt sind und gefaltet herabfallen. Sie sind schmal, an der Spitze rund und leicht und fein behaart. Der Hals soll ziemlich lang und kräftig, aber ohne bemerkbare Wamme in den Rumpf übergehen. Der Rumpf hat eine tiefe, nicht zu breite Brust mit mittelgroßem Brustkorb, einen langen, kompakten, geraden Rücken, solide, elastische Lenden und eine leicht gerundete Kruppe. Die Vorderläufe stehen ganz gerade mit starken Knochen, die Sprunggelenke der muskulösen Hinterläufe sind leicht gewinkelt. Afterkrallen sind unerwünscht. Horizontal wird die nicht zu lange, gut behaarte Rute getragen, höchstens aber mit einer schwachen Biegung nach unten oder oben, doch nie geringelt. Das typische Stockhaar des L. L. ist sehr dicht, am Kopf und den Behängen feiner, am Rumpf und den Läufen kurz und hart. Das Fell hat einen grauweißen oder schwarzweißen Mantel, meist gesprenkelt, daher auch der Beiname *Blausprenkel,* mit großen dunklen, oft schwarzen Platten. Am Kopf sind gelbbraune Abzeichen oder Feuerflecken. Die Sprenkelung ist so dicht, daß meist vom weißen Untergrund nichts mehr zu sehen ist und der Hund dann schiefergrau wirkt. – *Tafel 37.*

Luzerner Niederlaufhund: niedriger, langgestreckter Jagdhund (SH 30 bis 40 cm). Der Kopf ist mittelgroß und zeigt eine leichte Schädelwölbung. Der Stop ist mäßig, nicht spitz darf der Fang erscheinen. Die Nase ist gut geöffnet. Es wird ein Scherengebiß verlangt. Die ziemlich großen, dunklen Augen müssen geschlossene Lider haben. Der L. N. hat so lange Ohren, daß sie bis zur Nasenspitze reichen. Der Hals wird leicht und elegant ohne Wamme getragen. Er ist ein ausgesprochener Laufhund mit wohlproportioniertem Gebäude, das ausgeglichene Formen zeigt. Der Rücken sollte eher kurz sein, die Lendenpartie breit, kräftig, die Kruppe sanft abfallend. Leicht aufgezogen erscheint der Bauch, der schlanke Brustkorb reicht nur bis zum Ellenbogen hinab. Nur mittelstark ist die normal angesetzte Rute, die hängend ohne erhebliche Biegung bzw. bei der Arbeit leicht nach oben getragen wird. Die Schultern des L. N.es sind schräg, die Läufe gerade und senkrecht gestellt, bei der

Hinterhand stehen die Läufe leicht rückwärts. Der L. N. hat gutes Stockhaar in dichtem Grauweiß oder Schwarzgelb gesprenkelt, Blau mit größeren dunklen oder schwarzen Platten, entweder Feuerflecken am Kopf oder gelbbraune Abzeichen. Die weiße Grundfarbe wird durch die vielen Punkte unscheinbar und bei Nässe sogar dunkel oder schiefergrau.
In der Schweiz wird der L. N. seit der Jahrhundertwende für die Jagd in kleineren Revieren auf Reh, Hase und Fuchs verwendet. Er entstand durch Einkreuzung von Dachshunden in den Luzerner Laufhund. — *Tafel 37.*

M

Ma-chu-gou ↑ Chinesische Bracke.
Madeiran Greyhound: stehohrige Windhundform Madeiras, die dem Pharaonenhund (↑ Pharao Hound) ähnelt (SH 60 cm bei 30 kg KM). Der zwischen den Ohren breite Kopf verjüngt sich nach vorn keilförmig mit wenig oder keinem Stirnabsatz. Er hat kleine, nicht sehr weit auseinanderstehende und möglichst dunkle Augen mit lebendigem Ausdruck. Die Ohren sind fein, beweglich und aufrechtstehend und werden in Ruhe meist zurückgelegt. Die feine Rute wird am Ende hakenförmig getragen. Der Körperbau des M. G. liegt zwischen dem des ↑ Greyhound und dem eines gut gebauten *Pariahundes.* Es gibt kurz- und rauhhaarige Tiere mit roter, gelber und brauner Plattenzeichnung auf weißem Grund, aber auch einfarbig in den genannten Farben.
Magyar Agár: Windhund von mittelgroßem Wuchs mit kurzem sehr muskulösem Rumpf, der Temperament, Geschwindigkeit und Ausdauer vereinigt (SH 55 bis 62 cm bei 27 bis 31 kg ♂, 22 bis 26 kg ♀ KM). Er hat einen sehr langen Kopf, länger als der der meisten Hunderassen. Von oben gesehen ist er keilförmig mit kräftigen Backen und relativ breiter Stirn. Der Fang ist etwa so lang wie der Oberkopf und nicht sehr zugespitzt mit einem kräftigen, möglichst vollständigen Scherengebiß. Die Augen sollen gut eingesetzt und so dunkel wie möglich sein. Sehr beweglich sind die ziemlich hoch angesetzten V-förmigen Ohren, die gekippt oder halb gefaltet anliegend getragen, bei Aufmerksamkeit leicht gehoben werden. Im Affekt ist es auch möglich, daß die Ohren kurzzeitig stehen. Mit elegantem Schwung geht der mäßig lange Hals zum Rücken über. Der Rumpf ist gestreckt, muskulös und nervig, die tiefe Brust relativ breit, um einem großen Lungenvolumen Platz zu schaffen. Windhundartig aufgezogen ist der Bauch. Breit und nur leicht abfallend ist die Kruppe, ausgehend vom festen, elastischen Rücken, der mehr gerade als gewölbt sein muß. Bis zum Sprunggelenk reicht die mittelhoch angesetzte Rute, die hängend getragen wird, das Ende leicht angehoben. Im Erregungszustand darf sie bis zur Horizontale gehoben werden. Die Vorderhand besteht aus den langen, eng anliegenden Schultern, den geraden Unterarmen, den beweglichen, aber nicht abstehenden Ellenbogen, der kurzen Mittelhand. Die ziemlich gro-

ßen länglichen Pfoten haben starke Ballen und geschlossene Zehen. Gut gewinkelt ist die Hinterhand, die breite, gut bemuskelte Keulen, kräftige, parallele Sprunggelenke und von der Seite gesehen eine etwas nach vorn von der Senkrechten abweichende Mittelhand hat. Der Gang des M. A. soll elastisch, ruhig und raumgewinnend sein. Er ist kurz und glatt, jedoch nicht so dünn wie beispielsweise der Greyhound behaart. Im Winter bildet sich dichte Unterwolle. Die Farbe kann schwarz, gelb, gestromt, rot, aschgrau, in Ausnahmefällen weiß oder weißgescheckt sein.

Der M.A. ist ein sehr zäher Hetzhund, fähig nicht nur Hasen, sondern auch größeres Wild zu erbeuten. Er ist leicht zu halten, da er abgehärtet und anspruchslos ist und die in seiner Heimat Ungarn üblichen Witterungsschwankungen gut verträgt. Er eignet sich hervorragend für die Rennbahn, speziell für längere Strecken und Hürdenrennen. Er ist etwas zurückhaltend, doch gutmütig, intelligent und wachsam.

Neben ihren Hütehunden brachten die *Magyaren,* ein altes Reitervolk, das nomadisierend in den Steppengebieten des Ural ursprünglich zu Hause war, auf ihrer großen Wanderung, die bis zum 9. Jh. dauerte, auch Windhunde mit. Nach ihrem Seßhaftwerden im heutigen Ungarn benutzten sie diese zur Jagd. Die lange Fremdherrschaft der Türken in Ungarn brachte eine Vermischung mit den Windhunden orientalischen Ursprungs mit sich. Schließlich kreuzte man im 19. Jh. Greyhounds zur Verbesserung der Schnelligkeit ein. Sein Einsatz bei den Jagden zu Pferde ging immer mehr zurück und er spielte lange Zeit nur als Haushund, zumeist auf Bauernhöfen, eine Rolle. Seine jüngste Rassegeschichte begann in Filmstudios, wo man für eine Reihe historischer Filme bodenständige Hunde benötigte. Man griff auf die M. A. zurück, die man in den Dörfern fand und begann, die Unterschiede zum Greyhound herauszuarbeiten. Seit 1966 ist der M. A. als eigenständige ungarische Rasse von der FCI anerkannt. Er ist der ideale Hund für Liebhaber, die Windhundformen mögen, aber Wachhundeigenschaften nicht missen möchten.

Magyar Vizsla: ein leichter, edler Jagdhund von mittelgroßem Wuchs mit feinen Knochen und Sehnen wie von Stahl (SH 57 bis 64 cm ♂, 53 bis 60 cm ♀ bei 22 bis 30 kg KM). Der Kopf ist trocken, edel, mit mäßigem Hinterhaupthöcker und wenig Stop, der eine leichte Falte entlang der mittleren Schädellinie zeigt. Trockene Lefzen bedecken den Fang und das regelmäßige Scherengebiß. Etwas oval eingesetzt sind die mittelgroßen, gut schließenden Augen, die immer einen Ton dunkler sein müssen als das Fell. Die niedrig angesetzten Behänge sind mittellang, V-förmig, von feiner Haut bedeckt und nie fleischig. Mit leichter Wamme geht der mittelhoch getragene Hals in den Rumpf über, der tief, mittelbreit und lang ist und etwas länger als die Widerristhöhe. Der Rücken ist leicht gewölbt mit mittellangen Lenden. Die Kruppe ist zwar etwas niedriger, fällt jedoch nicht ab. Niedrig angesetzt und auf zwei Drittel verkürzt wird die Rute senkrecht, in der Bewegung waagerecht getragen. Der M. V. steht auf säulenartigen Vorderläufen, die Schultern sind schräg und gut bemuskelt mit langen Oberschenkeln. Die Hinterläufe sind gut gewinkelt und bemuskelt. Kurze, runde Pfoten mit gewölbten, geschlossenen Zehen runden das Bild ab. Wolfs- bzw. Afterkrallen sind unerwünscht. Es gibt zwei Varianten des M. V., den *M. V. sarga* (*Gelber Ungarischer Vorstehhund)* und den *M. V. drotszoru (Ungarisch-Drahthaar).* Letzterer hat eine straffe Haut ohne Falten. An der Schnauzenpartie ist die Behaarung kurz und grob, am Kinn bildet sie einen Bart von 2 cm Länge. Den Oberkopf bedecken kurze, spröde, glatt anliegende, glanzlose Haare, die an den Behängen etwas länger und feiner sind. Die Augenbrauen sind dicht und spröde, die einzelnen Haare stehen nach oben bzw. nach vorn. An Hals und Rumpf ist das Fell 3 bis 4 cm lang, leicht anliegend, rauh, spröde und glanzlos. Darunter befindet sich, speziell im Winter, eine Schicht Unterwolle. An den Läufen liegt das kurze Haar dicht an, nur an der hinteren Kante der Vorderläufe und den Oberschenkeln bilden sich seitlich abstehende Bürsten. Die Rute ist dicht, an der unteren Seite etwas stärker behaart, ohne eine Fahne zu bilden. Die Farbe soll dunkelsemmelgelb in verschiedenen Nuancen sein, teilweise ins rötliche tendierend, aber nicht dunkelbraun oder hellgelb.

Der M. V. sarga unterscheidet sich von seinem rauhhaarigen Verwandten nur in der Haarstruktur, er hat auf der straffen Haut, die keine Falten bilden darf, kurze, gerade, grobe und dicht anliegende Haare, die glänzen müssen und etwas fettig wirken. Er ist immer einfarbig dunkelgelb mit Schattierungen.

Ungarn war und ist das Land der großen Niederwildjagden. Die günstigen klimatischen Bedingungen der Steppenlandschaft zwischen Donau und Theiß sind für den Bestand an Niederwild sehr günstig, dazu kommt, daß die zahlreichen Seen der ungarischen Seenplatte sowie die langen Flußläufe auch reichlich Lebensraum für Wasserwild, besonders Enten und durchziehende Gänse, bietet. Besonders bekannt ist der *Nationalpark Hortobagy*, die *Puszta*. Das alles sind auch hervorragende Bedingungen für die Entwicklung guter Jagdhundrassen. Der kurzhaarige V. M. entstand aus Kreuzungen einheimischer Laufhunde, die wahrscheinlich mit dem ↑ Magyar Agár Gemeinsamkeiten haben, mit ↑ Pointern. Dazu kamen mit Sicherheit auch Vorläufer des ↑ Deutsch Kurzhaar.

Als Erstzüchter wird die ungarische Familie *Zay* genannt, die im 18. Jh. in *Zayngroc* begann, den heutigen M. V. nahekommende Jagdhunde zu züchten. In der zweiten Hälfte des 19. Jh. erfolgte dann eine Veredlung mit Pointern, Deutsch Kurzhaar und ↑ Hannoverschem Schweißhund, um die jagdlichen Anlagen zu verbessern, was dann 1917 nochmals in *Kaposvar* durchgeführt wurde. Seit dieser Zeit züchtet man den M. V. reinerbig.

Durch eine Verpaarung des kurzhaarigen M. V. mit einem ↑ Deutsch Drahthaar züchteten ungarische Jäger den rauhhaarigen M. V., der aber verhältnismäßig wenig gehalten wird und auch als Rasse noch nicht allzu sehr gefestigt ist. Immer wieder kommen in den Würfen glatthaarige und fehlgefärbte Welpen vor. Der M. V. ist ein leicht zu führender, sehr ruhiger, nervenstarker und widerstandsfähiger Hund, der sich in allen Lagen zurechtfindet. – *Tafel 26.*

Malinois: mittelgroßer belgischer Schäferhund, quadratisch gebaut von sehr harmonischen Formen (SH 58 bis 62 cm ♂, 56 bis 58 cm ♀ bei 28 bis 35 kg KM). Der Kopf ist lang und trokken mit einem dem Schädel gleichlangen Fang, schwarzer Nase, trockenen, flachen Wangen und Scherengebiß. Der Stop ist nur mäßig ausgebildet, die Stirn flach bei nicht zu breitem Schädel. Die leicht mandelförmigen, mittelgroßen Augen blicken lebhaft. Sie sollen so dunkel wie nur möglich sein und sind von schwarzen Lidern umgrenzt. Straff aufrecht stehen die hoch angesetzten dreieckigen Ohren. Ohne Wamme geht der gut bemuskelte Hals mit leicht gebogenem Nakken in die Schulterpartie über. Der Widerrist ist betont, wobei die Brust tief und nicht zu breit sein soll. Die obere Linie des M. muß gerade und stark bemuskelt sein, der Bauch mäßig entwikkelt, nicht windhundartig aufgezogen. Die breite Kruppe fällt ohne jede Übertreibung in die am Ansatz starke Rute ab, die mittellang hängend mit leichter Biegung nach oben getragen wird. Der M. steht auf korrekten, derben, muskulösen Gliedmaßen, die Vorderpfoten sind rund, die Hinterpfoten etwas oval. Er hat auf dem ganzen Körper kurzes Haar, vor allem auf dem Kopf und am Ende der Gliedmaßen. Am Hals ist das Haar halblang, mehr pelzig und bildet einen von den Ohren bis zur Kehle verlaufenden Kragen. An den Oberschenkeln und an der buschigen Rute sind die Haare länger. Die Haarfarbe ist rehbraun, schwarz gestichelt mit schwarzer Maske.

Seinen Namen erhielt der M. von der belgischen Stadt *Malines,* in der man tüchtige Gebrauchshunde ohne Ansehen der Haarfarbe oder des Ebenmaßes züchtete. Maßgebende Vorfahren des M. waren der 1899 auf einer Ausstellung vorgeführte kurzhaarige Rüde *Tomy* sowie die Nachfahren der rauhhaarigen Hunde *Dewet* und *Tjop*. Der Rüde Tomy stammt von dem mahagonifarbenen Rüden *Vos* ab, der auch als einer der Vorfahren des rauhhaarigen ↑ Laekenois gilt. In relativ kurzer Zeit überragten die M. als Arbeitshunde alle anderen belgischen Schäferhunde und bis heute stellen sie auf Leistungsprüfungen ihre Konkurrenten weit in den Schatten. Sie sind außerdem pflege- und haltungsleicht, gut abzurichten und sehr anhänglich.

Malteser: sehr kleiner, nicht zu zart gebauter Hund (SH 25 bis 30 cm bei 3 bis 4 kg KM). Er hat einen sehr reich und lang behaarten Kopf, der ziemlich breit und abgerundet erscheint und mäßigen Stirnabsatz zeigt, der in den sich verjüngenden Fang übergeht. Der Nasenrücken ist kurz und schmal. Die Nase des M. soll kurz, rundlich, klein, nicht zu fleischig und schwarz wie der Gaumen und die Lippenränder sein. Verlangt wird ein Scherengebiß. Nicht vorstehen dürfen die gerade eingesetzten, runden und mäßig großen, tiefschwarz bis dunkelbraun gefärbten Augen mit schwarzem geschlossenem Lidpigment. Die hoch angesetzten Ohren, die hängend getragen werden und klein und sehr lang sowie seidig behaart sind, runden das Bild des Kopfes ab. Ebenfalls reich behaart ist der mäßig lange Hals, auf der edlen, geschwungenen Nackenlinie scheitelt sich das Haar. Der Rumpf des M. ist langgestreckt mit geradem Rücken, tiefer Brust, deren Brustkorb leicht gerundet ist und mäßig aufgezogenem Bauch. Im Verhältnis zum Körper sind die geraden Läufe etwas kurz mit schwarzen Zehennägeln (auch weiß ist gestattet). Dicht über den Rücken getragen wird die hoch angesetzte, lang und seidig behaarte Rute. Das sehr lange Haar ist auf dem Rücken gescheitelt, es fällt zu beiden Seiten weich und seidig mit kaum merkbarer Neigung zur Welle bis auf den Boden herab. Am Kopf ist es mit 22 bis 30 cm

am längsten. Der M. hat keine Unterwolle. Die Idealfarbe ist Reinweiß, wobei die Haut rosig durchschimmert.
Berühmte Dichter des Altertums wie *Callimachos, Plinius, Strabolus, Aristoteles* beschrieben einen kleinen Schoßhund. Auch antike Malereien, Grabsteine und Vasen zeigen immer wieder die frühe Beliebtheit der Vorläufer dieser Rasse. Nach einer Anmerkung von *Callimachos* lebte dieses Hündchen in den Jahren zwischen 310 bis 280 v. u. Z. auf der Insel *Melitäa,* der heutigen *Melita-Insel*, vor der Südküste *Dalmatiens*. Die Mittelmeerinsel Malta hat mit der Entstehung dieser Hunderasse nicht das geringste zu tun. Manche Schriftsteller des klassischen Altertums schrieben dem M. wundertätige heilsame Kräfte zu. *Plinius* nennt verschiedene Fälle von schweren Magenerkrankungen und schreibt, daß es vollkommen genüge, einen M. als Umschlag auf die schmerzende Stelle zu legen. In kurzer Zeit gesunde der Patient — der Hund würde jedoch sterben. Der M. ist einer der frühesten Schoßhunde, der schon bei den Athenerinnen des klassischen Altertums Favorit war und von ihnen mit Schmuck behängt wurde. Auch in späteren Jahrhunderten trifft man ihn überall an. Er besticht als Erscheinung mit dem glänzendweißen Haar, wirkt aber auch durch seine Eigenschaften wie Ruhe, Intelligenz und Wachsamkeit. Er ist kein Kläffer.

Manchester Terrier: schnittiger, lebhafter und bei aller Eleganz doch sehr kräftiger Terrier (SH 30 bis 40 cm bei 4 bis 8 kg KM). Der Kopf ist lang, keilförmig, fast ohne Stop. Der schmale, ebene Schädel ist flach, das Vorgesicht wird unter den Augen gut ausgefüllt. Die Augen sind klein, dunkel und länglich mit funkelndem Ausdruck. Sie sitzen dicht beieinander und treten nicht hervor. Die unkupierten Ohren werden über der Schädellinie nach vorn gekippt und oberhalb der Augen am Kopf anliegend getragen. Mit einer Verjüngung von den Schultern zum Nacken verläuft der ziemlich lange, trockene Hals in den Rumpf, der einen leichten Karpfenrücken hat. Die Lendenpartie ist gewölbt, die Kruppe leicht abfallend. In ihrer Fortsetzung ist die Rute dick angesetzt, die unkupiert in dünner Spitze ausläuft und nie höher als die Rückenlinie getragen wird. Der M. T. steht auf geraden, kräftigen Läufen mit halblangen Pfoten. Er hat kurzes, hartes Haar, das nicht getrimmt zu werden braucht. Die Farbe ist Schwarz mit kräftigem Tan (Black and tan) an den Innenseiten der Läufe, an der Brust und exakt verteilt am Kopf. Großer Wert wird auf die sogenannte *Bleistiftmarkierung*, ein schwarzer Strich auf jeder Zehe, und den schwarzen Stempel an den Vorderläufen gelegt.

Manchester Terrier

Obwohl relativ klein, ist der M. T. kein Spielzeug. Er verteidigt sein Revier und seine Familie mit viel Schneid und großer Anhänglichkeit.
In Großbritannien oft *Black and tan* genannt, hat der M. T. seinen Namen von

der Geburtsstadt *Manchester* bzw. von seiner Fellfarbe. Man suchte im 19. Jh. einen Hund, der sich gleichermaßen für Hasenrennen und zum Rattentöten eignete. Es wurden damals viele Terrier benötigt, um z. B. in den Warenhäusern oder an den Docks die Ratten unter Kontrolle zu halten. Jeder Hundebesitzer brüstete sich damit, unter seinen Hunden die besten *Rattenkiller* zu haben. Sie schlossen Wetten ab und ließen ihre Hunde in einer Arena Wettkämpfe austragen, welcher in einer bestimmten Zeit am meisten Ratten tötete. Das verlangte vom Hund Energie, Schärfe und Schnelligkeit. Einem Hundebesitzer namens *John Hulme* schreibt man den Verdienst zu, seine Terrier mit einem *whippetartigen Hund* gekreuzt zu haben, was ein verblüffendes Ergebnis zeitigte. Große Wendigkeit und ein schnittiger Körper paarten sich mit Schärfe, alles Eigenschaften des hervorragenden Ratten- und Kaninchenjägers. Damals stutzte man die Ohren, um bei den Kämpfen den Ratten weniger Angriffsfläche zu geben. Als der englische *Kennel Club* Ende des vorigen Jahrhunderts das Kupieren verbot, wandten sich viele Züchter der M. T. von dieser Rasse ab, weil sie mit Hängeohren nicht mehr den gleichen Anklang fand. Erst als es gelang, den M. T. mit hochgestellten kleinen Kippohren zu züchten, verbreitete er sich wieder, wobei es verschiedene Länder gibt, in denen Zuchten mit kupierten Ohren bestehen. Während des 2. Weltkrieges starb der M. T. in Großbritannien fast völlig aus. Es waren nur noch elf Tiere vorhanden, die als reinrassig anzusehen waren, doch 1952 war dann der Bestand wieder endgültig gesichert. Als Erdhund ist er nicht allzu gut verwendbar, da er höher auf den Läufen steht als andere Tiere, doch ist sein Schneid bewundernswert. Der M. T. ist ein tüchtiger Wächter des Hauses und guter Begleiter, der dazu noch sehr pflegeleicht ist.

Maremmaner Hirtenhund: italienischer, nicht allzu hochläufiger Hirtenhund von guter Größe, doch voller Kraft und Temperament (SH 65 bis 73 cm ♂, 60 bis 68 cm ♀ bei 35 bis 45 kg ♂, 30 bis 40 kg ♀ KM). Der bärenähnliche Kopf ist lang mit großem, konischem Schädel. Die obere Linie von Schädel und Fang ist leicht auseinanderlaufend, die Stirn ist halb so breit wie die Gesamtlänge des Kopfes. Um ein Zehntel kürzer als der Schädel ist der Fang, der Nasenrükken bietet sich gradlinig, nur halb so breit wie lang, mit kräftigen Kiefern. Die schwarze Nase ist breit, aber nicht hervortretend mit gut geöffneten Nasenlöchern. Es wird ein Scherengebiß verlangt. Die seitlich gestellten, mandelförmigen Augen dürfen nur mittelgroß sein. Sie sind meist ockergelb bis dunkelbraun. In Höhe des Augenbogens angesetzt sind die kleinen dreieckigen Ohren, sie haben eine schmale Spitze. Sie sind 12 cm lang und werden flach anliegend seitlich herabhängend, dicht mit kurzem Haar bedeckt getragen. Drei Zehntel der Widerristhöhe beträgt die Halslänge. Der Hals ist stark, mittellang, ohne Wamme und mit dichtem, langem Haar kragenförmig bedeckt. Der Rumpf zeigt einen breiten Rücken, gerade, mit nur wenig über die Oberlinie erhobenem Widerrist, die Lendenpartie ist etwas konvex, die Rippen gerundet und schräg, Bauch und Flanken sind nur minimal eingezogen. Etwas tief angesetzt ist die über das Sprunggelenk herabhängende Rute, die eine kräftige Fahne bildet. Die Gliedmaßen haben lange, bemuskelte, schräge Schultern, anliegende, schräge, bemuskelte Oberarme, starke, gerade, trockene Läufe, die im Vordermittelfuß etwas geneigt sind. Der Oberschenkel der Hinterhand ist lang, breit und bemuskelt und etwas schräg mit starkknochigen Läufen, die trocken und ebenfalls bemuskelt sind. Die Sprunggelenke sind gerade und senkrecht gestellt. Die Pfoten des M. H.es sind groß, oval mit gewölbten und geschlossenen Zehen, starken schwarzen oder braunen Krallen sowie harten Ballen. Das reichliche, lange Haar darf nur leicht gewellt sein. Es muß gut anliegen, rauh im Griff sein und dichte Unterwolle haben. Der Fang, der Schädel, die Ohren und Pfoten sowie die Vorderseite der Läufe sind kurz behaart, sehr reich der Hals, an den Rückseiten der Läufe befinden sich Fransen. Die Haarlänge am Rumpf beträgt ungefähr 8 cm. Der M. H. ist immer weiß ohne jeglichen gelben Anflug. Schon die Haarform sagt, daß seine Pflege nicht ganz einfach ist, er muß täglich gebürstet und mehrmals pro Woche gekämmt werden.

In seiner italienischen Heimat, auch als *Cane da Pastore dell'Italia Centrale* bezeichnet, stellt er neben dem ↑ Bergamasker Hirtenhund den ursprünglichen Typ des Hirtenhundes dar. Typisch ist das weiße Fell, das bewußt gezüchtet wurde, damit die Hirten ohne Mühe ihre Hunde von Wölfen unterscheiden konnten, auch auf größere Entfernung. Der M. H. existiert heute in zwei Schlägen. Neben dem bereits beschriebenen Typ gibt es noch den ↑ Hirtenhund der Abruzzen, der 1941 seinen eigenen Standard erhielt.

Entwicklungsgeschichtlich besteht eine enge Verwandtschaft zwischen dem M. H. und den *ungarischen* sowie *westasiatischen Hirtenhunden.* Es steht auf jeden Fall fest, daß auch der M. H. zu den Nachfahren der ↑ Molosser zählt, die einst zu Kampfspielen in den römischen Arenen verwendet wurden. Viel dieser einstigen Unerschrockenheit hat sich der M. H. bis heute bewahrt.

Mastiff: schwerer, mächtiger Hund, symmetrisch und untersetzt gebaut (SH 70 bis 80 cm bei 75 bis 90 kg KM). Sein Kopf ist massiv, breit und platt von rechtwinkligem Format. Breit und etwas gerundet ist der Schädel mit der leicht gewölbten Stirn, den mäßig hochgezogenen Augenbrauen. Die Muskeln an den Schläfen sind gut entwickelt und an den Wangen extrem kraftvoll. Er zeigt eine deutliche Stirnfurche und ausgesprochene Stirnfalten. Breit unter den Augen verläuft der Fang gleichmäßig bis zur Nasenkuppe, die breit, flach und dunkel ist

Mastiff

und weder spitz noch aufgestülpt. Von der Nasenkuppe bis zum Unterkiefer ist der stumpfe Fang sehr tief, viereckig geschnitten mit breitem, leicht gerundetem Unterkiefer. Er beträgt ein Drittel der Schädellänge. Der M. hat mächtige Zähne, deren Gebißschluß sowohl als Scherengebiß wie auch als Rückbiß auftreten kann. Gut betont ist der Abstand zwischen den dunkelbraunen Augen. Die Ohren sind klein, V-förmig, hoch und weit auseinander angesetzt und werden mit gerundeten Spitzen dicht anliegend getragen. Massiv und breit, lang und kraftvoll mit weit auseinanderstehenden Beinen muß der Körper sein. Der leicht gewölbte Hals, der sich zur Schulter allmählich verbreitert, darf nicht zuviel lose Haut haben. Der Rippenkorb ist gut abgerundet, der Rücken und die Lenden sind breit und sehr muskulös, bei der Hündin platt, beim Rüden leicht gewölbt. Sehr tief sind die Flanken. Die Schultern sind leicht abfallend, schwer und muskulös. Die Vordergliedmaßen sind gerade, kräftig und weit auseinanderstehend mit geraden Fesseln, die Hintergliedmaßen stehen auch breit, tief und muskulös mit kurzen, geraden Sprunggelenken, besonders, wenn der Hund geht oder steht. Die Pfoten sind kurz und rund mit gut gewölbten Zehen und schwarzen Krallen. Hoch angesetzt reicht die Rute bis zum Sprunggelenk, manchmal auch tiefer. Sie ist am Ansatz breit, am Ende spitz und leicht gebogen, wenn der Hund erregt ist. Das Deckhaar des M. ist mäßig hart, dicht anliegend mit dichter, kurzer Unterwolle, rehbraun, dunkelrehbraun, silber, aprikosenfarben, gestromt. Der Fang, die Ohren und die Nase sind meist dunkler, fast schwarz.

Der M. ist ein sehr angriffslustiger Wachhund, der besonders im erregten Zustand gefährlich wird. Im Grunde ist er aber gutmütig und freundlich gegenüber vertrauten Personen, Fremden tritt er jedoch aggressiv entgegen.

Den M. gab es in vielen Varianten schon vor vielen Jahrhunderten. Im Mittelalter setzten ihn z. B. die Engländer als Kriegshund ein, in den römischen Legionen gab es gepanzerte ↑ Molosser, der *spanische Mastines* (↑ Mastin Espanol) und der italienische ↑ Mastino Napoletano dienten als Kampfhunde – alles große, schwere Hunde mit viel Kraft und Körpermasse. Mastiffartige Hunde begleiteten die Spanier bei der Eroberung Südamerikas, und im amerikanischen Bürgerkrieg waren M. Helfer der Konföderierten.

Die Zucht des modernen M. begann etwa 1835, fast 50 Jahre später stellte *Stonehenge* den ersten Standard auf, den der 1883 gegründete *Old English Mastiff Club* übernahm. Heute ist der M. hauptsächlich in den USA verbreitet, während seine Zucht in England stark zurückgegangen ist. Der M. gehört mit Sicherheit zu den Ahnen auch einiger deutscher Rassen, so des ↑ Deutschen Boxers und der ↑ Deutschen Dogge. Er ist ein Hund, mit dem man sich sehr viel beschäftigen muß. Bei konsequenter Ausbildung läßt er sich trotz seiner Wuchtigkeit auch als Wohnungshund halten.

Mastin de los Pirineos: sehr großer, mächtiger, lang behaarter Gebirgshund Spaniens (SH 70 bis 80 cm ♂, 65 bis 72 cm ♀ bei 45 bis 55 kg KM), dessen Kopf im Verhältnis zum Körper nicht allzu groß ist. Er hat einen ovalen Schädel mit mäßig tiefer Mittelfurche und flachen Seiten. Der Fang ist stark und ziemlich lang, dabei stumpf mit nur mäßiger Verjüngung zur Nasenkuppe hin. Trocken, schwarz oder schwarz gefleckt sind die Lefzen, wobei die obere gut die untere bedeckt. Schwarz und gut geöffnet ist die Nase. Ziemlich klein und dunkelbernsteinfarben sind die etwas schräg eingesetzten Augen mit den schwarzen anliegenden Lidern. Diese Rasse muß ein komplettes Scherengebiß haben. In Augenhöhe angesetzt hängen die kleinen, dreieckigen Ohren flach anliegend herab, die an der Spitze abgerundet sind. Nur schwache Kehlfalten darf der ziemlich kurze, lang behaarte Hals ausweisen. Der Rumpf ist langgestreckt mit langem, straffem, ebenem Rücken. Die muskulöse Lendenpartie ist etwas aufgezogen mit hervorspringender Hüfte. Die breite Kruppe ist leicht abfallend mit ebenfalls breiter, tiefer, ovaler Brust. Der Rippenkorb ist leicht gewölbt. Die Flanken sind aufgezogen. Von genügender Länge ist die Rute, an deren Spitze sich ein leichter Ringel befinden muß. Die Schultern sind schräg, breit und muskulös mit geraden, starken, gut befederten Läufen. Die Hinterhand hat gerundete Schenkel, gerade, gut bemuskelte Läufe und trockene, breite, wenig gewinkelte Sprunggelenke. Es müssen doppelte Afterkrallen vorhanden sein, aber in letzter Zeit toleriert die FCI auch entfernte Afterkrallen, da diese außer einer starken Behinderung keinerlei Vorteile für das Tier selbst bzw. seine Einsatzfähigkeit bieten. Die Pfoten des M. d. I. P. sind rund, kompakt, mit wenig gewölbten Zehen sowie starken, harten Ballen.

Das Haarkleid ist dicht, schlicht und mittellang, geschmeidig mit feiner, wolliger Unterwolle; am Halskragen ist es leicht gewellt. Die Farbe ist immer weiß oder weiß mit dachsfarbenen, fahlgelben oder wolfsfarbenen Flekken am Kopf, an den Ohren und am Rutenansatz. Vereinzelte Rumpfflekken sind gestattet.

Dieser harte, sehr robuste Hütehund ist sehr intelligent, führig und als Wach- und Begleithund sehr geschätzt. Er kann durchaus wie schon erwähnt als Nachfahre der von den *Magyaren* auf ihrem Zug in die heutige Heimat mitgeführten großen Hütehunde betrachtet werden. Der M.d.I.P existiert sowohl auf der spanischen wie auch der französischen Seite der Pyrenäen, und beide Länder bemühen sich um die Erhaltung und Weiterentwicklung dieser alten Rasse. Der M. d. I. P. gehört wie die weißen Hunde des Tatragebietes zu der sogenannten *Magyarengruppe* (↑ Komondor, ↑ Kuvasz). Diese werden einmal von der VR Polen (↑ Polski owczarek podhalanski), zum anderen von der ČSSR (↑ *Slovensky Čuvač*) züchterisch betreut, haben also verschiedene Standards. Beide kynologischen Verbände bemühen sich, Unterschiede festzulegen und gezielt herauszuzüchten. Auch Spanien und Frankreich haben getrennte Standards für den M. d. I. P., die sich zwar nur unwesentlich, aber doch unterscheiden. Obwohl auf Ausstellungen immer nur der ↑ Pyrenäenhund aufgeführt ist, gibt das keine Garantie, ob es sich nicht um einen M. d. I. P. bzw. einen seiner Nachkommen handelt, denn vielfach kommt es zu Verpaarungen beider Rassen.

Der M. d. I. P. ist ein Hund, der sich bei sorgfältiger Pflege, wozu neben genügend Auslauf tägliches Kämmen gehört, durchaus als Begleithund eignet, den man trotz seiner Größe ohne weiteres in der Wohnung halten kann. Beim Kämmen ist darauf zu achten, daß die Bereiche hinter den Ohren bzw. in der After- und Genitalgegend besonders zum Verfilzen neigen, also mehr gekämmt und gebürstet werden müssen.

Mastin Espanol, *Spanische Dogge*: großer stattlicher Wachhund mit stumpfem Fang, kleinen Hänge- oder kupierten Stehohren und langer Rute (SH 65 bis 70 cm ♂, 60 bis 67 cm ♀ bei 50 bis 60 kg KM). Der Kopf ist kräftig mit breitem, leicht konvexem Schädel und ausgeprägtem Stop. Mit starken Backenmuskeln ausgestattet ist der stumpfe Fang, der lang und kräftig ist, und fleischige Lefzen, die unteren sehr stark, einen schwarzen Gaumen und eine ebensolche Nase hat. Ein kräftiges Scherengebiß wird gefordert. Die kleinen Augen weisen ausgebildete Tränensäcke auf. Stark in der Basis hängen die Ohren mit der Spitze herab, die oft auch kurz kupiert werden. An dem muskulösen und sehr beweglichen Hals bilden sich durch das lose Fell an der Unterseite zwei gleich große Beutel, die lose herabhängen, ansonsten ist der Hals muskulös und sehr beweglich. Der Rumpf zeigt ein rechteckiges Format mit langem Rücken, der im Widerrist leicht eingedrückt ist. Er hat eine bemuskelte Lendenpartie und eine breite, tiefe Brust mit wohlgeformten Rippen. Ab und zu wird die nicht zu breite Rute kupiert, meist hängt sie lang mit leichter Biegung zur Spitze herab. Die Muskeln an den sehnigen Läufen zeichnen sich deutlich ab. Der M. E. hat mittellanges, dichtes Haar in Schwarz und Weiß, Weiß mit Goldgelb, rötlich, gescheckt, Reinweiß, Weiß mit schwarzen Platten. Die Haut ist weißrosa. Am Ansatz sind die Haare stets etwas dunkler.

Man unterscheidet den kleineren, lebhaften *Mastin aus der Provinz Estremadura* mit längerer Schnauze und helleren Farben und den kräftigeren, ruhigen *Mastin aus der Provinz Leon.* Aus den angeführten Wesensmerkmalen geht auch der Verwendungszweck hervor. Ersterer findet als Hirten-, Wach- und Jagdhund, letzterer als Wach- und Schutzhund Verwendung. Durch seine Treue und Gutmütigkeit gegenüber Menschen, insbesondere Kindern, erfüllt er die Rolle des Wächters zur vollen Zufriedenheit. Seiner Aggressivität gegenüber anderen Hunden und größeren Säugetieren hingegen haben viele Schafherden ihr Leben zu verdanken, da die sie begleitenden Mastines den angreifenden Wölfen keine Chance ließen. Um dem Wolf den Zugriff zur Kehle zu verwehren, wurde dem Hund eine Art Zaumzeug angelegt, das in Brusthöhe mit einem Metalldorn versehen war. Gleich groß wie ihr Kampfesmut ist auch ihre Genügsamkeit. Die Hirten trugen einen Darm mit einem Teig aus Gerstenmehl und Wasser bei sich und schnitten täglich für jeden Hund ein Stück ab. Mit dem Nachlassen der Viehzucht, dem Rückgang des Wolfsbestandes und der Seltenheit von Treibjagden ging auch die Population des M. E. stark zurück. Heute findet man diese alte Rasse nur noch als Wachhund in der Hand weniger Liebhaber.

Mastino Napoletano: sehr kräftiger, großer Schutzhund (SH 65 bis 75 cm ♂, 60 bis 70 cm ♀ bei 65 bis 75 kg KM). Der Kopf ist stark und kräftig mit flachem Schädel, die Fang- und Schädellinie verlaufen parallel, der Stop ist markiert. Die Fanglänge beträgt zwei Fünftel der Schädellänge. Der Fang ist kurz, stumpf und so breit wie lang mit kräftigem Kiefer. Die reichliche Oberlefze bedeckt mit abgerundetem Rand die untere Lefze, die leicht betont und nach außen umgelegt ist. Breit, abgestumpft mit gerader Nasenfurche und weit geöffneten Löchern ist die Nase ausgebildet, sehr kräftig das komplette Scherengebiß. Von leicht vorstehenden Lidern eingefaßt sind die ziemlich großen, lebhaft blickenden, kastanienbraunen Augen. Die Kippohren sind kurz, dreieckig und aufrecht mit der Hälfte am Kopf anliegend. Eine weit verbreitete Form besteht im sogenannten Kampfschnitt, bei dem bis auf die Muschel alles kupiert wird. Diese Ohrform rührt noch vom Einsatz des M. N. als Kampfhund in römischen Arenen her, wo man dem Gegner so wenig Angriffsmöglichkeit wie möglich bieten wollte. Der Hals ist mittellang, stark und muskulös mit gutem Übergang im Nacken, sehr lockerer Haut und ausgeprägter Kehlwamme. Der Rumpf soll kraftvoll und rechteckig sein mit geradem Rücken, gut modellierten, kräftigen Lenden, leicht abfallender Kruppe, gerundeter, bis zum Ellenbogen herabreichender Brust und leicht aufgezogenem Bauch. Ist die kräftig angesetzte Hängerute länger als bis zum Sprunggelenk reichend, wird sie kupiert. Der M. N. hat breite, muskulöse Schultern, am Oberarm sichtbare, schräge Muskelbänder, breite Ellenbogen und dicke, starke, gerade Läufe. Die Oberschenkel der Hinterhand sind muskulös, breit und mit langen, starken Läufen, die Sprunggelenke sind breit, tief und gewinkelt. Er steht auf kompakten Pfoten mit gut gewölbten Zehen und starken Krallen. Das Haar ist kurz, anliegend und glänzend und kommt in Schwarz, Bleigrau, Grau, gestichelt, getigert und geflammt vor. Weiße Flecken an der Brust und den Zehen sind gestattet.

Kampfhunde gibt es schon seit Jahrtausenden. *Hammurabi, König von Babylon* (etwa 1728–1686 v. u. Z.), ließ seine Krieger durch riesige Hunde begleiten, die bei den Feinden Angst und Schrecken erweckten. Die *Lydier* führten bei ihren Kriegen gegen die *Kimmerer* ein eigenes Bataillon von Gefechtshunden mit sich, und die Römer unter *Marius* stießen in der *Schlacht bei Vercellae* (101 v. u. Z.) auf große Hunde, die, von Frauen geführt, die germanischen Wagenburgen blutig

Mastino Napoletano

verteidigten. Die hohen Verluste der Römer für ihren Sieg führten dazu, daß auch sie in ihren Legionen Kampfhunde verteilten. Nach ihrer Landung in Britannien nahmen die Römer mehrere Exemplare der dort vorhandenen riesigen Hunde mit, die ihren Tieren überlegen waren. Die Nachkommen dieser Hunde machten sich bei Schaukämpfen in den Arenen einen Namen. In ihnen können wir die Vorfahren des M. N. sehen, der sowohl gegen Raubtiere als auch Gladiatoren antrat. Bis heute hat die Rasse nichts von ihrer Ursprünglichkeit verloren, bei falscher Haltung und mangelhafter Abrichtung ist der M. N. auch für seinen Herrn nicht ungefährlich, da er sich nur schwer unterwirft. Er ist keinesfalls ein Familienhund, doch bei richtiger Erziehung treu. – *Tafel 10.*

Matin belge ↑ Flämischer Ziehhund.

Mauersberger Bracke ↑ Alpenländisch-erzgebirgische Dachsbracke.

Maurischer Windhund ↑ Mauritanian Greyhound.

Mauritanian Greyhound, *Maurischer Windhund*: kleiner und grobschlächtiger Hund, im Typ etwas dem ↑ Sloughi ähnelnd, jedoch bedeutend unscheinbarer. Obwohl der M. G. bei seinen Besitzern nicht die Vorteile genießt, wie etwa der Sloughi bei den Beduinen, wird er doch sehr hoch gehandelt. Forschungsreisende berichten, daß ein gut abgerichteter M. G. im Wert einem Kamel gleichkommt. Die *Nemadi-Jäger* halten meist drei bis vier Hunde, die auf Antilopen, Strauße und Trappen eingesetzt werden.

Metzgerhund ↑ Rottweiler.

Mexican Hairless: kleiner mexikanischer, pinscherähnlicher Nackthund (SH etwa 28 cm bei 5 kg KM). Der Kopf ist schlank, der Schädel schmal mit mageren Backen und langem, leicht zugespitztem Fang, dunkler Nase und Scherengebiß. Es gibt kaum Nackthunde, die ein komplettes Gebiß aufweisen können, meist tauchen Zahnverluste nach dem Wechsel des Milchgebisses zu den bleibenden Zähnen auf. Untersuchungen ergaben Verluste bis zu 17 Zähnen. Es wurde die These aufgestellt, daß der Zahnverlust genetisch mit der Haarlosigkeit gekoppelt ist. Die Augen des M. H. sind haselnußbraun, dunkel oder gelb, liegen nicht tief und haben rosa- bzw. dunkelgefärbte Lidränder. Die Ohren stehen hoch, der Hals ist schlank, ziemlich lang und gut gewölbt. Als rasseeigenes Kennzeichen müssen die Muskeln und Sehnen des leicht gerundeten Körpers ständig nervös zukkend sichtbar sein. Weitere Merkmale des Rumpfes sind ein gerader Rücken und eine breite, ziemlich tiefe Brust mit wohlgerundeten Rippen. Die lange, glatte, ziemlich waagerecht getragene Rute ist unkupiert. Die Schultern sind flach, die Läufe ziemlich lang, schlank, gerade und gut bemuskelt. Die Hasenpfoten haben dunkle Krallen bei dunkelhäutigen Tieren und hellere bei blaßhäutigen. Die haarlose Haut muß glatt und faltenlos sein, nur auf der Schädelspitze, möglichst in der Mitte, bis zu den Augen reichend steht ein harsches Haarbündel. Auch die Rutenspitze zeigt leichten Haaranflug, der in jeder Farbe zulässig ist.

Der M. H. ist ein sehr lebhafter, liebe- und pflegebedürftiger, anhänglicher Familienhund, der nur als Freund und Spielzeug dient. Er äußert seine Gefühle nicht durch Bellen, sondern mehr durch Heulen und Winseln. Er darf keinesfalls Witterungseinflüssen ausgesetzt werden, er braucht ständig Wärme.

Ob diese exotische Rasse einst nach Mexiko importiert wurde oder dort entstand, ist bislang noch nicht geklärt. Viele Autoren verweisen auf die afrikanische Abstammung aller Nackthunde und nennen u. a. *Guinea* als Ausgangsland, aber auch *China* wird genannt. Es gibt aber auch auf Funde begründete Theorien, die im M. H. den *Haushund der Azteken* sehen, beweisbar durch gefundene Tonfiguren aus Aztekengräbern. Er sei dem *Gott Xoloth* geweiht gewesen und soll die Seelen der Toten ins Jenseits begleitet haben. Hier gibt es bestimmte Parallelen zur Entwicklungsgeschichte des ↑ Chihuahua. Fest steht, daß der M. H. eine willkommene Bereicherung des Speisezettels der mexikanischen Landbevölkerung war, zeichnete er sich doch durch die Eigenschaft aus, schnell Fett anzusetzen. Heute ist der Nackthund ein reiner Luxushund, der speziell in Europa sehr selten anzutreffen ist.

Mikawa-Inu: jüngster Vertreter der *japanischen Spitzfamilie* über den noch relativ wenig bekannt ist (SH 42 bis 48 cm). Er hat kleine Stehohren, einen großen Kopf mit breiter Stirn und ausgeprägtem Stop und kleine, möglichst dunkelbraune Augen. Die Wangen sind gut gerundet, der Fang kräftig und spitz zulaufend. Der kräftige, leistungsfähige Körper macht den M. zu einem guten Arbeitshund. Er hat kurzes, dichtes Fell mit maximal 4 cm langen Haaren, wobei nur eine schwache Mähne ausgebildet wird. Er kann sowohl in Schwarz als auch Rot, Stahlblau und Silbergrau vorkommen, seltener gestromt. Der M. entstammt einer Kreuzung zwischen ↑ Nippon-Inu und dem kurzhaarigen chinesischen ↑ Smooth Chow.

Wie alle anderen japanischen Spitze besitzt der M. neben seinen hervorragenden Haus- und Wachhundeigenschaften auch sehr gute Anlagen zum Jagdhund. Besonders der Geruchssinn ist ausgeprägt. Heute noch sind die japanischen Spitze Traditionsrasse, und trotz der Unterschiede im Größenformat, wo sich Übergänge von imposanter Wucht und Masse zur feineren Form und eleganteren Kleinhundlinienführung erkennen lassen, zeigen sie ein einheitliches Typenbild.

Miniaturcollie ↑ Sheltie.

Mioritic: hochläufiger rumänischer Schäferhund (SH 56 bis 60 cm ♂, 54 bis 57 cm ♀ bei 30 bis 40 kg KM). Der Kopf ist kräftig mit breitem, leicht gewölbtem Schädel und schwachem Stop. Der kräftige Fang verschmälert sich leicht zur Nasenkuppe, wobei seine Länge etwas unter der Schädellänge liegt. Das Hinterhauptbein muß sichtbar sein. Schwarz, groß und breit ist der Nasenschwamm, das Scherengebiß vollzählig. Eng liegen die mäßig hoch angesetzten, nicht allzu großen dreieckigen Hängeohren an der Wange an. Die Augen müssen so dunkel wie nur möglich sein. Einen Winkel von 40 bis 45° bildet der gut bemuskelte, massive Hals gegenüber dem Rumpf, der in den hohen Widerrist übergeht. Der Rumpf ist länglich rechteckig, mit breitem, geradem Rücken und gut bemuskelter, breiter Lendenpartie. Die Kruppe fällt nicht ab. Der Brustkorb ist breit und tief und reicht bis unter die dicht am Körper anliegenden Ellenbogen. Er ist mit breiter, vorspringender Vorbrust ausgestattet. Im Winkel von ungefähr 100° mit dem Oberarm verbunden zeigt sich das breite Schulterblatt, die Unterarme sind gerade und kräftig, der Mittelfuß leicht schräg. Ovale Pfoten, kräftig und geschlossen, stehen senkrecht auf dem Boden. Von hinten gesehen bilden die Hinterläufe zwei senkrechte Linien, von der Seite markiert sich eine recht gute Winkelung speziell im Hüftgelenk. Hoch angesetzt ist die Rute. Im Ruhezustand wird sie bis zum Sprunggelenk reichend herabhängend mit leicht aufgebogener Spitze getragen. In der Aktion hebt der M. sie bis zur Rückenlinie, niemals aber darüber. Er ist über den ganzen Körper verteilt lang und reich behaart. Die Haarlänge beträgt 8 bis 16 cm, die Struktur ist stockhaarig und verleiht dem Hund ein zottiges Aussehen. Er hat dichte, weiche Unterwolle. Der M. kommt meist in Weiß, ab und zu auch gelblich, vor, sehr selten in Hellgrau oder in den genannten Farben gefleckt. Immer muß die Haut grau pigmentiert sein. Der M. ist sehr lebhaft, aber ausgeglichen, wachsam, diszipliniert und anhänglich. Fremden gegenüber ist er äußerst mißtrauisch. In den rumänischen Karpaten ist er ein unermüdlicher Herdenarbeiter, aber auch ein hervorragender Beschützer. – *Tafel 3.*

Mittelasiatischer Schäferhund: großer, kräftiger Hütehund der Sowjetunion (SH 65 bis 70 cm ♂, 62 bis 65 cm ♀ bei 45 bis 50 kg KM). Der grobe Kopf hat einen breiten Schädel mit stark entwickelten Jochbögen und Backenknochen. Die Stirn ist flach, der Stop kaum bemerkbar. Der Fang verläuft breit, gerade und parallel, meist stumpf mit kräftigen Kiefern und dikken, überfallenden Lefzen. Die breite Nase ist schwarz oder braun gefärbt. Das komplette Scherengebiß hat sehr starke gewaltige Zähne. Weit auseinandergestellt sind die tiefliegenden kleinen und runden Augen mit fest schließenden Lidern. Die kurzen Ohren sind dreieckig, niedrig angesetzt und herabhängend, sie werden jedoch oft bis auf die Ohrmuschel kupiert. Dem kräftigen kurzen Hals schließt sich der muskulöse Rumpf an mit breitem, geradem Rücken, kurzer, etwas abfallender Kruppe und sehr breiter, tiefer Brust mit rundem Rippenkorb. Der Bauch ist leicht aufgezogen. Wie die Ohren wird auch die hoch angesetzte Rute oft kupiert, sonst hängt sie sichelförmig herab. Kurz, gerade und massig sind die parallel gestellten und gut gewinkelten Gliedmaßen, die in der Hinterhand gute Sprunggelenke haben. Die Pfoten müssen ebenfalls sehr kräftig sein. Das Deckhaar des M.S.es ist hart, 7 bis 8 cm lang und mit reichlicher, langer Unterwolle. Die Behaarung ist an der Vorderseite der Läufe und am Kopf kürzer. Keine Falten darf die dicke, elastische Haut bilden, besonders nicht an Kopf und Hals. Der M. S. kommt in den verschiedensten Farben und Farbkombinationen vor, z. B. in Schwarz, Weiß, Grau, Fahl, Hellrötlich, Grau mit Streifen oder Flecken sowie die genannten Farben in verschiedenen Zusammenstellungen. Dieser kompakte, aber gegenüber dem ↑ Kaukasischen Schäferhund weniger aggressive M. S. ist besonders in folgenden Sowjetrepubliken, der Kasachischen, Usbekischen, Turkmenischen und Kirgisischen SSR verbreitet. Obwohl nicht ganz so wild wie der Kaukasische Schäferhund, der bedeutend durchgezüchteter ist, kommt der M. S. für eine Wohnungshaltung keinesfalls in Frage. Seine natürliche Schärfe verlangt konsequente Erziehung. Er unterwirft sich nur einem Herrn, so daß es zu fortdauernden Rangordnungskämpfen zwischen ihm und den übrigen Familienmitgliedern kommen kann, was bei der Größe und Kraft der Tiere von verheerenden Folgen sein könnte.

Molosser: Hirtenhund des Volkes der Molosser, das im 1. Jh. v. u. Z. in *Epirus* lebte, einer bis auf das heutige Südalbanien übergreifenden nordwestgriechischen Landschaft. Erhalten gebliebene Darstellungen auf Reliefs, Münzen, Vasen sowie Statuen zeigen den M. als großen stehohrigen Hund. Gestützt auf verschiedene Schilderungen kann man sagen, daß alle Haarvarianten, mit Ausnahme des ganz kurzen Felles, vorkamen. *Strebel* schließt aus Abbildungen auf eine längere Behaarung mit Mähne und Fahnenrute, die bei Wachhunden als schwarz, bei Hirtenhunden als weiß angenommen wird. Da ein vielbesuchtes Heiligtum des Zeus, die heilige Eiche zu Dodona, in Epirus lag, wurden von dessen Besuchern auch die wuchtigen, wehrhaften Hunde gesehen und zur Zucht mitgenommen. So erklärt sich auch, daß viele heute in großer Entfernung voneinander lebende Hunderassen auf den M. zurückzuführen sind, der bereits zu Beginn u. Z. in vielen Varianten, u. a. auch mit Hängeohren, beschrieben wird. Die M. wurden schon in der Antike mehrfach beschrieben, so außer von *Aristoteles*, der in seiner „Historia animalium" den *epirotischen Hirtenhund* besonders hervorhebt: „In Molottien zeichnet sich die Hunderasse, die als Begleitung der Herden dient, durch die Größe und den Mut gegen die wilden Tiere vor denjenigen anderer aus." auch von *Junius Moderatus Clumelle*, einem aus Spanien stammenden landwirtschaftlichen Autor. Dieser fordert in seiner „De re rustica" den Hirtenhund weiß und den Hofwächter möglichst schwarz. Beide sollen wolfsartig sein, der Hirtenhund jedoch schneller.

Montemboeuf ↑ Billy.

Mops: gedrungener, kleiner Hund, kompakt, aufmerksam und lebhaft (SH 30 bis 35 cm bei 3 bis 4 kg KM). Der runde, sehr große Kopf darf kein ausgesprochener Apfelkopf sein. Auf der hohen breiten Stirn bilden sich, bedingt durch die sehr lose Haut, tiefe Falten. Der Fang ist kurz, gerade und breit, vorn abgestumpft und eckig. Typisch ist die schwarze Maske des M.es, rechts und links vom Fang sollen außerdem zwei Schönheitsflecken, dunkle „Warzen", sitzen. Die Augen blicken sehr feurig, doch etwas schwermütig. Sie sind schwarz bzw. zumindest sehr dunkel, sehr groß und rund und stehen leicht vor. Die Nase muß kurz, breit und schwarz sein, die Zähne zeigen einen Vorbiß. Knopfohren sind am beliebtesten, aber auch Rosenohren werden toleriert. Die Ohren sind fein, klein, geschmeidig und schwarzem Samt ähnlich. Der Körper hat eine breite Front sowie einen strammen, geraden, weder zu langen noch zu kurzen festen Rücken. Der kurze, dicke, mit reichlich loser Kehlhaut versehene Hals ist durch die starke lose Wamme gekennzeichnet. Die kurze, breite Lendenpartie ist gut bemuskelt, die Brust breit mit tiefem, rundem Rippenkorb. Stärker am Ansatz und an der Spitze dünn auslaufend ist die Rute, die doppelt geringelt wie ein Posthorn über dem Rücken getragen wird. Der M. steht auf sehr kräftigen, geraden Läufen von mäßiger Länge, die gut unter den Körper gestellt sind. Die in der Form zwischen Katzen- und Hasenpfoten stehenden Pfoten haben schwarze Krallen. Die Behaarung ist fein, glatt, weich und glänzend, die Haarfarbe meist silber, hellbeige, steingrau oder schwarz. Jede dieser Farben muß gut gezeichnet sein, um einen klaren Gegensatz zwischen der Grundfarbe, dem typischen schwarzen Aalstrich und der Maske zu erhalten. Der Fang, die Ohren, die Schönheitsflecken an den Backen, der Stirnfleck und der Streifen auf dem Rücken müssen so schwarz wie nur möglich sein. Der Aalstrich ist eine schwarze Linie, die sich vom Hinterhauptbein bis zur Rute ausdehnt.

Der M. ist ein sehr intelligenter, lebhafter, verspielter Hund, der treu und anhänglich ist und sich hervorragend als Haushund eignet. Mißtrauisch zeigt er sich Fremden gegenüber. Sein kurzes Fell bedarf kaum besonderer Pflege. Er hat nur eine unangenehme Eigenschaft, ähnlich der ↑ Französischen Bulldogge schnarcht er. Mopsartige Zwerghunde gab es schon sehr früh in Europa, so kann man z. B. einen derartigen Hund auf einer Zeichnung von *Pisanello* aus dem Jahr 1425 sehen. Das soll natürlich nicht heißen, daß diese Tiere und der heutige M. eins gewesen wären. Mit dem verstärkten Handelsverkehr zwischen Europa und Asien kamen auch kleine Hunde mit kurzen Nasen und großen, vorstehenden Augen, eine Art kleine kurzhaarige ↑ Pekingesen, nach Europa. Sie dürften die eigentlichen Vorfahren des heutigen M.es sein. Seinen eigentlichen Siegeszug trat der M. im 17. Jh. an, als er den bis dahin favorisierten ↑ King Charles Spaniel vom ersten Platz in der Gunst der Adelsdamen verdrängte. Ab 1700 erschienen sie immer wieder auf Gemälden. Die Porzellanmanufakturen brachten den possierlichen Vierbeiner in den verschiedensten Formen auf den Markt und sorgten so für seine wachsende Popularität. Der M. wurde ein beliebtes Sujet für Tabaksdosen, Spazierstockgriffe, Parfümfläschchen u. a. Eine Zeitlang schien es, als würde der M. in Vergessenheit geraten, besonders, als zu Beginn des 20. Jh. der Pekingese stark an Interesse gewann. Doch die hervorragenden Eigenschaften des M.es ließen ihn nicht in Vergessenheit geraten, so daß sein Fortbestand wieder gesichert ist. – *Tafel 19.*

Moskauer Toy Terrier: kleiner, quadratischer Hund (SH 20 bis 27 cm bei bis 5 kg KM). Der nicht zu große Kopf ist trocken und rund mit deutlichem Stop. Der Fang ist kurz und keilförmig mit trockenen, dünnen Lefzen. Aufrecht, zumindest bis zur Hälfte, stehen die großen, dünnen Ohren. Sehr selten werden sie vollkommen herabhängend getragen. Die Befederung der Ohren hat durchschnittlich 5 bis 6 cm Länge. Leicht hervor stehen die runden, dunkel gefärbten Augen. Schwarz ist die Nase, wobei für braune Hunde auch braun erlaubt ist. Der M. T. T. muß ein vollzähliges Scherengebiß haben. Hoch aufgezogen, dünn und trocken verläuft der Hals in die schrägen Schultern, bis zu den Ellenbogen reicht die tiefe, mäßig breite Brust. Stark und gerade ist der Rükken, der gut in die schwach abfallende Kruppe übergeht. Die Rute wird auf zwei bis drei Glieder kupiert. Der Bauch ist mäßig aufgezogen. Trocken und gut bemuskelt sind die gut gewinkelten Läufe mit den vorn extrem dünnen Oberarmen. Die nicht zu großen, runden, kompakten Pfoten sind vorn etwas länger behaart. Der M. T. T. hat 3 bis 4 cm langes, wolliges, leicht welliges, nie lockiges Haar. Besonders lang ist es an den Ohren und am Hals, an den Vordergliedmaßen und Hinterläufen bildet es Fransen. Die Haarfarbe ist meist schwarz bis rostfarben mit rötlichem und braunem Brand, ab und zu auch braunrostgelb, rostfarben mit bläulichem oder hellerem Brand in derselben Tönung. Er kann auch einfarbig in einer der aufgeführten Farben ohne Brand auftreten.

Der M. T. T. ist ein reiner Luxushund. Er ist prädestiniert für die Wohnungshaltung, da er sehr pflegeleicht ist, wenig Platz beansprucht und vom Wesen her sehr anschmiegsam und anhänglich ist. Er schließt sich voll seiner Familie an. Es gibt kaum aggressive Tiere. – *Tafel 22.*

Moskauer Wachhund: großer, sehr muskulöser, kräftiger Hund (SH über 66 cm ♂, über 63 cm ♀ bei 50 bis 65 kg KM). Der große Kopf hat einen etwas gewölbten Schädel und klar abgegrenzten Stop. Sein Fang ist kurz und stumpf, der Nasenrücken verläuft parallel zur Stirnlinie und zeigt eine leichte Ausbiegung nach oben. Etwas herab hängen die schweren Lefzen, bedecken aber nicht den unteren Kiefer. Das kräftige Scherengebiß muß komplett sein. Straffe Unterlider sollen die mittelgroßen, runden, dunklen Augen haben. In Augenhöhe sind die dreieckigen, beinahe kleinen Hängeohren angesetzt. Eine leichte Kehlhautfalte darf der kräftige Hals haben, der in den rechteckigen, muskulösen Rumpf übergeht. Der M. W. hat einen breiten, geraden Rücken. Die Lendenpartie ist kurz, breit und etwas gewölbt, die Kruppe geht breit und muskulös in die lange Rute über. Sie wird herabhängend getragen, am Ende leicht aufgebogen, jedoch nicht gehakt. In der Erregung wird die Rute über den Rükken gerollt, ein Erbe des ↑ Kaukasischen Schäferhundes. Der Rumpf hat eine breite, tiefe Brust mit gut gewölbten Rippen und einen leicht aufgezogenen Bauch. Der gut entwickelte Widerrist hebt sich von der Rückenlinie deutlich ab. Gut kräftig sind die korrekten Läufe, die hinten etwas breiter stehen. Die Pfoten sind groß und rund mit gut gewölbten Zehen. Der M. W. hat mittellanges, schlichtes Haar mit dichter Unterwolle, das am Hals eine Mähne bildet. Die Rute ist buschig behaart, an den Läufen können sich längere Haare als Befederung zeigen. Die Haarfarbe ist weiß mit gelben, roten bis braunen Platten, rotscheckig oder strohgelb mit schwarzer Maske. Der M. W. wird in der Sowjetunion sehr gern als Schutzhund gehalten und ausgebildet, da er bei genügender Schärfe sehr ruhig und ausgeglichen ist. Man sollte ihn jedoch im Zwinger halten. Mehrmaliges Kämmen und Striegeln in der Woche ist als Pflege ausreichend.

Der M. W. entstand Ende der vierziger Jahre des 20. Jh. in einer staatlichen sowjetischen Zuchtanstalt, wo man einen ↑ Bernhardiner mit Kaukasischen Schäferhunden kreuzte. Ziel war, das wilde, unbeherrschte Wesen des Kaukasischen Schäferhundes etwas zu mildern. Das Ergebnis war so überraschend, daß man daran ging, eine neue Rasse aufzubauen, die inzwischen einen festen Platz in der sowjetischen Sportkynologie einnimmt.

Mudhol: mittelgroßer, zwischen ↑ Greyhund und ↑ Whippet liegender Windhund. Er hat einen langen, schmalen Kopf mit feinen, nach hinten gelegten Ohren und strahlenden dunklen Augen. Der Hals ist lang und muskulös, die Brust sehr tief. Der M. steht auf langen, schlanken Läufen, hat aber muskulöse Schultern und Schenkel. Gewöhnlich trägt er die Rute über dem Rücken, wenn er jagt aber gestreckt in Verlängerung der Rückenlinie. Seine häufigste Farbe ist schwarz mit Brand. Dieser kurzhaarige, elegante Hund wird speziell im indischen Bundesstaat *Maharaschtra* als Jagd- und Wachhund sehr geschätzt. Als Hauptwild jagt er Hirsch, Hase und Schakal.

Mudi: mittelgroßer Hirtenhund von regem Temperament (SH 35 bis 47 cm bei 8 bis 13 kg KM). Bei dem länglichen Kopf ist der Hirnschädel leicht gewölbt mit flacher Stirnfurche. Der Fang verschmälert sich. Schwach entwickelt sind die Augenbögen, ebenso der Stop. Der Nasenrücken ist gerade mit schmalem Nasenspiegel. Dem kompletten Scherengebiß liegen die Lefzen fest an. Etwas oval sind die schräggestellten, dunkelbraunen Augen mit den anliegenden Lidern. Spitz aufrecht, in Form eines verkehrten V, stehen die hoch angesetzten lebhaft beweglichen Ohren. Mittelmäßig schräge Schulterblätter und ein mittellanger fast waagerechter Oberarm kennzeichnen die Vorderhand. Die Achselhöcker liegen etwas hinter der Fläche der Vorbrust mit fest anliegenden Ellenbogen. Der M. steht auf geschlossenen Pfoten mit elastischen, harten Ballen. Der Rumpf hat einen markierten, langen Widerrist, der nach hinten abfallende Rücken ist gerade und kurz mit mittellanger, fester Lendenpartie. Die Vorbrust ist mittelmäßig breit, und in der Mitte vorspringend. Der Brustkorb ist tief und lang, wobei die Rippen mehr flach als gewölbt sind. Aufgezogen ist der Bauch, die Kruppe geht kurz, abschüssig und mittelbreit gut in die etwas tiefer als waagerecht getragene Rute über. Die Rute wird kurz, meist auf etwa 25 cm kupiert. Angeborene Stummelschwänze kommen bei etwa 50 % aller Würfe vor. Die Hinterhand hat einen kurzen Mittelfuß, ist muskulös und etwas steil gestellt. Der M. hat stark pigmentierte Haut, auch bei weißen und gescheckten Exemplaren. Der Nasenspiegel ist schwarz, die Ballen und Krallen sind schiefergrau. Kopf und Läufe sind von kurzem, glattem, gut anliegendem Haar bedeckt. An den Ohren ragen die Haare über die Ohrränder hinaus und stehen zerzaust auseinander. An den übrigen Körperstellen ist das dichte, krause oder gewellte Haar 3 bis 7 cm lang, Wirbel und Kämme bildend. Unterhalb der Ellenbogen und an der Hinterkante der Oberschenkel sind die Haare am längsten und bilden Fahnen. Die Haarfarbe ist glänzend schwarz, weiß oder schwarzweiß mit gleichmäßigen, nicht zu großen Platten. Insgesamt soll der sich mit trippelnden Schritten oder raumgreifendem Galopp fortbewegende Hund folgende Maße haben, bezogen auf die Widerristhöhe in Prozent: Rumpflänge 103 %, Brusttiefe 40 %, Tonnenförmigkeit 30 %, Brustumfang 105 %, Kopflänge 42 %, Fang 40 % (bezogen auf die Kopflänge), Ohrenlänge 45 % (bezogen auf die Kopflänge).

M. sind mutige, scharfe und gelehrige Hunde, die sowohl als Hüte- und Wachhunde, aber auch für die Jagd geeignet sind. Da das Fell des M. sehr pflegearm ist, kann er gut in der Wohnung gehalten werden.

Als die Kynologen Ende des 19., Anfang des 20. Jh. den ↑ Puli und ↑ Pumi beschrieben und für beide Standards aufstellten, zeigte sich, daß es in Ungarn noch kleine Hirtenhunde eines anderen Typs gab. Der Direktor des Balassagyarmater Museums, *Elek Fényes*, beschrieb und organisierte als erster die Zucht des M. und gab ihm auch den Namen. Die Tiere sind nur vereinzelt über ein weites Zuchtgebiet verstreut. Die Züchter sind sich noch nicht ganz einig, welches Ziel das richtige ist. Man kann bei weitem noch nicht von einer gefestigten Rasse sprechen. — *Tafel 7.*

Münsterländer: 1. ↑ Großer Münsterländer. — **2.** ↑ Kleiner Münsterländer.

N

Nederlandse Herdershond: mittelgroßer Schäferhund (SH 57 bis 62 cm ♂, 55 bis 60 cm ♀ bei 35 bis 45 kg KM), der in Haarart und -farbe sowie der Ohrform sehr unterschiedlich ist. Der mittellange Schädel ist keilförmig, trocken und ziemlich schmal. Der Stirnabsatz wird kaum sichtbar, der Fang verläuft etwas länger als der flache Hirnschädel mit geradem, parallel zur Verlängerungslinie der Stirn laufendem Nasenrücken. Die Lefzen sind gut geschlossen, die schwarze Nase ist kräftig. Es wird ein Scherengebiß verlangt. Nicht zu weit auseinander liegen die mittelgroßen, mandelförmigen, dunkel gefärbten Augen, die etwas schräg zueinander gestellt sind. Eher klein kann man die hoch angesetzten, zur Spitze schmaler werdenden Ohren bezeichnen, die aber keinesfalls rund oder spitz sein dürfen. In fast allen Fällen werden sie so aufrecht wie möglich getragen, doch können sie auch im letzten Drittel collieartig abkippen. Elegant in die Schulterpartie verläuft der mittellange Hals, der eher etwas länger als zu kurz sein darf und keine lose Kehlhaut hat. Kurz, gerade und sehr kräftig ist der Rücken, hoch der Widerrist und die Lendenpartie nicht zu schmal. Kurz und nur wenig abfallend, auch in der Länge nie extrem ist die Kruppe. Voll und tief ist die Brust mit dem leicht gewölbten Rippenkorb. Gerade oder in sanftem Bogen bis zum Sprunggelenk hinabreichend wird die Rute getragen, sie darf weder gerollt noch seitlich abgebogen sein. Die Schultern liegen schräg an, der Oberarm hat genügende Länge. Kräftig bemuskelt und gerade sind die Läufe, wobei der Vordermittelfuß nicht zu steil gestellt sein darf. Auch das Hüftgelenk sollte nicht zu schräg liegen und mäßig gebogen das Kniegelenk sein. Nicht zu stark gewinkelte Sprunggelenke und kräftig bemus-

Nederlandse Herdershond, glatthaarig (*links*), Nederlandse Herdershond, rauhhaarig (*rechts*)

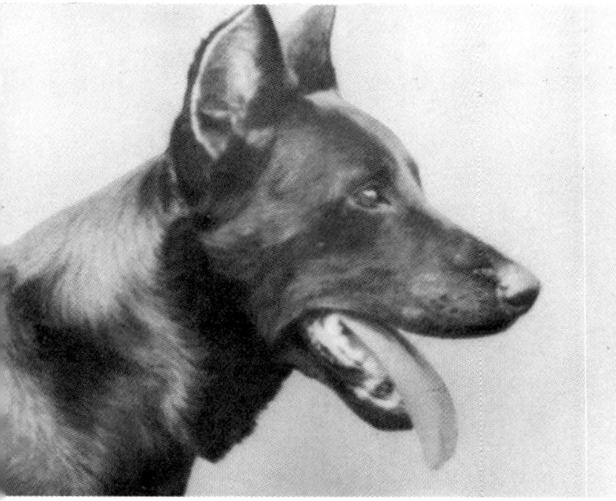

oben links Berger de Beauce, *oben rechts* Südrussischer Schäferhund, *Mitte links* Welsh Corgi Cardigan, *Mitte rechts* Welsh Corgi Pembroke, *unten links* Berger des Pyrénées, *unten rechts* Bergamasker Hirtenhund

oben links Entlebucher Sennenhund, *oben rechts* Border-Collie, *Mitte links* Isländischer Spitz, *Mitte rechts* Suomenpystykorvat, *unten links* Großer Schweizer Sennenhund, *unten rechts* Appenzeller Sennenhund

oben links Grönlandhund, oben rechts Akita-Inu, *Mitte rechts* Kanaan-Dog,
unten links Xoloitzcouintle, *unten rechts* Cao de Agua Portugues

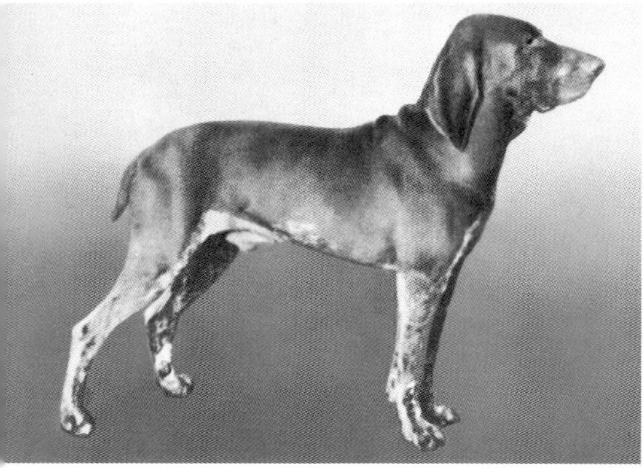

oben links Jura Niederlaufhund, *oben rechts* Jura Laufhund, *Mitte links* Bracco, *Mitte rechts* Segugio, *unten links* Basenji, *unten rechts* Rhodesian Ridgeback

oben links Schweizer Niederlaufhund, *oben rechts* Schweizer Laufhund, *Mitte links* Berner Niederlaufhund, *Mitte rechts* Berner Laufhund, *unten links* Luzerner Niederlaufhund, *unten rechts* Luzerner Laufhund

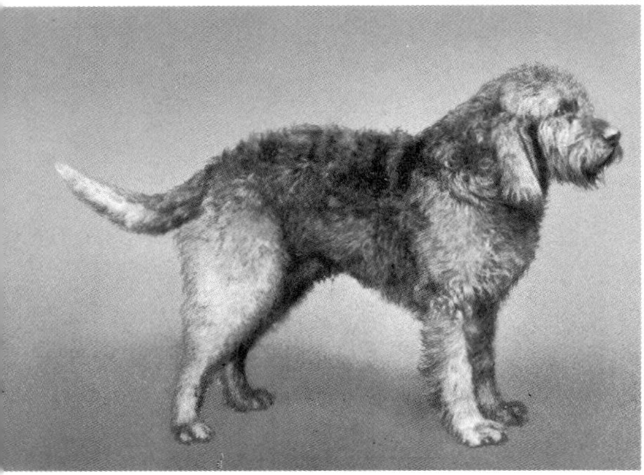

oben links Billy, *oben rechts* Schwarzer Terrier, *Mitte links* Otterhound, *unten links* Braque de Bourbonnais, *unten rechts* Grahund

oben links Griffon, *oben rechts* Poitevin, *Mitte rechts* Drentse patrijshound, *unten links* Steirische Hochgebirgsbracke (im Vordergrund Rauhhaarteckel), *unten rechts* Spinone

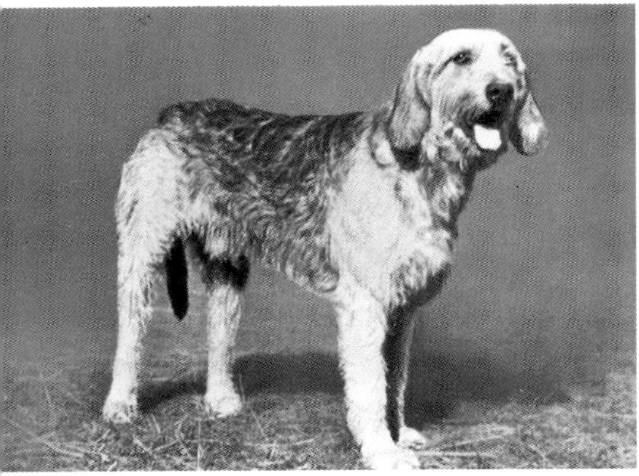

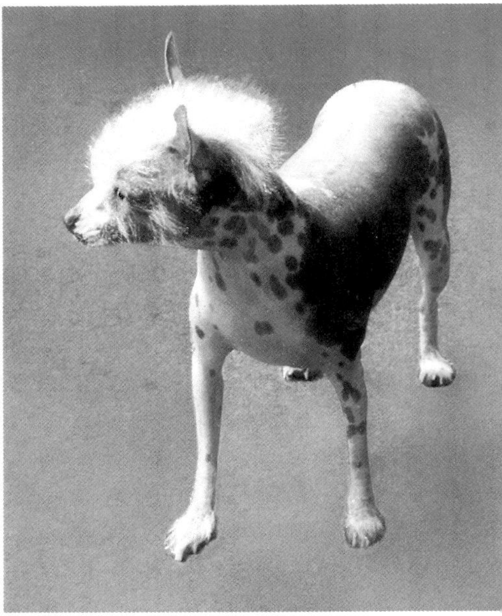

oben links Grand Griffon Nivernais, *oben rechts* Chinese Crested Dog, *Mitte links* Staffordshire Bull Terrier, *unten links* Welsh Hound, *unten rechts* Kromfohrländer

kelte Läufe kennzeichnen die Hinterhand. Der N. H. steht auf geschlossenen Pfoten mit gewölbten Zehen, die schwarze, kräftige Krallen sowie derbe, schwarze Ballen haben. Sein Deckhaar ist hart und kurz mit wolliger Unterwolle, das am Kopf kurz ist und einen etwas längeren Halskragen sowie gut entwickelte Federn an der Rückseite der Hinterläufe und Rute hat. Unerwünscht ist welliges Haar. Die Farben sind gelb, braun, rot, hechtfarben, dunkler oder heller, gold- und silbergestromt. Sehr gewünscht wird eine schwarze Maske, keinesfalls jedoch zuviel schwarzes Deckhaar. Die beschriebene Form zählt zur *glatthaarigen Varietät*.
Eine *langhaarige Varietät* hat folgende Kennzeichen: langes, dichtes Deckhaar, rauh im Griff mit dichter Unterwolle. Kopf, Ohren, Pfoten und Außen- bzw. Innenseiten der Läufe sind kurz und dicht behaart, stark entwickelt der Halskragen. Die Rückseiten der Läufe bis zu den Pfoten sind stark befedert. Die lange Rute hat viel Haar, jedoch ohne Locken und Wellen. Die Farben sind kastanienbraun, rotbraun, gestromt, gold- und silberfarben.
Der rauhhaarige N. H. hat straffes, hartes und harsches Deckhaar, so wenig wellig wie möglich. Die buschigen Augenbrauen dürfen nicht über die Augen herabfallen. Er hat einen Schnurrbart. Oberkopf, Wangen und Ohren sind kurz behaart, an den Hinterläufen befinden sich stark entwikkelte Federn. Die Rute ist rundherum buschig behaart. Außer am Kopf ist die Unterwolle überall dicht und fest geschlossen.
Die N. H. sind vielseitig verwendbare, anhängliche und arbeitsfreudige Hüte-, Wach- und Begleithunde. Es sind altbewährte, bodenständige Hunderassen, die seit Jahrhunderten von den Bauern und Viehzüchtern gehalten werden. Mit Gründung des *Nederlandse Herdershonden Club* 1898 fand der N. H. seine Anerkennung und Förderung.

Nederlandse Schapendoes [ndl., *Niederländischer Schafspudel*]: leichtgebauter, langhaariger Hund (SH 40 bis 50 cm bei 25 bis 30 kg KM) von auffallender Gelenkigkeit. Der Schädel ist beinahe platt, hat eine mäßige Höhlung und starke Wimpernbögen und ist im Verhältnis zur Länge ziemlich breit. Der Schädel ist breiter als der Abstand zwischen dem Stirnabsatz und dem Ende des Hinterkopfknorpels. Die Nasenlinie liegt etwas niedriger als die Schädellinie, der Übergang ist gleichmäßig. Er hat stark hervorspringende Jochbeine. Die Schnauze ist etwas kürzer als der Abstand zwischen dem Stirnabsatz und dem Ende des Hinterkopfknorpels. Sie wird etwas schmaler, bleibt tief und endet breit und leicht rund. Von der Seite gesehen muß bei geschlossenem Maul der Unterkiefer deutlich sichtbar sein. Die außerordentlich starke Behaarung des Schädels läßt diesen tiefer und den Fang kürzer erscheinen. Der N. S. hat dunkelbraune, große, beinahe runde Augen mit vertrauensvollem Ausdruck. Sogenannte Glasaugen sind gestattet. Sein Gebiß ist nicht besonders kräftig und schließt als Schere. Die nicht großen und nicht fleischigen Ohren sind ziemlich hoch angesetzt und hängen lose am Kopf entlang herab. Sie sind lang behaart, dürfen nicht eng anliegen und bei Aufmerksamkeit nicht erhoben werden. Der N. S. ist länger als hoch, jedoch darf der Rumpf nicht übertrieben lang sein. Das Skelett ist leicht und biegsam und von großer Spannkraft durch eine starke Entwicklung der Rumpfmuskulatur. Die Brust ist tief, die Bauchlinie nicht stark aufgezogen. Die Rückenlinie läuft bei den Lenden etwas in die Höhe. Der Brustkorb beginnt vorn breit und erweitert sich stark vor allem nach den Ellenbogen zu. Die Rippen laufen ohne Übertreibung weit nach hinten durch. Die Lenden sind mit starken Muskeln versehen. Der Gleichmäßigkeit im Bau wird große Aufmerksamkeit gewidmet, da sie ein wesentliches Erfordernis für eine Arbeitsrasse ist. Die Vorderläufe des N. S. sind vollkommen gerade und leicht im Knochenbau. Durch einen guten Schulter- und Ellenbogenwinkel zeigt er die Vorbrust. Vor- und Mittellauf sind spannkräftig und nie schlaff. Die Hinterläufe sind im Sprung mäßig gebogen und den Anforderungen gemäß mit Muskulatur versehen. Die Sprunggelenke sind niedrig, jedoch ohne jede Übertreibung. Der N. S. steht auf ziemlich großen, ovalen Pfoten. Die Zehen sind geschlossen mit dichter Zwischenbehaarung. Wie der Mittelfuß sind auch die Pfoten nicht steif, sondern federnd und kräftig. Die Hornhaut ist dick und federnd. Er hat eine ziemlich lange, gut behaarte, befederte Rute mit einem Haken am Ende. Sie wird niemals steif auf dem Rücken oder gerollt getragen, sondern richtet sich nach der Gangart des Hundes. Beim Trab pendelt sie, hoch hinter dem Rücken getragen und etwas gebogen, von links nach rechts, beim Galopp streckt sie sich waagerecht. Im Sprung dient die Rute als Steuer. Die langen Haare sind dicht, fein und trocken mit leichter Neigung zum Verfilzen der dichten Unterwolle und nicht ganz glatt. Die Haare können etwas gelockt sein, aber dürfen keine ausgesprochenen Locken haben. Der Hund hat einen starken Schopf und einen kräftigen Bart. Am Hinterteil ist die Behaarung etwa 7 cm lang und länger. Tägliches Bürsten (nicht Kämmen), und wenn nötig Entwirren der Haare, ist notwendig, wobei man jedoch darauf achten muß, daß das Unterhaar nicht entfernt wird. Dadurch ginge auch der natürliche Schutz gegen Witterungsunbilden verloren. Das Fell hat die Neigung, da wo es lang ist, in Büscheln auseinander zu stehen, wodurch der N. S. vor allem von hinten einen großen Umfang bekommt. Alle Farben sind erlaubt, vorzugsweise Grau bis Schwarz, wobei die Beine gewöhnlich heller sind.

Der N. S. ist ein intelligenter, mutiger und wachsamer Hund mit viel Temperament. Er hat sich, obwohl kaum noch an der Herde zu finden, viele seiner Eigenarten bewahrt, so den bei steigender Geschwindigkeit immer enger werdenden Gang, d. h., die Pfoten werden mehr zur Mitte gesetzt. Er ist in seinen Bewegungen federnd und leicht und dazu ein außergewöhnlicher Springer, was eine Folge des leichten Knochenbaus ist. Ein N. S., der im Ausstellungsring bissig oder ängstlich ist, wird disqualifiziert.

Obwohl der N. S. sicher schon seit Anfang des 19. Jh. existiert und unter der Bezeichnung *Einheimischer Schäferhund* auf ersten Hundeausstellungen 1872 und 1874 ausgestellt wurde, konnte er bis jetzt keinen Durchbruch erzielen. Dies erklärt sich daraus, daß er in früheren Jahren ausschließlich als Arbeitshund bei der Schafherde verwendet wurde. Die Schäfer hatten kein Interesse, Ausstellungen zu beschicken, später verschwanden gleichsam mit den Schafherden auch die Hunde. Mit einigen wenigen übriggebliebenen Exemplaren begann der niederländische Schafspudelzuchtverein den Wiederaufbau der Rasse mit dem Ziel, einen einheitlichen Typ zu schaffen, ohne daß er zum reinen Ausstellungshund wird.

Nederlandse Steenbrak [ndl., *Niederländische Steinbracke*]: leichter, eleganter, hochläufiger und kraftvoller Hund mit stolzer Kopfhaltung und gutem Gehör (SH 38 bis 43 cm bei 20 bis 25 kg KM). Der Kopf ist lang, trocken, der Stop verläuft in stumpfer Ecke. Die Behänge sind so lang, daß sie unter dem Kopf an der Kehle zusammengelegt werden können. Die N. S. muß dunkle Augen und ein Scherengebiß haben. Der Körper ist langgestreckt, wobei der Rücken an den Lenden zu leicht aufgezogen wirkt. Die Kruppe fällt zur langen, mindestens bis zum Sprunggelenk reichenden Rute ab, letztere am Ansatz dick. Die Rute verjüngt sich zur Spitze hin und wird fast gerade mit leichter Bürste getragen.

Nederlandse Steenbrak

Die Brust ist breit und tief, der Bauch leicht aufgezogen. Schräg und beweglich sind die gut entwickelten Schultern und gut in die starke Vorderhand übergehend. Muskulös mit kräftigen Keulen und langen, schrägen Läufen zeigt sich die Hinterhand, die Sprunggelenke sind fast gerade und leicht nach außen gedreht. Die N. S. steht auf soliden, runden Pfoten, mit gewölbten Zehen und kräftigen, krummen Krallen. Ihr Haar ist dicht und voll, glatt und elastisch in den Farben Graubraun, Ockergelb, oft mit rotgelben Abzeichen an Augen, Ohren und Fang. Auf der Rückenlinie sind die Abzeichen dunkler. Die N. S. hat stets eine Blesse.

Der vielseitige Laufhund wurde aus Nachkommen *brackenähnlicher Bauernhunde* im 17. Jh. vor allem in den Provinzen *Brabant* und *Limburg*, unter Hinzuziehung der *Deutschen Bracke* gezüchtet.

Neufundländer: großer, starker, dabei behender und lernfreudiger Hund, der sich leicht und federnd bewegt (SH 68 bis 75 cm ♂, 62 bis 70 cm ♀ bei 50 bis 62 kg ♂, 40 bis 50 kg ♀ KM). Eine leichte seitliche Schwingung des Rumpfes im Gang ist gestattet. Der Kopf ist breit und massig, das Hinterhauptbein gut entwickelt. Obwohl ein deutlicher Stirnabsatz gefordert wird, soll dieser nicht durch eine scharfe Einbiegung wie z. B. beim *Bernhardiner* hervorgerufen werden. Die Profillinie soll vom Nasenrücken über die Stirn zum Oberkopf nicht senkrecht, sondern etwas schräg aufsteigen. Der obere Augenhöhlenrand zeigt ebenfalls keine starke seitliche Ausladung wie beim Bernhardiner. Von vorn gesehen bildet der Umriß der oberen Schädelpartie eine kräftige, oben leicht abgeflachte Bogenlinie. Der Nasenrücken ist entweder gerade oder zeigt eine leicht gestreckte Ausbiegung nach oben. Die Schnauze soll kurz und auch seitlich nicht so scharf abgesetzt sein, sondern allmählich zulaufend, aber nicht zu spitz. In geschlossenem Zustand soll sie ebenso lang wie vor den Augen tief sein. Die Lefzen müssen eher trocken als zu schwer sein. Es wird ein kräftiges komplettes Scherengebiß gefordert. Die Kopfhaut ist kurz und fein behaart und darf keine Falten bilden. Den N. zeichnet der ruhige, aufmerksame Blick mit einem gutmütigem Ausdruck aus. Die Lidspalte ist mandelförmig, nicht zu weit geschnitten, das Weiß des Augapfels darf bei geradem Blick sehr wenig oder nicht bemerkbar sein. Die Augen sollen so dunkel wie möglich sein, helle Farben sind grobe Fehler. Den Kopf runden die kleinen, dreieckigen Ohren ab, die an den Kopfseiten glatt und dicht anliegen mit feiner, kurzer Behaarung im unteren Teil. Lange Haarfransen befinden sich nur an den Behangwurzeln hinten. Breitnackig und muskulös steigt der Hals aus der Schulterpartie gegen den Kopf an, sein Querschnitt soll leicht eiförmig sein. Der Rücken ist gerade und von den Schultern bis zur Kruppe sehr breit und kräftig. Tief und breit muß die Brust bei entsprechender kräftiger Rippenwölbung sein. Nur wenig aufgezogen ist der Bauch, die Kruppe ist breit und durch starke Muskelpolster seitlich abgerundet. Die Behaarung der Brust- und Schultergegend muß besonders reichlich sein. Der N. hat starke, gut bemuskelte und verhältnismäßig lange Oberarme, denen sich gut gewinkelt die mächtigen Knochen der geraden, ebenfalls muskelstarken Läufe anschließen. Die Ellenbogen stehen ziemlich tief und sind genau nach rückwärts gerichtet. Der ganze Lauf ist bis zur Pfote befranst. Die Hinterhand ist kräftig, starkknochig und muskulös mit breiter Oberschenkelpartie. Die Hinterläufe sollen reich befranst sein. Eventuell auftretende Afterkrallen müssen sofort entfernt werden. Die Pfoten sollen groß, breit und gut geformt sein, wobei die Haut zwischen den Zehen fast bis zur Zehenspitze reicht. Das äußere Bild rundet die starke, sehr dicht und buschig behaarte Rute ab, die jedoch nie fahnenförmig erscheinen darf. Im Ruhezustand hängt sie herab, ab und zu am Ende etwas gebogen. In der Bewegung wird sie mit einer leichten Aufwärtsbiegung gestreckt getragen. Sehr stark beeinflußt wird das Aussehen des N. vom Zustand seines Haarkleides, das mit Ausnahme des Kopfes lang, schlicht und dicht sein soll, und sich hart, fast grob und leicht fettig anfühlt. Bürstet man es gegen den Strich, fällt es von selbst wieder in die Ausgangslage zurück. Über den Rücken zieht sich ein Scheitel. Der N. ist vorherrschend schwarz, aber er kann auch schwarz mit braunem Anflug, in jüngster Zeit auch verstärkt einfarbig braun, sein. Kleine, symmetrische Abzeichen an der Brust, den Zehen und der Rutenspitze sind erlaubt, werden aber nicht gern gesehen.

Bis 1959 galten N. und ↑ Landseer als eine Rasse, erst dann entschloß sich die FCI, aus den beiden Rassen wieder zwei zu machen. Der N. ist heute bedeutend häufiger anzutreffen als der Landseer, der in vielen europäischen Ländern überhaupt nicht existiert. Das war ursprünglich umgekehrt. In Europa bekannt gemacht hat der weißschwarze Landseer beide Rassen. Als im Laufe der Jahre fehlender Nachschub die Landseer immer rarer machte, setzte sich der N. mehr in den Vordergrund. Als sicher gilt, daß N. und Landseer von englischen und französischen Seeleuten aus Neufundland mitgebracht wurden, wo man die Hunde vorwiegend zum Fischfang hielt. Sie wurden benötigt, die ausgeworfenen Netze einzuholen, wozu die gewaltige Kraft und die hervorragenden Schwimmkünste diese Tiere prä-

destinierten. Schon im 18. Jh. traf man sowohl schwarzweiße als auch die etwas kleineren schwarzen auf Neufundland an, ausgeführt wurden aber hauptsächlich die Vorfahren der heutigen Landseer. Der N. hatte ursprünglich Kraushaar, was aber herausgezüchtet werden konnte. Äußerst lebendig und temperamentvoll, fast elegant bewegt sich der N. im Wasser. Als ausgezeichneten Schwimmer und Taucher bekommt man ihn nur mit Mühe wieder aus dem Wasser.
Sehr zeitaufwendig ist die Pflege des langen Haares, da es speziell hinter den Ohren, an der dichten Halskrause sowie im Genitalbereich stark zum Verfilzen neigt. Tägliches Kämmen, mehrmaliges Bürsten sind notwendig, wobei darauf geachtet werden muß, daß die Unterwolle nicht zu sehr in ihrer Struktur zerstört wird. Da der N. mit seinen Hängeohren zu Ohrenkrankheiten neigt, empfiehlt es sich, ihm alle vier Wochen die Ohren mit Babyöl auf einem Watteträger zu reinigen. Dabei kann ruhig etwas forsch zu Werke gegangen werden, da der rechtwinklig verlaufende Gehörgang Verletzungen fast ausschließt. — *Tafel 12.*

Neuirland-Hund: ein der Gruppe der ↑ Schensihunde zuzuordnender mittelgroßer Vertreter, der einen spitzen Fang besitzt, stehohrig ist und die Rute wenig nach oben gebogen trägt. Er kommt in den Farben Schwarz mit weißer Blesse, weißem Brustfleck, weißem Hals und ebensolchen Pfoten sowie in schmutzigem Weiß bzw. rahmfarben mit dunklen, meist schwarzen Flecken vor.

Neuseeländer Spitz ↑ Kuri.

Niederländischer Schafspudel ↑ Nederlandse Schapendoes.

niederländische Schäferhunde: 1. ↑ Nederlandse Herdershond. — **2.** ↑ Nederlandse Schapendoes.

Niederländische Steinbracke ↑ Nederlandse Steenbrak.

Nippon-Inu: zu den *japanischen Spitzen* gehörender imposanter Hund mittlerer Größe (SH 45 bis 55 cm bei 20 bis 25 kg KM). Der Oberschädel ist zwischen den Ohren breit und flach, die Jochbögen sind markiert, der Stop gering. Gut proportioniert ist der mittellange, tiefe Fang, die Ansatzstelle unter den Augen gut ausfüllend. Der Nasenrücken ist gerade, die Nase dunkel und das Scherengebiß komplett. Die dunkelbraunen Augen sind schräggestellt, klein und tief eingesetzt. Der N. trägt seine kleinen dreiekkigen Ohren aufrecht. Mit einem guten Nacken geht der kräftige, nicht zu lange Hals in den schnurgeraden Rükken über. Die Länge des N. im Verhältnis zur Höhe muß sich wie elf Zehntel verhalten. Er ist nicht zu stark berippt bei mittelbreiter, aber sehr tiefer Brust und starken kurzen Lenden. Die Rute wird stark gebogen oder noch besser gerollt, mit der Spitze an der Keule anliegend getragen. Sie ist stark und buschig behaart. Die Läufe sind normal gewinkelt, die Sprunggelenke etwas flacher. Das kurze Stockhaar hat reichliche, weiche Unterwolle und steht gut ab. Es kommt in den Farben Weiß, Schwarz, Graubraun, allen Grautönen, Blau, weizenfarben, wildfarben, einheitliches Weiß und Weiß mit rötlichen Abzeichen vor. Im Gegensatz zu den anderen japanischen Spitzen kommt beim N. ab und zu angeborene Rutenlosigkeit vor. Er ist aufmerksam, gutmütig und intelligent, hat einen hervorragend entwickelten Geruchssinn und wird als Jagdhund speziell auf Bär, Wildschwein und Rotwild verwendet. Die gute Eignung zur Jagd unterscheidet die *japanischen Spitze* von den übrigen Spitzen, die absolute Nichtjäger sind. Dem japanischen Spitz errichteten die Japaner in Tokio ein Denkmal, bildeten ihn auf Briefmarken ab und sehen in ihm, trotz aller exotischer Importe, den Nationalhund.

Nordkaukasischer Steppenschäferhund: quadratisch gebauter, nicht allzu schwerer, hochläufiger und zottig behaarter Hund mit kleinen Hängeohren und zum größten Teil kupierter Rute (SH 56 bis 60 cm ♂, 52 bis 58 cm ♀ bei 30 kg KM). Der Kopf ist massiv mit länglichem Schädel, stark entwickelten Jochbögen und Backenknochen. Die breite Stirn hat eine flache Stirnfurche und geringen Stop. Der stumpfe, schwach zugespitzte Fang muß kürzer als der Schädel sein, trockene Lefzen und ein Scherengebiß haben. Klein und oval sind die Augen, deren Lider fest geschlossen sein sollen. Die schwarze Nase ist groß, breit und gut geöffnet. Bei weißen oder fahlen Hunden ist sie braun. Die kleinen, hoch angesetzten Ohren hängen herab. Kurz, kräftig und niedrig getragen geht der Hals in den stabilen, quadratischen und trockenen Rumpf über, der einen geraden, breiten und sehr gut bemuskelten Rücken, breite Lenden und eine breite Brust hat. Die Rumpflänge beträgt in etwa 94 bis 98 cm. Hoch angesetzt wird die Rute sichelförmig bis zum Sprunggelenk hängend getragen. In den meisten Fällen wird sie kupiert. Allseitig gut behaart sind die gut gestellten Gliedmaßen, die auf großen, ovalen Pfoten mit gut gewölbten Zehen stehen. Das Haar ist dicht, grob und nicht allzu lang, gerade in der Decke und mit dichter, weicher Unterwolle. Der N. S. kommt grau, weiß, einfarbig getigert bzw. gefleckt vor. Schon der Name besagt den Verwendungszweck dieser Hunde. Der N. S. hütete die Herden, hauptsächlich hatte er diese jedoch gegen Wölfe zu verteidigen. Den N. S. finden wir hauptsächlich im Nordkaukasus und in den kaspischen Niederungen. Er ist wie sein Verwandter, der † Kaukasische Schäferhund, scharf, aggressiv und äußerst angriffslustig. Er eignet sich keinesfalls für die Haltung in der Stadtwohnung. Die Wildheit der Kaukasischen Schäferhunde, was man im übrigen von allen † russischen Schäferhunden sagen kann, soll von häufigen Einkreuzungen, gewollt und ungewollt, des Steppenwolfes herrühren.

Nordlandhunde: 1. † Alaskan Malamute. – **2.** † Eskimohund. – **3.** † Nordöstlicher Schlittenhund. – **4.** † Samojede. – **5.** † Siberian Husky.

Nordöstlicher Schlittenhund: sehr robuster, langhaariger Hund (SH 57 bis 62 cm ♂, 55 bis 58 cm ♀ bei 25 bis 35 kg KM). Der Kopf ist breit und massiv mit flacher Stirn, kleinem, jedoch scharf gezeichnetem Stop, kräftigem, kurzem und breitem Fang mit starken Kiefern. Die schräg gestellten, kleinen Augen sind dunkel. Kurz und steil aufgerichtet, weit auseinandergestellt sind die Ohren, deren Spitzen etwas abgerundet sind. Trocken und kurz mit langer Mähne geht der Hals in den 108 bis 110 cm langen Rumpf über, dessen Rückenpartie kurz und gerade ist. Lenden und Kruppe zeigen sich kräftig bemuskelt, kurz und gewölbt. Gut entwickelt bietet sich die breite Brust, der Bauch ist mäßig aufgezogen. Bis zum Sprunggelenk reicht die in ihrer Form sehr unterschiedliche Rute, sie kann sichelförmig, eingerollt, gerade herabhängend, aber auch kupiert sein. Der N. S. steht auf hohen, trockenen, muskulösen und gut gewinkelten Läufen mit breiten, dicken, kräftigen und gewölbten Pfoten. Das Deckhaar ist dicht und gerade, die weiche Unterwolle ist ebenfalls dicht. Der N. S. ist meist weiß,

Nordöstlicher Schlittenhund

kann jedoch auch schwarz einfarbig, rotgrau, schwarz mit hellbraunem Ton, gefleckt und geplattet sein.
Der N. S. kommt territorial sehr eng begrenzt in *Ostsibirien*, im *Amurgebiet*, auf der *Insel Sachalin* und einigen *arktischen Inseln* vor, wo er ausschließlich als Schlittenzughund verwendet wird. Wie viele andere Rassen hat auch der N. S. seinen Namen exakt nach dem Verwendungszweck erhalten.
Nordrussischer Laika ↑ Laiki.
Norfolk Terrier: langgestreckter, kleiner, rauhhaariger Terrier (SH 25 cm bei 5kg KM). Der fuchsähnliche Kopf mit leicht gerundetem Schädel hat einen stark ausgeprägten Stop, zugespitzten Fang, Hängeohren und kräftige Zähne als Scherengebiß. Dem kurzen, kräftigen Hals schließt sich der kompakte Rumpf mit geradem Rücken an. Die kurz kupierte Rute wird normal, nicht sehr lustig getragen. Der N. T. hat kurze, kräftige, gut bemuskelte Gliedmaßen mit runden Pfoten. Ihn zeichnet hartes, drahtiges, eng anliegendes Haar aus, das an Kopf, Ohren und Fang kürzer ist, aber Bart und Augenbrauen bildet. Am Hals und an den Schultern ist es etwas länger und formt sich im Winter zur Mähne. Der N. T. kommt in den Farben Rot, Rotweizen, Schwarz mit roten Abzeichen und gestromt vor.
Seine Herkunft ist die gleiche wie die des ↑ Norwich Terrier, der von 1935 bis 1965 mit Steh- und Hängeohren gezüchtet wurde. Ab 1965 wurden dann vom englischen *Kennel Club* für den hängeohrigen Typ eigene Rassekennzeichen in Kraft gesetzt und der Name N. T. eingetragen.
Er muß ebenso wie alle anderen rauhhaarigen Terrier regelmäßig getrimmt werden. Generell ist zu beachten, daß immer nur so viel gezupft werden darf, daß der Rassetyp gekennzeichnet ist (↑ Cairn Terrier, ↑ Norwich Terrier).
Norwegischer Buhund: mittelgroßer, kräftiger, spitzartiger Hund mit Stehohren und kurzer Ringelrute (SH 42 bis 47 cm bei 25 kg KM). Der Kopf ist leicht und trocken mit zwischen den Ohren breitem Schädel, der ebenso wie die Stirn beinahe flach ist. Nicht zu scharf fällt der markierte Stop ab. Von der Seite und von oben gesehen ver-

Norwegischer Buhund

schmälert sich der gerade Nasenrükken konisch. Die Lefzen liegen gerade an. Es wird ein Scherengebiß verlangt. Furchtlos und energisch blicken die dunkelbraunen Augen. Die Ohren sind hoch angesetzt, länger als in der Basis breit und scharf zugespitzt. Sie werden stets aufrecht getragen. Mittellang und trocken muß der Hals sein, stark, kurz und leicht der Rumpf, wobei der Rükken gerade, kurz und straff ist. Die Lendenpartie ist gut gewölbt, die Brust tief mit runden Rippen. Die kurze, dicke Rute ist hoch angesetzt. Dicht, aber nicht zu lang behaart, wird sie nach einer Seite gerollt getragen. Die Gliedmaßen stehen korrekt, die Ellenbogen liegen gut an. Die Läufe sind trocken und starkknochig, wobei die Knie- und Sprunggelenke wenig Winkelung haben. Klein und oval mit geschlossenen Zehen sind die Pfoten. Das Deckhaar des N. B.es ist lang, dicht und harsch, an Kopf und Vorderseiten der Läufe kurz und glatt, an Brust, Hals, Schultern und der Rückseite der Läufe länger. Er hat immer weiche, wollige Unterwolle. Die Farben sind Schwarz, Rot, weizenfarben mit dunklen Grannenspitzen. Einfarbig wird bevorzugt, jedoch sind Blesse, schmaler Halsring, Weiß an Brust und Läufen gestattet.

Wie alle Spitze ist auch der N. B. ein hervorragender Haushund und Wächter, der seit Jahrhunderten in Norwegen existiert. Erst seit 1943 ist er als eigenständige Rasse anerkannt.

Norwich Terrier: lebhafter, robuster, freundlicher, kleiner Hund (SH 25 cm bei 5 kg KM). Der Kopf ist fuchsähnlich mit leicht gerundetem Schädel und zwischen den Ohren breit und stark ausgeprägtem Stop. Der Fang muß ein Drittel kürzer als die Schädellänge sein, fuchsig zugespitzt und kräftig. Er hat trockene Lefzen, glatte, starke Kiefer, eine schwarze Nase und ein Scherengebiß. Die Zähne dürfen weder klein noch schwach sein, sie müssen zupacken können. Dunkel glänzend und lebhaft schauen die Augen. Die Ohren stehen aufrecht und sind immer klein. Gut auf die glatten Schultern aufgesetzt ist der kurze, kräftige, länger behaarte Hals. Im Rumpf ist der N. T. kompakt mit kurzem Rücken, gut aufgesetztem Brustkorb und kurz kupierter Rute, die nicht sehr lustig getragen wird. Die Gliedmaßen haben glatte, kräftige Schultern, kurze, starke Läufe, die gut gewinkelt auf runden Pfoten mit starken Ballen stehen. Das Haar ist hart, drahtig, gerade, eng anliegend, an Kopf, Ohren und Fang kürzer, aber mit verdickten Augenbrauen und Bart. Am Hals und an den Schultern länger und rauher behaart, trägt der N. T. im Winter eine Mähne. Die Farben sind rot, rotweizen, schwarz mit roten Abzeichen, gestromt.

Norwich Terrier

Der N. T. wurde aus einer Verbindung des † Irish Terrier mit *Niederlaufterriern* in der Gegend von *Norfolk* und *Cambridge* gezüchtet. Die erste nachweisbare Spur geht auf das Jahr 1880 zurück, wo ein Norfolker Einwohner namens *Michalls von Wymondham*

Terrier züchtete, die kleiner als die üblichen waren. Ein Hinweis besteht auf einen roten rauhhaarigen *Terrier Rags*, dessen Nachkommen immer rot gewesen sein sollen. Er wird auch als Stammvater des N. T. bezeichnet. Stark geformt wurde die Zucht, als *Frank Jones* 1901 von Irland nach Norfolk kam und einige temperamentvolle Rattenfänger mitbrachte. Dessen Zuchtziel war ein kleiner Terrier, der nicht viel größer als der ↑ Yorkshire Terrier, aber mutig genug sein sollte, einen Fuchs zu stellen. Er durfte keine weißen Haare haben und mußte ausdauernd genug sein, ein Pferd einen ganzen Tag zu begleiten, wofür er eine starke Hinterhandmuskulatur benötigte. *Frank Jones* schätzte das Wesen des Hundes mehr als Schönheit, und da spätere Züchtergenerationen das gleiche Ziel verfolgten, erhielt sich der N. T. in seiner Ursprünglichkeit bis heute. Da aber die Zuchtprodukte lange Jahre äußerlich sehr uneinheitlich waren, schob der englische *Kennel Club* die Anerkennung immer wieder hinaus. Sie erfolgte 1932, und von 1935 bis 1965 gab es getrennte Klassen auf Ausstellungen für diese Rasse (stehohriger und hängeohriger Typ). 1965 wurden Rassekennzeichen für den hängeohrigen Typ vom englischen Kennel Club in Kraft gesetzt und der Name Norfolk Terrier eingetragen.

Der N. T. wird, analog dem Cairn Terrier, minimal getrimmt. Mit drei oder vier Monaten zupft man das Fell wie beim Cairn Terrier, um dem späteren Haarwuchs zu einem guten Start zu verhelfen und den Welpen an die Prozedur zu gewöhnen. Wann und wieviel der Rüde getrimmt wird, ist eine Ermessensfrage. Die Hündin wird, wenn sie in der Zucht steht, nach Trennung von ihren Welpen behandelt. Im allgemeinen kann man sagen, daß durch wiederholtes Zupfen auch ein qualitativ schlechteres Haar in großem Maße verbessert werden kann.

Bei aller Schärfe ist der N. T. von liebenswürdigem Charakter und zäher Konstitution.

O

Ogar Polski: zu den schwersten Bracken überhaupt zählender mittelgroßer, kräftiger und sehr starkknochiger polnischer Laufhund (SH 50 bis 60 cm bei 30 kg KM). Der Kopf ist mittelgroß mit leicht erhöhtem Schädel, verlängertem Fang, der vorn abgestumpft ist und kräftigen Backen. Dick und herabhängend sind die Lefzen, dunkel, groß und breit die Nase. Er hat ein komplettes Scherengebiß. Die Augen sind dunkel, schräg eingesetzt und haben lohfarbene Brauen. Ziemlich hoch angesetzt sind die mittellangen Ohren, die anfänglich breit, abgestumpft sind und gut herabhängen. Muskulös, mittellang und leicht gewölbt ist der Hals mit der losen Kehlhaut. Der O. P. hat einen mächtigen, langgestreckten Körper mit geradem, muskulösem Rücken, die Lendenpartie ist breit und leicht abfallend die Kruppe. Die breite Brust hat einen etwas gerundeten Rippenkorb. Die Rute ist ziemlich lang, kräftig und wird mehr herabhängend als aufgerichtet getragen. Die Vorderhand muß weit gesetzt sein mit starken, trockenen und gestreckten Läufen. Muskulös ist die Hinterhand mit gewinkelten Sprunggelenken. Die kräftigen Pfoten haben starke Ballen und sind gut behaart. Es treten niemals Hasenpfoten auf. Das Haar ist glatt und dick, an der Rumpf- und Rutenunterseite etwas länger. Er ist immer schwarz mit lohfarbenen Unterseiten, kleine weiße Abzeichen an Brust, Bauch und Pfoten sind zulässig.

Der O. P. gehört zur Gruppe der *kurzhaarigen Jagdhunde*, deren Urahnen aus den *asiatischen Ländern* und *Ägypten* kamen und schon lange vor unserer Zeitrechnung als Jagdhunde verwendet wurden. Eine große Rolle bei der Rassenentwicklung spielte auch beim O. P., wie bei der Entwicklung fast aller europäischen Jagdhunde, der ↑ Hubertushund. Im Mittelalter gelangten zweifelsohne einige dieser Tiere nach Polen, wo man sie mit russischen Jagdhunden kreuzte. Aus dieser Verbindung entstanden allgemein mit „Ogar" bezeichnete Hunde, die fast nur allein jagen und nur selten in der Koppel sind. Der O. P. ist bei jeglicher Jagdart, auch unter schwierigsten Geländebedingungen, kaum zu ersetzen. Bei ihm ist der Stöberinstinkt sehr ausgeprägt, sehr gern arbeitet er im und am Wasser. Der heutige Standard wurde von der FCI 1966 anerkannt. Der O. P. zeigt bei nur geringer Schnelligkeit enorme Ausdauer. Er benötigt viel Auslauf und ist daher als Begleithund speziell für Stadtwohnungen ungeeignet.

Olper Bracke ↑ Deutsche Bracke.

Österreichische Bracke, *Kärntner Brandlbracke*: mittelgroßer, kurz- bis stockhaariger Jagdhund, von kräftigem, langgestrecktem Körperbau. (SH 46 bis 52 cm bei 16 bis 23 kg KM). Der Kopf wird hoch getragen und ist mittelgroß mit breitem, gegen den Fang zu schmaler werdendem Hirnschädel und schwach ausgebildetem Hinterhauptbein. Der Stirnabsatz steigt flach an, die Augenjochbögen sind stark entwickelt. Der Fang ist gerade mit korrekten Lefzen, kräftiger, weit geöffneter schwarzer Nase und Scherengebiß. Die Augen sind braun und dürfen kein Rot im Augenwinkel zeigen. Hoch angesetzt, mittellang, nicht zu breit und unten gerundet hängen die Ohren glatt anliegend herab. Der mittellange, sehr kräftige Hals, der sich gegen die Brust hin erweitert, bildet keine Kehlwamme. Der Rücken hat eine leichte

Österreichische Bracke

Einsenkung hinter den Schultern und fällt vom Widerrist zur breiten und langen Kruppe gut ab. Lang, tief und ziemlich breit ist die Brust, einen langen Rippenkorb zeigend, der Bauch darf nur mäßig aufgezogen sein. Meist herabhängend oder säbelförmig aufgehoben wird die lange, kräftig angesetzte Rute getragen. Die Ö. B. hat lange, schräge, gut bemuskelte Schultern, lotrecht gestellte Läufe und gute Winkelungen im Schulter- und Ellenbogengelenk mit breit und gerade gestellter Fußwurzel. Die Oberschenkel sind ebenfalls breit und bemuskelt, die Unterschenkel mittellang und schräg gestellt, die Fußwurzel fast gerade und stark. Derb und rund sind die Pfoten mit den gewölbten, geschlossenen Zehen, starken, krummen Krallen und großen, starken Ballen. Die Ö. B. hat dichtes, volles, glattes und elastisches seidig glänzendes Haar in Schwarz mit rostrotem oder gelbem Brand, Weiß ist nur als kleiner Bruststreifen gestattet. Der Brand gab ihr auch den Beinamen (*Brandl*).

Dieser hervorragende Laufhund ist ein weiterer Nachkomme der *Keltenbracke*. Ebenso ist er mit dem ↑ Hubertushund und dem ↑ Jura-Laufhund der Schweiz verwandt. Die auch mit dem ↑ Schiller Stövare aus Schweden bestehende frappierende Ähnlichkeit beweist die große Homogenität der alten deutschen Bracken.

Österreichischer Pinscher: eleganter, mittelgroßer Hund (SH 35 bis 50 cm, meist 40 cm bei 12 bis 18 kg KM). Der Ö. P. hat einen birnenförmigen Kopf mit breitem Schädel, weit ausgebuchteten Jochbögen, starken Schläfen- und Kaumuskeln und deutlich ausgeprägtem Stop. Kurz und kräftig ist der Fang; die Augen sind dunkel und mittelgroß. Nach der Ohrform unterscheidet man die Varianten *Knopfohr*, *Flatterohr*, *Stehohr* und *Rosenohr*. Er hat einen trockenen, mäßig langen Hals mit kräftigem, gewölbtem Nacken; die Brust ist breit, seitlich etwas zusammengedrückt. Gut entwickelt sind die meist etwas aufgebogenen Lenden. Der Bauch muß leicht aufgezogen sein. Die Vordergliedmaßen sind gerade und fest in den Gelenken, die Hintergliedmaßen mäßig gewinkelt. Sie stehen parallel auf geschlossenen, gewölbten Pfoten. Hoch angesetzt wird die Rute meist geringelt über den Rücken gerollt getragen. Häufig findet man die sogenannte Posthornrute. Sie ist immer kurz, grob und bürstig behaart. Gestattet wird auch die kupierte Rute, wobei dann aber einer der hauptsächlichsten Unterschiede zum ↑ Deutschen Pinscher verloren geht. Der Ö. P. hat kurzes oder kurzstockhaariges Fell mit guter Unterwolle, ähnlich dem glatthaarigen ↑ Fox Ter-

rier, das aber nie pelzig ist. Die Farben sind semmelgelb, fahlgelb, braungelb, hirschrot, schwarz und braun, fast immer mit großen weißen Abzeichen am Fang, am Hals (ringförmig), der Kehle, der Vorderbrust, den Läufen, den Pfoten und der Rutenspitze. An den Läufen sieht man die Abzeichen oft in verschiedener Höhe.
Der Ö. P. ist ein hervorragender, lebhafter und draufgängerischer Haushund, dessen helles Bellen ihn zu einem guten Wächter macht. Er ist aber auch ein guter Ratten- und Mäusefänger. Sein freundliches Wesen und das pflegeleichte Äußere machen ihn zu einem sehr angenehmen Gefährten.

Ostsibirischer Laika ↑ Laiki.

Otter Hound: großer, sehr kräftiger, zottig behaarter Hund (SH 61 bis 66 cm bei 30 bis 32 kg KM). Der O. H. hat einen großen Kopf mit einem Schädel, der etwas breiter als der des ↑ Bloodhounds ist, der bei seiner Entstehung beteiligt gewesen sein soll. Die Stirn des O. H. ist hoch, der Fang mäßig lang, die Nase weit geöffnet. Er hat ein Scherengebiß. Rund, dunkel, mit starken Brauen versehen sollen die Augen sein, lang und dünn herabhängend mit rauhem Haar bedeckt die gut befransten Ohren. Der ganze Kopf ist dick und zottig behaart. Wegen seiner Haarfülle erscheint der nicht zu lange Hals noch kürzer und gedrungener. Stark und breit mit gerader Oberlinie ist die Rücken- und Lendenpartie. Weit herabgelassen sind die Fehlrippen und tief die Brust. Der O. H. hat eine kräftige, dick mit Haar bedeckte mittellange Rute, die gut aufwärts, aber nicht gerollt getragen wird. Korrekt gestellt sind die ebenfalls sehr dicht behaarten kräftigen Gliedmaßen. Sein dichtes, hartes und dickes Haar verleiht dem O. H. das Aussehen eines „ruppigen Burschen“. Es soll von öliger Beschaffenheit sein und tritt in vielen Schattierungen von Blau und Weiß, Schwarz und Lohbraun, bräunlich, mehr oder weniger klar abgezeichnet, auf. Der O. H. wurde speziell für die Jagd auf Fischotter gezüchtet und kann sich im Wasser sehr schnell und wendig fortbewegen. Er hat vergrößerte Zwischenzehenhäute, wie alle Hunderassen, die in ihrem Aufgabenbereich mit Wasser zu tun haben. Es handelt sich aber nicht um Schwimmhäute. Seine kräftige Rute benutzt er beim Schwimmen als Steuer.
Der O.H. stellt ein Zuchtprodukt der letzten Jahrzehnte des 19. Jh. dar und hat nichts mit den *Otter Hounds* zu tun, von denen im 12. und 13. Jh. die Rede war. Welche Rassen exakt an seiner Schaffung beteiligt waren, ist unklar, man spricht einmal vom *Southern Hound* und *Welsh Harrier*, zum anderen von *Water Spaniel*, *Bulldog* und *Bloodhound*, aber auch vom alten französischen ↑ Grand Griffon Vendéen.
Der O. H. ist sehr intelligent und treu, ein angenehmer Gefährte nicht nur für Jäger. Das fettige Haar läßt ihn aber nicht zur Wohnungshaltung geeignet erscheinen. Es ist nicht sehr pflegebedürftig. – *Tafel 38.*

P

Pachon de Vitoria: sehr kräftiger, mittelgroßer spanischer Vorstehhund (SH 50 bis 55 cm ♂, 48 bis 52 cm ♀ bei 30 kg KM). Der Kopf ist groß, doch nicht schwer mit gut entwickeltem Schädel, weiten Stirnknochen und loser, einige Falten bildender Haut, der Stop ist stark betont. Lang und quadratisch mit überhängender Oberlefze, großer, voller, schwarzer Nase sowie Scherengebiß zeigt sich der Fang. Die Augen sind groß und kastanienbraun, das Rot vom Innenlid ist deutlich sichtbar. Große, tief angesetzte Ohren mit abgerundeter Spitze hängen anliegend weich und dick herab. Der Hals ist leicht gebogen, gut bemuskelt und muß eine leichte Wamme haben. Ziemlich lang und gut bemuskelt ist der Rücken mit breiter Lendenpartie, voller und mukulöser, hoher Kruppe und gerader, breiter, tiefer Brust. In Fortsetzung der Rückenlinie wird in voller Länge die stark angesetzte Rute getragen. Sie kann auch leicht erhoben sein, doch nie eingerollt. Die Läufe sind im Verhältnis zum Körper gesehen relativ kurz mit guten Knochen, zuweilen auch etwas gedreht, sonst aber in jeder Hinsicht korrekt. Das Haar ist kurz, dicht und rauh im Griff, meist einfarbig weiß oder kastanienbraun, gelblichweiß mit braunen Flecken, weiß oder braun mit grauer Schimmelung.
Der P. d. V. ist ein sehr guter Vorstehhund, der die besten Traditionen spanischer Jagdhunde in sich vereint. Das spanische Jagdhundwesen mit den dazugehörigen Hunderassen hat beträchtlich die Entstehung der verschiedensten Schläge beeinflußt. In der Blütezeit spanischer Fürstenhäuser waren dort gehaltene und gezüchtete Jagdhunde in ganz Europa gefragt, vor allem wegen ihrer hervorragenden Vorsteh- und Sucheigenschaften. Der P. d. V. gehört zu einer der alten Rassen, die sich fast unverfälscht bis heute erhalten haben.
Papillon, *Schmetterlingshündchen:* harmonisch gebauter, trotz seiner grazilen, anmutigen Erscheinung stabiler Zwergspaniel (SH 20 bis 25 cm bei unter 4 kg KM). Der Schädel ist leicht gewölbt, die Nase schwarz, die feinen Lefzen sind stark pigmentiert und gut schließend. Der P. hat mandelförmige, ziemlich tief angesetzte, nicht heraustretende, dunkle Augen mit pigmentierten Lidern. Die Ohren sind hoch angesetzt und dürfen nie herabhängend getragen werden. Die Ohrmuschel ist vollständig offen und zur Seite gerichtet, mit den langen Fransen an Schmetterlingsflügel erinnernd. Der Körper ist ziemlich lang und gut geformt, der mittellange Hals etwas gebogen. Die Brust ist breit und relativ tief, die Lenden kräftig. Leicht aufgezogen zeigt sich der Bauch, die Schultern sind gut entwickelt. Der P. steht auf geraden Läufen mit gut gewinkelten Sprunggelenken. Die ziemlich langen Pfoten, sogenannte Hasenpfoten, haben dicke Ballen und kräftige Krallen. Die lange Rute wird in der Bewegung hoch getragen mit der Spitze auf dem Rücken liegend. Sie ist hoch angesetzt und mit reichlichem Federbusch versehen. Das Haar des P. ist

reich, glänzend, leicht gewellt und seidig, auf dem Kopf, dem Fang, der Vorderseite der Läufe und unterhalb der Sprunggelenke kurz, auf dem Rumpf mittellang. Länger ist es am Hals, wo es einen Kragen bildet, der bis zur Brust hinabreicht. An Ohren, Läufen und Keulen befinden sich Fransen. Der Rassestandard erlaubt einfarbige Tiere, die jedoch kaum vorkommen. Die meisten P. sind dreifarbig, entweder schwarzweiß mit braunen Abzeichen am Kopf oder braunweiß mit schwarzen Haaren an den Ohrenspitzen sowie rein schwarzweiß bzw. rein braunweiß. Die braune Farbtönung reicht von Hellbraun über ein leuchtendes Rotbraun bis zu Dunkelbraun. Der schwarze P. ist glänzend schwarz mit oder ohne braunrote Abzeichen über den Augen, an den Wangen und an der Rutenspitze bzw. deren Unterseite. Braune Jungtiere zeigen nicht ihre bleibende Farbe. Diese bildet sich erst im Alter von 4 bis 6 Monaten heraus, wenn das schöne lange Haar zu wachsen beginnt. Fast alle P. haben weiße Beine, eine weiße Brust und eine ebensolche Rutenspitze, sehr oft auch eine Blesse. Obwohl für die Farbverteilung keine Norm besteht, sollten die Ohren und der Kopf mit Ausnahme der Blesse, immer farbig sein.

Wichtig ist bei der Pflege des P. das tägliche Bürsten, darüber hinaus stellt der P. keine Pflegeansprüche. Der Rüde hat meist etwas längeres Haar, benötigt also mehr Pflege. Von Natur aus ist der P. kein Einzelgänger, er ist anhänglich und intelligent.

Mit dem P. hat sich eine sehr alte Rasse erhalten, die auf alten Gemälden bis ins 12. Jh. zurückreichend zu sehen ist, auf denen dem P. sehr ähnliche *Zwergspaniels* abgebildet wurden. Auch auf den Werken der großen Meister des 15. und 16. Jh., so bei *Veronese, Tizian, Rubens,* findet man sehr häufig Hündchen, die nur als P. bezeichnet werden können: Weißbunte langhaarige Tierchen mit spitzem Fang und stark behaarter Rute, meist mit hängenden, befransten Ohren. Durch die engen Beziehungen der Fürstenhäuser Europas in dieser Zeit kann angenommen werden, daß sich der P. sehr schnell verbreitete. Er war jedoch nicht nur ein Schoßhund. Es existierten auch größere, zur Jagd eingesetzte Zwergspaniels. Beinahe in Vergessenheit geraten nahmen sich im 19. Jh. belgische und nach ihnen französische Kynologen der Rasse an, und es gelang ihnen, den P. innerhalb kurzer Zeit rasserein zu züchten. Vorerst hatten alle P. hängende Ohren, doch zu Beginn des 20. Jh. wurden die stehohrigen Tiere von den hängeohrigen Tieren (↑ Phalene) getrennt und dürfen nicht mehr miteinander verpaart werden. Heute gilt Belgien als Stammland der Rasse. Der P. braucht seinen täglichen Auslauf, er ist ausdauernd und robust, aber auch sehr wachsam.

Paria-Hund ↑ Kanaan Dog.

Peintinger ↑ Steirische rauhhaarige Hochgebirgsbracke.

Pekingese, *Peking-Palasthund:* kleiner, gut ausgeglichener, untersetzter Hund von großer Würde, mit kräftigem Knochenbau und üppiger Haarfülle (SH 15 bis 25 cm bei 5 kg ♂, 5,5 kg ♀ KM). Er hat einen schweren Kopf mit breitem Schädel, weit und flach zwischen den Ohren, jedoch nicht kuppelförmig, und weit zwischen den Augen. Die Nase ist sehr kurz und breit mit großen, offenen, schwarzen Nasenlöchern. Der breite Fang hat feste Unterkiefer. Das gesamte Profil soll ganz flach aussehen, mit der Nase in Augenhöhe und tiefem Stop. Die auffälligen Augen sind groß, klar, dunkel und glänzend, jedoch nicht vorstehend. Herzförmig sollen die Ohren sein, die in Schädelhöhe angesetzt am Kopf anliegen. Sie sind sehr verschwenderisch befedert. Das Ohrleder darf nicht bis unter den Fang reichen. Der Fang hat fast waagerechte Lippen, es dürfen weder die Zähne noch die Zunge zu sehen sein. Der Rumpf ist kurz mit breiter Brust und gut gebogenen Rippen. Der waagerechte Rücken soll nicht zu lang sein, der Hund darf aber auch nicht quadratisch wirken. Typisch ist, daß sich der Körper nach hinten zu verjüngt, vergleichbar dem Löwen mit deutlicher Taille, gut geschwungen zwischen den Beinen. Kurz und breit mit schwerknochigen Vorderläufen, leicht gebogen aber fest in der Schulter bietet sich die Vorderfront. Die Hinterläufe sind leichter, fest und gut geformt, hinten gut geschlossen, aber nie kuhhessig. Die Pfoten sind groß, flach und nie rund. Der P. soll gut auf den Pfoten stehen, die Vorderläufe drehen leicht nach außen. Die Bauart der Läufe ermöglicht den rollenden Gang im Bereich der Vorderläufe, hinten läuft der P. geschlossen. Die Rute sitzt hoch, straff und leicht über den Rücken gebogen, nach beiden Seiten fallend mit langer Befederung. Das Haar ist lang und gerade mit verschwenderischer Mähne, die ausgedehnt über die Schultern einen Umhang oder eine Krause rund um den Nacken formt. Das Kopfhaar ist eher grob mit dicker Unterwolle. Reich befedert sind die Ohren, Beine und Schenkel sowie die Rute und die Zehen. Beim P. sind alle Farben und Zeichnungen zulässig außer Albino und leberfarben. Bunte Tiere sollten gleichmäßige Flecken haben.

Viele schrecken vor der Arbeit zurück, die ein P. mit seiner üppigen Haarpracht verursacht, doch oft wird gerade bei solchen langhaarigen Hunden auch des Guten zuviel getan. Sein Fell besteht aus dichter, feiner Unterwolle sowie dem festen und langen Deckhaar. Es genügt, den P. ein- bis zweimal pro Woche richtig zu bürsten und zu kämmen. Zur Pflege wird ein weitzahniger Metallkamm für die Fransen an den Ohren, der Rute und den Läufen benutzt und eine kurzborstige, schmale Bürste für das übrige Fell. Es ist nicht gut, täglich das ganze Fell durchzubürsten, es wird dabei zu viel Unterwolle entfernt. Unbedingt notwendig ist es, die Knoten im Haar, speziell hinter den Ohren, vorsichtig aufzulösen. Befindet sich der Hund im Haarwechsel, muß man die Unterwolle täglich kräftig auskämmen, um einen schnellen, gründlichen Wechsel zu ermöglichen. Außer dem Fell ist auch der Pflege der großen Augen, der Nasenfalte und der Ohren Beachtung zu schenken. Bei dem P. kommen mehr Augenverletzungen vor als bei anderen Rassen. Zur täglichen Pflege gehört das Auswischen mit einem Bausch, der in Borwasserlösung getränkt wurde, niemals mit Kamille. In der Nasenfalte setzen sich leicht Speisereste ab, die nicht nur schlecht riechen, sondern auch zum Haarausfall an dieser Stelle führen. Ein trockenes Papiertaschentuch eignet sich gut zur Säuberung der Falte. Die Gehörgänge kontrolliert man öfter, nicht erst, wenn sich der Hund vermehrt kratzt. Dazu wird mit einem mit etwas Babyöl getränkten Wattebausch auf einem Stäbchen das Innenohr samt Gehörgang ausgewischt.

Spezielle Haltungsbedingungen gibt es für den P. nicht, gehört er doch nicht zu den Hunden, die sehr empfindlich sind. Natürlich kann man mit ihm keine stundenlangen Spaziergänge machen, dafür sind seine kurzen Beine nicht geeignet. Auch sollte er im Wachstumsalter nicht zu viel laufen, da seine gebogenen Vorderläufe leicht zum Ausdrehen neigen. Die Fütterung betreffend muß man beachten, daß der P. mit seinem geringen Energiebedarf schnell Fett ansetzt, also die Gefahr der Überfütterung bei ihm besteht.

Löwenhunde gehören seit Jahrhunderten zu den chinesischen Kaiserhöfen, wo sie bereits systematisch gezüchtet wurden, als in Europa kaum daran zu denken war. *Collier* (Dogs of China and Japan in Natur and Art, 1911) berichtet von zwei Unterarten, dem *Pingkuo nao tai* mit hochgewölbter Stirn und relativ eng gestellten Augen sowie dem *Suan p'an tze-erh* mit weit auseinander stehenden Augen und einem rechteckigen Gesicht, in dem die Stirn und die Nasenspitze in einer Ebene liegen mußten, „so daß ein Silberdollar, auf den Nasenspiegel gelegt, die Stirn berührt und an deren breitesten Stelle so dazwischen liegt, daß er keinen Teil der Augen deckt." Das Zeigen der Zunge war durchaus erwünscht, doch ein hervorstehender Unterkiefer galt als Fehler.

Da eine der ersten nach Europa gekommenen Zuchthündinnen im *Naturwissenschaftlichen Museum von London* präpariert zu sehen ist, kann man sich ein ziemlich genaues Bild vom Aussehen der ursprünglichen P. machen. Wichtig war, daß die Hunde klein gehalten wurden. Nach einer alten kaiserlichen Zuchtanweisung bekamen die Tiere in der Wachstumsphase wenig zu trinken, so daß sie klein blieben, praktisch Kümmerlinge darstellten. Die Ohren waren bedeutend kürzer als beim heutigen P. Da man auch öfters stehohrige Tiere in den Würfen hatte, klebte man den Junghunden Kieselsteine in die Ohren, um den gewünschten Fall zu erzielen. Die reichliche Haarfülle fehlte ebenfalls, nur die Rute zeigte viel Fell. Die Nase war nicht so extrem kurz, auch fehlte der charakteristische Wulst über dem Nasenrücken. Das Gesicht war aber bereits flach und faltig, die Vorderläufe krumm.

Der heutige P. ist das Zuchtergebnis der Engländer, die auch den gültigen Standard aufstellten. Relativ spät kam der P. nach Europa, was damit zusammenhing, daß die Zucht ausschließliches kaiserliches Vorrecht war. Ab und zu wurde einer der Hunde einem hohen Würdenträger geschenkt, stets jedoch mit dem Auftrag, beim eventuellen Tod des Beschenkten den Hund sofort an den Palast zurückzugeben. Mit Beginn der regen Handelstätigkeit versuchten die Kauf- und Seeleute immer wieder P. mitzunehmen, doch es gelang keinem. Als im Verlauf der unter Einfluß der Taipingbewegung stehenden Aufstände der Nianjun und Miao die Engländer 1860 Peking einnahmen, bemächtigten sich in den Palast eindringende Offiziere u. a. auch fünf P., die wohlbehalten nach Europa gelangten. Vier davon erhielt die *Herzogin von Richmond,* eine Hündin ging als Geschenk an die *Königin Victoria.* Ein Bild der P.nhündin ist noch heute in Windsor Castle zu sehen, die Hündin selbst steht, wie schon erwähnt, präpariert im Museum. Die Herzogin begründete mit ihren Hündchen sowie weiteren Importen die europäische Zucht, ihr Zwinger hieß *Goodwood.* — *Tafel 20.*

Peking-Palasthund ↑ Pekingese.

Perdiguero burgalés: großer, massiver, zu den spanischen Vorstehhunden zählender Hund (SH 65 bis 75 cm ♂, 62 bis 70 cm ♀ bei 25 bis 30 kg KM). Er hat einen großen Kopf mit geradem Profil, der im Schädel breit mit starken Augenjochbögen ist und geringen Stop hat. Der Fang ist quadratisch mit fleischigen, hängenden Lefzen, breiter, dunkler Nase und einem kompletten Scherengebiß. Einen traurigen Ausdruck haben die mittelgroßen, dunklen Augen. Die sehr beweglichen Ohren sind hoch angesetzt, groß, lang, gefaltet. Sie bilden einen Knick und enden spitz. Rund, stark, mit leichter Kehlwamme geht der kräftige Hals in den Rumpf über. Dieser hat einen langen, kräftigen und breiten Rücken. Die Wirbelsäule ist leicht hervortretend. Breit sind Lendenpartie und Kruppe, letztere fällt leicht ab. Breit und tief ist die Brust, der starke Brustkorb hat runde Rippen. Um ein Drittel kupiert wird die dick angesetzte Rute, die sich gut verjüngt und hoch und lustig getragen wird. Kräftig, muskulös und korrekt gestellt werden die Gliedmaßen verlangt. Das Haar des P. b. ist kurz und glatt mit wenig Unterwolle. Die Farbe ist vorherrschend weiß mit leberfarbenen Flecken und Sprenkeln, aber auch dunkelleberfarben mit weißen Flecken.

Der P. b. ist ein sehr guter Vorstehhund mit großer Jagdpassion. Er gehört zu den spanischen Hunderassen, die sich seit Jahrhunderten annähernd unverfälscht erhalten haben und sich auch in komplizierten Witterungsbedingungen bewährten. In den spanischen Jagdhunden, speziell dem spanischen ↑ Pointer, der als Stammvater aller Vorstehhunde angesehen wird, kann man die Blüte europäischer Jagdhundezucht des Mittelalters noch heute bewundern.

Perdigeiro Portugues: mittelgroßer, portugiesischer Vorstehhund, kurzhaarig mit langen Behängen und kupierter Rute (SH 56 cm ♂, 52 cm ♀ bei 23,5 kg ♂, 19 kg ♀ KM). Sein starker Kopf ist von vorn gesehen viereckig und von der Seite betrachtet rechteckig. Er ist mit lockerer Haut bedeckt. Der leicht gewölbte Schädel ist flach, hoch und breit mit kaum wahrnehmbarem Hinterhauptbein. Der sehr starke Stop beträgt fast 100°. Die Augenbrauenbögen treten hervor. Der Fang ist breit, lang und flach, die Lefzen sind fleischig und leicht überhängend. Die rechteckige Nase ist schwarz oder braun. Der P. P. hat ein Scherengebiß, große, ovale, horizontal gestellte, möglichst dunkle Augen. Die dreieckigen Ohren sind dünn, weich, mit hohem, flachem Ansatz und am Ende abgerundet. Sie werden anliegend herabfallend getragen und sind insgesamt 15 cm lang und 11 cm breit. In einer Neigung von 90° trägt der P. P. den nicht sehr dicken Hals, der eine leichte Wamme und gute Übergänge hat. Der Rücken ist vollkommen horizontal, kurz und breit, die kurze Lendenpartie ziemlich breit und wie die Kruppe gut bemuskelt. Die Kruppe ist leicht abfallend. Die Brust ist breit, tief und hufeisenförmig, der Bauch leicht aufgezogen. Stark im Ansatz wird die Rute horizontal getragen. Das letzte Drittel wird kupiert. Kräftig und korrekt gestellt sind die Gliedmaßen. Das Haar des P. P. ist kurz, stark und dicht, ohne Unterwolle. Es ist meist einfarbig kastanienbraun, weiß, gelb, rotgelb und schwarz, aber auch mehrfarbig gefleckt in den genannten Farben.

Die portugiesischen Hunderassen sind entwicklungsgeschichtlich eng mit den spanischen Tieren verbunden und haben sich relativ homogen erhalten. Der P. P. gehört neben dem ↑ Cao de Agua Portugues zu den Repräsentanten alter einheimischer Jagdhundschläge, die von der FCI anerkannt sind. Er ist ein sehr guter, arbeitsfreudiger Vorstehhund, der sehr temperamentvoll und widerstandsfähig ist.

Perro de Pastor Catalan ↑ Gos d'Atura.

Person Jack Russel Terrier: kräftiger, derber, rauhhaariger Niederlaufterrier (SH 35 cm bei 7kg KM). Der Kopf ist vierkantig. Der Schädel ist breit zwischen den Ohren, nur leicht gerundet und ziemlich gerade. Der Fang ist breit, kräftig und lang mit breitem Kiefernbogen, schwarzer Nase und Zangengebiß. Mittelgroß, gut eingesetzt sind die runden, dunklen Augen. Die mittelgroßen Ohren sind an der Spitze leicht gerundet und werden seitlich der Backenpartie herabhängend getragen. Der ziemlich lange Hals, dick und muskulös, sitzt kräftig auf den schrägen Schultern. Der Rumpf ist bedeutend länger als hoch, mittellang und biegsam mit geradem Rücken, breiter, gerader Lendenpartie und Kruppe. Die gut zwischen die Vorderläufe herabreichende Brust ist breit und tief. Hoch aufrecht getragen wird die kupierte Rute. Die Schultern sind schräg, die Läufe mittellang, stark und gerade mit sehr kräftiger Hinterhand und muskulösen Schenkeln, starken Knochen. Bei den mittellangen und geraden Läufen sind Knie- und Sprunggelenk kräftig und gut entwikkelt. Er hat runde Katzenpfoten mit gewölbten Zehen und dicken Ballen. Das Haar ist hart, drahtig und mittellang. Die Farbe ist meist weiß, sie kann aber auch gelbbraun oder dachsfarbene Flecken, speziell an Kopf und Ohren, ab und zu auch am Körper haben.
Diese Rasse wird in der Gegend von *Somerset* und *Gloucester* ausschließlich für die Erdjagd verwendet. Ihr Schöpfer, Reverend *Jack Russel*, züchtete seit 1814 rauhhaarige Terrier, aus denen der drahthaarige ↑ Fox Terrier hervorging. Dabei kreuzte er auch Tiere, die dem heutigen ↑ Sealyham Terrier ähnelten, mit diesen rauhhaarigen Terriern, woraus ein überaus wendiger, schneidiger Erdhund entstand. Die Nachkommen aus der Zucht *Jack Russels* sind heute noch weit in Großbritannien verbreitet und werden im praktischen Jagdgebrauch gern eingesetzt, die offizielle Anerkennung durch den *Kennel Club* blieb dieser Rasse jedoch bislang versagt.

Petit Bleu de Gascogne: knapp mittelgroßer Meutenhund (SH 48 bis 56 cm bei 25 kg KM). Bei dem ziemlich kräftigen Kopf ist der Schädel spitzbogig ohne betonten Stop. Die schwarze Nase ist gut entwickelt, der Nasenrücken lang, stark, leicht gebogen, die Augenlider sind schwer und dunkel. Die tief angesetzten Ohren reichen mindestens bis zur Nasenspitze, sie sind fein und leicht gewendet. Der mittellange Hals geht ohne Wamme in die muskulöse Schulter über. Hoch, breit und tief ist die Brust, der Rücken ziemlich lang und stark, die Lenden flach. Leicht aufgezogen sind die Flanken, die Kruppe geneigt. Etwas schwächer als die Vorderhand zeigt sich die Hinterhand, die Vorderläufe haben kräftige Unterarme und starke Sehnen. Nicht sehr bemuskelt sind die Keulen. Die Pfoten sind länglich, wolfsähnlich, mit trockenen Zehen. Die Rute ist am Ansatz kräftig, stark und wird ziemlich lang und sichelförmig, manchmal mit leichter Bürste, getra-

gen. Das Haar, halb grob und reichlich, darf nicht zu kurz sein. Es hat schwarze Tüpfelung auf weißem Grund oder ist weiß mit mehr oder weniger schwarzen Flecken oder Tüpfeln. Er hat zwei schwarze Flecken auf jeder Kopfseite, die die Ohren bedecken und um die Augen herum bis zu den Backen reichen, über jedem Auge befindet sich ein heller Fleck (*Vieräugel*) und auf dem Kopf, genauer auf dem Schädeldach, ein kleiner, ovaler schwarzer Fleck, der typisch ist.
Der P. B. d. G. wird vorrangig in Meuten zur Hasenjagd eingesetzt, ist von verträglichem Charakter, leicht lenkbar und intelligent. Zu der hervorragenden Jagdpassion kommt die Widerstandsfähigkeit. Er ist sehr pflegeleicht.

Petit Gascon Saintongeois: ausgezeichneter Jagdhund, dessen Gestalt man die Geschmeidigkeit, Anmut und Kraft ansieht (SH 50 cm ♂, 48 cm ♀ bei 20 kg KM). Der Kopf ist ziemlich trocken, länglich mit leichter Stirnfurche. An einen Spitzbogen erinnert die Schädelform mit betontem Hinterhauptbein und ohne betonten Stop.

Petit Gascon Saintongeois

Die schwarze Nase ist gut geöffnet. Der lange Nasenrücken ist manchmal leicht gebogen. Er hat bernsteinfarbene Augen. Die Ohren, tiefer angesetzt als in Augenhöhe, sind fein und leicht gewendet und müssen bis zur Nasenspitze reichen. Mittellang und stark geht der Hals in den Rumpf über. Gut herabgelassen muß die tiefe Brust sein. Der Rücken ist lang und fest. Die Lenden sind oft etwas lang, leicht gewölbt und ziemlich bemuskelt. Er hat etwas kurze Rippen, die Hüften sind horizontal und die Schultern lang und gut bemuskelt. Die breiten Vorderläufe haben kräftige, gut gestellte Unterarme. Die Hinterläufe haben gut entwickelte Schenkel und nahe am Boden befindliche Sprunggelenke. Der P. G. S. steht auf ovalen Pfoten. Die lange Rute ist am Ansatz dick, zur Spitze hin fein auslaufend und wird elegant getragen. Das Haar ist kurz und dicht, die Haut unter dem weißen Haar ist rosa, unter schwarzem Haar schwarz. Am verbreitetsten sind weiße Hunde mit schwarzen Tüpfeln, Flecken oder ebensolchem Mantel. Oft findet man rote Flecken an Augen, Behängen und Backen. Der P. G. S. wird vorrangig als Hasenmeutenhund verwendet, er ist trotz der geringen Größe sehr schnell, hat einen guten Geruchssinn und gibt kräftig Laut.
Der P. G. S. gehört zur Familie alter französischer Laufhunde, die sich bis zum 18. Jh. zurückführen lassen. Immer mehr durchgezüchtet und verfeinert, stellen sie Prototypen vielseitig verwendbarer Jagdhunde mit angenehmem Charakter dar und sind jederzeit auch als Haushund zu halten.

Phaléne, *Epagneul nain continental:* Zwergspaniel (SH maximal 25 cm bei 1,5 bis 5 kg KM) von harmonischer, normaler Struktur. Er ist zierlich und doch kräftig, besitzt eine stolze Art und sein Gang ist ungezwungen und elegant. Der Kopf ist klein mit ziemlich breitem Schädel, leicht gerundet und mit betontem Stop. Der mäßig lange Fang verjüngt sich von der Stirnpartie an sehr plötzlich zur Nasenspitze, die Lefzen sind schwarz, fein und schließend, die Nase ist leicht zurückgezogen. Der P. hat ein Scherengebiß. Die meist dunklen Augen haben einen lebhaften Blick. Die Ohren sind hoch angesetzt, lang befranst und dürfen nur herabhängend getragen werden. Überreich mit Haaren bedeckt ist auch der mittellange Hals, der gut in den langen, geraden Rücken übergeht. Nur leicht gerundet sind die Lenden, ziemlich tief und mit flach gewölbten Rippen ist die Brust. Der Bauch ist leicht aufgezogen. Die sehr hoch angesetzte Rute wird im Ruhezustand ohne jede Krümmung sanft herabhängend, in der Erregung in graziöser Kurve über der Rückenlinie getragen. Sie ist mit einem reichen Federbusch versehen. Die Gliedmaßen sind korrekt, dünn und gerade, gut befedert, mit ziemlich hohen, gewinkelten Sprunggelenken. Kurz und glatt ist das Haar auf dem Kopf, am Fang und an den Vorderseiten der Läufe. Sonst ist es reichlich, lang, leicht gewellt und weich fallend. Auf dem Rücken und an den Flanken liegt es an, sonst steht es leicht ab. Um die Schultern, den Hals und die Brust ist das Haar dichter. Der P. kommt einfarbig in jedem Farbton, zweifarbig bei vorherrschender weißer Grundfarbe mit Flecken in jeder Größe und Farbe vor und dreifarbig wie die genannten Farben, aber mit Schwarz bei fahlen Flecken und mit Rotgelb.

Wie sein stehohriger Vertreter, der ↑ Papillon, ist auch der P. ein angenehmer Haus- und Luxushund, dabei aber wachsam und energisch. Er fällt jedoch bedeutend weniger auf, wirkt sanfter und zierlicher. Die Rasse der P. ist um Jahrhunderte älter als die des heutigen Papillon und bereits auf Gemälden italienischer und holländischer Meister des 15. und 16. Jh. zu sehen. Ob die ersten stehohrigen Vertreter die Folge des Zufalls oder der Einkreuzung anderer Rassen waren, bleibt dahingestellt, klar ist, daß mit ihnen die Ausgangsform mehr und mehr verdrängt wurde. Viele Jahre existierten beide nebeneinander, durften auch miteinander verpaart werden.

Phaléne

Erst in den letzten Generationen wird eine Reinzucht gefordert, was für den P. einen nochmaligen Rückgang bedeutete. Zur Ablehnung des P. durch viele Züchter führte auch die Tatsache, daß in den Würfen nicht nur Tiere mit eindeutigen Steh- bzw. Hängeohren lagen, sondern auch Mischformen, d. h. solche mit Kippohren. Das ist nach dem Verbot, beide Rassen miteinander zu verpaaren, zwar weitgehendst eingedämmt, doch kommt es immer wieder vor, daß ein Papillon während einer Erkrankung oder beim Zahnwechsel die Ohren hängen läßt, sie dann wieder aufrichtet oder beim Hängeohr bleibt. Ebenso kann ein echter P. während der Wachstumsperiode die Ohrenhaltung verändern und sogar zum besten Papillon werden. Bei den beiden *Zwergspaniels* ist damit die Kuriosität zu verzeichnen, daß ein Hund während seines Lebens die Rasse wechseln kann, da beide auch auf Ausstellungen getrennt beurteilt werden.

Pharao Hound, *Kelb tal Fenek:* intelligenter, freundlicher, mittelgroßer Windhund von edler Erscheinung mit klar umrissenen Linien, graziös, doch kräftig mit sehr schnellen, ungezwungenen Bewegungen (SH 56 bis 63 cm ♂, 53 bis 61 cm ♀ bei 20 kg KM, wobei die Gesamtharmonie ausschlaggebend ist). Der Schädel ist lang, trokken und wohlgeformt mit etwas längerem Fang im Vergleich zum Oberkopf und leichtem Stop. Parallel zum Nasenrücken verläuft der Oberkopf, von oben gesehen bzw. im Profil sieht der Kopf wie ein Keil aus. Die bernsteinfarbenen Augen müssen zum Haarkleid passen, sie sind mäßig tief eingesetzt und weisen einen aufmerksamen, intelligenten Ausdruck auf. Mittelhoch angesetzt sind die Ohren, in der Erregung werden sie aufrecht getragen. Sie sind sehr beweglich, im Ansatz breit und insgesamt fein und groß. Die kräftigen Zähne schließen als Schere. Lang, muskulös und leicht gewölbt zeigt sich der Hals, der Rumpf ist geschmeidig mit fast gerader Rückenlinie, die von der Kruppe zum Rutenansatz leicht abfällt. Bis zum Ellenbogenhöcker hinab reicht die tiefe Brust. Sie hat gut gewölbte Rippen und ist mäßig aufgezogen. Die Rumpflänge von der Vorbrust bis zum Hüftknochen ist etwas länger als die Schulterhöhe. Von großer Wichtigkeit für einen Windhund sind die kräftigen Läufe. Die Vorhand des P. H. ist mit kräftigen Schultern, lang und gut zurückgelegt, sowie mit geraden, parallel stehenden Läufen ausgerüstet. Die Ellenbogen sind gut nach innen gerichtet, die Fesseln kräftig. Die Hinterhand ist stark und muskulös mit mäßig gewinkelten Kniegelenken, gut entwickelten Unterschenkeln und von hinten gesehen parallel stehenden Läufen. Kräftig und gut gegliedert sind die gut gepolsterten Pfoten, weder nach innen noch nach außen gerichtet, und ohne Afterkrallen. Der P. H. läuft frei und fließend. Dabei hält er den Kopf hoch und bewegt sich ohne sichtbare Anstrengung. Die Beine und Füße sollen sich innerhalb der Körperlinie bewegen, jede Tendenz, die Füße seitwärts zu werfen oder eine hochsteppende Gangart sind eindeutige Fehler. Bis unter den Sprunggelenkhöcker reicht die herabhängend getragene Rute, die mittelhoch angesetzt und ziemlich dick am Anfang, sich peitschenähnlich verjüngt. Bewegt sich der Hund, schwingt die Rute hoch. Als Fehler gelten eine geklemmte Rute oder ein Rattenschwanz. Das Haar des P. H. ist kurz und glänzend, variierend von fein und dicht bis leicht rauh, aber immer ohne Befederung. Es ist lohfarben oder tieflohfarben mit weißen Abzeichen, die an der Rutenspitze, an der Brust (Stern), an den Zehen und als schmaler Streifen auf der Mittellinie des Gesichtes erlaubt sind.

Pharao Hound

Als P. H. wurden und werden die verschiedensten Windhundschläge des Mittelmeerraumes bezeichnet, als Rassename darf ihn jedoch nur der im FCI-Register eingetragene maltesische *Kelb tal Fenek* tragen. Obwohl er als Kelb tal Fenek eingetragen ist, empfiehlt es sich, den Namen P. H. mit der englischen Schreibweise beizubehalten, um die Unterscheidung zum ↑ Podenco ibicenco u. a. klar herauszustellen.

Die Geschichte des P. H. beginnt lange vor unserer Zeitrechnung, wobei den *Phöniziern* wohl die Hauptrolle bei der Verbreitung dieser Rasse zukommt, war doch Malta um 1000 v. u. Z. phönikische Kolonie. Da alle Kulturen, die sich im Mittelmeerraum ablösten, die Insel als Sprungbrett für ihre Expansionsbestrebungen benutzten, hinterließen sie ihre Spuren dort, wozu natürlich auch die Hunde gehörten. Die Entwicklung des heutigen P. H.es ist den Engländern zu verdanken, gehörte doch Malta von 1800 bis 1964 zum britischen Imperium. Die ersten Rassebeschreibungen wurden relativ spät, gegen 1930, herausgegeben, jedoch geriet die Rasse wieder in Vergessenheit. Ein Aufschwung erfolgte dann 1963, als zwei Tiere nach Großbritannien importiert wurden, denen 1968 acht weitere folgten. Größere Aktivitäten der Züchter, verbunden mit dem publikumswirksamen Namen P. H., der auf dem Kontinent bereits an den Podenco ibicenco vergeben war, verhalfen zum Durchbruch. 1969 gründete man den ersten Club und erreichte 1977 die Anerkennung durch die FCI mit gleichzeitiger Annulierung des Namens P. H. für den Podenco ibicenco. Wie schnell sich der P. H. verbreitete, zeigt, daß 1977 auf *Cruft's Dog Show* bereits 32 Tiere gezeigt wurden, obwohl erst zwei Jahre zuvor eine Klasse eingerichtet worden war.

In seiner Heimat ist der P. H. nach wie vor ein Jagdhund geblieben, als Hauptwild gilt – wie auch der Name *Kelb tal Fenek = Hund der Kaninchen* besagt – das Kaninchen. Paarweise oder in kleinen Gruppen jagt er im Gegensatz zu den anderen Windhunden vorrangig mit der Nase, nicht mit den Augen. Das gebirgige Gelände verlangt neben guten Spürfähigkeiten auch hervorragende Sprungkraft und Geschicklichkeit. Der P. H. ist auch sehr wachsam, obwohl er nicht viel bellt.

Phu Quoc Dog: kurzhaariger, mittelgroßer (SH 50 bis 60 cm), als Jagdhund verwendeter Vertreter der Windhundgruppe. Er hat kleine Stehohren, eine lose, Falten bildende Stirnhaut, die Nase ist schwarz. Er steht auf schlanken Läufen mit geschlossenen Pfoten. Die relativ kurze Rute soll über den Rücken getragen werden. Das Typischste an ihm ist die Behaarung, die auf dem Rücken gegen den Strich verläuft, d. h. in entgegengesetzter Richtung steht.

Er stammt von einer gleichnamigen Insel vor der vietnamesischen Küste. Von verschiedenen Autoren wird er der Gruppe der ↑ Schensihunde zugeordnet.

Picardiehunde ↑ Polski owczarek nizinny.

Pingkuo nao tai ↑ Pekingese.

Plott Hound: mittelgroßer, kräftiger Laufhund (SH 55 bis 60 cm bei 25 kg KM), der große Ausdauer besitzt. Sein Kopf ist knochig, gut entwickelt, lang, nicht zu breit mit am Hinterhauptbein rundem Schädel. Der Rücken der schwarzen Nase ist gerade, der Fang mittellang und breit mit leicht herabhängenden Lefzen, kräftigen Kiefern und betont derbem Scherengebiß. Die Augenjochbögen sind betont, die Augen groß, braun und rund. Eng am Kopf liegen die hoch angesetzten Ohren an. Sie werden dick und nicht sehr lang herabhängend getragen. Lang, muskulös, ohne sichtbare Wamme geht der Hals in den derben Körper über, die Brust ist sehr tief mit starken Rippen, lang und leicht abgerundet. Breit und muskulös sind die Lenden, gut anliegend die langen, schrägen Schultern, der Rücken ist eben und lang. Die Läufe des P. H. sind gut gestellt, sehr stark, die Sprunggelenke nahe am Boden. Die Katzenpfoten sind rund und geschlossen mit starken Krallen und harten, festen Ballen. Lustig und säbelförmig getragen wird die mittellange Rute, die eine Bürste zeigt. Das Haar des P. H. ist kurz, harsch und gut anliegend, meist braunscheckig mit schwarzem Sattel und weißen Flecken. Es kommt auch gelegentlich ein größenmäßig differierender weißer Brustfleck vor.

Der P. H., vor mehr als 200 Jahren in *Nordkarolina* aus deutschen und englischen Meutenhunden von den Einwanderern für ihre Zwecke gezüchtet, wird auch heute noch zur Meutenjagd auf Wolf, Berglöwe, Coyote, Wildkatze, Rotwild u. a. kleinere Wildarten eingesetzt. Außerhalb der USA existieren so gut wie keine Vertreter dieser harten, robusten Rasse, die auch im Ursprungsland territorial sehr begrenzt gehalten wird.

Pocket Beagle, *Beagle Elizabeth:* sehr kleiner Meutenhund (SH unter 25 cm bei bis 8 kg KM). Der Kopf ist mäßig lang und kraftvoll. Der Schädel ist gewölbt, mäßig breit, in der Mitte leicht erhöht mit deutlichem Stop. Der Fang ist stumpf und kräftig, die Lefzen sind gut herabhängend. Die Nase ist breit, schwarz, die Nasenlöcher offen und gut geweitet. Er hat dunkelbraune bis haselnußfarbene Augen, die weder tiefliegend noch hervortretend sind mit mildem Ausdruck. In anmutiger Falte trägt der P. B. seine herabhängenden langen, tief angesetzten Ohren. Der Hals geht anmutig in den Nacken und die Schultern über. Er bildet keine Wamme, ist leicht gewölbt und mäßig lang. Gedrungen, doch von feinem Ebenmaß ist der Rumpf mit tiefer, breiter Brust, ziemlich gewölbten Rippen und kraftvollen Flanken. Der Bauch darf nicht aufgezogen sein. In Fortsetzung der Rückenlinie und später lustig aufwärts gebogen wird die Rute getragen, aber nie über den Rücken oder eingerollt. Die Unterseite ist bürstig behaart. Die Schultern hängen leicht, sind trocken, bemuskelt, feingliedrig und trotzdem kräftig. Die stämmigen Läufe haben runde Pfoten und gewölbte Zehen. Das kurze Haar ist glatt, sehr dicht, nicht zu fein bzw. zu kurz. In Großbritannien wird auch eine rauhhaarige Variante gezüchtet, die sehr dicht und drahtig behaart ist. Die Farben des P. B. sind weiß, schwarz, lohbraun und jede Verbindung dieser drei, aber auch Mischungen von weiß und hasen- bzw. dachsfarben oder gelb und lohbraun.

Der P. B. wird ausschließlich für die Kaninchenjagd verwendet. Auch ist er ein äußerst angenehmer Haushund, der zu allen vorzüglichen Beagleeigenschaften, zu denen große Verträglichkeit, Ruhe und Intelligenz gehören, auch noch eine geringe Größe aufweist. *Beagle Elizabeth* wird er genannt, weil er seine Existenz der Vorliebe der Königin *Elisabeth I.* für kleine Beagle verdankt.

Podenco Espanol: behender, wendiger spanischer Laufhund (SH 62 cm bei 18 kg KM). Der lange, schmale Schädel ist klein mit schmaler Stirn und wenig betontem Stop. Der lange, zugespitzte Fang hat trockene Lefzen und ein Scherengebiß. Klein und schwarz ist die Nase. Lebhaft, doch nie wild blicken die dunklen, meist kastanienbraunen Augen. Klein, zugespitzt, aufgerichtet und nach hinten oder vorn gewendet werden die Ohren getragen. Der Hals geht lang und muskulös in den langen, konvexen Rücken über, die Lendenpartie ist kompakt und gebogen, die Kruppe tief und abfallend. Schmal, tief und lang ist die Brust mit dem abgeflachten Rippenkorb und aufgezogenen Bauch. In Hakenform nach oben gekrümmt trägt er die lange, feine Rute. Mit schrägen Schultern, die sehr beweglich sind, und langen, gut bemuskelten, feinen, vollkommen geraden und im unteren Teil starken Läufen mit gut sichtbaren Adern bietet die Vorhand die Gewähr einer raumgreifenden Gangart. Die Hinterhand hat lange, stark bemuskelte Schenkel, die jedoch nicht fleischig sind und gerade, starke Läufe mit gut gewinkelten Sprunggelenken, die tief niedergelassen sind. Die Hasenpfoten haben lange geschlossene Zehen und harte Ballen. Das Haar ist dicht und hart im Griff, kürzer und weicher an Kopf und Ohren, nur wenig länger am Rumpf und an der Rute. Die Farben des P. E. sind Orange und Weiß.

Der wendige Laufhund mit großer Jagdpassion gehört zu den Rassen, die auf die hohe Schule spanischer Hundezucht des Mittelalters zurückgeführt werden können und die sich bis heute unverfälscht erhalten haben. Man kann ihn entwicklungsmäßig auf die *Wind- und Jagdhunde der Phönizier* zurückführen. Diese Hunde verbreiteten sich im gesamten Mittelmeerraum sehr schnell und wurden den jeweiligen Anforderungen entsprechend verbessert.

Podenco ibicenco: stehohriger Hetzhund der Balearen (SH 60 bis 66 cm ♂, 57 bis 63 cm ♀ bei 22,5 kg ♂, 19 kg ♀ KM). Der Kopf ist lang, schmal, konisch und sehr trocken. Der Schädel bietet sich lang und schmal mit dem betonten Hinterhauptbein, schwach ausgeprägtem Stop und schmaler Stirn. Stets steif nach vorn, seitwärts oder hinten gerichtet sind die aufwärts getragenen, sehr beweglichen Ohren, deren Ansatz sich in Augenhöhe befindet. Die Ohrenform erinnert an ein längliches Rhomboid, das um ein Drittel seiner längsten Diagonale gekürzt ist. Die Ohren sind fein, eher kurz und ohne Innenbehaarung. Schräg, klein, hellbernsteinfarben, an Karamel erinnernd, sind die Augen. Leicht gewölbt, in gleicher Länge von den Augen bis zur Nasenkuppe wie von den Augen zum Hinterhauptbein ist die Nase, deren Kuppe vorspringt und den Unterkiefer überragt. Fleischfarben ist sie mit der Fellfarbe harmonisch abgestimmt. Die Kiefer sind sehr stark und trocken, die Lefzen fein und straff, die gut gestellten Zähne bilden ein komplettes Scherengebiß. Sehr trocken, ziemlich lang, muskulös und leicht gewölbt ist der Hals, die Brust tief, flach und lang mit hervortretendem spitzem Brustbein. Den Rumpf formen die flachen Rippen, der aufgezogene Bauch, die schrägen Schultern und der gerade Rücken. Die Vorderläufe sind lang, gerade und kräftig. Die Hinterläufe haben starke, breite und trockene Keulen sowie nahe am Boden stehende gewinkelte Sprunggelenke. Der P. i. steht auf Hasenpfoten mit langen, geschlossenen Zehen und sehr harten Ballen. Die lange Rute muß, durch die Keulen hindurchgezogen, mindestens die Wirbelsäule erreichen. Ihr Ansatz ist etwas tief und dünn, in der Ruhe hängt sie natürlich herab. In der Bewegung wird sie manchmal in Form einer geschlossenen Sichel getragen, ab und zu gerade, doch nie völlig eingerollt. Das Haar des P. i. kommt in den Farben Weiß und Rotbraun, Weiß und Löwengelb, einfarbig Weiß, Rotbraun, Löwengelb vor, wobei Rotbraun vor Löwengelb bevorzugt wird. Alle anderen Farben sind ausgeschlossen. An Kopf und Ohren ist das Haar kürzer, an der Rückseite der Läufe und der Rutenunterseite etwas länger.

Es gibt drei Schläge des P. i.: *glatt*, *rauhhaarig* und *langhaarig*. Als Fehler gelten alle Merkmale, die eine Windhundeinkreuzung erkennen lassen, da dadurch, obwohl das Laufvermögen erhöht wird, das feine Gehör, die Sprungkraft aus dem Stand und vor allem der Geruchssinn beeinträchtigt werden.

Der P. i. wird auf der Niederwildjagd eingesetzt, aus diesem Grunde erkannte die FCI ihn auch als *Laufhund* und nicht als Windhund an. Er hat im Gegensatz zu den meisten Windhunden eine sehr feine Nase und findet das Wild auch durch unwegsamstes Gelände. Er ist ein sehr gewandter Hund, doch charakterlich sehr schwierig, oft bösartig und bissig.

Der P. i. stellt den bekanntesten Vertreter der *stehohrigen Hetzhundformen des Mittelmeerraumes* dar, mit großer Ähnlichkeit zu den auf altägyptischen Kunstdenkmälern häufig dargestellten klassischen Windhunden. Die eigentliche Heimat des P. i. ist die *Insel Ibiza*, wo die Phönizier etwa 654 v. u. Z. einen Flottenstützpunkt errichtet hatten. Sie könnten also durchaus als Importeure dieser Hunde in Frage kommen, ebenso wie die Kreter. Allerdings ist beides nicht exakt beweisbar, bis auf die Tatsache, daß beide Völker im Besitz des in der Antike hochgeschätzten Typs des *Pharaonenhundes* (↑ Pharao Hound) waren, für seine Verbreitung sorgten und somit den Grundstein für heute existierende Rassen schufen.

Die ersten P. i. in Deutschland besaß 1930 der Berliner Zoo, vier Jahre zuvor tauchte die Rasse in Großbritannien auf, geriet aber in beiden Ländern bald wieder in Vergessenheit. Erst in jüngster Vergangenheit taucht sie wieder verstärkt auch auf Ausstellungen auf, nachdem erstmals 1945 ein Standard veröffentlicht werden konnte. – *Tafel 44*.

Podenco Portugues: in die Gruppe der sogenannten Festland-Podencos einzureihender Laufhund Portugals. Er existiert in drei von der FCI anerkannten Größen (SH 55 bis 70 cm für den großen Schlag; 50 bis 55 cm für den mittleren Schlag; 20 bis 30 cm für den kleinen Schlag bei 25 bis 30 kg; 10 bis 20 kg; 15 kg KM). Er ist kurz- oder langhaarig, hat Stehohren und eine lange Hängerute. Sein Schädel ist trocken, fast flach und mit beinahe geradem Profil, vorspringenden Augenjochbögen, jedoch gering ausgeprägtem Stop sowie gleicher Stirnfurche. Der Fang ist kürzer als der Schädel, an der Basis breit mit leichter Verjüngung zur Nasenspitze, die schmal und schräg abgestumpft mit leicht hervortretender Kuppe und immer dunkler als die Fellfarbe sein muß. Der P. P. hat ein komplettes Scherengebiß. Seine kleinen Augen, braun und wenig hervortretend, sind leicht schräg gestellt. Die am Ansatz breiten Ohren sind dreieckig, dünn und werden aufgerichtet getragen. Gut bemuskelt, stark und trocken geht der lange, gerade Hals ohne jeglichen Ansatz einer Wamme in den Rumpf über. Dieser hat einen langen Rücken, gerade oder leicht fallend. Die breite und muskulöse Lendenpartie ist gerade, kann aber auch leicht gewölbt sein. Die Kruppe ist breit, muskulös, gerade und nur wenig, wenn überhaupt, abfallend. Die Brust ist mittelbreit und tief, der Rippenkorb nur wenig gewölbt. Leicht aufgezogen ist der Bauch. Die Rute wird herabhängend oder sichelförmig getragen. Am Ansatz ist sie stark und dick, dann leicht dünner werdend und ziemlich hoch angesetzt. Die Vorhand ist gut gestellt mit starken, schrägen, gut bemuskelten Schultern, senkrechten Läufen, gerade, lang und trocken sowie einem starken, kurzen, wenig schrägen Vordermittelfuß. Die Oberschenkel der Hinterhand sind lang, breit und bemuskelt, die Läufe lang, schräg und trocken mit trockenen, starken, mittelhohen Sprunggelenken. Die gerundeten, langen, geschlossenen, starken Pfoten haben starke, dunkle Krallen sowie harte Ballen. Das Haar ist beim *kurzhaarigen P. P.* glatt, dicht und mittelstark, beim *lang-* bis *rauhhaarigen P. P.* ohne Unterwolle. Seine Farben sind gelb, rehbraun, schwarzgrau, aber auch einfarbig, mehrfarbig und gefleckt.

Der Name Podenco wird von einigen Autoren auf „Podokes" [griech. *podos*, Fuß] zurückgeführt, also in der sinngemäßen Deutung gleichlautend mit Läufer oder *Laufhund*, was ja auch die Aufgabe dieser Hunde charakterisiert. Sie werden alle auf *afrikanische Pharaonenhunde* und *griechisch-römische Laufhunde* zurückgeführt, die sich dann territorial unterschiedlich weiterentwickelten. Der P. P. ist ein guter Laufhund für die Jagd auf Großwild, Hase und Kaninchen geworden, wozu er sich je nach Größe hervorragend eignet. Hinzu kommt seine ausgesprochene Wachsamkeit.

Podhalaner ↑ Polski owczarek podhalanski.

Pointer: einziger Vertreter der kurzhaarigen englischen Vorstehhunde (SH 55 bis 70 cm ♂, 50 bis 65 cm ♀ bei 25 bis 30 kg KM). Seine Erscheinung ist die eines ausgeglichenen, edlen, Kraft und Harmonie in sich vereinenden Hundes von nahezu quadratischem Körperbau. Das Verhältnis zwischen Rumpflänge und Schulterhöhe beträgt neun Achtel. Der Kopf mit einem Schädel mittlerer Breite erscheint gestreckt und frontal gesehen leicht gewölbt. Das Hinterhauptbein tritt hervor, die Jochbögen sind flach. Plastisch treten die Augenbögen hervor, gut ausgeprägt ist die Stirnfurche. Die Profillinie des nach vorn leicht abfallenden Hinterhauptbeines bis zum markanten Stop und der geradlinigen, eher nach unten ausgebogenen Nase ist charakteristisch für den P.kopf. Durch die tief, aber lose herabfallenden Lefzen wirkt der längliche Fang fast quadratisch. Die Augen liegen in der Mitte einer vom Hinterhauptbein zur Nasenspitze gedachten Linie. Sie sind mittelgroß, keinesfalls tiefliegend, mit lebhaftem Ausdruck und von dunkel- bis haselnußbrauner Farbe. Die Augenfarbe ist abhängig von der Fellfarbe. Dunkel sind die Augenränder. Ein Fehler sind helle Augen mit stechendem Ausdruck. Breit und voll mit weit geöffneten Nasenlöchern ist die Nase. Sie ist meist schwarz, bei braunen Hunden auch braun, bei gelben und weißgelben Tieren leber- oder fleischfarben. Die Behänge sind dünn und seidig mit hervortretenden Adern.

Sie sind mäßig hoch angesetzt und flach an den Backen herabhängend, an den Enden laufen sie in abgerundeten Spitzen aus. Kräftig, kurz und sehr breit mit starken Muskeln zeigt sich der Rumpf mit tief herabreichenden hinteren Rippen und leicht gebogener Nierenpartie. Der Rücken ist kurz und muskulös, die Brust zwar sehr tief, aber nicht sehr breit. Lang, muskulös, leicht gebogen und mit etwas lockerer Kehlhaut ausgestattet ist der Hals. Er tritt klar aus den Schultern. Stark und gerade sind die Vorderläufe, jedoch nicht übermäßig bemuskelt, mit schrägen Schultern, die gut unter dem Leib stehen und einen elastischen, leicht schräg stehenden Vordermittelfuß von guter Länge haben. Die Hüftgelenke liegen weit auseinander knapp unter der Rückenlinie. Die Schenkel sind muskulös und gut gewinkelt. Sehr stark sind die parallel stehenden Sprunggelenke. Die kräftigen Sehnen an der Hinterseite der Läufe treten klar hervor. Die Pfoten sind oval geformt mit gut gegliederten, gebogenen Zehen, die geschlossen sein müssen.

Etwas unterhalb der Rückenlinie ist die Rute angesetzt, die bis zum Ende des Wadenmuskels herabreicht. Sie ist an der Wurzel stark und verjüngt sich nach dem Ende zu. Der P. soll sie in sanfter Pumpenschwengelform tragen. Posthornruten oder solche, die eine Bürste haben, sind fehlerhaft. Wichtig ist, daß die Rute fein und dünn ist mit guter Spitze, denn je mehr das zum Ausdruck kommt, um so edler ist der Hund. Der P. ist dünn, glatt anliegend und glänzend behaart. Um den Hund auch auf weite Entfernung und in dichtem Gebüsch gut zu erkennen, sind Tiere mit weißer Grundfarbe und schwarzen, braunen, orangefarbenen und gelben Platten sowie Tupfen am beliebtesten. Auch einfarbige Tiere in den genannten Farben sind erlaubt.

Ohne Zweifel stammt der P. von *spanischen Jagdhunden* ab und zählt zu den ältesten noch existierenden Hunderassen. Oft wird angeführt, das das Herkunftsland des P. England sei. Das jedoch ist falsch. Sein Name rührt von *Perro de Punta* [span., Hund zum Vorstehen] her. Bereits *Albertus Magnus* (1193–1280), Bischof von Regensburg und begeisterter Naturforscher, erwähnt in seiner Schrift „De Animalibus" einen spanischen weißbunten Hühnerhund. Erstmals sichtbar nachgewiesen wird der P. auf einem Gemälde aus dem Jahre 1725 in England. Dorthin wurde er von englischen Offizieren gebracht, die im Verlauf des spanischen Erbfolgekrieges die Tiere aus dem Heimatland mitnahmen. Englische Züchter, vor allem der *Herzog von Kingstone*, kreuzten diese Hunde nun mit dem ↑ Foxhound und leichteren *französischen Laufhunden* und erreichten einen leichteren Körperbau bei Erhaltung der ausgezeichneten jagdlichen Wesenseigenschaften.

Die Vorsteheigenschaft, d. h., beim Aufstöbern von Wild regungslos und meist mit erhobenem Vorderlauf zu verharren, trat wahrscheinlich mutativ auf und wurde durch fortgesetzte Reinzucht gefestigt. Obwohl es inzwischen viele verschiedene Vorstehrassen gibt, kann man den P. noch immer als reinsten Vererber der Vorsteheigenschaft ansehen, der auch ausdauernd und weit sucht. Nach Deutschland wurde der P. erstmals zu Beginn des 19. Jh. importiert. Gegen 1835 wurde der P. nochmals verfeinert, da er den Züchtern für die moderne Jagd noch zu schwerfällig erschien, für die Veredelung sorgte der schnelle, wendige Foxhound. So entstand das bis heute unverfälscht erhalten gebliebene Modell eines pflegeleichten, schnellen, unermüdlichen Jagdhundes, substanzvoll und mit hervorragendem Wesen, sanft und gutmütig. – *Tafel 32.*

Poitevin: großer französischer Laufhund, der Kraft, Eleganz und Leichtigkeit, gepaart mit Farbenpracht in sich vereint (SH 60 bis 70 cm bei 35 kg KM). Sein Kopf ist trocken, feinnervig und sitzt gut auf dem langen Hals. Er hat einen spitz zulaufenden Fang, einen leicht gewölbten Schädel und ein markiertes Hinterhauptbein. Die Nase ist kräftig und breit, der Nasenrücken lang und gebogen. Die großen, braunen Augen haben schwarze Lidränder. Die Ohren sind ziemlich kurz, besonders fein und seidig, gefaltet und relativ niedrig angesetzt. Ohne Kehlwamme geht der lange, dünne Hals in den Rumpf über, der eine tiefe Brust mit langen Rippen hat. Der Rükken ist fest und gut bemuskelt, die Lenden sind muskulös und die Hüften leicht schräg. Lang, flach und ziemlich schräg sind die Schultern, die an der Brust anliegen. Gerade, bemuskelt, trocken und stark sind die Vorderläufe, die sehr muskulöse Keulen haben. Die Sprunggelenke stehen nahe am Boden, sind gut unterstellt und leicht gewinkelt. Die Rute muß mittellang sein und an der Spitze dünn auslaufen. Sie hat keine Bürste, ist leicht gebogen und wird elegant getragen. Das Haar des P. ist kurz, glatt, reichlich und glänzend und immer dreifarbig in leuchtendem Rot oder Orange mit meist schwarzem Mantel und weißen Tüpfeln. Disqualifiziert werden Hunde, die weiß oder schwarz sind und eine Kehlwamme haben. Obwohl ein Zangengebiß toleriert wird, zieht man das Scherengebiß vor. Der P. ist eine französische Rasse, die im 19. Jh. entstand und aus *dreifarbigen irischen* Hunden, ↑ Greyhounds und Abkömmlingen des ↑ Hubertushundes hervorging. Obwohl der P. zu den schönsten Jagdhunden Frankreichs zählte, ist er reinrassig fast ausgestorben. Er existiert heute hauptsächlich als Kreuzung zwischen englischen und französischen Hunden, die als Meutehunde eingesetzt werden und ↑ Batards du Haut-Poitou heißen. Hervorragend eignet sich der P. für die Jagd auf Großwild. – *Tafel 39.*

Poligar: doggenähnlicher, doch kleiner und leichter gebauter Hund (SH 61 bis 66 cm ♂, 56 bis 60 cm ♀ bei 25 kg ♂, 18 bis 22,5 kg ♀ KM). Der P. hat kurzes, glattes Haar, das am Kopf seidigweich ist und an den übrigen Körperteilen härter. Das Haar des P. ist elfenbeinweiß, manchmal mit hellweizenfarbenem Rücken, darf aber nie gefleckt sein. Verlangt wird eine rosarote bzw. fleischfarbene Nase. Die Augen sind gewöhnlich dunkelbraun. Die Haut ist rosa, gelegentlich braunfleckig. Seinen Namen hat der P. nach den ebenso genannten Gouverneuren des frühen Mittelalters. Der P. wird seit dem 14. Jh. urkundlich erwähnt. Hauptsächlich verwendet man ihn für die Wildschweinjagd, in Ausnahmefällen auch für Hasentreiben. Er jagt auf Spur ebenso sicher wie auf Sicht, ist sehr ausdauernd, doch nicht sehr schnell. Da er dazu noch von angenehmem Äußeren ist, zählt er zu den in Indien, speziell im indischen Staat *Tamil Nadu*, beliebtesten Jagd- und Haushunden, der bei aller Naturschärfe und Jagdpassion im Haus ziemlich faul und gutmütig ist.

polnische Hirtenhunde: 1. ↑ Polski owczarek nizinny.– **2.** ↑ Polski owczarek podhalanski.

Polski owczarek nizinny: polnischer

mittelgroßer Niederungshütehund mit raumgreifender, freier Gangart (SH 43 bis 52 cm ♂, 40 bis 46 cm ♀ bei 20 kg KM). Der Kopf ist ebenmäßig, mittelgroß, nicht zu schwer, mit stark behaarter Stirn, ebensolchen Backen und einem Bart, so daß der Kopf größer erscheint. Mäßig breit ist der Schädel, leicht gewölbt mit deutlichem Stop. Die Stirnfurche und das Hinterhauptbein sind leicht angedeutet und lassen sich durch Tasten feststellen. Die Länge des Fanges mit geradem Nasenrücken ist der Schädellänge gleich oder etwas kürzer. Groß, schwarz, stumpf und mit großen Nasenlöchern versehen ist die Nase. Die Lefzen liegen an und haben schwarze Ränder. Er hat starke Kiefer mit einem kräftigen Scherengebiß, ein Zangengebiß wird aber auch anerkannt. Mittelgroß, herzförmig, am Ansatz breit und mittelhoch angesetzt sind die Ohren, die so herabfallend getragen werden, daß die Vorderkante auf den Bakken aufliegt. Die mittelgroßen Augen sind oval, nußfarben und dunkel umrahmt und haben einen lebhaften Blick. Der starke Hals ist muskulös, mittellang und wird ohne Falten fast waagerecht getragen. Der Brustkorb ist tief, mäßig breit mit gut gewölbten Rippen und weder flach noch tonnenförmig. Der Bauch ist etwas aufgezogen. Der Rücken ist waagerecht und stark bemuskelt, die Hüften sind breit und gut gebunden. Deutlich ausgeprägt ist der Widerrist. Die Kruppe ist kurz und leicht abfallend, ihre Höhe beträgt neun Zehntel der Rumpflänge. Der P. o. n. hat breite, mittellange Schultern, schräg, gut angesetzt und stark bemuskelt. Die Beine sind von vorn wie auch von der Seite gesehen gerade, der Vordermittelfuß ist etwas schräg zum Unterarm gewinkelt, die Schenkel sind breit und gut bemuskelt. Gut angedeutet und nicht zu steil gestellt sind die Sprunggelenke. Die Pfoten sind oval mit kompakten, leicht gewölbten Zehen. Die Sohle ist hart, die Krallen sind kurz und dunkel. Die Rute wird meist sehr kurz kupiert, es kommen aber auch angeborene Stummelschwänze vor. Der Hund ist mit langem, dichtem, zottigem Haar bedeckt, das sehr widerstandsfähig gegen Witterungseinflüsse ist und das dichte, weiche Unterwolle hat. Es fällt von der Stirn auf typische Art über die Augen. Obwohl Ziegenhaar bevorzugt wird, kann das über 10 cm lange Deckhaar auch leicht gewellt sein. Er kommt in allen Farben und Fleckungen vor, meist jedoch in weiß, grau oder weiß mit schwarzen und grauen Platten, auch sandfarben und braunrot, immer am Fang, den Ohren und entlang des Rückens dunkler. Der P. o. n. läßt sich leicht erziehen und ist als Wach- und Hütehund hervorragend. Man kann ihn aber auch unter städtischen Bedingungen halten, wo er ein guter Begleiter und Beschützer ist. Aufwendig ist die Pflege seines Haarkleides, das täglich gebürstet und gekämmt werden muß, damit es nicht verfilzt und sich kein Ungeziefer einnistet. Das ausgekämmte Haar wird vielfach gesponnen und zu Kleidungsstücken verarbeitet, ähnlich wie beim ↑ Chow Chow und ↑ Collie, aber auch bei anderen langhaarigen Hunden. Er ist aufgeweckt und gelehrig. Im Ausland wurde der P. o. n. erstmals 1963 in Budapest ausgestellt, wurde doch die Rasse erst am 5. 10. 1963 offiziell von der FCI anerkannt. Natürlich ist der P. o. n. rassegeschichtlich viel älter. Er zählt zu der Gruppe der *mittleren europäischen Hirtenhunde* mit dichtem, zottigem Fell, wie auch die ungarischen ↑ Puli, die deutschen *Hüte-Pudel*, die *Picardie-* und *kleinen Pyrenäenhunde*, die in Gebirgs- und Flachlandgebieten vom Kaukasus bis zu den Pyrenäen gehalten werden. Ihr Verbreitungsgebiet umfaßt das gleiche wie das der *großen weißen Hütehunde*. Ihre Vorfahren waren wahrscheinlich behaarte, zottige, mittlere *tibetanische Hunde*, die auch zu den Stammvätern des heutigen ↑ Tibet Terrier zählen. Diese gelangten mit nomadisierenden asiatischen Hirtenstämmen vom Nahen Osten über den Balkan und aus Zentralasien entlang den Ufern des Kaspischen und Schwarzen Meeres nach Europa. Zum Entstehen dieser These trug u. a. die Entzifferung von Inventarverzeichnissen der *Sumerer*, eines in der zweiten Hälfte des 4. Jahrt. v. u. Z. nach *Mesopotamien* eingewanderten Volkes, bei, in denen Hirtenhunde aufgeführt sind. Im 9. Jh. kamen Hunde des Puli-Typs zusammen mit den Stämmen der Magyaren aus Osteuropa in die ungarische Tiefebene und das Karpatenbekken. Aus der Mitte des 13. Jh. stammende Überlieferungen weisen aus, daß Hirten mit mittelgroßen Hunden über Schafherden mit 200 bis 300 Tieren wachten. Einen weiteren Hinweis findet man in einer Handelsakte aus dem Jahre 1514 des Getreidekaufmannes *Kazimierz Grabski* aus Gdansk, der zusammen mit Getreide auch sechs polnische Hirtenhunde nach Schottland sandte, wo diese ihm die eingetauschten Schafe zusammentreiben sollten. Die Hunde blieben in Schottland, und *Grabski* erhielt für zwei Hündinnen und einen Rüden einen Widder und ein Mutterschaf. Mit dem Niedergang der Schafzucht und -haltung im 19. Jh. verschwanden auch die P. o. n. immer mehr, so daß Anfang des 20. Jh. nur noch wenige Exemplare vorhanden waren. Der Züchterin *M. J. Czetwertyńska-Grocholska* aus Plata (Kreis Radzyń) gelang es, mit einigen Exemplaren die Reinzucht aufzubauen. Zum ersten Mal stellte sie diese Tiere unter dem Namen *Polnische Hirtenhunde* 1924 auf einer Warschauer Ausstellung aus. 1938 erließen Kynologen des polnischen Verbandes einen Aufruf, alle Hunde vom Typ P. o. n. registrieren zu lassen, doch wurde die endgültige Realisierung des Vorhabens durch den Einmarsch der faschistischen deutschen Truppen unterbrochen. Die Mitglieder der *Bydgoszczer Abteilung des Polnischen Kynologischen Verbandes* setzten 1947 diese Arbeit fort und die auf heutigen Ausstellungen zu sehenden P. o. n. sind ein Beweis für deren Zuchterfolg. Größter Verdienst beim Aufbau der modernen Zucht gebührt dem polnischen Zwinger „z Kordegardy", als Stammvater des heutigen P. o. n. betrachtet man allgemein den Rüden *Smok z Kordegardy*. – *Tafel 6*.

Polski owczarek podhalanski, *Goralenhund*, *Podhalaner:* großer, rechtekkig erscheinender Hund, die Rüden sind etwas kürzer als die Hündinnen (SH 65 bis 70 cm ♂, 60 bis 65 cm ♀ bei 40 bis 55 kg KM). Der harmonische Bau kennzeichnet Kraft und Beweglichkeit, der P. o. p. ist von imposanter Gestalt und schönem Aussehen. Der Kopf ist von passender Größe, trokken, mittelhoch getragen, unabhängig ob der Hund sich in der Bewegung oder im Ruhezustand befindet. Der Hirnschädel ist von der Seite betrachtet etwas gewölbt, die Stirnfurche flach, der Stop deutlich, obwohl die Schädellinie nicht sehr scharf durchbrochen ist. Der starke Fang wird zum immer noch breiten Nasenrücken schmaler. Die Nase ist schwarz, mittelgroß und mit größeren Nüstern. Der Fang hat anliegende Lefzen mit dunklen Rändern und starke, gleichmäßig, entwickelte Zähne im Scherengebiß. Beim P. o. p. wird auch ein Zangengebiß toleriert. Die dunklen, mittelgroßen, ausdrucksvollen Augen haben braune Lider, sind dunkel umrahmt und etwas schräg gestellt. Auf der Höhe des hinteren Augenwinkels angesetzt, teils auch etwas höher, liegen die mittellangen, dreieckigen Ohren mit der inneren Kante glatt am Kopf an, sie sind ziemlich dick und dicht behaart, die Ohrlappen beweglich. Der Hals darf keine Wamme haben. Er ist muskulös, von mittlerer Länge und tief am Rumpf angesetzt. Die Halslinie erhebt sich über die Rückenlinie. Lang und massiv ist der Rumpf, der Widerrist muß ausdrücklich angedeutet sein, breit und gerade der Rücken, die Kruppe ebenfalls breit, der Brustkorb fällt leicht ab, ist tief mit schrägen Rippen. Etwas flach zeigt sich der leicht aufgezogene Bauch. Nicht zu hoch angesetzt wird die Rute unter der Rückenlinie getragen. In der Erregung wird sie über die Rückenlinie erhoben, jedoch nicht aufgerollt. Sie reicht bis zu den Sprunggelenken und kann am Ende leicht gebogen sein. Die Vordergliedmaßen sind muskulös mit starkem, nicht zu schwerem Knochenbau. Von vorn betrachtet wirken sie gerade mit etwas schräg liegenden Schultern und leicht nach vorn gerichteten Vorderfußwurzelgelenken. Die Pfoten sind verhältnismäßig groß, oval und zwischen den Zehen behaart. Sie haben starke, harte, dunkel pigmentierte Ballen, die Krallen sind stark, stumpf und dunkel. Die Hintergliedmaßen sind etwas nach hinten gestellt, mäßig gewinkelt und wirken von hinten betrachtet senkrecht, ebenso wie der Hintermittelfuß seitlich gesehen.

Das Haarkleid des P. o. p. ist am Kopf, am Fang, an der Vorderseite der Läufe, am Sprunggelenk, vorn und hinten abwärts, kurz und geschlossen. Am Hals und am Rumpf muß es lang, dicht und gerade, aber auch leicht gewellt sein. Es fühlt sich hart an und hat reichliche Unterwolle. Am Hals bildet sich eine dicke Krause. Die Schenkel sind lang und reich behaart, die Rute ist buschig. Die Farbe ist stets ein reines Weiß, jede Abweichung gilt als Fehler.

Das lange Haarkleid verlangt tägliches Bürsten, wobei die toten Haare ausgekämmt werden. Der P. o. p. läßt sich leicht abrichten und arbeitet speziell als Hirten- und Wachhund. Er ist zurückhaltend und sehr intelligent. Der P. o. p. gehört in die Gruppe der Rassen, welche sich in den Gebirgsgegenden Europas sowie den Ebenen Ungarns befinden. Sie sind sich alle sehr ähnlich. Sie sind groß und haben ein langes, weißes Fell. Man führt sie zurück auf den großen Zug der Magyaren in ihre jetzige Heimat (↑ Kuvasz). Wie willkürlich aus diesen Hunden Einzelrassen gemacht wurden zeigt das Beispiel des P. o. p. und des ↑ Slovensky Čuvač, einer ursprünglich beiderseits der Hohen Tatra lebenden Rasse. Erst nach dem 2. Weltkrieg begann man mit getrennten Zuchten. Heute sind die Züchter bemüht, Unterscheidungsmerkmale zu formen. – *Tafel 4.*

Pomeranian ↑ Deutscher Spitz.

Pommerscher Hütehund: mittelgroßer, hochläufiger Hund mit kleinen, gut angesetzten Hängeohren (SH 50 bis 60 cm ♂, 50 bis 55 cm ♀ bei 25 bis 30 kg KM) und einer buschigen Säbelrute. Sein Kopf ist gestreckt mit schmalem Schädel und geringem Stop. Der kräftige Fang läuft konisch zu und hat ein kräftiges, komplettes Scherengebiß, die schwarze Nase ist gut geöffnet. Der P. H. hat dunkelbraune Augen und kleine, seitlich am Kopf anliegende Ohren. Der mäßig lange Hals geht muskulös in den Rumpf über, der einen festen geraden Rücken, muskulöse Lenden und eine tiefe, ovale Brust hat. Säbelförmig herabhängend wird die buschig behaarte Rute getragen. Wichtig für den ausdauernden Hütehund sind die Gliedmaßen, vorn mit schrägen, anliegenden Schultern, kräftigen, geraden Läufen, hinten mit bemuskelten Keulen, kräftigen, geraden Läufen sowie gut gewinkelten Knie- und Sprunggelenken. Die Pfoten sind oval mit harten Ballen und haben schwarze Krallen. Das üppige Haar hat dichte, weiche Unterwolle. Es ist am Hals, der Kehle und der Hinterseite der Läufe besonders lang und stets weiß, nur gelegentlich tritt ein gelblicher Anflug auf.

Dieser schlichthaarige Hirtenhund gehört zu den vier bodenständigen deutschen Gebrauchshundschlägen der Schäfer, die seit Jahrhunderten nur auf Leistung gezüchtet und gehalten werden. Diese haben alle einen kräftigen Traberrumpf, gute Schädel- und Fangbildung, wetterfeste Behaarung und stellen kaum Ansprüche an Haltung und Futter. Ihre Prädikate sind Ausdauer, Führigkeit, Diensteifer und Anhänglichkeit.

Porcelaine: mittelgroßer, kurzhaariger, französischer Laufhund, in den Bewegungen lebhaft und fröhlich (SH 55 bis 58 cm ♂, 53 bis 56 cm ♀ bei 25 bis 30 kg KM). Er hat einen trockenen, ziemlich langen, fein modellierten Kopf mit gut entwickelter Nase, die sehr schwarz und gut geöffnet ist. Der Nasenrücken ist lang, der Fang weder viereckig noch spitz. Dunkel und tiefliegend sind die Augen, die Ohren fein, gefaltet und bis zur Nasenspitze reichend, aber nicht über der Augenhöhe angesetzt. Ziemlich lang und leicht ist der Hals, die Brust gut herabgelassen mit langen Rippen, die jedoch nicht flach sein dürfen. Der Rükken ist breit und gerade mit hervortretendem Widerrist. Breit und sehr muskulös sind die Lenden, etwas aufgezogen, aber mit vollen Flanken. Die Hüften springen leicht vor und sind etwas schräg. Der P. hat die Schultern eines „Galoppierers", lang, schräg und sehr muskulös. Die Vorderläufe sind ebenfalls lang und trocken mit guten Sehnen. Stark und nahe am Boden sind die normal gewinkelten Sprunggelenke, die Pfoten zeigen harte und feste Ballen mit langen, feinen Krallen.

Porcelaine

Gut angesetzt und dick am Ansatz ist die zur Spitze dünn verlaufende mittellange Rute, die ohne Bürste mit leichter Biegung getragen wird. Der P. hat glattes, fein anliegendes, glänzendes Haar auf feiner, geschmeidiger, mit zahlreichen schwarzen Flecken marmorierter Haut, die dem Hund seinen Namen gab. Er ist schneeweiß mit

Irish Wolfhound

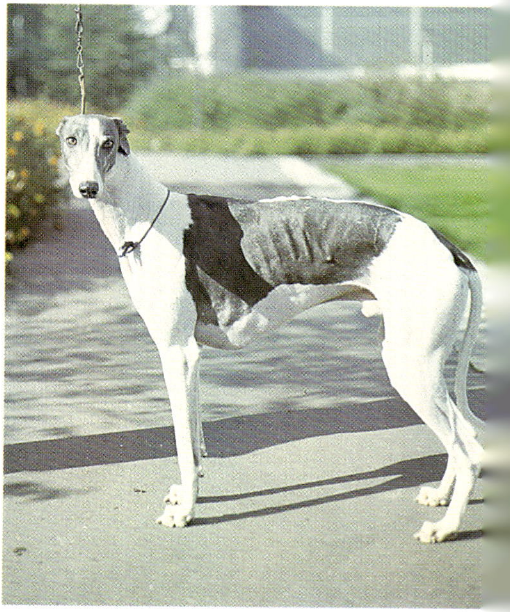

oben links Whippet, *oben rechts* Saluki, *unten links* Afghanischer Windhund, *unten rechts* Greyhound

Barsoi

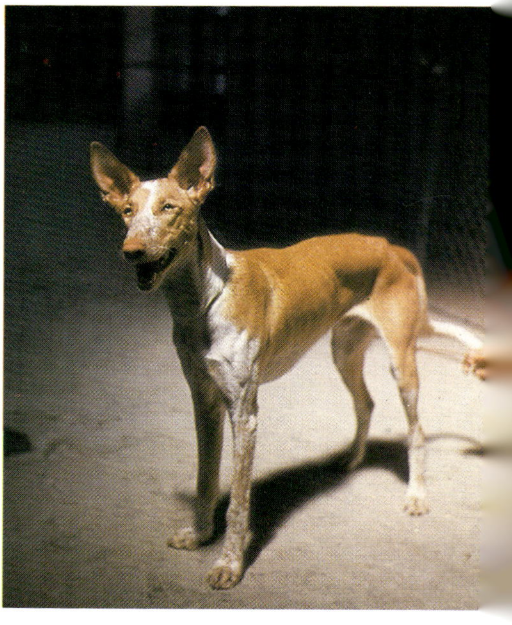

oben links Basset Hound, *oben rechts* Luzerner Niederlaufhund, *unten links* Bayerischer Gebirgsschweißhund, *unten rechts* Podenco ibicenco

oben links Airedale Terrier, *cben rechts* Bedlington Terrier, *unten links* Irish Terrier, *unten rechts* Kerry Blue Terrier

oben links Bull Terrier mit Welpen, *oben rechts* Bull Terrier (weiß), *Mitte links* Bull Terrier (gestromt), *Mitte rechts* Deutscher Jagdterrier (Rauhhaar), *unten links* Fox Terrier (Glatthaar), *unten rechts* Fox Terrier (Drahthaar)

oben links Dandie Dinmont Terrier, *oben rechts* Česky Terrier, *unten links* Sealyham Terrier, *unten rechts* Skye Terrier

oben links West Highland White Terrier, *oben rechts* Cairn Terrier, *unten* Australischer Terrier

orangefarbenen runden Flecken, die niemals einen Mantel bilden. Die orangefarbene Tüpfelung auf den Behängen ist für die Rasse typisch.
Der P. ist ein Nachfahre der *großen Jagdhunde des Mittelalters* und hat große Ähnlichkeit mit dem ↑ Schweizer Laufhund, der sogenannten *Rotschecke*, von dem es auch heißt, daß er ab und zu P. eingekreuzt bekam. Ende des 19. Jh. wurde der P. mit dem ↑Somerset Harrier gekreuzt, anschließend führten die Züchter noch ↑ Grand Gascon Saintongeois zu. Man kann davon ausgehen, daß die ersten wirklich durchgezüchteten P. des heutigen Typs während einer Hundeausstellung 1889 in Paris gezeigt wurden. Leider ist der wirkliche P. heute kaum noch anzutreffen, lediglich in Form des ↑ Harrier-Porcelaine existiert er noch. Der P. ist ein eifriger Jäger, ohne zu heftige Reaktionen zu zeigen. Er eignet sich sehr gut für die Jagd auf Hase und Reh, weniger auf Raubzeug. Er ist leicht zu führen, ausdauernd und hat einen guten Geruchssinn.

portugiesische Schäferhunde: 1. ↑ Berger da Serra de Aires.– **2.** ↑ Berger da Castro Laboreiro.– **3.** ↑ Berger de Serra da Estrela.

Posavski goniči, *Sawe-Bracke:* stockhaarige, mittelgroße Bracke mit mittellangen Behängen und Säbelrute (SH 46 bis 56 cm bei 30 kg KM). Der Kopf ist lang und ziemlich schmal mit rundlichem Schädel, das Hinterhauptbein ist gut ausgebildet, die Stirn länglich, nicht zu breit und leicht gewölbt. Sichtbar, aber nicht zu steil ist der Stop. Der Fang ist länglich mit sanft gewölbtem Nasenrücken, gleichmäßig entwickelt und nicht spitz. Die Lefzen dürfen nicht zu dick sein und müssen überhängen. Er hat ein gutes Scherengebiß. Dunkel, voll und gut geschlossen sind die Augen mit anliegenden Lidern. Die Ohren werden herabfallend und anliegend getragen. Sie reichen mit der abgerundeten Spitze bis zum Lippenwinkel. Steil angesetzt, mittellang, stark und muskulös ist der Hals. Er wird aufgerichtet getragen. Der Rumpf ist mächtig, langgestreckt mit geradem und muskulösem Rükken, breiter Lendenpartie und leicht abfallender Kruppe. Die Brust ist breit, der Rippenkorb etwas gerundet. Recht kräftig ist die lange, eher herabhängend als aufgerichtet getragene Rute. Die Vorderhand ist weit gesetzt, die Läufe sind stark, trocken und gestreckt. Muskulös ist die Hinterhand und hat gut gewinkelte Sprunggelenke. Die kräftigen Pfoten haben starke Ballen, gute Behaarung und derbe Krallen. Der P. g. darf keine Hasenpfoten haben. Das dichte, anliegende Haar ist 2 bis 3 cm lang, an den Innenseiten der Läufe und der Rutenunterseite länger. Seine Grundfarbe ist rötlich bzw. weizengelb bis fuchsrot, jedoch niemals braun oder schokoladenfarben. Das Weiß, welches nur weniger als ein Drittel der Grundfarbe erreichen darf, tritt an der Brust, den Pfoten und der Rutenspitze sowie als Blesse auf.
Der P. g. ist ein vielseitiger, große Jagdpassion zeigender Hund, der trotz seiner während der Arbeit auftretenden gesunden Naturschärfe im Umgang mit dem Menschen ausgesprochen sanft wird. Der P. g. gehört zu den *Bracken des Österreichisch-Ungarischen Reiches*, zählt als jugoslawische Rasse und wird mit viel Geschick erhalten.

Powder Puff: behaarte Abart des ↑ Chinese Crested Dog, grazil, elegant, von zierlichem Körperbau (SH 28 bis 33 cm bei 4 kg KM). Der Rumpf ist leicht gerundet, die Brust tief und breit, die Bauchpartie mäßig hochgezogen. Der Kopf ist lang, leicht gerundet mit angedeutetem Stop, mäßig langem Fang und trockenen Wangen. Die Augen stehen weit auseinander und sind von mittlerer Größe. Die großen Ohren stehen aufrecht und sind befranst. Der lange Hals wird grazil, leicht gebogen und hoch getragen. Der P. P. hat dichte Unterwolle und längeres, seidiges Deckhaar, bei dem alle Farben erlaubt sind. Für beide Varianten, also den P. P. und den Chinese Crested Dog, bestehen zwar Standards, doch werden auf Ausstellungen beide zusammen in einem Ring gerichtet. Ist ein haarloser Hund in der Konkurrenz, so wird dieser bevorzugt. Sehr oft findet man in Würfen haarloser Elterntiere neben den nackten Welpen auch behaarte. Paart man nun diese behaarten Tiere zusammen, fallen auch haarlose Tiere. Im Unterschied zum haarlosen Chinese Crested Dog schreibt der Standard für den P. P. ein kräftiges Scherengebiß vor, das nach Möglichkeit vollzählig sein muß.

Pudel: harmonischer Hund mit charakteristisch gekräuseltem, gelocktem oder Schnürenhaarkleid, das gemäß der Vorschrift geschoren werden muß. Sein Gesamteindruck ist der eines intelligenten, besonders aufgeweckten Tieres, das harmonisch gebaut ist und eine Haltung voll Adel und Stolz aufweist. Der P. hat einen tänzelnden und leichten Gang, er darf niemals schleichend oder gestreckt gehen. Er existiert in drei Größen, die getrennt gezüchtet und auf Ausstellungen gerichtet werden. Dazu kommen fünf unterschiedliche Farbschläge, so daß sich unter dem Begriff P. im ganzen 15 Rassen verbergen. Der Kopf des P. ist edel und gradlinig, zum Körper wohlproportioniert. Seine Länge beträgt etwas mehr als zwei Fünftel der Schulterhöhe. Die Nase ist betont und verläuft, seitlich gesehen, senkrecht. Die Nasenlöcher sind offen, die Nase ist bei schwarzen, weißen und silbernen Tieren schwarz, bei braunen muß sie braun sein, aber beide Farben kann sie bei den Apricot-P. aufweisen. Die obere Seitenansicht des Nasenrükkens ist geradlinig, die Länge beträgt ungefähr neun Zehntel des Hirnschädels. Die beiden Unterkieferseiten verlängern sich beinahe gleichlaufend, das Aussehen des Fanges ist kräftig, fein, aber nicht spitz. Die Lefzen sind leicht geformt, trocken und von mäßiger Dicke. Die Unterlippe ist straff, die Oberlippe liegt ihr auf, ohne überzuhängen. Die Farbe der Lefzen ist bei den schwarzen, weißen und silberfarbenen P. schwarz, bei den braunen Tieren durchgefärbt. Die Apricot-P. können wieder beide Farbtöne aufweisen. Das Gebiß muß bei geschlossenen Kiefern als Schere oder Zange schließen, die Zähne müssen kräftig sein. Sehr wenig ausgeprägt soll der Stop sein. Der Hirnschädel ist gut ausgebildet und in seiner Breite kleiner als die Hälfte der Kopflänge. Die Längsachse bildet mit der seitlichen Gesichtslinie einen Winkel von 16 bis 19°. Die Augenwölbung steht mäßig vor und wird mit langem Haar bedeckt. Die Stirnfurche ist zwischen den Augen breit und verschmälert sich nach dem stark ausgeprägten Hinterhauptknochen, der beim Zwerg-P. weniger stark ausgeprägt sein kann. Die in der Höhe des Stirnabsatzes eingesetzten Augen haben einen feurigen Ausdruck und sind leicht schräg gestellt. Bei den schwarzen, weißen und silberfarbenen P. ist die Augenfarbe schwarz oder ganz dunkelbraun, bei den braunen P. darf sie dunkelbernsteinfarben sein, ebenso wie bei den Apricot-P. Die Ohren sollen ziemlich lang und anliegend längs der Wangen hängen, angesetzt in der Verlängerung der seitlichen Gesichtslinie, die von der Nasenkuppe ausgehend am äußeren Augenwinkel vorbeiführt, nach dem Ansatz breiter wird und an den Enden abgerundet ist. Die Behänge haben sehr langes, gewelltes Haar.

Der Hals des P. soll stark, leicht gebogen im Nacken und von mittlerer Länge sowie gut proportioniert sein, so daß der Kopf hoch und stolz getragen wird. Lose Kehlhaut am Hals ist verboten. Der Rumpf ist gut proportioniert, wobei die Körperlänge die Schulterhöhe um höchstens 2 cm überschreiten darf, angestrebt wird ein Quadrat. Das Ende des Brustbeines muß leicht hervorspringen und so hoch liegen, daß es ein höheres, leichteres und edleres Tragen des Kopfes ermöglicht. Der Brustkorb reicht bis zur Ellenbogenhöhe hinunter, die Breite beträgt zwei Drittel der Höhe vom Brustbein bis zur Wirbelsäule. Der Brustkorb ist oval, der Rücken erscheint kurz, von harmonischer Linie. Weitere Merkmale eines P. sind feste, gut bemuskelte Lenden, eine abgerundete, aber nicht abfallende Kruppe und leicht aufgezogene Flanken. Auch der Bauch muß leicht aufgezogen sein, ohne an den Bauch eines Windhundes zu erinnern. Die Schultern sind schräg und muskulös, das Schulterblatt bildet mit dem Lauf einen Winkel von 90 bis 100°, wobei die Länge des Oberarmes der des Schulterblattes entspricht. Die Vorderläufe sind völlig gerade und parallel, schlank, gut bemuskelt und haben feste Knochen. Die Höhe vom Ellenbogengelenk bis zum Boden beträgt fünf Neuntel der Schulterhöhe. Die Fußwurzel setzt die Linie des Vorderlaufes fort. Der Vordermittelfuß erscheint fest, ohne plump zu sein, von der Seite gesehen beinahe gerade. Die Füße sind ziemlich klein, geschlossen mit gut aufgeknöchelten Zehen. Sie ruhen senkrecht auf harten, dichten Ballen, und haben Krallen, die bei schwarzen Tieren nur schwarz, bei braunen braun oder schwarz und bei weißen bzw. silberfarbenen P. entsprechend dem Pigment durchgefärbt oder hell sind. Die Schenkel der Hintergliedmaßen sollen gut bemuskelt und stämmig sein, die Hinterläufe stehen von hinten gesehen parallel, sind gut entwickelt und haben stark hervortretende Muskeln. Die Verbindung des Kniegelenkes ist gut gewinkelt, Sprunggelenk und Hintermittelfuß stehen senkrecht.

Die Rute ist ziemlich hoch in der Höhe der Nierenpartie angesetzt. Sie muß beim Woll-P. nach dem Körper zu um ein Drittel oder um die Hälfte ihrer natürlichen Länge kupiert werden, obwohl eine lange und gut getragene Rute kein Fehler ist. Beim Schnüren-P. kann sie in ihrer ganzen Länge belassen werden. In der Bewegung wird die Rute schräg aufwärts getragen. Der P. hat eine geschmeidige, pigmentierte, straffe Haut, deren Farbe bei schwarzen oder braunen Tieren der Haarfarbe entspricht. Dagegen soll sie bei den silberfarbenen P. hell oder silbern mit schwarzer bzw. dunkelbrauner Pigmentierung sein. Es gibt weiße P. mit sehr heller, fast rosa anzusehender Haut, die Pigmentflecken zeigt. Angestrebt wird aber die silberfarbene Haut. Das Haarkleid des Woll-P. ist üppig und von feiner, wolliger Textur, gut gekräuselt, elastisch und dem Druck der Hand widerstehend. Es muß sehr dicht und reichlich sein, von gleichmäßiger Länge und gleichmäßige, ausgekämmte Locken bilden. Der Schnüren-P. hat die charakteristischen Schnüre von gleichmäßiger Länge, dabei ist das reiche Haar von feiner Textur, wollig und gestrafft. Die Schnüre müssen mindestens 20 cm lang sein, wobei zu beachten ist, daß die größere Länge bevorzugt wird. Die Schnüre beiderseits des Kopfes können oberhalb der Ohren durch ein Band zurückgehalten werden, auch die des Oberkopfes werden gescheitelt, damit sie nicht unordentlich aussehen. Die Farben unterscheiden sich wie folgt:

1. *Schwarz:* schwarzes Haarkleid, schwarze Nase, schwarze Lefzen, schwarze oder dunkelbraune Augen, schwarze Krallen sowie mit der Haarfarbe übereinstimmendes Pigment. Das Schwarz muß einheitlich sein, helle Haarspitzen gelten als Fehler.

2. *Weiß:* weißes Haarkleid, schwarze Nase, schwarze Lefzen, schwarze oder dunkelbraune Augen und entsprechend dem Pigment gefärbte oder helle Krallen. Die Haut ist hell (rosa) oder silberfarben.

3. *Braun:* klares Braun, recht dunkel, einheitlich und warm. Die Abstufungen des Braun dürfen weder ins Beige übergehen, noch ins Hellbraun, aber auch nicht zum Dunkelbraun tendieren, braun durchgefärbte Lefzen, braune Nase, dunkelbraune oder dunkelbernsteinfarbene Augen, schwarze oder braune Krallen und eine mit der Haarfarbe übereinstimmende Pigmentierung.

4. *Silber (Grau):* einheitliche Silberfarbe. Die Abstufungen dürfen weder schwarze noch weiße Übergänge haben. Schwarze Lefzen, schwarze Nase, schwarze oder dunkelbraune Augen, helle oder entsprechend dem Pigment gefärbte Krallen werden gefordert. Das Pigment kann schwarz oder dunkelbraun sein, die Haut hell oder silberfarben.

Gegenüber den anderen P. weist der Silber-P. eine Besonderheit auf. Die Welpen sind bei der Geburt schwarz und werden bis zur 16. Lebenswoche immer heller. Nach einigen Tagen bereits erscheinen hauptsächlich an der Bauchseite sowie an den Pfoten einzelne Silberhaare. Im Alter von zehn Wochen geht dann die schwarze Farbe nach und nach in Silber über, wobei sich zuerst der Kopf, die Rute und die Läufe umfärben. Die völlige Silberfärbung erreicht der Silber-P. mit etwa eineinhalb Jahren. Man muß aber darauf achten, daß abgestoßenes oder durch unvorsichtiges Kämmen und Bürsten herausgezogenes Haar schwarz nachwächst und dann eine gewisse Zeit braucht, um von der Haarwurzel an allmählich wieder silberfarben zu werden.

5. *Apricot:* einheitliche Apricotfarbe ohne Stich in beige- oder cremefarben, es darf auch nicht in Braun oder seine Abstufungen übergehen. Die Beschaffenheit des Haares muß wollig, gekräuselt und elastisch sein in demselben Maße wie bei den andersfarbigen P. Es ist unerwünscht, daß sich das Haar hart anfühlt. Das allgemeine Pigment, die Schleimhäute, die natürlichen Öffnungen und die Pfotenballen müssen so einheitlich und dunkel wie möglich gefärbt sein. Der Nasenschwamm, die Lefzen, die Augenlider und Krallen müssen dieser Pigmentierung entsprechen, gemäß der ganzen Skala von Dunkelbraun bis möglicherweise Schwarz, ohne daß die schwarze Farbe bevorzugt wird. Sie wird aber akzeptiert, um eine mög-

liche Depigmentierung zu vermeiden.
P. werden nach folgenden Größen unterschieden:
Zwerg-P. 35 cm und darunter bei bis 5 kg KM; Klein-P. 35 bis 45 cm bei 5 bis 7 kg KM; Groß-P. 45 bis 60 cm bei 30 kg KM.
Sehr zeitaufwendig ist die Pflege eines P. Täglich muß er gründlich gebürstet und gekämmt werden. Kauft man sich einen Welpen, beginnt man bei ihm im Alter von ungefähr vier Monaten mit der ersten Schur, d. h. es sollen die Füße, der Fang, die Wangen und die Rute geschoren werden. Für diese sogenannte *Welpenfrisur* wird eine normale Schere, eine Ohrenschere oder eine Haarschneidemaschine mit sehr feinem Scherkopf benötigt. Mit letzterem bzw. der Ohrenschere werden die Wangen, der Fang und der obere Teil der Nase glattgeschoren. Dabei läuft die obere Linie vom äußeren Augenwinkel bis zur obersten Ecke der Ohren und das Stutzen des Nasenrükkens wird durch eine imaginäre Linie zwischen den inneren beiden Augenwinkeln begrenzt. Auch die Rute wird glattgeschoren, wobei die Quaste ungefähr zwei Drittel der Rute bedecken muß. Die überstehenden Haare der Füße werden mit der Schere glatt gestutzt. Damit nicht der Eindruck entsteht, der P. sei zu lang, wird speziell hinten mehr Behaarung weggenommen. Ist der Welpe dann etwa sechs Monate alt, bekommt er die sogenannte *Schäfchenfrisur*, die einmal dekorativ, zum anderen einfach zu pflegen und gut für den Haarwuchs ist. Es kommt eigentlich nur darauf an, den gesamten Körper so zu scheren, daß max. 1 bis 2 cm Haar stehen bleiben. Sehr wichtig ist dabei die Genauigkeit. Es wird immer mit der Maschine in Richtung des Haarwuchses gestutzt, in gleicher Richtung wird gekämmt. Der Kopf wird mit der für den P. typischen Krone versehen, die mit der normalen Schere noch über den Augen und dem Nasenrücken geformt wird. Der P. steht dabei im Profil. Danach werden, von vorn gesehen, die Seitenhaare geschnitten. Die Krone muß hoch und rund sein. Nie gekürzt werden die langen Haare auf den Ohren, hier entfernt man lediglich die überzähligen Haare am Ansatz mit einem Trimm- oder Rasiermesser.
Rückt für den P. die erste Ausstellung in den Erwachsenenklassen näher, heißt es, eine der vorgeschriebenen Schuren zu wählen.
Zwei Varianten sind möglich, die *klassische Schur*, auch *Toilette Löwe* genannt, und die *moderne Schur*, die man mit *Toilette 1960* bezeichnet. Als dritte Möglichkeit existiert die auf Ausstellungen nicht erlaubte *holländische Toilette*.
Bei der klassischen Schur werden die Unter- und Oberschenkel, Kruppe und Lendenpartie bis zur letzten Rippe kurz geschoren, wobei eine zylindrische Manschette um das Sprunggelenk stehenbleibt. Geschnitten oder geschoren werden die Vorder- und Hinterpfoten, wobei die Haare an den Pfoten und zwischen den Zehen entfernt werden. Bis zur Manschette wird der Hintermittelfuß freigehalten. Eine Variante ist, an den Vorderläufen kein volles Haar stehen zu lassen, sondern ebenfalls nur eine Manschette, dann werden der Vordermittelfuß bis zum Ansatz des Vorderfußwurzelgelenkes und der Vorderlauf bis zum Ellenbogen geschoren. Die Rute wird vom Ansatz etwa zwei Drittel ihrer Länge geschoren, am Rutenende verbleibt ein Quast. Der Unterkiefer wird bis zum Kehlrand sowie der Nasenrücken bis

zum Stop, d. h. sowohl von oben als auch von unten von den Augenlidern weg, geschoren. Über den Oberlefzen bleibt ein Bart. Alles übrige Haar auf Rücken, Widerrist, Hals, Brust und Vorbrust wird mit Hilfe einer Schere in eine harmonische Form gebracht, indem hervorstehendes Haar ausgeglichen wird. Besonders wichtig sind die auf dem Kopf verbleibende Krone und die langen Behänge. Die Vorderläufe werden ohne Manschette zu vollen Säulen, ähnlich wie beim Terrier, geformt.

Bei der modernen Schur bzw. Toilette 1960 ist es erlaubt, daß alle vier Beine behaart sind unter der Bedingung, daß folgende Regeln beachtet werden:

Es müssen geschoren sein:

– die Vorderläufe von den Nägeln bis

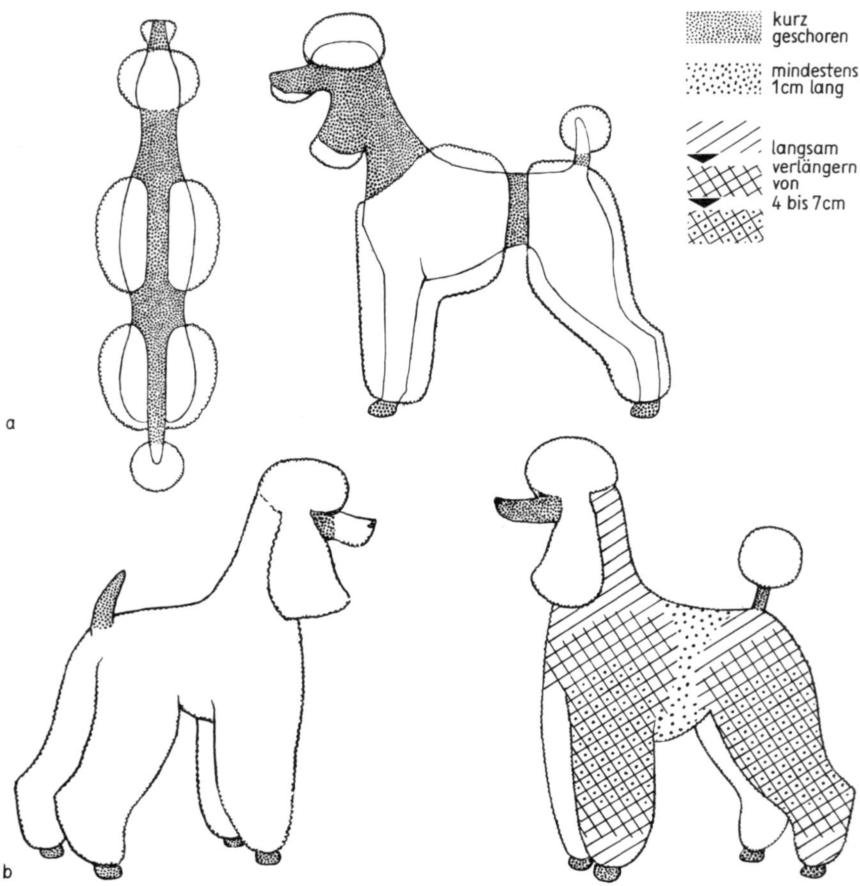

Pudel (*Trimmodelle*), a) holländische Frisur (*von oben gesehen*), b) Schurschema für moderne Frisur

zur Kralle, die Hinterläufe bis zur gleichen Höhe
— Kopf und Rute nach Standard
Erlaubt ist ein kurzer Pelz am Unterkiefer, nicht mehr als 1 cm dick, dessen untere Abgrenzung parallel zur Linie des Unterkiefers verläuft, wobei kein Bärtchen entstehen darf. Auch kann an der Rute der Quast wegfallen. Zurückgeschnitten wird das Fell auf dem Körper der Rückenlinie entlang, so daß ein Pelz von ungefähr 1 cm Dicke verbleibt, der längs der Seiten gegen unten und an den Beinen nach oben zu allmählich länger wird.
Wichtig für eine gute Schur ist, daß sich auf dem Kopf eine gut geformte Krone befindet von richtiger Höhe und Länge, daß der Pelz am Hals nur bis zur Schulterhöhe reicht und vom oberen Teil der Brust in einer etwas abfallenden Linie bis zum geschorenen Teil des Vorderfußes geht. Vom Ohransatz bis höchstens einem Drittel der Länge des Ohres kann das Haar mit der Schere geschnitten oder den Haaren entlang rasiert werden. Der untere Teil des Ohres soll mit Haaren bedeckt sein, deren Länge allmählich zunimmt und die in Fransen, welche man ausgleichen kann, enden. Die Beine werden deutlich zu Hosen geformt, mit erkennbarem Übergang zur geschorenen Partie an den Füßen. Die Haarlänge nimmt nach oben allmählich zu, um auf der Achsel sowie an den Oberschenkeln — im Verhältnis zur Größe des Hundes — eine Länge von 4 bis 7 cm zu erreichen. Die Hose an den Hinterbeinen muß die Beinwinkelungen erkennen lassen. Der Vollständigkeit halber soll auch kurz die holländische Toilette erwähnt sein. Hier wird ein ziemlich schmales Band den Rükken entlang, der Hals völlig glatt und ein breites Band rund um die Mitte des Körpers geschoren. An den Läufen bleiben sehr viele Haare ohne Übergang stehen. Die Frisur komplettieren eine hohe Krone sowie ein Bart und die betonte Fangpartie, deren Nasenrücken jedoch glattgeschoren ist. Auch die Ohren werden glatt geschoren. Es bleiben nur an der Unterseite schmale Fransen stehen. Füße, Wangen und Rutenansatz werden ebenfalls glattgeschoren, die Rutenquaste entfernt man oder formt sie rund. Die holländische Frisur ist die pflegeintensivste, aber auch schönste für den P.
Viel Streit gab und gibt es über das Problem, welches Land für den P. berechtigt ist, den Standard zu führen. Die FCI entschied zugunsten Frankreichs, obwohl vielerorts noch die Bezeichnung *Deutscher Pudel* verwendet wird. *Pfudel* ist ein altdeutsches Wort für eine Wasserpfütze, woran zu erkennen ist, daß der P. in einer Beziehung zu Wasser steht. Wir finden bereits bei *Conrad Gesner* (1516–1565) einen Hinweis auf löwenartig geschorene Wasserhunde. Die Herkunft der französischen Bezeichnung *Caniche* [frz. *canard*, Ente] führt zu der Annahme, daß der P. ursprünglich als Jagdhund für die Entenjagd gehalten und gezogen wurde. In alten Rassebeschreibungen wird immer wieder als typisch der breite Schädel und die kurze, stumpfe Schnauze erwähnt, Merkmale also, die beim heutigen Modehund als grobe Fehler gelten, aber für die Arbeit unerläßlich waren. Mittlerweile hat er sich aber zum beliebtesten Wohnungshund nebem dem ↑ Cocker Spaniel entwickelt. Da beim P. das Deckhaar die Unterwolle überwuchert, kann man nicht aus jedem Woll-P. einen Schnüren-P. machen, jedoch umgekehrt aus jedem Schnüren-P. einen Woll-P. Beim Haarwechsel ver-

wachsen die abgestorbenen Haare mit den noch gesunden zu spiralig gedrehten Schnüren oder filzigen Platten, aus denen die Schnüre geformt werden müssen. Das ist ein so aufwendiges Verfahren, welches noch dadurch kompliziert wird, daß jedes schlechte Wetter den Hund zu einem wandernden Schmutzklumpen macht. Deshalb hatten die Besitzer eines Schnürenpudels im vergangenen Jahrhundert meist für die Pflege einen nur mit dieser Aufgabe betrauten Diener. Heute findet man den Schnürenpudel kaum noch, war er doch ein ausgesprochener Renommierhund, dessen Haarkleid schon beim normalen Kratzen leidet. Der heutige P. ist ein sehr gelehriger, anmutiger und ruhiger Wohnungshund. – *Tafel 16*.

Pudelpointer: mittelgroßer, derber, rauhhaariger Hund (SH 59 bis 65 cm ♂, 55 bis 60 cm ♀ bei 25 bis 30 kg KM) mit langen Behängen und kupierter Rute. Der Kopf ist lang, breit und in allen Details harmonisch, rauh behaart mit gutem Bart und guten Augenbrauen, der Stop fällt ähnlich wie beim ↑ Pointer steil ab. Die Behänge sind mittelgroß, anliegend und werden nach vorn geneigt mit guter Haardecke getragen, nicht fleischig und mehr spitz als abgerundet. Die offenen, großen Augen sind bernstein- bis dunkelbernsteinfarben mit fest anliegenden Lidrändern. Im kräftigen Fang befindet sich das komplette Scherengebiß. Nach oben biegt sich der mittellange, gut bemuskelte Hals. Breit, sehr tief und mit gut gewölbten Rippen versehen ist die Brust. Der Rücken muß kurz und stramm sein, die Nierenpartie und Kruppe sind breit und gut bemuskelt, wobei der Übergang von der Kruppe zur Rute in ungebrochener Linie verläuft. Letztere ist möglichst dünn, wird gerade getragen, ist ohne Fahne und rauh behaart. Als Leitfaden für das Kupieren gilt, daß sie beim Rüden die Hoden, bei der Hündin das Geschlechtsteil bedecken sollte. Die Schultern liegen fest an, sind gut bemuskelt und mit der Vorderhand gut gewinkelt. Dadurch ermöglichen sie einen raumgreifenden Vortritt. Das Ellenbogengelenk ist weit nach hinten gelagert und dreht nicht nach außen. Der Vorderlauf steht senkrecht, ist trocken sowie sehr sehnig mit klaren Linien und Knochen. Die Ober- und Unterschenkel der Hinterhand sind gut gewinkelt, die Knochen des Unterschenkels stehen nach hinten, möglichst lang mit dem tiefen Sprunggelenk verankert, wobei das Sprung- und Mittelfußgelenk unbedingt senkrecht stehen müssen. Die Pfoten sind rund und geschlossen, mit derben Zehenballen und nicht zu langer Behaarung der Läufe und Pfoten. Der P. hat mittellanges, harsches, dichtes Rauhhaar, wobei die untere Partie der Läufe kürzeres Haar aufweist. Nicht erwünscht ist weiches, langes oder kurzes Haar ohne Bart.

Beim P. sind alle Schattierungen von Braun im Ausnahmefall auch Schwarz erlaubt, außerdem kleine, nicht auffallende weiße Abzeichen an der Brust. Wichtig ist, daß der P. viel Temperament zeigen muß und so quadratisch wie möglich im Körperbau ist. Wie es sein Name verrät, entstammt er einer gelungenen Verbindung des englischen ↑ Pointers mit Nachkommen des früheren *Jagdpudels* und vereint in sich die feine Nase, große Schnelligkeit und Ausdauer sowie das gute Vorstehen des Pointers mit der Bringe- und Wasserfreudigkeit des ↑ Pudels. Die Rasse entstand Ende des 19. Jh. Leider ist der P. noch nicht allzu verbreitet, da auch heute noch die Nachzucht teilweise zu unausgeglichen ist. So fallen neben kurzhaarigen Pointertypen gute P., aber auch langhaarige pudelähnliche Welpen, sehr oft kommen auch Fehlfarben vor. Wenn sich aber dieses *„Mädchen für alles"*, wie der P. unter den Weidmännern heißt, endgültig durchgesetzt hat, stellt er eine große Konkurrenz für die anderen Vorstehhunderassen dar. Er hat neben den besten jagdlichen Veranlagungen den Vorteil, auch sehr pflegeleicht zu sein. – *Tafel 27.*

Puli: Hund von mittelgroßer Statur (SH 40 bis 44 cm ♂, 37 bis 39 cm ♀ bei 13 bis 15 kg ♂, 10 bis 13 kg ♀ KM), munter, beweglich von fester Konstitution, feinem Knochenbau doch sehnig und muskulös an allen Körperteilen. Der Rumpf und die Gliedmaßen bilden ein Quadrat, doch ist der P. schwer zu beurteilen, da er von einem zum Verfilzen neigendem, aus enggewelltem, reichlichem, langem Haar bestehendem Fell bedeckt ist. Auch die Augen werden wie von einem Schirm beschattet, wodurch der Kopf kugelrund erscheint. Die lange Rute wird über den Rücken geringelt getragen, deshalb scheint der Rücken zur Kruppe anzusteigen. Die Umrisse des Rumpfes sind durch bloßes Betrachten kaum festzustellen, ebenso sind die einzelnen Bestandteile der Gliedmaßen nicht zu unterscheiden. Der Kopf des P. ist klein und fein, von vorn gesehen erscheint er rund, von der Seite elliptisch. Die Schnauze ist kurz, ungefähr 35 % der Kopflänge betragend. Die Augenbögen sind gut ausgeprägt, der Stop etwas betont. Der Nasenrücken ist gerade, die Nase nicht spitz, sondern stumpf abgerundet mit verhältnismäßig großem, schwarzem Nasenspiegel. Gut entwickelt sind die Kiefer, ebenso das kräftige, komplette Scherengebiß. Die Lippen müssen straff anliegen. Die Augen sind rund, kaffeebraun und von regem, klugem Ausdruck mit schwarzen Augenlidern. Der P. hat mittelhoch angesetzte und sofort vom Ansatz schlaff herabhängende Ohren, deren Ohrmuscheln sich selbst in der Erregung nicht im geringsten nach oben bewegen. Sie haben die Form eines breiten, unten abgerundeten „V". Der Hals wird in einem Winkel von 45° zur Waagerechten getragen, ist mittellang, fest, muskulös und läßt durch die reichliche Behaarung keine scharfe Grenze erkennen. Ist das aber doch der Fall, gilt das als ein Zeichen für Standardfehler. Die Schultergelenke sind in die Breite der Vorbrust eingeschlossen, wobei Schulterblatt und Oberarmknochen einen rechten Winkel bilden. Der Oberarm ist mittellang, bemuskelt und steht parallel zur Längsachse des Rumpfes. Das untere Ende, welches u. a. das Ellenbogengelenk bildet, darf nicht weit ab vom Brustkorb, aber auch nicht darunter gestellt sein. Ober- und Unterarm sind lang, gerade, senkrecht gestellt und straff bemuskelt. Die Partie unterhalb des Unterarmes soll kurz und trocken sein, die Fessel bildet mit der Waagerechten einen Winkel von 45°. Die Pfoten sind kurz, rund und fest mit starken, harten schiefergrauen Krallen und vollen, elastischen Ballen. Die vorderen Gliedmaßen stehen mittelbreit und gerade. Der Widerrist des P. ist kaum erhöht. Der Rücken ist fest, mittellang, mit kurzer Lendenpartie. Geräumig soll der Brustkorb sein, die Kruppe kurz und leicht abschüssig, was aber durch die über die Lenden geringelte Rute nicht in Erscheinung tritt. Der P. hat 18 bis 20 Schwanzwirbel. Da sich die langen

Haare der Rute mit denen der Kruppe vermengen, fällt auch die Rute kaum auf. Die untere Linie des Rumpfes erreicht ihren tiefsten Punkt am vorderen Teil des mittelbreiten Brustkorbes. Erwünscht ist, besonders bei Hündinnen, ein breites Becken. Die hinteren Gliedmaßen haben lange und reich bemuskelte Hüften und Keulen. Die Beckenknochen bilden mit den Oberschenkelknochen einen rechten Winkel, die Oberschenkelknochen mit denen des Unterschenkels einen Winkel von 100 bis 110°. Das Sprunggelenk ist sehnig, die Partien darunter kurz und trokken. Die hinteren Fesseln bilden mit der Horizontalen einen kleineren Winkel als die vorderen. Die Haut des P. ist schiefergrau und stark pigmentiert, letzteres bei allen Farben gleich stark. Freie Hautflächen, wie Nasenspiegel, Lippen und Augenlider, sind schwarz, der Gaumen ist gleichmäßig dunkel oder zeigt auf dunklem Grund noch dunklere stark pigmentierte Flecken. Die Zunge ist hellrot, die Krallen und Ballen schwarz oder schiefergrau. Ein pigmentloser Fleck auf der Brust von höchstens 5 cm Durchmesser wird ebenso geduldet wie eine weiße Stichelung zwischen den Zehen. Andere Abzeichen sind nicht erwünscht. Das Fell besteht aus gröberen Deckhaaren und feineren Wollhaaren. Seine Beschaffenheit wird durch das Verhältnis der beiden Haararten zueinander bestimmt. Zuviel Deckhaar mit zuwenig Unterwolle ergibt ein offenes Fell, umgekehrt entstehen übertriebene Verfilzungen bis zu *knotigen Brettern* und sogenannten *Speckseiten*. Das richtige Verhältnis beider Haararten ist die erwünschte Pusztabehaarung, d. h. langes, gleichmäßige Filzplatten bildendes Fell. Die Schnürenbehaarung entsteht, wenn die Wollhaare ganz gleichmäßig und eng gewellt sind. Diese Zotten verfilzen sich nur in geringem Maße, sie bilden lange, gleichstark verlaufende Schnüre. Die Behaarung ist an der Kruppe, den Lenden und Keulen mit 8 bis 18 cm am längsten. Am kürzesten, etwa 3 bis 6 cm, ist sie am Kopf und an den Pfoten. Es gibt auch Tiere, deren Fell bis zum Boden reicht. Nach dem Werfen, bei der Arbeit, durch eine überstandene Krankheit oder aber durch ungenügende und falsche Fütterung haart der P. ab, beginnend mit den langen Haaren der Vorderhand. Unerwünscht ist ein zerkämmtes, igelartig abstehendes, verwahrlostes und vernachlässigtes Fell. Der P. kommt in mehreren Farben vor, heute züchtet man ihn jedoch nur in den Farben Schwarz oder auch Schwarz mit Rostrot, Weiß und mit allen Schattierungen von Grau. Obwohl es nicht den Anschein hat, ist die Haarpflege des P. relativ aufwendig. Das komplizierteste ist, wenn das zottige und filzige Haar zerteilt werden soll. Hierzu dienen spezielle Haarmesser, aber auch Rasiermesser u. ä. Das zottige Haar wird von der Haarwurzel ausgehend aufwärts gespalten. Diese Strähnen müssen nun zu Haarbüscheln vom Durchmesser eines Bleistiftes geteilt werden. Das geschieht durch wiederholtes Spalten der Strähnen von der Haarwurzel oder der Haarspitze ausgehend, je nachdem, wie es am leichtesten zu machen ist. Ein auf diese Weise zerspaltenes Fell ordnet sich nach wenigen Tagen von selbst und es wird nur darauf geachtet, daß es nicht von neuem verfilzt. Das Haarkleid soll nur einmal stärker gebürstet werden, speziell dann, wenn die Zotten und Filze aufgerissen wurden und der Schmutz und die ausgefallenen toten Haare entfernt werden sollen. Das breitbandförmige bzw. bandförmige Haar kann im Originalcharakter erhalten oder in ein Schnürenfell umgestaltet werden. Das Umgestalten wird am besten am oberen Haarende begonnen, weil sich die Büschel hier am einfachsten trennen lassen. Die weitere Behandlung besteht darin, zeitweise zu kontrollieren, ob sich nicht wieder mehrere Haarbüschel verklebt haben. Diese werden dann von neuem getrennt. Meist verkleben die Haare der Rute, der Kruppe und der Brust. Ist es einmal nötig, unkorrigierbares Haar abzuscheren, sollte darauf geachtet werden, daß sich die neuen Haare nicht wieder verfilzen, sondern sich büschelweise absondern. Die Reinigung des P.felles geschieht durch Bürsten, Waschen und Baden. Besonders die Körperteile, die von Staub, Kot und Futterresten am meisten betroffen werden, sind regelmäßig zu waschen. Wird der Hund gebadet, darf das Fell nicht gezaust werden.

Der P. hat ein lebhaftes Temperament, er beobachtet alles und reagiert lebhaft auf Eindrücke seiner Umgebung. Er wurde lange Jahre nur auf Leistung gezüchtet, d. h., es überlebten nur die Tiere, die arbeitsam, flink und rege waren.

Erstmalig taucht der Name P. in der ungarischen Literatur 1751 auf. Der Hund selbst ist mit Sicherheit viel älter und läßt sich wie der ↑ Kuvasz und ↑ Komondor auf den Zug der Magyaren zurückführen. Das beweist u. a. auch die große Ähnlichkeit mit dem ↑ Tibet Terrier. Die planmäßige Zucht des P. begann ungefähr 1910. Dies war hauptsächliches Verdienst von *Dr. Raitsit*, der eine genaue Beschreibung der ungarischen Hirtenhunde hinterließ. Nach mehrmaliger Änderung ist nunmehr der 1966 aufgestellte Standard gültig. Natürlich hat sich auch der P. nicht jahrhundertelang unverändert erhalten, selbst in den letzten 50 Jahren haben sich sein Äußeres, die Behaarung und Farbe mehrfach geändert. Früher hatte der P. kürzere Haare. Auch bezüglich der Farbe erhoben die Hirten keine Ansprüche. Es gab Zeiten, wo der schwarze P. als nicht rasserein galt, kurz darauf hieß es wieder, nur Schwarz sei die richtige P.farbe. Die Körpergröße und das lebhafte Temperament waren bei der Hütearbeit erforderlich. Das fortwährende Treiben zu jeder Jahreszeit war nur mit einer harten Konstitution bei mittelgroßem bis kleinem Körperbau möglich, wobei das Hüten von Rindern und Schweinen größere Hunde erforderte, als beispielsweise das von Schafen. Ähnliche Differenzen lassen sich auch noch in der heutigen Zucht beobachten. – *Tafel 4.*

Pumi: Hund von mittelgroßem Wuchs und terrierartigem Charakter (SH 35 bis 44 cm bei 8 bis 13 kg KM). Die Form des Kopfes wird durch die längliche Fangpartie geprägt, der Oberkopf ist gewölbt, doch etwas schmal mit wenig gewölbter Stirn, langen Augenbögen, kaum entwickeltem und ganz flachem, kaum merkbarem Stop. Der Nasenrücken ist gerade, die Nase länglich zugespitzt. Der P. hat ein regelmäßiges Scherengebiß mit stark entwickelten Zähnen, die Lippen liegen fest am Gebiß an. Etwas schräg gestellt sind die dunkelbraunen Augen mit fest anliegenden Lidern. Die hoch angesetzten Ohren stehen aufrecht und sind an den Enden gekippt, mittelgroß und ähneln in der Form einem umgekippten „V". Sie werden lebhaft bewegt. Der Hals ist etwas hoch angesetzt, 50 bis 55° gewinkelt, mittellang, muskulös und leicht gebogen. Seiner quadratischen Statur wegen erscheint der P. langbeinig. Die Schulterblätter sind steil, die Oberarme kurz, die Schultergelenke fallen mit der Fläche der Vorbrust überein. Die Läufe stehen steil, senkrecht und mittelbreit voneinander, haben steile Fesseln, fest geschlossene Pfoten und elastische Ballen mit sehr harten Krallen. Der Rumpf hat einen markanten, langen Widerrist mit nach hinten zu ziemlich abfallender Rückenlinie. Der Rücken und die Lendenpartie sind kurz und stramm, die Rippen eher flach als tonnenförmig. Aufgezogen ist der Leib, die Kruppe kurz und leicht abschüssig, mittelmäßig breit, ebenso die flache Vorbrust. Der Brustkorb muß tief und lang sein. Hoch angesetzt ringelt der P. die Rute über die Lendenpartie, eine angeborene Stummel- oder eine kupierte Rute sind gestattet. Die Hinterläufe haben eine kurze Mittelhand, steile Fesseln und runde, geschlossene Pfoten mit elastischen Ballen und harten Krallen, Afterkrallen sind unerwünscht. Die Haut des P. ist schiefergrau und stark pigmentiert, Nasenspiegel und Lefzen sind ebenfalls schiefergrau oder schwarz, ebenso die Krallen. Gleichmäßig dunkel ist der Gaumen, hellrot die Zunge. Der ganze Körper ist von mittellangen, Zotten bildenden Haaren bedeckt, die aus Deckhaaren und Unterwolle bestehen und an keiner Stelle verfilzen. Die Haare sind am kürzesten an den Läufen und am Fang. An den Ohren sind sie mittellang, dicht, rauh und aufrechtstehend. An den übrigen Stellen des Körpers sind sie entweder kürzer (durchschnittlich 4 cm) und rauh oder länger (5 bis 7 cm) und zottig. Das Fell darf nie puliartig aussehen, aber auch nicht glatt sein. Es kommt oft vor, daß die Behaarung des Brustkorbes, der Vorbrust und der Vorderläufe kürzer ist als die der Kruppe und der Hinterläufe. Ein pigmentloser Fleck auf der Brust von höchstens 5 cm Durchmesser wird geduldet. Die Farbe des P. ist vielfältig. Sie reicht von Taubengrau über Silber- und Schiefergrau bis Mattschwarz. Eine graue, weiße, rötliche bzw. rötlichbraune Scheckung ist nicht statthaft. Die Haarpflege des P. ist bedeutend einfacher als die der langhaarigen Hirtenhunde, da die ausfallenden Haare nicht im Fell sitzen bleiben und dort verfilzen, sondern abfallen. Das Fell wird einmal in der Woche gebürstet. Handelt es sich um einen Wohnungshund, empfiehlt es sich, ihm täglich die Pfoten zu waschen, auch ab und zu ein Vollbad ist ratsam. Der P. ist bedeutend lebhafter als der Puli. Er ist ständig in Aktion, schnüffelt und sucht und bellt bei jeder Gelegenheit lautstark. Das ist besonders bei der Wohnungshaltung zu bedenken. Entstanden ist diese recht eigenwillige Rasse im 17. und 18. Jh., als *spitzartige Hunde* aus Deutschland, ↑ Berger de Brie des französischen Raumes und ↑ Puli miteinander verpaart wurden. Das Resultat war ein treibender Hirtenhund mit kurzem, sprödem Haar, schmalerem und längerem Kopf, aufrecht stehenden Ohren, deren Spitze herabhing und lebhaftem Temperament. Jahrzehntelang wurde diskutiert, wie die einzelnen Varietäten voneinander zu unterscheiden wären. Auch fehlte eine Bezeichnung. Schließlich entstand aus Puli der Name P. Diesem Begriff begegnete man erstmalig 1815, doch wurde er erst 1921 von *Dr. Raitsits* als Rassevariation beschrieben. Wie schnell sich die Rasse verbreitete, dokumentieren Eintragungen von 1924 im Stammbuch des *Ungarischen Verbandes der Hundezüchter*, wo 255

Pulis und immerhin 130 P. eingetragen wurden. Während der Puli immer mehr zum Objekt der Sportkynologie wurde, eroberte der P. den Platz als Hirtenhund, der ihm auch heute noch gebührt. Der erste Standard stammt aus dem Jahre 1921, heute ist der von 1966 in Kraft. Da immer wieder als Außenseiter hervorragende P. ohne Abstammungsnachweis bei den Hirten arbeiten, trägt der ungarische Verband auch Tiere unbekannter Herkunft in das Zuchtbuch ein, wenn die Rassenmerkmale vorhanden sind. Die Nutzung des P. ist sehr vielseitig. Neben der Arbeit an der Herde – hier ist die zu hütende Tierart gleich – besitzt er sehr gute Raubzeugschärfe und deutliche Jagdpassion, gewöhnt sich aber auch schnell an das Leben in der Stadt. Hier benötigt er jedoch gute Erziehung. – *Tafel 7.*

Pyrenäenhund: großer, eleganter, mächtiger und sehr stämmiger Hund (SH 70 bis 80 cm ♂, 65 bis 72 cm ♀ bei 45 bis 55 kg KM). Der Kopf ist im Vergleich zur Körpergröße nicht sehr kräftig. Seine Seiten sind ziemlich flach und der spitzbogig geformte und kaum gewölbte Schädel hat eine nicht sehr ausgeprägte mittlere Furche und verbindet sich in sanfter Neigung mit dem breiten Fang, der lang ist und am Ende etwas schmaler wird. Die leicht herunterhängenden, schwarzen oder sehr kräftig schwarz gezeichneten Lefzen überdecken gerade den Unterkiefer. Auch Gaumen und Nasenkuppe sind schwarz. Die kleinen Augen haben einen intelligenten Ausdruck und sind bernsteinfarben. Sie werden von schmalen, schwarzgesäumten etwas schrägen Lidern eingefaßt. Die Ohren sind in Augenhöhe angesetzt und liegen flach herabhängend am Kopf an, der in den kräftigen, ziemlich kurzen Hals übergeht, dessen Haut leichte Kehlfalten bildet. Die Schultern sind mittelmäßig abgeschrägt, der Widerrist ist breit und muskulös. Nicht sehr abfallend ist die Brust, dafür breit und tief mit leicht gewölbten Rippen. Der Rücken ist ziemlich lang, breit und gleichmäßig mit leicht schräger Kruppe und ziemlich stark vorspringenden Lenden. Auch die Flanken fallen etwas ab. Die Vorderläufe stehen gerade, sind kräftig und befranst, ebenso die Hinterläufe. Gut ausgeprägt, jedoch kaum abfallend, sind die Oberschenkel. Die Hinterpfoten besitzen Afterkrallen, die jedoch seit kurzem auf Beschluß der FCI auch entfernt werden dürfen. Das trägt ohne Zweifel zum Wohlbefinden des Tieres bei. Die Füße sind nicht sehr lang, kompakt, mit etwas gekrümmten Zehen. Recht lang ist die buschige Rute, in Ruhestellung herabhängend und am Ende leicht eingerollt. In der Erregung rollt der Hund sie über den Rükken. Der P. hat dichtes, glattes, ziemlich langes weiches Haar. An der Rute und um den Hals herum ist es länger, und mitunter auch leicht gewellt. Das Haar am Hinterteil ist feiner, wolliger und sehr dicht. Der P. kommt weiß oder weiß mit grauen, dachsfarbenen, fahlgelben oder wolfsähnlichen Flekken am Kopf, an den Ohren und am Rutenansatz vor. Bevorzugt werden die P. mit dachsfarbenen Flecken. Der mächtige Hütehund der Pyrenäen kam mit großer Wahrscheinlichkeit durch den Zug der Magyaren, der im 9. Jh. beendet war, nach Europa. Seine Vorfahren kann man in der ↑ Tibetdogge ähnlichen Hunden sehen. Der P. entwickelte sich speziell in den Hochtälern des *Ariège* und in *Andorra*, wo die Bewohner der Pyrenäen ihn zum Schutz ihrer Herden gebrauchten, die oft von Wölfen und Bären angegriffen wurden. Bis zum 17. Jh. beschränkte sich der Lebensraum des P. auf die engste Heimat, dann aber entdeckte die französische Aristokratie in ihm den sicheren Wach- und Begleithund. Beim heutigen P., der sich nur wenig vom spanischen ↑ Mastin de los Pirineos unterscheidet (hier handelt es sich doch um die gleiche, willkürlich getrennte Rasse), wird besonders die Anhänglichkeit und das in jeder Beziehung geduldige Wesen geschätzt. Seine Pflege ist wegen des langen Haares nicht unproblematisch, er muß täglich gebürstet und mehrmals in der Woche gründlich gekämmt werden, um ein Verfilzen des Haares zu verhindern.

Pyrenäen-Schäferhund mit trockenem Kopf ↑ Berger des Pyrénées á face rasée.

R

Rafeiro do Alentejo: bärenähnlicher, großer, starker Hirtenhund Portugals (SH 64 bis 72 cm ♂, 62 bis 68 cm ♀; 40 bis 50 kg ♂, 35 bis 45 kg ♀ KM) mit schwarzem oder braunem Stockhaar, kleinen Kippohren und Säbelrute. Der bärenähnliche Kopf hat einen breiten, wenig gewölbten Schädel mit breitem Vorgesicht, gewölbter Stirn und weniger ausgeprägtem Stop sowie schwacher Stirnfurche. Die Augenbrauen springen nicht vor, der Fang ist kürzer als der Schädel, hat einen geraden, abgestumpften Nasenrücken und eine ovale dunkle Nase. Die kräftigen Zähne schließen als Schere. Die Augen sind klein, elliptisch und dunkel; klein, dreieckig, schmal und mittelhoch angesetzt sind die herabfallend getragenen Ohren. Gut in die Schulterpartie geht der gerade, kurze Hals über, der eine mittlere Wamme bildet. Der Rumpf ist lang, leicht abfallend mit geradem, langem und bemuskeltem Rücken, mittellanger Lendenpartie, die breit, leicht gewölbt und bemuskelt ist. Die Kruppe fällt leicht ab, ist mittellang, breit und hoch. Ebenfalls breit ist die tiefe Brust mit fast horizontalem Brustbein. Der Bauch darf nicht aufgezogen sein. Harmonisch aus der Kruppe geht die mittelstark angesetzte Rute hervor. Sie wird herabhängend getragen mit leicht aufgerundeter Spitze. Die Schultern neigen sich wenig, sind mittellang und gut bemuskelt. Lang, stark und senkrecht stehen die Läufe mit mittellangem, leicht geneigtem Vordermittelfuß. Die Schenkel sind lang, breit und muskulös, die Läufe der Hinterhand stehen korrekt; der Hintermittelfuß ist leicht geneigt, die Sprunggelenke sind mäßig gewinkelt. Der R. d. A. steht auf gewölbten Pfoten mit geschlossenen Zehen und starken Ballen. Er hat kurzes oder halblanges Haar, das dick, glatt, dicht und regelmäßig über den ganzen Körper verteilt ist. Das Haar ist schwarz, wolfsfarben, rehbraun oder gelb. Neben diesen einfarbigen Typen kommen auch weißmelierte und scheckige Tiere vor.

Der R. d. A. ist eine sehr alte portugiesische Rasse, die bereits frühzeitig ihre Anerkennung durch die FCI erhielt. Die Hirten schätzen ihn wegen seiner Qualitäten als Herdengebrauchshund sehr, wobei er nicht nur gut hütet, sondern noch bessere Eignung zur Verteidigung der Herde besitzt. Seine Wucht und Größe machen ihn zu einem gefährlichen Angreifer, der speziell nachts jeden Fremden, unabhängig ob Mensch oder Tier, ohne Warnung anfällt. Die dem R. d. A. eigene große Schärfe macht ihn für eine reine Liebhaberhaltung untauglich, da er leicht zur Bösartigkeit tendiert. Man schreibt ihm ein gewisses raubtierhaftes Wesen zu, das von Wolfseinkreuzungen herrührt.

Rampur-Windhund: muskulöser, kräftiger Hund mittlerer Größe (SH 68,5 bis 76 cm ♂, 56 bis 63,5 cm ♀ bei 27 bis 32 kg ♂, 23 bis 27 kg ♀ KM), liebenswürdig, doch mißtrauisch gegen Fremde, für große Schnelligkeit und Ausdauer prädestiniert. Der Kopf ist lang, breit und flach zwischen den Augen mit sehr wenig Stop und guter Fanglänge. Der Fang ist von der Seite gesehen keilförmig, hat kräftige Kiefer und ein starkes Scherengebiß. Von feiner Beschaffenheit sind die herabhängend getragenen Ohren. Die Farbe der Augen tendiert von braun bis dunkelbernsteinfarben; sie sind leicht oval mit intelligentem Ausdruck. Ziemlich breit im Übergang zum Körper soll der lange, gebogene, muskulöse und glatte Hals sein. Er muß mit den zurückgelegten Schultern harmonieren. Die Vorderhand ist stark und gerade, die Hinterhand lang, muskulös und kräftig, gut gewinkelt mit breiten, tiefen Sprunggelenken, die von hinten gesehen gerade sein sollen. Tief, nicht sehr breit, aber mit gut hervorgehobenen Rippen ist die Brust, der Rücken leicht gewölbt, gut bemuskelt und stark. Ebenfalls gut bemuskelt und deutlich abgehoben sind die Lenden. Der R. steht auf gut gebogenen Zehen; seine Rute ist lang, spitz zulaufend und leicht aufwärtsgebogen, wird aber herabhängend getragen. Das Haar ist kurz und hart, von glatter Beschaffenheit und kommt in allen Farben vor. Grobe Fehler sind helle Augen, schwacher, spitzer Fang, Stehohren, Kuhhessigkeit und eingerollte Rute.

Dieser kräftige Hund Nordindiens, der seinen Namen vom einstigen Fürstentum *Rampur* erhielt (heute Himatschal Pradesch bzw. Uttar Pradesch), wurde aus verschiedenen Kreuzungen ausländischer Rassen geschaffen. Ausgangsformen waren vermutlich der ↑ Tazy, der ↑ Greyhound, der ↑ Deerhound sowie der ↑ Irish Wolfhound. In früheren Zeiten sollen sowohl glatt- als auch rauhhaarige Welpen in einem Wurf gefallen sein. Die rauhhaarigen Welpen wurden getötet. 1876 zeigte die Ausstellung von Wales erstmalig zwei R.

Der R. wurde speziell für die Hirschjagd geschaffen, doch auch auf Wildschweine und Schakale eingesetzt. Anfang des 20. Jh. ging seine Population immer mehr zurück, doch nach 1950 verbreitete er sich wieder mehr. Der heutige Standard stammt aus dem Jahre 1971.

Rattler ↑ Schnauzer.

Rauhhaariger Niederlaufhund ↑ Berner Niederlaufhund.

Redbone Hound: amerikanische Züchtung, die viel Ähnlichkeit mit den Ausgangsrassen, dem englischen ↑ Foxhound sowie dem ↑ Bloodhound aufweist (SH 61 bis 65 cm ♂, 59 bis 63 cm ♀ bei 30 kg KM). Der Kopf ist mittellang, ohne die für den Bloodhound charakteristischen Falten, hat einen schmalen Schädel mit betontem Hinterhauptbein und langem, viereckigem, sehr tiefem Fang. Die tiefliegenden Augen variieren in der Farbe vom

Haselnußbraun bis zum dunklen Gelb; das Unterlid ist leicht offen, bedingt durch die schwere Lefze. Lang, bis zur Höhe der Nasenkuppe reichend, hängend die breiten Ohren herab, die eine gut abgerundete Spitze haben. Der Hals ist kurz, sehr kräftig und hat eine gute Wamme. Der R. H. ist sehr lang, im Verhältnis zur Körperhöhe länger als andere Hunde, mit tiefer Brust, runden Rippen und kräftigem Rücken. Kurz, tief und leicht gewölbt sind die Lenden; die Schultern müssen muskulös und gut gewinkelt sein. Leicht fällt die breite Kruppe zur kurzen Rute ab, die maximal bis zum Sprunggelenk reicht, spitz verläuft und tief angesetzt ist. Der R. H. steht auf derben, breit gestellten, sehr sehnigen und muskulösen Läufen, wobei die Hinterhand leicht steil wirkt. Seine Pfoten sind rund, stark, mit kräftigen Zehen und dunklen Krallen. Er hat glattes, kurzes, dichtes Haar (hart im Griff). Dieses ist meist einfarbig rot, kann aber auch kleine weiße Flecken an der Brust und den Pfoten aufweisen.

Der R. H. wurde speziell für die Jagd auf Waschbär und Wildkatze geschaffen. Er gilt als sanfter, intelligenter, sehr anhänglicher und kinderfreundlicher Begleithund, dem man aber nachsagt, daß er sehr rachsüchtig sei. Im Angriff ist der R. H. furchteinflößend und gefährlich, da er unberechenbar zubeißt. Er wird in Amerika für die Jagd in kleinen Meuten gehalten, meist jedoch allein als Spürhund eingesetzt.

Rehpinscher ↑ Zwergpinscher.

Rhodesian Ridgeback: starker, muskulöser und aktiver Hund, harmonisch in seinen Umrißlinien und fähig, große Ausdauer mit zufriedenstellender Geschwindigkeit zu entwickeln (SH 63,5 bis 68,5 cm ♂, 61 bis 66 cm ♀ bei 34 bis 38 kg ♂, 29 bis 33 kg ♀ KM). Der Kopf soll lang sein mit zwischen den Ohren ziemlich breitem Schädel. Im Ruhezustand darf die Stirn keine Falten bilden. Die obere Linie des Kopfes wird von dem gut ausgebildeten Stop unterbrochen. Der Fang ist lang, tief und kräftig mit geraden, starken Kiefern und einem Scherengebiß, das gut entwickelte Zähne (das betrifft speziell die Fangzähne) aufweist. Die Lefzen liegen eng und straff an den Kiefern an. Die Augen stehen mäßig auseinander und sind rund, hell und blitzend, mit intelligentem Ausdruck, in der Farbe immer zum Fell passend. Tiere mit braunem Nasenspiegel haben häufig bernsteinfarbene Augen. Ziemlich hoch und breit angesetzt sind die mittelgroßen Ohren, die zu einer abgerundeten Spitze zusammenlaufen und eng am Kopf anliegen. Beim R. R. mit dunklem Fang sind die Ohren häufig dunkler als der übrige Kopf; sie dürfen aber niemals schwarz sein, wie es in

Redbone Hound

Verbindung mit der verpönten schwarzen Maske vorkommt, sondern höchstens dunkelbraun. Die Stellung der Ohren ist korrekt, wenn die Ohrlappen auch dann noch anliegen, falls sie bei Aufmerksamkeit am Ansatz angehoben werden. Sind sie aber nach hinten gerichtet, muß man feststellen, ob ein angeborener Fehler vorliegt, oder ob es sich um eine kurzfristige Fehlhaltung infolge besonderer Erregung handelt. Die Nase des R. R. ist schwarz oder braun, zur Fellfarbe passend; andere Farben sind nicht gestattet. Da der R. R. als apportierender Jagdhund verwendet wird, muß der elegante, leicht gebogene Hals kräftig und muskulös sein, jedoch niemals so mächtig wie beispielsweise der des ↑ Labrador Retriever. Jegliche Wammenbildung gilt als Fehler. Die Schulter ist schräg, trocken und muskulös; steile Schultern würden den raumgreifenden Gang der Vorderhand beeinträchtigen. Die Brust ist nicht zu breit, jedoch sehr tief und geräumig mit mäßig gewölbten Rippen. Der Rücken ist kraftvoll, die Lenden stark, muskulös und leicht aufgezogen. Die Vorderläufe stehen völlig gerade, sind stark und knochig mit dicht am Körper anliegenden Ellenbogen. Die Hinterläufe haben trockene, gut geformte Muskeln und tiefe Sprunggelenke. Der R. R. steht auf kompakten Pfoten mit gut gewölbten Zehen, runden, widerstandsfähigen und elastischen Ballen, durch Haarbüschel zwischen Zehen und Ballen geschützt. Die Rute ist am Ansatz stark, wird zur Spitze hin gleichmäßig dünner und ist nie grobschlächtig. Sie wird in leichter Krümmung, aber nie eingerollt getragen. Das Fell des R. R. muß kurz, dicht und glatt und glänzend

a

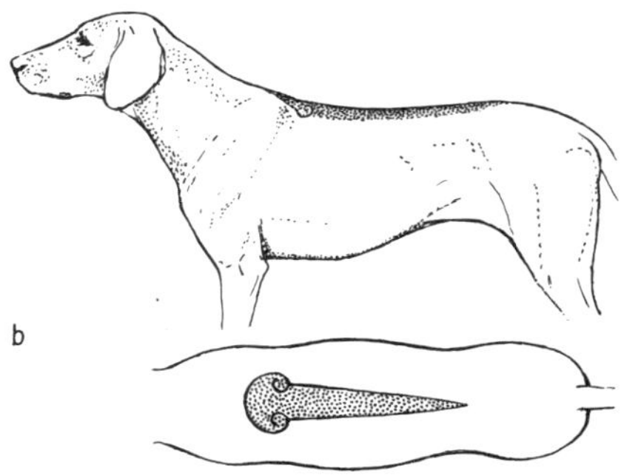
b

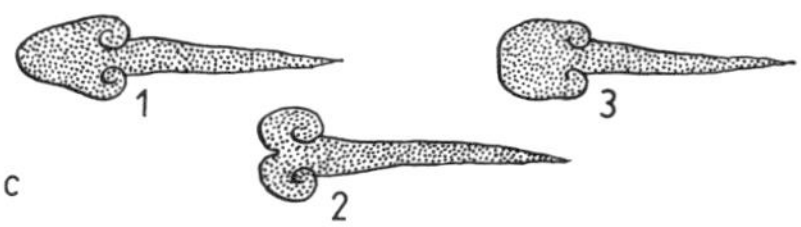

c

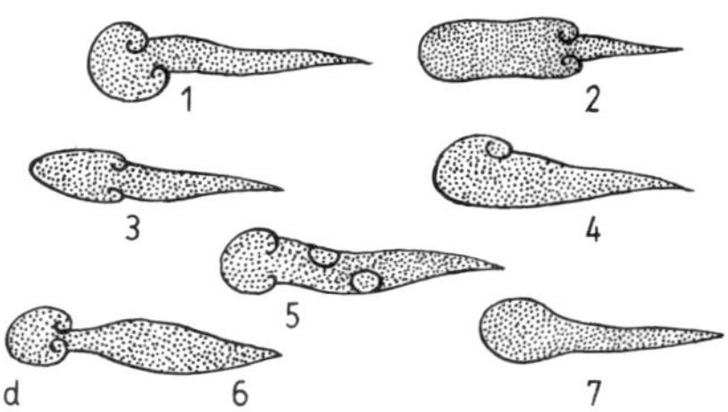

d

a Rhodesian Ridgeback, *b* Rhodesian Ridgeback, die richtige Lage der Fellstreifen, *c* nicht ideale, aber noch zu akzeptierende Fellstreifen, *1* zu lange Krone; *2* viereckige Krone; *3* herzförmige Krone, *d* fehlerhafte, nicht mehr akzeptable Fellstreifen, *1* stark verschobene Krone; *2* die Krone beträgt mehr als ein Drittel der Gesamtlänge; *3* Krone ist zu lang; der Fellstreifen nicht symmetrisch; *4* nur eine Krone; *5* mehrere Kronen; *6* schlecht geformter Fellstreifen; *7* die Kronen fehlen völlig sein, nie wollig oder seidig. Zu langes bzw. weiches Haar deutet fast immer auf Einkreuzung fremder Rassen hin, ebenso schwarze Haarspitzen am Rumpf. Der Standard verlangt den R. R. hellweizen- bis rotweizenfarben, wobei etwas Weiß an der Brust und den Zehen erlaubt, jedoch ausgedehntes Weiß an diesen Stellen bzw. am Bauch und oberhalb der Pfoten verpönt ist. Da die Standardfarbforderung „weizenfarben" nicht unseren Vorstellungen von der fahlgelblichen Farbe des europäischen Weizens entspricht, aber der Wortlaut des Standards nicht verändert werden darf, sollte die Interpretation in Richtung gelblichbraun bis sattes rötlichbraun oder rötlichgolden erfolgen. Weißliche oder cremefarbene Hunde mit schwarzen Farbflecken, wie sie vor einigen Jahren noch vorkamen, sind nicht mehr gestattet. Ein dunkler – aber nie schwarzer – Fang entspricht dem Standard, doch darf keine über die Augen hinaus geschlossene Maske auftreten. Die Rutenspitze kann dunkel sein. Das Kennzeichen der Rasse ist die Haarleiste am Rücken, deren Haarstrich entgegen dem des übrigen Rükkenfells gerichtet ist. Diese Leiste ist als Wappen der Rasse anzusehen. Sie muß klar abgegrenzt sein, symmetrisch und nach hinten zulaufen, unmittelbar hinter den Schultern beginnen und bis zur Verbindungslinie der Hüftknochen reichen. Sie hat zwei identisch geformte Kronen, die einander genau gegenüberliegen und deren Hinterrand nicht weiter hinten liegt als ein Drittel der gesamten Haarleistenlänge. Der Originalstandard wurde 1922 bei der FCI hinterlegt, erfuhr aber im Laufe der Jahre einige Änderungen. Als Ursprungsland des R. R. wird Südafrika angegeben. Seinen Namen hat der R. R. (rhodesischer Gratrücken) vom bereits erwähnten Fellstreifen, der etwa 6 cm breit ist. In Südafrika wird dieser Streifen auch *Pronk* genannt (daher auch *Pronkrug*).

Daß der R. R. bereits lange existiert, ist durch überlieferte Darstellungen und Reisebeschreibungen bewiesen. So bildete *David Livingstone* in einem 1857 erschienenen Buch Hottentotten mit einem Hund ab, der die Haarbürste deutlich zeigt. Die ersten Missionare, Großwildjäger und europäischen Handelsreisenden fanden die Hunde mit dem merkwürdigen Rückenkamm bei der einheimischen Bevölkerung vor, als sie ins Land kamen. Wahrscheinlich begegnete ihnen damit eine Hunderasse, deren Ursprung viele tausend Jahre zurückliegt und weit in die afrikanische Vergangenheit zurückgeht. Die Hottentotten jagten mit den Gratrückenhunden die Löwen, die die Rinderherden bedrohten, und die Bantus hielten sie als einziges Haustier. Mit der Zeit ergab sich, daß die mitgebrachten Hunde der Europäer – *Mastiffs*, *Doggen*, *Windhunde*, *Terrier* u. a. – eingekreuzt wurden. Der Rückenkamm setzte sich immer wieder durch, doch erhielt der R. R. mehr Größe und Wucht. Der Gebrauchszweck formte auch bei diesem Hund die äußere Gestalt; er mußte so robust sein, daß er den klimatischen Verhältnissen standhielt und auf der Jagd oder als Hirtenhund auch vor Löwen nicht zurückschreckte. Nachdem 1874 ein Missionar zwei der von den Buren *Pronkrug* genannten Hunde nach Rhodesien (heute Simbabwe) mitbrachte und diese sich bei der Großwildjagd bewährten, begann man dort ebenfalls mit der Zucht. Dort wurde auch 1902 der erste Klub für die Zucht des R. R. gegründet. Der zweite endgültige Anlauf wurde von *F. Barnes* unternommen, der den *Rhodesian Ridgeback-Club* gründete und einen Standard aufstellte. Der R. R. hat einen sehr angenehmen Charakter. Seinem Besitzer und dessen Familie bekundet er Anhänglichkeit; Fremden gegenüber wird er aber zu einem scharfen, unerbittlichen Wächter. Er ist unerschrokken, sehr beweglich und ausdauernd und läßt sich gut in Meuten halten. Sein typisches Jagdverhalten ist, daß er seine Körpermasse zum Angriff auf kleinere Tiere einsetzt. Das geschieht mit einer blitzschnellen Attacke, bei der er sich mit der Brust über das Tier wirft, um im nächsten Augenblick schon wieder meterweit entfernt auf seinen Füßen zu stehen. Dies reicht ihm aus, sich den Abwehrversuchen des Tieres zu entziehen. Seine enorme Schnelligkeit gestattet ihm auch, es mit Löwen und anderen Großtieren so lange aufzunehmen, bis der Jäger in Schußposition kommt. Das Fell des R. R. läßt sich sehr gut pflegen, auch ist er an jedes Klima anpassungsfähig. — *Tafel 36*.

Riesenschnauzer: temperamentvoller, sehr angriffslustiger Hund; sonst aber von Ruhe und Besonnenheit. Er soll das möglichst genaue, jedoch erheblich vergrößerte und verstärkte Abbild des ↑ Schnauzers sein und einen trotzig-wehrhaften Eindruck erwecken (SH 60 bis 70 cm ♂, 60 bis 65 cm ♀ bei 35 bis 50 kg KM). Der Kopf steht in gutem Verhältnis zum Körper und ist ziemlich kräftig und lang. Am Oberkopf ist der Schädel flach, der Nasenrücken zeigt sich leicht gebogen, die Nase ist schwarz, voll und gut geöffnet. Nicht überhängen dürfen die Lefzen. Der Fang insgesamt sieht wie ein mäßig abgestumpfter Keil aus und hat einen harten Schnurrbart. Der R. muß ein sehr kräftiges, komplettes Scherengebiß haben. Die hoch angesetzten Ohren werden spitz kupiert und aufrecht stehend getragen. Der nicht zu kurze, trockene Hals mit dem kräftigen, leicht gewölbten Nacken geht harmonisch in den quadratischen Rumpf über. Beim Ideal-R. ist die Körperlänge immer gleich der Schulterhöhe. Er hat eine ovale, tiefe Brust, mit gut entwickeltem Brustbein und mäßig gewölbtem Rippenkorb. Der Bauch ist nach hinten leicht aufgezogen. Leicht abfallend geht die breite Kruppe in die hoch angesetzte, auf drei bis vier Glieder kupierte Rute über, die aufwärts gerichtet getragen wird. Gerade und senkrecht stehen die Vorderläufe, schräg gestellt sind die Schultern, flach, aber kräftig bemuskelt. Die Hinterläufe sind gut gewinkelt, haben gut bemuskelte, schräg gestellte und flache Keulen. Sie verlaufen bis zum Knie senkrecht, von dort bis zum Sprunggelenk parallel zur Halslinie und vom Sprunggelenk bis zum Boden wieder senkrecht. Kurz und rund sind die Pfoten mit geschlossenen, gewölbten Zehen und dunklen Krallen. Das Haar des R. ist drahtig, dicht und aufstrebend. Die Ohren, die Stirn, die Läufe und die Pfoten sind kürzer behaart. Der R. kommt nur in zwei Farben vor, und zwar in reinem Schwarz ohne jeden hellen Anflug sowie pfeffersalzfarben. Bis zum Ende der dreißiger Jahre des 20. Jh. wurden beide Farbschläge noch miteinander verpaart und dann entsprechend der gefallenen Farbe in das Zuchtbuch eingetragen. Als es nach dem zweiten Weltkrieg nur noch sehr wenig pfeffersalzfarbene R. gab, baute man mit schwarzen R., die aus Würfen von pfeffersalzfarbenen Eltern stammten, und großen, pfeffersalzfarbenen ↑ Schnauzern eine neue Zucht auf. Die hieraus gefallenen schwarzen Welpen wurden mit dem Vermerk, daß sie aus dieser Aufbauzucht stammten, eingetragen. Der R. wird ausschließlich auf Leistungsbasis als Schutzhund gezüchtet. Er ist mit seinem harten Fell witterungsunabhängig, wobei jedoch der schwarze R. große Hitze nicht verträgt. Nicht ganz so unproblematisch ist die Fellpflege des R. Neben dem täglichen Bürsten mit einer harten Bürste und drei- bis viermaligem Kämmen pro Woche, wobei für den Bart und die Augenbrauen ein weitzinkiger Kamm benutzt werden soll, muß der Hund mehrmals — abhängig von der Haarstruktur — im Jahr getrimmt werden. Dabei bleiben Bart, Augenbrauen, unterer Teil der Brust sowie Läufe unberührt. Speziell in Vorbereitung von Ausstellungen werden die seitlichen Halspartien und der Kopf zwei bis drei Wochen vor der Veranstaltung nochmals hergerichtet, damit die lange, schmale Form des Kopfes besonders zur Geltung kommt. Mit der Schere werden die langen Haare an den besonders empfindlichen Stellen, wie innere Ohrmuschel, Kehlgegend, Genitalgegend, After, Bauch, innere Seite der Schenkel, Pfoten und Zehen, entfernt. Kopf, Hals, Rücken, Lenden, vorderer und seitlicher Teil der Brust, Schultergegend, Keulen sowie Fahnen und Hosen der Läufe werden durch Rupfen und Trimmen von unnötigem Fell und toten Haaren befreit. Obwohl die Läufe unberührt bleiben, werden sie durch Ausrupfen langer und toter Haare in eine runde, volle Form gebracht. Wichtig ist, daß das Haar der Schulterlage zu dem der Läufe keine störende Lücke oder Unterbrechung in der Ellenbogengegend aufweist; der Hund darf auch nicht kahlgerupft oder geschoren werden. Im groben gesehen, trifft für den R. die gleiche Trimmanleitung wie für den ↑ Airedale Terrier zu, wobei Unterschiede an Kopf, Unterbrust und Hinterhand zu beachten sind. Der Stop des R. muß betont werden, indem die kräftigen Augenbrauen besonders hervorzuheben sind. Das untere Brusthaar wird kürzer getrimmt, ebenso die Hinterhand bis zu den Sprunggelenken. Besondere Aufmerksamkeit gilt der Pflege des pfeffersalzfarbenen R., da bei ihm das alte Haar im Pigment kräftiger ist als das junge. Deshalb gilt es, die Haarstruktur genau zu beachten, um die gewünschte Färbung zu erhalten, zumal das einzelne Haar oft an der Wurzel hell und erst im letzten Drittel dunkelgrau bis schwarz ist.

Neben der Pflege braucht der R. viel Bewegung und will gefordert sein. Er ist kontaktfreudig, hat starkes Selbstvertrauen und einen ausgeprägten Schutztrieb. Mit seiner Vitalität und dem enormen Bewegungsdrang ist er nicht für jedermann geeignet.

Erstmals schreibt Dr. *Fitzinger* 1876 in seinem Buch „Der Hund und seine Rassen" über den „baierischen Wolfshund" und typisiert ihn als einen kräftigen, schwarzen oder schwarzbraunen Hund mit langem, rauhem oder zottigem Haar, starker Brust, gestutzten Ohren und ebensolcher Rute und führt aus, dieser sei am häufigsten in *Südbayern*, *Salzburg* und *Tirol* anzutreffen. Somit stellt der R. keine Neuzüchtung, sondern die Höherzüchtung eines Landschlages dar. Man benutzte ihn zum Hüten von Schweine- und Rinderherden und zum Schutz gegen feindliche Angriffe. Erstmals ausgestellt wurde der R. 1909 in München, wo auf der Ausstellung 29 Tiere zu sehen waren. Da damals, bis auf eine Ausnahme, alle Tiere aus München ka-

men, ist es logisch, daß im *Band III des Pinscher-Zuchtbuches* von 1910 die Rasse als *Münchner Schnauzer* auftaucht. Neun Hunde teils unbekannter Herkunft wurden eingetragen und bildeten den Grundstock der Zucht. Die Farben der Münchner Schnauzer waren pfeffersalzfarben, grau, graugelb, braungelb und schwarz. 1923 gab man erste Rassekennzeichen heraus, die sofort ein klares Zuchtziel vorgaben, das dem heutigen R. sehr glich. Bereits 1925 erfolgte die offizielle Anerkennung als Diensthund, woran der damalige Leiter der Abrichteanstalt in Grünheide, Oberleutnant *Schönherr*, maßgeblichen Anteil hatte.
Leistungsmäßig liegt der schwarze R. deutlich vor dem pfeffersalzfarbenen. Er ist auch bedeutend mehr verbreitet. – *Tafel 10.*

Rothburry Terrier ↑ Bedlington Terrier.

Rotschecke ↑ Schweizer Laufhund.

Rottweiler: übermittelgroßer (SH 60 bis 68 cm ♂, 55 bis 65 cm ♀ bei 35 kg KM), stämmiger Hund, der weder plump noch leicht, auch nicht hochläufig oder windig ist. Seine im richtigen Verhältnis stehende, gedrungene und kräftige Gestalt läßt auf große Kraft, Wendigkeit und Ausdauer schließen. Das Auftreten verrät Urwüchsigkeit und Mut, er ist gutmütig und anhänglich. Der Kopf ist mittellang, der Schädel zwischen den Ohren breit, in der Stirnlinie mäßig gewölbt. Das Hinterhauptbein ist gut entwickelt, doch tritt es nicht sichtbar hervor. Ebenfalls gut entwickelt sind die Backen, aber auch sie treten nicht stark hervor. Die Jochbögen, gut ausgeprägt, kennzeichnen mit dem geraden, nicht sehr langen Nasenrücken, der von der Wurzel bis zur Nasenkuppe nicht länger als der Oberkopf vom Hinterhauptbein bis zum Stirnabsatz ist, den derben Kopf. Die gut ausgebildete Nasenkuppe ist breit und schwarz; die gleichfalls schwarzen Lefzen liegen fest an und bilden geschlossene Maulwinkel. Stark und gut entwickelt ist das komplette Scherengebiß. Die Augen sind mittelgroß, mandelförmig und so dunkelbraun wie möglich. Die Lider müssen gut anliegen. Die möglichst kleinen Ohren stehen weit auseinander und sind so hoch angesetzt, daß der Oberkopf bei gut getragenem Ohr verbreitert erscheint. Die Kopfhaut liegt überall straff an und darf keine Stirnfalten bilden. Der Hals ist kräftig, mäßig lang, gut bemuskelt und wächst mit leicht gewölbter Nackenlinie aus der Schulter heraus. Er soll möglichst trocken, ohne Wamme und ohne zu lose Kehlhaut sein. Die Vorhand zeigt eine lange, gut gestellte Schulter; der Oberarm liegt gut am Körper an. Kräftig entwickelt und gut bemuskelt ist der Unterarm; leicht federnd und nicht zu steil sind die Fesseln. Der R. steht auf runden, gut geschlossenen und gewölbten Pfoten; die Vorderläufe dürfen nicht zu eng stehen. Der Rumpf hat eine geräumige, breite und tiefe Brust, der Rücken ist gerade, fest, kräftig und nicht zu lang. Die Rumpflänge vom Brustbein bis zum Sitzbeinhöcker soll das Maß der Widerristhöhe etwas übertreffen. Die Nierenpartie ist kurz, kräftig und tief; die mittellangen Flanken sind nicht aufgezogen. Breit und weder zu gerade noch zu stark abfallend zeigt sich die Kruppe. Die Oberschenkel der Hinterhand sind nicht zu kurz; sie sind breit und stark bemuskelt. Die Unterschenkel sind lang, oben gut bemuskelt, unten sehnig und kraftvoll. Gut gewinkelt sind die Sprunggelenke, jedoch ohne Übertreibung. Auf keinen Fall dürfen sie steil sein. Die Pfoten der Hinterhand sind etwas länger als die der Vorderläufe, gut geschlossen mit starken Zehen. Die Rute wird möglichst waagerecht getragen; sie ist kurz, stark, nicht zu tief angesetzt und wird kurz kupiert. Verschiedentlich kommen angeborene Stummelruten vor, sogenannnte *Mutzschwänze*, die aber auch oft zu lang sind und dann nachkupiert werden müssen. Das Haarkleid des R. besteht aus Deckhaar und Unterwolle. Das Stockhaar soll mittellang sein und derb, dicht und straff aufliegen. Am Hals und den Keulen ist die Unterwolle unbedingt vorgeschrieben, darf aber nicht aus dem Deckhaar hervortreten. Der R. ist schwarz mit gut abgegrenzten Abzeichen, dem sogenannten Brand, von satter rotbrauner Färbung an Backen, Schnauze, Brust, Läufen und über den Augen.

Der R. gehört zur gleichen Gruppe wie die *Schweizer Hunde*. Das beweist unter anderem die fast gleiche Farbverteilung. Seine Vorfahren wurden, wie es der Name verrät, in der Gegend der Stadt *Rottweil* bevorzugt gehalten, damals ein Zentrum der Vieh- und Getreidehändler. Er war Treiber der Herden sowie Schutz- und Begleithund der Händler und Metzger, letzteres brachte ihm den Namen *Metzgerhund* ein. Der Rückgang dieser Gewerke, speziell das völlige Fehlen zu treibender Herden, führte zum Rückgang der Rasse, die um das Jahr 1900 kaum noch existierte. Erst die Entdeckung der hervorragenden Eigenschaften des R. für die Sportkynologie brachte nicht nur einen Aufschwung, sondern macht ihn speziell in letzter Zeit zu einem der beliebtesten Diensthunde. Vom Grundcharakter ist der R. gutmütig. Er verlangt aber bei der Ausbildung eine feste Hand, da er sonst sehr schnell versucht, die Führung des Meutenverhältnisses Mensch–Hund zu übernehmen. Das ist immer mit für beide Teile schmerzhaften Auseinandersetzungen verbunden. Der R. beißt sehr hart und greift meist ohne Vorwarnung an. Er ist sehr witterungsunabhängig, verträgt aber wegen seiner Körpermasse keine große Hitze. Bei richtiger Erziehung und gut dosierter Arbeitsleistung ist er der ideale Begleithund, da er kaum Fellpflege benötigt. In vielen Ländern gehört der R. zu den bevorzugten Polizeihunden. – *Tafel 13*.

Roughhaired Terrier ↑ Airedale Terrier.

rumänische Hirtenhunde: 1. ↑ Carpatin. – **2.** ↑ Mioritic.

Russischer Jagdspaniel: in den meisten Detailpositionen dem ↑ Cocker Spaniel gleichender Jagdhund (SH 38 bis 44 cm ♂, 36 bis 42 cm ♀). Die Länge soll 110 bis 115 cm ♂ und 115 bis 120 cm ♀ betragen, wobei 1 cm Toleranz nach oben gestattet ist. Bereits im zaristischen Rußland wurden verschiedene Spanielrassen gezüchtet, belegt durch Berichte und Kataloge verschiedener Ausstellungen. So berichtet der russische Kynologe *L. P. Sabanejew* in seinem Buch „Die Vorstehhunde“, Moskau 1896, daß die Spanielrassen miteinander gekreuzt wurden, und daß die Anzahl der Rassen sich bis auf einige wenige hätte reduzieren können, wenn nicht die Bemühungen des 1885 gegründeten Spanielklubs auf die Reinhaltung aller Rassen gerichtet gewesen wäre. Dafür bestand auch keine große Notwendigkeit, da die Jagdeigenschaften aller Spaniel fast gleich sind.

Die erschwerten Jagdbedingungen auf den großen Wald-, Sumpf- und

Wasserflächen bei strengen und langen Wintern stellten den Spanielzüchtern die Aufgabe, einen Hund zu züchten, der gegenüber dem Cocker Spaniel leistungsstärker, ausdauernder, kräftiger, auf höheren Läufen stehend, mit dichtem, geschlossenem, aber nicht zu langem und lockigem Haarkleid wäre. Die zielgerichtete züchterische Arbeit wurde besonders intensiv nach 1945 fortgesetzt, da nunmehr der genetische Fonds durch aus verschiedenen Ländern eingeführte Spaniels ergänzt wurde. Die Ergebnisse der züchterischen Arbeit wurden 1951 im bestätigten Standard für den R. J. fixiert. Ausgehend von den Anforderungen der Jagdpraxis wurde dieser Standard in der UdSSR 1959 und 1961 überarbeitet. International hat die Rasse jedoch noch keine Anerkennung gefunden.

russische Schäferhunde: 1. ↑ Kaukasischer Schäferhund.– **2.** ↑ Mittelasiatischer Schäferhund.– **3.** ↑ Nordkaukasischer Schäferhund.– **4.** ↑ Südrussischer Schäferhund.

Russischer Terrier ↑ Schwarzer Terrier.

Russisch-Europäischer Laika ↑ Laiki.

S

Sabueso: mittelgroßer, kurzhaariger Hund mit kräftigem Schädel, langen, faltigen Behängen und langer Rute. Er kommt in verschiedenen Größenschlägen vor: *S. de Monte* (SH 51 bis 56 cm ♂, 49 bis 52 cm ♀ bei 30 bzw. 25 kg KM); S. Lebrere (SH über 51 cm ♂, unter 49 cm ♀). Der Kopf des S. ist verhältnismäßig groß, rund mit breitem Schädel, erkennbarem Hinterhauptbeinhöcker und wenig Stop. Er hat jedoch starke Falten an der Stirn, über den Augen und an den Backen. Der Fang ist groß, zugespitzt mit mächtigen Kiefern und losen Lefzen. Die Oberlefze bildet vorn ein umgekehrtes V und deckt die untere Lefze. Der Fang ist gekennzeichnet durch eine nahe den Augen verlaufende Lippenwinkelfalte sowie ein Scherengebiß. Möglichst schwarz soll die gut geöffnete, große Nase sein und tiefliegend die Augen. Die hoch angesetzten großen Ohren enden in einer Spitze mit dikker, dehnbarer Haut und verlaufen in einer leichten Falte. Sie werden flach anliegend und herabhängend getragen. Der mittellange, mächtige und sehr muskulöse Hals muß lose Kehlhaut haben. Er geht gut in den kräftigen Rumpf über. Trocken, mächtig und kraftvoll geht der Rücken in leichtem Bogen über die breite Lendenpartie in die nur wenig abfallende Kruppe über. Breit und tief ist die Brust mit großem, seitlich abgeflachtem Rippenkorb. In voller Länge und guter Fortsetzung der abfallenden Kruppenlinie wird die mäßig dicke Rute getragen. Die Vorderhand hat schräg abfallende Schultern, hohe Ellenbogen und im Verhältnis zum Körper etwas kurze Läufe, die trocken, nervig und muskulös sein müssen. Die Hinterhand hat trockene, muskulöse Schenkel, trokkene Läufe, die wie die der Vorderhand nervig und muskulös sind, tief herabgelassene, gewinkelte Sprunggelenke sowie runde, gut ausgerichtete Pfoten mit kompakten Zehen und

starken Ballen. Die Haut des S. ist stark und geschmeidig, von dichtem, kurzem und hartem Haar bedeckt. Das weiße Haar ist mit orangefarbenen bzw. schwarzen und dunklen Flecken durchsetzt.
Der S. ist ein spanischer Laufhund, dem eine direkte Verwandtschaft mit der *Keltenbracke* anzusehen ist. Deutlichster Beweis sind die stark ausgeprägten Merkmale des Kopfes, dessen starke Falten den ↑ Hubertushund als Vorfahren erkennen lassen. Seit Jahrhunderten wird der S. in Meuten für die Niederwildjagd gehalten. Er ist temperamentvoll, jagdpassioniert und hat eine hervorragende Nase. Wegen seines etwas schwierigen Wesens gibt es oft Komplikationen bei der Abrichtung. Aus diesem Grund setzt man ihn immer mehr als Brackierer und Packer ein. Der S. ist auch ein ausdauernder Leit- und Schweißhund. Er bewährte sich sogar schon im Polizeidienst, speziell als Fährtenhund.
Saluki: zur Gruppe der orientalischen Windhunde gehörender leicht gebauter Hund, der in Typ und Größe ziemlichen Spielraum zeigt. Er soll möglichst groß sein und einen Eindruck von Anmut und Ebenmaß erwecken. Der S. darf Übergröße haben, wenn darunter die Harmonie nicht leidet (SH 58,5 bis 71 cm ♂, 54 bis 66 cm ♀ bei 14 bis 25 kg KM). Ihn zeichnen große Geschwindigkeit und Aktivität aus. Der Kopf ist lang, schmal und trocken mit flachem Oberkopf, mäßig breit, mit gut betontem Hinterhauptbein, angedeutetem Stop und feinem, doch kräftigem Fang, der nicht spitz sein darf. Die Wangen und Lefzen sind häufig etwas lose. Das Pigment soll stets dunkler sein als die Fellfarbe, d. h., Lider, Lefzen und Nase müssen schwarz sein, bei heller- bzw. schokoladenfarbenen Hunden ist leberfarben erlaubt. Die Augen sind oval, groß und ausdrucksvoll, dunkel- bis mittelbraun. Der S. hat hoch angesetzte, lange, mindestens bis zu den Lippenwinkeln reichende Ohren, die eng am Kopf anliegend herabhängend getragen werden. Er muß ein kräftiges, korrektes Scherengebiß aufweisen. Lang, flach an den Seiten, gut bemuskelt und biegsam geht der Hals harmonisch in den Rumpf über, dessen Brust tief mit flacher Rippenwölbung ist, aber keine ausgebildete Vorbrust hat. Die Rükkenbemuskelung ist sehr trocken und kräftig, im Lendenbereich leicht hervortretend. Sichtbar muß der Hüfthökker sein; die Kruppe fällt leicht ab. Sehr gut aufgezogen ist der Bauch. Die Vordergliedmaßen haben schräge Schultern, gut mit dem Rumpf verbunden; der Ober- und Unterschenkelwinkel ist ziemlich geöffnet, bei senkrechtem Stand des Unterarmes. Leicht schräg stehen die Mittelfüße, die jedoch nicht durchtreten dürfen. Von vorn gesehen stehen die Vorderläufe parallel und nicht zu eng. Die Hintergliedmaßen sind stark, gut bemuskelt mit weit auseinander stehenden Hüftknochen, sehr gut bemuskelten Oberschenkeln und langen Unterschenkeln. Die Mittelfüße sind tiefgestellt, relativ kurz und stehen parallel. Der S. hat lange, ovale und gut gewölbte Pfoten mit geschlossenen Zehen, die gut und lang behaart sind. Beide Mittelzehen sind deutlich länger als die Außenzehen. In einer natürlichen Biegung wird die lange, tief angesetzte Rute getragen. Das Haar liegt glatt und kurz an. Die Behänge sind gut befranst, auch die Unterseite der Rute, die nicht buschig sein darf, ist mit langem, seidigem Haar befedert. Leichte Befederung haben die Hinterseiten

der Vorderläufe und Keulen. Auf den Oberschenkeln und an den Schultern ist dünnes, wolliges Oberhaar erlaubt, die Länge und Dichte der Befederung steht im Zusammenhang mit der Haarform. Außerdem existiert ein völlig glatthaariger S., dem jede Befederung oder wollige Behaarung fehlt, aber für den in allen anderen Standardpositionen die gleichen Merkmale zutreffen. Der S. ist sehr selten und existiert auch nicht als Reinzucht, d. h., die Züchter verpaaren befederte und unbefederte Tiere, wobei die Nachkommen dann je nach Behaarung ausgesondert werden. Der S. kommt in den Farben Weiß, Creme, Rehbraun, Gold, Rot, Grau mit Gelb oder Brand, dreifarbig (Weiß, Schwarz und Gelb oder Brand) sowie Schwarz mit Gelb oder Brand bzw. Variationen dieser Farben vor.

Die Heimat des S. wird mit Vorderasien, Syrien und Persien angegeben, wo schon auf alten Fresken Hunde dieses Typs abgebildet wurden. Man leitet den Namen von der alten griechischen Stadt *Seleukia* ab. Es gibt aber auch Hinweise auf die alte arabische Stadt *Saluk*, deren Hundezucht Berühmtheit erlangt haben soll. Viele Malereien in ägyptischen Königsgräbern zeigen Hunde des S.typs, so u. a. die aus der Zeit um 1400 v. u. Z. entstandenen Gemälde in der Gruft des *Großwesirs Thutmosis III.* In der Gruft des *Pharaos Anteph* (3000 v. u. Z.) fand man ein Papyrus mit der Abbildung seiner Lieblingshündin, die an einen S. erinnert. Alle Darstellungen und Beschreibungen verweisen darauf, daß der S. über Jahrtausende unverändert erhalten blieb und sich territorial nur Größe, Färbung und Behaarung unterschiedlich ausbildeten. Obwohl bei den Nomaden beheimatet, war der S. bevorzugter Hund der herrschenden Klasse, der niemals verkauft, sondern höchstens verschenkt wurde. In späteren Zeiten diente der S. als wertvolles Tauschobjekt. Die Überlieferung berichtet, daß ein S., der eine erwachsene Gazelle zu Tode zu hetzen vermochte, als Tauschgegenstand für eine Kamelstute oder ein reinrassiges Pferd geboten wurde. Wegen seiner Bedeutung für die Nomadenfamilien wurde er bevorzugt behandelt. Auf langen Wegen durch die Wüste saß der S. stets vor seinem Herrn im Pferde- oder Kamelsattel, damit er nicht ermüdete bzw. seine Pfoten nicht dem heißen Sand aussetzen mußte. Zeigte sich ein Gazellen- oder Antilopenrudel, stürzte der Hund mit Geschwindigkeiten bis zu 60 km/h auf sie zu, trieb ein Tier ab und hetzte es bis zu dessen Zusammenbrechen.

Von den Eigenschaften des S. verdienen seine Zähigkeit und Ausdauer besondere Erwähnung, muß er doch in seiner Heimat auch beträchtliche Temperaturschwankungen ertragen. Relativ schwach ausgebildet ist sein Gehör und der Geruchssinn, dafür hat er ein sehr gutes Auge. Man sagt, der S. ist ein impulsiver und verhältnismäßig schwer beherrschbarer Hund, der stets lautlos angreift. Die Verbreitung des S. in Europa begann Anfang des 19. Jh., als er nach England gebracht wurde. Von hier verbreitete er sich, aber nie in dem Maße wie andere Hunderassen. Auf Rennbahnen konnte man den S. erstmalig 1927 im großen Stadion von Wembley (London) sehen. Von sechs gestarteten Hunden liefen nur zwei dem Hasen hinterher, doch erreichten diese einen unerwarteten Erfolg. Seinen Ausstellungsstart hatte er als *Gazellenhund* um 1900. Der S. eignet sich trotz seines windhundtypischen großen Laufbedürfnisses ausgezeichnet für eine Haltung in der Wohnung. Er bedarf auch keiner besonderen Pflege, abgesehen vom täglichen Bürsten seines Felles. Im Haus gehalten ist er zurückhaltend, seinem Herrn gegenüber anschmiegsam, aber nie aufdringlich. Fremden gegenüber verhält er sich unzugänglich. Der S. hütet aufmerksam das Haus und kündigt jeden Fremden an. – *Tafel 42*.

Samojede: starker, aktiver, graziöser und attraktiver Hund mit dichtem, gegen Witterungseinflüsse schützendem Deckhaar, im Bau robust und in der Haltung unkompliziert (SH 50 bis 55 cm ♂, 45 bis 50 cm ♀ bei 20 bis 30 kg ♂, 17 bis 25 kg ♀ KM). Gemäß dem Standard des *American Kennel Club* sind jedoch bei Rüden auch Größen bis zu 59 cm und bei Hündinnen bis zu 53 cm zugelassen. Der Kopf des S. ist kräftig und keilförmig mit breitem, plattem Schädel. In der Mitte bildet sich eine Stirnfurche, wenn der Hund aufmerksam ist. Seine Nase kann schwarz, braun oder fleischfarben sein; der Fang verjüngt sich nach vorn, ohne spitz zu sein. Die Lefzen sind schwarz, die Kiefern kräftig. Möglichst dunkel und schräg gestellt sollen die Augen sein. Gerade trägt er die Ohren, mittellang mit abgerundeter Spitze, dick und aufrecht stehend. Der Körper des S. soll muskulös und nicht zu lang sein; der kräftige Hals ermöglicht eine elegante Kopfhaltung. Die tiefe Brust ist breit und hat gewölbte Rippen. Der mittellange Rücken ist sehr muskulös, kräftig die Lenden. Die Vorderläufe stehen gerade, muskulös und starkknochig mit platten, ziemlich langen Pfoten. Sehr muskulös ist auch die Hinterhand mit sehr gut niedergelassenen Sprunggelenken. Die Zehen sind in den Zwischenräumen gut behaart. Der S. darf nicht kurzbeinig sein; die Hinterhand muß gute Winkelung zeigen. Die Rute trägt er straff über dem Rücken; sie ist lang und üppig behaart. Der S. ist voll und buschig behaart mit dichter Unterwolle, durch die rauhe Deckhaare dringen. Die Läufe sollen eine wehende Behaarung zeigen, die sogenannten Federn; am Kopf und der Vorderseite der Läufe hat der S. kurze, glatte Haare. Typisch ist auch seine volle Mähne. Die Haarlänge betreffend existieren lang- und mittellanghaarige Varianten; es gibt aber keine ausdrücklichen Standardfestlegungen dafür. Außer dem reinen Weiß sind als Farben Weiß und Bisquit sowie Creme zugelassen.

Der S. wird seit Jahrhunderten vom Volk der *Nenzen* gehalten und gezüchtet. Die *Nenzen*, im zaristischen Rußland auch *Samojeden* genannt, waren vor 1917 nomadisierende Jäger und Rentierzüchter. Die Hunde zogen bzw. trugen Lasten, hielten die Herden zusammen und dienten als Wachhunde. Nur die härtesten und leistungsstärksten Tiere überlebten nach dem Prinzip der natürlichen Auslese. Die Genügsamkeit des S., gepaart mit der Schönheit dieser Rasse, ließen ihn schnell über sein ursprüngliches Verbreitungsgebiet im westlichen Sibirien hinaus bekannt werden. Mit Beginn der Polarexpeditionen interessierte man sich immer mehr auch in Nordeuropa für den S. So brachte 1889 *Scott* ein Pärchen S. aus Archangelsk mit, das den Grundstock einer schnell wachsenden Zucht bildete. In Nordamerika und Alaska, wohin der S. ebenfalls um die Jahrhundertwende gelangte, verwendet man ihn nach wie vor als Zughund, heute vermehrt bei Hundeschlittenrennen. Seine Vertrautheit mit dem Menschen, und der außergewöhnlich sanfte Charakter unterscheiden ihn von vielen Schlittenhundrassen, obwohl auch er ein guter Wächter ist. Bereits vor 1900 gehörte der S. zu den international anerkannten Schlittenhunderassen und erhielt sich diesen Ruf bis heute. Seine Stärke ist nicht die Schnelligkeit, sondern die ungewöhnliche Ausdauer. Für ihn gilt auch, was bereits bei anderen Vertretern dieser Rassengruppe gesagt wurde. Einen S. sollte man sich nur halten, wenn man in der Lage ist, ihm genügend Arbeitsmöglichkeiten zu bieten und die Zeit hat, das herrliche, dichte Fell ausgiebig zu bürsten und zu kämmen. – *Tafel 14*.

Sar planine: jugoslawischer Hirtenhund von mittelgroßer, kräftiger Gestalt, langhaarig mit mittellangen Klappohren und lang behaarter Rute (SH 55 bis 60 cm bei 25 bis 35 kg KM). Der kräftige Kopf ist gut bemuskelt, trocken und hat einen breiten Hirnschädel, der sich zur Stirnpartie, die leicht gewölbt ist, verengt. Kaum sichtbar sind Stirnfurche und Stop. Die Schädellänge beträgt ungefähr 20 bis 24 cm, die des Fanges 10 bis 12 cm; letzterer ist breit und tief, sich konisch zur Nasenspitze verjüngend. Der Nasenrücken ist gerade. Gespannt und gut anliegend sind die Lefzen, die im Lippenwinkel keine Taschen bilden. Die Nase ist voll geöffnet. Der S. p. muß ein sehr kräftiges, korrektes Scherengebiß haben. Sein Blick ist finster und schwermütig. Die Augen sind dunkel gefärbt und mandelförmig geschnitten. Der tief angesetzte Hals ist mittellang, muskulös und geht ohne Wamme in den Rumpf über, den der mittellange, gerade und breite Rücken, der hohe, lange Widerrist, die breite, volle, kräftig bemuskelte Lendenpartie sowie die nie abfallende Kruppe charakterisieren. Wenig aufgezogen sind der Bauch und die Flanken. Wenn nicht kupiert, wird die mittellange, hoch angesetzte Rute bogenförmig abwärts getragen; ansonsten kupiert man sie sehr kurz. Die Vorderhand hat mittellange Schultern (breit, schräg und fest anliegend) sowie senkrecht gestellte, kräftige, gut bemuskelte Läufe, im Vordermittelfuß etwas schräg. Die Hinterhand steht senkrecht mit nur wenig gewinkelten Sprunggelenken. Der S. p. hat runde, geschlossene Pfoten mit gewölbten Zehen, schwarzen Krallen und harten Ballen. Das über 10 cm lange eisengraue Haar ist gleichmäßig lang, dicht und gut verteilt mit weicher, nie zottiger Unterwolle. Ein weißer Brustfleck und weiße Abzeichen an den Läufen sind gestattet.

Nicht nur im Verwendungszweck ist dieser arbeitsfreudige Hund dem ↑ Kaukasischen Schäferhund ähnlich. Er bellt kaum, sondern gibt allenfalls heulende Laute von sich. Die Hirten und Bauern züchten ihn ausschließlich auf Leistung und verwenden von den örtlichen Schlägen stets nur die besten Tiere zur Weiterzucht. Sein langes Haar, die Größe und das unbeständige Wesen machen ihn zu einem Problemhund, der nicht in die Wohnung gehört. Im praktischen Einsatz schreckt der S. p. vor nichts zurück. Seine Gefährlichkeit besteht u. a. darin, daß er lautlos angreift.

Sar tip: großer jugoslawischer Hirtenhund (SH 68 bis 80 cm ♂, 65 bis 75 cm ♀ bei ab 50 kg KM) mit kleinen, herabfallenden Ohren, langem Haar und ziemlich kurzer, herabhängender Rute, die auch kupiert werden kann. Der Kopf ist breit, relativ flach zwischen den Ohren mit kräftigem, sich leicht konisch verjüngendem und vorn abgestumpftem Fang, schwarzer, breiter, gut geöffneter Nase sowie ovalen, leicht schräg gestellten Augen mit gut schließenden Lidern. Die kleinen, dreieckigen, nicht zu hoch angesetzten Ohren werden herabfallend getragen. Kurz, massig und dicht behaart ist der Hals, der Rumpf langgestreckt, massiv und kompakt. Breit, lang und stark bemuskelt ist der Rücken, kraftvoll die Lendenpartie, sehr breit und leicht abfallend die Kruppe. Stark und dicht behaart hängt die mittellange Rute herab; sie kommt auch kurz kupiert vor. Die Vorderhand ist kräftig, stark bemuskelt mit geraden Läufen, die bis zum unteren Drittel länger, dann anliegend behaart sind. Kräftig sind die gut behaarten Pfoten. Die Oberschenkel der Hinterhand sind lang und kräftig bemuskelt; die Läufe stehen gerade, und die Sprunggelenke sind nur wenig gewinkelt. Der S. t. ist langstockhaarig mit reichlicher, weicher Unterwolle, an Hals, Brust und Bauch länger behaart, immer wolfsgrau mit hellerer Unterwolle. Ähnlich wie beim ↑ Sar planine sind weißer Brustfleck sowie weiße Abzeichen an den Läufen durchaus üblich. Der S. t. ist ein ernster Hund, der seinem Herrn treu ergeben ist. Fremden gegenüber reagiert er mißtrauisch, ohne heimtükkisch zu sein. Er ist ausdauernd, kräftig und sehr mutig. Ursprünglich als Herdenhund seit Jahrhunderten in Jugoslawien bekannt, macht er sich in jüngster Vergangenheit immer mehr als Lawinen-, Polizei- und Grenzhund einen Namen.

Sawe-Bracke ↑ Posavski goniči.

Schäferhund ↑ Deutscher Schäferhund.

Schafspudel: mittelgroßer, zotthaariger Hund mit langen Hängeohren und Hängerute (SH 50 bis 60 cm ♂, 50 bis 55 cm ♀ bei 30 kg KM), der zu den altdeutschen bodenständigen Hütehunden gehört. Er hat einen kräftigen Kopf mit breitem Schädel und flach angedeutetem Stop. Der mäßig lange Fang ist stark, die Nase gut geöffnet. Dunkel sind die groß und rund geschnittenen Augen. Die breit angesetzten Ohren hängen lang herab. Der längliche Rumpf ist kräftig, hat ein relativ leichtes Knochengerüst und ist im Rücken sowie der Lendenpartie gerade und muskulös mit mittellanger Kruppe, die durch die starke Behaarung von hinten sehr breit wirkt. Vorder- und Hinterhand sind sehr kräftig und im Knie- und Sprunggelenk sehr gut gewinkelt, so daß raumgreifende Gänge möglich sind. Der S. hat lange, kräftige Pfoten und harte Ballen. Die Rute wird in voller Länge tief herabhängend getragen. Der S. ist von langem Zotthaar mit reichlicher Unterwolle dicht bedeckt, das möglichst einfarbig sein muß. Es gibt aber auch gescheckte Tiere.

Die bodenständigen deutschen Hütehunde, seit altersher Gebrauchshunde der Schäfer, wurden ausschließlich auf Leistung gezüchtet und setzen sich auch heute noch gegen den nur auf Schutzhund geformten ↑ Deutschen Schäferhund gut durch. An der Herde arbeiten in der Mehrzahl S., ↑ Hütespitze und ab und zu an den ↑ Pommerschen Hütehund erinnernde Tiere, nur selten Deutsche Schäferhunde, und wenn, dann als langhaariger Schlag. War der altdeutsche (langhaarige) Deutsche Schäferhund mehr in Süddeutschland beheimatet, fand man den zottigen S. vorrangig in den Schafzuchten des Nordens, sehr stark in der Lüneburger Heide bis zum Nordseegebiet, aber auch im Mecklenburger Raum. — *Tafel 3.*

Schantung-Windhund: größenmäßig zwischen ↑ Greyhound und ↑ Whippet einzuordnender Hund mit meist halb aufgerichteten Kipp-, aber auch mit korrekten Stehohren. Sein Haar ist rauh, es kommen aber auch kurzhaarige Tiere vor. Bei den rauhhaarigen Vertretern ist das Fell auf dem Bauch am längsten; die Farben sind gelb, rehfarben, creme oder kastanienbraun mit weißen Abzeichen. Einheitliche Rassekennzeichen gibt es für diese chinesische Rasse nicht.

Schensihunde: meist im Anfangsstadium der Domestikation befindliche Gruppe von Hunden, die speziell in tropischen Ländern vorkommen, weder gepflegt noch gefüttert oder gezüchtet, dafür im Bedarfsfall von der einheimischen Bevölkerung verzehrt werden. Sie sind in ihrer Erscheinung

Schensi-Hund der Pygmäen

und Größe zwischen dem ↑ Deutschen Schäferhund und dem ↑ Deutschen Pinscher einzuordnen und erhielten 1944 von *Werth* die Bezeichnung *„Schensihunde – Canis familiaris schensi, Werth"*. Obwohl die meisten als typische Wildhunde existieren, haben einige schon erste Stufen zur Kulturrasse erklommen, so der ↑ Basenji und der ↑ Kanaan Dog, die beide anerkannte Standards haben. Einige Autoren zählen die S. zu den Windhunden. Diese Zuordnung ist jedoch unerheblich und kaum lohnenswertes Streitobjekt, solange es sich nur um territorial eng begrenzt vorkommende Tiere handelt, von denen oft nur bekannt ist, daß sie existieren.

Schensi-Hund aus den Haussaländern: gelbbrauner, mittelgroßer, kurzhaariger Hund mit Stehohren, der dem Spitz sehr ähnelt.

Schensi-Hund der Bantu: kleinster Vertreter der gesamten Gruppe, auch kurzhaarig, mit spitzem Fang und seitlich abstehenden Ohren. Die leicht gedrehte Rute ist dünn behaart. Er kommt in den Farben Gelb, Braungelb mit weißen Flecken, letztere auch an den Pfoten, vor und wird als Jagd- und Wachhund verwendet.

Schensi-Hund der Kaffern, Damara, Loanda, Hottentotten: als einzige bekannte Merkmale sind die Ähnlichkeit mit dem Spitz sowie die buschige Fuchsrute zu nennen.

Schensi-Hund der Papua: kleiner, stehohriger Hund mit kurzem Haar. Weitere Typisierungen fehlen.

Schensi-Hund der Pygmäen: stehohriger Hund mit langem Schädel und kurzem gelborangefarbenem Haar (SH 45 cm).

Schensi-Hund der Wahadimu: mittelgroßer, kurzhaariger Hund mit keilförmigem Kopf, spitzem Fang und waagerechten Ohren. Die Rute ist wenig geringelt. Er kommt stets in der Farbe Bräunlichgelb, an den Flanken und Innenseiten der Läufe mehr Fahlgelb, Pfoten Weiß, vor. Seine Heimat ist Sansibar.

Schensi-Hund der Zulu: im westlichen Südafrika beheimateter kleiner, kräftiger Hund mit kurzem, quadratischem Fang, Ringelrute und kurzem, lichtbraunem Haar. Sein wildes Temperament kennzeichnet ihn als Wach- und Jagdhund.

Schensi-Hund von Bagirmi: mittelgroßer, kurzhaariger Hund mit spitzem Fang, Stehohren und in der Rückenverlängerung geringelt getragener Rute. Seine Fellfarbe ist unterschiedlich, aber stets gefleckt.

Schensi-Hund von Kamerun und der Monbuttu: mittelgroßer Hund von hagerer Gestalt und gescheckter Farbe mit kurzem Haar und Stehohren.

Schensi-Hund von Liberia: zierlicher, kleiner Hund mit starkem Stop, breitem Fang und Stehohren. Er hat kurzes Haar und soll einem Terrier stark ähneln. Sein rötliches Braun zeigt weiße Flecken an der Brust und den Pfoten.

Schifferspitz ↑ Schipperke.

Schiller Stövare: schwedischer Laufhund von mittelgroßer Gestalt (SH 50 bis 60 cm ♂, 47 bis 57 cm ♀ bei 25 bis 35 kg KM). Sein Kopf ist langgestreckt mit zwischen den Ohren breitem Schädel, nach vorn schmaler werdend und deutlichen Stop zeigend. Von oben gesehen wirkt der Kopf keilförmig mit abgestumpftem Fang, geradem Nasenrücken, fest geschlossenen, nicht hängenden Lefzen, schwarzer, voller und weit geöffneter Nase sowie einem kräftigen Scherengebiß. Die Augen sind dunkelbraun, die Ohren ziemlich hoch angesetzt, nach unten schmaler werdend und gut herabhängend getragen. Lang, stark und kräftig geht der Hals in den derben Rumpf über, den der kurze, gerade, breite Rücken, die kräftige, muskulöse, fast gerade Lendenpartie sowie die leicht abfallende Kruppe kennzeichnen. Die Brust ist tief mit gut gerundetem Rippenkorb; leicht aufgezogen muß der Bauch sein. In Fortsetzung der Rükkenlinie angesetzt trägt der S. S. die Rute in voller Länge leicht säbelförmig. Gerade, kräftig und korrekt gestellt sind die Gliedmaßen, gut gewinkelt die Sprunggelenke. Das Deckhaar ist dicht und liegt gut an; die Unterwolle ist besonders im Winter reichlich, dicht und weich. Am Nacken, dem Rücken, am oberen Teil der Schulter, der Brust, den Flanken, den Lenden und der Oberseite der Rute ist der S. S. schwarz, am Kopf, der Kehle, dem Schulterunterteil, den Keulen, den Vorderläufen und den Schenkeln ist er braun, ebenso unterhalb des Hüftgelenkes und an der Rutenunterseite. Schwarze Flecken gibt es außerdem noch an den Backen. Wichtig ist, daß der schwarze Mantel ohne jedes rote Haar sein muß.

Der S.S. ist ein sehr ausdauernder Hund für die Jagd auf Füchse und Schneehasen, auch im hohen Schnee. Ebenso geeignet ist er als Schweißhund, aber auch für die Haltung im Haus und in der Wohnung. Seinen Standard stellte der *Schwedische Kennel Club* 1952 auf.

Schiller Stövare

Schilluk-Windhund ↑ Dinka-Hund.

Schipperke: in der Gesamterscheinung wolfsartiger kleiner Hund (SH 25 bis 35 cm bei 5 bis 9 kg KM, Zwergschipperke 20 bis 25 cm bei 3 bis 5 kg KM) mit gut entwickeltem Schädel, harmonischem Körperbau und kurzem, hartem Haar, das eine Mähne und einen Halskragen bildet. Der Kopf ist fuchsähnlich mit leicht abgerundetem Schädel, breiter Stirn und geringem Stop. Der Schädel verjüngt sich über die Augenpartie bis zur Nasenkuppe keilförmig. Spitz verläuft der lange Fang; die Nase ist klein und stets schwarz. Der S. hat ein kräftiges Scherengebiß. Lebhaft und scharf blikken die kleinen, dunkelbraunen bis schwarzen Augen, die mehr oval als rund sind. Hoch angesetzt sind die dreieckigen, kleinen Stehohren, die so steif sind, daß sie beim Zurücklegen nicht faltig zusammensinken. Der mittellange, aufrecht getragene Hals geht in den kurzen und gedrungenen Rumpf mit geradem Rücken über. Kurz, gerade und muskulös ist die Lendenpartie, breit und tief die Brust mit gut gewölbten Rippen. Der Bauch ist aufgezogen. Die Rute fehlt völlig; haben die Welpen keinen angeborenen Mutzschwanz wird kupiert. Die Läufe sind gerade mit feinen Knochen, breiten Keulen, lang und gut bemuskelt, mit gut niedergelassenen Sprunggelenken. Die Pfoten sind klein, rund und geschlossen mit geraden, kräftigen, kurzen Krallen und gewölbten Zehen. Das Haar des S. ist kurz, reich und hart, glatt an den Ohren, kurz auf dem Kopf, der Vorderseite der Läufe und den Sprunggelenken, am Hals länger mit kurzer Mähne, an der Brust und an der Rückseite der Vorderhand ebenfalls länger. Das Haar darf nicht gelockt sein und muß reichlich Unterwolle aufweisen. Den S. gibt es nur einfarbig schwarz, wenig glänzend und ohne jegliche weiße Abzeichen. Es gibt Tiere mit einer Masse von 12 bis 13 kg, die an einen kleinen belgischen Schäferhund erinnern, die optimale Körpermasse liegt bei 5 kg.

Schipperke

Der S. ist ein ausgezeichneter Wach- und Begleithund, lebhaft, flink, unermüdlich und sehr kinderfreundlich. Stets in Aktion, ist er von unstillbarer Neugier, und gibt häufig gellende Laute von sich. Begleitet wird dieses Gebell von Imponiergehabe, indem er die Mähne sträubt. Besonders in der Umgebung anderer Haustiere, speziell bei Pferden, fühlt sich der S. wohl.

Im S. haben wir eine der kleinsten Varianten der Schäferhunde vor uns, dessen Namen vom flämischen *„Schäperke“*, was soviel wie kleiner Schäferhund bedeutet, herrührt. Belgische Kynologen meinen, eine schwarze Ausgangsform wäre Ursprung aller belgischer Rassen. Der S. ist der populärste Haushund Belgiens. Schon im 15. Jh. schrieb der *Mönch Wenzel* in einer Chronik, es gäbe in Brügge kein Haus, in dem nicht ein kleiner schwanzloser Hund säße. Um 1690 war dann der S. der Favorit der Brüsseler Schuster, die auf dem Gronenplatz regelmäßig Zusammenkünfte mit ihren Hunden veranstalteten und u. a. in der Herstellung kunstvoller Hundehalsbänder wetteiferten. Erstmalig offiziell ausgestellt wurde der S. 1880, wo eine besondere Klasse unter der Bezeichnung *kurzhaariger Terrier* für den Nationalhund ausgeschrieben war. Die Kynologen konnten sich nicht vorstellen, daß der Hund der Arbeiter und Handwerker zum Liebling der Privilegierten avancieren könnte, doch der Erfolg war frappierend. Als die belgische *Königin Marie Henriette* einen S. erwarb, konstituierte sich 1882 die *Societe Royale de Saint-Hubert*, in deren ersten Zuchtbuch 1885 S. noch unter der Bezeichnung *kurzhaariger Terrier* geführt wurden. Die Brüsseler nannten ihre Hunde *Spitzke*, des spitzen Fanges wegen, die Binnenschiffer, denen er als guter Rattenfänger diente, *Schipperke*. Eine Verbindung beider Bezeichnungen ergab die nicht korrekte Bezeichnung *Schifferspitz*. Seinen Standard erhielt der S. 1888, seitdem hält er unangefochten in Belgien die Favoritenstellung. Seine Eigenart aus früheren Zeiten, gern und ausdauernd auf Niederwild zu jagen, hat er bis heute erhalten; ebenso gut arbeitet er aber an der Herde. Wer sich einen S. anschafft, muß sich darüber im klaren sein, daß er einen sehr aktiven, lauten Hausgenossen erhält.

Schmetterlingshündchen ↑ Papillon.

Schnauzer: rauhhaariger, mittelgroßer, kräftiger Hund, gedrungen und von quadratischem Bau (SH 45 bis 50 cm bei 15 bis 18 kg KM), d. h., die Schulterhöhe entspricht der Körperlänge. Der Kopf ist kräftig, langgestreckt, ohne stark hervortretendes Hinterhauptbein, von den Augen bis zur Nasenspitze allmählich schmaler werdend. Die Gesamtlänge von der Nasenspitze bis zum Hinterhauptbein beträgt die Hälfte der Rückenlänge (Widerrist bis Rutenansatz). Der Kopf soll zur Größe des Hundes passen. Der Stop erscheint durch die Brauen deutlich ausgeprägt. Der gerade Nasenrücken verläuft parallel zur Verlängerungslinie der faltenlosen, flachen Stirn. Die Kaumuskulatur ist kräftig entwickelt, doch darf keine ausgeprägte Backenbildung die rechteckige Kopfform (der Bart mit eingeschlossen) stören. Der Fang endet in einem mäßig abgestumpften Keil; die Nasenkuppe ist voll und schwarz; die Lippen sollen anliegen und sind immer schwarz. Der S. muß ein vollständiges, kräftiges, reinweißes Scherengebiß ohne Abweichungen haben. Seine Ohren sind hoch angesetzt, gleichmäßig kupiert und werden aufrecht getragen, unkupierte Ohren V-förmig mit Klappfalte herabhängend. Die dunklen Augen sind oval und nach vorn gerichtet. Das untere Augenlid liegt an, so daß die Bindehaut nicht sichtbar ist. Zur Wucht des Hundes passen muß der edel geschwungene Hals, kräftig aufgesetzt, nicht kurz und keinesfalls dick. Der starke Nacken ist erhaben gewölbt, die Kehlhaut liegt straff und faltenlos an. Mäßig breit, flach gerippt und im Querschnitt oval ist die Brust, die bei guter Wölbung bis über die Ellenbogenhöhe reicht. Die Vorbrust ist durch den die Schultergelenke überragenden Anfang des Brustbeines, das Schultergelenk und das Oberarmbein markant ausgebildet. Die Unterbrust steigt nach rückwärts leicht an und geht in den mäßig aufgezogenen Bauch über. Der Abstand vom letzten Rippenbogen bis zur Hüfte ist kurz, damit der S. geschlossen wirkt. Die Gesamtlänge des Rumpfes entspricht ungefähr der Widerristhöhe. Der Rükken ist kurz und leicht abfallend. Die obere Begrenzungslinie ist nicht schnurgerade, sondern zeigt einen leichten Schwung, der durch den kräftigen ersten Wirbel des Widerristes, den Rücken und die leicht abgerundete Kruppe bis zum Rutenansatz gebildet wird. Die Rute wird auf etwa drei Glieder kupiert, ist hoch angesetzt und wird aufwärts getragen. Die schräg gestellten Schulterblätter der Vorderhand sind wie der Oberarm gut gewinkelt und flach sowie sehr kräftig bemuskelt. Die Vordergliedmaßen sind als starke, allseitig gerade Stützen ausgebildet, deren Ellenbogen anliegen. Die Hintergliedmaßen haben schräg gestellte, kräftig bemuskelte Keulen und ausgeprägt gewinkelte Sprunggelenke. Die Pfoten sind kurz, rund und haben fest geschlossene, nach oben gewölbte Zehen mit dunklen Nägeln und zähen, harten Sohlen. Es sind sogenannte Katzenpfoten. Der S. hat eine rauhe Behaarung, die drahtig, hart und dicht sein muß. Sie besteht aus dichter Unterwolle und nicht zu kurzem, hartem Deckhaar. Letzteres ist rauh und weder struppig noch gewellt. Das Kopf- und Beinhaar ist ebenfalls hart, an der Stirn und an den Ohren etwas kürzer. Als typische Kennzeichen bildet es am Fang den harschen Bart und die buschigen, die Augen leicht überschattenden Brauen. Die Farben sind schwarz und pfeffersalzfarben. Für die letztgenannte gilt als Zuchtziel eine mittlere Tönung mit gleichmäßig verteilter, gut pigmentierter Pfefferung nebst grauer Unterwolle. Zugelassen sind Farbnuancen vom dunklen Eisengrau bis zum Silbergrau, jedoch muß immer eine den Ausdruck unterstreichende dunkle Maske vorhanden sein. Weiße Abzeichen am Kopf, auf der Brust und an den Läufen sind unerwünscht. Typische Wesenszüge des S. sind schneidiges Temperament, gepaart mit bedächtiger Ruhe, gutartigem Charakter mit Spiellust, Anhänglichkeit gegenüber seinem Herrn, Kinderliebe und großer Wachsamkeit, ohne ein Kläffer zu sein. Hoch entwickelte Sinnesorgane, Klugheit, Ausbildungsfähigkeit, Unerschrockenheit, Ausdauer und Widerstandfähigkeit gegen Witterungseinflüsse geben dem S. alle Voraussetzungen zu einem hervorragenden Wach- und Begleithund. Nicht ganz so unproblematisch ist die Pflege seines Haares. Neben dem täglichen Bürsten muß es mehrmals im Jahr getrimmt werden. Nach folgender Trimmanweisung kann auch der Laie seinen Hund schnell in gute Kondition bringen.

Feld 1: Sechs bis acht Wochen vor dem Ausstellungstermin stark abtrimmen.

Feld 2: Leicht übertrimmen, tüchtig auskämmen.

Feld 3: Leicht übertrimmen, unnütze Fahnen abnehmen, Säulen rund trimmen.

Feld 4: Rute der Länge des Rückenhaares anpassen, Zipfel oder überschüssiges Haar abnehmen.

Feld 5: Ohrendeck- und Innenhaare kurz ausputzen, ist der Hund empfind-

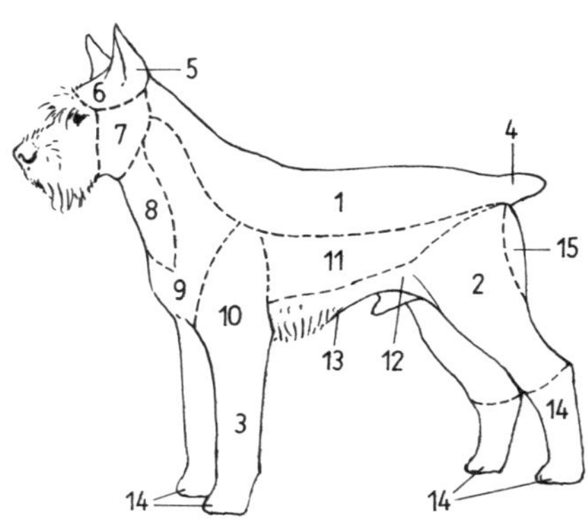

Schnauzer (*Trimmanleitung*)

lich, dann mit der Schere herausschneiden und 14 Tage vor der Ausstellung nochmals ausputzen.
Feld 6 und *Feld 7:* Stirnhaar und Backen kurz ausputzen, 14 Tage vor dem Termin wiederholen.
Feld 8: Kehlpartie kurz ausputzen.
Feld 9: Übergang von der Kehle zur Brust gut austrimmen.
Feld 10: Schulterpartie kurz abtrimmen, Übergang zu den Läufen schaffen.
Feld 11: Übergang vom Rücken zur Seitenpartie allmählich abtrimmen.
Feld 12: Bauchseite kurz abtrimmen, eventuell mit der Schere, da der Hund hier sehr schmerzempfindlich ist.
Feld 13: Unterbrusthaare schwach austrimmen, Übergang zur Seitenpartie schaffen.
Feld 14: Acht bis zehn Tage vor der Ausstellung den Unterfuß und die Pfoten gut ausputzen, überflüssiges Haar zwischen den Zehen herausschneiden und Katzenpfoten formen.
Feld 15: Zwölf bis vierzehn Tage vor dem Termin die After- und Genitalgegend kurz abtrimmen, wobei keine kahlen Stellen entstehen dürfen.
Feld 16: Sechs bis acht Wochen vor dem Termin gut durchkämmen und in Form bringen; einen Übergang von den Backen und vor der Stirn, wo kurzes Haar ist, schaffen; überflüssiges, allzu langes Haar heraustrimmen. Die Linie des Bartes verläuft vom äußeren Augen- zum Mundwinkel, wobei es wichtig ist, den Übergang zu schaffen, und unter den Augen das Haar auszuputzen.
Wenn sich zwischen den einzelnen Feldern Unebenheiten zeigen, so sind diese als Übergang auszugleichen. Den letzten Schliff erhält der S. dann durch Kämmen und Bürsten. Generell darf der S. nicht geschoren werden, was prinzipiell auf alle rauhhaarigen Hunderassen zutrifft. Beim Trimmen werden die losen Deckhaare mit der Wurzel entfernt und somit ermöglicht, daß sich das neue Fell bildet. Entfernt man die alte Oberschicht nicht, kann das neue Haarkleid nicht durchstoßen; schert man den Hund, werden die abgestorbenen, meist grauen Haare nicht entfernt und behindern das neue Fell. Obwohl die Herkunft des S. nicht gänzlich geklärt ist, findet man bereits frühzeitig Hinweise auf ähnlich aussehende Hunde. Der mittelalterliche *Biberhund* sowie rauhhaarige, speziell in Württemberg gehaltene *Schäferhundschläge* werden meist als Ahnen angegeben. Als Begleiter der Fuhrleute ist der S. schon lange bekannt und beliebt. Er trabte unermüdlich neben den Wagen her und teilte auch mit den Pferden das Nachtlager. Den heutigen schneidigen, eleganten Typ schufen die Kynologen im 19. Jh. 1907 wurde der *Schnauzerklub* gegründet, der diese hervorragende Haushunderasse schnell verbreitete. Der seinerzeit auch als *Rattler* bekannte scharfe Hund wurde zu Beginn der organisierten Zucht noch mit otterähnlichem Kopf, Seehundaugen und ausgeprägter Kehlwamme beschrieben. Die Eleganz ist Folge der gezielten Zuchtbestrebungen. — *Tafel 11.*

Schwarzer Terrier, *Russischer Terrier:* sehr kräftiger, großer, massiver Hund mit rauhem Haar, Hängeohren und kurz kupierter Rute (SH 66 bis 72 cm ♂, 64 bis 70 cm ♀ bei 40 kg KM). Der Kopf ist lang, genügend breit im Schädel und hat ausgeprägte Backen. Der Hirnschädel ist flach, gut ausgeprägt zeigt sich der Stop. Durch den starken Bart erscheint der Kopf rechteckig und stumpf. Die Lippen sind fleischig, die obere bedeckt die kräftigen, als

Schere schließenden Zähne gut. Klein, oval und dunkel sind die schräg gestellten Augen. Die steifen Ohren kippen nach dem ersten Drittel, sind klein und dreieckig. Der lange Hals bildet gegenüber der Rückenlinie einen Winkel von 40 bis 45°. Die Brust ist breit und tief mit gut gewölbten Rippen. Deutlich von der Rückenlinie hebt sich der hohe Widerrist ab; gerade und gut bemuskelt ist der Rücken; breit und etwas gewölbt die Kruppe, zur Rute leicht abfallend. Die Rute ist hoch angesetzt, dick und kurz kupiert, so daß nur drei bis vier Wirbel bleiben. Gerade gestellt und parallel sind die Vorderläufe. Das Schultergelenk bildet einen Winkel von 110°. Die Hinterläufe stehen ebenfalls parallel, etwas breiter als die Vorderläufe mit hervorragend bemuskelten Oberschenkeln. Trocken und gut gewinkelt sind die Sprunggelenke. Die Pfoten müssen groß, rund und gut gewölbt sein. Das Haar ist grob, drahtig und dicht, liegt gut an und ist spröde. Seine Länge beträgt zwischen 4 und 10 cm, und es ist auf dem ganzen Körper verteilt. Am Fang bildet sich an der Ober- und Unterlippe ein grober Schnurrbart. Die Augen haben dichte Brauen. Gewünscht wird eine Art Krause am Hals. Die Farbe ist immer schwarz mit leicht grauem Anflug. Wichtig ist, daß der Rüde deutlich massiver ist als die Hündin. Charakteristisch für den S. T. ist sein ausgeglichenes Wesen mit sehr aktiven Reaktionen. Er ist aggressiv gegen Fremde und äußerst strapazierfähig. Typisch ist der kurze Trab, bei dem der Rücken mitschwingt.

Mit dem S. T. haben wir den jüngsten Vertreter der Terrier vor uns. Er wurde von der sowjetischen Armee als reiner Gebrauchshund gezüchtet, wobei ganz planmäßig vorgegangen wurde. Vorerst schufen die Züchter zwei getrennte Ausgangslinien, die eine entstand aus einer Kreuzung von ↑ Airedale Terriern mit ↑ Riesenschnauzern, die andere aus einer Kreuzung von Riesenschnauzern mit ↑ Rottweilern. Aus der ersten Linie erhielt man einen großen, rauhhaarigen Hund mit viel Schärfe; das Ergebnis der zweiten Linie brachte große schwarze Hunde, grobknochig und rauhhaarig, jedoch bedeutend ruhiger als der Riesenschnauzer. Jetzt verpaarten die sowjetischen Kynologen Tiere beider Linien, selektierten streng und erhielten den großen, jedem rauhen Klima angepaßten, wesensstarken Hund, der jedoch für die Abrichtung eine sehr starke Hand braucht. – *Tafel 38.*

Schwarzschecke ↑ Berner Laufhund.

Schwedische Dachsbracke ↑ Drever.

Schwedischer Schäferspitz ↑ Västgötaspets.

schweizerische Sennenhunde: 1. ↑ Appenzeller Sennenhund. – **2.** ↑ Berner Sennenhund. – **3.** ↑ Entlebucher Sennenhund. – **4.** ↑ Großer Schweizer Sennenhund.

Schweizer Laufhund, *Rotschecke:* mittelgroßer, ziemlich langgestreckter, kraftvoller Jagdhund (SH 40 bis 52 cm bei 27 bis 30 kg KM) mit trockenem, schmalem, langem Kopf, der zur Körpergröße des Hundes in ansprechendem Verhältnis steht. Langgestreckt ist auch der Fang, der sehr kräftige Kiefer mit Zangen- oder Scherengebiß haben muß. Möglichst dunkel und freundlich im Ausdruck sollen die Augen sein. Tief hinten, doch nie in voller Breite angesetzt fallen die sehr langen Behänge gefaltet herab, an der Spitze schön abgerundet. Mäßig lang, kräftig und ohne beträchtliche Wamme geht der Hals in den derben Körper über, der eine tiefe, aber nicht übertrieben breite Brust, gut langen Rücken sowie elastische Lenden hat. Nicht zu lang ist die waagerecht gestreckte Rute, die zwar leicht gebogen, doch nie geringelt sein darf. Sie verjüngt sich an der Spitze und ist immer gut behaart. Die Vorderläufe sind gerade und von starkem Knochenbau mit gut entwickelten, trockenen Sehnen. Die Hinterläufe haben mäßig gewinkelte Sprunggelenke und gute Muskulatur. Die Pfoten des S. L.es sind rundlich mit derben, harten Ballen und starken Krallen. Dicht und reichlich, kurz oder stockhaarig ist das Fell, am Kopf und an den Behängen kürzer und feiner. Der S. L. kommt mit weißer Behaarung sowie mehr oder weniger großen orangefarbenen bzw. gelborangenen Platten vor. Gestattet sind auch rote Mantelhunde, eventuell auftretende vereinzelte rote Punkte gelten nicht als Fehler.

Der Ursprung dieser farbenfrohen, flinken, große Jagdlust zeigenden Hunde wird vielfach bei den *ägyptischen Jagdhunden* gesucht, die von den Phöniziern und Griechen seinerzeit nach den Mittelmeerinseln und dem europäischen Kontinent gebracht wurden. Zur Zeit der römischen Herrschaft gelangten sie dann in den Schweizer Raum. Erste Darstellungen finden sich in der Züricher Kathedrale, wo auf einem Gemälde aus dem Jahre 1100 S. L. auf der Hirschjagd zu sehen sind. Der S. L. zeichnet sich durch seine Ausdauer und die hervorragende Nase aus. Er ist außerdem sehr pflegeleicht. — *Tafel 37.*

Schweizer Niederlaufhund: kleiner Laufhund (SH 30 bis 38 cm bei 20 kg KM) mit gut proportioniertem Körperbau. Der leicht gewölbte Kopf zeigt mäßigen Stop. Er hat ziemlich große Augen, die dunkel gefärbt sind und gut anliegende Lider haben. Die langen Behänge müssen mindestens die Schnauzenpartie erreichen. Leicht und elegant wird der Hals getragen, möglichst ohne Wamme. Nicht über den Ellenbogen darf der schlanke Brustkorb ragen; der Rücken muß, im Verhältnis zur Größe des Hundes gesehen, eher kurz als lang sein. Breit und kräftig sind die Lenden; leicht aufgezogen ist der Bauch; die Kruppe fällt etwas ab. Mittellang, mittelhoch angesetzt, hängt die Rute ohne erhebliche Biegung, und wird nur bei der Arbeit etwas nach oben getragen. Die Vorderhand hat trockene, gerade und senkrecht gestellte Läufe, die Hinterhand leicht nach rückwärts gestellte Sprunggelenke. Kurz sind die Pfoten mit gut geschlossenen Zehen und feiner Zwischenzehenbehaarung. Es gibt beim S. N. die gleiche Farbverteilung wie beim ↑ Schweizer Laufhund, d. h. weiße Grundfarbe mit größeren oder kleineren gelbroten oder tiefroten Platten bzw. rote Mantelhunde.

Wie es sich sowohl aus dem Namen, aber auch durch die Farbe und das Aussehen unschwer erraten läßt, entstand der S. N. durch Einkreuzung von *Dachshunden* in Schweizer Laufhunde. Man minderte so die zu große Flüchtigkeit für die Niederjagd. Im Verlauf der letzten Jahre des 19. Jh. gelang es so den Kynologen, eine hervorragende Hunderasse für die Jagd auf Reh, Hase und Fuchs in kleineren Revieren zu schaffen. Typisch ist auch für den S. N., daß er stets mit vollem Laut arbeitet. — *Tafel 37.*

Scottish Terrier: tiefstehender Terrier mit aufgeripptem, kurzem, kompaktem Körper, kleiner, hochangesetzter unkupierter Rute und im Verhältnis zum Rumpf langem kräftigem Kopf (SH 25 bis 28 cm bei 6 bis 7 kg KM). Die

Schädeldecke ist flach, höchstens leicht gewölbt; zwischen den Augen ist eine leichte Stirnfurche. Sehr kräftig ist der Fang, der sich zur Nase zu allmählich verjüngt. Die Länge des Oberkopfes ist gleich der Fanglänge. Nur gering zeichnet sich der Stop ab. Die aufrecht getragenen Ohren sind sehr klein und spitz zulaufend. Weit auseinander stehen die sehr dunklen bzw. dunkelbraunen Augen; schwarz und groß ist die Nase. Beim S. T. werden kräftige Zähne, die als vollzähliges Scherengebiß schließen, verlangt. Nicht zu lang, stark und muskulös ist der Hals, der fest an die schräggestellten Schultern angesetzt ist. Der mäßig lange, muskulöse Körper hat gute Rippen und einen geraden, kurzen Rükken, wobei die Brust im Verhältnis zur Größe des Hundes breit und tief ist. Klein, hoch angesetzt und aufrecht getragen wird die unkupierte Rute. Die Vordergliedmaßen sind kurz, stark in den Knochen, so gerade wie möglich, gut unterstellt mit fest anliegenden Ellenbogen. Kurz, stark in den Knochen, gut gewinkelt mit kräftigen Sprunggelenken sind die Hintergliedmaßen. Der S. T. steht auf kräftigen, kleinen Pfoten, die vorn größer als hinten sind. Sein Haar hat dichtes, hartes, drahtiges Oberhaar mit kurzer, dichter und weicher Unterwolle, immer tiefschwarz, gestromt, grau oder weizenfarben, nie gefleckt oder getüpfelt.

Die Eigenarten seiner Haarstruktur verlangen eine gründliche Behandlung in gewissen Abständen, d. h., neben dem regelmäßigen Kämmen und Bürsten gehört das Trimmen zum standardgerechten Aussehen. Dabei ist wichtig, die geforderten typischen Merkmale herauszuarbeiten, z. B. die deutliche Vorbrust, die eckigen Läufe. Nacken, Rücken, Vorderläufe und Rute werden auf die gleiche Weise getrimmt, wie wir es von den hochläufigen Terriern kennen (↑ Airedale Terrier). Die Übergänge an den Hinterläufen des S. T. beginnen knapp bei den Hüften, auf der hinteren Seite des Oberschenkels lassen wir ziemlich viel Behaarung stehen. Der Rute gibt man eine rübenähnliche Form, dick am Anfang, zum Ende mit der Schere punktförmig geschnitten. Mit reichlicher Bauchbehaarung wird die Schwere und Kompaktheit betont, wobei der Übergang verhältnismäßig hoch an den Flanken beginnt und bei der Brust in einem Dreieck, dessen höchster Punkt auf dem Brustbein liegt, endet. Bei schwarzen oder dunkelgestromten S. T. werden Halsunterseite, Stirn, Wangen und Ohren sowie der Teil unterhalb der Rute geschoren, dagegen bei hellen und weizenfarben gestromten außer der Unterseite des Halses eventuell auch die Wangen. Geschoren wird aber nur, wenn es keine Minderung der Farbqualität hervorruft. Stirn und Ohren werden getrimmt. Der Kopf wird lang geformt mit deutlich sichtbarem Stop, guten Augenbrauen und Bart. An der Innenseite der Ohren läßt man einiges Haar stehen, der Ohrlinie folgend, um die Kleinheit des Ohres zu unterstreichen. Wichtig ist auch, daß an der Hinterhand nicht zu weit hinuntergetrimmt wird. Die Ränder der Ohren schneidet man mit einer Schere gleichmäßig. Der Übergang zwischen der glatten Stirnoberfläche und der dichteren Behaarung zwischen den Ohren wie auch am oberen Teil des Nackens muß stufenlos erscheinen.

Alle kurzläufigen schottischen Terrier können auf gemeinsame Vorfahren zurückgeführt werden, wobei der S. T. aus der *Blackmount Region von Per-*

shire und der Umgebung des *Rannoch-Moores* stammt. Auf einer Ausstellung wurde der S. T. erstmalig 1879 gezeigt; auf allen vorherigen Veranstaltungen präsentierte man schottische Terrier aller Typen in einer Klasse. 1883 wurde der *Scottish Terrier Club of England* gegründet. Aus dieser Zeit stammt auch der erste Standard.

Sealydale Terrier: niederläufiger rauhhaariger Terrier, der dem ↑ Sealyham Terrier sehr ähnelt (SH 30 cm bei 9 kg KM). Lang und kräftig ist der Kopf mit stumpfem Fang, V-förmigen, nach vorn überfallenden Ohren, dunklen Augen und komplettem Scherengebiß. Kräftig und lang geht der wohlgeformte Hals in den langgestrecken Rumpf über. Gerade ist die Rücken- und Lendenpartie, nicht zu breit die Brust, leicht aufgezogen der Bauch. In voller Länge wird die Rute getragen, kurz und fest sind die Gliedmaßen. Das rauhe Haar besitzt reichliche dichte Unterwolle und ist meist weiß mit braunen, schwarzen oder gelben Abzeichen am Kopf und am Rumpf.

Der S. T. ist ein scharfer Raubzeugvernichter, gleichzeitig aber auch als Haushund angenehm, der sich den klimatischen Bedingungen seiner afrikanischen Heimat gut angepaßt hat. Ihn schufen in Afrika ansässige Engländer aus dem Sealyham Terrier und dem ↑ Airedale Terrier.

Sealyham Terrier: mäßig langer, kompakter, tiefstehender Terrier mit kräftigem Rumpf und starken Läufen (SH 27 bis 30 cm bei 8 bis 9 kg KM). Der Kopf ist lang und kräftig, im Oberkopf leicht gewölbt und mäßig breit zwischen den Augen. Der kräftige Fang entspricht der Länge des Oberkopfes. Mittelgroß, an der Spitze gut abgerundet, seitlich an der Wangenpartie herabhängend und gut anliegend werden die Ohren getragen. Die dunklen Augen sind mittelgroß mit geschlossenem schwarzem Lidpigment. Groß und schwarz ist die Nase. Der S. T. hat ein sehr kräftiges komplettes Scherengebiß mit großen Zähnen und geschlossenem schwarzem Lippenpigment. Lang, kräftig und muskulös sitzt der Hals auf den schrägen Schultern. Der Körper ist mittellang und biegsam mit geradem Rükken, breiter, tiefer Brust, gut gewölbter Rippenpartie, breiten Lenden und gerader Kruppe. Die hoch angesetzte Rute wird relativ kurz kupiert und aufrecht und gerade getragen. Die Vordergliedmaßen sind kurz und gerade mit starken Knochen. Sehr kräftig sind die Hintergliedmaßen mit muskulösen Schenkeln und gut gewinkelten, tiefen Sprunggelenken. Der S. T. steht auf runden Katzenpfoten mit hoher Wölbung, wobei schwarze Ballen erwünscht sind. Das Haar hat eine harte, drahtige Decke mit silbernen Grannen, vermischt mit reichlicher, weißer, weicher Unterwolle, die ab und zu auch weiß mit gelbbraunen oder dachsfarbenen Abzeichen am Kopf und den Ohren sein kann.

Wie alle anderen rauhhaarigen Terrier muß auch der S. T. regelmäßig getrimmt werden. Für ihn gilt das allgemeine Trimmodell für niederläufige Terrier, mit dem Unterschied, daß er mehr Bart und Augenbrauen hat, und die Ohrenbüschel nicht nötig sind, da er die Ohren gekippt trägt. Auch die Rute endet nicht in einem Punkt, da sie kupiert ist. Alle anderen Detailpositionen können dem ↑ Scottish Terrier gleich getrimmt werden.

Die Herkunft des S. T. kann genau verfolgt werden, führte doch sein Schöpfer, der englische *Captain Edwardes* in *Sealyham/Pembrokeshire* genau Buch, zum einen über sein Zuchtziel, andererseits über den eingeschlagenen Weg. Er wollte einen Jagdhund, der in sich alle Vorzüge bereits vorhandener Tiere vereinigte: Lebhaftigkeit, Mut, geringe Größe, weiße Farbe, Intelligenz und leichte Führigkeit. Dafür kreuzte er kleine weiße Hunde, dem ↑ Bull Terrier ähnelnd und als *Cheshire-Terrier* überliefert, mit ↑ Welsh Corgi Pembroke dazu noch ↑ Dandie Dinmont Terrier und ↑ Fox Terrier vom drahthaarigen Schlag. Zur Festigung von Farbe und Größe nahm er darüber hinaus den *West Highland White Terrier*. Dementsprechend waren die ersten Zuchtprodukte sehr unterschiedlich und im Typ mehr dem Fox Terrier ähnlich. *Captain Edwardes* ging es aber in erster Linie um die Gebrauchsfähigkeit, dabei war er so rigoros, daß jeder S. T., der mit sieben Monaten noch nicht in den Fuchs- oder Dachsbau ging, getötet wurde. So baute er eine raubzeugscharfe Rasse auf, die dank des enormen Gebisses auch mit dem Dachs leicht fertig wurde. Den heutigen S. T. schuf man durch bewußtes Kreuzen der niedrigsten Tiere untereinander, wobei die größte Schwierigkeit in der Festigung der reinweißen Farbe lag. Obwohl viel von seinen jagdlichen Fähigkeiten im Laufe der Jahre zugunsten der Eigenschaften eines ruhigen Begleithundes verlorenging, fordert noch heute der Standard, daß der S. T. robust, wachsam und raubzeugscharf mit viel jagdlicher Veranlagung, dabei aber anhänglich und als Haushund angenehm sein soll. – *Tafel 47.*

Segugio: mittelgroßer, kurzhaariger, leichter italienischer Laufhund (SH 50 bis 58 cm ♂, 48 cm ♀ bei 30 kg KM). Der etwas langgezogene Kopf ist feingemeißelt und hat einen leicht gewölbten Schädel mit leicht markiertem Stop, sichtbarem Hinterhauptbein und leicht gezogenem Fang. Der Nasenrücken ist wenig gewölbt, weder viereckig noch spitz; die Lefzen laufen mit den Kiefern gleich. Schwarz und gut geöffnet ist die Nase; die kräftigen Zähne schließen als Schere. Der S. hat große, dunkle Augen mit geschlossenen, gespannten Lidern, tiefe, nie über die Augenlinie angesetzte feine Ohren, die so lang sind, daß sie über den ganzen Fang bis zur Nasenspitze reichen. Sie werden anliegend getragen, sind dreieckig mit abgerundeter Spitze. Leicht, trocken und gewölbt mit guten Übergängen geht der Hals in den kräftigen und trockenen Rumpf über. Der Rücken steigt leicht vom Widerrist über die breite, muskulöse, kurze und gewölbte Lendenpartie zu der nicht abfallenden Kruppe. Keilförmig reicht die Brust mindestens bis zu den Ellenbogen, wobei der Rippenkorb nicht ausgesprochen gebogen ist. Der Bauch muß trocken sein. Hoch und kräftig angesetzt wird die Rute zur Spitze hin dünner. Sie ist schlank und wird säbelförmig getragen. Die Schultern sind trocken, schräg und stark anliegend; die Läufe stehen gerade und sind trocken und kräftig; der Vordermittelfuß ist kurz und leicht schräg. Die Hinterhand hat muskulöse, gut entwikkelte Oberschenkel sowie trockene, senkrecht gestellte Läufe und gut gewinkelte Sprunggelenke. Die Pfoten sind oval und trocken mit gut geschlossenen Zehen und harten Ballen. Das 2 bis 5 cm lange Haar ist hart, fest und dicht anliegend, entweder mattschwarz, nußbraun oder dreifarbig, d. h. rot und nußbraun mit weißen Flekken am Hals, den Pfoten und einer weißen Gesichtsmaske. Der S. ist ein ausdauernder Laufhund, der auch in der Meute eingesetzt wird. Er soll direkter Nachkomme der *Keltenbracke* sein. – *Tafel 36.*

Shakyi, *Tibet-Hetzhund:* mehr stock- als langhaariger, hochläufiger Hund mit gestrecktem Körperbau. Sehr gut ist die Vorbrust ausgebildet. Der Körper insgesamt zeigt sich jedoch flüchtig, was typisch für die nahe Windhundverwandtschaft ist. Im Erscheinungsbild ähnelt der zwischen 50 und 55 cm Höhe liegende S. den russischen ↑ Laiki, nur daß er Hängeohren und eine über der Kruppe eingeringelte, langbehaarte Rute hat. Der leichte, windhundtypische Fang geht ohne sichtbaren Stop in den Schädel über, von einer dichten Mähne wird der lange Hals umgeben. Die untere Linie des rechteckigen Körpers darf kein Langhaar haben, auch die Läufe sind unbefedert. Folgende Haarfarben werden genannt: hellsandfarben, fast weiß mit gelblichrötlichen Abzeichen am Kopf und am Körper sowie hell mit schwarzer Gesichts- und Ohrenmaske. Es kommen auch Variationen der genannten Färbungen vor sowie schwarzwildfarbene Mäntel und Abzeichen an den Läufen. Im tibetanischen Hochland bevorzugt man die schnee- und milchweißen Tiere. In der *Congpo-Region* findet man noch eine stehohrige Variante. Außerhalb seiner Heimat gibt es den S. nicht, es wurde zwar Mitte der vierziger Jahre (1944/46) ein Standard in Deutschland aufgestellt, doch fand die Rasse keine Anerkennung. Aus diesem Grunde wurde die Zucht 1949 aufgegeben.

Shar-Pei: kräftiger massiver Hund, dessen typischstes Merkmal die über den ganzen Körper verteilten Falten sind (SH 45 bis 50 cm bei 18 bis 25 kg KM). Der eigenartige Kopf hat eine stumpfe Schnauze, was bei einem Rüden noch ausgeprägter in Erscheinung tritt als bei einer Hündin. Der Stop ist schwach ausgeprägt. Von vorn gesehen erinnert der Kopf an den eines Flußpferdes. Die schweren Falten über den Augen erwecken den Eindruck eines dauernd schlafenden Hundes. Die kleinen dreieckigen Ohren liegen flach am Schädel an und zeigen mit der unteren Spitze gegen die Augen. Die Zunge ist blauschwarz oder gesprenkelt. Viele S. haben einen schwarzen Rachen sowie schwarze Lefzeninnenseiten. Bezüglich der Schädelform gibt es zwei Varianten, einmal die etwas schmalere chinesische, zum anderen die Hongkong-Version, die breiter ist. Der Hals ist mittellang und kräftig; deutlich grenzt sich der Widerrist ab. Muskulös und derb ist der ganze Körper, breit, doch nicht tief der Brustkorb. Gut gestellt, doch nur mäßig gewinkelt sind die muskulösen Läufe. Die Falten und Runzeln der Haut bieten keine Probleme, wenn der Hund regelmäßig mit einem feuchten Schwamm abgerieben wird, sonst kann es leicht in den Falten zu Entzündungen und Ungezieferbefall kommen. Der S. erweckt immer den Eindruck, als sei ihm seine Haut zu groß. Es gibt zwei Felltypen: das sogenannte Pferdehaar, welches sehr kurz, borstig und hart ist, sowie das „brush coat", bei dem das Haar etwa 2,5 cm lang ist und im Winkel von 90° vom Körper absteht. Die Fellfarben sind beige, hellbeige, cremefarben und schwarz. Daneben kommen drei verschiedene Rutenformen vor: kurz (wie kupiert, doch angeboren), halblang und lang. Ungeachtet der Länge wird sie immer in geschlossenem Kreis oder in leichter Drehung über dem Rücken getragen. Obwohl der S. beispielsweise in der Gegend um Kanton als Kampfhund und zur Bärenjagd ver-

wendet wurde, ist er im Naturell sanftmütig und freundlich, dabei jedoch wachsam und sehr gelehrig.
Der im *Guiness Book of World Records 1978* als seltenster Hund der Welt bezeichnete S., dessen Name in der Übersetzung so viel wie „Sandhaut" bedeutet, soll seit mehr als 2000 Jahren existieren und bereits in der chinesischen *Han-Dynastie* bekannt gewesen sein. Gefundene Grabfiguren weisen tatsächlich gewisse Ähnlichkeiten auf, obwohl die dargestellten Tiere ungleich größer waren. Eine Theorie besagt, daß die Rasse in Tibet bzw. dem nördlichen China ihren Ursprung nahm, andere weisen auf Hunde hin, die in den südlichen Provinzen Chinas gehalten wurden. Der S. wurde von der Landbevölkerung zum Hüten der Viehherden und als Schutz gegen wilde Tiere eingesetzt. – *Tafel 19.*

Shar-Pei, *links* Welpe

Sheltie, *Miniaturcollie:* kleiner, langhaariger Hund mit schlankem Schädel, Kippohren und lang behaarter Rute (SH 32 bis 38 cm – ideal 34 cm – bei 10 bis 18 kg KM). Der lange Kopf hat einen flachen, zu den Augen schmaler werdenden Schädel mit geringem Stop und kräftigem, gut abgerundetem Fang, der gegen die Nasenspitze schmaler wird. Die Backen sind flach und trocken, kräftig die Kiefer. Die Entfernung vom Hinterhauptbein bis zu den Augen entspricht in etwa der von der Nasenspitze bis zum Auge. Die Nase ist schwarz. Der S. hat ein komplettes Scherengebiß, dunkelbraune, bei blaumarmorierten Tieren blaue Augen, die mandelförmig und schräg eingesetzt sind. Die kleinen, hoch angesetzten Ohren werden halb aufgerichtet mit abgekippten Spitzen getragen. Der lange Hals ist muskulös, gebogen und hat eine dichte Halskrause. Mäßig lang mit geradem Rükken zeigt sich der Rumpf; die Lendenpartie ist kräftig, tief mit gewölbtem Rippenkorb die Brust. Lang, tief angesetzt und gut behaart hängt die Rute mit aufwärtsgebogener Spitze herab. Die Schultern sind flach, die Läufe gerade, haben gute Knochen, sind gut befedert, im Vordermittelfuß biegsam, aber nicht weich, sehnig und trocken. Die Hinterhand hat muskulöse Schenkel, sehnige, trockene Läufe, die im Knie- und Sprunggelenk gut gebogen sind. Die Behaarung oberhalb der Sprunggelenke ist sehr stark, die darunter kurz. Die Pfoten sind oval mit gewölbten, geschlossenen Zehen und gepolsterten Ballen. Der S. hat langes, gerades und hartes Deckhaar sowie weiche, kurze, dichte Unterwolle. Die Mähne und Halskrause sind extrem stark behaart, die Stirn, der Fang und die Läufe oberhalb der Pfoten sind kürzer. Der S. existiert in folgenden Farben

1. *einfarbig:* braungrau (sable) oder blaumarmoriert.

2. *zweifarbig:* schwarz mit lohfarbenen Abzeichen, schwarz mit weißen Abzeichen, sable mit weißen Abzeichen.

3. *dreifarbig:* schwarz mit lohfarbenen und weißen Abzeichen.
Die weißen Abzeichen befinden sich am Hals, der Brust, der Krause, den Pfoten, der Rutenspitze sowie als Blesse am Kopf, sie treten einzeln oder zusammen auf.
Der S. soll ein Kreuzungsprodukt aus ↑ Border-Collie und von Walfängern mitgebrachten *Nordlandhunden* sein, das man später durch ↑ Collies verfeinerte. Wie alle auf den Shetland-Inseln vorkommenden Tiere ist er sehr klein. Als Hüter der Zwergschafe hat er die ideale Größe. 1909 gründeten Züchter in Lerwick den *Shetland Collie Club*, dessen Mitglieder den *Collie en miniature* züchten wollten. Das stieß auf den energischen Widerstand der Colliezüchter, zumal der S. seinerzeit keinesfalls einen einheitlichen Typ verkörperte. So kam es, daß seine offizielle Anerkennung erst 1914 erfolgte. Noch heute ist seine Zuchtbasis, obwohl er ein beliebter Haushund ist, noch bedeutend geringer als die des Collies. Da immer wieder Probleme mit der Größe auftauchen, ist die Bewertung in dieser Hinsicht sehr streng; jeder Zentimeter zuviel wird mit Zuchtausschluß bestraft. Mit seinem langem Haar ist der S. sehr pflegeaufwendig, er muß täglich gebürstet und mehrmals in der Woche gekämmt werden. Sein lebhaftes Temperament verlangt ausreichende Bewegung. – *Tafel 4.*

Shiba-Inu: kleingebauter muskulöser Hund, bei dem die Derbheit gegenüber der Eleganz dominiert (SH 34 bis 40 cm bei 25 kg KM). Der Kopf hat eine breite Stirn; der Stop ist ohne Übertreibung markiert. Der Nasenrücken ist gerade, spitz verläuft der Fang. Die Lippen dürfen nicht schwer sein, das Gebiß schließt als Schere. Klein, dreieckig und dunkelbraun sind die Augen, ebenfalls dreieckig die leicht nach vorn geneigt getragenen Stehohren. Dem dicken und robusten Hals schließt sich der kräftige Rumpf an, mit tiefer Brust, gewölbten Rippen, kurzem, geradem Rücken, breiten, mächtigen Lenden sowie ziemlich aufgezogenem Bauch. Dick und kräftig ist die sichelförmig oder geringelt getragene Rute, die in der Länge das Sprunggelenk erreicht. Der Standard erlaubt neben der beschriebenen Rutenform auch angeborene Stummelruten. Gut schräg gestellt ist die Schulter, der Unterarm gerade, die Ellenbogen fest am Rumpf anliegend. Der Vordermittelfuß ist schwach geneigt. Die Hinterhand hat gut entwickelte Keulen sowie ausreichend gewinkelte Sprunggelenke. Der S. steht auf etwas runden, geschlossenen Pfoten mit harten, dunklen Krallen. Sein Haar ist hart und gerade mit feiner Unterwolle, meist rot, pfeffersalzfarben, pfefferrot, schwarz, braunschwarz, gestromt oder weiß.
Der S. ist hauptsächlich in der Gegend von *Fukushima* verbreitet. Sein Name bedeutet so viel wie *kleiner Hund.* Man hält ihn für den Nachfahren alter Hunderassen aus Südostasien. Er ist ein sehr guter Wächter und kann auch für die Jagd auf Kleintiere eingesetzt werden.

Shih-Tzu: langgestreckter, niedriger Hund mit langen Hängeohren, üppiger Behaarung und Ringelrute (SH maximal 27 cm bei bis 8 kg KM). Der breite Kopf ist rund. Er hat zerzaustes, gut über die Augen fallendes Haar, einen dichten Bart sowie Schnurrbart. Das Haar, welches von der Nase aus nach oben steht, gibt dem Hund eine chrysanthemenähnliche Zeichnung. Die Nasenspitze ist etwa 2,5 cm vom Stop entfernt. Der Fang ist quadratisch und kurz, die Zähne schließen als Schere,

Zangen- bzw. leichter Rückbiß werden jedoch toleriert. Die Augen stehen weit auseinander, sind dunkel, groß und rund, treten aber nicht hervor. Groß sind die hängend getragenen Ohren, leicht unter der Schädelkrone angesetzt und so reichlich behaart, daß sie in das Nackenhaar überzugehen scheinen. Die Körperlänge ist vom Widerrist bis zum Rutenansatz größer als die Höhe des Tieres. Der Rumpf ist fest und kraftvoll, der Brustkorb breit und tief, die Rückenlinie gerade. Hoch angesetzt, reichlich befahnt, wird die Rute gut über den Rücken gerollt. Die Vorderhand ist kurz und muskulös mit kräftigem Knochenbau, gut anliegenden Schultern und durch die Behaarung massiv erscheinenden Läufen. Kurz und muskulös ist auch die Hinterhand. Von hinten gesehen müssen die Läufe gerade erscheinen. Der S. hat langes, reichliches Haar, nicht gelockt, aber mit guter Unterwolle, bei dem alle Farben zugelassen sind. Ein weißer Streifen an der Stirn und ein weißes Rutenende sind sehr begehrt. Leberfarbene Hunde können einen dunkelleberfarbenen Nasenspiegel und leicht hellere Augen haben, wobei das Pigment so einfarbig wie möglich sein soll. Der S. wird in seiner ursprünglichen Heimat als Wachhund gehalten, in allen anderen Ländern ist er ein reiner Luxsushund. Seinen Standard stellten um die Jahrhundertwende englische Züchter auf. Geschichtlich ist der S. sehr eng mit dem ↑ Lhasa Apso verwandt. – *Tafel 23.*

Siberian Husky: mittelgroßer Arbeitshund, kraftvoll, doch anmutig gebaut (SH 53 bis 59 cm ♂, 50 bis 55 cm ♀ bei 20 bis 27 kg ♂, 15 bis 22 kg ♀ KM). Im Verhältnis zum Körper ist der Kopf von mittlerer Größe, oben etwas abgerundet und sich gegen die Augen allmählich verjüngend. Zwischen den Ohren ist er fast schmal. Der Fang ist von mittlerer Länge. Der Abstand von der Nase bis zum Stop ist gleich der vom Stop bis zum Hinterkopf. Schädel und Fang sind fein gemeißelt. Die Lefzen sind schwarz und eng anliegend; die kräftigen Kiefer haben ein Scherengebiß. Die Ohren sind mittelgroß und aufrechtstehend, bei Aufmerksamkeit sind die Ohrmuscheln parallel zueinander gewendet. Die Ohrspitzen sind leicht gerundet mit dicht behaarter Innenseite. Leicht schräg eingesetzt sind die Augen, scharf, doch freundlich blickend, entweder braun oder blau gefärbt, wobei ein blaues und ein braunes Auge bei einem Tier zwar zulässig, doch nicht erwünscht ist. Die Nase soll schwarz bzw. bei roten Tieren braun sein; auch fleischfarbene Nasen und Augenränder können bei weißen Hunden auftreten, ebenso im Winter ein rosafarbener Streifen, die sogenannte Schneenase, die jedoch nicht erwünscht ist. Kräftig, gebogen und ziemlich kurz ist der Hals, der Körper mäßig gedrungen, doch niemals zu kurz und plump. Die Brust ist tief und kräftig, nicht zu breit mit gut gewölbten Rippen. Der Rücken weist mittlere Länge auf, ist kräftig und hat eine fast horizontale Rückenlinie. Die Lenden sind straff und leicht gebogen. Der S. H. hat gerade, gut bemuskelte Läufe mit kräftigen, doch nicht schweren Knochen; die Hinterläufe sind gut gewinkelt. Die Pfoten sind oval und mittelgroß und kompakt mit dichter Behaarung zwischen den Zehen. Sehr widerstandsfähig und dick gepolstert sind die Ballen, sie haben eine vergrößerte Zwischenzehenhaut. Reich behaart und buschig ist die Rute, die beim Lauf oder großer Aufmerksamkeit sichelförmig über den Rücken, bei der Arbeit und im Ruhezustand hängend getragen wird. Aufgerichtet schmiegt sie sich nicht geringelt der Körperseite an, sie liegt auch nicht flach auf dem Rücken. Mittellang behaart variiert sie je nach Art der Körperbehaarung. Der S. H. hat einen sogenannten Doppelmantel, die Unterwolle ist dicht, weich und daunenartig und von genügender Länge und Dichte, um den äußeren Mantel zu stützen, der sehr dick, fein geschnitten und weich ist. Meist ist das Haar mittellang. Bleibt die Textur weich, kann auch längeres Haar toleriert werden. Alle Farben und Weiß sowie sämtliche Abzeichen sind zugelassen. Die üblichsten Nuancen sind verschiedene Schattierungen vom Wolfs- und Silbergrau, heller Sandfarbe und Schwarz mit weißen Abzeichen, vor allem am Kopf. Oft gesehen werden haubenartige, masken- und brillenförmige Abzeichen.

Als die Eskimos von Sibirien nach Alaska und schließlich bis Grönland zogen, nahmen sie natürlich ihre unentbehrlichen Hunde mit. In der ursprünglichen Heimat blieben u. a. der Volksstamm der *Chuchis* zurück, die ersten Züchter des S. H., der auch *Sibirischer Chuchi* genannt wird. Das Wort *Husky* stammt von Europäern, die zu den Eskimos verächtlich *Huskies* sagten. In seinem Ursprungsgebiet züchtete man den S. H. über Jahrhunderte rein. Der Hund bedeutete meist das Wertvollste, was die Leute besaßen. Er war ihnen Hüter des Eigentums, Zugtier und Begleiter der Kinder. Es kommt nicht von ungefähr, daß die S. H. im Gegensatz zu den meisten Schlittenhunden mit in die Behausungen genommen wurden, wodurch sich ihre herausragendsten Eigenschaften, die große Freundlichkeit und Zutraulichkeit herausbildeten. Außergewöhnliche Berühmtheit erlangte die Rasse in den zwanziger Jahren des 20. Jh. Im Winter 1925 breitete sich in *Nome* (Alaska) eine Diphterie-Epidemie aus. Um viele Menschenleben zu retten, mußte so schnell wie möglich Serum herangeholt weren. Der Norweger *Leonhard Seppala* kämpfte sich mit einem Gespann S. H. über 300 km durch einen Schneesturm und erreichte Nome gerade noch rechtzeitig. Diesem denkwürdigen Ereignis ist heute das längste Schlittenhundrennen der Welt gewidmet, das *Iditarod*, von *Anchorage* bis *Nome*, quer durch Alaska über 1930 km. Bis 1932 gehörten Schlittenhundrennen sogar zum olympischen Programm, und immer waren es S. H., die durch ihre Ausdauer und Schnelligkeit begeisterten. Nachdem *Leonhard Seppala* einige seiner legendären S. H. verkauft hatte, begann die noch heute anhaltende Blütezeit der S.-H.-Zucht, viele Zuchtstämme werden auf *Seppalas* S. H. zurückgeführt.

Wegen seiner Lernfähigkeit und der damit verbundenen außerordentlichen Anpassung an jegliche Lebensbedingungen ist der S. H. ein idealer Begleiter. Bei der Vielzahl seiner Verwendungsmöglichkeiten darf man jedoch nie vergessen, daß es sich um einen Arbeitshund handelt, der nicht für Müßiggang geschaffen ist. — *Tafel 11.*

Sibirischer Windhund ↑ Taigan.

Sidney-Silky ↑ Silky Terrier.

Siebenbürger Bracke ↑ Erdélyi kopó.

Silky Terrier, *Australian Silky Terrier, Sidney-Silky:* kompakt gebauter, mäßig niederläufiger Hund von mittlerer Körperlänge und zierlichem Bau (SH 20 bis 25 cm bei 3 bis 4,5 kg KM). Der Kopf ist mäßig lang, etwas kürzer zwischen der Nasenspitze und der Augenmitte als von diesem Punkt bis zum Ende des Hinterhauptbeines. Der Kopf muß jedoch stark sein und Terriercharakter zeigen. Er ist mäßig breit zwischen den Ohren, hat einen flachen Schädel ohne Rundung zwischen den Augen. Das Haar soll keineswegs lang über das Gesicht fallen. Der S. T. hat einen weichen, hellen Haarschopf, der nicht die Augen verdeckt, die klein, rund und möglichst dunkel mit wachsamem, klugem Ausdruck sind. Ebenfalls klein, V-förmig, samtfein, hoch angesetzt und aufrechtstehend, völlig frei von langem Haar müssen die Ohren sein, schwarz die Nase. Der S. T. hat starke Kiefer, gleichmäßige, nicht zu eng stehende Zähne, als Scherengebiß ausgebildet sowie gut anliegende Lippen. Sein Hals ist mittellang, im Nacken leicht gewölbt, reich mit langem, seidigem Haar bedeckt. Im Verhältnis zur Höhe des Hundes ist der Körper mäßig lang, im Rücken gerade mit gut gewölbten Rippen, die sich bis zu den kräftigen Lenden erstrecken. Mäßig breit ist die tiefe Brust. Die Kennzeichen der Vorhand sind feine und gut zurückliegende Schultern, gut abgewinkelte Vorderläufe, weder nach innen noch nach außen drehende Ellenbogen. Die unteren Läufe haben feine Knochen. Sie stehen gerade und gut mit kräftigen Fesseln unter dem Körper. Die Hinterhand ist gut entwikkelt mit stark gewinkelten Knie- und Sprunggelenken. Von hinten gesehen sollen die Sprunggelenke gut heruntergezogen wirken und parallel zueinander stehen. Der S. T. hat kleine, runde Katzenpfoten mit geschlossenen Zehen und schwarzen oder sehr dunklen Nägeln. Die Rute muß kupiert werden, soll gerade, aber nicht zu lustig getragen werden. Das Fell ist fein, glänzend und seidig. Wünschenswert am Rumpf, hinter den Ohren beginnend bis zum Rutenansatz, ist eine Haarlänge zwischen 12 bis 15 cm. Von den Knien und den Sprunggelenken bis zu den Pfoten müssen die Läufe frei von langem Haar sein. Folgende Farben sind erlaubt: blau und rotgold bis lohfarben oder graublau und rotgold bis lohfarben. Je leuchtender diese Farben sind, desto besser wird das Tier beurteilt. Das Blau der Rute soll sehr dunkel sein. Die Verteilung der Farben ist wichtig; Der Haarschopf muß silbern bzw. hell sein, rotgold bis lohfarben die Partie um den Ohrenansatz, die Schnauze und seitlich daneben, blau von der Schädelbasis bis zum Rutenende, entlang den Vorderläufen bis zu den Knien, entlang den Schenkeln bis zu den Sprunggelenken, rotgold bis lohfarben die Kniegelenke hinunter und von den Knien und Sprunggelenken bis zu den Pfoten und um den After.

Der erst 1959 international anerkannte agile kleine Terrier ist bedeutend älterer Herkunft. Seine zweite Bezeichnung *Australian Silky Terrier* bzw. *Sydney-Silky* weist schon auf die Entstehung hin. Zu den Ahnen zählen ↑ Skye Terrier und ↑ Yorkshire Terrier, sowie ↑ Malteser und ↑ Scottish Terrier. Fest steht, daß der S. T. in Australien bereits um die Jahrhundertwende existierte und sich sowohl als Haushund wie auch als Rattenfänger bewährte. Seine Haarpflege entspricht der des Yorkshire Terriers, mit dem er auch äußerlich noch heute eine gewisse Ähnlichkeit aufweist.

Sinaitic Sloughi, *Sloughi der Sinai-Halbinsel:* mittelgroße, kurzhaarige Hunde, meist weiß, grau mit Maske oder hellbraun, mit kurzem Rumpf sowie derben Köpfen, die deutliche Geschlechtsunterschiede erkennen lassen. Der Kopf des Rüden ist breiter, insgesamt grob geschnitten. Die S. S. haben meist komplette Scherengebisse, schwarze Nasenspiegel und ovale, dunkelbraune Augen. Die Brust ist sehr tief, die Rippen gut gewölbt. Immer korrekt gewinkelt und sehr gut gestellt sind die Gliedmaßen dieser ausschließlich auf Leistung gezogenen Hunde. *Dr. Trainin-Briman* schrieb nach einem Besuch beim Stamm der *Tarabin-Beduinen:* „Alle Hunde, die wir sahen, waren gut ernährt, kräftig gebaut und gesund. Bei den Würfen werden oft alle Welpen sofort abgetan oder einer guten Hündin überlassen. Rüden gibt es im ganzen Bereich nur einige wenige. So wissen die Beduinen genau, welcher der Vater des zu erwartenden Wurfes ist." Interessant ist, daß die Tarabin-Araber sich und ihre Hunde fast ausschließlich von Datteln ernähren.

Praktische Bedeutung für die Jagd hat der S. S. heute nicht mehr; er wird hauptsächlich aus Tradition gehalten. Ein Standard existiert nicht, auch von der FCI ist die Rasse nicht anerkannt.

Skye Terrier: eleganter, niedriger, kräftiger, betont langgestreckter Hund mit einer Mindestkörperlänge von 105 cm, einer reichlichen Behaarung und gutem Terriercharakter (SH 23 bis 27 cm bei 5 bis 7 kg KM). Der Kopf ist lang mit flacher Schädeldecke, im Oberkopf eher schmal als breit, mit sehr starkem Fang, der keilförmig ist. Die Ohren werden aufrecht getragen, sind klein mit reichlicher überhängender Behaarung, wobei auch Hängeohren zulässig sind, die aber bei starker Erregung anliegen und nach vorn überfallend getragen werden. Die dunklen Augen dürfen höchstens dunkelhaselnußfarben sein; sie sind klein bis mittelgroß, mandelförmig und ziemlich engstehend. Wichtig ist beim S. T., daß die kräftigen Zähne komplett sind und als Scherengebiß schließen. Aus breiten Schultern kommt der muskulöse, sehr kräftige lange Hals, im Nacken leicht gebogen. Der Rumpf ist sehr lang und niedrig mit breiten kräftigen Schultern, geradem, festem Rükken, bei dem nur hinter der Schulter eine kleine Einsenkung erlaubt ist, sehr langer, tiefer, seitlich flacher Brust und einer kräftigen Lendenpartie. Senkrecht nach unten und das letzte Drittel in einem Bogen nach hinten, doch nicht geringelt oder über die Rückenlinie erhoben, wird die Rute getragen. Die Vordergliedmaßen sind kurz, kräftig, muskulös und gerade, ebenso die Hinterhand, beide haben sehr breite, große Pfoten mit schwarzen Krallen. Der S. T. weist Doppelbehaarung auf, sehr langes (durchschnittlich 15 cm), hartes Deckhaar, ohne Kräuselung und Locken, dazu reichliches, kurz anliegendes Unterhaar, weich und wollig. Am Kopf ist das Haar kürzer und weicher, den vorderen Teil des Kopfes verdeckend. Am Rande des Innenohres bildet es eine starke, herabhängende Feder, die das aufgerichtete Ohr in seinen Umrissen deutlich erkennen läßt. Reichlich, doch nicht zu lang, ist die Rute behaart. Der S. T. kommt dunkelblaugrau bis hellblaugrau sowie hell- oder dunkelsilbergrau, auch blaßgrau und sektfarben mit schwarzen Spitzen vor. Die genannten Farbnuancen dürfen über den ganzen Körper nur einfarbig sein, wobei die Ohrfahnen und die Fangbehaarung in jedem Fall dunkler bis schwarz abgesetzt sind. Der S. T. gehört nicht zu den Rassen, die geschoren oder getrimmt werden, doch kann auch sein Äußeres etwas herausgebracht werden. Bedingung ist, daß er bei der täglichen Pflege gründlich ausgekämmt wird. Einen Tag vor Ausstellungen oder ähnlichen Höhepunkten wird der Hund gebadet und in halbtrockenem Zustand gekämmt, so daß auf dem Rückgrat ein deutlicher Scheitel zu sehen ist. Beim Trockenfönen kämmt man dann das Tier mit einer Pudelbürste.

Von der Insel *Skye* stammend, hat der S. T. seinen Ursprung in langhaarigen niederläufigen Hunden, die schon lange dort existierten. Es handelte sich um harte, wetterfeste Tiere, die für die Jagd auf Fuchs und Dachs hervorragend geeignet waren. Das überreiche Haar verdankt der S. T. einer Einkreuzung von Maltesern oder spanischen Wachtelhunden, die mit einem an den Felsenriffen der Insel *Skye* gesunkenen Schiff dorthin gelangten. Erstmalig 1860 in Birmingham ausgestellt, erhielt der S. T. vier Jahre später den heutigen Namen.

Er ist ein genügsamer, sehr verbreiteter Wachhund, ausgeglichen im Wesen, Fremden gegenüber häufig sehr aggressiv. – *Tafel 47.*

Sloughi: rassiger Hund mit trockener Muskulatur und feinem Gewebe (SH 60 bis 70 cm bei 32 kg KM). Der Kopf ist, ohne schwer zu wirken, massiger als beispielsweise der des ↑ Greyhounds, wobei seine Linien weniger ausgeprägt sind. Der Oberkopf ist flach, ziemlich breit, am hinteren Teil deutlich abgerundet, seitlich harmonisch nach innen gewölbt, die Augenhöhlen springen kaum vor. Der Fang hat die Form eines spitzen Winkels, jedoch ohne jegliche Übertreibung. Er ist von gleicher Länge wie der Oberschädel; wenig ausgeprägt ist der Stop. Schwarz oder dunkelbraun ist die Nase, die Kiefer dürfen nicht vorstehen, wobei ein leichtes Überragen des Oberkiefers, der sogenannte Rückbiß, noch zulässig ist. Groß, dunkel und gut in den Augenhöhlen liegen die Augen, manchmal durch eine leichte Schrägstellung der Augenlider etwas bedeckt. Ihr Ausdruck ist sanft, ein wenig traurig. Bei hellem Haarkleid, weißlich oder sandfarben, ist das Auge gewöhnlich wie gebrannter Topas. Hängend, am Schädel anliegend und in ganzer Breite in Augenhöhe angesetzt, sind die Ohren, nicht zu groß, platt, dreieckig mit leicht abgerundeter Spitze. Manche Hunde haben Ohren, die ein wenig vom Schädel abstehen, gelegentlich auch leicht zurückgelegt sind. Der überaus trockene Hals bildet ohne sichtbare Muskulatur leichte Hautfalten unter der Kehle. Flach, trocken und mäßig schräg sind die Schultern. In der Tiefe erreicht die Brust knapp Ellbogenhöhe, sie ist nicht zu breit, in der Tiefe gut entwikkelt mit ziemlich langen Fehlrippen. Aufgezogen, doch nicht so stark wie beim Greyhound, ist der Bauch. Der Rücken verläuft deutlich waagerecht, ist verhältnißmäßig kurz, bei der Hündin länger als beim Rüden. Die Lenden sind trocken, breit und leicht gewölbt, die Kruppe ist knochig und sehr abfallend. Gut stehen die Hüften hervor. Die Oberschenkel reichen weit herab und sind ein wenig flach. Die Läufe sind trocken mit sich gut abzeichnenden Sehnen und bodennahen und mäßig gewinkelten Sprunggelenken. Länglich und oval sind die Pfoten, bei vielen S. hasenpfotenartig. Dünn und fleischlos, ohne Fransen oder lange Haare, ist die Rute. An ihrem Ende zeigt sie eine betonte Krümmung. Diese soll mindestens bis zum Sprunggelenkhöcker herabreichen. Ist der Hund in Bewegung, darf sie nicht höher als in Rückenlinie getragen werden. Es ist erwünscht, daß sie, durch die Läufe gezogen, mindestens bis zum Hüfthöcker reicht. Der S. ist kurz und fein behaart, sandfarben oder fahlrot in allen Tönen, mit oder ohne schwarze Maske, manchmal auch mit einem mehr oder weniger dunklen Mantel. Der S. hat außerdem weißliche, gestromte, schwarze mit Brand oder gestromte Abzeichen auf fahlem Grund am Kopf, den Pfoten und manchmal an der Vorbrust. Bei dunklen Farben kommt gelegentlich ein weißer Brustfleck vor, der jedoch nicht erwünscht ist.

Das direkte Herkunftsgebiet des S. abzugrenzen ist sehr schwer, da die schlanken, windhundartigen Pariaformen und derben Windhunde über ganz *Nordafrika*, die *Sinaihalbinsel* und den *Vorderen Orient* verbreitet waren, wobei die Übergänge zum persischen ↑ Saluki auch heute noch fließend sind. In Nordafrika gab es seit Jahrtausenden schlanke, sichtjagende Hunde. Mit der Eroberung des nordafrikanischen Mittelmeerraumes durch die Römer kamen sicher deren gallische Windhunde hierher und vermischten sich mit den ansässigen Tieren. Noch 1930 unterschied man mehrere Typen. Die Araber zogen ihre Windhunde mit großer Sorgfalt auf, ganz im Gegensatz zu ihrer sonstigen Haltung gegenüber Hunden. Nach der Meinung der Araber sollte ein junger S. zwei Monate lang gesäugt werden, mit sechs Monaten durfte er kein Huhn mehr erwürgen, mit einem Jahr mußte er einen Hasen töten und mit zwei Jahren eine Gazelle, mit drei Jahren eine Antilope oder ein Wildschwein. Mit sieben Jahren wurde er getötet und aus seinem Fell ein Gewand genäht, das sieben Jahre getragen werden sollte.

Die ersten *S.-Zuchten* in Europa entstanden in *Frankreich* und den *Niederlanden*. Der S. ist ein Langstreckenläufer, der bis 55 km/h Geschwindigkeit entwickeln kann (Abb. ↑ Azawakh).

Sloughi der Sinai-Halbinsel ↑ Sinaitic Sloughi.

Slovensky kopov: mittelgroßer, glatthaariger, ausdauernder, scharfer Hund mit mittellangen Behängen und waagerecht getragener Rute (SH 45 bis 50 cm ♂, 40 bis 45 cm ♀ bei 25 kg KM). Der Nasenspiegel muß immer schwarz sein, entsprechend groß mit mäßig geöffneten Nasenlöchern und leicht spitz. Die Lippen liegen an, sind dünn, nicht hängend. Der Fang ist gerade, nicht zu breit, in der Länge in gutem Verhältnis zur Schädellänge stehend. Die Kiefer sind regelmäßig, kräftig, mit vollständigem, gut entwickeltem Scherengebiß. Der Stop bildet einen Winkel von etwa 45°; der Schädel ist in seinem oberen Teil leicht gerundet mit nicht sehr betontem Hinterhauptbein. Die Schädel-Gesichtsachsen verlaufen parallel zueinander. Lebhaftigkeit und Mut zeigen die dunklen, mandelförmigen Augen. Etwas oberhalb von ihnen sind die an den Enden abgerundeten, mittellangen und an den Backen anliegend herabfallenden Ohren angesetzt. Der Hals wird im stumpfen Winkel von etwa 135° getragen, ist gut in die ziemlich kurzen, gut entwickelten, muskulösen Schultern eingesetzt. Er ist muskulös und ohne Wamme. Etwas langgestreckt mit geradem Rücken zeigt sich der Rumpf, breit und voll die Brust, mäßig tief, doch breit und lang mit gut gewölbten Rippen. Muskulös und breit sind die Lenden und die Kruppe, letztere fällt wenig ab. Tiefer als auf der Höhe der Rückenlinie ist die sich zur Spitze verfeinernde Rute angesetzt. Sie reicht

bis zum Sprunggelenk und wird in der Erregung säbelförmig getragen. Die Gliedmaßen sind korrekt gestellt. Das Haar des S. k. ist 2 bis 5 cm lang, anliegend, mäßig rauh, am Rücken, dem Hals und der Rute länger. Die Unterwolle, die im Winter besonders dicht ist, muß auch im Sommer vorhanden sein. Die Farbe ist schwarz mit rötlichen bis mahagonifarbenen Abzeichen an den Lippen, den Backen, der Kehle, der Vorbrust, über den Augen und an den Läufen. Die straffe Haut muß dunkel pigmentiert sein.
Die *Slowakische Schwarzwild-Bracke* ist der einzige Treibhund der Tschechoslowakei. Die Rasse existiert zwar schon über Jahrhunderte, wurde aber erst im 20. Jh. gezielt aufgebaut. Da sie sehr temperamentvoll und wild ist, ist eine straffe Führung nötig, um sie gut abzurichten. Dank ihres feinen Geruchssinnes und des hervorragenden Orientierungsvermögens eignet sie sich besonders für die Schweißarbeit. – *Tafel 8.*

Slovensky Čuvač: Gebirgshund von fester Konstitution, starkem Knochenbau, lebhaftem Temperament und dichtem, weißem Pelz (SH 62 bis 70 cm ♂, 59 bis 65 cm ♀ bei 34 bis 44 kg ♂, 31 bis 37 kg ♀ KM). Der Kopf hat eine stark ausgeprägte Stirn, mäßig geneigt mit flacher, nach hinten verlaufender Rinne, seitlich geneigten Augenbögen, flachem Scheitel und deutlich vom starken, mäßig hervortretenden Genick abgesetzten Nacken. Das Scheitelprofil ist gegenüber dem Nasenrücken etwas vorgewölbt. Die Augen sind dunkelbraun, oval und gerade eingesetzt mit schwarzen, anliegenden Lidern. Durch die dunkle Schleimhaut der inneren Augenwinkel wirkt das Auge ausdrucksvoll. Die Ohren sind hoch angesetzt, am Ansatz beweglich, von mäßiger Länge und werden am Kopf anliegend getragen. Im Ruhezustand reicht der abgerundete untere Ohrrand bis in die Höhe des Fanges. Der gerade angesetzte und in der Erregung hoch getragene Hals ist ebenso lang wie der Kopf und wirkt beim Rüden durch die Mähne mächtig. Die Brust des S. Č. ist breit und hat gut gewölbte Rippen, wobei das Brustbein über der halben Widerristhöhe liegt und tiefer als der Ellenbogen hinabreicht. Seine Länge übersteigt die Hälfte der Körperlänge, seine Breite das Viertel der Widerristhöhe. Der Rücken ist gerade, im Lendenteil mäßig gewölbt, von mittlerer Länge und stark. Mäßig aufgezogen ist der Bauch. Typisch für die Vordergliedmaßen ist die steile, lange Schulter, der muskulöse, eng am Körper anliegende Oberarm sowie die starken, langen Läufe. Die Hinterhand zeigt gute Winkelungen. Der Hintermittelfuß ist kurz und stark. Die gut behaarten runden Pfoten sind am Hinterlauf etwas länger als vorn und haben auch stärkere, steiler gestellte Zehen. Niedrig angesetzt ist die im Ruhezustand herabhängende, bis zu den Sprunggelenken reichende Rute, deren Spitze nicht gerollt sein darf. Beim Lauf wird sie bogenförmig über die Lende getragen. Das Fell des S. Č. ist dicht und weiß, ein gelblicher Anflug am Ohrenansatz ist zulässig, doch nicht erwünscht, deutliche gelbe Flecken dürfen nicht auftreten. Mit Ausnahme des Kopfes und der Gliedmaßen bildet die Behaarung einen dichten Pelz, der keinen Scheitel auf dem Rücken bildet, auch keine Fransen an der Rute und den Hinterläufen. Am Kopf und den Läufen ist das Haar kurz und anliegend, an den Hinterseiten der Läufe etwas länger. Vom Ohrenansatz geht es nach hinten in die Mähne über. Es darf kein sichtbarer Unterschied zwischen Unterwolle und Deckhaaren zu sehen sein, letztere sind zwischen 5 bis 15 cm lang. Bedingung ist eine zusammenhängende, lockere Behaarung. Die Herkunft des S. Č. ist identisch mit der Geschichte der anderen weißen Gebirgs- und Hütehunde, z. B. des ↑ Polski owczarek podhalanski und des ↑ Kuvasz. Das Zuchtbuch für den S. Č. begründete 1929 in Brno Professor *Antonin Hruza*, Dozent an der Tierärztlichen Hochschule. Das Ausgangsmaterial für die Zucht kam aus Orten der Hohen Tatra, der erste Zwinger hieß *„ze zlate studny = vom Goldbrunnen"*, er befand sich in *Svitavy*. Die karpatische Zuchtlinie begründete der Zwinger *„ze Hoverly = von Hoverla"*. Derzeit gibt es in der ČSSR etwa 300 aktive Züchter des S. Č., doch fällt es nach wie vor schwer, die künstlich geformten Unterschiede zu den anderen Gebirgs- und Hütehundrassen gleicher Herkunft weiter zu verstärken.

Slowakischer drahthaariger Vorstehhund: mittelstarker Arbeitshund, silbergrau und rauh behaart, derb doch edel in den Formen (SH 62 bis 68 cm ♂, 57 bis 64 cm ♀ bei 30 kg KM). Der Kopf hat einen rechteckigen Schädel mit sichtbarer Stirnfurche, leicht ausgeprägtem Hinterhauptbein sowie mäßigem Stop. Die dunkle Nase ist groß und hat einen flachen Nasenrücken. Sie ist dem Schädel fast gleichlang. Die Lefzen sind mittelentwickelt, mit sichtbarem Winkel aufliegend. Die Kiefer sind kräftig mit gut entwickeltem kräftigem Scherengebiß. Mandelförmig und gut eingesetzt sind die bernsteinfarbenen Augen, bei Welpen und Junghunden sind sie azurblau. Die mittellangen Ohren sind über der Augenhöhe angesetzt, mit breiter Basis und an den Spitzen abgerundet. Mittellang und trocken ist der Hals hoch im Widerrist angesetzt, er darf keine Hautfalten zeigen. Den Rumpf kennzeichnen der ovale Brustkorb, die in gutem Verhältnis zum Körper stehende Brustbreite, deren Tiefe bis in Höhe des Ellenbogengelenks reicht. Der Rücken ist gerade, fest und mittellang mit mäßig hohem Widerrist, genügend breit und mäßig gewölbt sind die Lenden. Nicht überbaut, aber auch nicht extrem flach ist die breite, genügend lange Kruppe, der Bauch mäßig aufgezogen. Er hat gut entwickelte Schultern mit schräg gelegten Schulterblättern, im Stand senkrechten, flachen Unterarmen sowie kurzen, fast senkrechten Vordermittelfüssen. Die Oberschenkel der Hinterhand sind lang, breit und gut bemuskelt, die Unterschenkel breit und lang, der Hintermittelfuß fast senkrecht sowie die Sprunggelenke mäßig gewinkelt. Auftretende Afterkrallen müssen beseitigt werden. Die Pfoten sind geschlossen und haben gewölbte Zehen. Mittelstark und hoch angesetzt ist die Rute. In der Bewegung wird sie waagerecht getragen und hängt im Ruhezustand herab. Sie wird stets etwa um die Hälfte kupiert. Der S. d. V. hat kurze, dichte, feine Unterwolle, die im Sommer gewöhnlich nicht ausgebildet wird. Das Deckhaar ist etwa 4 cm lang, hart, glatt und aufliegend. Am unteren Fang und an den Lefzen befinden sich etwas längere und feinere Haare, ein sogenannter Bart. Die Augenbrauen sind deutlich markiert und abstehend, die übrige Kopfbehaarung ist kurz und rauh, der Behang kurz und fein behaart. An der gut behaarten Rute darf keine Bürste entstehen.

Der S. d. V. ist eine Neuzüchtung der

tschechoslowakischen Jagdkynologen, die auf der FCI-Generalversammlung 1981 den Standardvorschlag hinterlegten. Vorbild dabei war der ↑ Deutsch Drahthaar. Der S. d. V. wurde für die Feld-, Wasser- und Waldarbeit geschaffen, besonders für die Tätigkeit nach dem Schuß, für die Schweißarbeit, Nachsuche, Verlorenbringen und Apportieren. Der S. d. V. ist sehr gehorsam und leicht zu führen.

Slowakische Schwarzwild-Bracke ↑ Slovensky kopov.

Smaland Stövare: mittelgroßer, kompakter, leichter Hund von kräftigem Körperbau (SH 45 bis 54 cm ♂, 42 bis 50 cm ♀ bei 18 kg KM). Der Kopf ist trocken und lang mit leicht gewölbtem Schädel, dessen Linie parallel zum Fang verläuft und der keine vorstehenden Backen hat. Der Fang ist gerade und kräftig, weder spitz noch schwer; die Oberlefzen hängen wenig über.

Smaland Stövare

Die schwarze Nase ist gut geöffnet. Er muß ein komplettes Scherengebiß haben. Bei der Augenfarbe wird so dunkel wie möglich bevorzugt. Die Ohren sind hoch angesetzt und müssen etwas kürzer sein als der Abstand vom Ohr zum Nasenrücken. Kräftig, mäßig lang und trocken ist der Hals mit guten Übergängen in den quadratischen Rumpf. Gerade und ohne Einsenkung ist der Rücken, kurz, breit und gut bemuskelt die Lendenpartie, die Kruppe fällt nur wenig ab. Die Brust ist bei ausreichend gewölbten Rippen tief, der Bauch nur wenig aufgezogen. Die Rute muß hoch, kräftig angesetzt, mittellang und säbelförmig gebogen sein. Als angeborene Stummelrute wird sie hoch getragen, jedoch niemals kupiert. Der S. S. hat dichtes, dickes, kräftiges, glattes und immer glänzendes Deckhaar sowie gute Unterwolle. An den Hinterseiten der Keulen und der Unterseite der Rute kann es ziemlich lang sein, zwischen den Zehen reichlich. Der S. S. ist schwarz mit rötlichen Flecken über den Augen, an den Enden der Vorderläufe, der Hintermittelfußwurzel, unter der Rute und um den After. Ab und zu auftretende schokoladenbraune Tiere werden zwar zugelassen, sind jedoch nicht zuchttauglich. Die korrekt gestellten Gliedmaßen weisen gute Winkelungen auf.
Der vorrangig in Mittelschweden beheimatete S. S. erhielt seinen ersten Standard 1921, der dann 1952 erneuert und erweitert wurde. Er verfügt über einen herausragenden Geruchssinn und wird vor allen Dingen für die Fuchs- und Hasenjagd verwendet.

Smithfield-Lurcher ↑ Lurcher.

Smooth Chow: im Körperbau dem ↑ Chow Chow völlig gleichender Hund, der sich nur durch sein Fell von diesem unterscheidet. Die Behaarung ist kurz, dicht und max. 4 cm lang. Er darf keine Mähne haben. Bisher konnte er sich gegenüber dem attraktiveren Chow Chow nicht durchsetzen.

Smooth Coated Collie: in allen Körperpositionen dem ↑ Collie gleichender Schäferhund mit hartem, dichtem und sehr kurzem Haar. Er vertritt mehr den Arbeitstyp, während die langhaarige Form als Luxusrasse gilt.

Smoushond, *Holländischer Rattler:* quadratischer, struppiger Hund mit bärtigem Kopf, oft kupierten Ohren und gestutzter Rute (SH 37 bis 42 cm ♂, 35 bis 40 cm ♀ bei 9 bis 10 kg KM). Der Kopf ist von oben gesehen rund, kurz und hat eine leicht gewölbte Stirn, ausgeprägten Stop und vollen Fang. Der kurze, starke Kiefer darf keinesfalls dem des ↑ Fox Terriers ähneln und muß ein Scherengebiß haben. Die Lefzen sind dünn und schließen gut, schwarz und breit ist die Nase. Die Augen haben starke dunkle Wimpern und sind dunkelbraun, groß und rund. Hoch angesetzt, möglichst klein und aufrecht stehend, teils unkupiert, aber auch rund gestutzt zeigen sich die Ohren. Kurz und muskulös geht der Hals in den quadratischen Rumpf über, der einen geraden Rükken, bemuskelte Lenden sowie eine breite, tiefe Brust hat. Die hoch angesetzte Rute wird entweder auf ein Drittel kupiert oder in voller Länge lustig getragen. Die Vorderhand hat eine steile Schulter, gerade Läufe, die kräftig sind und nicht allzuweit auseinanderstehen. Die Keulen der Hinterhand sind gut bemuskelt, die Schenkel lang, die Kniegelenke und Sprunggelenke leicht gewinkelt. Die Sprunggelenke stehen niedrig. Der S. hat ovale, gut behaarte Pfoten mit gewölbten Zehen. Sein Haar ist hart, struppig, mit ausreichender Unterwolle und weder kraus noch wellig oder wollig. Der Kopf ist mit struppigem Haar bedeckt, das leicht über die Augen hängen soll, jedoch keinen Schopf bilden darf. Die Läufe sind bis zu den Pfoten stark behaart und befedert. Auch die Rute ist behaart, jedoch ohne Federn. Die Farbe ist dunkles Strohgelb bis Hellgelb, an Ohren, Bart und Augenbrauen etwas dunkler. Dieses alten niederländischen Stallhundes nahm sich der 1905 gegründete *Hollandse Smoushond Club* an, stellte im gleichen Jahr den Standard auf und rettete damit die schon zum Aussterben verurteilte Rasse. Besonderer Wert wird auf den struppigen Kopf gelegt, von dem der S. seinen Namen hat.

Soft Coated Wheaten Terrier: unempfindlicher, lebhafter, kompakter, gut gebauter Hund (SH 46 bis 48 cm bei 16 bis 18 kg KM), der den Eindruck von Stärke erweckt. Er hat ein anmutiges Gangwerk, bei dem die Bewegungen der Vorder- und Hinterläufe geradeaus gerichtet sind. Der Kopf ist von mittlerer Länge mit flacher Schädeldecke, zwischen den Ohren nicht zu breit und mit deutlichem Stop. Stark und zum Zupacken geeignet sind die Kiefer, die große, auf Zange oder Schere beißende Zähne haben müssen. Das Vorgesicht ist länger als der Oberkopf; die Backenknochen treten nicht hervor. Im ganzen gesehen ist der Kopf kräftig, ohne grob zu wirken.

Soft Coated Wheaten Terrier

Schwarz und gut ausgebildet ist die Nase; die Augen sind dunkelnußbraun, nicht zu groß und gut eingesetzt. Klein bis mittelgroß, kippend und nach vorn getragen hängen die Ohren. Der mittellange Hals darf keine

Wamme haben und muß gut in die schrägen Schultern übergehen. Die Brust hat gut gebogene Rippen; sie ist tief und paßt sich gut dem kompakten, nicht zu langen Körper mit seiner kräftigen, kurzen Lendenpartie an. Die Rute ist gut angesetzt und wird lustig getragen. Vollkommen gerade, unabhängig von welcher Seite sie betrachtet werden, weisen die Vorderläufe derbe Knochen und kräftige Muskeln auf. Die gut ausgebildeten Hinterläufe haben ausreichend gewinkelte Knie- und gut gestellte Sprunggelenke. Die Pfoten sind klein, geschlossen und haben schwarze Krallen. Üppig und weich, meist wellig oder lockig ist das Fell, immer rein weizenfarben. Die Welpen kommen fast immer rötlich, grau oder schon rein weizenfarben zur Welt. Sie haben Masken, die im allgemeinen schwarz sind; einige weisen dunkle Striche entlang der Rückenmitte auf. Die dunklen Markierungen verschwinden mit zunehmendem Alter.

Ursprungsland dieser Rasse ist Irland, wo die Hunde auch unter dem Namen *Glen of Imaal Terrier* bekannt ist. Sie wurden als vielseitige Arbeitshunde gebraucht, hüteten Herden, jagten Ratten und Raubzeug und bewachten Haus und Hof. Erst 1934 wurde in Irland der *Club für Soft Coated Wheaten Terrier* gegründet. Seit 1937 zeigt man die Hunde auf Ausstellungen; die offizielle Anerkennung erfolgte dann 1943. Einer Legende zufolge soll der S. C. W. T. aus Hunden mit bläulichem Haar entstanden sein, die sich von der sinkenden spanischen Armada einst an die irische Küste gerettet hätten. In Irland wird ihnen durch Haarschnitt eine modische Form gegeben, so daß sie, abgesehen von der Haarfarbe, in vielem dem ↑ Kerry Blue Terrier gleichen. Das Haarkleid des englischen Typs, der auch auf dem europäischen Kontinent anzutreffen ist, zeigt sich bedeutend üppiger.

Der S. C. W. T. ist ein unempfindlicher Hund, dessen kurze, auf etwa ein Drittel kupierte Rute ein immer fröhliches Temperament verrät. Da er Fremden gegenüber sehr mißtrauisch ist, eignet er sich als Wächter hervorragend. Weil er aber das quicklebendige Terrierwesen besitzt, dazu noch anspruchsvolle Größe aufweist, ist er nicht der Hund für jede Wohnung.

Somerset Harrier: starker englischer Jagdhund (SH 50 bis 55 cm bei 23 bis 25 kg KM) mit ziemlich langem Kopf sowie von betont sanftem Ausdruck. Breit, flach und mit wenig betontem Hinterhauptbein zeigt sich der Schädel, gerade der Nasenrücken. Die Oberlefzen bedecken den Unterkiefer, hängen jedoch nicht. Braun bzw. haselnußfarben, doch in diesen Farbtönen so dunkel wie nur möglich, müssen die Augen sein. Die tief angesetzten Ohren sind flach, mäßig lang, fein und geschmeidig. Eine leichte Wamme muß der ziemlich lange Hals aufweisen, nicht zu schmal und gut herabgelassen ist die Brust. Stämmige Rippen, ein an den Lenden leicht aufgezogener Rücken, breite und gut bemuskelte Lenden sowie volle Flanken komplettieren die Körpermerkmale. Stark sind die Hüften, die Keulen gewölbt und muskulös, nahe am Boden stehen die Sprunggelenke. Die Pfoten dürfen nicht rund und nicht zu gut geschlossen sein. Lang und schräg stehen die Schultern, die Vorderläufe sind gerade, starkknochig und die Fesseln etwas schräg. Lustig wird die hochangesetzte Rute getragen, die eine leichte Bürste zeigt. Das Haar ist ziemlich dicht, jedoch nicht

ganz glatt anliegend und hat die Farben Weiß, Weiß und Hellrot, Weiß und orangefarben, Weiß und Grau, Weiß und Fahlgelb oder Grau.
Der S. H. eignet sich besonders für die Hasenjagd, wobei sein hochentwickelter Geruchssinn und seine Schnelligkeit auf der Fährte – unabhängig vom Gelände – gelobt werden. Seine Intelligenz macht ihn zu einem leicht führigen Hund, der besonders im Süden Großbritanniens gezüchtet wird. Seinen Ursprung vermutet man in den Hunden, die durch französische Adlige im Verlaufe der französischen Revolution 1789 nach Großbritannien gelangten. Die Hunde dieser Emigranten wurden vermutlich mit ↑ Foxhounds gekreuzt.

Southeast-Saharan Greyhound, *Windhund der Südost-Sahara:* klein und unscheinbar ähnelt er einem stark degenerierten ↑ Sloughi. Die Tiere werden als niedere, fahlgelbe Steppenhundartige beschrieben, die neben der Jagd auch zum Hüten verwendet werden. Die Jäger schleichen sich mit den Hunden so nahe wie möglich an das Beutetier und lassen dann die Meute los, die das Wild stellt und so lange festhält, bis es mit der Lanze erlegt wird. Da aber die Viehzucht Hauptlebensquelle der im Gebiet der Südost-Sahara lebenden Bevölkerung darstellt, müssen die S. G. neben dem Jagdtrieb auch gute Hüteeigenschaften aufweisen. Es existieren eventuell zwei Typen dieser Rasse; Rassekennzeichen wurden noch nicht fixiert.

Spanische Dogge ↑ Mastin Espanol.

Spartiate: mittelgroßer, hochläufiger, griechischer Hirtenhund mit kräftigem, kurzem, stumpfem Fang und einem Scherengebiß, kleinen Stehohren und Hängerute (SH 55 bis 60 cm bei 30 bis 40 kg KM). Der Schädel ist breit mit stark ausgeprägtem Stop. Sehr beweglich sind die kleinen, aufgerichtet getragenen Ohren. Harmonisch geht der kräftige Hals in den muskulösen Rumpf über. Der S. hat eine breite, nicht allzu tiefe Brust, ist in der Rükkenlinie gerade mit gut abgerundeter Kruppe. Die Läufe sind lang, stark und sehr gut gewinkelt; sie müssen raumgreifende Aktionen ermöglichen. Lang und herabhängend getragen zeigt sich die Rute. Das Haar des S. ist am Kopf und Fang kurz, am übrigen Körper länger, immer weiß und zeigt ab und zu fahlrote oder orangefarbene Flecken an den Ohren. Diese alte griechische Hunderasse wird seit Jahrhunderten von den Bauern und Hirten gehalten und ausschließlich auf Leistung gezüchtet.

Spinone: großer, robuster, rauhhaariger Hund mit langen Behängen und kupierter Rute (SH 54 bis 68 cm ♂, 52 bis 64 cm ♀ bei 30 bis 35 kg KM). Der Kopf ist schwer und struppig mit leicht konvexem Schädel, betontem Hinterhauptbein, nicht zu starken Augenbrauenbogen sowie sanft abfallendem Stop. Die Schädellänge ist gleich der Fanglänge. Die Nase ist schwammig, geöffnet mit großer Kuppe. Der Fang ist leicht gerundet und viereckig. Seine Seitenlinien verlaufen parallel; die Lefzen sind dünn und mit deutlicher Falte versehen. Der S. hat ein Scherengebiß. Groß, rund, braun oder dunkelgelb zeigen sich die Augen. Die Ohren sind dreieckig, schmal, in Jochbeinhöhe angesetzt und mit dem vorderen Rand ohne Falten am Kopf anliegend. Sie sind mit kurzen, dichten Haaren bedeckt. Dick und kräftig ist der Hals mit deutlicher Kehlwamme. Der Brustkorb ist sehr tief mit gut bis zu den Ellenbogen herabgelassener Vorbrust. Hoch und betont ist der Widerrist, der an den Lenden leicht abfallende Rücken steigt zur Kruppe auf. Trocken und niemals aufgezogen muß der Bauch sein. Die ziemlich langen Schultern sind stark und schräg, gerade und parallel stehen die Unterarme. Die Hintergliedmaßen sind kräftig mit geraden Sprunggelenken sowie sichtbaren, kräftigen Sehnen. Die Pfoten sind rund und geschlossen mit trockenen, harten Ballen, die Zehen verbindet eine feine braune Haut miteinander. Auf der Linie der Kruppe angesetzt, gerade und spindelförmig ist die Rute, die tief getragen wird. Sie muß auf 20 cm gekürzt werden und ist mit kurzem Haar bedeckt. 4 cm lang ist das Haar auf dem ganzen Körper, hart und harsch, auf der Vorderseite der Läufe kürzer, insgesamt mit langer, dichter, feiner Unterwolle. An den Augenbrauen befinden sich lange und borstige Haare, ebenso an den Backen und am Fang. Der S. existiert weiß, weiß mit orangefarbenen oder kastanienbraunen Flekken, aber auch mit Tüpfeln.

Der S. ist eine italienische Art des *rauhhaarigen Jagdgriffons*, der in fast allen europäischen Ländern vorkommt, und zu den besten Vorstehhunden zählt. Die im Jahr 1683 erschienene Schrift *Parfait Chasseur* (Der vollkommene Jäger) weist bereits nach, daß die besten Griffons aus Italien kommen. Viele Kynologen sind sogar der Ansicht, daß der italienische rauhhaarige Vorstehhund Urahn aller Griffons sei. Im 19. Jh. gab es zwei italienische Griffons, den *Cane di pelo duro* (langhaariger Hund) und den *Cane Griffone* (rauhhaariger Hund). Der *Cane di pelo duro* war ein Kreuzungsprodukt zwischen S. und französischen, langhaarigen Griffons, der Anfang des 19. Jh. nach Italien kam. Italienische Züchter schufen dann zwei Typen unter Einkreuzung des ↑Pointers, einen leichteren und einen schwereren Hund.

Der S. hat einen guten Geruchssinn, zeigt vorzügliche Suche und ebensolches Vorstehen und Apportieren. Durch seine Kraft und Ausdauer ist er gegenüber Witterungseinflüssen unempfindlich. Er ist ein ausgezeichneter Schwimmer, der sich speziell für die Jagd in sumpfigen Gebieten eignet. Sein gutmütiges Wesen läßt ihn zum angenehmen Begleiter werden, der sich leicht abrichten läßt. – *Tafel 39*.

Staby: robuster, langgestreckter Vorstehhund, der nicht massiv, aber auch nicht zu fein erscheinen darf (SH 43 bis 50 cm bei 18 bis 20 kg KM). Der Kopf steht in gutem Verhältnis zum Körper; er ist etwas lang, wobei Schädel und Fang gleich sind. Der Schädel ist leicht gewölbt, nicht schmal und zeigt an den Backen eine angedeutete Rundung. Der Stop ist wenig betont. Der kräftige Fang verschmälert sich allmählich gegen den schwarzen bzw. dunkelbraunen Nasenspiegel, ohne spitz zu enden. Die dunkelbraunen bis braunen Augen dürfen nicht hervorstehen, und sind rund und von mittlerer Größe. Ziemlich tief angesetzt mit nicht zu stark entwickelten Ohrmuscheln sind die Behänge. Sie fallen gut, ohne sich zu stark gegen den Kopf zu drehen und sind von mittlerer Länge. Charakteristisch für die Rasse ist das Haar, das am Behangansatz lang und auf der unteren Seite glatt sein muß; ein Drittel des Ohres ist kurz behaart. Kurz und zylindrisch bildet der Hals mit dem Rücken einen stumpfen Winkel, so daß der Kopf allgemein tief getragen wird. Von vorn gesehen ist der Brustkorb ziemlich breit und tief, so daß die Vorderläufe breit stehen. Das nicht spitze Brustbein reicht höchstens bis zu den Ellenbogen. Der Rükken ist gerade, ziemlich lang mit wenig gesenkter Kruppe und kräftigen Lenden. Nur leicht aufgezogen darf der Bauch sein. Die lange Rute erreicht das Sprunggelenk. Sie ist nicht zu hoch angesetzt und hängt gerade; mit dem letzten Drittel ist sie nach oben gedreht. In der Bewegung erhebt sie sich. Sie ist völlig mit langem, weder gelocktem noch gewelltem und nicht zu dichtem Haar bedeckt. Für die Vorhand ist charakteristisch, daß die Schultern gut am Körper anliegen und schräg gestellt sind, sie bilden mit dem Schulterbein einen Winkel von etwa 110°. Der Unterarm ist kräftig und gerade; die Pfoten stehen in der Form zwischen Katzen- und Hasenpfoten. Die Hinterhand ist kräftig mit gut gewinkelten Gelenken und nicht zu langem Hintermittelfuß, wodurch die Sprunggelenke bodennah stehen. Der S. hat langes, glattes Haar, bei dem nur auf der Kruppe eine einzige Welle gestattet ist. Auf dem Kopf ist das Haar kürzer, an der hinteren Seite der Vorder- und Hinterläufe besonders lang. Die Farben sind schwarz-, blau-, braun- und orangegescheckt.

Der S. gilt als älteste holländische Vorstehhundrasse und gleicht abstammungsmäßig dem ↑ Deutsch Langhaar.

Er ist von angenehmem Wesen, nicht aggressiv und leicht abrichtbar.

Staffordshire Bull Terrier: hochläufiger, stämmiger, sehr kompakter, im Kopf Verwandschaft mit dem ↑ Bull Terrier zeigender Hund (SH 46 bis 48 cm ♂, 43 bis 46 cm ♀ bei 18 kg KM), der den Eindruck von großer Kraft bei gleichzeitiger Eleganz erweckt. Der mittellange Kopf hat einen breiten Schädel mit sehr kräftigen Backenmuskeln und betontem Stop. Mittellang ist der Fang, an der oberen Kante gerundet und abrupt unter den Augen abfallend mit gut sichtbarem Kiefer, besonders kräftigem Unterkiefer, geraden, dicht schließenden Lefzen, immer schwarzer Nase und Scherengebiß. Die dunklen Augen sind rund, liegen weit auseinander und tief im Schädel. Dunkel sind auch die Lider. Wenn die hoch angesetzten Ohren kupiert werden, trägt der Hund sie kurz und spitz; unkupiert stehen sie halb aufgerichtet. Unerwünscht sind herabfallende Behänge. In schöner Linie geht der schwere, leicht gewölbte, mittellange Hals in die Schultern über, ohne lose Haut. Der Rücken ist mäßig kurz und fällt vom Widerrist zur Lendenpartie ab, danach nochmals zur Rutenwurzel. Die Lenden sind leicht aufgezogen. Die Rippen stehen nahe beieinander, tief muß die Brust sein. Im Verhältnis zum Körper ist die Rute kurz, läuft in eine feine Spitze aus, wird nie gerollt oder über dem Rücken getragen und ist immer unkupiert. Die Vorderläufe sind ziemlich weit gesetzt, gerade mit breiten Knochen; die Schultern sind stark und haben abfallende Schulterblätter. Aufrecht, ohne Andeutung einer Biegung nach vorn, stehen die Vordermittelfüße. Gut bemuskelt mit tiefen Sprunggelenken ist die Hinterhand. Die Pfoten sind mäßig groß, gewölbt und kompakt. Kurz, dicht, hart und leicht glänzend ist das Haar, einfarbig, gefleckt oder gestreift in jeder Farbtönung.

Der S. B. T. ist das Produkt von Kreuzungen zwischen *Bulldog, kurzhaarigen Fox Terriern* und weiteren *Terrierformen*, die heute nicht mehr existieren. Noch im 18. Jh. war der S. B. T. sehr beliebt. Als jedoch im Jahr 1835 Hundekämpfe in England verboten wurden, ging seine Verbreitung fast bis zum Aussterben zurück. Beinahe 100 Jahre vergingen, bis sich 1935 ein Kreis von Liebhabern fand, der aus noch speziell im Norden Englands, im Gebiet von Staffordshire, existierenden Einzeltieren die Rasse neu formte. 1939 konnte der englische *Kennel Club* schon 310 Tiere registrieren. Die Rasse verbreitete sich schnell weiter. Obwohl in anderen europäischen Ländern der S. B. T. nicht unbekannt ist, wird er vorrangig in den USA gezüchtet. Wie der ↑ Bull Terrier ist auch der S. B. T. ein sehr scharfer Raubzeugvernichter, hervorragend als Wächter und auch zum Schutzhund durchaus geeignet. Durch seine gute Wesensanlage ist er leicht abrichtbar. Insgesamt ist er ein angenehmer Haushund, der aber ausreichend Bewegung benötigt. – *Tafel 40.*

Staghound: englische Hirschhundform vom Typ des ↑ Foxhounds (SH 58 bis 62 cm bei 25 bis 30 kg KM). Er ähnelt in den Detailpositionen sehr dem bereits erwähnten Foxhound, hat hartes, dichtes Haar, meist dreifarbig mit weiß, schwarz oder braun, wobei jede dieser Farben dominieren kann. Er wird in Meuten ausschließlich zur Hirschjagd verwendet, jedoch ist bei den wenigen noch existierenden Exemplaren vom einstigen rauhhaarigen Riesen nicht mehr viel zu merken.

Steirische rauhhaarige Hochgebirgsbracke, *Peintinger:* kräftiger, mittelgroßer Hund mit rötlich-fahlgelber Behaarung (SH 40 bis 50 cm bei 18 kg KM), Hängeohren und bürstiger langer Rute. Der mittelgroße Kopf ist im Oberkopf leicht gewölbt, hat ein gut entwikkeltes Hinterhauptbein und eine vom Hinterhauptbein bis zur Nasenspitze 22 bis 24 cm betragende Kopflänge. Die Nase ist vor der Stirn etwas abgesetzt, schwarz, und vorn gerade geschnitten. Die Lefzen hängen nicht über. Bei dieser Rasse wird ein Zangengebiß gefordert; sie kann aber auch auf Schere schließende Zähne haben. Die klaren Augen sind meist braun bis gelb, stets lebhaft blickend. Nicht übermäßig groß und weich behaart sind die glatt anliegenden Behänge. Etwas nach aufwärts gebogen ist der kräftige, nicht zu lange Hals, der gut in die Schultern übergeht. Vom Hinterhauptbein bis zur Rutenwurzel mißt der breite Rücken 65 bis 70 cm, nie darunter. Die tiefe Brust hat 66 bis 79 cm Umfang; mäßig aufgezogen ist der Bauch. Die mittellange Rute ist an der Wurzel stark, nie gerollt und gut behaart. An der Unterseite hat sie eine Bürste, die aber keine Fahne bildet. Sie wird leicht sichelförmig nach aufwärts getragen. Gerade gestellt, muskulös und mit nicht allzu großen Fußballen sowie geschlossenen Zehen zeigen sich die Läufe. Die Behaarung ist hart und grob; das Einzelhaar ist nur wenig gekrümmt, nicht auffällig zottig und fast glanzlos. Die Vorderseite der Brust und die Rückseite der Läufe sind schwach befedert. Die Farbe der S. r. H. ist rötlich-fahlgelb, wobei ein weißer Brustfleck gestattet ist. Weitere weiße Abzeichen dürfen nicht auftreten.

Diese Rasse entstand in der zweiten Hälfte des 19. Jh. aus dem ↑ Hannoverschen Schweißhund und der *Istrischen Bracke* (↑ Istrski gonići). Ziel der Verbindung war, einen leichten, unter Hochgebirgsbedingungen einsetzbaren, beweglichen Hund zu schaffen. Die S. r. H. hat alle guten Eigenschaften des Hannoverschen Schweißhundes; sie ist ruhig, leicht führig und hat eine ausgezeichnete Nase. Auch ist sie nicht allzu scharf, obwohl man sie durchaus für die

Schwarzwildjagd einsetzen kann. Ausgezeichnet ist ihr Spurlaut. Obwohl als rührig und anhänglich bekannt, gehört sie nur in Jägerhand, wo sie alle ihre guten Anlagen voll entfalten kann. – *Tafel 39.*

Steppenbarsoi ↑ Südrussischer Steppenwindhund.

Suan p'an tze-erh ↑ Pekingese.

Südrussischer Schäferhund: sehr kräftiger, großer und besonders zu Fremden bösartiger Hund von elegantem Aussehen (SH 65 cm ♂, 62 cm ♀ bei 35 bis 40 kg KM). Der Kopf ist länglich mit nicht zu breiter Stirn, normalem Stop und relativ breiter Nasenkuppe, die immer schwarz ist. Die kleinen dreieckigen Ohren werden hängend getragen; die ovalen Augen sind dunkel und haben dichte Lider. Weiße große Zähne, die als Schere beißen und ohne Lücken sein müssen, komplettieren den Kopf. Ausreichend lang, trocken und muskulös ist der Hals, hochgestellt und gut in die massiven Schultern übergehend. Breit und tief ist die Brust, aufgezogen der Bauch. Deutlich setzt sich der Widerrist ab, in den geraden, festen Rücken übergehend. Kurz und breit ist die Lendenpartie, breit und fast horizontal die Kruppe, die gleich hoch wie der Widerrist ist. Wenn Unterschiede vorkommen, dann höchstens eine etwas erhöhte Kruppe, nie umgekehrt. Die Rute wird im Ruhezustand hängend getragen, sie reicht bis zum Sprunggelenk, in der Erregung rollt der Hund sie halb auf. Die Vorhand ist von vorn gesehen gerade und parallel, die Länge bis zum Ellenbogen beträgt ungefähr die Hälfte der Gesamthöhe des Hundes, wobei das Schultergelenk einen stumpfen Winkel von fast 100° bildet. Von hinten breit und parallel gestellt ist die Hinterhand mit langen Schenkeln, muskulösen und trockenen Sprunggelenken, flach und gut gewinkelt. Die Pfoten sind breit, fest, stark und lang, gut gewölbt und behaart. Das Fell des S. S. es ist 10 bis 15 cm lang, grob, dicht und leicht gewellt sowie an allen Körperteilen gleich lang. Es hat gut entwickelte Unterwolle. Die Farbe ist weiß, weiß mit gelbem Anflug sowie auch ab und zu etwas grau bzw. leicht gestichelt. Wichtig ist, daß beim S. S. das Geschlecht sofort vom Typ her erkennbar sein muß. Der S. S. ist ein sehr schwieriger Hund, der, nervös und leicht erregbar, zu unberechenbaren Reaktionen neigt, schnell zurückweicht, aber im Zurückgehen meist noch beißt. Er braucht keine besonderen Haltungsbedingungen, ist hart gegenüber Witterungsunbilden, aber sehr pflegeintensiv durch das lange Haar.

In der kynologischen Fachliteratur wird darauf hingeweisen, daß der S. S. spanischer Herkunft ist und mit Merinoschafherden im vorigen Jahrhundert nach Rußland kam. Die importierten Hütehunde kreuzte man mit tatarischen Hirtenhunden, um sie den veränderten klimatischen Bedingungen anzupassen. Heute wird der S. S. vorrangig auf der Krim und in der südlichen Ukraine gezüchtet. Verblüffend ist die bestehende Ähnlichkeit mit dem ↑ Bobtail, die bis hin zur geforderten Überbautheit führt. – *Tafel 33.*

Südrussischer Steppenwindhund: großer, kurzhaariger Hund mit breitem Schädel, gerade herabfallenden Ohren und langer Rute (SH 62 bis 70 cm ♂, 59 bis 67 cm ♀ bei 25 bis 30 kg KM). Der lange Kopf läuft spitz zu; der Stop ist schwach ausgeprägt. Lang und kräftig ist der sich konisch verjüngende Fang, kräftig sind auch die Kiefer mit dem Scherengebiß. Die Augen

sind groß und dunkel; die Ohren sind dreieckig mit stumpfen Spitzen. Mittellang weist der Hals gute Übergänge auf in den edel gewölbten Rumpf mit tiefer Brust. Die Rute hängt in der Ruhe lang herab, sonst wird sie geringelt getragen. Schlank, doch kräftig sind die Gliedmaßen, gute Winkelungen zeigend. Das Haar ist kurz und hart in den verschiedensten Farben.
Der S. S. ist ein reiner Gebrauchshund mit großer Jagdpassion, der eine bereits im 19. Jh. vorhandene Rasse darstellt, die jedoch erst in jüngster Zeit zur Reinzucht gebracht wurde. Er ist im ehemaligen Gebiet der Tscherkessen verbreitet, taucht unter den verschiedensten Bezeichnungen in alter Literatur immer wieder auf: *Zirkassischer Windhund, Kaukasischer Windhund, Kaukasischer Krymak, Hochländer* oder *Gebirgskrymak*. Heute auch als *Steppenbarsoi* bekannt, finden wir ihn im Südwesten der UdSSR sowie in den im Westen vom Schwarzen bzw. Asowschen Meer und im Osten vom Kaspischen Meer begrenzten Steppen. In seiner Erscheinung ist der S. S. ein echter Orientale und erinnert stark an den ↑ Saluki.

Suomenpystykorvat: mittelgroßer, dicht und fuchsrot behaarter Hund mit Stehohren und seitlich über dem Rükken getragener Rute (SH 42 bis 48 cm ♂, 38 bis 44 cm ♀ bei 18 bis 20 kg KM). Der mittelgroße Kopf ist trocken mit etwas gerundetem Schädel, der einen deutlichen Stirnabsatz hat. Der Fang ist schmal, trocken und wird von allen Seiten zur Nasenspitze schmaler. Die Nase ist schwarz. Dünn und gut geschlossen sind die Lefzen. Der S. muß ein komplettes Scherengebiß haben. Mittelgroß bis groß sind die dunklen Augen mit lebhaftem Ausdruck; die Ohren stehen aufrecht, sind scharf zugespitzt, fein behaart und beweglich. Bei Hündinnen mittellang, bei Rüden wegen der starken Halskrause kurz erscheinend zeigt sich der kräftige Hals, gut in den muskulösen Rumpf übergehend. Der Rücken ist gerade, stark und kurz, die Brust tief und oval, aufgezogen die Flanken. Als Ringelrute seitlich gegen den Oberschenkel gepreßt, wird die buschige, mittellange Rute getragen. Die Gliedmaßen weisen in der Vorhand mit den Ellenbogen fest anliegende Schultern sowie trockene und gerade Läufe auf;

Suomenpystykorvat

die Hinterhand ist kräftig, ziemlich gerade mit wenig gewinkelten Sprunggelenken. Die runden Pfoten haben gewölbte Zehen. Das Deckhaar liegt am Kopf und an der Vorderseite der Läufe kurz an, am Hals ist es steifer, am Körper ziemlich lang, zur Hälfte oder ganz nach außen gerichtet. An der Rückseite der Oberschenkel ist es lang und buschig; die Unterwolle ist kurz, dicht, weich und hell. Ebenfalls buschig muß die Rute sein. Die Farbe ist immer dunkel- bzw. fuchsrot, wobei schwarze, dünne Stichelhaare mit schwarzer Spitze sowie weiße Flecken an der Brust und den Pfoten zugelassen sind.

Die Innenseiten sind oft etwas heller.
Der Standard für den S. wurde in Finnland bereits 1892 aufgestellt. Eng ist die Geschichte der Rasse mit der des finnischen Volkes verbunden, sind doch die vermutlichen Ahnen des heutigen *Finnenspitzes* mit den Vorfahren der Finnen eingewandert. Im Nationalepos des finnischen Volkes, der „Kalevala", ist von einem Spitz die Rede. Seit Jahrhunderten werden derartige Hunde auf den Bauernhöfen speziell des Ostens rein gezüchtet. Die große Jagdpassion läßt eine enge Verwandtschaft zu den ↑ Laikis vermuten, zu dieser Annahme berechtigt auch die äußere Erscheinung. Trotz großer Bemühungen der finnischen Zuchtvereine ist die Verbreitung nur gering, was nicht zuletzt an der schwierigen Zucht liegt, sind doch die Würfe sehr klein und die Welpen dazu noch sehr anfällig. Das finnische Zuchtbuch weist im Durchschnitt nur 150 Eintragungen pro Jahr auf.
Der S. ist ein vielseitiger Jagdhund, besonders auf Birk- und Auerwild. Er ist sehr anspruchslos und angenehm in der Haltung. — *Tafel 34*.

Sussex Spaniel: massiver, kräftiger Hund mit großen Behängen und kupierter Rute (SH 38 bis 40 cm bei 20 kg KM). Der Kopf ist ausgeglichen mit breitem Schädel, zwischen den Behängen mäßig gewölbt, nicht flach oder apfelförmig, mit gut markiertem Hinterhauptbein, aber nicht spitz. Die Stirnfurche ist ausgeprägt, ebenso der Stop. Der Nasenspiegel ist rotbraun, die Nase gut entwickelt. Der S. S. besitzt ein kräftiges Scherengebiß. Die ziemlich großen Augen sind haselnußfarben, nicht zu voll und von sanftem Ausdruck. Die großen, dicken, birnenförmigen Behänge sind oberhalb der Augen angesetzt und hängen mäßig tief. Sie sind weich und gewellt, doch nicht zu reichlich behaart. Der lange, starke Hals trägt den Kopf nicht viel über der Rückenlinie; er darf keine Wamme, aber eine betonte Halskrause haben. Der Brustkorb ist tief und gut entwickelt, weder zu breit noch zu rund, Rücken und Lenden zeigen sich gut entwickelt und muskulös sowohl in der Breite als auch in der Tiefe. Der ganze Körper wird durch die gute Rückenlinie und die Robustheit charakterisiert. Die Rute wird generell auf 10 bis 17 cm kupiert, sie ist tief angesetzt, befedert, ohne Fahne und frei in der Bewegung. Sie wird oberhalb der Rückenlinie getragen. Die Schultern sind schräg und frei; der Oberarm muß von gutem Knochenbau und muskulös sein. Die Ellenbogen sind groß und kräftig, der Vordermittelfuß kurz und von gutem Knochenbau. Kurz und robust, mittellang befranst sind die Vorderläufe. Die Hinterhand hat kräftige Keulen, große, starke Sprunggelenke, kurze, kräftige Hinterläufe mit mittellangen Federn. Die Hinterläufe dürfen nicht kürzer als die vorderen sein oder zu stark gewinkelte Sprunggelenke haben, wodurch der S. S. dem Setter ähneln würde. Die Pfoten sind groß, rund und haben gute Sohlen, zwischen den Zehen sind sie ausreichend behaart. Es ist wünschenswert, daß der S. S. am ganzen Körper reichlich, glatt und lang behaart ist und gute Unterwolle hat. Die Farbe ist goldenes Rotbraun, das sich an den Haarspitzen aufhellt, dunkles Rotbraun ist unerwünscht.
Seine Entstehung wird auf die Mitte des 18. Jh. datiert. Es wird angenommen, daß er eine Varietät des ↑Clumber Spaniel ist. Sein voller Spurlaut gilt als Beweis, daß im Laufe der

Entwicklung Jagdhunde, die nicht zur Spanielgruppe zählen, eingekreuzt wurden. Als erster bedeutender Züchter gilt *J. Fuller* aus *Brightling*, einem kleinen Ort der englischen *Grafschaft Sussex*. Er widmete viele Jahre der Züchtung der Rasse und schuf einen genetisch gefestigten Hund. Obwohl die Rasse seit 1847 existiert, setzte sie sich zu keiner Zeit durch, so daß sie auch heute selbst im Mutterland nur wenig Anhänger hat. Der S. S. ist ein passionierter Stöberhund mit geringer Wasserfreudigkeit.

T

Tahl-Tan Bear Dog: kleiner, stark fuchsähnlicher, langhaariger Hund mit aufrecht stehenden Fledermausohren und extrem dicker, gerader, aufrecht stehender Rute (SH 30 bis 40 cm ♂, 28 bis 38 cm ♀ bei 25 kg KM). Der ausgesprochen fuchsartige Kopf hat einen konisch zulaufenden Schädel mit spitzem Fang und Scherengebiß.

Tahl-Tan Bear Dog

Die Nase ist schwarz, die Augen dunkel und mittelgroß. Die breit angesetzten Fledermausohren stehen aufrecht. Der mittelange Hals geht in den sehr beweglichen, drahtigen Rumpf über, der eine ziemlich kurze Rücken- und Lendenpartie hat. Die extrem vom Ansatz bis zur Spitze gleich dicke Rute ist zwischen 12,5 und 20 cm lang und ist meist schwarz mit weißer Spitze. Die Vorder- und Hinterhand ist trocken, bemuskelt und hochläufig mit geschlossenen Pfoten. Dicht und lang ist das Haar. Es hat weiche Unterwolle, ist meist einfarbig schwarz oder blaugrau mit unregelmäßigen Flecken. Der Kopf ist schwarz. Der Rumpf hat unregelmäßige schwarze und weiße Flecken. Die Tahl-Tan-Indianer Kanadas tragen ihre *Bärenhunde* im Fellsack so weit wie möglich zum Standort des Wildes und hetzen sie dann auf den Bären. Sie umkreisen und verbellen die Beute ohne zuzupacken, bis der Jäger zum Schuß kommt. Neben Bären werden auch Luchse sowie Stachelschweine gejagt. Der T. B. D. ist ein wählerischer Fresser, der nur kleine Happen Fleisch oder Fisch zu sich nimmt. Sein Bellen ähnelt dem des Fuchses, sein Heulen dem des Coyoten. Obwohl sich die Zucht nur in sehr engen Grenzen bewegt und alle Versuche, diesen Bärenhund in südlicheren Regionen einzubürgen, scheiterten, erkannte der Canadian Kennel Club ihn an.

Taigan: keine eigenständige Rasse darstellender Lokalschlag des ↑ Tazy, groß, elegant und bei aller Flüchtigkeit kräftig im Gebäude (SH 60 bis 70 cm ♂, 54 bis 64 cm ♀ bei 30 kg KM). Da er auch im südlichen Sibirien anzutref-

fen ist, liest man in älteren Quellen oft die Bezeichnung *Sibirischer Windhund*. Die begeistertste Schilderung des T. stammt von *Sven Hedin*, der zwei Tiere davon sein eigen nannte. Der T. ist gut befedert, seine Läufe sind dicht behaart. Er ist meist hell bis weiß, einfarbig ohne Flecken, Platten oder sonstige Abzeichen.
Da über die Hälfte seiner kirgisischen Heimat 3000 m ü. d. M. liegt, wird der T. auch als Gebirgsform des ↑ Tazy bezeichnet. Seine Jagdgebiete sind Hochsteppen und Berge, als Beutetiere werden Hasen, Füchse, Wölfe und Wildschafe genannt. Die kirgisischen Jäger verwenden ihre Hunde gern in Verbindung mit dem Beizadler. Der Name T. ist die in der altaischen Sprache der Kirgisen und Mongolen gebräuchliche Bezeichnung für Windhund.
Tazy: großer, stockhaariger Hund mit kleinen herabhängenden Ohren und spiralig gedrehter Rute (SH 60 bis 70 cm ♂, 55 bis 65 cm ♀ bei 30 bis 35 kg KM). Der Kopf ist lang und konisch mit kaum merklichem Übergang vom Schädel zum Fang. Der Fang muß kräftig sein und konisch geformt. Die ovalen Augen sind groß und dunkel, die Ohren klein, dreieckig, herabhängend. Der gebogene Hals geht gut in den schlanken, gut gewölbten Rumpf über. Die dünne Rute ist am Ende spiralig geringelt, manchmal mit einem längeren Pinsel behaftet, meistens jedoch im Gegensatz zu den Ohren nicht befedert. Die Gliedmaßen sind hochgestellt und kräftig, hervorragende Winkelungen aufweisend. Das Fell des T. ist kurz, dicht und hart, in den Farben Hellgelb, Gelb, Grau, Schwarz, Graugelb und Schwarz mit gelben Abzeichen.
Den T. bezeichnet man als Lokalschlag des ↑ Saluki, doch trifft diese Definition seit langem nicht mehr zu. Ausgrabungen in der Stadt Chiwa (Usbekische SSR) haben den Beweis erbracht, daß diese Hundeform dort schon über 2000 Jahre beheimatet ist und sich bis heute nicht veränderte. In der UdSSR wird der T. rein gezüchtet; es existiert ein eigenständiger Standard.

Tazy

Teckel, *Dackel, Deutscher Dachshund:* niedrige, kurzläufige, langgestreckte, aber derbe Hunde mit ausgeprägter Muskulatur und lebhaftem Ausdruck, die in mehreren Größen und Gewichtsklassen gezüchtet werden (SH 20 bis 25 cm bei 7 bis 9 kg ♂, 6 bis 7,5 kg ♀ KM beim Normalschlag, 4 bis 7 kg ♂, 3,5 bis 6,5 kg ♀ beim leichten Schlag, 3 bis 4 kg ♂, 3 bis 3,5 kg ♀ beim Zwergteckel, bis 3,5 kg ♂, bis 3 kg ♀ beim Kaninchenteckel). Der Kopf ist langgestreckt, sich gleichmäßig bis zur Nasenspitze verjüngend, scharf ausgeprägt und trocken, im Oberkopf nur flach gewölbt und allmählich ohne Stirnabsatz in den fein geformten leicht gewölbten Nasenrükken verlaufend. Die Augenjochbögen treten kräftig hervor; die Nasenkuppe ist lang und schmal. Straff gespannt sind die Lefzen. Der Fang ist weit dehnbar mit stark entwickeltem Scherengebiß und kräftigem Kiefer. Die mittelgroßen, ovalen Augen liegen seitwärts und sind leuchtend dunkelrotbraun bis schwarzbraun bei allen Haarfarben. Hoch und nicht so weit vorn angesetzt liegen die Behänge mit dem vorderen Saum dicht an der Wange an; sie sind reichlich, doch nicht zu lang, schön abgerundet, nicht schmal, spitz oder faltig. Frei und hoch, mit einer leichten Wölbung im Genick, wird der genügend lange, muskulöse Hals getragen; er darf keine Kehlwamme haben. Mit genügend hohem und langem Widerrist verläuft der Rücken gerade, mit einer leichten Wölbung in der Lendenpartie; das Brustbein ist derb und so stark vorspringend, daß sich an beiden Seiten Gruben zeigen. Von vorn gesehen ist der Brustkorb oval, von oben und von der Seite geräumig, weit nach hinten aufgerippt und allmählich in die Bauchlinie überführend. Bei richtiger Lage und Winkelung von Schulter und Oberarm verdeckt der Vorderlauf von der Seite gesehen den tiefsten Punkt der Brustlinie. Mäßig aufgezogen ist der Bauch. Typisch für den T. ist der Bau der Läufe. Sie müssen der anstrengenden Tätigkeit unter der Erde entsprechen, sind muskulös, tief und breit.

Das Schulterblatt ist lang und schräg gestellt, fest auf dem voll entwickelten Brustkorb aufliegend. Der Oberarm hat die gleiche Länge wie das Schulterblatt, steht im rechten Winkel zu diesem, ist starkknochig und straff bemuskelt, an den Rippen anliegend, aber frei beweglich. So kurz wie möglich ist der Unterarm, möglichst wenig gebogen und so lang, daß der Bodenabstand etwa ein Drittel der Widerristhöhe beträgt. Die Hinterhand hat derbe Oberschenkel von guter Länge, breite kräftige Kniegelenke und Unterschenkel, die im Verhältnis zu anderen Hunden kurz sind, und im rechten Winkel zum Oberschenkel stehen. Die Fußwurzelknochen sind breit angelegt mit stark vorspringendem Fersenbein. Die Hinterhand soll, von hinten gesehen, vollkommen gerade sein. In der Verlängerung der Rückenlinie angesetzt verläuft die Rute ohne starke Krümmung. Der T. wird in drei Haararten gezüchtet, die aber ebenso wie die verschiedenen Gewichtsklassen dem einheitlichen Standard entsprechen.

Kurzhaariger T.: Kurz, dicht und glänzend behaart, glatt anliegend, nirgends unbehaarte Stellen aufweisend. Zu feine oder dünne Behaarung gilt als grober Fehler. Die Rute ist fein verlaufend, aber nicht zu reich mit Haaren bedeckt, wobei an der Unterseite etwas längere Grannen zu sehen sind. Beim *einfarbigen T.* dominiert rotgelb, gelb, rot, alles mit oder ohne schwarze Stichelung, wobei einmal die reine Farbe vorzuziehen ist, zum anderen rot wertvoller ist als rotgelb und gelb. Beim *zweifarbigen T.* ist die Haarfarbe tiefschwarz, braun, grau oder weiß, kombiniert mit rostbraunen oder gelben Abzeichen (Brand) über den Augen, an den Seiten des Fanges, an der Unterlippe, am inneren Behangrand, an der Vorbrust, den Innen- und Hinterseiten der Läufe und Pfoten, um den After und von da etwa ein Drittel bis zur Hälfte der Unterseite der Rute. Der *gefleckte (getigerte, gestromte) T.* hat auf hellem Grund dunkle Flecken (Platten sind nicht erwünscht) von dunkelgrauer, brauner, rotgelber oder schwarzer Farbe.

Rauhhaariger T.: Mit Ausnahme des Fanges, der Augenbrauen und der Behänge ist die Behaarung am ganzen Körper vollkommen ausgeglichen dicht, hart und drahtig, mit Unterwolle durchsetzt. Am Fang zeigt sich ein Bart, die Augenbrauen sind buschig. An den Behängen ist das Haar kürzer als am Körper, fast glatt, jedoch immer der übrigen Behaarung angepaßt. Die Rute ist derb, aber möglichst anliegend behaart, ohne Büschel. Es sind alle Farben wie beim kurzhaarigen T. zugelassen. Weiße Brustabzeichen aber sind nicht erwünscht.

Langhaariger T.: Er hat weiches, schlichtes, glänzendes Haar, das sich unter dem Hals, an der Unterseite des Körpers, am Behang verlängert. Die Hinterseite der Läufe ist gut befedert. Das Haar erreicht seine größte Länge an der Unterseite der Rute. Die Behaarung soll am unteren Rand des Behanges überfallen. Die in schöner Verlängerung der Rückenlinie getragene Rute weist eine vollständige Fahne auf.

Der T. verfügt über eine außerordentlich stark entwickelte Beobachtungsgabe und vermag seine Wünsche auf so nette Art durchzusetzen, daß man ihm nur schwer widerstehen kann. Die Bezeichnung der Rasse selbst deutet an, daß sein Ursprung weit zurückliegt. Er wird erstmalig in alten Schriften des 9. und 10. Jh. erwähnt. In altgermanischen Gesetzen nennt man ihn *Canis barsarius beverarius* oder *bibarhunt*. Alte, an T. erinnernde Hunde hatten durchweg Stehohren. Die allgemeine Auffassung gründet sich auf die Voraussetzung, daß die Entwicklung vom *Torfhund*, dem Bronzezeithund, über den *jagenden Niederhund*, den *molossischen Hund* bis zum *teckelartigen Bracken* ging. In der weiteren Zeit folgten dann der *Basset* und *Otter Hound* sowie durch verschiedenste Kreuzungen mit Terrierschlägen der T. Auch *Pinscher* und einige *Schweißhundarten* waren an der Entstehung beteiligt. Nach Festsetzung des ersten Standards 1879 verbreitete sich der T. schnell in der ganzen Welt, er wurde zu einem Favoriten, so daß die Gefahr bestand und besteht, daß seine hervorragenden jagdlichen Eigenschaften verloren gehen.

Der T. ist in der Haltung unproblematisch, nur bedarf es bei seiner Erziehung einer straffen Führung, da er viel Eigensinn entwickelt. — *Tafel 15.*

Téneriffe, *Löwchen:* kleiner, zierlicher Luxushund mit wollig gekraustem Haar (SH 27 bis 30 cm bei 2,5 bis 3 kg KM). Der Schädel ist länger als der Fang und nur leicht gewölbt, obwohl das Haar ihn rund erscheinen läßt. Wenig betont ist der Stop, nicht stark und auch nicht schwer der Fang. Die schwarz pigmentierten Lefzen sind fein und trocken. Nicht zu groß und nie hervortretend dürfen die runden, dunklen Augen sein, die dunkle Lidränder haben. Gut mit lockigen Haaren bedeckt sind die Hängeohren, leicht nach vorn getragen, wenn der Hund aufmerksam horcht. Der hoch getragene Hals ist ziemlich lang. Die gut entwickelte Brust zeigt ein betontes Brustbein und gerundete Rippen, die Lenden sind breit und kräftig, etwas gewölbt. Dick sowie leicht gerundet ist die Kruppe, gerade der Rücken. Die Schultern des T. sind ziemlich schräg, breit und gut bemuskelt die Keulen. So stark wie beim ↑ Pudel sind auch beim T. die Sprunggelenke gewinkelt; gerade, in guter Senkrechtstellung zeigen sich die Läufe mit kurzem Vordermittelfuß, der bei Frontansicht gerade, bei Seitenansicht schräg steht. Erhoben und leicht gebogen, doch nicht eingerollt, wird die Rute getragen; sie berührt nicht den Rücken, doch fällt ihr Haar auf den Rücken zurück. Sie wird nie kupiert. Die Haut soll unter dem weißen Haar dunkel pigmentiert sein, ebenso die Geschlechtsorgane. Das feine Haar ist seidig und gekraust, möglichst einfarbig weiß, manchmal weiß mit zarten Flecken in Beige oder Dachsgrau, speziell an den Ohren und am Rumpf. Als französisch-belgische Rasse kam der T. erstmalig 1880 auf einer Ausstellung an die Öffentlichkeit. Bereits im 15. Jh. brachten ihn spanische Seeleute von den Balearen nach Frankreich. Er verbreitete sich schnell und wurde zum Liebling der Damen. Heute ist der T. nicht mehr stark verbreitet, zumindest nicht mehr reinrassig, sondern mit den anderen *Bichons* vermischt. – *Tafel 22.*

Tenggerhund: eng mit dem ↑ Dingo verwandter Hund (SH 45 bis 55 cm bei 30 bis 35 kg KM) mit kurzem Haar, kurzem Fang und kleinen Stehohren. Er ist von bräunlicher Farbe und existiert lokal begrenzt auf Jawa.

Tepeitzquintle: zu den mexikanischen Nackthunden zählender Zwerghund (SH 28 bis 35 cm bei 2,5 bis 7,5 kg KM) mit rechteckigem Körper, schlankem Kopf und langem, zugespitztem Fang. Die Augen sind meist dunkel, aber bei helleren Hunden auch ins Gelb gehend. Er hat kleine dünnhäutige und durchsichtig schimmernde Stehohren. Der Körper ist leicht gerundet mit tonnenförmigem Brustkorb, geradem Rücken, langer, glatter Rute und dünnen, doch muskulösen Läufen, gut gewinkelt und Hasenpfoten aufweisend. Der T. ist völlig kahl, nur ein Tuff von feinem Flaum befindet sich an Kopf und Rute, aus einzelnen Haaren wachsend, in allen Farben. Die Haut kann ihre Farbe, wie beim Menschen, der Jahreszeit entsprechend wechseln, im Sommer sonnengebräunt, im Winter blasser. Kommen die T. nach einem Sonnenbad in die Wohnung, fühlt sich ihre Haut sehr heiß an – man spricht von einer Körpernormaltemperatur des Nackthundes von 40°. Diese Hitzeentwicklung war sicher auch der Grund, weshalb die Azteken sich bei Gliederschmerzen einen T. auf die erkrankten Körperteile legten,. der dann wie ein Heizkissen wirkte. Überhaupt behandelten die Ureinwohner Süd- und Mittelamerikas ihre Hunde sehr zweideutig, einerseits verehrten sie diese als heilkräftig und den Göttern nahestehend, zum andern mästeten sie ihre T. als echte Delikatesse.

Tervueren: in allen Körperpositionen dem ↑ Groenendael gleich, lediglich die Haarfarbe ist rehbraun. Mitunter kommt er mit schwarzer Maske vor.

Die Geschichte des T. beginnt nachweislich 1895, als der Züchter *F. Corbeel* in *Tervueren, Belgien*, die beiden mahagonifarbenen, langhaarigen Hunde *Tom* und *Poes*, beide mit schwarzer Verbrämung an den Haarspitzen und aus einer Zuchtlinie stammend, verpaarte. Sie zeugten die Hündin *Miss*, die mit dem schwarzen *Duc de Groenendael* gedeckt wurde. Im darauf gefallenen Wurf lag auch der Rüde *Milsart*, der Prototyp der Rasse. Man kann also den T. exakt auf vier Hunde zurückführen: *Piccard d' Uccle* und *Petite* – die Eltern des *Duc de Groenendael*, sowie *Tom* und *Poes* – die Eltern der *Miss*. Ein bedeutender Förderer des T. war der Bauer *Tuykom*, dessen überlieferter Stolz gewesen sein soll, die größten Rüben, den schönsten Kohl und die besten Hunde zu besitzen. Er betrieb eine harte Zuchtauswahl; Hündinnen, die nicht seinem Ideal entsprachen, tötete er.

Als 1931 und 1932 in Tervueren Spezialausstellungen stattfanden, erschienen jeweils über 40 Hunde. Um den Ort Tervueren konzentrieren sich auch heute noch die meisten Zuchtstätten.

Tibetdogge: großer, kräftig gebauter, lebhafter Hund, leicht erziehbar und von natürlichem Gehorsam (SH 63 bis 70 cm ♂, 58 bis 65 cm ♀ bei 75 kg KM). Der Kopf ist mächtig, gut proportioniert mit einem breiten Oberkopf. Die Stirnlinie und der Nasenrücken sollen durch einen deutlichen, jedoch nicht zu stark betonten Stop voneinander getrennt sein. Der Fang ist quadratisch und ziemlich kurz, wobei die Länge vom Stop bis zur Nasenspitze geringer ist als die vom Stop bis zum Hinterhauptbein. Die gut entwickelte Nase ist immer schwarz. Die starken Kiefer haben ein Scherengebiß, wobei auch ein zangenförmiger Schluß toleriert wird. Der Ausdruck der mittelgroßen, dunkelbraunen Augen ist gutartig. Die Ohren sind V-förmig geschnitten, an der Spitze gerundet. Sie sind mittelgroß und stehen, parallel zu den Augen angesetzt, im Affekt leicht angehoben, sonst herabhängend. Der Hals ist mächtig, mittellang, leicht geschwungen und den Schultern gut aufgesetzt. Geräumig, breit und tief ist die Brust mit gut gewölbten Rippen. Gerade, stark und ziemlich kurz verläuft der Rücken. Die Nierenpartie ist kräftig und tief; die Flanken sollten nicht zu stark aufgezogen sein. Kurz und breit, aber nicht abfallend wird die Kruppe gefordert. Gut plaziert sind die Schultern, die Läufe müssen muskulös und starkknochig sein, die Fesseln leicht schräg. Mächtig und gut bemuskelt ist die Hinterhand mit gut gewinkelten Sprung- und Kniegelenken. Die T. steht auf kräftigen, runden und geschlossenen Pfoten, die gut behaart sind, gewölbte Zehen, harte Ballen und dunkle, kurze Nägel haben. In ihrer ganzen Länge wird die Rute über den Rücken gerollt getragen, aber auch, speziell in der Erregung, nach einer Seite. Sie soll bis zu den Sprunggelenken reichen und dicht sowie buschig behaart sein. Die Unterwolle der T. ist weich und je nach Temperatur mehr oder weniger dicht. Das Deckhaar muß mäßig lang und voll, aber niemals zottig sein. Es ist gerade und flach, ohne Locken, ab und zu jedoch leicht gewellt. Gegen den Strich gebürstet fällt es von selbst in die alte Lage zurück. Am Hals und an den Läufen ist die T. länger behaart. Man findet ab und zu auch Tiere, die die Hinterläufe zwischen Sprunggelenk und Pfoten ebenso behaart haben. Die Grundfarbe ist schwarz, es dürfen rote oder gelbe Abzeichen auftreten, bei weizenfarbener Grundfarbe gibt es schwarze und weiße Abzeichen, die jedoch nicht mehr als ein Viertel der Gesamtfarbe betragen dürfen und auf Läufe, Pfoten und Brust beschränkt sind.

Tibetdogge

Bereits der Venezianer *Marco Polo* erwähnt die Vorfahren der T., den heutigen Typ beschreibt *Sven Hedin*, selbst Besitzer eines dieser mächtigen Tiere. Viele Autoren sehen in der T. den Urtyp heute existierender großer Hunderassen, doch gibt es kaum stichhaltige Beweise dafür. Dieser wirkliche Berghund hat sich sein ungestümes, angriffslustiges, oft ungezügeltes Wesen bis heute bewahrt, wobei er immer eine gewisse Würde ausstrahlt.

Tibet-Hetzhund ↑ Shakyi.

Tibet Spaniel: zierlicher, gut proportionierter, lebhafter und wachsamer Hund von fröhlichem Wesen und kleinem Wuchs (SH bis 28 cm ♂, bis 24 cm ♀ bei 4,5 bis 7,5 kg ♂, 4 bis 6,8 kg ♀ KM). Der Kopf ist im Verhältnis zur Körpergröße klein, höchstens mittelgroß mit leicht gewölbtem Schädel und ziemlich kurzem, stumpfem Fang. Ziemlich weit auseinander stehen die dunkelbraunen, nicht großen und auch nicht hervortretenden Augen. Die Hängeohren sind gut befedert; sie dürfen etwas seitlich vom Schädel abstehen. Obwohl bei geschlossenem Fang die Zähne nicht sichtbar sein dürfen, wird ein leichter Vorbiß angestrebt. Mit einer bei Rüden dichteren Mähne ist der kurze Hals besetzt. Der Rumpf ist vom Widerrist bis zum Rutenansatz länger als die Schulterhöhe beträgt. Die Vorderläufe haben eine leichte Krümmung, liegen aber fest an den Schultern an mit gut befederter Rückseite. Die Hinterläufe sind vorn glatt behaart, an der Rückseite befedert. Der T. S. hat kleine, zierliche Hasenpfoten mit langer Befederung zwischen den Zehen, die oft über die Pfoten hinausgeht. Weiße Abzeichen sind hier erlaubt. Fröhlich geringelt wird die hoch angesetzte und reich befederte Rute über dem Rücken getragen. Das Haarkleid ist doppelschichtig und von seidiger Struktur, liegt ziemlich flach am Körper an und hat eine Mähne am Nacken und an den Schultern. Die erlaubten Farben sind gold, creme, weiß, biskuit, gelb, braun, graubraun, rot-zobel, schwarz, gescheckt oder dreifarbig.

Der T. S. ist eine sehr alte Rasse, aus Tibet stammend und wahrscheinlich Kreuzungsprodukt zwischen ↑ Lhasa Apso und ↑ Pekingese, der den Tibetern vom chinesischen Kaiserhof geschenkt wurde. In früheren Zeiten ähnelten sich der T. S. und der Pekingese stark. Zuchtstätten waren tibetische Klöster, wo die Mönche den kleinen Hund zum Antreiben der Gebetsmühlen benutzten. Erstmalig in Europa erschien der T. S. im 15. Jh. Er ist heute noch eine Seltenheit. Der Standard wurde 1961 von der FCI anerkannt.

Tibet Terrier: langzottelig behaarter kleiner Hund, dessen üppiges Kopfhaar den ganzen Fang bedeckt, auch die lang behaarten Hängeohren verschwinden fast im reichen Fell, ebenso wie die gut befederte Ringelrute (SH 35 bis 40 cm ♂, 32 bis 37 cm ♀ bei 13 bis 15 kg KM). Der mittellange Kopf hat einen harmonischen, nicht zu breiten bzw. zu groben Schädel, der vom Ohr zum Auge hin schmaler wird, zwischen den Ohren nur wenig gewölbt ist und einen markierten Stop hat. Die Backenpartie ist gut gebogen, aber nicht so stark entwickelt, daß sie hervortritt. Die Fanglänge ist der des Schädels gleich; er ist weder breit noch massiv und hat am Unterkiefer einen kleinen Bart, als Gebißformen werden Scheren-, Zangen- und leichter Vorbiß anerkannt. Ziemlich weit auseinander liegen die großen, dunklen, gut eingesetzten Augen, deren Lider dunkel sind. Die V-förmigen Ohren sind mittelgroß, nicht zu dicht am Kopf herabhängend getragen und schwer befedert. Ebenso stark behaart ist der mittellange Hals. Beim kompakten, kräftigen Rumpf ist die Länge vom Widerrist zur Rutenwurzel gleich der Schulterhöhe. Der Rücken ist gerade, die Lendenpartie etwas aufgezogen und leicht gewölbt. Gut aufgerippt ist der Brustkorb. In einem vergnügten Ringel über dem Rücken wird die mittellange, ziemlich hoch angesetzte Rute getragen; oft hat sie einen Knick nahe der Spitze. Sie ist sehr gut befedert. Die Schultern liegen an, gerade und stark behaart sind die Läufe. Die Hinterhand ist ebenfalls kräftig und gerade mit tief am Boden stehenden Sprunggelenken; sie ist stark behaart. Groß, rund und mit viel Haaren zwischen den Zehen sind die Pfoten. Das Fell des T. T. hat üppiges, langes Deckhaar, schlicht oder gewellt, locker, fein, aber nicht seidig oder wollig und wolliges Unterhaar. Er ist weiß, golden, creme, rauchgrau, schwarz, auch zwei- oder dreifarbig. Nicht gestattet ist schokoladenbraun. Irreführend ist der Name Terrier, handelt es sich doch um einen ausgesprochen kleinen Hütehund, der die ihm anvertrauten Tiere mit seinem Kletter- und Sprungvermögen auch in schweren Gebirgsgegenden verfolgen kann, die für große Hütehunde unzugänglich sind. Alle Asienforscher beschreiben den T. T., wobei eine enge stammesgeschichtliche Verwandtschaft zum ↑ Puli zu bestehen scheint. Den robusten Charakter dieses Hundes beweist auch, daß er komplikationslos in andere Klimazonen gebracht wurde und sich schnell einlebte. Mit der Zeit wurde aus ihm außerhalb seiner tibetischen Heimat ein Haus-, Begleit- und Luxushund. Seine Haarpflege ist nicht ganz einfach, muß er doch mindestens alle zwei Tage gründlich gebürstet und gekämmt werden. – *Tafel 23*.

Tiroler Bracke: mittelgroßer, kräftig bemuskelter, rechteckiger Hund, lebhaft und schneidig (SH 40 bis 48 cm bei 15 bis 22 kg KM). Der Kopf ist langgestreckt, schmal mit leicht gewölbtem Schädel, leicht betontem Stop und schwach markierter Stirnfurche. Die Unterpartien der Augenhöhlen sind fein gemeißelt; der Nasenrücken ist schmal, an der Wurzel gering eingetieft, gerade oder leicht gewölbt. Der Fang ist von mäßiger Tiefe mit kurzen, anliegenden Lefzen und kräftigem, komplettem Scherengebiß. Die großen Augen liegen nicht tief, sind dunkelbraun mit pigmentiertem Lidrand. Beim Rüden muß sich das Hinterhauptbein deutlich markieren, bei der Hündin ist es erwünscht. Die Behänge sind mittellang, ziemlich hoch angesetzt und in der Spitze abgerundet.

Tiroler Bracke

Mittellang, etwas kürzer als der Kopf, mäßig gewölbt, weder zu hoch, noch tief angesetzt und ohne Kehlwamme geht der Hals in den kräftigen Rumpf über. Der lange Rücken hat hinter der Schulter eine leichte Einsenkung; die Lendenpartie ist straff, gerade und mäßig breit. Der Widerrist ist der höchste

Punkt; lang und ausgeprägt, mäßig abfallend ist die Kruppe. Lang, sehr tief und ziemlich breit mit langem Rippenkorb ist die Brust, mäßig aufgezogen der Bauch. Lang, kräftig angesetzt, mit allmählicher Verjüngung herabhängend oder säbelförmig aufgebogen getragen wird die Rute. Die Vorderhand hat lange, schräge Schultern, gut bemuskelt mit lotrecht gestellten Läufen und guter Winkelung im Schulter- und Ellenbogengelenk; breit und gerade gestellt ist die Fußwurzel. Breit und bemuskelt sind die Oberschenkel, mittellang und schräg gestellt die Unterschenkel, fast gerade die Fußwurzel. Derb und rund mit gewölbten Zehen sowie starken, krummen Krallen und großen, elastischen Ballen stehen die Pfoten. Die T. B. existiert als Glatthaar oder Rauhhaar, dicht, mehr grob als fein mit guter Unterwolle, behaartem Bauch und Rute mit guter Bürste. Sie ist schwarz mit kleinem, scharf abgegrenztem Brand, rot, rötlichbraun, rot gestichelt – ein kleiner weißer Brustfleck ist erlaubt.

Noch werden die Rassekennzeichen der T. B. mit der Kärntner Brandlbracke (↑ Österreichische Bracke) nicht gemeinsam geführt, doch bestehen Bestrebungen, diese alten einheimischen Rassen zusammenzuführen. Man kann beide als Rest der einst vom französischen Jura bis zu den Karpaten existierenden schwarzroten Jagdhunde ansehen, die mit dem ↑ Juralaufhund ebenso verwandt sind wie mit dem ↑ Hubertushund.

Tiroler Niederbracke: kleiner, in allen Detailpositionen der ↑ Tiroler Bracke gleichender Jagdhund (SH 30 bis 39 cm bei 10 bis 15 kg KM), der speziell für die Hochgebirgsjagd herausgezüchtet wurde.

Tosa-Inu: großer japanischer Kampfhund, kurzhaarig mit Hängeohren und bis zum Sprunggelenk reichender dikker Rute (SH 60 bis 68 cm ♂, 54 bis 60 cm ♀ bei 30 bis 37,5 kg KM). Der kräftige Kopf hat einen breiten Schädel mit ausgeprägtem Stop, geradem Nasenrücken und mittelgroßem Fang. Die kräftigen Kiefer haben ein kräftiges Scherengebiß. Von bräunlichrötlicher Farbe sind die etwas kleinen, durchdringend blickenden Augen, hoch angesetzt die relativ kleinen, feinen, an den Seiten des Kopfes anliegenden und an den Backen herabfallenden Ohren. Gut bemuskelt mit reichlicher Wamme geht der Hals in den sehr kräftigen Rumpf über. Der Brustkorb ist breit und tief mit gerundeten Rippen. Hoch und gut entwickelt ist der Widerrist, waagerecht der Rücken, breit und kräftig die Lenden. Leicht nach vorn gebogen ist die Kruppe, aufgezogen der Bauch. Die hoch angesetzte, dicke Rute erreicht in der Länge das Sprunggelenk und wird zum Ende hin feiner. Nach hinten gerichtet sind die Schultern, gerade, stark und mäßig lang die Unterarme. Die Vordermittelfußwurzel ist leicht geneigt, aber stark, geschlossen. Die Pfoten haben widerstandsfähige Sohlen und starke, harte Krallen von dunkler Farbe. Gut bemuskelte Keulen, starker Hintermittelfuß und gut entwikkelte Sprunggelenke sind Charakteristika der Hinterhand. Der T. ist kurz behaart, dicht, den ganzen Körper gleichmäßig bedeckend. Die vorherrschende Farbe ist rot, zugelassen sind auch rote Flecken auf weißem Grund bzw. rote Flecken auf andersfarbigem Grund, doch stets ist eine rote Tönung zu finden.

Diese imponierende Rasse wurde in Japan kurz vor der Jahrhundertwende, etwa um 1890, aus alten bodenständigen Hunden, die man mit ↑ Mastiffs, ↑ Bull Terriern, ↑ Bernhardinern und ↑ Deutschen Doggen kreuzte, geformt. Die Provinz *Kochi* gilt als Heimat der früher nur für Hundekämpfe benötigten Rasse. Der T. soll ein ruhiger, furchtloser Hund sein, bei dem sich Angriffslust mit ruhigem Temperament paart.

Transkaukasischer Schäferhund: kräftiger, großer Zotthaarhund, sehr scharf mit kleinen Hängeohren und meist kupierter Rute (SH 63 bis 68 cm ♂, 60 bis 64 cm ♀ bei 45 bis 50 kg KM). Der Kopf ist massiv mit breitem Schädel, die Jochbeine und Backenknochen sind stark entwickelt. Die breite Stirn hat eine flache Stirnfurche und schwach entwickelten Stop. Kürzer als der Schädel ist der stumpfe, schwach zugespitzte Fang mit trockenen Lefzen und Scherengebiß. Die kleinen Augen sind oval geschnitten und dunkel; klein, hoch angesetzt sowie herabhängend sind die Ohren. Bei weißen bzw. fahlen Hunden ist die große, breite Nase braun, sonst schwarz. Niedrig getragen wird der kurze, kräftige Hals, harmonisch in den massiven, gedrungenen Rumpf übergehend, der einen geraden, breiten, sehr bemuskelten Rücken hat. Breit und horizontal sind Lendenpartie und Kruppe, breit und tief die Brust, leicht aufgezogen der Bauch. Die Rumpflänge beträgt ungefähr 106 bis 110 cm. In Sichelform wird die hoch angesetzte Rute getragen; sie reicht bis zum Sprunggelenk, wird jedoch in den meisten Fällen kurz kupiert. Allseitig behaart sind die kräftigen, gut gestellten Gliedmaßen, groß und oval mit gut gewölbten Zehen die Pfoten. Das Haar des T. S.es ist dicht, lang, grob mit geradem Deckhaar und weicher Unterwolle; meist ist der Hund grau, rötlichgrau, weiß, auch gefleckt bzw. gestreift.
Der T. S. stellt eine alte einheimische Rasse Georgiens, Aserbaidshans sowie Armeniens dar und wird meist in bergigen Gebieten gehalten. Die besten Zuchten findet man in Kolchosen, die auf Schafzucht spezialisiert sind. Ziel ist ein wachsamer, energischer, angriffslustiger Hirtenhund, der dabei ein unbestechlicher Wächter sein soll.

Treeing Walker Hound: in allen Standardpositionen dem ↑ American Foxhound gleichender Spezialist für die Waschbärenjagd (SH 59 bis 63 cm bei 40 kg KM). Er hat kurzes, glattes, harsches, aber anliegendes Haar, das schwarz, braun, rehbraun, weiß sowie schwarz und braun, braun mit weißen Flecken, rot und weiß und schwarz und weiß ist. Die Rasse existiert territorial eng begrenzt nur in den USA.

Trigg Hound: aus einer besonders leistungsstarken Zucht des ↑ Treeing Walker Hound entstandener Jagdhund, der sich ausschließlich durch die etwas höhere Widerristhöhe unterscheidet (SH 60 bis 66 cm bei 50 kg KM). Er ist lediglich massiver. Alle anderen Standardpositionen gleichen der Ausgangsrasse. Er wird ausschließlich in den USA gehalten.

Tschika: chinesischer Windhund, dessen äußere Erscheinung stark an einen ↑ Greyhound erinnert, über den aber nicht viel Details bekannt sind. Es gibt eine größere Abart, die als Hetzhund verwendet wird, und eine kleinere, an das ↑ Italienische Windspiel angelehnte Form. Beide haben große, aufrechtstehende oder einander zugewendete Ohren; die Rute zeigt eine leichte Franse. Das kurze, glatte Haar kommt gelb, creme und braun mit weißer Blesse vor. International ist der T. nicht anerkannt.

U/V

ungarische Hirtenhunde: 1. ↑ Komondor. – **2.** ↑ Kuvasz. – **3.** ↑ Mudi. – **4.** ↑ Puli. – **5.** ↑ Pumi.

Vaghari Hound: mittelgroßer, stark an den ↑ Tazy erinnernder indischer Windhund mit Hängeohren und glattem Haar (SH 50 bis 60 cm bei 30 kg KM). Dieser auf der indischen Halbinsel *Kathiawar* bei einem Nomadenstamm lebende Hund wird vorrangig zur Jagd verwendet, wobei die Wildarten vom Hasen bis zum Leoparden reichen. Er ist wohlgeformt und hat dunkle, sehr glänzende Augen, relativ kurzen Fang und posthornförmig getragene Rute. Das kurze Fell ist lohfarben, hellgelb, braun oder schwarz.

Västgötaspets, *Schwedischer Schäferspitz:* langgestreckter, kleiner, kräftig wirkender Hund (SH 33 bis 40 cm bei 9 bis 14 kg KM). Der ziemlich lange Kopf ist trocken und hat einen fast flachen Schädel mit deutlichem Stop. Der Fang ist etwas kürzer als der Schädel, zeigt von oben gesehen eine leichte Verjüngung zur Nasenspitze; seitlich betrachtet wirkt er stumpf und nie spitz. Die geschlossenen Lefzen liegen glatt an. Die Nase ist tiefschwarz. Es wird ein komplettes Scherengebiß gefordert. Mittelgroße, dunkelbraune, oval geschnittene Augen und spitze, mittelgroße, steif aufrecht getragene, fein behaarte Ohren komplettieren das Äußere des Kopfes. Kräftig bemuskelt ist der lange, gut aufgerichtete Hals. Der Rücken ist gerade und kräftig bemuskelt, die Lendenpartie kurz, stark und breit. Die breite Kruppe fällt wenig ab. Die tiefe Brust ist lang mit gewölbtem Rippenkorb, an dem das Brustbein deutlich hervortritt. Die Rute darf höchstens 10 cm lang sein und wird horizontal etwas abwärts gerichtet getragen und in der Erregung aufgerichtet. Ist die Rute angeboren zu lang, darf sie nicht kupiert werden. Die Schultern sind lang, mit, verglichen mit den Schulterblättern, kürzeren Oberarmen. Gute Winkelungen und gerade Läufe kennzeichnen die Vorderhand. Die Hinterhand hat kräftig bemuskelte Oberschenkel, starke, gerade Läufe sowie gut gewinkelte Sprung- und Kniegelenke. Die Pfoten sind mittelgroß, kurz, oval und geradeaus gerichtet. Das Fell des V. setzt sich aus hartem, halbkurzem, dicht anliegendem Deckhaar und sehr dichter, weicher Unterwolle zusammen. Es ist grau mit dunklen Grannenspitzen und hellgrauen Innenseiten, rotgelb, graubraun, braungelb, blaugrau gestromt oder gefleckt. Gestattet sind bis zu einem Drittel weiße Abzeichen.

Der große Ähnlichkeit mit dem Welsh Corgi ausweisende V. wurde 1943 offiziell von der FCI anerkannt. Sein ungewöhnlicher Mut und die Energie machen ihn zu einem hervorragenden Hütehund, der aber auch ein pflegeleichter angenehmer Haushund ohne jegliche Jagdpassion ist. Bei den schwedischen Bauern und Hirten wird der V. seit Jahrhunderten fast unverändert gehalten.

Veadeiro catarinense, *Brasilianischer Windhund:* schmaler, mittelgroßer (SH 50 bis 60 cm) Jagdhund von ausgesprochenem Windhundtyp. Der Kopf ist langgestreckt mit kaum abgegrenztem Stop, schmal und spitz läuft der Fang zu, der ein komplettes Scherengebiß haben soll. Der Körper gleicht einem langgestreckten Rechteck, ist deutlich aufgezogen und hat sehr wenig Vorbrust sowie eine schmale Front. Typisch sind die relativ langen Läufe. Die Rute endet in einem Kringel. Das kurze Haar tritt meist rehfarben, also rötlich oder mausgrau auf, stets einfarbig ohne Flecken. Es wird angenommen, daß der V. c. zu Beginn des 19. Jh. von deutschen Siedlern aus vorhandenen brasilianischen Hunden herausgezüchtet wurde. Dafür spricht, daß die Rasse auf der ersten deutschen Hundeausstellung 1863 in Hamburg unter dem Namen *Brasilianisches Rehwindspiel* vorgestellt wurde. Durchsetzen konnten sich die Tiere jedoch nicht, auch im Heimatland gibt es bis heute keinen offiziellen Standard. Den Namen entlehnten die Züchter vom hauptsächlich gejagten Wild, dem Spießhirsch [port. *veado*, Hirsch]. Der V. c. jagt paarweise mit vollem Spurlaut dem Jäger das Wild zu, ist aber für die Wasserarbeit nicht zu gebrauchen, ebensowenig, wenn es darum geht, das Wild zu stellen und niederzureißen. Heute findet man den V. c. meist nur noch als Haushund.

Virelade ↑ Grand Gascon Saintongeois.

Vlaamscher Trekhond ↑ Flämischer Ziehhund.

Volpino Italiano: langhaariger weißer Spitz mit Stehohren und Ringelrute, der vom Äußeren einen etwas ungepflegten Eindruck macht (SH 26 bis 30 cm bei 3 bis 5 kg KM). Der etwas flache Kopf hat einen nicht allzu starken Stop, leicht verlängerten Fang und Ohren, die etwas länger und spitzer sind als vergleichsweise beim ↑ Deutschen Spitz. Die Standardpositionen für alle anderen Körperteile sind dem Deutschen Spitz völlig gleich. Das lange, seidige Haar hat dichte Unterwolle und darf ausschließlich reinweiß sein. Der V. I. ist ein Gebrauchshund, der von den italienischen Winzern und Bauern als Wachhund für die Weinberge und Grundstücke verwendet wird. Die meist wenig gepflegte weiße Behaarung und der robuste Körperbau machen ihn zu einem widerstandsfähigen Gebrauchshund, den man in gleicher Form auf Abbildungen aus dem römischen Altertum findet.

W

Walker Hound: ausschließlich auf jagdliche Leistungsfähigkeit gezüchtete Form des ↑ American Foxhound. (SH 57 bis 63 cm bei 35 bis 40 kg KM). Das Haar ist kurz, harsch und anliegend in möglichst schwarzer Farbe mit braunen Flecken über den Augen; es sind jedoch auch alle anderen beim Foxhound gebräuchlichen Farben erlaubt. Der W. H. wird besonders als Meutenhund für alle Wildarten eingesetzt.

Waterside Terrier ↑ Airedale Terrier.

Weimaraner: mittelgroßer bis großer Jagdgebrauchshund (SH 59 bis 70 cm ♂, 57 bis 65 cm ♀ bei 23 bis 28 kg KM), der den Arbeitstyp verkörpert. Er hat anliegende Behänge und eine kupierte Rute. Die Kopfgröße harmoniert mit der Körpergröße. Beim Rüden ist der Kopf etwas breiter als bei der Hündin; auf der Stirnmitte befindet sich eine Vertiefung. Das Hinterhauptbein tritt leicht hervor. Der lange Fang ist beim Rüden kräftiger ausgeprägt; der lange Nasenrücken ist leicht gewölbt, jedoch niemals nach unten durchgebogen. Nur gering darf der Stop sein. Die Lefzen fallen mäßig über und bilden eine kleine Mundfalte. Deutlich ausgeprägt sind die Backenmuskeln. Die Nase ist dunkelfleischfarben und wird nach hinten allmählich grau. Bernsteinfarben und lebhaft im Ausdruck sind die Augen; beim Welpen sind sie noch himmelblau gefärbt. Breit und ziemlich lang, spitz abgerundet, hoch und schmal angesetzt sind die Behänge, die bei Aufmerksamkeit leicht nach vorn gedreht werden. Ohne lose Kehlhaut geht der mittellange, leicht gebogene, trockene Hals in den muskulösen Rumpf über. Der stramme Rücken ist lang, in der Lendenpartie breit und leicht gewölbt, nur wenig fällt die Kruppe ab. Die ovale Brust hat lange Rippen, nur wenig aufgezogen ist der Bauch. Im Alter von ein bis zwei Tagen wird die Rute auf 4 bis 4,5 cm kupiert, bei langhaarigen W. werden im Alter von 14 Tagen zwei bis drei Wirbel weggenommen. Die Läufe sind sehnig und genügend lang, mit gut gewinkelten Oberarmen, geschlossenen Pfoten und gewölbten Zehen. Der W. ist kurz, derb, beinahe stockhaarig im Fell. Bei der langhaarigen Variante beträgt die Haarlänge am ganzen Körper etwa 3 bis 5 cm; an Hals, Brust und Bauch ist es etwas länger. Die Rückseite der Läufe ist befedert; die Rute hat eine Fahne. Es gibt W. silber-, reh- oder mausgrau, am Kopf und am Fang leicht heller, oft mit einem Aalstrich über dem Rücken, ohne jeden Brand. Weiße Abzeichen sind nur an der Brust und den Zehen gestattet.

Großherzog Karl August von Weimar soll die Vorfahren des heutigen W. aus Böhmen mitgebracht haben. Es ist aber auch möglich, daß sie von grauen bzw. silbergrauen Hunden Frankreichs abstammen. Sicher ist, daß die ersten W. zu Beginn des 19. Jh. am Hofe zu Weimar gehalten wurden. Der W. verfügt über ausgezeichnete jagdliche Eigenschaften, besitzt überdurchschnittliche Fährtenveranlagung, Schärfe und Wachsamkeit. Der W. erhält erst ab dem achten Lebensmonat die endgültige Augen- und Haarfarbe. Er ist ein sehr ruhiger, leicht führiger und anhänglicher Haushund, der jedoch gearbeitet werden muß. – *Tafel 26*.

Welsh Corgi Cardigan: fuchsartiger, niederer, langgestreckter kleiner Hund mit markanten Stehohren und mäßig langer, horizontal getragener Rute (SH 30 cm ♂, 27 cm ♀ bei 9 bis 12,5 kg ♂, 8,5 bis 11 kg ♀ KM). Der Kopf ist fuchsartig mit zwischen den Ohren ziemlich breitem und flachem Schädel, konischem, spitz zulaufendem Fang und ziemlich spitzer, schwarzer Nase. Der W. C. C. hat ein komplettes Scherengebiß, mittelgroße, dunkle Augen; bei blaumarmorierten Tieren sind sogenannte Glasaugen gestattet. Der Ausdruck muß klar, scharf und wachsam sein. Recht markant, mäßig breit am Ansatz und spitz an den Enden, etwa 8 cm auseinander aufrecht getragen werden die Ohren, leicht nach vorn geneigt und so zurückgesetzt, daß sie flach an den Hals gelegt werden können. Der mäßig lange Hals geht ohne Wamme gut in die Schulterpartie über. Die Schultern liegen an und sind gut bemuskelt. Mäßig lang, kräftig und mit starken Knochen ist der Rücken. Kräftig und gerade ist die Rücken- und Lendenpartie, tief und mäßig breit die Brust mit wohl gerundeten Rippen. Fuchsähnlich wie der Kopf ist auch die Rute, mäßig lang und in gerader Linie als Fortsetzung der Rückenlinie horizontal getragen. Kurz und starkknochig sind die Läufe, rund, mit gewölbten Zehen und gut gepolsterten Ballen die Pfoten. Das Haar ist kurz oder mittellang, hart im Griff in jeder Farbnuance außer reinweiß. Bevorzugt werden rotgescheckte oder blaumarmorierte Hunde.

Der W. C. C. ist ein beliebter *Zwergschäferhund* der Waliser Farmer. Obwohl es immer wieder Autoren gibt, die eine getrennte rassegeschichtliche Entwicklung der beiden Typen des Welsh Corgi, den W. C. C. und den ↑ Welsh Corgi Pembroke, nachweisen wollen, dürfte keine der Theorien exakten wissenschaftlichen Überprüfungen standhalten. Dagegen steht fest, daß der W. C. C. schon im 10. Jh. in Wales bekannt war, und seine Vorfahren in den Hunden nordischer Einwanderer zu suchen sind, was unter anderem die große Ähnlichkeit mit dem ↑ Västgötaspets erklärt. Trotz seiner jahrhundertelangen Existenz setzte er sich nicht durch, auch als 1925 die ersten Exemplare in England auf Ausstellungen gezeigt wurden. Drei Jahre später wurde die Rasse in das Register des *Kennel Clubs* aufgenommen, wobei es noch keine Unterteilung in *Cardigan* und *Pembroke* gab. Auch als 1934 getrennte Standards erschienen, gab es keinen Aufschwung für die Rasse. Dieser kam Mitte der dreißiger Jahre, als das englische Königshaus zwei W. C. C. hielt. Nun stieg die Popularität der Rasse ständig.

Seit 1934 ist das Kreuzen beider Rassen miteinander verboten, doch macht sich immer wieder der *Pembroke-Typ* beim *Cardigan* bemerkbar.

Der W. C. C. ist ein anhänglicher, pflegeleichter, sehr wachsamer Haushund, der auch aufgrund seiner kurzen Läufen keinen allzu großen Bewegungsdrang hat. – *Tafel 33*.

Welsh Corgi Pembroke: langgestreckter, niederläufiger Hund mit mittelgroßen Stehohren und Stummelrute (SH 25 bis 31 cm bei 8,5 bis 11,5 kg KM). Der fuchsähnliche Kopf hat einen zwischen den Ohren ziemlich breiten, flachen Schädel, mäßig ausgeprägten

Stop, das Vorgesicht steht zum Schädel im Verhältnis 3:5. Leicht keilförmig ist der Fang, schwarz die Nase. Die wohlgesetzten, runden, mittelgroßen Augen sind haselnußbraun, stets der Fellfarbe entsprechend. Aufgerichtet, mittelgroß, leicht zugespitzt sind die Ohren. Wird der Kopf von vorn gesehen, führt die Verlängerung einer von der Nase über das Auge gedachten Geraden durch die Ohrenspitze, bzw. nur wenig daneben vorbei. Beim W. C. P. werden sowohl ein Zangen- als auch ein Scherengebiß zugelassen. Der mäßig lange Hals geht in den mittellangen Rumpf über, der gut gewölbte Rippen, eine breite, tiefe, gut zwischen die Vorderläufe herabreichende Brust und eine gerade, straffe Rückenlinie hat. Kurz und so gerade wie möglich sind die Läufe, mit in ihrer ganzen Länge sehr kräftigen Knochen. Gut geschlossen, weder lose noch eng, sind die Ellenbogen. Kräftig und federnd, leicht keilförmig mit kurzen Läufen und von hinten gesehen parallel stehend ist die Hinterhand. Der Hund steht auf ovalen Pfoten mit gut gewölbten Zehen, bei denen die zwei mittleren leicht vorstehen. Er hat derbe Sohlen und kurze Nägel. Die Rute ist immer kurz, wobei eine angeborene Stummelrute vorgezogen wird. Das Haar ist von mittlerer Länge, dicht, jedoch nicht drahtig, mehr stockhaarig, meist einfarbig rot oder braun, aber auch schwarz mit lohfarbenen Abzeichen oder weißen Flecken an den Läufen, der Brust und am Hals. Ein wenig Weiß am Kopf und am Fang ist gestattet.

Der Spezialklub für diese Variante des W. C. P. gibt an, daß flämische Weber, die auf Veranlassung *Heinrichs I.* um 1107 in Wales angesiedelt wurden, einen kleinen, mit dem ↑ Schipperke verwandten Hund mitbrachten, der dann mit einheimischem W. C. P. gekreuzt wurde. Wahrscheinlicher ist die beim ↑ Welsh Corgi Cardigan geschilderte Rassegeschichte. — *Tafel 33.*

Welsh Hound: großer, rauhhaariger, meist dreifarbiger Hund mit Hängeohren und langer Rute (SH 60 cm bei 35 kg KM). Der Kopf ist derb mit langem, eckigem Fang, dunklen Augen und lang herabhängenden Ohren. Langgestreckt ist der kräftige Körper mit geradem Rücken, gut bemuskelten Lenden, geräumiger Brust und leicht aufgezogenem Bauch. Gut gestellt, gerade und kräftig bemuskelt sind die Läufe. Die lange Rute wird säbelförmig getragen, sie ist gut behaart. Das Haar ist hart und dicht, rauh und mittellang, wobei vereinzelt auch kurzhaarige Tiere vorkommen. Die Farbe ist meist weiß, weiß mit braun und schwarz, rot oder braun. Der sehr dem ↑ Otter Hound ähnelnde W. H. hat im Bergbaugebiet von Wales große Traditionen und wird als zuverlässiger Meutenhund mit großer Jagdpassion sowie hervorragendem Brackenlaut gezüchtet. — *Tafel 40.*

Welsh Setter: im Standard den verschiedenen Setter-Rassen (↑ English Setter, ↑ Gordon Setter, ↑ Irish Setter) völlig gleichender Hund, der ausschließlich in schwarzer Farbe in Westwales gezüchtet wird.

Welsh Springer Spaniel: mittelgroßer, langhaariger Hund mit kleinen Behängen und befederter Rute (SH 45 bis 48 cm bei 18 bis 22 kg KM). Der Schädel steht in gutem Verhältnis zum Fang, ist mäßig lang, leicht gewölbt und hat einen betonten Stop. Unter den haselnuß- bis dunkelbraunen Augen, die mittelgroß und gut geschlossen sind, ist der Kopf gut modelliert. Der mittellange Fang ist gerade und ziemlich viereckig. Gut entwickelt ist die fleischfarbene oder dunkle Nase. Die starken Kiefer haben ein Scherengebiß. Ziemlich tief angesetzt sind die anliegend herabhängend getragenen Ohren, die kleiner als die des ↑ Springer Spaniels und befranst wie die eines Setters sind. Die Länge des Rumpfes steht in gutem Verhältnis zur Länge der Läufe, der Hals ist lang und muskulös, er geht ohne Wamme in die Schultern über, die lang und schräg sind. Die Vorderbrust ist tief, leicht gewölbt sind die Rippen. Die Lenden sind ebenso gewölbt und straff; der Rücken muß gerade sein. Die Vordergliedmaßen zeigen sich mittellang, gerade, mit guten Knochen, mäßig befranst; die Hinterhand ist muskulös, breit und gut entwickelt mit gut herabgelassenen Sprunggelenken, mäßig gewinkelt mit gut befranstem Hintermittelfuß. Der W. S. S. steht auf runden Pfoten mit dicken Ballen, gefordert werden Katzenpfoten, die weder zu groß noch zu flach sind. Die tief angesetzte Rute wird niemals über der Rückenlinie getragen. Das Haarkleid ist dick, glatt anliegend und seidig glänzend, niemals hart oder wellig, immer in lebhaftem Rot und Weiß.

Der W. S. S. stammt vom ↑ Field Spaniel ab und ist ein enger Verwandter des ↑ English Springer Spaniel, wobei die Meinungen noch auseinander gehen, welche die ältere Rasse ist. Beide Rassen wurden oft miteinander verwechselt. Erst 1902 teilte man sie in zwei verschiedene Standards. Der W. S. S. braucht eine feste Hand, hat er doch ein härteres Wesen und ist nicht so leicht führig, wie die anderen Spaniels. Er ist ein hervorragender Stöberer im Dickicht und Schilf.

Welsh Terrier: kleiner, hochläufiger, rauhhaariger Terrier mit schwarzem oder schwarzmeliertem Fell und lohfarbenen Abzeichen (SH max. 40 cm bei 9 bis 9,5 kg KM). Er soll von fröhlichem, lebhaftem Charakter und nie scheu sein. Ihn zeichnen Anhänglichkeit, Folgsamkeit und die Fähigkeit aus, auf kleinstem Raum zu leben, was ihn natürlich für die Haltung auch in einer Stadtwohnung prädestiniert.

Welsh Springer Spaniel

Der Kopf ist flach, zwischen den Ohren breiter, mit nicht zu starkem Stop. Der Fang ist von guter, doch nicht übertriebener Länge und weist ein kräftiges Scherengebiß auf. Mächtig sind die Kiefer, gut gezeichnet sowie etwas tiefer und von besserem Griff als die des ↑ Fox Terrier. Sie geben dem Kopf einen harten Ausdruck. Der Nasenspiegel muß schwarz sein; ebenfalls dunkel sind die kleinen, gut gestellten und ausdrucksvollen Augen. Die V-förmigen, kleinen und nicht zu feinen Ohren sind hoch angesetzt und werden nach vorn an den Backen anliegend getragen. Leicht gewölbt, von mittlerer Länge und Dicke steigt der Hals harmonisch aus den Schultern heraus. Gut gewölbt ist der Brustkorb. Mäßig breit, kurz und gerade muß der Rükken, kräftig die Lenden sein. Die kupierte Rute ist gut angesetzt und wird mit der Spitze nach vorn zeigend lustig getragen. Die Vorderhand hat schräge und gut gesenkte Schultern sowie gerade, muskulöse Läufe mit starkem Knochenbau. Der Vordermittelfuß ist gerade und kräftig. Sehr derb mit muskulösen und langen Keulen, gewinkelten Sprunggelenken, gut gesenkt sowie von gutem Knochenbau zeigt sich die Hinterhand. Der W. T. hat rauhes, hartes, sehr dichtes und reichliches Haar, wobei Haarkleider ohne Unterwolle unerwünscht sind. In der Farbe wird vorzugsweise schwarz oder schwarzmeliert mit lohfarbenen Abzeichen gewünscht, wobei schwarz unterhalb des Sprunggelenks und auf den Zehen als Fehler gilt.

Etwas problematisch ist beim W. T. die Pflege des Haarkleides, da er wie fast alle rauhhaarigen Terrier regelmäßig getrimmt werden muß, was am besten vom Fachmann ausgeführt wird. Wer es aber selbst versuchen will, benötigt eine Anzahl Spezialwerkzeuge, wie Metallkämme, Trimmesser und Spezialscheren. Generell ist darauf zu achten, daß ein rauhhaariger Terrier nicht geschoren werden darf. Er wird immer gestrippt bzw. getrimmt. *Strippen* ist das Entfernen loser Deckhaare mitsamt der Wurzel, was am besten mit der Hand geschieht. Es kann aber auch ein stumpfes, gezahntes Trimmmesser verwendet werden. Dieses darf jedoch keinesfalls schneiden, sondern die toten Haare nur ergreifen. Der Vorgang ist am leichtesten auszuführen, wenn der Hund sich im Haarwechsel befindet. Ist das Strippen beendet, beginnt das eigentliche *Trimmen*. Dabei soll ein standardgerechter Hund herausmodelliert werden. Beim W. T. wird damit begonnen, daß am Rücken, dem Hals, den Schultern, der Rute und der Unterseite des Hundes die Deckhaare entfernt werden, so daß nur noch die Unterwolle bleibt. Das gleiche geschieht am Hinterkopf und den Ohren. Hier ist es wichtig, den Übergang zwischen dem gut gezupften Teil der Schultern und dem üppigen Haarwuchs der Vorderläufe so fließend wie möglich zu halten. Es dürfen sich an der Hinterseite der Vorderläufe keine vorstehenden Haare mehr befinden, sonst wird der Eindruck erweckt, daß die Ellenbogen schlecht am Körper anliegen. Nun kommt der Übergang zu den Schenkeln, der auch so unauffällig wie möglich sein soll. Mit den Beinhaaren wird analog der Vorderläufe verfahren. Die Brustbehaarung muß den Raum zwischen den Vorderläufen ausfüllen und den Typ des kräftigen Gebrauchshundes betonen. Dann wird zwischen den glatten Oberflächen beider Seiten und der relativ fülligen Brustbehaarung ein allmählicher Übergang herausgeformt. Die Pfoten werden möglichst klein getrimmt. Ebenfalls so unauffällig wie möglich wird am Kopf der Übergang zu den Augenbrauen und dem gut geformten Bart gestaltet. Alle Terrier haben eine kräftige Hinterhand, bei der die Beinbehaarung eine große Rolle spielt; sie muß stufenlose Übergänge haben.

Der W. T. gehört zweifelsohne zu den ältesten in England gehaltenen Terrierrassen. In Wales hält man ihn als Wachhund, jedoch wird er auch gern für die Jagd eingesetzt. In der zweiten Hälfte des 19. Jh. wurde mit der reinrassigen Zucht begonnen, wobei als Ausgangsrasse der alte englische schwarzrote *Jagdterrier* gilt. Auf dem europäischen Kontinent verbreitete sich der W. T. erst nach 1920, wo er meist als Begleithund gehalten wird.

Er besitzt jedoch überdurchschnittliche jagdliche Eigenschaften und ist auch in der Wasserarbeit hervorragend.

Westfälische Dachsbracke: langgestreckter, kurzhaariger Niederlaufhund mit mittellangen Behängen und bürstiger, langer Rute (SH 30 bis 35 cm bei 20 bis 24 kg KM). Der schmale, langgestreckte Kopf hat einen leicht konvexen Schädel; das Hinterhauptbein tritt wenig hervor; der Stop ist gering. Leicht gewölbt, ziemlich lang und kräftig ist der Fang mit mäßig überfallenden Lefzen und kleiner Lippenfalte. Die dunkle Nase kann in Ausnahmefällen auch eine helle Nasenkuppe aufweisen. Gefordert wird im Standard ein Zangengebiß. Dunkel, mandelförmig und mittelgroß sind die Augen, die Ohren breit, mittellang, gut anliegend, herabfallend getragen und stumpf abgerundet. Mit lockerer Kehlhaut, doch ohne Wamme im Verhältnis zum Kopf ziemlich stark geht der mäßig lange Hals in den mittellangen Rücken über, der hinter dem Widerrist leicht eingesenkt ist. Breit, muskulös und leicht gewölbt ist die Lendenpartie. Die Kruppe fällt mäßig ab. Nicht zu tief darf die schmale Brust sein; der Rippenkorb ist oval. Der Bauch ist leicht aufgezogen. Die verhältnismäßig hoch angesetzte Rute wird horizontal getragen und ist bürstig behaart. Die Schultern sind lang und schräg, fest anliegend und plastisch bemuskelt; der Oberarm liegt im rechten Winkel zum Schulterblatt straff an. Die Läufe sind kurz und vollkommen gerade, wobei in der Seitenansicht der Vorderlauf den tiefsten Punkt des Brustkorbes deckt. Der Vordermittelfuß ist weder steil noch durchgedrückt. Die Keulen der Hinterhand sind bemuskelt und gerundet, die Oberschenkel lang und derb. Kurz, bemuskelt und gerade sind die Läufe, die Sprunggelenke weisen ein stark vorspringendes Fersenbein auf. Sie sind gut gewinkelt. Die W. D. hat runde Pfoten mit gewölbten, geschlossenen Zehen und harten Ballen. Ihr Haar ist dicht, voll, glatt und glänzend, dunkel- bis hellhirschrot oder auf rotbraunem Grund mehr oder weniger stark gestromt oder schwarz geflammt. Beide Farben sind mit einer dunklen Maske kombiniert, die ab und zu nur leicht angedeutet oder in Form eines leichten Anfluges vorhanden ist. Die W. D. ist ein fährtensicherer Schweißhund, der speziell für die Fuchs- und Hasenjagd eingesetzt wird. Sie arbeitet mit vollem Spurlaut und wurde aus hochläufigen deutschen Bracken durch Einkreuzen des ↑ Teckels geschaffen.

Westfälische Dachsbracke

West Highland White Terrier: niederläufiger Terrier mit kurzem, kompaktem Körper, einem relativ kleinen Kopf und sehr kleinen Stehohren, einer unkupierten, nicht zu langen Rute und glattem Rauhhaar (SH 24 bis 28 cm bei 7,5 bis 8,5 kg KM). Der Kopf soll nicht zu groß sein mit leicht gerundetem Schädel, kräftigem Fang, nicht zu lang und zur Nase sich verjüngend. Oberkopf und Fang stehen im Verhältnis 3:2 zueinander. Der Stop ist deutlich ausgeprägt zwischen den Augen zeigt sich ein leichter Einschnitt. Der Kopf wird im rechten Winkel zur Halsachse getragen; er ist dicht mit Haaren bedeckt. Weit liegen die Augen auseinander, mittelgroß und so dunkel wie möglich mit schwarzem Lidpigment. Die Ohren sind klein, werden aufrecht getragen, sind spitz und stehen nicht zu eng. Das Haar an den Ohren muß kurz sein und darf nicht geschnitten werden. Das kräftige Scherengebiß muß komplett sein, toleriert wird auch ein zangenförmiger Gebißschluß. Der mittellange, muskulöse Hals wird zur Schulter hin dicker und ist gut aufgesetzt. Gedrungen, mit geradem Rükken, schräg nach hinten abfallenden Schultern sowie breiten, starken Lenden zeigt sich der Rumpf. Die Schulterblätter liegen am Brustkorb eng an und sind breit, die Brust ist tief mit in der oberen Hälfte gebogenen Rippen. Die Rute ist etwa 12 bis 15 cm lang, sie wird aufrecht und so gerade wie möglich getragen und ist mit struppigem Haar bedeckt. Kurz und muskulös, gerade, mit struppigem Haar bedeckt sind die Vordergliedmaßen. Ebenfalls kurz und muskulös und sehr sehnig ist die Hinterhand. Die Schenkel sind sehnig, nicht zu weit auseinander stehend mit gut unter den Körper gestellten normal gewinkelten Sprunggelenken. Die Hinterpfoten sind kleiner als die vorderen, rund und stark mit kräftigen Ballen, deren Oberfläche ebenso wie die Nägel vorzugsweise schwarz sein soll. Der W. H. W. T. hat hartes, glattes, etwa 6 cm langes Deckhaar und kurze, weiche, dicht anliegende Unterwolle. Die Farbe ist immer ein reines Weiß ohne jeglichen gelben Anflug.

Das Haar muß wie bei fast allen rauhhaarigen Terriern regelmäßig getrimmt werden, wobei annähernd das gleiche Schema wie bei den anderen niederläufigen Terrierarten, z. B. beim ↑ Scottish Terrier, angewendet wird. Damit die Behaarung des Kopfes die richtige Qualität zeigt, werden alle toten Haare ausgezupft, wobei man am besten hinter dem Hund steht. Zuerst werden die Haare durch Kämmen nach hinten gleichgerichtet, bevor das Zupfen beginnt. Dann wird nach vorn gekämmt und die längsten Haare mit den Fingern entfernt. Neue Haare werden stehengelassen, doch soll auch hier Haar um Haar gezupft werden. Bei der Wangenbehaarung wird zuerst nach unten gekämmt, dann nach oben. Ist der Hund in dieser Partie fertig, müssen die Haare kurz genug sein, um die konkave Halslinie zu betonen. Da der W. H. W. T einen kurzen, breiten Kopf haben muß, dürfen die Kopfhaare nicht zu lang sein. Da auch der Fang kurz wirken soll, werden die vorderen Teile des Bartes und die vordersten Schnauzenhaare entfernt, so daß durch leichtes Kämmen nach hinten der Hund den Eindruck erweckt, als ob er gegen den Wind liefe. Die Ohren müssen bis etwa auf die Hälfte ihrer Länge glatt getrimmt werden und glatte gerade Ränder haben. Sie dürfen nicht geschoren werden. Der W. H. W. T. wird nicht so oft wie andere rauhhaarige Terrier getrimmt. Wichtig ist, so jung wie möglich zu beginnen, am besten im Alter von drei bis vier Monaten, schon um den Welpen an die Behandlung zu gewöhnen. Wichtig ist, das Fell täglich zu behandeln, d. h. täglich vorstehende Haare zu entfernen, sowohl an Rumpf, Hals und Rute wie auch an Beinen, Bauch und Kopf. Der W. H. W. T. stammt aus dem schottischen Nordwest-Hochland. Es heißt, man habe ungefähr im 17. Jh.

begonnen, aus der Vielzahl kleiner Hunde dieser Gegend einen weißen Hund herauszuzüchten.
Die weiße Farbe wurde bevorzugt, um die Hunde auf der Jagd besser vom Raubzeug unterscheiden zu können. Im späten 19. und beginnenden 20. Jh. kannte man den W. H. W. T. unter den Namen *Pittenweem-Roseneath* bzw. *Poltalloch Terrier*, beide in Zusammenhang mit zwei maßgeblich an der Schaffung des heutigen W. H. W. T. beteiligten Züchtern stehend. Diese Züchter waren der *Duke of Argyll* und zum anderen *Colonel E. D. Malcolm*. Letzterer stellte auch 1904 den Antrag, die Rasse unter der einheitlichen Bezeichnung W. H. W. T. offiziell anzuerkennen. Im gleichen Jahr konnte man W. H. W. T. erstmalig auf einer Ausstellung unter dem heutigen Namen sehen. In der Folgezeit verbreitete sich der anmutige, fröhliche kleine Haushund sehr schnell, wobei seine einstigen guten jagdlichen Eigenschaften immer mehr verlorengingen. Heute ist er zum größten Teil ein begehrter Luxushund geworden. — *Tafel 48*.

Westsibirischer Laika ↑ Laiki.

Wetterhond, *Friesisches Lockenhaar:* mittelgroßer, lockiger niederländischer Stöberhund mit eigenartig behaarten Behängen und spiralförmig gedrehter Rute (SH 50 bis 55 cm ♂, 48 bis 53 cm ♀ bei 35 kg KM). Der trockene Kopf steht in guter Proportion zum Körper und hat einen leicht gewölbten Schädel mit geringem Stop. Die Schädellänge entspricht der Fanglänge. Der Fang ist kräftig mit trockenen Lefzen, die kaum überhängen, und hat ein Scherengebiß. Die Nase ist gut entwickelt und geöffnet, schwarz oder braun gefärbt. Mittelgroß, oval und schräg stehend lassen die dunkelbraunen bzw. braunen Augen, wenn sie gut geschlossen sind, die Bindehaut nicht sehen. Die Ohren sind ziemlich tief angesetzt, gut gefaltet und ohne jede Drehung anliegend. Typisch ist ihre Behaarung, an der Ohrbasis lang, nach der Spitze zu längenmäßig abnehmend, so daß das letzte Drittel kurzes Haar hat. Der Hals geht in einem sehr stumpfen Winkel in die Rückenlinie über, so daß der Kopf tief getragen wird; im Detail ist der Hals kurz, kräftig und rund. Sehr kräftig zeigt sich der Rumpf mit kurzem, geradem Rücken und kräftiger Lendenpartie sowie mehr breit als tief angelegter Brust, die gut gerundete Rippen hat. Die lange Rute wird mäßig hoch getragen und bis zu einer Spirale aufgedreht, so daß diese neben dem Rükken hängt. Der W. steht auf kräftigen, korrekt gewinkelten geraden Gliedmaßen. Sein Haar ist grob, fettig, und außer am Kopf ist der ganze Hund mit dichten, kräftigen Locken bedeckt. Wollige Haarbüschel sind fehlerhaft. Er existiert in den Farben Schwarz, Braun und Blauschimmel.
Als Spezialist für die Wasserjagd wird der W. von den friesischen Jägern vorrangig für die Otterjagd verwendet. Interessant ist die große Ähnlichkeit mit dem ↑ Irish Water Spaniel, und beide Rassen haben wahrscheinlich eine gemeinsame Entstehungsgeschichte. Der W. ist kein Wohnungshund.

Wildhunde: 1. ↑ Dingo.— **2.** ↑ Tenggerhund.

Windhund der Kordofan-Araber ↑ Kordofan Greyhound.

Windhund der Südost-Sahara ↑ Southeast-Saharan Greyhound.

Whippet: mittelgroßer (SH 45 bis 50 cm, Idealmaß 47 cm ♂, 42 bis 48 cm, Idealmaß 44,5 cm ♀ bei 9 bis 12 kg ♂, 7,5 bis 9 kg ♀ KM), glatthaariger Windhund, dem ↑ Greyhound verwandt. Doch soll, speziell im Temperament, der Terriereinfluß sichtbar sein. Sein Körperbau ist harmonisch, edel und kraftvoll. Der W. ist ein Sporthund, für die Rennbahn geschaffen, mit kraftvoller, raumgreifender Bewegung und im Stand viel Boden dekkend. Das Gesamtbild ist harmonisch proportioniert und elegant in der Linienführung, wobei alle Übertreibungen unterbleiben sollen. Der Kopf ist lang und trocken, im Oberkopf flach und breit. Der Fang ist kräftig, der Stop nur angedeutet. Das Pigment ist allgemein schwarz, bei blauer Fellfarbe schiefergrau erlaubt, wobei leberfarben sowie Schmetterlingsnase (gefleckte Nase) nicht gefördert werden sollen. Gut auseinanderstehend sind die dunkel- bis mittelbraunen Augen, die bei blauer Fellfarbe rauchfarben und heller sein dürfen. Typisch für den W. ist das kleine, feine, gut gefaltete Rosenohr, hoch und weit hinten angesetzt. Er muß ein kräftiges, korrektes Scherengebiß haben. Lang, aufrecht und muskulös wird der Hals mit eleganten Linien getragen. Die Schultern liegen schräg, sind muskulös und gut mit dem Rumpf verbunden. Lang ist der Oberarm, einen guten Winkel bildend. Unter der Schulter stehen die Ellenbogen, der Unterarm ist senkrecht und leicht schräg gestellt der Mittelfuß. Die Vorbrust ist gut entwickelt, der Brustkorb sehr tief mit guter Rippenwölbung. Der Rücken soll breit, eher lang und kraftvoll bemuskelt, in der Lendengegend deutlich, jedoch ohne Übertreibung aufgewölbt sein. Sehr schwungvoll aufgezogen ist die Unterlinie. Die Hintergliedmaßen haben starke, gut bemuskelte Oberschenkel, ausgeprägte Kniewinkel und kräftige, lange Unterschenkel. Der Mittelfuß steht tief, parallel und weit auseinander, so daß der Hund im Stand viel Boden deckt und außerordentliche Schubkraft hat. Die Pfoten sind rund, kräftig und sehr gut aufgeknöchelt, sogenannte Katzenpfoten. Der W. hat eine lange, dünne, bis zum Sprunggelenk reichende Rute, am Ansatz etwas kräftiger, jedoch nicht betont, zum Rutenende spitz auslaufend. Sie ist dünn, kurz und gut anliegend behaart. Im Stand wird sie untergezogen gehalten, es darf aber nicht der Eindruck von Angst entstehen. Sie kann auch mit elegantem Schwung abwärts getragen werden, in der Bewegung immer leicht erhoben, jedoch nie über Rückenhöhe. Das Haar ist beim W. sehr dicht, kurz und gut anliegend, nicht zu fein und in allen Farben bzw. Farbmischungen zugelassen. Im Gegensatz zu den übrigen Windhundrassen ist der W. eine bewußte zweckgerichtete Züchtung aus verschiedenen älteren Hunderassen. Die meisten Autoren sind sich darüber einig, daß dieser schnellste Hund seiner Größe in der Zeit zwischen 1835 und 1855 im Norden Englands, speziell in den Grafschaften *Northumberland, Durham* und *Yorkshire* von Bergleuten und Fabrikarbeitern herausgezüchtet wurde, wobei mit Sicherheit der Greyhound und mehrere *Terrier*, möglicherweise der inzwischen ausgestorbene *Old English Terrier*, der ↑ Bedlington Terrier (damals im Aussehen noch nicht mit dem heutigen vergleichbar) und der ↑ Manchester Terrier verwendet wurden. Später kreuzte man noch große *Windspiele* ein. Die Schöpfer des W. hatten die erklärte Absicht, einen rassigen kleinen Hetz- und Rennhund herauszubringen. *Brendel* bezeichnet den W. als eine „Zweckzüchtung für die Rennbahn" und Prof. Dr. *Seiferle* formuliert: „Früher zur Kaninchenhetze benützt, verwendet man den Whippet heute auf den Hunderennbahnen als Kurzstrekkenläufer von größter Geschwindigkeit". Die ersten sportlichen Einsätze des W. fanden beim Kaninchenschnappen, das 1911 in England verboten wurde und beim Tuchrennen statt. Das *Kaninchenschnappen* [engl. *Rabbit Coursing*] fand in einer kleinen, umfriedeten Arena statt, wo zwei Hunde darum wetteiferten, ein mit dem Netz gefangenes Kaninchen zu töten. Das *Tuchrennen* [engl. *Rag Racing*] wurde auf geraden Strecken, zumeist 200 yards langen Aschenbahnen gelaufen. Ein Helfer schickte den Hund auf die Bahn, der zweite – meist der Besitzer – stand hinter der Ziellinie und feuerte das Tier durch Schwenken eines Tuches, auf das es trainiert worden war, zu größter Schnelligkeit an. Als gute Zeit galten zwölf Sekunden. Typisch war damals, daß der Hund auf die Bahn geworfen und nicht wie heute mit dem Startkommando (Startschuß) losgelassen wurde. Obwohl auch in England das weltverbreitete Windhundrennen mit Startbox und Hasenattrappe vorherrscht, ist das alte Tuchrennen noch immer aktuell.

Aus der Entstehungsgeschichte des W. ist zu entnehmen, daß einerseits das Zuchtziel darin bestand, einen, verglichen mit dem Greyhound kleineren Hetz- und Rennhund, der ebenfalls elegant erscheinen soll, zu schaffen. Zum anderen war es aber angesichts der Vermischung verschiedener Hunderassen nicht einfach, einen einheitlichen neuen Rassetyp zu schaffen. Gewisse Unterschiede im Typ treten immer wieder sogar innerhalb eines Wurfes auf. Vereinzelt wird neuerdings eine rauhhaarige Varietät gezüchtet, doch setzte diese sich nicht durch. Mehr Chancen auf Anerkennung haben langhaarige W., die wie winzige ↑ Barsois aussehen, mit seidigem, federleichtem und leicht gelocktem Haar. Kenner bezeichnen den W. von allen Windhundrassen als einen der angenehmsten Familienhunde. Er ist anhänglich, gehorsam und sauber, jedoch empfindlich gegenüber Kälte und Hautverletzungen. Da auf alten Bildern öfters W. mit reicherer Behaarung zu sehen waren, begann der amerikanische Züchter *Walter A. Wheeler*, dessen Zwinger *„Windsprite"* seit 1937 registriert ist, mit der englischen Hündin *Hillgrath Shot Silk*, die auffällig reiche Behaarung hatte, eine konsequente Linienzucht aufzubauen. Ab und zu werden immer noch kurzhaarige Hunde in den Langhaarwürfen geboren, und sogar die langhaarigen zeigen unterschiedliche Haarqualität. Die Züchter bevorzugen Hunde mit einem Haarkleid, wie es der Barsoi hat, nicht zu lang und offen, sondern dicht, leicht gewellt und wetterfest. Nur Hunde, die diesen Anforderungen entsprechen, werden in den USA zur Zucht eingetragen. Die langhaarigen W. kommen in den üblichen Farben vor, ähneln aber mit ihren leicht gebogenen Rücken mehr einem Miniatur-Barsoi. Das erste Mal wurden die Langhaar-W., insgesamt 35 Tiere, 1981 ausgestellt. – *Tafel 42.*

X/Y

Xoloitzcuintle: in der Größe sehr unterschiedlicher Nackthund, der im Körperbau an einen Manchester Terrier erinnert (SH 30 bis 50 cm bei 6 bis 8 kg KM). Seine Größe variiert vom zwergenhaftem Wuchs bis hinauf zur Mittelgröße, wobei heute der größere Typ bevorzugt wird. Die Ohren sind groß und gleichen denen einer Fledermaus. Sie werden mehr seitlich als aufrecht getragen. Auch beim X. ist das Fehlen der Prämolaren normal, ebenso wird das Fehlen eines oder mehrerer Schneidezähne nicht als Fehler angesehen. Sein Körperbau ist dem der anderen Nackthunde fast gleich (↑ Chinese Crested Dog, ↑ Mexican Hairless). Der X. hat einen Haarschopf auf dem Kopf und eine leichte Behaarung auf dem letzten Drittel der Rute. Es kann auch beides fehlen, was nicht als Mangel angesehen wird. Einfarbigkeit wird heute vorgezogen, als Farben sind dunkelbronzefarben, elefantengrau, dunkelgrau und schwarz erlaubt. Braune oder helle, pigmentlose Flecken sind zwar nicht verboten, jedoch nicht gern gesehen. Die Farbe des Haarschopfes entspricht der jeweiligen Hautfarbe.

Man darf vom Nackthund nicht die nervliche Beschaffenheit eines Terriers erwarten, da dies das Hauptanliegen seiner früheren Haltung, billiger Fleischlieferant zu sein, sehr erschwert hätte. Er braucht im Umgang etwas Feinfühligkeit und ausgeglichene gute Behandlung. Ein halbstündiger Auslauf täglich bei mindestens 10° Wärme und trockenem Wetter ist ausreichend. Werden Nackthunde in der Meute gehalten, können sie bedeutend länger im Freien bleiben. Sie haben die Angewohnheit, sich aufeinander zum Schlafen zu legen und so gegenseitig zu wärmen. Der Auslauf im Hochsommer sollte den Tieren die Möglichkeit lassen, Schatten aufzusuchen, denn speziell die hellhäutigen Nackthunde sind empfindlich gegen Sonnenbrand. Da sie mehr Wärme abgeben als behaarte Artgenossen, benötigen sie ein kalorienreicheres Futter, speziell mehr Kohlenhydrate. – *Tafel 35.*

Yorkshire Terrier: langhaariger Zwerghund mit kurzem, kompaktem Körper, relativ kleinem Kopf und aufrechtstehenden Ohren (SH 20 bis 24 cm bei 1,5 bis 3 kg KM). Der ziemlich kleine Kopf ist im Oberkopf flach und zeigt keine großen Rundungen. Auch der Fang ist nicht sehr lang, das Verhältnis Oberkopf zu Fang beträgt drei Fünftel zu zwei Fünftel. Dominierend ist die lange Kopfbehaarung in tiefgoldener Lohfarbe, die an der Seite des Kopfes noch tiefer sein muß, ebenso am Ohrenansatz und am Fang. Die Ohren werden V-förmig aufrecht getragen; sie sind an der Oberseite des Kopfes angesetzt und in dunkler Lohfärbung kurz behaart. Dunkel umrandet sind die mittelgroßen, dunklen, nicht vorstehenden Augen, schwarz die Nase. Es wird ein komplettes Scherengebiß gefordert. Der schmale, aufrecht getragene Hals sitzt auf geraden Schultern, möglichst kurz ist der Rumpf mit geradem Rücken und kompakter Lendenpartie. Die Rute wird mittellang kupiert und zwar an der Stelle, wo an der Unterseite die Lohe endet und die schwarze Farbe beginnt. Sie wird über Rückenhöhe getragen und ist reich und dunkel behaart. Die Gliedmaßen sollen gerade, kurz und reich behaart erscheinen und gute Winkelungen zeigen. Der Y. T. ist am ganzen Körper und am Kopf lang sowie vollkommen schlicht behaart, nicht wellig oder wattig, jedoch glänzend und seidig. Vom Hinterhauptbein bis zum Rutenansatz muß ein reines Stahlblau, an der Brust, dem Kopf und den Läufen reines goldfarbenes Tan zu sehen sein. Der Kopf ist dunkellohfarben und an den Seiten, am Fang und dem Ohrenansatz dunkler. Die Brust kennzeichnet eine helle Lohe, die an der Haarwurzel dunkler ist und zu den Haarspitzen um einiges heller wird. Die Lohe der Vorderläufe ist tiefgolden, zu den Haarspitzen heller werdend, aber nicht höher als bis zum Ellenbogengelenk reichend. An den Hinterläufen ist die Lohe tiefgolden, zu den Haarspitzen um Nuancen heller werdend, nicht höher als bis zum Kniegelenk reichend. Dieser ganz kleine Terrier hat ungestümes Temperament. Die Rasse soll vor 1830 entstanden sein, indem man kleine langhaarige Terrier mit ↑Skye Terriern verpaarte, wozu im Laufe der Jahre noch ↑ Malteser und ↑ Dandie Dinmont Terrier kamen. Gehalten wurde der Y. T. von Arbeitern und Handwerkern der Grafschaft *Yorkshire*, die für ihre kleinen Hütten einen Hund brauchten, der in alle Ecken kam, um die Ratten und Mäuse zu vertilgen. Gegen 1880 erschien der Y. T. erstmals auf Ausstellungen, damals mit noch längerem Haar und schwerer als heute. Die Rasse hat seitdem sehr zugenommen, da es sich um einen Hund handelt, der auch in der kleinsten Wohnung gehalten werden kann. Etwas problematisch ist die Pflege des Felles, will man es in seiner ganzen Pracht erhalten. Man darf es nur mit weichen Bürsten bearbeiten, damit es nicht bricht. Obwohl der Y. T. ein sehr kleiner Hund ist, benötigt er viel Bewegung, die ihm gewährt werden sollte, auch wenn sein schönes Haar darunter leidet. Es handelt sich bei dem Y.T. nicht um einen Schoßhund. Auch jetzt ist noch viel von dem urwüchsigen Temperament vorhanden, das ihn einst auszeichnete. — *Tafel 17.*

Z

Zwergbeagle: kompakter, kleiner Hund (SH unter 25 cm), ohne Grobheit, den Eindruck von Widerstandsfähigkeit und Lebhaftigkeit vermittelnd. Der mittellange Kopf ist stark, ohne grob zu sein, mit schwarzem, breitem Nasenspiegel und gut entwickelten Nasenlöchern. Der Fang darf nicht spitz erscheinen und hat gut hängende Lefzen. Gut gewölbt ist der Schädel mit ausgeprägtem Stop. Einen sanften Ausdruck haben die braunen, dunkelhaselnuß- oder haselnußfarbenen Augen, die nicht zu tief liegen, aber auch keinesfalls vorstehen dürfen. Typisch für den Z. – wie auch für den ↑ Beagle – ist der sanfte Ausdruck. Die Ohren hängen lang herab, sind tief angesetzt, von feiner Struktur und in einer anmutigen Falte vollständig gegen die Backen gedrückt. Mäßig lang zeigt der leicht gewölbte Hals eine leichte Wamme. Kurz im Körper mit gut gesenktem Brustkorb hat der Z. ziemlich gerundete Rippen. Die Lendenpartie ist derb und nie aufgezogen. Die Schultern sind gerade gestellt, leicht geneigt, stark und sehr muskulös. Ebenfalls sehr muskulös ist die Hinterhand, leicht gewinkelt in den Sprunggelenken. Die Pfoten können rund, aber auch etwas länglich mit harten, gut entwickelten Ballen sein. Die mittellange, hoch angesetzte Rute wird fröhlich getragen, doch niemals über den Rücken geringelt. Dicht, glatt, hart, nicht zu kurz, aber auch nicht zu fein ist das Haar, auf weißer oder schwarzer Haut. Meist ist der Z. dreifarbig, ab und zu kommen auch graublaue Hunde mit schwarzen Flekken (*blue mottled*), oder weiße mit lemonfarbenen Flecken vor. Auch Tiere mit schwarzen Mänteln sind möglich. Immer lohbraun mit einem weißen Fleck zwischen den Augen ist der Kopf. Neben diesem glatthaarigen Schlag existiert noch ein rauhhaariger Vertreter, der aber nur in England gehalten und gezüchtet wird. Alle Beagles sind äußerst verträgliche Tiere, wodurch sie prädestiniert sind, in Meuten gehalten zu werden. Das große Geselligkeitsbedürfnis verlangt, den Beagle nach Möglichkeit nicht allein und nicht ausschließlich in der Wohnung leben zu lassen.
Der Beagle wird von den Experten wegen seiner kleinen Statur, dem starken Temperament und der außergewöhnlichen Schnelligkeit geschätzt. Speziell für die Jagd auf Kaninchen wurde der kleinere und leichtere Z. gezüchtet. Er wird zurückgeführt auf eine Zucht, die im Besitz von *Königin Elisabeth I.* war, die diese kleine Varietät durch gezielte Linienzucht formen ließ. Der Z. ist daher auch unter dem Namen *Beagle Elisabeth* bekannt.

Zwerg-Bull Terrier: kleiner aktiver Hund von kräftigem, symmetrischem Körperbau, der den Eindruck vermittelt, maximale Kraft in kleinstem Volumen zu vereinigen (bis 9 kg KM). Der Kopf ist stumpfkeilförmig mit straff sitzender Kopfhaut und eher stumpfem als spitzem Fang. Wichtig ist, daß der Kopf eine beträchtliche Tiefe hat und keinen Stop aufweist. So mächtig wie möglich werden die Kieferknochen gefordert, auch die Zähne sollen regelmäßig stehen und als Schere schließen. Vor- und Rückbiß gelten als große Fehler. Die Augen sind mandelförmig, klein und möglichst dunkel, liegen nahe beieinander und sind schräg eingesetzt. Sie sind den Ohren näher als der Nase. Ebenfalls nahe zueinander stehen die kleinen, feinen Ohren aufgerichtet. Die Länge des Halses darf der Muskulatur nicht schaden; er ist ohne Wamme. Gut kräftig und muskulös, aber ohne Schwere, sind die Schultern. Sie haben breite Schulterblätter. Die Läufe dürfen nicht übertrieben lang sein, doch perfekt gerade mit starkem Knochenbau und guter Bemuskelung. Gut rundlich und voll wird der Körper gefordert, mit einer guten Wölbung der Rippen und hervorragend entwickelten Zwischenrippenmuskeln. Der Rücken ist kurz und verleiht dem Hund das Aussehen geballter Kraft. Von vorn gesehen erscheint er breit, mit tiefem Brustkorb. Die Rükkenlinie, die keine Unterbrechungen oder Erhöhungen am Widerrist zeigt, ist bei den Lenden gering gebogen. Von hinten gesehen stehen die Hinterläufe mit sehr muskulösen Keulen gerade. Gut gewinkelt sind die Sprunggelenke, nicht steif und eine gleichmäßige, elastische Bewegung ermöglichend. Der Hinterfuß- und Hintermittelfußknochen müssen kurz und kräftig, die Pfoten klein und geballt, sogenannte Katzenpfoten, sein. Ziemlich kurz, nicht zu hoch angesetzt, dick am Ansatz und fein am Ende ist die in der Regel gerade und waagerecht getragene Rute, die in der Erregung senkrecht erhoben wird. Der Z. T. hat kurzes, kompaktes, glänzendes und sich hart anfühlendes Haar. Für den weißen Hund gelten als Farbe reines Weiß, Weiß mit schwarzen oder gestromten Flecken am Kopf und bzw. oder auf den Ohren. Die Augenlider, Lefzen sowie der Nasenspiegel müssen schwarz sein. Alle Farbabweichungen gelten als Schönheitsfehler. Für farbige Tiere gelten rötlich, gestromt, hell oder dunkel, mit oder ohne Weiß an den Läufen, am Kopf, am Brustkorb oder auch tricolor (schwarz-rötlich-weiß).

Der Z. T. wurde gegen Ende des 19. Jh. durch Selektion aus kleinen *Bull-Terrier-Linien* geschaffen. Er war noch Anfang des 20. Jh. als Begleithund sehr beliebt, verschwand jedoch im Laufe der Zeit immer mehr, und nur die weiße Varietät hat sich in England und den USA erhalten.

Zwergpinscher, *Rehpinscher:* verkleinertes Abbild des ↑ Deutschen Pinschers ohne die Mängel zwerghafter Erscheinungen. Auch seine Wesenszüge entsprechen denen des Deutschen Pinschers, doch werden sie durch Temperament und Gebaren eines Zwerghundes besonders geprägt. Als pflegearmer glatthaariger Zwerghund (SH 25 bis 30 cm) ist er in der kleinsten Wohnung gut zu halten, seine Wesenseigenschaften lassen ihn aber auch die Aufgabe eines Wächters erfüllen. Der Kopf des Z. ist kräftig, langgestreckt, ohne stark hervortretendes Hinterhauptbein. Die Länge von der Nasenspitze bis zum Hinterhauptbein beträgt die Hälfte der Rückenlänge, gemessen vom Widerrist bis zum Rutenansatz. Der gerade Nasenrücken verläuft parallel zur Verlängerungslinie der faltenlosen flachen Stirn mit dem leichten, aber deutlichen Stop. Die Kaumuskulatur ist kräftig, darf jedoch keine störenden Backen bilden. Der tiefe Fang endet in einem stumpfen Keil; die Nasenkuppe ist voll und schwarz, bei den roten und braunen Farbschlägen in entsprechender Abtönung. Die Lippen liegen glatt an und sind dunkel gefärbt. Das komplette Scherengebiß ist kräftig, schließt gut und muß rein weiß sein. Hoch angesetzt und gleichmäßig kupiert werden die Ohren aufrecht getragen, bei unkupierten Hunden fallen sie V-förmig mit Falte. Dunkel und mittelgroß sind die ovalen Augen, stets nach vorn gerichtet. Das untere Augenlid liegt an, so daß die Bindehaut nicht sichtbar ist. Kräftig aufgesetzt ist der edel geschwungene Hals; er darf nicht kurz und nicht zu dick sein. Der Nacken ist erhaben gewölbt; die Kehlhaut liegt straff und faltenlos an. Mäßig breit und im Querschnitt oval ist die flachgerippte Brust. Sie reicht bei guter Wölbung bis über die Ellenbogenhöhe. Die Vorbrust ist durch den die Schultergelenke überragenden Anfang des Brustbeines, das Schultergelenk und das Oberarmbein markant ausgebildet. Die Unterbrust steigt nach rückwärts leicht an und geht in den mäßig aufgezogenen Bauch über. Der Abstand vom letzten Rippenbogen bis zur Hüfte ist kurz, damit der Hund geschlossen wirkt. Die Gesamtlänge des Rumpfes entspricht damit ungefähr der Widerristhöhe. Der Rücken ist kurz und leicht abfallend. Die obere Begrenzungslinie ist nicht schnurgerade, sondern zeigt einen leichten, edlen Schwung, der durch den kräftigen ersten Wirbel des Widerristes, den Rücken und die leicht abgerundete Kruppe bis zum Rutenansatz gebildet wird. Die Rute ist hoch angesetzt, wird auf etwa drei Glieder kupiert und aufwärts getragen. Gut gewinkelt und flach, aber kräftig bemuskelt sind die schräg gestellten Schulterblätter und der Oberarm. Die Vorderläufe sind als allseitig gerade Stützen ausgebildet. Die Ellenbogen liegen an. Die Hintergliedmaßen werden durch schräg gestellte Keulen, die kräftig bemuskelt sind, sowie ausgeprägt gewinkelte Sprunggelenke charakterisiert. Die Pfoten sind kurz, rund und haben fest geschlossene, nach oben gewölbte Zehen, sogenannte Katzenpfoten, mit dunklen Nägeln und zähen, harten Sohlen. Das Haarkleid ist kurz, aber dicht, glatt anliegend und glänzend. Der Z. kommt einfarbig (braun in verschiedenen Tönungen, hirschrot) sowie zweifarbig (schwarz mit roten bzw. braunen Abzeichen, braun oder blaugrau mit braunen Abzeichen) vor. Bei den zweifarbigen Hunden wird ein möglichst dunkler, satter, scharf abgegrenzter Brand erwünscht. Die Abzeichen verteilen sich wie folgt: an den Backen, den Lefzen, am Unterkiefer, über den Augen, an der Kehle, an der Brust zwei gut voneinander abgegrenzte Dreiecke, am Mittelfuß der Vorderhand, an den Pfoten, an der Innenseite der Hinterhand und am After. Als Fehler gelten: plumper oder leichter, niedriger oder hochläufiger Bau, windiges Aussehen, schwerer oder runder Oberkopf, Spatzengesicht und Apfelkopf, Stirnfalten, tief angesetzte oder schlecht kupierte Ohren, helle, zu kleine oder zu große Augen, stark hervortretende Backenknochen, lose Kehlhaut, Zangen-, Vor- oder Rückbiß, kurzer, spitzer oder schmaler Fang, zu langer, aufgezogener Rücken, weicher Rücken, Karpfenrücken, abfallende Kruppe, nach außen gedrehte Ellenbogen, nach innen gedrehte Fersen, steile oder faßbeinige Hinterhand, lange Pfoten, Paßgang, dünnes Haar, Stichelungen, Aalstrich, dunkler Sattel und verblaßte Farben.

Zur Zeit der Gründung des *Pinscher-*

Schnauzer-Klubs 1895 gab es schon recht viele Z. Bereits in das erste Zuchtbuch wurden 83 Tiere eingetragen. Farben waren seinerzeit schwarz, rehfarben, gelb, schokoladenbraun, pfeffersalzfarben, rot und hirschrot. Es wird angenommen, daß der Z. in fast gleicher Form schon über dreihundert Jahre existiert, jedoch bis zur offiziellen Anerkennung gröber, mit apfelförmigem Kopf, feinen Knochen und stark unter den Leib geschobenen Hintergliedmaßen versehen war. Leider gibt es immer wieder Versuche, aus dieser eigentlich robusten Rasse Tiere zu züchten, die sich durch extreme Kleinheit auszeichnen und eher an Spielzeug, als an einen kleinen Gebrauchshund erinnern. *Dr. h. c. Hans Räber*, der bekannte Schweizer Kynologe, formulierte in diesem Zusammenhang: „Mehr Verantwortung gegenüber dem, was mit unserem Willen in die Welt gesetzt wird, tut not, nicht nur im Hinblick auf den Zwergpinscher." —*Tafel 18*.

Zwergschnauzer: kleiner, kräftiger, eher gedrungener als schlanker Hund mit quadratischem Körperbau, der ein verkleinertes Abbild des ↑ Schnauzers ohne die Mängel verzwergter Tiere ist. Seine Wesenszüge entsprechen denen des Schnauzers und werden durch Temperament und Gebaren eines Zwerghundes geprägt. Klugheit, Unerschrockenheit, Ausdauer und Wachsamkeit machen den Z. zum angenehmen Haushund, aber auch zum Wach- und Begleithund, der in der kleinsten Wohnung gut gehalten werden kann. Sein Kopf ist kräftig, langgestreckt, ohne stark hervortretendes Hinterhauptbein, von den Augen bis zur Nasenspitze allmählich schmaler werdend. Die Länge von der Nasenspitze zum Hinterhauptbein beträgt die Hälfte der Rückenlänge, gemessen vom Widerrist bis zum Rutenansatz. Der Stop erscheint durch die starken Augenbrauen deutlicher ausgeprägt; der gerade Nasenrücken verläuft parallel zur Verlängerungslinie der faltenlosen, flachen Stirn. Trotz kräftig entwickelter Kaumuskulatur darf keine ausgeprägte Backenbildung mit Bart die rechteckige Kopfform stören. Der Fang endet in einem mäßig abgestumpften Keil. Die Nasenkuppe ist voll und schwarz; die Lippen sollen gut anliegen und immer schwarz sein. Rein weiß, kräftig und gut schließend ist das komplette Scherengebiß. Die hoch angesetzten Ohren werden gleichmäßig kupiert und aufrecht getragen. Bei unkupierten Hunden hängen sie V-förmig herab mit einer Klappfalte. Die dunklen Augen sind oval und nach vorn gerichtet; das untere Augenlid liegt an, so daß die Bindehaut nicht sichtbar ist. Der edel geschwungene Hals ist kräftig aufgesetzt; er darf nicht kurz oder dick sein. Der Nacken ist erhaben gewölbt; die Kehlhaut liegt straff und faltenlos an. Mäßig breit ist die flachgerippte, ovale Brust; sie reicht bei guter Wölbung bis über die Ellenbogenhöhe; die Vorbrust ist durch den die Schultergelenke überragenden Anfang des Brustbeins, das Schultergelenk und das Oberarmbein markant ausgebildet. Die Unterbrust steigt nach rückwärts leicht an und geht in den mäßig aufgezogenen Bauch über. Der Abstand vom letzten Rippenbogen bis zur Hüfte ist kurz, damit der Hund geschlossen wirkt. Die Gesamtlänge des Rumpfes entspricht ungefähr der Widerristhöhe, wobei der Rücken kurz und leicht abfallend ist. Die obere Begrenzungslinie ist nicht schnurgerade, sondern zeigt einen leichten, edlen

Schwung, der durch den kräftigen ersten Wirbel des Widerristes, den Rükken und die leicht abfallende Kruppe bis zum Rutenansatz gebildet wird. Hoch angesetzt ist die Rute; sie wird aufwärts getragen und bis auf etwa drei Glieder kupiert. Gut gewinkelt und flach und kräftig bemuskelt sind die schräg gestellten Schulterblätter und der Oberarm der Vordergliedmaßen. Die Vorderläufe sind als allseitig gerade Stützen ausgebildet, die Ellenbogen liegen an. Bei den Hintergliedmaßen sind die Keulen schräg gestellt und kräftig bemuskelt, die Sprunggelenke ausgeprägt gewinkelt. Kurz, rund und fest geschlossen mit nach oben gewölbten Zehen müssen die Pfoten sein, sie haben dunkle Nägel und zähe, harte Sohlen. Der Z. hat rauhes Haar, das drahtig hart und dicht sein soll. Es besteht aus dichter Unterwolle und keineswegs zu kurzem, hartem Deckhaar, das rauh, jedoch nie struppig oder gewellt ist. Ebenfalls hart, an der Stirn und den Ohren etwas kürzer, sind Kopf- und Beinhaar. Als typisches Kennzeichen bildet es am Fang den harschen Bart und die buschigen Brauen, die die Augen leicht überschatten. Der Z. kommt schwarz, pfeffersalzfarben und schwarzsilbern vor. Für die Farbe Pfeffersalz gilt als Ziel eine mittlere Tönung mit gleichmäßiger, gut verteilter Pfefferung sowie grauer Unterwolle. Zugelassen sind die Farbnuancen vom dunklen Eisengrau bis zum Silbergrau. Unabhängig von der in dieser Toleranz liegenden Färbung muß eine den Ausdruck unterstreichende Maske vorhanden sein, die harmonisch der Körperfarbe angepaßt ist. Weiße Abzeichen am Kopf, auf der Brust und an den Läufen sind unerwünscht. Für Schwarzsilber gelten als Ziel schwarzes Deckhaar mit schwarzer Unterwolle sowie weiße Abzeichen über den Augen, an der Kehle, an den Backen, an der Vorderseite der Brust, am Mittelfuß der Vorderhand, an den Pfoten, an der Innenseite der Hinterhand und am After. Stirn, Nacken und Außenseiten der Ohren sollen schwarz sein. Die Schulterhöhe liegt zwischen 30 und 35 cm. Als Fehler gelten ein plumper, leichter, niedriger oder hochläufiger Bau, schwere bzw. runde Oberköpfe, Stirnfalten, tief angesetzte oder schlecht kupierte Ohren sowie helle, zu große bzw. runde Augen, stark hervortretende Backenknochen, Gebißanomalien sowie alle weiteren, vom Standard abweichenden Details. In den Anfängen der Kynologie gab es keine Trennung zwischen Z. und ↑ Affenpinscher. Bereits um 1880 beschrieben Autoren wie *T. Hering* rauhhaarige Pinscher von 26 bis 30 cm Höhe mit gedrungenem, muskulösem Körper, großem, rundem Kopf und vollen Augen, „die aber meist durch überhängendes Stirnhaar verdeckt, selten einmal richtig sichtbar werden“. Von diesem rauhhaarigen Pinscher existierten zwei Varianten, eine zartere, feingliedrigere für die Salons, und der sogenannte *Kutscherhund* der Gespannführer und Stallknechte. Kennzeichnendes Merkmal war bei allen der Knebelbart sowie die überhängenden starken Augenbrauen. Bei *Brehm* finden wir den Hinweis auf den „stachelhaarigen Ratten- und Affenpinscher“, und auch *Strebel* widmet dem rauhhaarigen Zwergpinscher einige Zeilen. Initiator für die Anerkennung des Z. als eigenständige Rasse war zweifelsohne *J. Berta*, der 1931 schrieb: „Der Gedanke, aus dem Sammelsurium, so man in jener Zeit Affenpinscher nennt, die Zwergform des Schnauzers zu schaffen, wurde mir erst wesenhaft, als ich anno 1897 auf der Ausstellung in Erfurt die Affenpinscher zu beurteilen hatte". Der Ausgangspunkt für *Berta* war nie, zwei getrennte Rassen zu schaffen, im Gegenteil, er wollte den Affenpinscher umformen, da er ihm in der ursprünglichen Form keine Chance einräumte. Ab 1899 führte man auf Ausstellungen getrennte Klassen für rauhhaarige Zwergpinscher und Affenpinscher ein, und 1906 konnte man bereits in Frankfurt sieben Hunde des neuen Typs sehen. *Berta* hatte seine Zucht mit gesunden Zwergen, die gerade Knochen und dichtes, straffes Haar besaßen, aufgebaut, wobei speziell der Rüde *Jocco-Fulda* 1899 von sich reden machte, ein gelb-schwarzes verkleinertes Schnauzerabbild, der auch viel dazu beitrug, den Namen Z. populär zu machen. Züchterisch war der bereits erwähnte *Jocco-Fulda* jedoch unbedeutend. Lange hielten sich beim Z. die ursprünglichen Farben und noch 1931 wird von hasenfarbenen, schwarzen mit Stichelung versehenen sowie den heutigen Tieren gesprochen.

Die Pflege des Z. geschieht analog der des Schnauzers bzw. ↑ Riesenschnauzers. – *Tafel 23.*

Zwergspaniels: 1. ↑ Papillon. – **2.** ↑ Phaléne. – **3.** ↑ Cavalier King Charles Spaniel. – **4.** ↑ King Charles Spaniel.

Zyprischer Windhund ↑ Cyprian Hound.

Anhang

Einteilung der anerkannten Rassen nach Gruppen (FCI 1982)

Erste Gruppe: Schäferhunde

Australischer Kelpie
Bearded Collie
Bergamasker Hirtenhund
Berger da Serra de Aires
Berger de Beauce
Berger de Brie
Berger des Pyrénées
Berger des Pyrénées á face rasée
Berger du Languedoc
Berger Picard
Bobtail
Border-Collie
Bouvier des Flandres
Carpatin
Collie
Deutscher Schäferhund
Gos d'Atura
Groenendael
Hirtenhund der Abruzzen
Hrvatski ovčarski pes
Kaukasischer Schäferhund
Komondor
Kuvasz
Laekenois
Lapsk vallhund
Malinois
Maremmaner Hirtenhund
Mioritic
Mudi
Nederlandse Herdershond
Nederlandse Schapendoes
Norwegischer Buhund
Polski owczarek nizinny
Polski owczarek podhalanski
Puli
Pumi
Sar planine
Sar tip
Sheltie
Slovensky Čuvač
Spartiate
Tervueren
Västgötaspets
Welsh Corgi Cardigan
Welsh Corgi Pembroke

Zweite Gruppe: Wach-, Schutz- und Gebrauchshunde

Aidi
Akita-Inu
Alaskan Malamute
Appenzeller Sennenhund
Berger da Serra de Aires
Berner Sennenhund
Bernhardiner
Bloodhound
Bordeauxdogge
Bullmastiff
Deutsche Dogge
Deutscher Boxer
Deutscher Pinscher
Deutscher Spitz
Dobermann
English Bulldogg
Entlebucher Sennenhund
Eskimo-Hund
Fila Brasileiro
Fila da Terceiro
Grönlandhund
Großer Schweizer Sennenhund
Hovawart
Kanaan Dog
Laiki
Landseer
Leonberger

Mastiff
Mastin Espanol
Mastin de los Pirineos
Mastino Napoletano
Mikawa-Inu
Neufundländer
Nippon-Inu
Österreichischer Pinscher
Pyrenäenhund
Rafairo do Alentejo
Riesenschnauzer
Rottweiler
Samojede
Schnauzer
Shar-Pei
Siberian Husky
Smoushond
Tibetdogge
Tosa-Inu
Xoloitzcuintle
Zwergpinscher
Zwergschnauzer

Dritte Gruppe: Terrier

Airedale Terrier
Australischer Terrier
Border Terrier
Bull Terrier
Cairn Terrier
Česky Terrier
Dandie Dinmont Terrier
Deutscher Jagdterrier
Fox Terrier
Irish Terrier
Kerry Blue Terrier
Lakeland Terrier
Manchester Terrier
Norfolk Terrier
Norwich Terrier
Scottish Terrier
Sealyham Terrier
Silky Terrier
Skye Terrier
Soft Coated Wheaten Terrier
Staffordshire Bull Terrier
Welsh Terrier
West Highland White Terrier
Yorkshire Terrier
Zwerg-Bull Terrier

Vierte Gruppe: Teckel (Deutsche Dachshunde)

Teckel

Fünfte Gruppe: Laufhunde für Hochwild

American Foxhound
Argentinische Dogge
Berner Laufhund
Billy
Braque Belge
Erdély kopó
Foxhound
Francais Blanc et Noir
Grand Bleu de Gascogne
Grand Gascon Saintongeois
Grand Griffon Nivernais
Grand Griffon Vendéen
Hannoverscher Schweißhund
Hubertushund
Jämthund
Karelischer Bärenhund
Levesque
Ogar Polski
Podenco Portugues
Poitevin
Slovensky kopov

Sechste Gruppe: Laufhunde für Niederlaufwild

Alpenländisch-erzgebirgische Dachsbracke
Ariégeois
Artésien-Normand
Balkan-Bracke
Basenji
Basset Artésien-Normand
Basset Bleu de Gascogne
Basset Fauve de Bretagne
Basset Griffon Vendéen
Basset Hound
Bayrischer Gebirgsschweißhund

Beagle
Beagle Harrier
Berner Niederlaufhund
Briquet Griffon Vendéen
Chien d'Artois
Cirnego dell'Etna
Deutsche Bracke
Deutscher Wachtelhund
Drever
Dunker
English Coonhound
Finnenbracke
Griffon
Griffon Bleu de Gascogne de petit taille
Griffon Fauve de Bretagne
Hamilton Stövare
Harrier
Hygen Bracke
Istrski goniĉi
Jura-Laufhund
Jura-Niederlaufhund
Keltski goniĉi
Lundehund
Luzerner Laufhund
Luzerner Niederlaufhund
Nederlandse Steenbrak
Österreichische Bracke
Otter Hound
Petit Bleu de Gascogne
Petit Gascon Saintongeois
Pharao Hound
Podenco Espanol
Podenco ibicenco
Porcelaine
Posarski goniĉi
Rhodesian Ridgeback
Sabueso
Schiller Stövare
Schweizer Laufhund
Schweizer Niederlaufhund
Segugio
Smaland Stövare
Steirische rauhhaarige Hochgebirgsbracke
Suomenpystykorvat
Tiroler Bracke
Tiroler Niederbracke
Westfälische Dachsbracke

Siebente Gruppe: Vorstehhunde (ohne britische Hunde)

Barbet
Braque d'Auvergne
Braque de l'Ariége
Braque du Bourbonnais
Braque Dupuy
Braque Francais
Braque Francais de petit taille
Braque Saint-Germain
Cao de Agua Portugues
Česky fousek
Deutsch Drahthaar
Deutsch Kurzhaar
Deutsch Langhaar
Deutsch Stichelhaar
Drentse patrijshond
Epagneul Bleu de Picardie
Epagneul Breton
Epagneul de Pont-Audemer
Epagneul Francais
Epagneul nain á oreilles tombantes
Epagneul Picard
Griffon á poil dur
Großer Münsterländer
Kleiner Münsterländer
Magyar Vizsla
Pachon de Vitoria
Perdigeiro Portugues
Perdigeiro burgalés
Pudelpointer
Slowakischer drahthaariger Vorstehhund
Spinone
Staby
Weimaraner
Wetterhond

Achte Gruppe: Jagdhunde britischer Rassen

American Cocker Spaniel
American Water Spaniel

Brittany Spaniel
Chesapeake Bay Retriever
Clumber Spaniel
Cocker Spaniel
Curly coated Retriever
English Setter
English Springer Spaniel
Field Spaniel
Flat-coated Retriever
Golden Retriever
Gordon Setter
Irish Setter
Irish Water Spaniel
Labrador Retriever
Pointer
Sussex Spaniel
Welsh Springer Spaniel

Neunte Gruppe: Haushunde

Affenpinscher
Afrikanischer Nackthund
Bichon frisé
Boston Terrier
Bologneser
Brabancon
Cavalier King Charles Spaniel
Chihuahua
Chinese Crested Dog
Chow Chow
Coton de Tuléar
Dalmatiner
Eurasier
Französische Bulldogge
Griffon belge
Griffon Bruxellois
Harlekinpinscher
Havaneser
Inca Orchid Moonflower Dog
Japan Chin
King Charles Spaniel
Kromfohrländer
Lhasa Apso
Malteser
Mexican Hairless
Mops
Papillon
Phaléne
Pekingese
Pudel
Schipperke
Shiba-Inu
Shih-Tzu
Téneriffe
Tepeitzcuintle
Tibet Terrier
Tibet Spaniel

Zehnte Gruppe: Windhunde

Afghanischer Windhund
Azawakh
Barsoi
Deerhound
Galgo Espanol
Greyhound
Irish Wolfhound
Italienisches Windspiel
Magyar Agár
Saluki
Sloughi
Whippet

Beleg- und Wurftage

Berechnet auf 63 Tage Tragzeit (B = Belegdatum, W = Wurfdatum)

B	Januar	1	2	3	4	5	6	7	8	9	10	11	12	13	14	15	1
W	März	5	6	7	8	9	10	11	12	13	14	15	16	17	18	19	2
B	Februar	1	2	3	4	5	6	7	8	9	10	11	12	13	14	15	1
W	April	5	6	7	8	9	10	11	12	13	14	15	16	17	18	19	2
B	März	1	2	3	4	5	6	7	8	9	10	11	12	13	14	15	1
W	Mai	3	4	5	6	7	8	9	10	11	12	13	14	15	16	17	1
B	April	1	2	3	4	5	6	7	8	9	10	11	12	13	14	15	1
W	Juni	3	4	5	6	7	8	9	10	11	12	13	14	15	16	17	
B	Mai	1	2	3	4	5	6	7	8	9	10	11	12	13	14	15	
W	Juli	3	4	5	6	7	8	9	10	11	12	13	14	15	16	17	
B	Juni	1	2	3	4	5	6	7	8	9	10	11	12	13	14	15	
W	August	3	4	5	6	7	8	9	10	11	12	13	14	15	16	17	
B	Juli	1	2	3	4	5	6	7	8	9	10	11	12	13	14	15	
W	September	2	3	4	5	6	7	8	9	10	11	12	13	14	15	16	
B	August	1	2	3	4	5	6	7	8	9	10	11	12	13	14	15	
W	Oktober	3	4	5	6	7	8	9	10	11	12	13	14	15	16	17	
B	September	1	2	3	4	5	6	7	8	9	10	11	12	13	14	15	
W	November	3	4	5	6	7	8	9	10	11	12	13	14	15	16	17	
B	Oktober	1	2	3	4	5	6	7	8	9	10	11	12	13	14	15	
W	Dezember	3	4	5	6	7	8	9	10	11	12	13	14	15	16	17	
B	November	1	2	3	4	5	6	7	8	9	10	11	12	13	14	15	
W	Januar	3	4	5	6	7	8	9	10	11	12	13	14	15	16	17	
B	Dezember	1	2	3	4	5	6	7	8	9	10	11	12	13	14	15	
W	Februar	2	3	4	5	6	7	8	9	10	11	12	13	14	15	16	